Otto Lüttgendorff-Leinburg

Hausschatz der schwedischen Poesie

Eine schwedische Anthologie und Literaturgeschichte

Otto Lüttgendorff-Leinburg

Hausschatz der schwedischen Poesie
Eine schwedische Anthologie und Literaturgeschichte

ISBN/EAN: 9783743429505

Hergestellt in Europa, USA, Kanada, Australien, Japan

Cover: Foto ©ninafisch / pixelio.de

Manufactured and distributed by brebook publishing software (www.brebook.com)

Otto Lüttgendorff-Leinburg

Hausschatz der schwedischen Poesie

HAUSSCHATZ

DER

SCHWEDISCHEN POESIE.

EINE SCHWEDISCHE ANTHOLOGIE

UND

LITERATURGESCHICHTE

IN PROBEN MIT GEGENÜBERSTEHENDER UEBERTRAGUNG IN PROSA

UND

KURZEN LITERARHISTORISCHEN EINLEITUNGEN UND CHARACTERISTIKEN

VON

GOTTFRIED V. LEINBURG.

DRITTER BAND

DIE GOTHISCHE SCHULE.

1810—1847.

LEIPZIG,
ARNOLDISCHE BUCHHANDLUNG.
1860.

SEINER EXCELLENZ

HERRN

THEODOR VON ZWEHL,

K. BAYRISCHEM MINISTER FÜR SCHUL- UND KIRCHENANGELEGENHEITEN
ETC. ETC.

ALS EINEN GERINGEN ZOLL

LIEBENDER EHRFURCHT UND LIEBENDEN DANKS

MÜNCHEN,
IM DECEMBER 1859.

DER HERAUSGEBER
VON LÜTGENDORFF-LEINBURG.

INHALT DES III. BANDES.

DIE GOTHISCHE SCHULE.
Literarhistorische Charakteristiken

	Pagina
E. G. Geijer	1
E. Tegnér	30
P. H. Ling	217
A. A. Afzelius	238
Bernhard v. Beskow	244
K. A. Nikander	253
A. Lindeblad	299

GEDICHTE VON E. G. GEIJER.

Manhem. Mannheim	5
Erläuterungen zu diesem Gedichte	317—318
Vikingen. Der Wikinger	6
Erläuterungen dazu	318—320
Den siste Kämpen. Der letzte Nordlands-Recke	9
Erläuterungen	320—322
Den siste Skalden. Der letzte Skalde	12
Erläuterungen	322—325
Svegder	18
Erläuterungen	325—327
Gjukungarnes fall. Der Fall der Gjukungen	20
Erläuterungen	325
Olof Tryggwason	24
Erläuterungen	327—32?
Carl den Tolfte. Karl der Zwölfte	2?
Erläuterungen	328
Shakspeare	?
Till P. D. A. Atterbom. An P. J. A. Atterbom	?
Erläuterungen	32?
Uppvaknandet. Das Erwachen	

GEDICHTE VON E. TEGNÉR

I. Jugendgedichte

	Pagina
Till min hembygd	39
Erläuterungen	328, 330
Till en aflägsen älskarinna. An eine entfernte Geliebte	41, 381
Till den fränvarande. An die Abwesende	42, 262
Erläuterungen	41
I hennes hem	330
Hause	... BESKOW.
Farväl. Lebewohl	44, 246
Erläuterungen	382—383
Frideröstoja	330, 253
Klosterruin	als
Erläuterungen	330, 254

II. ... NICANDER.

England... död. Mein... im Sterben	255
Krig...	256
K...	256
L...	256
...	383
...r. Ringreichs Pforten	257
...	383
på Tabor. Hymne an...	259
...er. Sicilianische Lieder	261
...	383
...	263
Albano. Die Mond-	
...	263

INHALT.

	Pagina
Till prins Oskar. An den Prinzen Oskar.	
Erläuterungen	336
Vid Skånska Hofrättens invigning. Bei der Einweihung des Schonischen Hofgerichts	71
Erläuterungen	336
Skålar vid H. K. H. Kronprinsens återkomst till Sverge. Trinksprüche bei der Rückkehr S. K. H. des Kronprinzen nach Schweden	73
Erläuterungen	336—337
Till Norska Stortingets Deputerade. An die Deputirten des norwegischen Reichstages	74
Erläuterungen	337
G. Adlersparres skugga till Svenska folket. G. Adlersparres Schatten an das schwedische Volk	74
Erläuterungen	337—338
Napoleons graf. Napoleons Grab	77

III. Religiösa Dikter.

Prestvigningen. Die Priesterweihe	78
Vid förrättandet af en Prestvigning. Bei der Vornahme einer Priesterweihe	79
Erläuterungen	338
Vid invigningen af Gårdsby kyrka. Zur Feier der Einweihung der Gårdsbyer Kirche	82
Erläuterungen	338
Till L. Gustaf Tegnér. An L. G. Tegnér	86
Skaldens morgonpsalm. Des Dichters Morgenpsalm	86
Erläuterungen	338
Söndagsskolan. Die Sonntagsschule	87

IV. Vermischte Gedichte.
(Natur, Welt und Leben, Kunst und Wissenschaft.)

Solsången. Das Lied an die Sonne	88
Erläuterungen	338
Stjernsången. Das Lied von den Sternen	90
Elden. Das Feuer	91
Erläuterungen	339—339
Träden. Die Bäume	93
Erläuterungen	339
Menniskoanden. Der Geist des Menschen	94
Erläuterungen	339
Mjeltsjukan. Hypochondrie	95
Ättehögen. Das Hünengrab	96
Erläuterungen	339—340

	Pagina
Asatiden. Die Asenzeit	97
Erläuterungen	340—341
Mathilda. Mathilde	99
Erläuterungen	342
Jakob Faxe	100
Erläuterungen	342—343
O. Myhrman	102
Erläuterungen	343
Till Mathias Norberg. An M. Norberg	104
Erläuterungen	343
Sången. Der Gesang	105
Skidbladner	107
Erläuterungen	343—344
Det Eviga. Das Ewige	108
Erläuterungen	344
Språken. Die Sprachen	109
Erläuterungen	344—345
Skaldebref. Poetische Epistel	111
Erläuterungen	345
Epilog vid Magisterpromotionen etc. Epilog bei der Magisterpromotion etc. etc.	112
Erläuterungen	345
Till Gustaf v. Leopold. An G. v. Leopold	117
Erläuterungen	345
J. O. Wallin	118
Erläuterungen	345—346
Svar på Pr. Agardhs inträdes-tal etc. Antwort auf Professor Agardhs Antrittsrede etc. etc.	121
Erläuterungen	346
Svar på Pr. Atterboms inträdes-tal etc. etc. Antwort auf Professor Atterboms etc. etc.	124
Erläuterungen	346—348
Svar på Pr. Grafströms inträdes-tal etc. etc. Antwort auf Professor Grafströms Antrittsrede etc. etc.	131
Erläuterungen	348
Vid Svenska Akademiens femtiåra minneshögtid. Zur fünfzigjährigen Erinnerungsfeier der Schwedischen Akademie	133
Erläuterungen	348—350

V. Bruchstücke aus Tegnérs grösseren Dichtungen.

A. Aus der Frithiofs-Sage	137
III. Gesang. Frithiof tager arf efter sin Fader. Frithiof ergreift Besitz von dem Erbe seines Vaters	138
Erläuterungen	350—355

INHALT.

VII. Gesang. *Frithiofs Lycka. Frithiofs Liebesglück* 145
    Erläuterungen . . . . 355—358
VIII. Ges. *Afskedet. Der Abschied* . . 150
    Erläuterungen . . . . 358—360
XVII. Ges. *Frithiof kommer till kung Ring. Frithiof kommt zu König Ring* 161
    Erläuterungen . . . . 360—363
XIX. Ges. *Frithiofs Frestelse. Frithiofs Versuchung* 164
    Erläuterungen . . . . 363—364
XXI. Ges. *Kung Rings Drapa. König Ringe Drapa* 169
    Erläuterungen . . . . 365—366
    und pag. 341, unter Wanadis.
XXIII. Ges. *Frithiof på sin Faders Hög. Frithiof auf seines Vaters Grabhügel* 171
    Erläuterungen . . . . 366—367
XXIV. Ges. *Försoningen. Die Versöhnung* 174
    Erläuterungen . . . . 367—371
B. Aus der Gerda 181
    Erläuterungen . . . . 371—373
C. Aus dem Axel 188
    Erläuterungen . . . . 373—374
D. Aus den Nachtmahlskindern . . . 194
    Erläuterungen 374
E. Aus der Kronenbraut 201
    Erläuterungen . . . . 374—376
F. Aus dem Henri IV 206
    Erläuterungen 376

Uebersetzungen aus fremden Sprachen.

1. *Aus der griechischen Anthologie* 207
    Erläuterungen 376
2. *Hymnus an den Gott Pan (Nach dem Homer)* 209
    Erläuterungen 376
3. *An den Gott Helios bei einer Sonnenfinsterniss. (Nach einem Fragment des Pindar)* 211
    Erläuterungen 376
4. *Prometheus. (Frei nach Goethe)* . . 212
5. *Sehnsucht. (Frei nach Schiller)* . . 213
6. *Des Dichters Heimath. (Nach dem Dänischen von Oehlenschläger* . . . 214
    Erläuterungen . . . . 376—377

GEDICHTE VON P. H. LING.

Aus dem idyllischen Gedichte: Kärleken 223—226
(Vgl. darüber die literarische Einleitung zu L. pag. 220 und 221.

Aus dem Trauerspiel: Agne . . . . . 227—229
1. *Chor der Kämpen zum Preise König Agnes* 227
    Erläuterungen 377
2. *Brautgesang* 227
    Erläuterungen . . . . 377—378
3. *Lob des Nordens* 228
    Erläuterungen 378
4. *Nacht und Sterne* 228
    Erläuterungen 378
5. *Trinklied der Kämpen* 229
    Erläuterungen 378

Aus dem epischen Gedichte: Asarne . . 229—337
1. *Der Gesang des Wäinemöinen* . . 229
    Erläuterungen 378
2. *Aus dem letzten Gesange des Gedichtes* 230
    Erläuterungen . . . . 378—380

GEDICHTE VON A. A. AFZELIUS.

Brage den gamle. Brage der Alte . . . 240
    Erläuterungen 380
Neckens polska. Meermanns Polka . . 241
    Erläuterungen . . . . 380—381
Skadis klagan. Skades Klage 242
    Erläuterungen 381

GEDICHTE VON BERNHARD v. BESKOW.

Sveriges anor. Schwedens Ahnen . . . 246
    Erläuterungen . . . . 382—383
Karl den Tolfte. Karl der Zwölfte . . 253
Lysmasken. Das Johanniswürmchen als Liebesdiener 254

GEDICHTE VON C. A. NICANDER.

Mitt lif, min sång och min död. Mein Leben, mein Singen und mein Sterben . . 255
Ungdomen. Die Jugend 256
Aus den Pilgrims-Sänger 256
1. *Djupsdal* 256
    Erläuterungen 383
2. *Ringerikes portar. Ringreiche Pforten* 257
    Erläuterungen 383
Hymn till Jesus på Tabor. Hymne an Jesus auf dem Thabor 259
Sicilianska Sånger. Sicilianische Lieder 261
    Erläuterungen 383
Aus den Hesperiden 263
Månskensnatten i Albano. Die Mondnacht in Albano 263

INHALT.

	Pagina
Afsked till Venedig. Abschied von Venedig	267
Erläuterungen	384
Aus den Runen	273
1. *Frejers ax.* Freijers Achren	273
Erläuterungen	384
2. *Urdarbrunnen.* Der Urdarbrunnen	274
Erläuterungen	384
3. *Norna Gest som yngling.* Norna Gest als Jüngling	275
Erläuterungen	384
4. *Arnliot Gellina's Gesang*	276
Erläuterungen	385
5. *Erik Wasas Runa.* E. Wasas Rune	277
Erläuterungen	385
Norna Gest	279
Erläuterungen	385
Tycho Brahes Syn. Das Traumgesicht des Tycho Brahe	283
Erläuterungen	385
Tassos Död. Tassos Tod	286
Erläuterungen	385

	Pagina
Aus dem Cyklus: Lejonet i öcknen	293
Napoleons Monolog	293
Erläuterungen	385
Aus dem dramatischen Gedichte: Runnavärdet	290
1. *Vikingasången.* Das Lied des Wikingers	296
Erläuterungen	386
2. *Alrik nedgräfver vapnen.* Alrich vergräbt seine Waffen	297
Erläuterungen	386

GEDICHTE VON LINDEBLAD.

Främlingen. Der Fremdling	301
Erläuterungen	386
Aus dem Gedichte: Missionären	302
Erläuterungen	386
Jonas Alströmer	311
Erläuterungen	386—387
Göthen. Der schwedische Gothe	312
Erläuterungen	387

Die gothische Schule.

Gleichzeitig mit der romantisch-phosphoristischen Schule (B. II. dieses Werkes) gründeten mehrere Dichter und Gelehrte, unter denen wir die glänzenden Namen **E. G. Geijers, P. H. Lings** und **E. Tegnérs** finden, unter dem Namen eines „gothischen Bundes" in Stockholm einen Verein, dessen periodische Zeitschrift „**Iduna**" (1810—1824) bald ganz Schweden durchflog, und dessen literarhistorische Bedeutung sich annähernd, wenn auch mit einem kleinen Anachronismus, vielleicht mit unserm Göttinger „Hainbund" vergleichen liesse. Wie nämlich Bürger, Voss, die beiden Stolberge und ihre Freunde jener süsslichen Geschmacksrichtung den Krieg erklärten, die durch die französischen Almanache, ja durch den grossen Wieland selbst, unter uns herrschend zu werden drohte, indem sie sich enthusiastisch an Klopstock und seine keusche Bardenpoesie anschlossen — eine Fata Morgana voll seliger Wingolfs und goldener Walhallathrone, und voll von Eichwäldern mit goldenen Früchten, die wie helle Glocken im Herbststurm klangen; — und indem sie wieder nach Griechenland und Rom zurückgingen, um selbst den Eimer zu tauchen in jeden Quell und Strom der Schönheit, im Norden Europas höchstens den damals noch neuen Stern des englischen Dramas, und Schottlands herrliche Romanzen- und Balladenpoesie berücksichtigend; — so waren auch die Gründer dieser schwedischen Dichterschule und ihre Genossen zunächst bemüht, die schwedische Poesie von dem Druck und dem Joch der französirenden Gustavianischen Akademie zu befreien und, indem sie Romantik und Antike zu einer wunderschönen Synthese harmonisch zu verschmelzen suchten (selbst das kleinste Gedicht **E. Tegnérs** kann hierfür als Beispiel angeführt werden), zugleich darauf hinzuarbeiten, das Studium der altisländischen, d. h. ehemaligen nordischen Sprache, Sage und Geschichte wieder zu beleben, und die mythologische Symbolik der Vorzeit, die bis dahin, wie eine Prinzessin im Märchen, einen langen, langen Todesschlaf schlief, wieder ins Leben zurückzurufen.

Nur annähernd vergleich ich jedoch die gothische Schule mit unserm Göttinger Dichterbund: denn ihre Erfolge waren ungleich glänzender, und wie helle Sterne strahlen in ihr die Namen **E. G. Geijers** und **E. Tegnérs**, von welchem Letztern ich die Zeit nicht mehr ferne glaube, wo neben Goethe und Byron auch er im Pantheon der Weltliteratur sich erheben wird. — Der muthige Flügelmann dieser jungen Kämpferschaar der nordischen Poesie, — Gelehrter, Dichter und Musiker zugleich, und den gesunden, starken Sinn und die einfach schlichte Grösse jener grauen Urzeit am frischesten repräsentirend, — war der berühmte Geschichtschreiber Schwedens, **E. G. Geijer**; — ihr Bannerträger und unstreitig ihr grösstes poetisches Genie war der unsterblich klassische Sänger der **Frithiofs-Sage**.

Ueber die Gründung, die Geschichte und die Bedeutung des Gothischen Bundes lese man das Nähere nach Pag. 281 etc. etc. im II. Bd. der I. Abtheilung der neuen Ausgabe (1849—1853) von E. G. Geijer's Werken.

E. G. GEIJER.

E. G. Geijer, im J. 1782 zu Ransäter in Wermland geboren, war der Sohn eines Bergwerksbesitzers, bezog 1799 die Universität Upsala, erhielt 1806 daselbst die akademische

Magisterwürde, machte Reisen nach England etc. etc. 1809 und 1810, und erhielt die Stelle eines Professors der Geschichte in Upsala 1817, wo er auch nach einem rastlos thätigen, ächt poetischen Dichterleben 1847 starb. — Er hat als Dichter einen starken, man kann sagen urschwedisch klingenden Grundton in seinen Dichtungen angeschlagen, die die schwedische Natur und die mächtigen Gefühle des untergehenden Heidenthums höchst kraftvoll und genial wiederspiegeln. Zu dieser Gattung seiner Gedichte gehören besonders die herrlichen Lieder von dem „letzten Kämpen," dem „letzten Skalden," dem „Fall der Gjukungen," „Mannheim" und dem „Wikinger," — jedes einzig in seiner Art sowohl in Beziehung auf Einfachheit und Grösse, als auf wahrhaft originales Leben. — C. J. Lénström (in seiner Geschichte der schwedischen Poesie, Oerebro, 1839) sagt unter andern von ihm:

„Geijers literarische Thätigkeit als Dichter, wie als Philosoph und Geschichtschreiber hat auf die schwedische Bildung einen unberechenbaren Einfluss geübt. Er ist in der Poesie eine mehr kräftige, feurige und verstandeshelle, als phantasiereiche Natur, hat manchmal zu wenig dichterische Phantasie und sehr oft zu wenig technische Fertigkeit und sprachliche Eleganz in der Form, um in der Poesie Anderes, als höchstens grossartige Fragmente zu geben. Er sagt selbst in der Vorrede zu seinen Gedichten, dass dieselben bloss „Stücke wären von einem Dichter, der niemals ein ganzer Dichter gewesen sei." Während jener feurigen Jugendperiode des Dichters, wo die schon erwähnte Iduna erschien, steigerte sich jedoch seine dichterische Begabung zuweilen zu einem hohen Grade von Inspiration, und damals wurden denn auch die obigen herrlichen Dichtungen niedergeschrieben, die so lange auf den Lippen und im Herzen des schwedischen Volkes leben werden, als der Schwede noch Sinn hat für vaterländische Erinnerungen, für tiefes Gefühl, für Kraft und Saft des Wortes, und für grosse Gedanken." — Mit freudiger Bewunderung wurden die erwähnten Gedichte Geijers auch von dem berühmten Chorführer der phosphoristischen Schule in seiner Zeitschrift „Phosphoros" begrüsst, und zwar mit den Worten: „So ist sie denn kein blosses Traumbild mehr, jene Prophezeiung, die in unserm „Skaldarmal" erklang, dass nämlich das nordische Leben noch einmal wiederkehren würde im Reich des Gedankens und der Poesie, und die Ermahnung und der Zuruf an unsere jungen Dichter, die auch in dieser Zeitschrift mehrmals wiederholt worden sind, waren nicht vergebens! Ein junger Verein von Dichtern und Gelehrten hat nämlich unter der Ägide eines „Nordischen Bundes" seine Löwenkralle herausgestreckt (ex ungue leonem), und hat schon mit dem 1. Heft seiner Iduna die Welt zu den kühnsten Hoffnungen berechtigt, und wir haben jetzt die Gewissheit, dass wenn auch das herrliche Heldenbild des „letzten Kämpen" jetzt längst Meth trinkend an Walvaters Tische in Walhalla sitzt, doch noch der „letzte Skalde" lebt und vielleicht noch Freunde findet, vor denen er nicht zu erröthen braucht, und freudige Hörer, die den „„rothen Lichtglanz der Vorzeiterinnerungen"" lieben." — „Die Gedichte in diesen 1. Heft," fährt der Sänger der Blumen fort, „denen man auch ohne das Namenskennzeichen Geijers auf der Stelle den gemeinsamen Vater ansehen würde, tragen sämmtlich das Gepräge einer ganz bestimmten lyrischen Individualität an der Stirn. Der Charakter dieser Individualität ist schwedische Grossherzigkeit, Pietät gegen das Heldenzeitalter Sweas, eine heilige Ansicht von der Kunst, als dem höchsten Herold der religiösen Anschauung und Sittlichkeit durch das Medium der Phantasie (ächte Didaktik, weshalb denn auch die ältere schwedische Poesie durchgehends ethisch ist), und eine gewisse ungekünstelte Ehrlichkeit, die dem Leser überall traulich zu Herzen geht und ihm sagt, dass das alterthümliche Gewand in diesen Gedichten keineswegs bloss

„Gewand," sondern der genuine Ausdruck einer ursprünglich-nordischen Natur ist. Darum ist auch die Bekanntschaft des Dichters mit den dahingeschwundenen Herrlichkeiten der grauen Vorzeit eine so genaue und bewundernswürdig lebendige, und darum erscheint sie gleichsam wie aus der Wirklichkeit selbst geholt; sie ist nicht eine todte antiquarische Gelehrsamkeit, die er mit kaltberechnendem Studium in ein poetisches Gewand gekleidet hat; Form und Inhalt sind Eines, wie in jedem wahrhaft poetischem Erzeugniss." — Von dem „Fall der Gjukungen" sagt A.: „Der Fall der Gjukungen besitzt in unserer Sprache kein Vorbild. — — Zwar ergreift den Leser keine eigentliche Theilnahme für die zwei in's Verderben gelockten gewaltigen Heldenbrüder Gunnar und Hogne, und man fühlt keine Regung des Mitleids in sich bei dem grauenvollen Todesloos, dem sie zuletzt erliegen; — doch verweilt man mit ruhigem Behagen bei dem Anschauen dieser scharfen, sichern Contouren, dieser wie in Holz geschnitzten Bilder, und dieses kräftigen Ausdrucks in Bezug auf Haltung und Character." — Auch mehrere kleinere Gedichte Geijers, wie das, womit er den Schwan von Upsala begrüsste, das von dem „Erwachen," und das von Shakspear, liefern einen glänzenden Beweis von seinem Reichthum an genialen Gedanken. Seine „Erinnerungen" (eine Art Selbstbiographie, in Prosa geschrieben) haben mehr wirkliche Poesie in sich als mancher dicke Band Gedichte. — P. Wieselgren, der die „gothische Schule" in seiner phantasiereichen Bildersprache treffend genug als „den Ausbruch eines brennenden Hekla" bezeichnet, weist unserm Dichter eine hohe Stelle im Pantheon der schwedischen Poesie an, und sagt unter andern von dem „Wikingor," dass wenn Jemand in einem solchen Gedichte Geijers Grösse noch nicht erkenne, dann sei er nicht werth, dass man mit ihm von Poesie rede. — O. P. Sturzenbecher (die neuere schwedische Schönliteratur, erschienen zu Kopenhagen 1845) sagt von den erwähnten nordischen Dichtungen Geijers: „Sie sind das Beste, was G. überhaupt auf dem Felde der Poesie hervorgebracht hat, und gewiss werden sie stets zu den theuersten Kleinodien der schwedischen Muse gezählt werden. Was sie so schnell populär gemacht hat und wodurch sich G. mit einem Schlage eine Stellung in unserer Belletristik erwarb, wie sie die phosphoristische Schule niemals gehabt hat, noch jemals haben wird, das war jenes individuelle Gepräge ächtaltnordischer Einfachheit und sittlich tiefen Ernsts, welches die Geijersche Poesie auszeichnete; der Duft, der Einen aus diesen Romanzen anwehte, roch nach dem starken Geruch der schwedischen Föhrenwälder; man fühlte sich gleichsam wieder in seinem lieben, uraltheiligen Norden, zwischen seinen lieben Bergen und Seen, man vernahm wieder den einfach rührenden Gesang der nordischen Gebirgsdrossel, man sah wieder den Schmelz der anspruchlosen Anemone auf seiner lieben nordischen Heimath Halden und Wiesen stehn. Wie wohl that es Einem, sich nun doch wieder einmal von der freien, frischen Gebirgsluft angeweht zu fühlen in dieser durch ihre heilige, düstere Melancholie so wunderbar ergreifenden, so unwiderstehlichen Natur, nachdem man ein halbes Jahrhundert hindurch nichts Anderes mehr genossen, als die schwache poetische Limonade, wie sie der französische Kunstgeschmack der akademischen Periode dem verwöhnten Gaumen darbot!" —

G. schlug zuerst unter den neuern Dichtern wieder einmal einen ursprünglich-nationalen Ton an in seiner Poesie, der die Herzen seines ganzen Volkes ergriff, und brach damit einer ganz neuen poetischen Literatur Bahn. Der eigenthümliche Character dieser ganzen geijerschen Dichtkunst lässt sich sehr treffend mit den Worten schildern, womit er selber in den zwei Anfangsstrophen seines herrlichen Gedichtes „Manhem" den freien Bauersmann der schwedischen Vorzeit beschrieben hat. — Seine Dichtkunst ist nämlich selbst dieser freie Bauer mit dem Schwert in der Faust, dieser „Mann für sich selbst," der sein eigener

Herr ist, der den Tand verschmäht, den fremde Länder ihm bieten, der mit eigenen Händen sein eigenes Feld pflügt, und all seinen Ruhm und seine Ehre bloss darein setzt, sich selbst zu genügen. Er will weder französisch, noch deutsch, er will bloss ein ächt vaterländischer Dichter sein, und nichts weiter. Die uralte Sage und Geschichte, das ist der Grund und Boden, den G. der schwedischen Poesie anwies. Und gewiss ist das ein gutes und fruchtbares Erdreich. Er steht übrigens nicht nur seinem Inhalt, sondern auch seiner Sprache nach als nordischer Dichter im strengsten Sinn des Wortes da. Die gustavianisch-akademischen Phrasen nämlich gerade so verschmähend, wie das phosphoristische Kauderwälsch, erschuf er sich in gewisser Beziehung selbst eine neue Sprache, die, ohne sich gerade durchaus altschwedisch zu geberden und zu spreizen, wie es Manche von den Neueren machen, wenn sie ein paar Brocken von irgend einem Codex im Kopfe haben, gleichwohl durch ihre kernige Ursprünglichkeit und Einfachheit lebhaft an den Ton des Volksliedes und der Chroniken anklingt. Noch mehr tritt dieser eigenthümliche Styl vielleicht in G.'s Prosa hervor, und man muss freilich zugeben, dass er da manchmal so holperig und unschön lakonisch wird, dass man ihn fast mit jenen unwegsamen Steingeröll-Partien vergleichen möchte, die Einem auf Fusswanderungen selbst durch die herrlichsten schwedischen Landschaften häufig so ärgerlich und hinderlich sind. In seiner Poesie dagegen verschmilzt jene einfache und manchmal sogar ziemlich ungehobelte poetische Diktion oft mit einem höchst eigenthümlichen musikalischen Ton, der das Ganze durchklingt, gleich dem einförmigen, und doch so schwärmerisch stimmenden Geräusch eines in einiger Ferne vom Fels niederschäumenden Waldstroms, — gleich dem Echo eines Waldhorns, das von den nahen Bergen herüber ruft. In hohem Grade ist Dieses z. B. der Fall in dem schon mehrmals erwähnten herrlichen Gedichte von dem „Wikinger", — einem Gemälde, das G. mit kühnem und genialem Dichterblick so zu sagen aus dem Herzen jener grossen Vorzeit herausgriff, und das in Hinsicht auf seine Sprache (wenigstens für ein schwedisches Ohr) so an den musikalischen Ton des Volksliedes anklingt, dass man es lieber gleich von selbst singen, als bloss so vom Blatt herunterlesen möchte; und das ist mit noch vielen andern lyrischen Sachen Geijers gerade so der Fall."

Da G. ausserdem auch Tondichter ist, so hat er selbst mehre seiner herrlichen Romanzen in Musik gesetzt, und wenn er in dieser Beziehung seinen berühmten Bruder in Apollo, „den nordischen Dithyrambus" Bellmann (s. den I. Bd.) auch vielleicht bei Weitem nicht erreicht hat, so sind doch einige von seinen Gedichten dadurch in Schweden bereits wahre Volkslieder geworden. —

Von ihm erschienen: Geschichte Schwedens, B. 1. Upsala, 1825; (bloss die älteste Geschichte behandelnd, und von Engelhardt in Erlangen übersetzt, Sulzbach, 1825). Geschichte des schwedischen Volkes, B. I—III, Oerebro, 1832—36, (übersetzt in Heerens und Ukerts Sammlung, und von G. v. Leinburg, in E. Balde's Geschichtsbibliothek). — Gedichte, Upsala, 1835. (Einzelnes daraus von L. Schley, in seinen Schwedischen Dichtungen, Gothenburg, 1825; von G. Mohnike, in seinem kleinen Buche „Skandinavisches", Stralsund, 1832; und von Böhmers, in seinem schwedischen Dichterhain, Bückeburg, 1853, etc.) — Erinnerungen, Upsala, 1836. — Das blaue Buch, Oerebro, 1837. — M. T. Cicero, eine akademische Abschiedsrede, Upsala, 1837. — Schwedisches Literaturblatt, eine Monatsschrift, Stockholm, 1837—1839. Gesammelte Schriften, herausgegeben und mit einem biographischen Vorwort eingeführt von seinem eigenen Sohne, 10 Bde., Stockholm, 1849—1853. —

Manhem.

Det var en tid det bodde uti Norden
En storsint ätt, beredd för frid som krig.
Då, ingens slaf och ingens herre vorden,
Hvar Odalbonde var en man för sig.
Med svärd han röjde våld, med plögen jorden,
Med lugn för Gud och man han gick sin stig.
Sig sjelf sitt värn, han visste andra skydda,
Och kungasöner växte i hans hydda.

Till honom ej, från vidt aflägsna stränder,
Med skeppen flöto konstiga behof.
Ej krämarn musten sög utur hans länder,
Ej flärdens yppighet hans vinst begrof.
Men åkern plöjde han med egna händer,
Hans tillit var hans arm, hans skatt var hof.
Vår konst att njuta är, hans var umbära,
Och sjelf sig vara nog, var all hans lära.

Om han ej öfvad var att sirligt tala,
Hans handslag gällde mer än ed och skrift.
Han drog ej agg inunder löjen hala;
Hans hand var svärd, men ej hans tunga gift.
Han ej förstod med ord en skuld betala,
Och språka om sitt hjertas ömma drift.
Hans hat var eld, hans vänskap gick i döden,
Och med sin fosterbror han delte öden.

Mannheim.

Es gab einst eine Zeit, wo im Norden ein Geschlecht wohnte, gross von Sinn und gross von Herzen, und stets bereit zum Frieden, wie zum Kriege. Eine Zeit, wo jeder freie, erbaunässige Bauer, Niemands Knecht, jedoch auch Niemands Herr geworden, noch ein Mann für sich war. Mit dem Schwert kämpfte er gegen Willkühr und Gewalt, mit dem Pfluge gegen eine steinige Erde, still und ruhig, Gott fürchtend und Niemand scheuend, wandelte er seines Wegs. Seine eigene Wehr und sein eigener Schild, wusste er Andere zu schirmen, und unter seinem niedern Dache wuchsen Königssöhne gross.

Damals kamen zu ihm noch nicht von fernen Gestaden erkünstelte Bedürfnisse zu Schiffe herangeschwommen. Noch sog der Krämer nicht die beste Kraft aus seinen Landen, noch begrub nicht der Glanz üppiger Eitelkeit seinen Gewinn. Sondern mit eigenen Händen pflügte er sein Feld, seine Zuversicht war sein Arm, sein Schatz war Mässigkeit. Unsere Kunst besteht im Geniessen, die seinige bestand im Entbehren, und sich selbst genug zu sein als Mann, das war seine ganze Lehre.

Wenn er auch nicht darin geübt war, zierliche Redensarten zu drechseln, so galt doch dafür sein Handschlag mehr als Schwur und Schrift. Er nährte keinen heimlichen Hass und Groll in seinem Herzen und — lächelte glatt dazu; seine Hand war ein Schwert, seine Rede war kein Gift. Er verstand noch nicht die Kunst mit Worten eine Schuld zu bezahlen, und von seines Herzens weichen Gefühlen zu sprechen. Sein Hass war Feuer, seine Freundschaft dauerte bis in den Tod, und mit seinem Pflegebruder theilte er jedes Schicksal des Lebens.

Hans lärdom var ej stor. — Han visste lida
Och lefva som en man. Hvad vet' vi mer?
Vi veta huru sol och stjernor skrida —
De öfver veklingar gå upp och ner.
Vi apa åskan, kunna vapen smida,
Men ej det mod, som emot faran ler.
För lyckan krypande, vi slåss om brödet;
Han upprätt stod och brottades med ödet.

Sein gelehrtes Wissen war nicht gross. — Er
wusste zu leiden und zu leben als ein Mann.
Wissen wir denn mehr? Freilich wissen wir, wie
Sonn' und Sterne wandeln, — sie gehen über
Weichlingen auf und nieder. Wir machen dem
lieben Herrgott das Donnern nach, wir können
recht gut Waffen schmieden, doch nicht den
Muth, welcher der Gefahr trotzt und ihr ins
Gesicht lacht. Kriechend vor dem Glück,
schlagen wir uns ums tägliche Brod. Er da-
gegen stand aufrecht da und kämpfte mit dem
Schicksal.

Och föll han äfven — ej han hördes qvida,
Han dåligt drog hvad lag som menskan fått.
Med fåfäng suck han bad ej plågan bida,
Han tiggde ej om lifvets usla lott.
Med färdigt mod att lyda och att strida,
Han böd ett stålsatt bröst mot lyckans skott.
Allt kan dess nyck förta och allt beskära,
Ej makt att lefva fri och dö med ära.

Und fiel er auch — man hörte ihn nicht klagen,
er ertrug gelassen sein menschliches Geschick.
Nicht mit eiteln Wehklagen flehte er den Schmerz
an, ferne zu bleiben von ihm. Nie bettelte er um
des Lebens elendes Loos. Stets bereit zum Ge-
horchen wie zum Streiten, bot er den Pfeilen des
wankelmüthigen Glückes eine mit Stahl besetzte
Brust dar. Jedes andere Gut der Erde kann dir
seine Laune rauben und jedes wieder geben, nur
nicht die Gabe, gross und frei zu leben, und mit
Ruhm zu sterben.

Af dessa dygder fordom Manhem nämdes,
Ty det var fosterland för manlig dygd.
Vid blotta namnet vekligheten skrämdes,
Och tänkte rodnande sin egen blygd.
Här, der ur klippans hällar jernet tämdes,
Hon grundades den evigt fria bygd:
Och när åt bojan folken tycktes sig lemna,
Då kommo Nordens söner att dem hämna.
— — — — — — — — — —
— — — — — — — — — —

Von diesen Tugenden bekam einst Mannheim
seinen Namen, denn es war die Heimath jeder
Mannestugend. Der blosse Name flösste
der Weichlichkeit Scheu ein, und erröthend ge-
dachte sie der eigenen Schmach. Hier, wo man
das Eisen aus der Felskluft zwang, wurde der
Grundstein gelegt zu dem Reich einer ewigen
Freiheit: und wenn die Völker sich dem Druck
der Kette zu fügen und zu schmiegen schienen,
dann kamen die Söhne des Nordens, um sie zu
rächen.
— — — — — — — — — —

En slaf är den, som usla lustar jaga,
Om kedjan aldrig skramlat kring hans fot.
Blott det är dygd, att handla och för-
draga
Med enfald och med kraft och utan knot.
— — — — — — — — — —
— — — — — — — — — —

Ein elender Sclave ist Der, den erbärmliche
Begierden jagen, und wenn niemals eine Kette
an seinem Fusse rasselte. Nur das ist Tu-
gend, zu handeln in schlichter Einfalt
und mit Kraft, und still sein Loos zu tra-
gen, ohne mit seinem Geschick zu hadern. —

Vikingen.

Vid femton års ålder blef stugan mig trång,
Der jag bodde med moder min.
Att vakta på gettren blef dagen mig lång;
Jag bytte om hog och sinn.
Jag drömde, jag tänkte jag vet icke hvad,
Jag kunde, som förr, ej mer vara glad
 Uti skogen.

Der Wikinger.

Mit fünfzehn Jahren wurde mir die Stube zu
klein und zu enge, wo ich wohnte mit Mütterlein
mein. Beim Hüten der Ziegen wurde mir der
Tag zu lange, und umtauschte ich plötzlich Sinn
und Begehr. Ich träumt' und ich dachte, ich
weiss selbst nicht was, nicht vermochte ich mich
mehr wie vormals recht glücklich zu fühlen im
Walde.

Med häftigt sinne på fjället jag språng,
Och såg i det vida haf.
Mig tycktes så ljuflig böljornas sång,
Der de gå i det skummande haf.
De komma från fjerran, fjerran land:
Dem hålla ej bojor, de känna ej band
Uti hafvet.

En morgon från stranden ett skepp jag såg,
Som en pil in i viken det sköt.
Då svällde mig bröstet, då brände min håg,
Då visste jag, hvad mig tröt.
Jag lopp ifrån gettren och moder min,
Och Vikingen tog mig i skeppet in
Uppå hafvet.

Och vinden med makt in i seglen lopp;
Vi flögo på böljornas rygg.
I blånande djup sönk fjällets topp,
Och jag var så glad och så trygg.
Jag faders rostiga svärd tog i hand,
Och svor att eröfra mig rike och land
Uppå hafvet.

Vid sexton års ålder jag Vikingen slog,
Som skällde mig skägglös och vek.
Jag sjö-konung blef — öfver vattnen drog,
Uti härnadens blodiga lek.
Jag landgång gjorde, vann borgar och slott,
Och med mina kämpar om rofvet drog lott
Uppå hafvet.

Ur hornen vi tömde då mjödets must
Med makt på den stormande sjö.
Från vågen vi herrskade på hvar kust —
I Walland jag tog mig en mö —
I tre dagar gret hon, och så blef hon nöjd,
Och så stod vårt bröllop, med lekande fröjd,
Uppå hafvet.

En gång äfven jag ägde länder och borg,
Och drack under sotad ås,
Och drog för rike och menighet sorg,
Och sof inom väggar och lås.
Det var en hel vinter — den syntes mig lång,
Och fast jag var kung, var dock jorden mig
        trång
Emot hafvet.

Jag ingen ting gjorde, men hade ej ro,
För att hjelpa hvar hjelplös gäck.
Till mur vill man ha mig kring bondens bo
Och till lås för tiggarens säck.

Mit wildem Trotz und mit heissem Blut sprang
ich den Fels hinan, und sah hinaus ins unermessliche Meer. Mir däuchte so lieblich der Wogen
Gesang, wenn sie gehen ins schäumende Meer.
Sie kommen von fernem, von fernem Land, sie
hält keine Kette, sie wissen von keinem Band
im Meer.

Eines Morgens erblickt' ich ein Schiff vom
Strand, wie ein Pfeil schoss es in die Bucht herein. Da schwoll mir die Brust, da erwachte heiss
meines Herzens Lust und Begehr, da wusst' ich,
was mir fehlte. Ich lief von den Ziegen, von
meinem Mütterlein lief ich hinweg, und der
Wikinger nahm mich ins Schiff hinein auf's Meer.

Und der Wind stürmte mit Macht ins Segel
hinein; wir flogen auf dem Rücken der Wogen
dahin. Ins blaue Meer versank der Gipfel des
Felsgebirgs, und ich war so lustig, ich war so
wohlgemuth und getrost. Ich nahm des Vaters
rostiges Schwert in die Hand, und schwor mir
Reich und Land zu erobern auf dem Meer.

Mit sechzehn Jahren erschlug ich einen Wikinger, der mich unbärtig und weichlich schalt.
Ich ward ein Seekönig und durchzog die Gewässer im blutigen Spiel der Heerfahrt. Ich verliess das Schiff und begab mich an's Land mit
meinen Gefährten, gewann Burgen und Schlösser, und zog mit meinen Kämpen das Loos darum,
wer die Beute erhielt, auf dem Meer.

Da tranken wir mit Macht aus den Hörnern
den Saft des Meths auf der schäumenden See.
Wir beherrschten von der Fluth aus jede Küste
— in Walland nahm ich mir ein Mädchen. Sie
weinte drei Tage, und dann gab sie sich zufrieden, und dann wurde unsere Hochzeit gefeiert
mit fröhlichem Spiel, auf dem Meer.

Einmal besass ich auch Länder und Burgen,
und trank unter russigem Dachgebälk, und waltete des Reichs und des Volks, und schlief zwischen Wänden unter Schloss und Riegel. Das
war einen ganzen langen Winter hindurch — der
schien mir so endlos, und obgleich ich König
war, so war's mir doch zu klein und zu enge auf
der Erde im Vergleich mit dem Meer.

Ich that Nichts, und doch hatt' ich nicht Zeit
genug, um jedem hülflosen Gecken zu helfen.
Zur Mauer will man mich haben um das Nest
des Bauern, und zum Schloss an dem Schnapp-

På sakören, edgång och tjufvar och rån
Jag hörde mig mätt: — Vor' jag långt derifrån
   Uppå hafvet!

Så bad jag — men hän gick ock vintern lång,
Och med sippor strämlerna strö.
Och böljorna sjunga åter sin sång,
Och klinga: till sjöss, till sjöss!
Och vår-vindar spela i dal och i höjd,
Och strömmarna fria störta med fröjd
   Uti hafvet.

Då grep mig det fordna osynliga band,
Mig lockade böljornas ras.
Jag strödde mit gull öfver städer och land,
Och slog min krona i kras.
Och fattig, som förr, med ott skepp och ett svärd,
Emot okända mål drog i Vikinga-färd
   Uppå hafvet.

Som vinden frie vi lekte med lust
På fjerran svallande sjö.
Vi menniskan sågo, på främmande kust,
På samma sätt lefva och dö.
Bekymren med henne städs bosätta sig;
Men sorgen, hon känner ej Vikingens stig
   Uppå hafvet.

Och åter bland kämpar jag spejande stod
Efter skepp i det fjerran blå.
Kom Vikinga-segel — då gällde det blod;
Kom krämarn — så fick han gå.
Men blodig är segren den tappre värd,
Och Vikinga-vänskap, den knytes med svärd
   Uppå hafvet.

Stod jag mig om dagen å gungande stäf,
I glans för mig framtiden låg,
Så rolig, som svanen i gungande säf,
Jag fördes på brusande våg.
Mitt var då hvart byte, som kom i mitt lopp,
Och fritt, som omätliga rymden, mitt hopp
   Uppå hafvet.

Men stod jag om natten å gungande stäf,
Och den eusliga vågen röt;
Då hörde jag Nornorna virka sin väf,
I den storm genom ryuden sköt.
Likt menskornas öden är böljornas svall;
Bäst är, vara färdig för medgång som fall
   Uppå hafvet.

sack des Schluckers. Satt hatt' ich's, von den
ewigen Geldbussen zu hören, von den Eiden, den
Diebereien und Räubereien: — Wär' ich doch
weit weg davon auf dem Meer!

Den Wunsch that ich oft, — und endlich verging auch der ewige Winter, und voll von blühenden Anemonen standen die Gestade wieder. Und wieder singen die Wogen ihr Lied, und rauschen und klingen: zur See, zur See! Und die Frühlingswinde umtanzen fröhlich Thal und Hügel, und jauchzend stürzen die vom Eis freien Ströme in's Meer.

Da ergriff mich's wieder wie früher mit mächtigen, unsichtbaren Banden, mich lockte der Wogen Geräusch. Ich streuete mein Gold übers Land und die Städte aus, und schlug meine Krone in Stücken. Und arm wie zuvor, mit einem Schiff und einem Schwert, zog ich wieder nach fernen, unbekannten Zielen hinaus auf Wikingerheerfahrt auf dem Meer.

So frei wie der Wind trieben wir unser fröhliches Spiel auf ferner brausender See. Wir sahen den Menschen am fremden Gestade gerade so leben und sterben wie wir. Stets lassen sich mit ihm auch die kleinen Sorgen und Bekümmernisse des Lebens nieder; doch finden sie nicht des Wikingers Spur — auf dem Meer.

Und wieder stand ich unter meinen Kämpen, und spähte nach einem Schiff hinaus ins ferne Blau. Kam ein Wikingersegel daher — dann galt es Blut: kam der Krämer — so liess ich ihn ziehen. Doch wenn sie blutig, so ist die Krone des Sieges dem Tapfern werth, und nur mit dem Schwert in der Hand schliesst der Wikinger Freundschaft auf dem Meer.

Stand ich am Tage am schaukelnden Steven, lag glänzend vor mir die kommende Zeit; so ruhig und still wie der Schwan im schaukelnden Schilf segelte ich dahin durch die brausende Fluth. Mein war da, was mir in den Weg kam, und frei wie der unermessliche Raum war meine Hoffnung auf dem Meer.

Doch stand ich des Nachts am schaukelnden Steven, und die öde, die einsame Fluth schwoll empor mit Gebrüll; dann hörte ich die Nornen ihr Gewebe wirken in dem Sturm, der sausend dahinfuhr durch die Oede des Raumes. Gleich dem Schicksal der Menschen ist der Wogen Gebraus: darum ist es gut, sich gleich zu bleiben als Mann in Glück und Glanz, wie im Fall — auf dem Meer.

Jag tjugu år fyllt — då kom ofärden snar:
Och sjön nu begärar mitt blod.
Han känner det väl, han det förr druckit har,
Der hetaste striden stod.
Det brinnande hjerta det klappar så fort:
Det snart skall få svalka å kylig ort
  Uti hafvet.

Dock klagar jag ej mina dagars tal:
Snabb var, men god, deras fart.
Det går ej en väg blott till Gudarnas sal;
Och bättre är hinna den snart.
Med dödssång de ljudande böljor gå;
På dem har jag lefvat — min graf skall jag få
  Uti hafvet.

* * *

Så sjunger på ensliga klippans hall
Den skeppsbrutne Viking bland bränningars
  svall —
I djupet sjön honom rifver:
Och böljorna sjunga åter sin sång,
Och vinden vexlar sin lekande gång:
Men den tappres minne — det blifver.

Den siste Kämpen.

I natten tindrar blixtarnas sken:
På klippans spets sitter kämpen allen,
  Det väldiga svärd vid sin sida. —
En ny tid kommer. — Hans tider förgå,
Hans styrka är bruten, hans hjessa är grå:
  Hvi skulle han längre förbida?

Från branta fjället han trotsig ser
I stupande forsens afgrund ner:
  Å längtan tänds honom bloden.
I vågens damm tyckas vålnader stå,
Ur djupet röster manande gå:
  Hell den, som får vara hos Oden!

Ur klostret steg fjerran klockornas klang:
Och Kämpen ryste: — ur djupet det sang
  En sång, som mer honom glädde.
Den talte om kämpa-bragd och hopp.
Men åskan slog gällt, och sången slöt opp,
Och upp stod kämpen och qvädde:

Zwanzig Jahre zählt' ich — da kam das Missgeschick plötzlich heran: und die See begehrt nun mein Blut. Sie weiss es wohl, wie es schmeckt, sie hat es schon oft getrunken, wo die Schlacht am heissesten tobte. Das brennende Herz, das pocht so sehr: bald wird es gekühlt werden am kühlen Ort im Meer.

Doch klag' ich nicht um meiner Tage Zahl: zwar schnell und flüchtig, doch gut hat ihr reissender Strom mich dahingetragen. Es gehn mehr Wege als einer zum Saal der Götter hinauf, und besser ist es so schnell als möglich dahinzugelangen. Mir singen die brausenden Wogen den Grabgesang; — auf der Fluth hab' ich gelebt — auch mein Grab soll mir werden in dem Meer.

* * *

So singt auf der steilen, einsamen Klippe der schiffbrüchige Wikinger unter der Brandungen brausendem Schwall: — in die Nacht der Tiefen hinunter reisst ihn das Meer: — und wieder singen die Wogen ihr Lied, und der Wind wechselt die Richtung seines spielenden Ganges: das Gedächtniss des Tapfern jedoch — das bleibt.

Der letzte Nordlands-Recke.

Durch die Nacht zuckt flammend der Blitze Schein: einsam auf der Spitze des Felsens sitzt der Recke, an seiner Linken das mächtige Schwert. — Eine neue Zeit ist im Anzug. — Seine Tage sind vorbei, seine Kraft ist gebrochen und sein Scheitel ist grau: — Was soll er noch länger weilen?

Trotzig von dem steilen Fels blickt er in die Nacht des niederstürzenden Waldstroms hinab: von Sehnsucht erglüht ihm das Blut. Im Staube der schäumenden Fluth scheinen geisterhafte Nebelgestalten zu stehen, wie Mahnrufe von unten herauf rauschen Stimmen: Wohl dem, der schon in Odens Haus weilen darf!

Aus dem Kloster erscholl von ferne der Glocken Klang, und den Kämpen ergriff ein Schauder: — von unten klang ein Gesang herauf, der ihn mehr Freude machte. Darin war von des Kämpen rühmlichen Thaten und seiner Hoffnung die Rede: — Doch mit dröhnendem Hall schlug der Blitzstrahl ein, der Gesang brach plötzlich ab, und der Recke erhob sich und begann zu singen:

Ännu dock lefva
de gamle Gudar,
och Thor på vagnen
dånande åker —
Herrskarn i himlen
evigt; om också
intet offer
af jordrikets söner
åt honom tändes.

Och du, Oden,
Asa-höfdinge!
Gången är du.
Ännu i lifvet
ingen förmätte
Dig besegra;
och då Döden
Dig ville tvinga,
drog du manligt
det goda svärdet,
och ristade djupt
opp lifvets källor,
så att själen
trotsig och glad,
med forssande blodet
flög åt höjden.

Dock, du lefver!
och mång' tusende
kämpar, dem Du,
Valfader, valt
å rykande slagtfält,
till Dig samlats,
och i dina
gyllene salar
glade gäster.

Der de kläda sig
hvarje morgon
i blixtrande stål:
Att huggas och slåss
uppå Odens gård,
det är deras ro.
Sen rida de hem
till rågadt bord.
Sköldmö skänker
det brusande mjöd:
Skalden tar opp
den mäktiga sång. —
Om fordom-timma
och kämpa-idrott
qväder han: — Hjeltarne
lysena med fröjd,
och bifall slå

Es leben doch noch die alten Götter, und
Thor auf seinem Wagen fährt dröhnend dahin —
der ewiglich Herrschende im Himmel droben; —
wenn ihm der Erde Söhne auch kein Opfer mehr
anzünden.

Und auch du, Oden, Asahäuptling, bist nun
dahingegangen! Im Leben vermochte Nie-
mand dich zu besiegen; und als der Tod kam,
dich zu bezwingen, da zogest du mannlich das
gute Schwert, und ritztest mit Macht dir die
Quellbäche des Lebens auf, so dass die Sele
trotzig und heiter mit dem hervorsprudelnden
Blute zur Höhe hinaufflog.

Doch, noch lebst du! und viele tausend und
tausend Kämpen, die du, Walvater, auf dem
dampfenden Schlachtfeld gewühlt, sind nun zu
dir versammelt, und zechen als fröhliche Gäste
in deinen goldenen Sälen.

Da kleiden sie sich jeden Morgen in blitzen-
den Stahl: sich im Kampf zu hauen und zu
schlagen auf Odens Hofe, das ist ihre Lust und
ihr Leben. Darauf reiten sie wieder heim-
wärts zum Mahle, wo der Tisch strotzt von der
Last der Speisen. Die Walkyre kredenzt den
brausenden Meth: der Skalde hebt den mäch-
tigen Gesang an. — Er singet von den Tagen
der Vorzeit, von rühmlichen Thaten der Käm-
pen: — die Helden hören mit Freuden zu, und

uppå skölden hård,
så att det dånar
genom den eviga
Nattens riken.

Sen, J Gudar!
Jag är för gammal
för nya läran
om hvita Christus: —
Vill ej till himlen,
till andra Gudar
och Sankt Peter,
som jag ej känner.

Döpter är jag
i rödan blod
af fiender slagna,
och föraktar
att helgas af vatten.

Gångne äro
Stallbröder mina
alla hädan.
Ensam är jag;
och den siste,
ja, den siste,
ende lemnade
af mina vänner
vill ej mer
med mig pläga samqväm.

Sen, J Gudar!
detta svärdet:
nu är det tungt
i den gamles händer.
J veten, jag har ej
mycket aktat
blod eller lifvet:
Bort det! — att Kämpen
skulle dö neslig̣t
på mjuka bädden;
dit de komma
de svarte män
uti munke-kåpor,
och med olåt
nedlägga kroppen
i lågan mull:
der ingen hög,
ingen Bautasten
skall stå upp på hans stoft,
att de må se den,
de kommande folk,
och vandraren säga:
„Der hvilar Han
af de gamla dagar."

schlagen Beifall auf den wuchtigen Schild, so
dass der dröhnende Schall hintost durch's Reich
der ewigen Nacht.

Seht, ihr Götter! Ich bin zu alt für die neue
Lehre vom weissen Christus: — will nicht in den
Himmel, zu andern Göttern und dem heiligen
Peter, den ich nicht kenne.

Getauft bin ich im rothen Blute erschlagner
Feinde, und verachte die Heiligung durch's
Wasser.

Dahingegangen sind meine Stallbrüder, all
sind sie dahingegangen. Einsam bin ich jetzt
und steh' allein; und der Letzte, ja, selbst der
Letzte und Einzige, der mir noch blieb von
meinen Freunden, will keine Gemeinschaft mehr
haben mit mir.

Seht, ihr Götter! Dieses Schwert, jetzt ist es
schwer in des Greises Händen. Ihr wisst es, ich
habe Blut und Leben nicht gross geachtet:
ferne sei es von mir, dass der Recke nun schimpf-
lich sterben sollte auf dem weichen Bette; —
wohin sie kommen, die schwarzen Männer in
Mönchsmänteln, und mit Geplärr den Leichnam
in tiefer Grabeserde niederlegen, wo sich kein
Hügel, kein Bautastein erhebt ob seiner Asche,
dass sie ihn schauen mögen, die kommenden
Geschlechter, und dem Wanderer sagen: „Da
ruht er, der Held aus den Tagen der Vorzeit."

Derför, Valfader,
tag mig till dig! —
I Valhalla
ännu står
ledigt ett rum
för den siste Kämpen.

Darum, Walvater, nimm mich zur dir! In
Walhalla steht wohl noch ein Platz leer für den
letzten Nordlands-Recken.

I natten tindrar blixtarnas sken.
På klippans spets sitter Kämpen allen,
Sitt väldiga svärd vid sin sida.
En ny tid kommer. — Hans tider förgå.
Hans styrka är bruten, hans hår äro grå:
Hvi skulle han längre förbida?

Durch die Nacht zuckt flammend der Blitze
Schein. Einsam auf der Spitze des Felsens sitzt
der Recke, an seiner Linken das mächtige
Schwert. Eine neue Zeit ist im Anzug. — Seine
Tage sind vorbei. Seine Kraft ist gebrochen,
sein Haar ist grau: was soll er noch länger
weilen?

Från branta fjället han trotsig ser
I stupande forssens afgrund ner:
Af längtan tänds honom bloden.
Ur djupet tycks manande röster gå.
Han störtar från klippan i djupet brå —
Säll den, som får vara hos Oden!

Trotzig von dem steilen Fels blickt er in die
Nacht des niederstürzenden Waldstroms hinab:
von Sehnsucht erglüht ihm das Blut. Wie ein
Mahnruf von unten scheinen Stimmen herauf-
zuklingen. Er stürzt sich vom Felsen hinunter
jach — wohl dem, der da in Odens Haus darf
weilen!

Den siste Skalden.

Hans växt var kämpalik, men, böjd af åren,
Med långsam gång han öfver heden skred;
Från hjessan fladdrade de hvita håren,
Det sida skägget flöt till gördeln ned.
Han följde ingen väg, han såg ej spåren,
Men framåt oförryckt tog han sin led.
Mot klara himlen stadigt stod hans öga,
Som om sitt mål han sökte i det höga.

"Hvarthän, o vandrare, i nattens timma?" —
Han vänder sig ej om vid röstens skall.
Hans steg ej villsefar i skog och dimma;
En Gud bevarar visst hans fot för fall.
I luften höres milda toner simma,
Som suckande dö bort mot klippans hall.
Så vandrar han med harpan uti händer,
Så har han vandrat genom många länder.

En sällsam gäst från grå forntids-dagar
(Ej någon visste talet på hans år)
Han går sin stilla gång och icke klagar
Att han på jorden ingen fristad når,

Der letzte Skalde.

Sein Wuchs war Kämpenähnlich, jedoch, ge-
beugt von der Last der Jahre, schritt sein Fuss
gemessnen Ganges durchs öde Haidefeld; vom
Scheitel hernieder hingen ihm, im Sturme
fliegend, die weissen Locken, bis zum Gürtel
hinab floss ihm die silberne Pracht seines langen
Bartes. Er schaute auf keinen Weg, er folgte
keiner Spur, sondern vorwärts wandelte er
geradaus seine Bahn. Zum klaren Himmelsge-
wölbe empor sah stäten Blicks sein Auge, als
ob er seines Weges Ziel da in der Höhe suchte.

"Wohin, o Wanderer, so spät in der Nacht?"
— Er dreht sich nicht um, er gibt der lauten
Frage kein Gehör. Sein Schritt fehlt nicht des
rechten Wegs in Wald und Nebel, gewiss ist es
ein Gott, der seinen Fuss vor Fall und Schaden
bewahrt. In der Luft schweben und singen und
klingen süsse Töne, die sich sterbend am Fels-
geklipp des Berges brechen. So wandert er
dahin mit der Harfe in der Hand, so ist er schon
durch manches Land gewandert.

Ein seltsamer Fremdling aus grauen, längst-
vergangenen Tagen, (es wusste Keiner die Zahl
seiner Jahre zu nennen), geht er still und ruhig
seines Wegs dahin und klagt nicht, dass er auf

Att andra tider infört andra lagar,
Att längese'n försvunnit Sångens vår.
Hans slägt gått ut. — Han sina vänner miste.
Han utaf skalderna är qvar den siste.

I kungaborgen lyste ljusen klara,
Vidt hördes midnattsfestens vilda fröjd.
Kring borden satt de fagra jungfrurs skara,
Och mången ungersven till lekar böjd.
„Låt bägarn, fylld till brädd, kring laget fara,"
Skrek konungen, „jag är i qväll förnöjd."
Men tunga slag på porten störa festen:
„Låt upp," sad' kungen, „för den nya gästen."

In trädde Skalden. — Dörren knappast rymde
Den gamles majestätiska gestalt.
En okänd fruktan lagets glädje skymde,
Och tyst som grafven blef i salen allt.
Snällt mången mö bakom sin granne rymde,
Af bäfvan månget Tignar-hjerta smalt.
Men tyst, en vålnad lik från andra verlden,
Stod gästen der med ögat fäst på värden.

„Hvem är du, Främling?" ändtlig kungen frågar,
Och gör ett kors utöfver bägarns rand.
„Om jagad upp ur grafvens sköt du tågar,
Vik hän i korsets namn till skuggors land!
Om i ditt bröst än lifvets flamma lågar,
Så tag den gyllne bägarn af min hand." —
Den gamle bägarn tar och drycken tömmer,
Hans öga tänds, han mjödets kraft berömmer.

„Hvad Du mig gjort, dig Gud en gång betalar,
Och tröstens dryck dig ej i nöden spar.
En gammal man, o Konung, du hugsvalar,
Hvars lefnad en gång skådat bättre dar.
I festens prakt, i gyllne kungasalar,
Ej Skalden fordomdags en främling var.
Nu är han trött af hundra-åra skiften,
Han öfverleft sin tid, hans hopp är griften.

Erden keine Freistatt mehr finden kann, dass andere Zeiten andere Weisen eingeführt haben, und dass der Mai des Gesanges längst vorüber ist. Von seinem Geschlechte lebt längst Keiner mehr. — Von seinen Freunden verlor er Einen nach dem Andern. Von den Skalden ist er der Letzte, der noch lebt.

Hell in der Königsburg strahlten die Kerzen, weithin vernahm man das wilde Jubeln und Lärmen des Mitternachtsfestes. Im Kreis um die Tische herum sassen holde Maiden, und mancher kühne Knabe, zu Scherzen frohen Sinnes geneigt. „Lasst den Becher, voll bis zum Rand, im Kreise herumgehn," schrie der König, „mir ist die Nacht so wohl zu Muth." — Doch schwere Schläge am Thore draussen stören plötzlich das Fest: „Schliesst auf," sagte der König, „und lasst mir herein den neuen Gast!"

Eintrat der Skalde. — Die Thüre war fast zu nieder für des Greises majestätische Gestalt. Eine Scheu und ein Bangen, das diesen Herzen neu war, scheuchte mit einmal Lust und Fröhlichkeit vom Mahl hinweg, und still wie im Grabe wurde es plötzlich im ganzen Saal umher. Rasch machte sich manches schöne Kind hinter seinen Nachbar, vor Beben schmolz manches Höflingsherz. Doch still und ruhig, einer Erscheinung aus einer andern Welt vergleichbar, stand der Gast da, das Auge fest auf seinen edeln Wirth gerichtet.

„Wer bist du, Fremdling?" fragt der König endlich, und setzt den Becher hin und schlägt ein Kreuz darüber. „Wenn du im Schooss des Grabes keine Ruhe hast und umgehen musst, so hebe dich hinweg, im Namen des Kreuzes, und fleuch hinab ins Land der Schatten! Loht dir jedoch des Lebens Flamme noch in der Brust, so nimm den goldenen Becher aus meiner Hand und trinke." — Der Greis greift schnell nach dem Becher und trinkt ihn leer, und seine Augen glühen und er rühmt die Kraft des Meths.

„Was du an mir gethan, das lohnt dir Gott einmal, und kargt nicht mit dem Labetrunk des Trostes, wenn du in Schmerz und Noth bist. Einen alten Mann, o König, erquickst du ja, dessen Leben einst bessere Tage gesehen. Beim prächtigen Festmahl, in goldenen Königsälen, war der Skalde vormals kein Fremdling. Jetzt ist er müde von einem hundertjährigen Lebens Schicksalswechseln, er hat jetzt seine Zeit längst überlebt, seine Hoffnung ist das Grab.

Af sångens barn, som tystnat uti Norden,
Jag ensam blef. — Jag tog min vandringsstaf.
En flyktig främling i min ålder vorden,
Min harpa mig mitt uppehälle gaf.
Från dörr till dörr jag vandrade på jorden:
Jag kom till fjerran land och Christi graf.
Jag harpan slog till mången Pilgrims psalmer,
Jag spelte under helga landets palmer.

Men giftig var i Södern blomstrens ånga,
Der synden frodas uti solens brand,
Och illslugt folket, deras hjertan trånga;
Sjelf sången låg i vinningslystnans band.
Jag Karlavagnen såg på fästet gånga:
Jag trädde åter till mitt kalla land,
Der ren står blåa himlen öfver tjällen,
Och äran bor, ovanskelig som fjällen.

Det drog mig bort — Jag kunde icke dröja.
I mina ögon sällan kom en blund.
Jag gick, då natten stjernbestrött sin slöja,
Jag gick, då solen gjorde dagens rund.
En högre makt har tyckts min styrka höja,
Och jag har bårdat ut till denna stund.
Så har jag vandrat öfver berg och dalar,
Så har jag kommit i min konungs salar.

Af Dig, o Drott! jag intet vill begära,
Ej kostlig gåfva, icke bröd och lön:
Men vill du skalden någon nåd beskära,
Så tillstäd honom blott en enda bön:
Att än en gång få höja festens ära."" —
„Välan! utaf din konst ge oss ett rön,"
Sad' konungen. — Den Gamle satt i gången,
Och harpan slog och sjöng den sista sången:

„„Vid målet är jag
af långa resan.
De matta senor
mig icke svikit
på sista färden.
Tack Er, J Makter
som nådigt vakat

Von den Söhnen des Gesanges, die einer nach
dem andern im Norden schwiegen, bin ich der
Einzige, der noch am Leben geblieben ist. —
Ich griff zu meinem Wanderstab, zu einem
flüchtigen Fremdling geworden in meinen alten
Tagen; meine Harfe gewährte mir den nöthigen
Lebensunterhalt. Von Thür zu Thür bin ich
gewandert auf Erden: nach fernen Landen kam
ich hin und zu Christi Grab. Zu manches Pil-
grims heiligen Liedern hab' ich die Saiten ge-
schlagen, unter den Palmen des heiligen Landes
hab' ich sie geschlagen.

Doch giftig war der Blumenduft im Süden,
wo die Saat der Sünden wild emporschiesst
in der Gluth des Sonnenbrands, und wo das
Volk voll Arglist ist und so engen Herzens; —
selbst die Kunst des Gesanges lag da in den Ban-
den schnöder Gewinnsucht. Ich sah den Karls-
wagen am Himmelsgewölbe dahinfahren: ich
kehrte wieder zurück nach meinem kalten Land,
wo rein und hell der blaue Himmel ob niedern
Dächern steht, und wo die Ehre heimisch ist,
fest und unverrückbar wie die Gebirge von
Schnee.

Es zog mich fort. — Es war mir unmöglich,
länger zu bleiben. In meine Augen kam selten
der Schlaf. Rastlos wanderte ich, wenn sich
die Nacht den Schleier mit Sternen schmückte,
rastlos wanderte ich, wenn die Sonn' ihre Tages-
runde machte. Eine höhere Macht muss meine
Kraft gestärkt haben, und ich hab's ertragen und
habe mich durchgekämpft bis jetzt. So hab'
ich Gebirg und Thal durchzogen, so bin ich
endlich angelangt in meines Königs Sälen.

Von dir, o König, will ich nichts begehren,
weder ein köstliches Geschenk, noch Brod und
Lohn; doch willst du dich dem Skalden gnädig
erweisen, so gewähre ihm nur eine einzige Bitt'
und zwar die, nur noch einmal in seinem Leben
den Glanz des Fests erhöhen zu dürfen." —
„Wohlan, du magst uns eine Probe von deiner
Kunst geben," sagte der König. Der Greis sass
da im Säulengange, und schlug die Saiten und
sang sein letztes Lied:

„Am Ziele bin ich der langen Reise. Die
müden Sehnen haben mich nicht im Stich ge-
lassen auf der letzten Fahrt. Dank euch, ihr
Mächte da droben, die gnädig gewacht

öfver den Gamle,
att hans själ
måtte se den dag,
hvarefter hon längtat. —
Jag vet, hvar jag är.
Känner jag icke
det väldiga Svithiods
Konunga-sal?
Der tapprare männer
i högsätet sutit,
Kung! före dig,
och skalder fordom
stämde opp sången
bättre an jag: —
Mig tyckes jag ser dem,
de grå skuggor,
med stilla allvar,
resliga stå
bland de stojande gäster.
Jag kommer! Jag kommer!
Ej fruktlöst de vinka.
Jag längtar till Er,
Till Eder, J hjeltar!
Och lifligt går upp
för min hänryckta själ
det röda skenet
af forntida minnen. —

I fordna dagar
satt skalden ofta
vid kungabord,
der skummande hornen
gingo kring laget
i kämpa-samqväm.
Vid hans sånger
om segerrik bragd
bröt ljungande mod
in i männers hjertan;
och mången stod opp
från hårda bänken,
svärjande löfte
om framtida storverk.
Då var ärofull
sångens lön;
och ett konunga-svärd,
från hjeltens sida,
var värdig skänk
åt skalden, hvars arm
nog visste det föra
i fordna dagar.

I fordna dagar
var skaldens plats
ej i gästabud blott,
men i härnad.

ob dem Haupt des Greises, dass seine Sele noch schauen mochte den Tag, nach dem sie sich sehnte. — Ich weiss, wo ich bin. Erkenn'ich nicht wieder die mächtigen Swithiods Königssaal? Wo tapfere Männer vor dir, o König, im Hochsitz sassen, und Skalden vormals den Gesang anhuben besser als ich: — mir ist, als säh' ich sie, die grauen Nebelgebilde, still und ernst und riesengross dastehn unter den lärmenden Gästen. — Ich komm', ich komm' schon! Nicht vergebens winken sie mir. Meine Sele sehnt sich nach euch, nach euch, ihr Helden der Vorzeit! Und lebendig und hell vor meinem gottheitstrunkenen Geiste glüht herauf der rothe Lichtglanz der Vorzeitserinnerungen. —

In vorigen Tagen sass der Skalde oft an dem Tisch des Königs, wo schäumende Hörner im Kreise der schmausenden Kämpen herumgingen. Bei seinen Liedern von Grossthaten und Siegen fuhr der Muth wie ein himmlischer Blitzstrahl in die Brust der Männer herab; und mehr als Einer erhob sich von der harten Bank und schwor und that ein Gelöbniss künftiger Grossthaten. Ruhmvoll war damals der Lohn des Gesanges; und ein Königsschwert von Heldenlenden war ein würdiges Geschenk für den Skalden, dessen Arm es noch wohl zu schwingen wusste in vorigen Tagen.

In vorigen Tagen nahm der Skalde nicht nur beim Gastmahl, sondern auch auf der Heerfahrt seine Stelle ein.

Då kämpen drog ut,
blef ej skalden qvar.
Då kämpen drog hem,
kom skalden och qvad
om ärofull död eller seger.

Då bären på heden
sig lägrat till hvila,
väntande slaget
vid gryningens timma,
satt skalden opp
i den tysta natt,
och med ljugen röst
qvad förfäders ära.
Sångens makt
tog fatt på hans själ,
och gaf honom kraft
att betvinga männer.
Som svärdsegg skarpa
gingo hans ord.
Han grep uti harpan
med väldig hand,
och ljudet trängde
till hjerta och märg,
och tände der eld
och en hjelte-vrede.
Med svärdet tryckt
till klappande bröst,
ligger Kämpen tyst.
Han räknar på stjernorna
nattens lopp
än tindra de klart
öfver fjällens topp;
och ur dalens djup,
ur den stormande fors
tycks fjerran dånet skicka en röst,
som ropar: till Valhall! till Valhall!

Fast många äro
min lefnads dagar:
jag sett ett slägte
af jorden gå;
jag sett ett annat
på jorden komma: —
Men knappast bevarar
min hågkomst matt,
ifrån barna-år,
ett minne af sångens
gyllene dagar:
Då ännu stod
i sin fordna prakt
Upsala tempel.
Der, under hvalf
af timmerhög skog,
bodde de mäktige

Wenn die Kämpen in die Schlacht zogen, blieben auch die Skalden nicht zurück. Zogen die Kämpen wieder heimwärts, dann kamen die Skalden und sangen von rühmlichem Tod oder von dem Ruhm des Sieges.

Wenn die beiden Heerhaufen der Ruhe pflogen, und die Schlacht erwartend beim Grauen der Morgendämmerung im Felde lagerten, dann erhob sich der Skalde im Schweigen der Nacht, und besang mit lauter Stimme den Ruhm der Väter. Die Macht des Gesanges ergriff seine Sele, und gab ihm Kraft, Männer zu bezwingen. Wie Schwerter so schneidend erklangen seine Worte. Er griff in die Saiten mit mächtiger Hand, und der Ton drang durch Mark und Bein, und fachte da eine Gluth und ein Feuer an, und einen Heldenzorn. Das Schwert fest an seine klopfende Brust drückend, liegt still und ruhig der Recke da. Er zählt an den Sternen die Stunden der Nacht — noch stehn sie hellglänzend überm Schneegebirg; und aus dem Grund des Thales, vom stürmenden Wasserfall rauscht ein fernes Getöse herauf, das klingt wie ein Ruf: nach Walhalla hinauf! Hinauf nach Walhalla!

So viele auch sind der Tage meines Lebens: ich habe ein Geschlecht vom Erdboden verschwinden sehn; ich habe ein anderes auf die Welt kommen sehn: — so bewahrt doch mein Gedächtniss kaum noch, wie ein schwaches Nebelbild aus der Dämmerung meiner Kindheit, eine blasse Erinnrung von den goldenen Tagen der Dichtung: als noch in seiner vorigen Pracht der Tempel von Upsala dastand. Da unter der Wölbung des riesigen Holzgebälks, wohnten die mächtigen

Svithiods Gudar —
Jag såg konung Inge;
han kom med makt,
och lärde med svärdsegg
Christen tro,
i min ungdoms-dagar —
Jag minnes den natt,
då branden bröt ut
utur helgedomen.
Med hiskeligt brak
störte de urgamla
murar ned
uti svalg af lågor.
I luften hvenō
sällsamma ljud;
och folket, som stod
förstenadt af fasa,
hof ett skri:
Nu draga de hädan,
de gamle Gudar!
Då blef jag döpter
i Fyris å,
som hvälfde röd
utaf hedna-blod,
i min ungdoms dagar.
Attio år
har jag väntat se'n.
Men de komma ej åter,
de gamle Gudar.
Derföre måste jag
gå till dem.
Och de Christnas fader,
som jag bekänt,
han är rik och mild:
Hans hämnd skall ej söka
en ringa man,
som vid grafvens brädd
stammar en bön
åt förgätna Gudar;
Han skall ej vredgas,
om skalden förskjuter
himmelens glans,
för att, i nattens
gråa djup,
sitta med kämpar
i Odens sal,
och sjunga sin sång
med Brage den gamle."

I salen hörs ett harmfullt sorl kring borden,
Och upp står konungen med häftigt mod.
„Din sång jag löna vill, och för de orden,
Din hednahund, du pliktar med ditt blod !" —

Götter Swithiods — ich sah König Inge; er kam mit Macht und lehrte mit der Schneide des Schwerts den christlichen Glauben in der Zeit meiner Jugend. — Der Nacht gedenk' ich noch, als die Flamme hervorbrach aus dem Dach des Heiligthums. Mit grausem Gekrach brachen die uraltheiligen Mauern zusammen in Schutt und Graus, und gierig verschlaug sie der Rachen des Feuers. In der Luft liessen sich seltsame, gleichsam klagende und winselnde Töne hören; und das Volk, das vor Schrecken umherstand, erhob ein Geschrei und rief: „Jetzt ziehn sie von hinnen, die alten Götter!" — Da wurde ich getauft im Fyrisfluss, der rothschäumend dahinzog von dem Blut der Heiden, in meiner Jugend Tagen. Achtzig Jahre hab' ich nun gewartet seit jener Zeit; doch sie kommen nicht wieder, die alten Götter. Darum muss ich zu ihnen gehn. Und der Vater der Christen, dessen Bekenner auch ich war, er ist ja so reich und mild; seine Rache wird nicht suchen einen geringen Mann, der am Rand des Grabes noch ein Gebet stammelt zu vergessnen Göttern; er wird nicht zürnen, wenn der Skaldo den Glanz des Himmels verschmäht, um in den grauen Tiefen der Nacht mit Kämpen zu schmausen in Odens Saal, und seinen Gesang zu singen mit Brage dem Alten.""

Ein unwilliges Gemurmel durchflog jetzt den ganzen Saal, und der König sprang von seinem Sitz empor mit heftigem Muth. „Deinen Gesang will ich dir lohnen, und was du da zu sagen gewagt hast, du Heidenhund, das sollst du mir mit deinem Blute bezahlen!" —

Den gamle satt med pannan höjd mot jorden,
Han famnar harpan, som för honom stod.
Han svarar ej — han ej ur stället rymmer;
Ty dödens skugga re'n hans öga skymmer.

Doch seine Stirne zur Erde neigend, sass der
greise Sänger da; er umfasst mit beiden Hän-
den die Harfe, die vor ihm steht. Er sagt nichts
mehr darauf — er geht nicht von der Stelle;
denn des Todes schwarze Wolke steht schon
dunkel vor seinem Auge.

Men hastigt grep hans hand i harpans strängar,
De darrade med gäll och ljuflig klang. —
Det är hans själ, som sig med ljudet mängar,
Då fri den sig ur kroppens bojor svang;
Och stundom ännu, uppå våra ängar,
Man hör i qvällens timma denna klang:
Då hviska barnen tyst — och fly till sängen:
„Den siste Skalden vandrar öfver ängen."

Doch rasch griff seine Hand in die Saiten, und
bebend erklangen sie mit klarem und schönem
Ton. — Es ist seine Sele, die mit dem Ton
verschmolz, da sie sich aus des Leibes Banden
zur Freiheit emporschwang; und noch jetzt zu-
weilen auf unsern Auen lässt sich dieser holde
Schall des Abends hören: da flüstern die Kin-
der leise — und fliehen zu Bette: „Der letzte
Skalde wandelt durch die Aue."

Svegder.

Satt Svegder, Drott, uti sin sal om Julen,
I Upsala, vid Gudars stora fest.
Ej fanns en man mer skön och karlavulen:
Bland kämpar alla syntes han dock bäst.
Till honom höjdes mången blick förstulen,
Af mången sköldmö, som der var hans gäst.
Han satt å konungsstol af hårda malmen,
Och mör och svenner lekte uti halmen.

Då tog han Bragebägarn uti händer —
En osedd gudamagt hans själ grep an.
Då trår hans själ bort till de goda stränder,
Der Asars stolta slägte först upprann.
„Det är en sed," sad' han, „i våra länder,
Att Drotten gör sitt löfte som en man:
Den död ej rädes, sig till ledung samle!
Jag går att söka Oden upp den gamle."

De kämpar tolf från sina säten sprungo:
Sin härkomst minnas de af Gudars stam.
Af vapenbrak de dystra hvalfven klungo,
Förstummadt är de glada lekars glam;
Men, när som vårens första lärkor sjungo,
Drog Drotten med de tolf mot skeppen fram.
De väna jungfrur stodo uppå stranden,
Och sågo seglen fly mot himlaranden.

Swegder.

In seinem Saal in Upsala sass zur Julzeit, beim
grossen Fest der Götter, Swegder, der Schwe-
den König und oberster Priester. Keinen schö-
nern Mann gab's und keinen männlichern, als
ihn, und unter all seinen Kämpen erschien er
doch als der beste. Zu ihm erhob sich mancher
verstohlne Blick von Seiten mancher Schild-
jungfrau, die da in dem Kreise seiner Gäste sich
befand. Er sass auf seinem Königsstuhl von
hartem Erz, und Mägdlein und Knaben spielten
ihr Julspiel unten auf der Streu.

Da nahm er den Bragebecher in die Hand —
eine unsichtbare göttliche Macht ergriff seine
Sele. Da entflog seine Sele zu jenen glück-
lichen Ufern, an denen des stolzen Asenge-
schlechtes erste Heimath stand. „Es ist ein
Brauch," sagt er, „in unsern Landen, dass der
König als ein Mann sein Gelöbniss thut: — Wer
den Tod nicht fürchtet, der mag sich zur Heer-
fahrt sammeln! Ich gehe, den alten Oden auf-
zusuchen."

Seine zwölf Kämpen sprangen von ihren Sitzen
auf: ihrer Herkunft gedenken sie von dem Ge-
schlecht der Götter. Vom Getös der Waffen
erklangen die düstern Wölbungen des Saal's,
und die Lust der fröhlichen Spiele war plötzlich
zum Schweigen gebracht; — sowie jedoch des
Frühlinges erste Lerchen sangen, zog der Kö-
nig mit den Zwölfen zu seinen Schiffen. Die
holden Jungfrauen standen am Gestade, und
sahen die Segel dem Rand des Himmels zufliehn.

Han for, han for så snällt på östervågar,
Och lade skeppen sist i stilla vik.
Ej efter väg och stig han noga frågar,
Der han i skogar går i Gardarik.
Men följd af kämpars här han framåt tågar —
En färd på underbara öden rik.
Och öfver hed och mark sin kosa vänder
Alltjemt åt solens hem och Odens länder.

Sist efter är han slutligt en gång länder
Till flodens skiljegräns vid Tyrkialand.
Han stod på Tanaqvisls höga stränder,
Då aftonrodnan log från vesterns rand.
Hans kämpar tända eld och, vid dess bränder,
Sin qvällsvard laga till med egen hand;
Men Drotten ensam går i qvällens stunder,
Uti den fagra nejd bland ros och lunder.

Han såg han nalkades till Gudars säten:
Så sällsam och så skön var denna mark. —
Ur skogen klungo underbara läten,
Ur flodens stilla våg steg sången stark.
Det skymtar honom skepnader i fjäten,
Än här, än der uppå den skumma park.
I daggigt gräs stå blåa, klara ringar,
Der Alfvors dans i nattlig ro sig svingar.

Han går och går, hans väg alltmer sig tränger
Emellan klippors hvalf och brutna berg.
En bergvägg honom slutligt stigen stänger:
Der sitter silfvergrå en gammal dvärg.
Till fötterna ner det sida skägget hänger,
Likt rimfrost glittrar det i månans färg.
Han sjunger ljufligt genom lugna qvällen:
„Kom, Svegder, Svegder! Oden är i hällen."

Tillbaka Drotten vill — det är förgäfves:
En hemlig trollkraft återför hans fot.
Han ropa vill — hans stämmas ljud förqväfves.
Han hotar — dvärgen nickar åt hans hot.
Men fullare beständigt sången häfves,
Och skallar honom öfverallt emot,
Det klingar tusenfaldigt genom fjällen:
„Kom, Svegder, Svegder! Oden är i hällen."

Er fuhr, er fuhr so schnell dahin auf der Ostsee Wogen, und legte zuletzt an in der stillen Wik. Er fragt nicht sonderlich nach Weg und Steg, wo er durch Gardariks Wälder zeucht; sondern von dem Heer seiner Kämpen gefolgt, schreitet er vorwärts — ein Zug, an wundersamen Begebenheiten reich. Und über Haideland und Feld schlägt er seinen Weg ein und zieht rastlos weiter, der Heimath der Sonn' und Odens Ländern zu.

Nach Jahren endlich langte er einstens an dem Strom an, der die Gränzscheide bildet des Türkenlands. Er stand an den hohen Ufern des Tanaqnisls, als die Abendröthe vom Westen herüberlächelte. Seine Kämpen machen Feuer an, und richten sich mit eigenen Händen an dessen glühenden Scheitern ihr Nachtmahl zu; der König indess ergeht sich einsam in dem Glanz des Abends in jener reizenden Gegend unter Hainen und Rosen.

Er sah, dass er sich nunmehr den Wohnsitzen der Götter nahte: so eigen und so schön war dieses Land — aus dem Walde riefen wunderbare Stimmen, aus des Stromes leiser Fluth stieg mächtig der Gesang herauf Auf Schritt und Tritt vor seinem Blick erschienen und verschwanden wieder luftige Gestalten bald da und bald dort in der dunkeln Waldesdämmerung. Im thauigen Grase glänzten blaue, lichte Kreise, wo in nächtlicher Ruhe der Reigen der Elfen sich bewegt.

Er geht und geht, sein Weg drängt sich mehr und mehr zwischen Felsengewölben und Trümmern hindurch. Eine Felswand macht ihm zuletzt jedes Weitergehn unmöglich, und davor sitzt silbergrau ein alter Zwerg. Bis auf die Füsse herab hängt ihm des langen Bartes Schwall, wie Reif erglänzt er im blassen Schein des Mondes. Lieblich singt er durch die stille Nacht: „Komm, Swegder, Swegder! Oden ist in dieser Felskluft da!"

Der König will zurück — es ist vergebens: ein geheimer Zauber zieht seinen Fuss mit Macht zurück. Er will rufen: — der Laut seiner Stimme versagt ihm. Er droht: — der Zwerg nickt schweigend mit dem Kopf dazu. Doch voller und mächtiger erhebt sich der Gesang und klingt ihm überall entgegen, und tausendfältig klingt es durch's Gebirge: „Komm, Swegder, Swegder! Oden ist in dieser Felskluft da!"

Då öppnade sig bergets hårda sida,
Och in såg Svegder; — men hvad der han sett,
Det kan ej menskligt öga se och lida.
Det forskar fåfängt något menskligt vett.
Alltnog — han kunde icke längre bida,
I hällens öppna barm han lopp med ett
Den slöts; — och är ej Sagans vitsord jäfvigt,
Så sitter konung Svegder der för evigt.

Da öffnete sich des Berges harter Schooss:
und hineinsah Swegder; — was er jedoch gesehn, das kann kein menschliches Auge sehn und ertragen, das erforscht kein menschlicher Witz. Genug — nicht länger vermochte er zu zögern, und in der Felskluft offnen Busen stürzt er sich mit einem Mal hinein. Sie schloss sich wieder; — und wenn der Sage Zeugniss Geltung hat und Wahrheit, dann sitzt König Swegder für ewige Zeiten da.

Gjukungarnes fall.

Det bål var tändt, der Sigurd och Brynhilda
Af lågan tärdes — sint förenta så,
I lifvet stödts af vreda öden skilda,
Som ej i döden ens försoning få.
Till nya offer skrider straxt den vilda,
Oblidkeliga hämnden, och skall gå
Att fylla opp Brynhildas sista böner
Och kräfva Sigurds blod af Gjukes söner.

Nu är att säga, hur kung Atle sitter
Uti hin höga borg, en konung bålá,
Förnäm i makt, i hjertat hård och bitter;
At girig grymhet var hans lusta såld.
Han sade: Allt hvad önskas jag besitter,
Om Sigurds guld jag ägde i mitt våld:
Den enda åträ än mitt hjerta röner —
Men Sigurds skatter äga Gjukes söner.

Väl var han genom slägtskaps helga lagar
Med dem förent. Gudruna hans gemål,
Den stoltaste bland qvinnor i de dagar,
Var deras syster, genom giftermål,
Som hennes hjerta afskyr och beklagar,
Fäst vid en man, för hennes hat ett mål.
Men band ej finns för honom. Brottet kröner
Sitt verk, och ofärd väntar Gjukes söner.

Förlider så en tid. Han slutligt sänder
Till dem en man, som förer falska bud:
De måga söka honom i hans länder;
Hvad kostligt finns i vapen, gods och skrud,
Han gerna gifva vill i deras händer;
Han vill dem väl, och svär det vid sin Gud.
De hjeltar suto vid de breda borden,
Förnummo det, och undrade på orden

Der Fall der Gjukungen.

Der Scheiterhaufen war angezündet, auf welchem Sigurd und Brynhilde von der Flamme verzehrt wurden — so kamen zuletzt wieder zusammen, die da im Leben beständig von zornigen Geschicken geschieden wurden, die nicht einmal im Tode Ruhe und Frieden finden. Zu neuen Opfern schreitet nun sogleich die wilde, die unversöhnliche Rache, und will gehn, um Brynhildens letzte Bitten zu erfüllen, und Sigurds Blut von Gjukes Söhnen zu fordern.

Es ist jetzt zu erzählen, wie König Atle in seiner hohen Veste sass, ein König stolz und gewaltig, vornehm an Macht und Ansehn, im Herzen unmild und grimm: — grausamer Habsucht war seine Begierde ergeben. Er sprach: „Was sich der Mensch nur irgend wünschen kann, ist mein, wenn ich Sigurds Gold habe: das ist der einzige Wunsch, den ich noch hege — doch Sigurds Schätze haben Gjukes Söhne in der Hand.

Zwar waren sie durch die heiligen Bande des Blutes mit ihm verwandt. Gudruna sein Gemahl, die stolzeste der Frauen in jenen Tagen, war ihre Schwester, war durch eine Ehe, die ihr Herz verabscheut und beklagt, an einen Mann gefesselt, der ein Gegenstand ihres Hasses war. Doch für ihn gibt es kein Band, das ihm heilig wäre. Missethat und Frevel krönen ihr Werk, und Unheil erwartet Gjukes Söhne.

So vergeht einige Zeit. Endlich sendet er einen Mann an sie ab, mit der falschen Botschaft: Die Schwäger möchten ihn heimsuchen in seinen Landen; — was es an Gewaffen, Gut und schönen Gewändern Köstliches gebe, das woll' er gerne als Geschenk in ihre Hände legen: — er meine es gut mit seinen Schwägern und beschwöre solches bei seinem Gott. — Die Helden sassen da an den breiten Tischen, vernahmen's und wunderten sich der Rede.

De sade: „Mycket sällsamt månde vara,
Att oss din konung blifven är så huld;
Oss är ock sporbdt, han väl förstår att spara,
Och sjelfve ha vi nog of gods och guld."
Då sade mannen: „„bättre män J svara,
Han mycket göra vill för eder skuld;
Han gammal är, han unnar er sitt rike:
I hela verlden finns ej eder like.""

Vid fullsatt bord nu efter kämpaseder
De fyllda hornen gingo ymnigt kring,
Och mannen uppstod: „Eder syster beder
Er komma, och Er sänder denna ring."
Då svarte Gunnar: „„Oss är det stor heder,
Och må vi lyda i så ringa ting;""
Så Hogne ock — han var den yngre broder,
De voro glade utaf mjödets floder.

Till hvila gå de. Då qvad Hognes maka:
„Mig drömde illa: ond är visst er färd.
Jag såg en örn en blodig vinga skaka
Utöfver er." — „„Blod nog gjuts för vårt svärd,""
Qvad Hogne. — Än hon sade: „Tag tillbaka
Det ord J gifvit." — „„Bättre är jag lärd,""
Sad' han. — Så varnas Gunnar af sin qvinna;
Men ho förmår sitt öde öfvervinna?

Snart dagen gryr. De rusta sig till färden.
Barn, qvinnor, tjenare med tårar stå
Omkring dem. De omgjorda sig med svärden.
Skilsmessan nalkas. Gunnar ropar då:
„Fyll mig mitt horn! För sista gång i verlden
Jag tömmer det kanske. — Så gjordt — de gå.
Och vinden sväller opp de hvita segel,
Och skeppen fly med hast på vågens spegel.

Men när i land de sina snäckor sätta,
Då möter dem ett mäktigt vapengny.
Qvad Hogne: „Sällsam helsning tyckes detta,
Och lär här gälla blod, dock ej vi fly." —
„„Välkomna,"" sade mannen, „„till att mätta
Rof-fåglarna innader himlens sky!
Sent återvänden J från denna färden.""
Sagdt — och han sjönk, igenomränd af svärden.

Und sie sagten: „Sehr seltsam will uns das
bedünken, dass uns dein König mit einem Mal
so gewogen worden ist; auch haben wir uns
sagen lassen, dass er gut zu sparen wisse, und
wir haben selbst an Gold und Gut genug." Da
sprach der Mann: „„einen bessern Bescheid
mögt ihr mir geben; Mancherlei will er zu euern
Gunsten thun; er ist alt, euch will er sein Reich
geben; auf der ganzen Welt gibt's euren Gleichen nicht.""

An dem mit Speisen reich besetzten Tische
gingen nun nach Kämpenbrauch die vollen Hörner fleissig im Kreise herum, und der Mann
stand auf: „Eure Schwester lässt euch bitten
zu kommen, und sie sendet euch diesen Ring."
— Da versetzte Gunnar: „„Das ist uns eine
grosse Ehre, und wir dürfen schon nachgeben
in so geringen Dingen;"" so sprach auch
Hogne — er war der jüngere Bruder, und fröhlich waren sie von den Strömen des Meths.

Zur Ruhe gehen sie. Da sagte Hognes Frau:
„Einen bösen Traum hab' ich gehabt: gewiss
droht Unheil eurer Fahrt. Einen Adler sah ich
ob euern Häuptern mit blutigem Flügel schlagen." — „„Blut muss genug fliessen unter unserm Schwert,"" sagte Hogne. Ferner sprach
sie: „Nehmt das Wort wieder zurück, das ihr
gegeben." — Besser hat man mich gelehrt,""
sprach jener darauf. — So wird auch Gunnar
gewarnt von seinem Weibe; doch wer vermag
sein Schicksal zu bezwingen?

Bald bricht der Tag an. Sie machen sich zur
Fahrt fertig. Kinder, Weiber, Diener umstehn
sie mit Thränen im Auge. Sie gürten das
Schwert um ihre Lenden. Da rief Held Gunnar:
„Bringt mir mein Horn mit Meth! Vielleicht
zum letzten Male leer' ich es in diesem Leben."
— Also geschah's — und sie gingen. Und der
Wind bläht die weissen Segel auf, und die
Schiffe fliehn mit Hast dahin auf der Welle
Spiegel.

Doch als sie ihre Schnecken ans Land zogen,
scholl ihnen ein gewaltiger Waffenlärm entgegen. Da sagte Hogne: „Eine seltsame Begrüssung däucht mir das, und es scheint hier Blut
zu gelten, jedoch wir fliehen nicht." — „„Willkommen,"" sagte der Mann, „„zum Frass
der Raubvögel des Himmels. Spät kehrt
ihr wieder von dieser Fahrt."" — Sprach's
— und vom Schwert durchbohrt sank er zu
Boden.

De bryta borgens port. Der se de alla
Kung Atles kämpar stå i väpnad krets.
Emot dem hånande hans röst hörs skalla:
„Väl mött, J Svågrar! Varen nu tillfreds
Att hemna Sigurds skatter, eller falla;
Det svärd, som hämnar honom, är tillreds."
„„„Välan!"" var svaret, „„men förrn du får
skatten,
Förr må den sväljas utaf djupets vatten.""

Begynner nu en strid, hvars minne räcker,
Så länge gräset grönskar der den stod.
De hårda vapnens brak Gudruna väcker;
Hon Gunnar ser och Hogne stå i blod.
Ej blod, ej fara henne mer förskräcker;
I kampen rusar hon med hjeltemod,
Och kringhvärfd af en död, som allt föröder,
Med kyss och tårar helsar sina bröder.

Det var för sista gången. — Återkastad
Af stridens vågor, skyndar hon sig fort.
Med armens snö af sköld och svärd belastad
Hon vänder än en gång till samma ort:
Utöfver likens hög är foten hastad,
Hon gör, hvad ej en syster ännu gjort;
Med bröderna hon delar stridens öden,
Vill med dem kämpa, falla, lida döden.

Den henne flyr; men tusen offer finner
För hennes bröders svärd. Som Gudar gå
De genom sträckta led: en blodström rinner
I deras fjät och svallar der de stå.
Nu ändtligt mängden Gunnar öfvervinner.
Förtviflan fattar Hognes hjerta då;
Han tänder huset, och med starka handen
Väl tjugu kämpar vräker in i branden.

Han öfvermannas dock. Hans krafter brista.
Hans hårda lott ho kan beklaga nog,
Och qvalet af den stund, som blef hans sista?
Med vilddjurs sinne Atle svärdet tog,
Befallte ur hans kropp att hjertat rista.
Man sänkte stålet i hans bröst — han log.
När lifvets källor strömmande förblödde
Och i hvar puls brann qval, han log och dödde.

Sie erbrechen das Burgthor. Da sehn sie all
die Kämpen König Atles bewaffnet im Kreise
stehn. Höhnisch grüsst sie der mit dem Zuruf:
„Heil der Begegnung, ihr zwei Schwäger! Gebt
euch jetzt darein, mir Sigurds Schätze heraus-
zugeben oder zu fallen: das Schwert, welches
ihn rächen soll, ist schon bereit." — „„„Wohlan,""
war die Antwort, „„ehe du jedoch den Hort
erhältst, mögen die tiefen Wasser ihn ver-
schlingen.""

Es hebt nun ein Streit an, dessen Gedächtniss
leben wird, so lange das Gras wächst, wo man
ihn stritt. Des harten Gewaffens Schall erweckt
Gudrunen: sie sieht Gunnarn und Hognen im
Blute stehn. Weder vor Blut, noch vor Gefahr
schreckt sie zurück; in den Kampf stürzt sie
sich mit Heldenmuth hinein, und umgeben
rings umher von einem Tode, der nichts ver-
schont, grüsst sie noch mit Kuss und Thränen
ihre Brüder.

Es war zum letzten Male. — Zurückgeworfen
von des Kampfes Wogen, begibt sie schleunig
sich hinweg, und den Schnee der Arme mit
Schild und Schwert belastet, kehrt sie noch-
mals zu derselben Stelle zurück: über Leichen-
hügel eilt ihr Fuss hinweg, und sie thut, was
niemals eine Schwester noch gethan: mit den
Brüdern theilt sie das Schicksal des Kampfes,
und will mit ihnen kämpfen, fallen, und den
Tod erleiden.

Der flieht sie; doch tausend Opfer findet er
dagegen für das Schwert der Brüder. Wie zwei
Götter schreiten sie durch die gestreckten
Reihen: ein Strom von Blut fleusst, wo sie gehn,
und schäumt und sprudelt, wo sie stehn. Jetzt
endlich muss Gunnar der Uebermacht erliegen.
Da erfasst Verzweiflung Hognes Herz; er steckt
das Haus in Brand, und mit gewaltiger Hand
schleudert er wohl an zwanzig Kämpen in die
Gluth hinein.

Doch auch er unterliegt zuletzt. Die Kräfte
mangeln ihm. Sein hartes Loos, wer kann es
beklagen, und wer die Qual seiner letzten Stun-
den? Mit dem Herzen eines wilden Thiers er-
griff Atle das Schwert und befahl, ihm das Herz
aus dem Leib herauszureissen. Man bohrte
ihm den Stahl in die Brust hinein — er lachte
dazu. Als die Quellbäche des Lebens strömend
zur Erde sprangen und der Schmerz ihm glühte
in jedem Puls, — lachte er und starb.

„Ej ser man här en blödig kämpes hjerta,"
så hof den fångne Gunnar opp sin röst —:
„Nu, broder Hogne, skälfver det af smärta,
Det skulle aldrig i ditt unga bröst."
„„Du skall få tid,"" skrek Atle, „„att behjerta
Hans öde, och ett rum, att hämta tröst.
Jträlar! gripen honom, och på stunden
I ormagården kasten honom bunden!""

Så skedde. — Men Gudruna honom sände
En harpa, att de onda djurens gift
Betvinga så; ty välljuds makt omvänder
Och tämjer ofta den mest ilskna drift.
Med harpan uti blodbestänkta händer
Han satt der lefvande, i ryslig grift,
Och konstrikt så på strängarna månd' leka,
Att klangen kunde vilddjurs bröst beveka.

Nu hof han sången opp om Sigurds öden,
Hvars namn ej dör uti de norra land —
Ifrån hans födsel till den sista nöden,
Då han försåtligt föll för frändes hand;
Hur den han älskat sände honom döden
Och så med honom steg i bålets brand.
De gamla ormar hvälfva sig i ringar
Af vällust rörde; så dem sången tvingar.

Han sjöng, hur Draken dräptes, hur Brynhilda
Med Sigurd svor att evigt sammanbo;
Hur genom trolldryck, då de blefvo skilda,
Han glömde henne ock ej se'n fann ro;
Hur, tänd till hat, den älskande, men vilda
Beslöt hans död, att hämnas bruten tro,
I fosterbrödra-händer satte stålet,
Och ropte hämnd se'n öfver dem från bålet.

Han sjöng med makt, att uti strida tårar
Hvart menskligt öga måtte väl färgn.
Ja, alla ormar ljuft till sömn han dårar;
Blott på en enda kan han icke rå —
En gruflig orm — den kryper till och borrar
In tanden, tills den hjertat månde nå;
Med mandom Gunnar här nu döden röner.
Och slutas sagan så om Gjukes söner.

„Keines zartempfindenden Kämpen Herz erschaut ihr hier!" so hub der gefangne Gunnar zu reden an: — „Nun, Bruder Hogne, bebt es dir vor Schmerz, niemals vorher hat es dir noch gebebt in deiner jungen Brust." — „„Ich will dir Zeit lassen,"" schrie jetzt Atle, „„dein Loos zu beherzigen, und dir einen Ort anweisen, um dir Trost zu holen. Heda, Sklaven! Ergreift ihn mir, und zur Stelle bindet ihn und werft ihn in den Schlangenhof!""

So geschah es. — Doch Gudruna sandte ihm eine Harfe, um so das Gift der wilden Thiere zu bezwingen; denn die Macht des Wohllauts bekehrt und bändigt oft selbst die böseste Natur. Die Harfe in den mit Blut bespritzten Händen haltend, sass er da lebendig in seinem Grabe, und thät so kunstvoll auf den Saiten spielen, dass der Klang davon selbst der wilden Thiere Busen zu erweichen im Stande war.

Er hub nun den Gesang an von den Schicksalen Sigurds, dessen Name unsterblich ist in Nordens Landen — von seiner Geburt bis zur letzten Noth, da er meuchlings fiel von des Verwandten Händen; wie die, so er geliebt, ihm den Tod bereitete, und dann mit ihm des Scheiterhaufens lodernde Gluth bestieg. Die alten Schlangen ringeln sich im Kreis herum, bewegt von Wohllust; — so bezwingt sie der Gesang.

Er sang, wie der Drache getödtet wurde, wie Brynhilde schwor, ewiglich mit Sigurd zusammen zu wohnen; wie er sie, als sie geschieden wurden von einander, in Folge eines Zaubertranks vergass und dann keine Ruhe und keine Rast mehr fand; wie die Liebende, doch dabei auch unbändig Wilde, von Hass entflammt seinen Tod beschloss, wie sie, den Treubruch zu rächen, den Pflegebrüdern den mordenden Stahl in die Hand gab, und dann gleichwohl, auf dem Scheiterhaufen, die Rache auf deren Haupt herabrief.

Er sang mit Macht, so dass wohl jedes menschliche Auge in einem Strom von Thränen erlöschen mochte; ja, selbst die Schlangen betäubt er allzumal gelind zum Schlafe: — nur eine einzige kann er nicht bändigen — eine grünliche Schlange: — die kriecht heran und bohrt ihm den Zahn in den Leib, bis sie zu seinem Herzen kam: — mit Mannheit nahm Gunnar da seines Todes wahr. Und damit schliesst die Sage von Gjukes Söhnen.

Hur, främmande för moderkänslan vorden
Af Atles grymhet, och att hämnas den,
Gudruna sina egna barn af jorden
Utrotar först, se'n Atle och hans män:
Derom är ofta sunget uti Norden
I fordna dagar, hvilkas minnen än
Som norrsken stå i stunderna af qvällen
Vid himlens rand och blodhegläusa fjällen.

Wie dann, durch Atles Grausamkeit jedem
Muttergefühle fremd geworden, und um sich
dafür zu rächen, Gudruna erst ihre eigenen
Kinder vom Erdboden vertilgt, und dann auch
Atle und seine Mannen: davon ist in vorigen
Tagen im Norden oft gesungen worden; in
Tagen der Vorzeit, deren Erinnerungen noch
jetzt wie ein Nordschein in der Nacht am Rand
des Himmels stehn und ihr blutrothes Licht auf
die nordischen Gebirge werfen.

Olof Tryggvason.

Många år re'n voro svundna,
sedan Wendens stränder sågo
den förderfveliga striden
mellan Herrskarna i Norden —
Danas, Sveas båda furstar,
och den tredje — konung Olof,
Tryggves son, Hårfagers ättling.
Sent går utur männers minne,
hur, försåtligt öfverfallen,
sig den starke Hjelten värjde
lejonlikt i sista farau —
störte så med fulla vapen
neder i det blåa djupet,
och vardt aldrig sedder mera. —
Klagan ljöd kring Norges klippor.
Sällsamt gingo många sägner
om den Djerfves sista öden.
Skalder sjöngo: „Land är öde,
frid och fägnad äro flydda,
sedan konung Olof fallit."

Då kom efter femtio vintrar
Gaute, en ung ädel Norman,
fjerran hän till Helga Landet,
ville se de dyra orter,
der vår Frälsare har vandrat. —
Villsegången uti skogar,
fann han sist sig invid stranden,
der en flod dref strida böljor —
kunde icke komma längre,
och sjönk ner till jorden mattad,
väntande i ödemarken
öfvergifven lida döden.
Syntes honom då i drömmen,
att en man till honom lände,
sad': „ovarliga du sofver,
Kom, statt upp, far öfver floden!"
Vaknad lyder han — en farkost
plötsligt såges för honom färdig;
glad han vinner andra stranden. —

Olof Tryggwason.

Manches Jahr war bereits dahingeschwunden,
seitdem die wendischen Küsten jene verderb-
liche Seeschlacht sahen zwischen den Herr-
schern des Nordens — den beiden Fürsten von
Dana und Swea, und dem dritten — König Olof,
dem Sohne Tryggwes, dem Abkömmling Hoor-
fagers. In späten Tagen wird es im Gedächt-
niss der Menschen leben, wie sich der starke
Held, durch Verrath in einen Hinterhalt gelockt,
löwengleich wehrte im letzten Sturme der Ge-
fahr — wie er sich dann mit dem Gewichte
seiner ganzen Waffenrüstung ins blaue Meer
hinunter stürzte, und nochmals nicht mehr ge-
sehen ward. — Wehklage erscholl um Nor-
wegens Klippen. Manches seltsame Gerücht
erzählte sich das Volk von den letzten Schick-
salen des Kühnen. Skalden sangen: „Oede ist
das Land nunmehr, Friede und Wohlfahrt sind
dahin, seit König Olof gefallen ist."

Da kam einst, nach fünfzig Wintern, Gaute,
ein junger Norweger von edlem Geschlechte,
ferne nach dem heiligen Lande hin, um da die
theuern Orte zu schauen, wo unser Herr und
Heiland gewandelt. — Irr gegangen in der
Nacht der Wälder, sah er sich zuletzt am Strande
eines reissenden Flusses — konnte nicht mehr
weiter, und sank matt und erschöpft zur Erde
hin, in dieser menschenverlassenen Wildniss
nichts anderes mehr als den sichern Tod erwar-
tend. Da sah er im Traume einen Mann sich zu
ihm herniederneigen, der sprach: „unvorsichtig
ist es, da zu schlafen; komm, steh' auf, fahr'
übern Strom hinüber!" — Er erwachte und ge-
horchte — plötzlich lag ein Kahn für ihn bereit,
und frohen Muths kam er aus jenseitige Gestade.

Der ett klosters dunkla spiror
sig utöfver skogen höja.
Närmre står en enslig boning,
och en man derinne röjes
knäböjd — ifrig uti bönen.
Vördig var han, än i åldern
skön — drog sida munkekläder.
Men, uppståenden från sin andakt,
då mot främlingen han skrider,
mera lik en forntids kämpe
tycktes han, och Gaute nådde
knappast till den Gamles axel.

Uti Nordens språk han frågar,
hvilken gästen månde vara,
fägnar honom väl, och spörjer
så om tidender från Norge
och hvad dagar Normän hafva —
gerna tycktes han det höra.
„Olof Tryggvason en syster
hade,"— börjar sist den Gamle,
„Säg mig, lefver än skön Astrid?"
„„Länge är hon död,"" var svaret
„„så ock Tryggve, ende sonen
konung Olofs. Han blef slagen
ännu ung i strid om riket.""—
Sorgligt blickade den Gamle.
„Hvilken är då Norges Konung?"—
„„Magnus Gode han nu kallas.""
„Säg mig ännu detta, främling!
Hafva Normän än i minne
Olof Tryggvason?" — „„Väl heligt,""
sade Gaute, „„är hans minne,
i ty han det dyra korset
höjde först i Norrska landen.""
„Säg mig detta än! Hvad mena
Normän, att af Olof blifvit,
sedan Ormen långa vunnits?"—
Sade Gante: „„Olik gissning
hafva härom flesta männer.
Några tro, att, då han störte
sig i böljan, hafva vapnen
tyngt i djupet honom neder,
och han såled'n fått sin bane.
Sådan mening är de mesten.""
Blek en blixt af kämpavrede
for den Gamle öfver ögat.
„Ej," — han sad' med mäktig stämma,
„har han uti bragd och idrott
varit den hvarför han kändes,
om han så sig sjelf förgjorde.
Eller tror du ej att Olof
kunde dela höga böljan,
fastän tyngd af sköld och brynja?
Kunde äfven midt i vattnet

Da steigen hoch aus dem Wald empor die
dunkeln Thürme eines Klosters. Näher von
ihm steht eine einsame Hütt' und darin gewahrt
er einen Mann, auf seinen Knieen liegend und
voll heisser Inbrunst betend. Ehrwürdig war er
und noch als Greis schön — und mit langen
Mönchskleidern angethan. Er erhob sich von
seiner Andacht und schritt auf den Fremdling
zu — eine Gestalt, wie ein Recke der Vorzeit,
und Gaute reichte dem Alten kaum bis an die
Schulter.

In nordischer Sprache fragt er den Fremdling,
wer er sei, pflegt freundlich seines Gasts, und
fragt ihn dann nach Zeitungen aus Norwegen,
und wie es dem Volke aus Norwegen jetzt er-
gehe — gerne schien er das zu hören. — „Olof
Tryggvason hat eine Schwester gehabt," hebt
der Alte zuletzt zu fragen an, „sag' mir doch,
lebt denn schön Astrid wohl noch?" „Die ist
längst todt," lautete die Antwort, „sowie auch
Tryggwe, der einzige Sohn König Olofs. Noch
als junger Mann wurde er erschlagen in einem
Kampfe um sein Reich."" — Traurig blickte da
der Greis. „Wer ist denn jetzt König in Nor-
wegen?" — „„Magnus der Gute heisst er schon
jetzt."" — „Und nun sage mir noch das Eine,
Fremdling! Gedenken denn die Norweger noch
gerne König Tryggwasons?" — „„Ja,"" sagte
Gaute, „„sein Andenken ist heilig, da er der
Erste gewesen ist, der das Kreuz unseres lieben
Herrn und Heilands in Nordens Landen erhöht
hat."" — „Dann sag' mir noch Das: was glauben
denn die Norweger, dass aus Olof geworden sei
nach der Wegnahme des „langen Drachen?"
— Gaute sagte: „Verschieden ist hierüber die
Vermuthung unter den Leuten. Einige glauben,
als er sich in die Fluth hinunter stürzte, sei er
durch das Gewicht seiner eisernen Rüstung
hinabgezogen worden, und habe so seinen Tod
gefunden. Das war die Meinung der Mehrzahl."
— Ein blasser Blitz des Heldenzorns fuhr dem
Alten übers Auge. „Nicht ist er," sprach er mit
mächtiger Stimme, „nicht ist er in Thaten des
Ruhms und der Tapferkeit Der gewesen, wofür
er gehalten worden ist, wenn er sich so selbst
um's Leben gebracht hat. Glaubst du denn, dass
er nicht im Stand war, die hohe Woge der Fluth
zu theilen, wenn auch mit Schild und Panzer be-
lastet? — Dass er nicht im Stand war, sie selbst

kläda af dem, om han ville? —
Säg mig andra männers mening!"
"„Andra menа,"“ fortfor Gaute,
„„att hun af Guds stora krafter
är upptagen ifrån jorden,
eller förd på andra ställen.
Sist han sågs af sina männer,
stridande från skeppets bakstam,
tycktes han af ljus omflödad."“ —
„Icke är det troligt, Norman!
Ej så helig var kung Olof,
att Guds krafter honom tagit
lefvande till himmelar.
Många synder hade Olof.
Säg än andra männers mening!" —
„„Sist,"“ sad' Gaute, „„tro ock några,
att han klufvit vågens brusning
och uppå ett skepp sig räddat,
som ej långt från striden syntes.
För hans tappra vapenbröder,
som i Danska bojor föllo
(få blott lefde än) betaltes
lösen af en okänd hand.
Månge trodde, det var Olof."“ —
„Lefver Einar Tambarskälfver?"
„„Än han lefver,"“ svarte Gaute,
„„rikast uti Trondelaget."“ —

Nu från klostret ljuder klockan
och den Gamle går i templet,
håller mässa; — återkommen,
kallar han sin gäst och säger:
„När du kommer hem till Norge,
Helsa Einar! Ingen stridde
tapprare på Ormen långa."
Dermed går han från hännne
långsamt — vardt ej mera funnen. —

Efter år kom vandraren åter.
helsar hemmets kända stränder,
talar om hvad han förnummit.
Då med tårar sade Einar:
„Sannerligen, broder Gaute,
Olof Tryggvason du skådat!" —
Gick en saga så i Norge,
länge kär för folkets sinnen:
Fjerran vid den helga grafven
sitter hjelten, konung Olof,
beder väl för Norges rike.

mitten im Wasser noch von sich zu werfen,
wenn es ihm darum zu thun war? — Sag' mir
einmal die Meinung anderer Männer!" —
„„Andere meinen,"“ fuhr Gaute fort, „„er sei
durch Gottes grosse Macht von der Erde empor-
gehoben und hinaufgenommen oder nach irgend
einem andern Orte hin entführt worden. Als ihn
seine Mannen zuletzt sahen, streitend von seinem
Schiff herab, auf dessen Hintertheil er stand,
erschien er wie von Licht umflossen."“ —
„Nicht ist das glaublich, Normann! Denn nicht
so heilig war König Olof, dass Gottes Macht ihn
lebend in seine himmlische Wohnstatt hätte
hinaufnehmen sollen. Viele Sünden hatte Olof.
Sage mir noch anderer Männer Meinung!" —
„„Endlich,"“ sagte Gaute, „„glauben auch
Einige, er habe glücklich die brausende Fluth
getheilt, und sich auf ein Schiff hinaufgerettet,
das nicht ferne von dem Ort der Seeschlacht ge-
sehen worden war. Für seine tapfern Waffen-
brüder, die als Gefangene (nur Wenige waren
noch am Leben) in die Hand der Dänen fielen,
bezahlte ein Unbekannter das Lösegeld. Viele
waren der Meinung, es sei Olof gewesen."“ —
„Lebt denn Einar Tambarskülfver noch?" —
„„Er lebt noch,"“ antwortete Gaute, „„der
reichste Mann im ganzen Bezirke von Throud-
heim."“ —

Von dem Kloster erklingt jetzt die Glocke
und der Alte geht in den Tempel und liest
Messe; — nach seiner Rückkunft ruft er seinen
Gast und sagt zu ihm: „Wenn du nach Nor-
wegen zurückkommst, so grüsse mir den Einar!
Keiner stritt tapferer auf dem langen Dra-
chen." — Mit diesen Worten verlässt er lang-
samen Schritts den Staunenden: — und ward
nicht mehr gesehn.

Nach Jahren kam der Pilger wieder, grüsst
freudig wieder die lieben Gestade seiner Hei-
math, und erzählt von dem was er erfahren. Da
sagte Einar mit Thränen im Auge: „Wahrlich,
Bruder Gaute, das war niemand Anderer, als
Olof Tryggwason selbst, den du da gesehn!" —
Eine Sage erhielt sich von da an in Norwegen,
die dem Herzen des Volks lange werth und
theuer blieb: Ferne am heiligen Grabe lebt
noch der Held, der König Olof, und betet da
wohl für Norwegens Wohlfahrt.

E. G. Geijer.

Carl den Tolfte.

Jag stod, en yster pilt, i höga Norden.
Då slog mitt bröst en barm, lik ljungeldsstrålar;
När jag mitt öga vände öfver jorden,

Och såg den ömklighet, som uppblåst prålar,
Den usla list, som djerfs sig vishet nämna,
Och nedrig vinst i fagra färgor målar.

Då drog jag mina stöflar på. — Att hämna
Jag utfor, Gudasänd, med Svenska gossar,
Som ej i striden ärans fana lemna.

Tungt föllo våra hugg. Som stormen krossar,
Så kommo vi med hast. Som molnen hvässa
Sin blixt, så Svenskens skott till bane blossar.

Väl vådlig var min väg: — omkring min hjessa
De lekte, ödets åskor, och kring hälen
I dyn sig aggets etterormar prässa

Med lugn jag stod och delte ut befälen
På deras glatta rygg — tills lömska tanden
Mig högg, och dödens mörker täckte själen.

Jag föll — och efter mig, från höga stranden,
Jag hörde Nordens gamla tempel ramla
Och dånet vandra genom öde landen.

Nu på min graf de vise sig församla
Och tala klokskaps ord, och vilja rätta
Min bana, för den ej är den platta, gamla.

Och narrar, kärrets grodor likt, sig sätta
Upp utur egennyttans pöl — då larmar
Den hela pöbel, som blott vill sig mätta.

Men mig tog Michael i starka armar,
Och förde mig för Lamhets thron att bida
Hans dom, som utan ända sig förbarmar.

Karl der Zwölfte.

Ich stand, ein wilder Knabe, im hohen Norden
da. Da schlug wie ein Blitzstrahl ein heisser
Gram in meine Brust herein, als ich meine Blicke
in die Welt hinaus warf,

und die Erbärmlichkeit gewahrte, die sich da
bläht und die da prahlt, die elende List, die es
wagt, sich Weisheit zu nennen, und die den
niedrigen Gewinn mit schönen Farben schildert.

Da zog ich meine Stiefel an. — Als ein
Rächer zog ich aus, von Gott selbst gesandt,
mit meinen schwedischen Burschen, die im
Kampf die Fahne der Ehre nicht im Stiche
lassen.

Schwer fielen unsere Schläge nieder. Wie
der Sturmwind brachen wir herein, vernichtend
und zerschmetternd. Gleich dem Blitz, der aus
den Wolken niederführt, so blitzt des Schweden
Todesschuss.

Wohl war mein Weg gefahrvoll: — um
meinen Scheitel krachten wie zum Spiel die
Donnerschläge des Geschickes, und meine
Fersen umwanden mir in dem Schlamm des
Lebens die Giftschlangen des Hasses.

Still und ruhig und gebietend stand ich auf
dem glatten Rücken dieser Schlangen — bis der
tückische Zahn mich stach, und die Finsterniss
des Todes die Sele mir umgab.

Ich fiel — und nach mir, von dem hohen Ge-
stade herab, hörte ich den alten Tempel des Nor-
dens in Schutt und Graus zusammenstürzen
und das Getöse davon durch die öde Todesein-
samkeit der Länder wandern.

Jetzt versammeln sich die Weisen auf meinem
Grabe und reden manches altkluge Wort, und
wollen meine Lebensbahn in ein anderes Ge-
leise bringen, weil sie nicht die allbetretene
und althergebrachte ist.

Und Thoren erheben sich, gleich den Sumpf-
fröschen, aus dem Pfuhl der gemeinen Selbst-
sucht — und da schlägt denn gleich der ganze
Pöbel, der nichts will, als dick und fett werden,
seinen heillosen Lärmen auf.

Mich aber nahm Michael auf seine starken
Arme und trug mich hinauf zu dem Thron des
Lammes, um da den Urtheilsspruch Dessen zu
erwarten, der ohne Ende sich erbarmt.

Vid Gustaf Adolfs och Karl Magni sida
Jag sitter der. Uppå min arm i strålar
Nes Segren leende, som brud, förbida,
Och stjernehvalfvet med min krona prålar.

Neben Gustaf Adolph und Karl dem Grossen
sitze ich da. Auf meinem Arme ruht, in Strahlen glänzend und lächelnd wie eine Braut, die
Göttin des Sieges, und das Sternengewölbe
prangt in dem Schmucke meiner Krone.

Shakspeare.

Har du sett dockors spel på skådebanan?
Små, sirliga personer träda upp,
Och gå och stå, och handla och framställa
Dermed en liten artig menskolefnad.
Du konungar der ser — de bära kronan,
Och drottningar, prinsessor, majestätiskt,
Med solfjäder i hand. — Rådsherrar vanka
Der af och an, och narren fattas icke,
Och en och annan tager djefvulen.
Men konstnärn står bakom — en hufvudman
För rörelseparttet. Han genom trådar
I hand har hela statsactionens öde,
Ett osedt öde sjelf, och drar han vissa,
Det står uti hans makt att låta springa
I innersta hjertroten sönderdelad
I tusen bitar hela dockan — menskan.
Så står du, mäktige! ock bakom banan;
Och banan är det verkeliga lifvet,
I all sin verklighet för dig en lek.
Du ställer oss det fram. Vi se det lefva.
Du känner väl dess alla spel och fjedrar,
Liksom med trollkraft rör du allt, ej sedd.
Då drar du vist de olycksfulla trådar,
Hvarmed naturen genomlagt vårt väsen
Och hvarpå sällsamt hänger dess bestånd —
Allt sönderspringer, bryts — ett skenlif var det.
Hvad är vårt mer? — oss öfverfaller tankan
På detta lifvets flärd och hemska tomhet.

Shakspeare.

Hast du schon ein Puppentheater gesehn?
Kleine, zierliche Personen treten auf, und gehn
und stehn, und handeln und bringen damit ein
recht artiges Stückchen Menschenleben zur
Darstellung. — Du erblickst da Könige — sie
tragen die Krone, und Königinnen und Prinzessinnen, majestätisch einherspazierend und
den Fächer in der Hand. Da gehen Rathsherrn
ab und zu, auch der Narr fehlt nicht, und den
einen und den andern holt der Teufel. Der
Künstler aber steht dahinter — eine Hauptperson zum Vorwärtsgehn des Ganzen. An
Fäden hält und hat er das Schicksal der ganzen
Handlung in der Hand, und zieht er an diesem
und jenem, so steht es in seiner Macht die ganze
Puppe — das ist, den ganzen Menschen — bis
zur innersten Herzensfaser zerrissen in tausend
Stücke springen zu lassen. — So stehst auch
du, Gewaltiger! hinter dem Theater; und dieses
Theater ist das wirkliche Leben selbst, in all
seiner Wirklichkeit für dich nichts weiter als
ein Spiel. Du giebst uns ein Bild davon. Wir
sehen es leben, dieses Bild. Du kennst sie wohl,
all seine geheimen Federn, gleichwie mit Zaubermacht und unsichtbar bewegst du Alles.
Dann ziehst du zuletzt an jenen unglückseligen
Fäden, womit die Natur unser Wesen durchwebt hat und woran, seltsam genug, sein ganzes
Dasein und Bestehn geknüpft ist — und nun
mit einem Male zerspringt Alles und bricht zusammen: — es war nur ein Scheinleben. —
Was ist das unsere wohl mehr? — Mit Macht
beschleicht uns der Gedanke, wie nichtig und
eitel, wie unheimlich leer und öde dieses Leben ist.

Till Amadeus Atterbom.

Väl var i låga hyddans famn Du buren,
Men med ett sinne, högre än Din lott;
Och „rikt betalande Ditt ödes brott" —
Så sjöng Du sjelf — var mild mot Dig naturen.

An Amadeus Atterbom.

Wohl warst du unter niederm Dach geboren,
jedoch mit einem Herzen, grösser als dein Loos;
und „reichlich wiedergutmachend deines Schicksals Fehle" — so sangst du selbst — war die
Natur freigebig gegen dich.

Dock var af henne sjelf åt Snillet avuren
Den skickelse det sällan undangått:
Och med den eld det i sitt inre fått,
Dess framtids runa blef i flammor skuren.

Ej ofvanefter blixten ger Dig döden;
Det är inom Dig sjelf den tänd Dig fattar,
Du ädla, varma, fromma sångar-hjerta!

Sjung, Svan! Upplös i välljud Dina öden!
Dig himlen gaf, hvad högsta tröst jag skattar:
Ett klangrikt bröst i glädje som i smärta.

Doch war schon von ihr selbst dem Genie das
Geschick zugetheilt worden, dem es noch selten
entgangen ist: — und mit dem Feuer, das ihm
in seinem Innern glüht, wurde in Flammen-
schrift die Rune seiner Zukunft geschrieben.

Nicht der Blitz, der aus der Luft da droben
niederführt, gibt dir den Tod; in dir selbst ist
die Gluth, woran du Feuer fängst, du edle,
warme, fromme Dichterseele.

Stimm' ihn denn an, deinen Gesang, mein
Schwan! In Wohllaut löse dein ganzes Dasein
auf! Dir gab der Himmel, was ich für den
höchsten Trost der Erde halte: in Lust und
Weh eine Brust voll süssen Klanges.

Uppvaknandet.

I dröm jag vären såg, då han var liten,
En liten pilt med späda, kalla lemmar,
I hvita linnet svept — låg sänkt i dvala.
Ej höjdes märkligt marmorbröstets rundning,
Och ingen färg var på den bleka kinden.
Jag tänkte: Stackars barn! du vaknar aldrig —
Och drömde fort, jag vet ej, hvad jag drömde.
Då såg jag honom åter, och jag hörde
En suck, så djup, utur det sköna bröstet,
Och som små rosor blomstrade hans kinder,
Som rosenknoppar små hans söta läppar.
Han log i sömnen — och jag vid mig tänkte:
Så ler blott den, som drömmer blomsterdrömmar.
Och stod betraktande, hur som hans anda
Så varm, balsamisk, genomflöt hans väsen,
Och hur han sof så ljuft, som den oskyldiga,
Hvars andedrägt är som en stilla bön. — —
Då spratt hans öga, och en hel blå himmel
Framstrålade derur, och höga himlen,
Af blicken träffad, brann i rosenfärg,
Liksom af kärlek tänd, och böd att älska.
Då glödde blodet uti alla rosor,
Och böljan dansade i alla strömmar,
Och alla foglar sjöngo gällt i trädan,
Och menskohjertat genomfor en flamma:
„Då vaknade jag ock — och det var Maj!"

Das Erwachen.

Im Traum sah ich den Frühling, da er noch
klein war; ein kleiner Knabe, mit zarten, kalten
Gliedern, in ein Tuch von weissem Linnen ge-
wickelt, lag er in Schlummer versenkt da.
Unmerklich hob sich die Rundung seiner Mar-
morbrust, und farblos war sein blasses Ange-
sicht. Du dacht' ich mir: Armes Kind! du
erwachst wohl niemals — und ich träumte weiter,
ich weiss nicht, was. — Da sah ich ihn noch
einmal, und ich vernahm einen Seufzer, einen
so tiefen, aus der schönen Brust kommend, und
wie Röslein blühten seine Wangen, wie Rosen-
knöspchen seine Lippen. Er lächelte im Schlafe
— und ich dachte in meinem Herzen: „So kann
nur der lächeln, der Blumenträume träumt."
Und ich stand betrachtend und beobachtete still,
wie sein Athem so warm und mild, so balsamisch
sein ganzes Wesen durchströmte, und wie er
so sanft schlief, wie der Unschuldige, dessen
Athemzug ist wie ein stilles Gebet. — —
Da sprangen seine Augen auf, und ein ganzer
blauer Himmel strahlte daraus hervor, und der
hohe Himmel droben, von seinem Blick ge-
troffen, erglühte in Rosenfarben, gleichwie von
Lieb' entzündet, und gebot zu lieben. Da be-
gann das Blut zu glühen in jeder Rose, begann
die Welle zu tanzen in jedem Strom, und in den
Bäumen sangen hell die Vögel allzumal, und
durch die Herzen der Menschen fuhr zündend
eine Flamme: da erwachte auch ich aus mei-
nem Traum — und es war Mai!"

ESAIAS TEGNÉR,

der Sohn eines armen Vicars, war den 13. Nov. 1782 zu Kyrkerud in Wermland geboren, wuchs, wie der Dichter Franzén von ihm sagt, bis ins dreizehnte Jahr wie ein junger Apfelbaum der Wildniss auf, wurde jedoch noch zur rechten Zeit seiner Bestimmung zugeführt, bezog 1799 die Lunder Universität, wo er 1812 die Professur des Griechischen erhielt, wo er seine drei grossen Dichtungen schrieb, und wo daher auch mit Recht seine schöne Statue von Qvarnström steht. Im Jahr 1824 traf ihn, als eine in Schweden sehr gewöhnliche Belohnung von Dichtern und Gelehrten, die Wahl zum Bischof von Wexiö, wo er, nach manchen und langen Leiden und Schmerzen (selbst in den Tartarus des Wahnsinns musste er, ein neuer Orpheus, zweimal hinabsteigen) im J. 1847 starb. — Biographien Tegnér's, als einer europäischen Berühmtheit, giebt jedes gute Conversationslexicon: zwei glänzende Lebensbilder von ihm gaben jedoch ausserdem noch F. M. Franzén (Bihang till Frithiofs-Saga, Stockholm, 1839), deutsch von G. Mohnike, Leipzig, 1840, und der Schwiegersohn des Dichters, Professor C. W. Böttiger (erschienen als Einleitung zu E. Tegnér's Werken, Stockholm, 1847), deutsch von F. F. A. Wilkens, Berlin, 1847. Höchst interessante Beiträge zu Tegnér's Lebensbild enthält auch das liebenswürdige Buch seines ehemaligen Collegen A. Kahl: „Tegnér und seine Lundenser Universitätsfreunde" (Lund, 1851), womit man noch E. G. Geijers akademische Gedächtnissrede (in dessen Werken), und des gelehrten Literarhistorikers P. Wieselgren literarische Würdigung Tegnér's vergleiche, letztere abgedruckt in einer für deutsche Leser freilich fast unzugänglichen Lunder Zeitschrift: „Läsning för Bildning och Nöje", 1847. —

Bei der Schilderung von Tegnér's Poesie, sagt Dr. Wieselgren in seiner grossen schwedischen Literaturgeschichte (Die schwedische Schönliteratur, Lund & Upsala, 1833—1849, Bd. V) pflegt man sich gerne in einen ganzen Schwall von Blumen- und Sternenphrasen zu ergiessen: — als ob es nöthig wäre, den schönen Marmor noch mit Gold und Purpur zu umkleiden. — — Wohl fangen nun auch wir unsere Schilderung damit an, in einem Gleichnisse zu sprechen und zu sagen, dass sich unter Tegnér's Händen jeder Kiesel in einen Karfunkel, jeder Grashalm in eine blühende Blume — und die Welt in ein Paradies von Licht und Leben und Maass und Schönheit verwandeln; wir wünschen indess, dass man in Dem, was wir hiermit als einen Beitrag zur Zeichnung dieses theuern Dichterportraits geben, und zwar durchaus an der Hand der schwedischen Kritik selbst, und auf die eigenen Hervorbringungen des grossen Genius gestützt, geben, mehr finden möge, als einen blossen „Schwall von Worten", der das Bild, welches er zeigen will, mehr unter seinen Blumen begräbt, als dass er gewissermassen wie mit einem Blitz all seine

Adern bloss legt. — Obenan möge die Schilderung stehn, die C. Lénström von unserm Dichter giebt: E. T. (sagt er am a. O.) gilt in- und ausserhalb Schwedens allgemein für unsern grössten Dichter. Keiner hat sich wenigstens so im Sturm wie er die Herzen der ganzen Nation erobert, Keiner ist mehr gelesen und geliebt. Keiner hat die hellenische Einfachheit, die eigenthümliche Lebensfrische, den Glanz und die stets sichere Wirkung des Wortes, Keiner die Pracht und die blendende, gleich beim erstenmal Lesen unwiderstehlich fesselnde Macht des Stils, sowie den Reichthum an eigenen Bildern und Gleichnissen, wie T. — — Er ist tiefer in Bezug auf das Gefühl, als auf den Gedanken, und kann, wenn er will, die mächtigsten Töne des Menschenherzens anschlagen, die der Schwermuth und Sehnsucht. Gleichwohl werfen ihm andere, besonders deutsche Kritiker, Mangel an Dem vor, was sie „Gemüth" nennen, und finden eine Portraitähnlichkeit zwischen ihm und gewissen französischen lyrischen Dichtern heraus, die von „esprit" sprudeln, und die voll sind von piquanten, schlagenden und herzergreifenden Zügen. Am grössten wäre er da, sagen sie unter andern, wo er den Stoff seiner Poesie nicht aus seinem eigenen Herzen, sondern mehr aus dem Aeussern, aus Erinnerungen der Vorzeit und andern ihm von aussen gegebnen Veranlassungen nähme: — da wäre kein Dichter im Stande, mit ihm um die Palme zu ringen, wo es darauf ankäme, dieses Gegebne poetisch zu umkleiden und es mit blitzenden Juwelen aus dem reichen Schatz von Bildern zu zieren, den er in seinem epigrammatischen Genie besitzt. Man hat seine Lyrik bald mit der Schillerschen, bald mit der Byronschen verglichen; mit der erstern des bei beiden so sichtbar hervortretenden gnomischen, d. h. epigrammatisch moralisirenden Elements wegen, mit der letztern im Hinblick auf seine mit wenigen Worten so vielsagenden Gedanken, Gefühle und Naturschilderungen. Im Grunde ist er indess nicht einmal ein rein lyrischer Dichter, denn stets schliesst er sich an einen realen Grund und Boden an, und das ist auch durchaus dem schwedischen Nationalgefühl gemäss. Von der Unschuldspoesie M. Franzéns (B. II. dieses Werkes), von der glühenden, sanfthinschmelzenden erotischen Dichtung, von der tiefen poetischen Lebensanschauung und sinnreichen Gefühlsdialektik des Südens, wird man bei T. wenig finden. Das Posaunentönige und Stürmische, das Grosse und Uebermenschliche, wie die Helden, wie die dräuenden Asa-Gottheiten der nordischen Vorzeit, Sonn' und Sterne etc. — das ist die Sphäre, worin er heimisch, worin er wahrhaft gross ist. — Wohl ist es wahr, dass E. T. noch bis zum Jahr 1812 dem Zopf „der akademischen Poesie" huldigend das Rauchfass schwang, und dass das schöne Preisgedicht „Swea" (wovon w. u.) noch mehr als nöthig im Geschmack der damals herrschenden Poesie geschrieben war; indessen (hebt Lénström hervor) ist es doch keineswegs gerade die phosphoristische Schule in Upsala, die auf den Ruhm Ansprüche zu machen hat, ihn zur Romantik bekehrt zu haben. T. war eine ganz andere Natur, in Beziehung auf Kraft und Grösse, Energie und Lebensfrische, auf schwedisch-nationale Färbung, sowie durch seine so volksthümlich und einfach klingende, und doch so originelle Form mit E. G. Geijer verwandt, wie er Realist ist in der schönsten Bedeutung des Wortes. Er gibt sich nicht die Mühe, erst neue poetische Mikrokosmen zu erfinden, sondern er hält sich an den „Makrokosmos," hält sich an das Gegebne, an Sage und Geschichte etc.; was er jedoch anfasst, das erfasst er stets mit einem so sichern, so wahrhaft poetischen Auge, das weiss er zu einem so schönen Ganzen zu ordnen und mit einer solchen Pracht des Wortes wiederzugeben, dass man selbst unter seinen vielen kleinen Gelegenheitsgedichten nicht eines finden wird, das nicht ein wahres Kunstwerk im Kleinen wäre, und das nicht Jeden gleich unwiderstehlich hinrisse. Seine Gestalten haben Fleisch und Blut, seine Form versinnlicht den Gedanken, sie macht ihn gleichsam handgreiflich, und dabei hat diese Form zugleich ein Leben und eine Kraft, die selbst in einem stockprosaischen Herzen zuletzt Anklang finden muss. Die philosophische Poesie der phosphoristischen Schule ist nicht seine Sache, denn sowie ein Gedanke in seiner Sele heraufblitzt, so hat er auch schon reales Dasein, Form und Wesen. Mit seinen Gedanken und Gefühlen beständig in höheren Regionen herumzuschwärmen, und durch die geheimnissvollen, im Lichte anderer Sterne glänzenden Wälder der morgenländischen Natursymbolik zu schweifen, überlässt er mit Fug den Stagnelianern (B. II. d. W.); — es ist weder sein Geschmack, noch der des Schweden überhaupt. Dass es T. indess an jenem tieferdringenden Auge der Sonntagskinder der Poesie nicht fehlt, zeigen gewisse Gedichte, die darauf angelegt sind, mehr als zur Genüge, und er kann sich darin in Bezug auf grosse und neue Gedanken mit jedem Dichter der Erde messen. Er ist dann Byron ähnlich in Hinsicht auf seine himmelanstürmende Kraft und Kühnheit, wie an Pracht und Reichthum der Bilder, und dabei doch still und göttlich ruhig, anschaulich und volksthümlich wie Goethe. — Tegnérs Dichtkunst, sagt ein anderer schwedischer Kritiker, J. E. Rydqvist, in seinem Literaturblatt „Heimdall", Tegnérs Dichtkunst zeichnet sich hauptsächlich durch eine gewisse Energie, durch Frische und Leben aus; durch eine höchst lebendige Phantasie, die rastlos thätig ist, neue Bilder und Gleichnisse zu erfinden, und nach den goldenen poetischen Fäden zu suchen, die nur dem Auge des Dichters sichtbar sind, und wodurch Natur und Menschheit mit den Phänomenen der inneren Welt zusammenhängen; durch kecke Zeichnung und starkes Kolorit; durch eine sinnlich lebendige Darstellung und einen äusserst malerischen Vortrag; endlich durch gewisse Wendungen, die dem Dichter selbst in der Form des Ausdrucks eigen sind. T. ist als Dichter eine wahre Heldensele. Es ist in ihm eine Kraft herrschend, die sich dem Leser unwillkürlich mittheilt; eine Lebenslust und ein Gefühl von frischer Natur, das die Sele beständig in Spannkraft erhält, während es sie zu gleicher Zeit stärkt und stählt. —— Er ist mehr epischer, als lyrischer Natur. Er gibt den Gegenstand und die Sache selbst, nicht die Betrachtung darüber. Die Phantasie ist mächtiger bei ihm, als das Gefühl. Wenn man von andern Poeten sagen kann, dass das Gefühl der Phantasie Flügel zu leihen scheine, so kann man von T. gerade das Gegentheil sagen. Von diesem epischen Naturell in T's Dichtkunst rührt wahrscheinlich auch jene ruhige, jene wahrhaft Goethesche Haltung in seinen Hervorbringungen her. Jedem Gedanken weiss T. Form und Körper zu geben, der Thon der Sprache lebt unter seinen Händen, kann man sagen; von den modernen Dichtern ist keiner so im höchsten Sinn des Wortes Maler und Bildhauer im blühenden Königreich der Poesie, wie T. Gleichwohl würden seine herrlichen Welt- und Naturgemälde schwerlich jene stets sichere Wirkung, jene sich stets gleich bleibende hohe Anmuth, jenen morgenfrischen Rosenthau eines ewigen Frühlings haben, wenn ihm nicht zugleich jener wahrhaft unerschöpfliche Reichthum an Bildern und Gleichnissen zu Gebote stünde. Es ist damit gerade wie mit den Früchten in Armidas Zaubergarten; kaum pflückst du dir die eine, so lacht dir schon wieder eine andere vom Baume herab. So sagt auch Fenelon-Franzén von der Poesie eines grossen Bruders im Gesange: „Trotz dem so durch und durch Nordischen sowohl im Geist als im Inhalt seiner Gedichte hat seine Poesie doch eine so zu sagen südliche Üppigkeit und Schönheit. In Beziehung auf seine frischen Farben und seinen Reichthum an Bildern und Gedanken möchte man sie mit einer Orangenkrone vergleichen, wo in dem reinen und frischen Grün gleich neben der frischen, jungen Blüthe die herrliche Goldfrucht prangt." — Indessen ist in diesem Bilde Franzéns doch ein unterscheidendes Merkmal der Poesie T's ausser Acht gelassen, von dessen Macht und Einfluss sich der Leser überall berührt fühlt: — es ist seine hohe, philologische Bildung, und als die Frucht derselben die wahrhaft antike

Einfachheit, Keuschheit und doch dabei so blühende Anmuth seiner Sprache. Man muss daher die Züge des Bildes einigermassen zu ergänzen suchen und sagen: Ein blühender Fruchtbaum des Südens voll goldener Hesperidenäpfel sei die Poesie Tegnérs; doch stehe er einsam da im Blau eines italienischen Mittagshimmels, von dem tiefen Ernst und der Grösse der schwedischen Natur, Sage und Geschichte umgeben, und rosenroth umglüht von dem ruhig brennenden, die Sele tieferwärmenden griechischen Feuer der höchsten philologischen Bildung. — Der Geist von T's Dichtkunst, sagt Rydqvist ferner, ist jedoch noch ausserdem im höchsten Grade volksthümlich. Wir meinen das nicht bloss im Hinblick auf seinen Frithiof und die anderen Gedichte, deren Stoff ein schwedisch-nationaler ist. Er ist es in jeder seiner Hervorbringungen. Das Starke und Siegesmuthige, das der Grundzug ist jenes Geschlechts der „Nibelungenenkel", macht sich in jedem seiner Gedichte fühlbar. In seinen nordisch-mythologischen Dichtungen glaubt man dann und wann sogar noch die mächtigen Flügelschläge zu hören jenes hyperboräischen, jenes titanenartigen Geists, der die mythischen Heroentage des Nordens umschwebte. — Selbst die Sprache Tegnérs, die sich doch so sichtbar an Griechenland und Rom anlehnt, trägt ein durchaus schwedisch-nationales Gepräge, und ist stets eine so eigenthümliche und originelle, dass man ihn selbst in Betreff dieses äussern, „für den Poeten dichtenden und denkenden" Werkzeugs seiner Kunst einen der kühnsten und mächtigsten Herrscher des Wortes nennen kann, die jemals die Leier des Delphiers schlugen. Schon die blosse Gruppirung der Gedanken bringt bei T. ein Gefühl von Schönheit hervor; auch hierin ist er gewissermassen dramatisch. Gleich anziehend und fesselnd ist er in seinen Wendungen, seinen stets überraschenden epigrammatischen Pointen. Sogar in seinen Reimen, so kühn er in dieser Hinsicht oft ist, steht T. gross und einzig da in seiner Art, und wie die Könige „keine andern Münzen prägen als solche, die ihr eigenes Bildniss tragen," tritt seine durchaus individuelle Natur selbst im Mass und der Melodie des Verses stets in so scharfen und eigenthümlichen Zügen hervor, dass man selbst von seinen Trabanten, von dem „Tross der Tegnériden", oft nicht mehr als zwei Zeilen zu lesen braucht, um seine Manier sogleich unter denen der anderen Dichterschulen des Schwedens herauszufinden. Doch was kann Homer für die Sünden der alexandrinischen Epiker? Unter Tegnérs Händen hat selbst Das, was ein paar strengere kritische Tribunen Schwedens seine „Manier", seine „ewigen Sichselbstwiederholungen" nennen, stets irgend was Neues, Frisches und Piquantes; erst seine allzuunselbstständigen Schüler haben es zu einem hohl tönenden Erz und zu einer klingenden Schelle gemacht. — O. P. Sturzenbecher sagt von ihm: Der Lunder Hochschule, wo er selbst seine höhere Bildung erhielt, als Professor angehörend, und in Folge dessen sowohl unabhängiger von der phosphoristischen Bewegung in Upsala, als auch leichter wie die Upsalienser Eindrücke empfangend von der jenseits des Sundes emporblühenden neuen Poesie, schloss sich T. bald mit ganzer Sele der öhlenschlägerischen Richtung und den Tendenzen E. G. Geijers und seiner Freunde an, in deren Organ „Iduna" er unter einer grossen Anzahl von andern Gedichten von ihm auch seine herrlichen „Frithiofsromanzen" zuerst erscheinen liess. Er folgte gerne jener „Wikingsader", die sich so tiefliegend am Grund und Boden des schwedischen Nationalgemüths hinschlängelt, und die in Geijers Dichtungen so rein und lauter zu Tage tritt. Zugleich hasste er in seiner Sele die deutsche Gedanken- und Geheimnisskrämerei der Upsalienser, indem nach seiner Meinung „Das, was dunkel gesagt ist, allzeit auch dunkel gedacht ist;" und so sehn wir denn T. und G. eine dichterische Pflegebrüderschaft mit einander schliessen, um das Schwert und das Panier des gothischen Bundes von Thal zu Thal zu tragen. E. T. besitzt, wenn man will, am Ende nicht soviel Gemüth, wie G.; dafür steht ihm jedoch eine bei Weitem beweglichere Phantasie und dabei ein ungleich höherer Grad poetischen Talents zu Gebote. G. ist als Dichter eigentlich nichts weiter, als ein genialer Natursänger, T. dagegen besitzt eine bewunderungswerthe, eine bezaubernde Virtuosität; er ist in dieser Beziehung ein poetischer Paganini, und das einfachste Stück Holz verwandelt sich unter seinen Händen in eine Cremoneser-Violine, so reizend und schön weiss er darauf zu spielen. — — — Das muss man diesem Dichter zugestehn, dass er keine zwei Zeilen geschrieben hat, worin nicht seine individuelle und, in einem gewissen Sinn, stets genialische Natur in scharfen Zügen hervortritt. Die Franzosen haben ein gutes Wort für Das, was man den Grund und Boden, was man das Wesen seiner Poesie nennen kann, es ist das Wort „esprit"; dieser „esprit" (natürlich in dem Sinn, wie die Franzosen das Wort anwenden) tritt bei T. in jeder Wendung, in jeder Sprachfigur hervor, und er schlägt den purpurnen Königsmantel der Phantasie und Schönheit um seine Lenden, möchte man sagen, indem er von dem ungeheueren Reichthum an Bildern und Gleichnissen Gebrauch macht, die ihm zu Gebote stehen, und die fast jeden seiner Gedanken umkleiden, gleich am wie die blühenden Lianen und prächtigen Caprifolien die Myrthen, Lorbern und Bananen in Südens Hainen umranken. —

Ueber das schöne Gedicht: „An meine Heimath", womit wir unsere Anthologie aus T.'s Werken eröffnen, sagt sein Editor und Biograph B. mit Recht, dass es in der Sammlung der Tegnérschen Dichtungen bereits „wie ein junger Morgenstern erglänze." Es ist wahrscheinlich im Jahre 1803 gedichtet, und bis jetzt, gleich den andern Sachen aus dieser frühen Morgendämmerungszeit des Dichters, noch nirgends übersetzt. — Dagegen ist das einfach rührende Stück von den „Klosterruinen" eigentlich nichts weiter als eine localisirte und Tegnérisch idealisirte Nachahmung von unseres Matthissons berühmter Elegie zu betrachten. Unter den historisch-politischen Gedichten ist „England und Frankreich" der Zeit nach eines der ältesten Gedichte T.'s und sprudelt von Humor und beissendem Witz. Ueber die herrliche kriegerische Dithyrambe: „Kriegsgesang" heisst es im ersten Heft der schwedischen Zeitschrift „Lyceum", v. J. 1810 unter andern. „Dieser „Kriegsgesang" reisst das Gemüth des Lesers durch die Macht eines hohen, lyrischen Gedankenfluges hin. Das Gedicht ist nach einem sehr guten und sinnreichen Plan durchgeführt, schlägt die höchsten Töne des Gesanges an, hat eine herrliche Frische und Energie der Sprache, sehr wohl gewählte, jeden Gedanken in blühender Schönheit veranschaulichende Bilder, und dazu eine metrische Form und einen Rhythmus, wie man sie sich nicht glücklicher denken kann." „Wie eine Sturmglocke klang dieser Kriegsgesang durch unser ganzes Land," fügt der geniale Schwiegersohn des Dichters hinzu. „Töne, zugleich so trotzig und so schön und klangvoll, waren noch nicht von der schwedischen Lyra geklungen; sie gaben Zeugniss davon, dass auch der Norden noch einen Tyrtäus besass, nicht geringer als jener, der mit seinen Siegesgesängen vor Spartas Söhnen einherzog." — Der „Gesang für die Jemtländischen Feldjäger" ist zwar nur eine freie Nachahmung von Theodor Körners berühmtem Gedichte: „Lützows wilde Jagd", doch trägt auch sie, wie Rydqvist mit Recht bemerkt, „das unverkennbare Schönheitszeichen des schwedischen Brago" an der Stirn. „Der Held" ist nächst Byrons und Manzonis Gedichten eines der herrlichsten Lieder zum Ruhm des grossen Corsen. Er erscheint in diesem Gedichte, wie Rydqvist höchst bezeichnend sagt, gleichsam als ein verwöhnter Mars, eine wahre Heroenseele, von einer unwiderstehlichen, gleichsam elementarischen Gewalt zu seinen Thaten getrieben, jedoch nirgends damit prahlend, nirgends in übermüthigem

Trotz seiner höheren Kraft sich rühmend. — Durch verschiedene lyrische Stücke, welche ein Genie höherer Ordnung beurkunden, war T.'s Name bereits berühmt geworden, als das von der schwedischen Akademie mit dem grossen Preise belohnte Gedicht „Svea" erschien, und sowohl durch seinen vaterländischen Geist, als durch seine hohe poetische Schönheit einen allgemeinen Sturm von Lob und Beifall hervorrief. Es ist in Rämens Wäldern gedichtet (man lese darüber die Eingangs erwähnte Biographie des Dichters von C. W. B. nach), und gibt in seinem Spiegel manches prächtige Landschaftsbild der schwedischen Gebirgswelt in treuen Zügen wieder. „Schau dich um," heisst es da an einer Stelle, „flammend ums Gebirge wölbt sich die Veste des Himmels, hoch überm schäumenden Schwall des gewaltig niederstürzenden Waldstroms hängt kühn der Fels herab, und der Wald, auf Schritt und Tritt mit seinem dunkeln Grün dich umgürtend, steht hoch und ernst und blickt herab auf dich. Hier senkt sich ein Thal neben dem andern, dort erhebt sich eine Felskluft höher als die andere, im grauen Heidenthum von Riesenhänden auf einander gethürmt: — ob deinen Schultern, zum Greifen nahe, wandeln die hohen Sterne hin, Eisen wächst in dem Schacht der Felsen und Männer wachsen obendrauf." etc. etc.

Was unter andern an diesem Gedichte hervorzuheben ist, das ist der Schluss desselben, in dem der Dichter vom Alexandriner, von der ruhigen und steten Harmonie, welche dieses Versmaass erfordert, plötzlich zu einem dithyrambischen Gesange übergeht, dessen wechselnde Rhythmen dem reichen Wechsel des Inhalts entsprechen.

Es ist eine poetische Vision, worin mythische Dichtungsbilder der Urzeit bezeichnen, was das Volk von Schweden damals dachte und fühlte, und von welchen Träumen, welchen Hoffnungen damals die Herzen der Nation glühten. — Die Abtheilung in Alexandrinern bildet einen diametralen Gegensatz zu dem Schluss des Gedichtes. Auch sie ist oft von grosser Schönheit, voll Geists und Adels, voll von starken, gesunden Gedanken. Gleichwohl ist es fühlbar, dass das Wesen dieser Art von Lehrgedicht dem Genius T.'s, gewohnt, dem Paradiesvogel der Schönheit, als dem Aar des Gedankens zu folgen, nur wenig zusagt. Und in der That, sowie er den Kreis der Reflexionspoesie durchbricht und sich wieder mehr seiner eigenen Natur überlässt, erhebt er sich auch in der ganzen Pracht seines Genies, mit dem ganzen Reichthum seiner Phantasie. Gegen den Schluss des Gedichtes schlägt plötzlich ein Leben, eine Kühnheit des Gedankenganges und eine Gewalt des rhythmischen Wortes die Flügel, wie sie in wenigen Werken der neueren Poesie in einem gleichen Maass von Grösse und Schönheit zu Tage tritt. — Uebrigens hebt Lénström mit Recht hervor, dass, wenn auch die alexandrinische Hälfte der „Svea" gewissermassen als die letzte Huldigungsgabe zu betrachten sei, welche T. der untergehenden Zeit König Gustavs brachte, der Geist des Gedichtes doch schon ein durchaus neuer und gothischer sei. — Eine solche poetische Vision ist auch das tagespolitische Gelegenheitsgedicht „Noro", dessen Schönheit selbst E. G. Geijers starkes Gemüth so mächtig ergriff, dass er im überströmenden Gefühl seines Herzens einmal in einem Kreise von Freunden des gothischen Bundes, wo er das Gedicht vorlas, plötzlich unter Thränen im Lesen abbrach, und vor Rührung unfähig war, weiterzulesen. Von den wunderschönen „Trinksprüchen", diesen kleinen, und doch so piquanten Meisterstücken der Gelegenheitsdichtung, voll hohen und männlichen Ernstes, und doch voll heiterer Schönheit, sagt die Literaturzeitung von Upsala schon im J. 1814, dass T. in Wahrheit der einzige sei unter den neueren Dichtern Schwedens, der mit einem wahrhaft glänzenden Geschick die Gefahr zu bestehen pflege, bei Gelegenheitsgedichten sich zwischen den beiden homerischen Unglücksfelsen der Trivialität und eines gewissen unausstehlichen falschen Pathos hindurchzurudern. Warum? Weil Farbengluth und Bilderpracht mit jenen piquanten, wie der Blitz flammenden und schlagenden Reizen, wie sie dem Witz und dem Epigramm eigen sind, in dergleichen Gedichten stets und sicher wirken, und weil T. gerade hierin so gross und einzig wie kein anderer dasteht. - - Den glänzenden Sternenreigen der religiösen Gedichte eröffnen die herrlichen Strophen, die T. wahrscheinlich bei seiner eigenen Priesterweihe als einen Jubelruf seiner in Liedern betenden Dichterseele niedergeschrieben hat, und von denen F. M. Franzén mit Recht sagt, dass sie „von einer himmlischen Schönheit strahlen." Bilder und Gleichnisse, eines Esaias der Bibel, eines Habakuk würdig, glänzen unter andern auch in dem so unvergleichlich schönen Gedichte „bei der Einweihung der Gårdsbyer Kirche". Man höre nur den Anfang: „Ja, heilig, heilig ist er, der die Welt erschuf. Er wirft den Himmel wie einen Mantel um seine Schultern, und der blühende Frühling ist sein Athemzug. Die sieben Sterne des Siebengestirnes, sieben Sonnen, steckt er wie goldene Ringe an seinen Schöpferfinger, er hängt das Schwert in Orion-Gürtel, und die Leier des Firmaments erklingt auf seinem Arm" etc. etc. — Dagegen ist das Gedicht „Des Dichters Morgenpsalm" mehr von biographischem und psychologischem, als von aesthetischem Interesse, und gemahnt im Ganzen doch allzusehr an die Art und den Ton unseres guten Theobul Kosegarten und seiner Freunde. Zur 5. Strophe dieses Liedes „Vor der blassen Noth schliesse gnädig meine Thür, o Herr" etc. etc. geben die Briefe T.'s manchen schmerzlicherklärenden Wink. In einem derselben, vom Jahr 1815, sagt der Dichter sogar gradezu: „Wenn ich durchaus Hungers sterben soll, so kann ich's ja anderswo gerade so gut wie in diesem Winkel von einer Universitätsstadt." — Uebergehend zu dem Kreis der mehr der Welt, der Natur und dem Leben, der Kunst und Wissenschaft im Allgemeinen angehörenden Gedichte, möchte ich den Blick und die Theilnahme des Lesers zunächst auf ein Gedicht lenken, wie es in der ganzen Weltliteratur kein zweites gibt. Es ist der pindarische Dithyrambus des „Sonnenliedes", einer Hymne, die gewiss unter die herrlichsten Rosen gezählt werden muss, welche im romantischen Blumengarten der Stagnelianer prangen, und wofür man dem Dichter mehr als einmal theils die tiefere Weltansicht, theils die Fähigkeit abspracht. Sogar G. v. Leopold (s. Bd. I. dieses Werkes), obgleich er in der Poesie noch weniger als T. selbst dem Mystischen und Phantastischen zugethan war, ertheilte daher, wie Franzén erzählt, diesem Gedichte die Palme unter den „kleineren Dichtungen" T.'s, theils wegen der durchgehends darin herrschenden Klarheit und Kühnheit des Gedankenfluges, theils der Reinheit und des Adels der Sprache, und des im schwierigsten Metrum mit genialer Leichtigkeit sich dahinbewegenden Verses wegen. „Unter Lust und Qual des Erdenlebens verwandelte sich seine Sele in Poesie," sagt Wieselgren einmal so schön und wahr von T. „Es ist daher kein Wunder, wenn so zu sagen in jedem Satz, den er in den Tagen seines Glanzes niedergeschrieben, wunderbare Dämonen schlummern. Will man in dem Inhalt seines „Sonnenliedes" weiter nichts finden, als eine spielende Naturmythe? Höheres hat die Poesie unserer Tage nirgends erschwungen. Was die Zeit noch irgend Heiliges und Gedankenhohes hat, das spricht sich in diesem Gedichte aus. Ist es nicht T.'s eigene Drapa gewesen?" — — — Von den nun folgenden kleineren Dichtungen, von der Weltschmerz athmenden „Hypochondrie", von dem rührenden Gelegenheitsgedichte „Jacob Faxe", von der wunderschönen Ovidianischen Heroïde „Poetische Epistel" u. a., was soll ich sagen, um nicht das bereits Gesagte noch zehnmal zu sagen, und noch zehnmal von dem antiken Schönheitsmaass, von der südlichen Farbengluth und Pracht, von der Einfachheit und von der gedankentiefen Anschauung des Dichters in seinen nordisch-mythologischen Gedichten zu sprechen? — Gleichwohl kann ich nicht umhin, wenigstens den herrlichen „Epilog bei der Magisterpromotion" vom J. 1820, und die poetischen Festreden mit Nachdruck hervorzuheben, womit T. die beiden Dichter Atterbom und Grafström im Helikonischen Coetus der Schwedischen Akademie begrüsste, Gedichte, die man, nebenbei gesagt, in mancher Beziehung das aesthetische Glaubensbekenntniss Tegnérs nennen kann. Wenn sich zwei Studenten nach jenem „Epilog" im J. 1820, so erzählt Wieselgren, irgendwo im Vorübergehen trafen und zehn Minuten mit einander sprachen, so war gewiss während der Hälfte dieser Zeit von Nichts als von Tegnérs Epilog und seiner Schönheit und tiefen Bedeutung die Rede. Und er ist in der That ein bewunderungswürdiges Gedicht; der Ton „des Strengen und Zarten", „Starken und Milden" schmelzen darin zu antiker Schönheit zusammen, der Glanz und die Gluth der Farben lösen sich zuletzt in reines Licht darin auf; voll tiefen philosophischen Ernsts, strahlt es doch von griechischer Klarheit und Anmuth, und die grossen Gedanken spiegeln sich wie Sterne im ruhigen Strom des Wortes. — Das wunderbare Festgedicht T.'s „zur goldenen Hochzeitsfeier der schwedischen Akademie" ist bereits selbst zum Stoff der Poesie geworden. Der Schwiegersohn und Biograph des Dichters, C. W. Böttiger, einer der wenigen noch lebenden purpurgeborenen Söhne des Genius in Schweden, besang es nämlich in einem wunderschönen Gedichte, dessen Schauplatz das herrliche Tivoli ist, und das der IV. Bd. dieses Werkes bringen wird.

Ueber Tegnérs „Frithiofs-Sage" habe ich das Nöthigste in meinen beiden Uebertragungen dieses berühmten, längst der Weltliteratur angehörenden Gedichtes bereits gesagt*), und ich kann daher einfach darauf verweisen. Dasselbe gilt von dem epischen Gedichte „Gerda", welches ich bereits im Jahre 1850 in metrischer Uebertragung herausgegeben habe (Skandinavische Bibliothek, von G. v. L. Frankfurt, 1847—1850, Bd. III.), und worüber das Vorwort das Nähere angibt. Die übrigen Dichtungen, von denen ich die Romanze von „Axels und Marias Glück und Ende", einer poetischen Erzählung im Geschmack Byrons, und die „Nachtmahlskinder" schon 1845 übersetzt habe (Kleinere Dichtungen von E. T., Frankfurt), bedürfen keiner weitern Erklärung und Empfehlung, sie sind, wie die Frithiofsage, bereits ein Gemeingut der europäischen Poesie geworden, und noch jährlich erscheinen davon neue Uebertragungen. Um das Bild von der reichen literarischen Thätigkeit unseres Dichters zu vervollständigen, liess ich eine Anthologie von E. T.'s Gedichten, als einen für unsere gelehrten Philologen und Literatoren gewiss nicht uninteressanten Nachtisch zu meinem Gastmahl aus T.'s lachenden Gärten schliesslich noch eine kleine Zahl von poetischen Uebertragungen aus fremden Sprachen folgen. So gewagt es übrigens erscheinen muss, von solchen Uebertragungen wieder neue Uebertragungen zu geben, so werden die Leser, die ich im Auge habe, doch zuletzt selbst finden, dass sie für den Zweck dieses Buches nicht wohl zu umgehen waren. Wer keinen Stab nöthig hat, der kann ihn wegwerfen.

Erschienen sind von E. T.: Frithiofs Saga, 1. Ausg. Stockholm, 1825, 12. Aufl. 1852. — Kleinere Gedichte, Bd. I., Stockholm, 1828, 3. Aufl. 1839. — Reden, gehalten bei verschiedenen Gelegenheiten, Bd. I.—III. Stockholm, 1831—1842. — Gesammelte Schriften, herausgegeben und mit der schon mehrmals erwähnten biographischen

*) E. Tegnérs Frithiofssage, Urschrift und prosaische Uebertragung, herausgegeben von G. v. Leinburg. Frankfurt, 1845, und E. T.'s Frithiofs-Sage, von G. v. L. (metrische Uebertragung), mit dem Bildniss des Dichters in Stahlstich, Leipzig, Arnoldische Buchhandlung, 1855, 2. Aufl. 1857. — Man lese in letzterer besonders die den Noten vorhergehende Einleitung nach.

Einleitung versehen von dem Schwiegersohn des Dichters, Dr. C. W. Böttiger in Upsala, Bd. I.—VII. Stockholm, 1847—1852. 2. Aufl. 1855—1858. — Von den zahlreichen Uebertragungen T.'s (die Frithiofs-Sage ist bis jetzt nicht nur bereits dreizehnmal ins Deutsche, sondern auch ins Dänische, Englische, und sogar zweimal ins Russische und Polnische übersetzt worden) führe ich nur die von Frau von Helvig, gebornen von Imhoff, von G. Mohnike und Julius Minding an. Näheres kann man in jedem guten Bücherverzeichniss nachschlagen, zum Beispiel in denen von Heinsius und Engelmann. Sehr schöne Bearbeitungen einzelner kleinerer Gedichte T's haben wir unter andern von L. Schley (in dessen schwedischen Dichtungen), von H. Schütt (in G. Mohnikes Kleineren Dichtungen von T.), und von H. Wachenhusen. Eine neue Sammlung von T's kleineren Dichtungen in metrischer Uebertragung von mir selbst soll noch in diesem Jahre erscheinen.

I.
Jugendgedichte.

Till min hembygd.

Du, som min barndom gaf din omsorg och din
    stämpel,
Ditt minne växer än, o hembygd, i mitt bröst.
Mitt öra längtar än till dina ekos röst,
Och fjerran dyrkar jag ditt skogbevuxna tempel,
Der du bland klippor reser opp din bild,
Gigantiskt dristig och poëtiskt vild.

Hur kraftigt hvarje drag din enkla skönhet talar!
Hvar tanke i ditt sköt blir, som din himmel, klar.
J dina forsars fall den vilda styrkan far,
Och Friden vandrar tyst i dina dunkla dalar,
Då dina fjäll, bland himlar stigna opp,
En krans af stjernor fläta kring sin topp.

Så var den glömda bygd, som födde Ossians yra.
Med Guden i sitt bröst, med vinden i sitt hår,
Han stod på klippans spets, och sjöng. — För-
    svunna år
Som hamnar stego opp att dansa kring hans lyra:
Fram genom sekler kom hans gudasång
Med dufvans enfald och med dundrets gång.

Hur ljuf din sommar är! På en gångjätte vorden,
Han stiger blomsterkrönt ur isars vagga opp:
På en gång knopp och frukt han sällar i sitt lopp,
Och rundar i ett drag hvart ax, som kröner jorden,
Då dagen sjelf, med skördarn i förbund,
Stjäl hälften bort utaf sin hvilas stund.

An meine Heimath.

Du, die meiner Kindheit holde Pflegerin war,
und die meiner jungen Sele ihr Gepräge gegeben
hat, o Heimath, dein Andenken steht noch frisch
und grün in meiner Brust. Noch sehnt sich
mein Ohr nach dem Schall deiner Echo's, und
auch ferne von dir ehr' ich noch deinen wald-
bewachsenen Tempel, wo du zwischen Felsen
dein Bild erhebst, gigantisch kühn und poetisch
wild.

Wie kraftvoll spricht sich in jedem Zuge
deine Schönheit aus! Jeder Gedanke in dei-
nem Schooss wird, wie dein Himmel, klar. In
dem Fall deiner vom Felsen stürzenden Wald-
bäche tobt die wilde Stärke, und der Friede
wandelt still und ruhig durch deine dunkeln
Thäler, während deine Gebirge, ins Blau der
Lüfte steigend, sich den Scheitel mit einem
Kranz von Sternen umwinden.

So war die nun vergessne Landschaft, die
Ossians heiliges Dichterfeuer gebar. Den Gott
in seinem Herzen, den Wind in seinem weben-
den Haar, stand er auf des Felsens steilem
Haupt, und sang. — Jahre, die dahingeschwun-
den waren, stiegen wieder auf wie Geister, und
schwangen sich im Tanz um seine Leier. Durch
Jahrhunderte wanderte sein göttlicher Gesang
mit Taubeneinfalt und mit dem mächtigen Hall
des Donners.

Wie lieblich dein Sommer ist! Mit einem
Schlage zum Riesen geworden, erhebt er sich
bekränzt mit Blumen aus seinem Wiegenbett
von Eis: eine Saat von Knospen und Früchten
zugleich wirft er in seinem eilenden Wandel
aus, und rundet in einem Zuge jede Aehre, welche
die Erde kränzt, da der Tag selbst, mit dem
Schnitter im Bunde, sich die Hälfte abbricht
von seiner Ruhezeit.

| Skön är din vinter sjelf. Jag såg, jag såg ju hjelten
En drifva i sitt skägg, en tallkrans kring sitt hår,
Han far, och silfverkorn kring dina lundar går,
Och med förfrusen hand strör liljor öfver fjälten:
På böljan, nyss i krig mot klippans brant,
Han lägger tung sin sköld af diamant. | Schön ist selbst der Winter bei dir. Ich sah, ich sah ja den Recken: einen Klumpen Schnee in seinem Bart, einen Kranz von Tannenreis in seinem Haar, zieht er des Wegs und sät Silberkörner in deine Haine umher und streut mit erfrorner Hand Lilien auf die Gefilde hin, auf die Woge, noch jüngst im Kampf mit dem schroff hinausragenden Fels, legt er schwer seinen diamantenen Schild. |

| Hvad fröjd min barndom fann bland dina frusna fjällar,
Då än på skidors längd, som flög på drifvans bryn.
Ifrån dess spets vår tropp nedstörte, som från skyn,
Än for på skor af stål, att rita böljans hällar!
Omkring oss vintern, våren på vår kind,
Med bröst af oskuld, och med fot af vind. | Was genoss meine Kindheit damals für Freuden in deinen Schnee- und Eisbergen, als unsere Schaar bald auf langen Schneeschuhen, die auf der Schneefläche dahinflogen, sausend von der Höhe derselben, wie aus den Wolken, niederfuhr, bald Schlittschuh lief und der Welle festes Gestein ritzte; — um uns her den Winter, den Frühling auf unsern Wangen, mit Herzen voll Unschuld, und mit Füssen wie der Wind. |

| Hur skön jag månen såg i vinternatten tåga!
Hans strålar slumrade bland drifvors bädd. —
Med hast
Kom Nordan. — Klippan skalf, sjön soptes, stammen brast,
Och norrsken fräste ner från himmelen i låga:
Och skogens rå, med natten vaknad opp,
Stod i ett yrmoln uppå fjällens topp. | Wie schön sah ich den Mond in der Winternacht dahinwandeln! Schlafend lagen seine Strahlen in dem Bett der Schneewehen. — Plötzlich kam der Nordwind daher. — Der Fels erbebte, wie mit einem Besen wurde das Meer gefegt, der Baumstamm lag gebrochen am Boden, und der Nordschein fuhr zischend in Feuer und Flammen vom Himmel herab: und das Reh des Waldes, welches mit der Nacht vom Schlaf erwacht war, stand leuchtend in dem Schein einer dahinjagenden Sturmwolke auf dem Gipfel des Gebirges. |

| Men mild din sommarnatt går att vår syn förnöja
Af bygdens lek ett skall förtäljer hennes spår
En perleregn af dagg hon vrider ur sitt hår,
Och stjernor slockna tidt på hennes ljusblå slöja.
Då skrämd och snar sin tysta vagn hon styr
Emellan dag, som skymmer och som gryr. | Doch freundlich mild und erfreulich gibt sich unserm Auge deine Sommernacht zur Schau. Ein holder Schall von dem Spiel der Flur folgt ihr nach: aus dem Haar windet sie sich einen ganzen Regen von Thauperlen, und oft erlöschen die Sterne auf ihrem lichtblauen Schleier. Dann lenkt sie scheu und rasch ihr leises Gespann zwischen dem dunkelnden und dem schon wieder heraufdämmernden Tage. |

| J aldrig vissnad prakt sig dina lundar sira.
Med diadem af moln, med fot, som trampar Styx,
Står jordens årsbarn, furu, som ned från heden rycks
Att ress herrskande bland böljors skum sin spira.
Ej speglad mer i insjöns lugn, hvars brädd
Är i en gördel utaf klippor klädd. | In unverwelklicher Pracht prangen deine Wälder. Mit einem Diadem von Wolken, mit einem Fusse, der in den Styx tritt, steht die Fichte, die so alt ist wie die Erde, da; von der Halde wird sie gewaltsam herabgerissen, um ihre Krone herrschend durch den Wogenschaum zu tragen, wo sie sich dann nicht mehr in dem stillen See spiegelt, dessen Gestade ein Gürtel von Felsgeklipp umgibt. |

Dig, som min hembygd ger så rikt åt mödans
　　　　händer,
Tyranners hurra skräck och åldrig frihets värn,
Förgömda klippans son, jag helsar dig, o jern!
Som förr med håtnaden gick att stycka Latiens
　　　　länder,
I flykten slog dess örnars legion,
Och satte Nordens berg till verldens thron.

Stig tryggadt opp i dag bland palmerna af friden,
Der folken darrande dig löst till sitt skygd:
Och hugut din massa se uti din fosterbygd
Till ploghilns eggar hvast, till skärans cirkel
　　　　vriden:
Och, segrande som lia eller svärd,
Nu meja skördeu, nu en väpnad verld!

Låt mången veklig bygd de sedera prål förljufva,
Som blifvit dygdens graf och sannings plågoris!
Det folk, jag föddes bland, vill blott, på sidrens
　　　　vis,
Sin enfald och sin plog, sin frihet och sin grufva;
Dess tjäll hann ej förderfvet, och dess tro
Står fast som klippan, der dess skatter bo.

Ta'n, möjor af min bygd, den krans, er landsman binder;
Bland stadens dockor än hans hjerta mindes er.
Från himlen i er krets steg hvitklädd Oskuld ner,
Och fröjd och helsa blott ha sminkat edra kinder.
Sjelft spegelns lof er blygsamhet försmår,
Som Luna rodnande från böljan går.

Förråder mig min sång? — Din son, o hembygd,
　　　　vinne
Dock i din hulda famn en hydda någon gång.
Din höghet för sin själ, din enfald för sin sång,
Och dina ädlas bröst till grafvård för sitt minne;
Och låt din skugga, dina blommors doft,
Ej sky den torfva, der du lagt hans stoft!

Dich, das meine Heimath den mühevoll emsigen Händen so reichlich gibt: dich, den gebornen Schrecken der Tyrannei und die uralte Wehr der Freiheit, dich grüss' ich, o Eisen, den Sohn der verborgnen Felskluft! — Dich, das einst dahinzog mit der Rache, um Latinus Länder zu zerstückeln, das auf der Flucht die Legion seiner Adler schlug, und das die Gebirge des Nordens zum Thron der Welt erhob.

Nun magst du gerne aus der Erde heraufsteigen unter dem Schutz der Friedenspalmen, da dich die bangenden Völker zu Schirm und Wehr erhandeln, und furchtlos sehen, wieviel von dir noch in den Bergen deiner Heimath ruht, und wie es bald zur scharfen Pflugschaar gewetzt, bald zur runden Sichel gewunden wird; und siegend magst du dann in Sensen- und Schwertgestalt bald die Erndte mähen, und bald eine kriegsgewaffnete Welt!

Mag man andern Orts weichlich an jenen Lebensgewohnheiten Lust und Geschmack finden, die das Grab der Tugend geworden sind und die Strafruthe der Wahrheit! Das Volk, unter welchem ich geboren worden bin, will nichts weiter, als, wie es seine Väter gehalten, seine Einfalt und seinen Pflug, seine Freiheit und seine Erzgrube — seinem niedern Dach ist die Verderbniss noch nicht genaht, und sein Glaube steht fest, wie die Felsen, in deren Schooss seine Schätze ruhen.

Nehmt hin, ihr Mädchen meiner Heimathflur, den Kranz, den euch euer Landsmann windet; sein Herz gedenkt noch euer unter den geputzten Modedämchen in der Stadt. Vom Himmel ist in euern Kreis die Unschuld im weissen Gewande herabgestiegen, und nur Freude und Gesundheit haben euch die Wangen roth gefärbt. Selbst das Lob des Spiegels verschmäht ihr voll Sittsamkeit, gleichwie Luna erröthend von der Welle zurückzuweichen scheinet.

Verräth mich mein Gesang? — Dein Sohn, o Heimath, wird doch wohl noch einmal ein Hüttchen finden in deinen holden Armen, und für seine Sele deine Hoheit sich erwerben, für seinen Gesang deine Einfalt, und als ein Grabmal seines Andenkens die Brust deiner Edeln; und möge dein Schatten, möge der Duft deiner Blumen dann das schmale Stück Erde nicht scheuen, wo du seinen Staub zur Ruhe hingelegt hast!

Till en aflägsen älskarinna.

Molnen ha smält,
Våren, ur slumret väckt,
Kring våra fält
Släpar sin rosendrägt:
Ve mig! mitt glödande hjerta
Svalkas ej, svalkas ej af dess flägt.

Dansande möt
Honom, du sälla tropp!
För dig han göt
Sorlande källans lopp,
Stämde han fåglarnas sånger,
Öppnade rodnande blommans knopp.

Men ej åt mig
Susar hans vinge tröst,
Stormarnas krig
Tiger ej i mitt bröst.
Glädjens vissnade blomma
Slumrar för mig uti evig höst.

Ser du ej, Hopp,
Löftenas brodd förstörd?
Växer ej opp
Saknadens tistelskörd?
Klagar ej rösten af Minnet,
Fjerran från lyckliga dagar hörd?

Nanna! dess röst
Klagar hon' ock hos dig?
Säg, i ditt bröst
Isar ej glömskan sig?
Offrar i nattens tystnad
Du lifven saknadens suck åt mig?

Häfves din barm
Trogen, som förr, och öm?
Flödar än varm
Der mina lågors ström?
Gråter du mina tårar?
Drömmer du mina känslors dröm?

Och hvarje trakt,
Se'n du är från mig skild,
Hvart du ger akt
Står den ej öde, vild,
Grafvens öcken, befolkad
Endast utaf din älsklings bild?

Fåfängt ändå,
Fåfängt naturens hand
Mellan oss två
Sträckte sitt rosenband;
Fördomens kalla isbarm
Värmes ej opp af vår sköna brand.

An eine entfernte Geliebte.

Die Wolken sind zerschmolzen, der Lenz, aus dem Schlummer erwacht, umwandelt mit seinem Rosengewande unsere Fluren: weh mir, meinem glühenden Busen fächelt sein linder Hauch keine Kühle, keine Kühle und Erquickung zu!

Tanzend geh' ihm entgegen, du glückliche Schaar! Für dich goss er die murmelnde Quelle aus, für dich liess er die Vogelgesänge harmonisch durch einander klingen, für dich erschloss er den Kelch der holderröthenden Blume.

Doch nicht mir säuselt sein Flügel Trost. Der Kampf der Stürme will nicht schweigen in meinem Herzen. Die welke Blume der Freude schläft für mich in einem ewigen Herbst.

Siehst du es nicht, o Hoffnung, wie die Saat unserer liebenden Gelöbnisse zerstört ist? Wächst nicht die Distelerndte des schmerzlichen Verlusts heran? Klagt nicht die Stimme der Erinnerung, ein ferner Nachklang schönerer Tage?

Nanna, wird auch in deinem Herzen ihre Klage noch wach? Sprich, legt nicht das Eis der Vergessenheit sich starr um deinen Busen? Opferst auch du in der schweigenden Nacht mir Seufzer der schmerzlichen Sehnsucht?

Hebt sich dein Busen noch treuliebend und zärtlich wie früher? Fliesst da noch warm der Strom meiner Flammen? Weinest du meine Thränen? Träumest du den Traum meiner Gefühle?

Und jede Gegend, wohin du schauen magst, steht sie nicht, seitdem du von mir geschieden bist, einsam und öde, eine Wildniss da, eine Wüste des Grabes, bevölkert nur von dem Bild deines Lieblings?

Vergebens jedoch, vergebens schlang die Hand der Natur zwischen uns Beiden ihr Rosenband; — die kalte Eisbrust des Vorurtheils, sie will an unserer schönen Gluth nicht erwarmen.

Suckande vind,
Far till min Nanna, far!
Kyss hennes kind,
Hviska så: „lycklig var!
Kanske den kommande våren
Ser af din älskling blott stoftet qvar."

Hvad är det mer?
Der bortom grafvens rand
Vårsol ju ler
Öfver ett bättre land.
Välkommen efter mig, Nanna!
Döden löser ej våra band.

Du, o seufzender Wind, wehe zu meiner Nanna hin, wehe! Küss' ihre Wangen und flüster' ihr zu: „lebe glücklich! Der kommende Lenz erblickt vielleicht nur noch den Staub deines Lieblings."

Was thut's indess? Lacht doch jenseits des Grabes eine Frühlingssonn' ob einem besseren Land. — Willkommen alsdann nach mir, Nanna! Der Tod zerreisst unsere Bande nicht.

Till den frånvarande.

Hur lycklig var jag förr! o Nanna, hvar är du?
Hvart for den sällhet hän, hvartill mitt hjerta trängtar?
Jag hade maka förr. En ensam dufva nu
Jag sitter kuttrande uti mitt bur och längtar.

Jag går uppå ditt rum. Hur tomt, hur ensligt der!
Ett öde tempel likt, som sin Gudinna saknar.
Hvar plats, som burit dig, är dock mitt hjerta kär,
Och vid hvart föremål ett saligt minne vaknar.

Jag till din spegel går och tittar efter dig,
Men glömsk och otacksam din bild han mer ej äger:
Jag går till ditt porträtt, men det ej tröstar mig;
Det är som grafven tyst och hör ej hvad jag säger.

Jag vandrar till din sten, en pilgrim med min staf,
Dit mången gång du gick bredvid mig så förtrogen:
Jag sitter lyssnande, men ingen vagn hörs af,
Blott bäckens sakta fall och vindens suck i skogen.

Jag går i blomstrens park och uppå stängeln ser,
Der dina bilder förr du ansade och närde.
Mot jorden hänga de sin dufna krona ner,
Ty längtan, längtan blott, dem liksom mig förtärde.

An die Abwesende.

Wie glücklich war ich doch früher! O Nanna, wo bist du jetzt? Wohin ist nun das Glück verweht, wonach mein Herz schmachtend sich verzehrt? Eine süsse Gefährtin meines Lebens hatt' ich vormals. Ein einsamer Tauber sitz' ich jetzt girrend in meinem Käfig, und sehne mich voll heissem Schmerz.

Ich geh' in deine Stube hinauf. Wie leer, wie öde und einsam erscheint sie mir! Sie gleicht einem verlassenen Tempel, den seine Göttin nicht mehr bewohnt. Doch jede Stelle, die dein Fusstritt geweiht, ist meinem Herzen noch werth und theuer, und jeder Gegenstand erweckt mir eine selige Erinnerung.

Ich gebe an deinen Spiegel hin und schau' hinein nach dir, doch vergesslich und undankbar, wie er ist, bewahrt er dein Bild nicht mehr: ich gehe zu deinem Portrait hin, doch auch das gewährt mir keinen Trost; es ist stumm, gleichwie das Grab, und versteht nicht was ich sage.

Ich wandere hinaus zu deinem Steine, ein Pilgrim mit meinem Stabe, wohin du so manchmal traulich gingst mit mir. Lauschend sitz' ich, doch ach, kein Wagen lässt sich hören, bloss des Waldbachs leises Rauschen in seinem Fall, und der Seufzer des Windes im Walde.

Ich geh' in deinen Blumengarten hinab, und nehme der Blumen schwanke Stengel, woran du deine Bilder sonst gepflegt und genährt, forschend in die Hand. Zu Boden lassen sie trauernd ihre Krone hängen, denn der Sehnsucht, der Sehnsucht heisses Weh nur verzehrte auch sie, wie mich.

Jag går i lunden ut. Hvart träd, der förr du skar
Mitt namn, står likt en vän och bjuder mig att
stanna!
Jag tar den lätta båt och till din holme far.
Och böljans sakta sorl och vinden hviska:
"Nanna!"

Det är din födelsedag. Kom till mitt hjerta, kom!
Mitt sällhetsbref gafs ut för tjugu år tillbaka.
Det är försegladt än; men, när ett år gått om,
Förseglingen bryts opp, och fästmön är min
maka.

Ich geh' in den Hain hinaus. Ach, gleich
einem Freund steht da jeder Baum, in den
du einstens meinen Namen einschnitt'st,
und lädt mich ein stehen zu bleiben! Ich
nehme das leichte Boot und fahre nach deiner
Insel hinüber, und der Welle leises Rauschen
und der Wind flüstern nichts als deinen
theuern Namen.

Es ist heute dein Geburtstag. Komm an
mein Herz, komm! Heute sind's zwanzig Jahre,
dass der Brief meines Lebensglücks in die Welt
hinausgegeben worden ist. Noch ist er versie-
gelt; nach einem Jahre wird jedoch das Siegel
erbrochen, und die Braut ist — meine Gattin.

I hennes hem.

Här är din barndoms tid förfluten,
Här har du drömt din oskulds dröm,
Här, lik en ros bland tistelns bruten,
Din själ stod fram, så skön, så öm.
Här sjöng dig lunden sina sånger,
Och liljan växte kapp med dig,
Och sjön har speglat hundra gånger
De dragen, som förtjusa mig.

Hur kärt har mig ej stället varit
Och är det än, då du är der!
Du vet nog hvad min själ erfarit
Hvar gång, som jag oss tänkte här.
Här skulle mogna, ej blott knoppas
En salighet så öm, så varm.
Ack, hvad du engång lät mig hoppas
Här i min himmel, vid din barm!

Man tadlar oss, man vill oss skilja,
Och sqvallret måste ha sin gärd,
Men blif ej rädd, min bleka lilja,
Jag vet, hvad hopens dom är värd.
Tro ej, att den förstår ett hjerta,
Som du dock engång mitt förstod;
Det ges ej glädje utan smärta,
Och kärlek fins ej utan mod.

In ihrem väterlichen Hause.

Hier ist die Zeit deiner Kindheit dir verflos-
sen, hier hast du den Traum deiner Unschuld
geträumt; hier, gleich einer Rose, unter dem
Dorngesträuch hervorgesprossen, sprang die
Knospe deiner Seel' an's Licht hervor, so schön,
so hold und süss. Hier sang der Hain dir
seine Lieder, und wuchs die Lilie mit dir um
die Wette, und der See hat hundertmal die
Züge zurückgespiegelt, in deren Anschaun ich
selbst so selig schwelge.

Wie theuer ist mir nicht die Stelle gewesen,
und ist mir's noch, wo deines Daseins süsse
Spuren sind! Du weisst es wohl, was ich fühlte,
so oft ich mich im Geist mit dir hieher zurück-
versetzte. Ist's doch nirgends anders in der
Welt als hier, wo eine Seligkeit, so einzig süss
und glühend, nicht bloss Knospen treiben und
blüh'n, sondern auch Blumen und Früchte reifen
soll. Ach, was du mich einst hoffen liessest,
du, in meinem Himmel, an deiner Brust!

Man tadelt uns, man will uns auseinander-
reissen, und auch wir müssen der Klatschsucht
der Menschen unsern Tribut zahlen; doch darum
fürchte dich nicht, meine bleiche Lilie, denn
ich weiss ja, was das Urtheil des grossen Hau-
fens werth ist. Glaube nur nicht, dass der ein
Herz versteht, wie du doch das meinige einmal
verstandest: gibt es ja doch keine Freude ohne
Schmerz, und keine Liebe sonder Muth.

Låt alla solar blifva kalla,
Min glöd är ej med dem förbi!
Låt stjernorna från fästet falla,
Men jag skall dock dig trogen bli.
Gå, sök kring Södern, sök kring Norden,
Det ädlaste, det bästa tag;
Men aldrig finner du på jorden
En man, som älskar dig som jag.

Mögen all die Sonnen da droben plötzlich
kalt werden, meine Gluth wird nicht zugleich
erlöschen! Mögen die Sterne herunterfallen
von der Veste des Himmels, so werde doch ich
dir treu bleiben. Geh' und suche im ganzen
Süden, suche im ganzen Norden herum, nimm
das Edelste, nimm das Beste; — so wirst du doch
auf Erden keinen Mann mehr finden, der dich
liebt wie ich.

Farväl.

Snart fält och lunder, berg och dalar
Oss skilja, när jag från dig far,
Och huru ömt jag till dig talar,
Så får jag ändå intet svar.
Hvar afton jag den kära saknar,
Som satt bredvid och tjuste mig,
Och hvarje morgon, då jag vaknar,
Jag vet, jag ej får råka dig.

Säg icke, att jag kan dig glömma!
Du tror det icke sjelf en gång,
Vet nog, hvad känslor genomströmma
Mitt hela lif, mitt tal, min sång.
Från yrseln, nöjena och flärden
Du vändt min håg för längese'n,
Från allt förutom dig, — och verlden,
Han är mig blott ditt återsken.

Jag ser din bild i solens lågor,
Jag hör din röst i bäckens sus,
Och nattens djupa, dunkla frågor
Du tyder mig vid stjernors ljus.
Det sköna jorden har, det höga,
Som himlen, — din symbol mig är;
Den sky, som blånar, är ditt öga,
Och liljan dina färgor bär.

Tro mig, fast ock vi skiljas vida,
Så blifva hos hvarandra vi.
Du sitter icke vid min sida,
Nej, ty du sitter deruti;
I venstra sidan, der det flammar
Ett hjerta, der du dyrkad är,
Der har du valt din slutna kammar,
Och in släpps ingen annan der.

Lebewohl.

Bald scheiden uns Felder und Wälder, Berge
und Thäler, wenn ich von dir gehe, und wie zärt-
lich ich auch mit dir rede, ich bekomme doch
keine Antwort mehr. Des Abends werd' ich
mich schmerzlich nach meiner Trauten sehnen,
die sonst neben mir sass und mich in süssem
Bann gefangen hielt, und des Morgens, wenn
ich erwache, werde ich leider die Gewissheit
haben, dich nicht zu sehn.

Sag' nicht, dass ich dich vergessen könne!
Du glaubst es selbst nicht einmal, denn du
weisst es ja, was für Gefühle mein ganzes Le-
ben, meine Rede, meinen Gesang durchströmen
Von der Wildheit, von all den andern Freuden
und der Eitelkeit der Welt hast du ja längst
meinen Sinn bekehrt, von all den andern Freu-
den dieser Welt ihn abgelenkt: — nur von dir
nicht; — und die Welt selbst, sie ist mir nichts
weiter, als ein Wiederschein von dir.

Ich erblicke dein Bild in den Sonnenflammen,
ich höre deine Stimme im Murmeln des Bachs,
und die tiefen, dunkeln Fragen der Nacht deu-
test du mir bei dem Licht der Sterne. Was die
Erde Schönes, was sie Hohes und Erhabnes hat,
wie der Himmel: — ist mir ein Symbol von
dir. Die blaue Luft vergleiche ich deinem
Ange, und die Farben, darin die Lilie prangt,
das sind die deinen.

Glaube mir, so gross auch unsere Trennung
ist, wir bleiben einander doch nahe. Du sitzest
nicht mehr neben mir, nein, du sitzest in mei-
nem Herzen selbst; — zu meiner Linken, wo
im Herzen ein Feuer loht und wo du wie eine
Gottheit verehrt wirst; — da wohnst du in einem
eigenen geschlossnen Kämmerlein, und keine
Andere findet da Einlass.

Hur skönt de ädla, bleka dragen
Ur djupet blicka upp på mig!
Hur ömt de himmelska behagen
För mina ögon måla sig!
Din stämmas milda toner ljuda
Harmoniskt i mitt öra än,
Och dina läppar ännu bjuda
En kyss af lågor åt din vän.

Farväl, var trogen! — Blodet isnar
Vid tanken att du glömma kan;
Var trogen, ty mitt hjerta vissnar
Den stund, du älskar någon ann.
Farväl, min lefnads morgonstjerna,
Du, bättre hälften af min själ,
Mitt väsens medelpunkt och kärna,
Du evigt älskade, farväl!

Wie schön aus meines Herzens Tiefen blicken
die edeln, blassen Züge mir herauf! Wie hold-
selig steht das Bild deiner himmlischen An-
muth vor meinen Augen! Die weichen Töne
deiner Stimme klingen noch harmonisch in
meinem Ohr, und noch bieten deine Lippen
einen Flammenkuss dem Freunde deiner Wahl.

Leb' wohl und bleib' mir treu! — Das Blut
gerinnt mir zu Eis bei dem Gedanken, dass du
im Stande wärest, meiner zu vergessen; —
bleib' mir treu, denn meines Herzens junges
Grün würde mir fahl werden und erbleichen
von dem Augenblick an, wo du einen Andern
lieben würdest, als mich. — Leb' wohl, du mei-
nes Lebens Morgenstern, du bessere Hälfte
meiner Sele, du Mittelpunkt und Kern meines
ganzen Wesens, du Ewiggeliebte, leb' wohl!

Fridsröster.

När de mäktige på jorden
Trampa en föraktad ätt,
Och i Södern och i Norden
Styrkan öfverallt har rätt;
När den svagare förtryckte
Svekets dolk i gördeln bär,
I din egen barm du flykte
Och slut frid med verlden der!

Stiger dagen på det höga,
Blickar glad och fridsäll ner,
Hata ej! hans rena öga
Djupet af ditt hjerta ser.
Kommer qvällen med sin stjerna, —
Qvällen är med friden slägt;
Stäng ditt bröst för hat, så gerna
Som din dörr för nattens fläkt.

Döm ej straxt den vilseförda,
Stolte broder, med förakt!
Icke vägde du den börda,
Ödet på hans skuldra lagt.
Icke talte du de strider,
Som han stridde för sin dygd.
Icke vet du, hvad han lider
Af sin ånger, af sin blygd.

Friedensstimmen.

Wenn die Mächtigen der Erde ein verachtetes
Geschlecht niedertreten in den Staub, und
wenn im Süden und Norden überall nur die
Stärke Recht behält; wenn dann der schwächere
Unterdrückte den Dolch der List und des Be-
truges im Gürtel führt, dann flüchte du in dei-
nen eigenen Busen und schliesse da Frieden
mit der ganzen Welt!

Steigt der Tag empor am Himmelsgewölbe
und blickt er heiter und Frieden lächelnd zur
Erde herab, dann hasse nicht! Sein reines Auge
sieht dir in die Tiefen deines Herzens hinab.
Kommt der Abend mit seinem Sterne, — der
Abend ist dem Frieden unverwandt: — dann
verschliesse deine Brust dem Hasse, wie du dem
Nachthauch deine Thür verschliessest.

Verdamme nicht gleich, stolzer Bruder, ver-
ächtlich den Irrenden! Du weisst nicht, wie
schwer die Last ist, die das Schicksal auf seine
Schultern gelegt hat. Du hast die Kämpfe nicht
gezählt, die er für seine Tugend stritt, du weisst
es nicht, wie seine Reue, seine Scham ihn
schmerzen.

Du, som hämnd och hat förkunnar	Du, der du da Hass und Rache sogar im Na-

Du, som hämnd och hat förkunnar
I din egen himmels namn,
Ser du icke, himlen unnar
Rum åt alla i sin famn?
Om den slutna evighetens
Dolda rådslag hvad vet du?
Hvem har mätt Barmhertighetens
Bottenlösa djup ännu?

Ack, hvad gör det, hur vi kalla
Denne far, som dock är vår?
Hvad tillfälligt är må falla,
Det väsendtliga består.
Männ' den vise med sin lära,
Än så djup, så konstigt byggd,
Kommer verldens Gud mer nära,
Än den vilde med sin dygd?

Hör mig, hör mig, gode fader,
Väsen, bakom verlden gömdt!
Ibland jordens myriader
Lys de många, som dig glömt!
Tyd för dem instiktningsordeu
Till hvad ädlast jorden såg:
„Gudi ära, frid på jorden,
Menskorna en helig håg!"

Menska, någon himmelsk flamma
Lefver i dig, vårda den;
Frid och kärlek måste stamma
Från den faderliga vän.
Vet du på din lefnads gåta
Något tröstligare svar,
Än att älska och förlåta
Sönerna af samma far?

Är du lycklig, väl, så gläd dig
At din lycka med en hvar,
Och ju mer du delar med dig,
Desto mera har du qvar.
Räck oss handen, vägra ingen,
Låt hvar glädje, som du njöt,
Flyga genom brödraringen,
Liksom en elektrisk stöt!

Om du lider, om du faller
Misskänd, utan tröst och hopp,
Genom lifvets fängselgaller
Se i öppna himlen opp,
Der hvar hatfull själ, hvar bitter,
Svartnar som en slocknad brand,
Och Försonligheten sitter
På den Högstes högra hand.

Du, der du da Hass und Rache sogar im Na-
men deines Himmels predigst, siehst du denn
nicht, wie der Himmel Raum für einen Jeg-
lichen unter uns hat an seinem Herzen? Was
weisst du von den verborgnen Rathschlüssen
der verchlossnen Ewigkeit? Wer hat den bo-
denlosen Abgrund des himmmlischen Erbar-
mens noch ermessen?

Ach, was thut es zur Sache, wie wir jenen
himmlischen Vater nennen, der doch einmal
unser ist? Was zufällig ist, das muss untergehn,
Grund und Wesen bleibt bestehn. Kommt denn
der gelehrte Forscher mit seiner Lehre, seiner
wenn auch noch so tiefen und noch so kunstvoll
zusammengesetzten, dem Gott der Welt näher,
als der Wilde mit seiner Tugend?

Hör' mich, hör' mich, gütiger Vater, du We-
sen, das hinter der Wolke dieser Welt steht!
Unter der Erde Myriaden erleuchte die Vielen,
die deiner vergessen haben! Erleuchte sie mit
den Stiftungsworten des Edelsten was die Erde
sah: „Gott die Ehre, der Erde Frieden, und den
Menschen ein heiliges Gemüth!"

O Mensch, eine himmlische Flamme lebt in
dir, hüte und nähre sie; Frieden und Liebe
müssen von deinem Freund und Vater da dro-
ben stammen. Weisst du denn wohl eine tröst-
lichere Lösung deines Lebensräthsels, als den
Söhnen eines und des nämlichen Vaters liebend
zu verzeihen?

Bist du im Glücke, wohlan, so freue dich dei-
nes Glückes mit einem Jeden, und jemehr du
Andern davon mittheilst, desto mehr bleibt dir
zurück. Reiche Jedem die Hand, schliesse Kei-
nen aus, jede Freude, die dir blühte, lass wie
einen elektrischen Funken durch die Kette dei-
ner Brüder fliegen!

Bist du im Unglück und musst du Schmerz
und Verkennung leiden, umsonst nach Trost
und Hoffnung ringend, dann blicke durch des
Lebens Gefängnissgitter getrost ins Blau des
offnen Himmels hinauf, wo jede Sele, die da von
Hass und Rache heimlich glüht, schwarz wird
wie eine erloschne Kohle, und wo die Versöhn-
lichkeit seliglächelnd auf der rechten Hand des
Höchsten sitzt.

Yngling, du, hvars stjerna rullar
Öfver lifvets paradis,
Sola dig på dina kullar,
Hata ej, var glad och vis!
Medan du bekymret tiger,
Drick ur kärlekens pokal,
Drick dig varm, förrän du stiger
Ner i årens kalla dal!

Du, som re'n med fulla händer
Uppå lifvets höjder står,
Gör det goda, förr'n du vänder
Åter med förblekta hår!
Bygg med svettig flit din boning,
Bygg den uti fridens land,
Bjud hvar ovän till försoning,
Och hvar vän till stöd din hand!

Du, som släpar sista stenen
Opp till lifvets pyramid,
Vill du från dess höjd se scenen
Utan fasa, så äg frid!
Ack, du vet ej, hvar du landar
Ifrån dödens stilla haf,
Derför mana goda andar,
Endast goda, till din graf!

Innan än din plats är öde
Bland de lefvande, gör godt,
Dö, och hoppas bland de döde
Ingen hämnd, försoning blott!
Ingen ånger, ingen vrede
Till din sotsäng tränge sig!
Stilla saligheter brede
Sina vingar öfver dig!

Du, o Jüngling, dessen Stern noch ob dem
Paradies des Lebens glänzt, sonne dich heiter
auf deinen heiteren Hügeln, hasse nicht und sei
fröhlich mit Maass und weisem Sinn! Während
die Bekümmernisse des Lebens noch schweigen,
trinke aus dem Kelch der Liebe, trinke
dich warm, ehe du in's kühle Thal der spätern
Jahre hinabsteigst!

Du, der mit Händen, voll von der Lust und
Arbeit dieses Lebens, bereits auf seinen Höhen
stehst, thue das Gute, eho du umkehrst mit gebleichtem
Haar! Im Schweisse deines Angesichts
baue dir die Wohnstatt, baue sie dir in
dem Land des Friedens, biete jedem Feinde zur
Versöhnung und jedem Freunde helfend deine
Hand!

Du, der du zum Bau deiner Lebenspyramide
schon den letzten Stein emporschleppst: —
willst du nicht mit schaudercndem Gefühle von
ihr herabsehn auf die Welt, so gib dem Frieden
in deinem Herzen Raum! Ach, du weisst nicht,
wo du landest nach der Fahrt durch des Todes
stilles Meer; darum rufe gute Geister, nur gute
und gerechte, an dein Grab!

Ehe deine Stelle unter den Lebenden noch
leer ist, thue Gutes; stirb, und erwarte in dem
Land des Todes keine Rache mehr, sondern
nur Versöhnung! Keine Reue, kein Groll dränge
sich mehr zu deinem Sterbebett! Sondern selige
Ruhe breite ob deinem Antlitz ihre Schwingen
aus!

Kloster-ruinerna.

Stå stilla, vandrare, och se dig om!
Här reste sig från grå ålderdomen
Ett kloster, heligt då, — men tiden kom
Och gjorde hemgång uti helgedomen.

Dess murar nitet fogat fast ihop,
Men sekler trängde sig med våld emellan.
Nu till dess gård drar ingen pilgrims-hop,
Och ingen offrar i den helga källan.

Die Klosterruinen.

Steh still, o Wanderer, und schau dich um!
Hier stand in grauer Vorzeit Tagen einmal ein
Kloster, — damals ein heiliger Ort; — doch es
kam die Zeit und brach frevelnd im Heiligthum
den Frieden.

Religiöser Eifer fügte seine Mauern fest zusammen,
doch ein Jahrhundert nach dem andern
drängte sich mit Gewalt dazwischen. In seinen
Hof zieht nun keine Wallfahrtsprocession mehr
ein, und Niemand opfert mehr Geld in die heilige
Quelle.

Igenom porten är blott vindens gång,
De vida rund, de djupa hvalf stå öde;
Från loften skrika ufvarne sin sång,
Men under slumra ändå tryggt de döde.

Se, tidens vishet åt legenden ler,
Och tviflarns fötter på reliken trampa;
Jag vördar, forntidsminnen, ännu er,
Och tänder åter er förtärda lampa.

Från dessa murar skyggde våld och brott,
Här ostörd vishet verldens gång betraktat:
lnunder hvalfven salig andakt gatt,
Och frid, lik Edens engel, porten vaktat.

Hvad trogna knäfall dessa hällar nött!
Hvad kraft förnummen i de helga orden!
Här anden, lågande, sitt ursprung mött,
För himlen lefvande och död för jorden.

O sägen, skuggor, ur er natt likväl:
Var edert lif af lidandet förgätet?
Var det blott frid, som bodde i er själ,
Och knäföll ingen sorg för stenbelätet?

Hvem svarar? Ack, blott lifvet klaga vet,
Och smärtans tecken i sitt våld det äger.
I grafven torkar ögat ut, som gret,
Och intet öra hör, hvad döden säger.

Der — inom denna sönderfallna dörr,
Der mörka vålnader vid midnatt synas,
Der suckade kanske en nunna förr,
En blomma ställd vid korsets fot att tynas.

Den blinde vantron med förfärlig hand
Vigt in dess vår åt himmelen och döden.
Hvad voro mot ett radband hjertats band?
Mot himlens ära hvad var menskonöden?

Nur noch der Wind streicht durch die offne
Pforte, und leer und öde stehn die weiten Ge-
wölbe, die tiefen Bögen; vom hohen Boden
herab schreien die Eulen, — ruhig gleichwohl
schlummern unten die Todten.

Schau, die Weisheit unserer Tage lacht der
Legende, und höhnisch setzt der Zweifler sei-
nen Fuss auf die heiligen Reliquien; doch mit
Scheu und Ehrfurcht nah' ich euch, ihr Erinne-
rungen der Vorzeit, und zünde eure erloschne
Ampel wieder an.

Von diesen Mauern wichen Gewaltthätigkeit
und Verbrechen scheu zurück, in ungestörter
Ruhe betrachtete die Weisheit da den Lauf der
Welt: selige Andacht wandelte unter diesen
Bogengewölben, und Frieden hielt wie Edens
Engel an dieser Pforte Wacht.

Von wie manchem frommdemüthigen Kniefall
zeugen noch die hohlen Steine da! Welche
Kraft der Rede ergoss sich da in den heiligen
Worten! Hier kam der Geist, in heiligem Feuer
lodernd, seinem Ursprung näher, nur für den
Himmel lebend und der Welt gestorben.

Und doch, ihr frommen Schatten, muss ich
euch aus eurer Nacht heraufbeschwören, und
euch fragen: gingen denn Schmerz und Leiden
wirklich an euerm Herzen mild vorüber? Hat
wirklich nichts als Frieden in eurer Sele ge-
wohnt, und lag kein Gram und keine Trauer
betend auf den Knien vor dem Bild von Stein?

Wer steht mir Rede? — Ach, nur das Leben
kann weinen und klagen, und hat die Zeichen
des Schmerzes in seiner Gewalt. Im Grabe
trocknet das Auge aus, das einst nass war von
Thränen, und kein Ohr gibt es mehr, um zu hö-
ren, was der Tod sagt.

Da — in dieser zerfallnen Thüre, wo sich
zur Mitternachtsstunde jetzt dunkle Schemen
sehen lassen, da seufzte vielleicht einmal eine
Nonne, eine Blume, am Fusse des Kreuzes blü-
hend, — um dahinzuwelken und zu sterben.

Der blinde Wahn weihte mit grausen Händen
dem Himmel und dem Tod ihr junges, blühen-
des Leben. Was waren des Herzens rosige
Liebeskränze gegen einen Rosenkranz? Was
war ein armes Menschenloos gegen die Glorie
des Himmels?

På denna mossbetäckta stenbänk satt,
I skygd af dessa sekelgamla ekar,
Hon kanske också mången mänskensnatt
Och mindes gråtande sin barndoms lekar.

Hur qvald den sjuttonåra himlabrud!
Af älskarns kyssar i dess själ hvad minnen!
Dess tankar sträfvade med makt till Gud,
Men ack, till jorden sträfvade dess sinnen!

Hon täljer ut och täljer om igen
Sitt radband, suckande sitt Ave stammar;
Men under doket tråmar ögat än,
Och samma hjerta under slöjan flammar.

Hvi ger religionen ej sin dotter tröst?
Hvi hör ej Christi mor dess bön, som klagar?
Ack! hvi så syndig blef naturens röst?
O hvi så hårda blefvo himlens lagar?

Vid krucifixet kallnade dess mund,
Och kinden blektes af den heta smärta;
Från sjunkna ögon flydde hvilans blund,
Ty jord och himmel stridde i dess hjerta.

Så, okänd Heloisa, småningom
Hon tärdes af, blef bortdöd och begrafven,
Och ingen Pope med sångens trolldom kom
Att väcka hennes minne opp af grafven.

Frid med din skugga! Du är hämnad re'n,
Försvunna äro dina helgon alla.
De trifves icke uti dagens sken,
Der Gud står qvar, men alla Gudar falla.

Ej Isis söker mer sin döda vän,
Ej lejonhöfdad Mithras dagen tänder;
Titaners slägte står ej opp igen,
Fast blixten slocknat i Kronions händer.

Och djupt förgömd bland fjällens skrefvor bor
Den Göthiska, den blodbestrukna stoden,
Ty på sin hammar sofver Asa-Thor
Och ingen kämpe gästar mer hos Oden.

In mancher Mondennacht sass sie vielleicht unter diesen hundertjährigen Eichen auf dieser moosbewachsenen Bank von Stein da, und dachte weinend an das Glück der goldenen Kindertage und deren Freuden.

Welche Qualen litt nicht die siebenzehnjährige Himmelsbraut! Wie gedachte sie noch so schmachtsvoll der Küsse des Geliebten! Wohl schwangen ihre Gedanken sich mit Macht zu Gott empr, doch ach, — zur Erde nieder zogen sie wieder die glühenden Gefühle!

Betend zählt sie die Perlen des Rosenkranzes und zählt sie wieder und wieder, und stammelt seufzend ihr Ave; allein unter dem Tuche blickt ein schmachtend Auge noch hervor, und unter dem Schleier glüht noch dasselbe Herz.

Gewährt denn der Glaube seiner Tochter keinen Trost? Hat denn die Mutter Christi kein Ohr für ihr klagendes Gebet? Ach, warum wurde denn die Stimme der Natur so sündhaft? O warum sind so schwer die Gebote des Himmels?

Am Krucifix erkaltete ihr Mund, und ihre Wangen wurden blass von der Gluth des Schmerzes; ihre eingefallenen Augen floh der Schlaf, denn Himmel und Erde lagen im Herzen der Armen im Kampfe mit einander.

So, — eine Heloise, von der Niemand wusste, welkte sie nach und nach im Gram dahin, so starb sie hin und wurde begraben, und kein Pope kam mit dem Zauberstabe des Gesanges, um ihr Andenken wieder ins Leben zurückzurufen.

Friede sei mit dir! Du bist jetzt gerächt, verschwunden sind all deine Heiligen nunmehr. Sie fühlten sich nicht wohl im Tageslicht, in welchem nur Gott stehen bleibt und die Götter erblassen.

Keine Isis sucht nun den todten Geliebten mehr, und kein löwenköpfiger Mithras zündet mehr des Tages Fackel an; das Geschlecht der Titanen ersteht nicht mehr, obgleich der Blitz nunmehr erloschen ist in Kronions Händen.

Und versunken und vergessen zwischen Bergesklüften liegen nun die mit Blut bestrichnen Tempelsäulen des gothischen Heidenvolkes, denn auf seinem Hammer schläft nun Asa-Thor, und kein Nordlandsrecke ist mehr Odens Gast.

Hans altar bröts för helgonens omkull:
De hade ock sin tid, som sommarfjärlen;
Nu vandrar plogen i den vigda mull,
Och barnen leka med de helga kärlen.

Seine Altäre wurden gestürzt und neue wurden dafür den Heiligen errichtet: auch sie haben ihre Zeit gehabt, gleich den Schmetterlingen; jetzt geht der Pflug durch die geweihte Erde, und Kinder spielen mit den heiligen Gefässen.

II.
Historisch-politische Gedichte.

England och Frankrike.
(1805)

England.
Ligg, du fördertliga, der, och frät omkring dig
　som kräftan,
Sluka nationerna opp, sluka och hungra ännu!
Filfras, hota mig ej, ty mig uppäter du icke,
Störta hvad throner du kan, Albions låter du
　stå.

Frankrike.
Strandar ej folkens rätt, den heliga, rundt på
　din kritkust?
Hela din stat är han ej en dykeri-commission?
Jorden stack du i brand för att strafflöst plundra
　i vådan,
Lik den förhungrade haj stryker kring hafvet
　din köl.

England.
Tyskland stridde och föll, du styckar dess lemmar med svärdet,
Belgien gaf dig sitt gull, fick sig förtrycket
　igen.

Frankrike.
Hindus med perlor och blod ej köper sitt Eden
　ifrån dig,
Negern är gissladt till döds, ack! för att
　sockra ditt thé.

England.
Mår ej Hesperiens land som ett tempel, plundradt af vildar?
Sjelfva det fattiga Schweiz stal du dock Ära'n
　ifrån.

England und Frankreich.
(1805)

England.
Bleibe nur liegen und lauere, du Verderbliche, und friss um dich wie der Krebs; verschlinge die Nationen, verschlinge sie und hungere dennoch! Vielfrass, drohe mir nicht, denn mich frissest du doch nicht auf; stürze soviel Throne als du zu stürzen die Macht hast, — den von Albion lässt du wohl stehn.

Frankreich.
Strandet nicht das heilige Recht der Völker ringsum an deiner kreidigen Küste? Dein ganzer Staat, ist er nicht eine einzige grosse Strandrechtscommission? Die Erde stecktest du in Brand, um in dem allgemeinen Wirrwarr ungestraft plündern zu können; gleich dem hungrigen Hai durchstreicht dein Kiel das Meer.

England.
Deutschland kämpfte und fiel, du hauest seine Glieder mit dem Schwert in Stücke: — Belgien gab dir sein Gold, und erhielt zum Lohn dafür die Knechtschaft.

Frankreich.
Der Hindus kauft mit Perlen und Blut sein Paradies nicht von dir los; den Neger geisselst du zu Tode, ach, nur um dir den Thee von ihm zuckern zu lassen!

England.
Steht nicht das schöne hesperidische Land wie ein Tempel da, der von Vandalen geplündert worden ist? Sogar der armen Schweiz stahlst du die Ehr' und den Ruhm.

Frankrike.

Hafvet är fritt, men du stänger det till, som det
vore ditt packhus,
Beltens förreglade port bröt du, som vore han
din.

England.

Jorden hyllar min makt, jag sitter på hafvet och
dömmer,
Krigare köper jag opp, konungar tar jag i
sold.

Frankrike.

Ja, väl soldar du dem: betala din sold åt de
döde,
Ser du vid Austerlitz ligger din soldade här!

England.

Guillotinen är still, men Pichegru stryps i sitt
fängsel,
Djupt bland Amerikas träsk gömmer sig Vic-
tor Moreau.

Frankrike.

Pitt, och din helvetsmachin, den andra, kreve-
rade fåfängt,
Nelson, den blodige, föll, rodret på Albions
skepp.

England.

Sedan han spillrat ditt hopp, ditt sista på vå-
gorna, föll han;
Bygg mig en flotta ännu, lustigt att fiska den
opp.

Frankrike.

Fiska så länge du kan, det är din tid ännu på
djupet,
Hämnaren stiger en dag opp på din fiskare
strand.

England.

Med kanalen omgjordar jag mig, som Pluto med
Stygen,
Aldrig en lefvande själ vände från Stygen
igen.

Frankrike.

Herkules vände igen, och Cerberus förde han
bunden,
Trollet med bufvuden tre: Herkules lefver
ännu.

Frankreich.

Das Meer ist frei, du schliessest es jedoch
zu, als wenn es dein Pack- und Lagerhaus wäre,
die Riegel des Belts sprengtest du, als wärst du
sein Herr.

England.

Die Erde huldigt meiner Macht, als Richterin
throne ich auf dem Meer, für Gold lass' ich mir
Krieger anwerben, Könige nehm' ich in Sold.

Frankreich.

Ja, wohl nimmst du sie in Sold: bezahle dei-
nen Sold nur den Todten; — schau' nur hin, bei
Austerlitz liegt dein besoldetes Heer!

England.

Die Guillotine ruht, dafür wird jedoch Piche-
gru in seinem Kerker erdrosselt; weit unten
zwischen den amerikanischen Sümpfen verbirgt
sich als Flüchtling Victor Moreau.

Frankreich.

Pitt, und deine zweite Höllenmaschine sprau-
gen fruchtlos in die Luft, Nelson der blutige
ist todt, das Steuer an Albions Schiff.

England.

Nachdem er deine Hoffnung, deine letzte zur
See, vernichtet, hat er den Tod gefunden; baue
mir doch noch eine Flotte, um sie mir wieder
lustig herauszufischen.

Frankreich.

Fische so lange du nur kannst; noch blüht
deine Zeit zur See; eines Tages steigt jedoch
der Rächer empor an deinem Fischergestade.

England.

Ich umgürte mich mit dem Kanal wie Pluto
mit dem Styx, noch kehrte keine Sele lebend
vom Styx zurück.

Frankreich.

Herkules kehrte zurück von ihm, und den
Cerberus führte er in Banden mit sich, das Un-
geheuer mit den drei Köpfen: — Herkules lebt
noch.

England.

Hör mig, hvad tvista vi om? Har verlden ej nog
    för oss begge?
Ära du önskar och makt, vinst är mitt bättre
    begär.
Verlds-befriarens kall, men verlds-förläggarens
    äfven
Hörer mig till; af de två lemnar det sista jag
    sist.
Frihet ifrar jag för, det är handelsfrihet jag
    menar,
Frihet för mig, det förstås, ej för de andra
    också.
Derför jag bjuder dig fred; vi dela emellan oss
    rofvet,
Grönskande jorden blir din, min blir den blå
    ocean.

Frankrike.

Hör mig, jag känner dig väl, och föraktar din
    krämare-statskonst,
Byggd på en handels-balans, stigen och fallen
    med den.
Du är den gamla ännu, men hos mig allting är
    pånyttfödt,
Kraften, föryngrad och djerf, längtar till
    riddarespel.
Jorden eröfrar jag sjelf, och hafvet följer väl
    efter,
Den, som har stranden, har sjön; aldrig jag
    delar med dig.
Icke din väpnade hand, din bedjande bjude mig
    freden!
Böj för den bättre dig ned! Sådan är freden,
    jag ger.

England.

Vimplarna flyga i skyn, det regnar, som fordom
    i Sodom,
Böljan är skummig af blod: möt mig, du
    trotsiga, der!

Frankrike.

Örnarna flyga i skyn, det dundrar, som åskan
    på domdag,
Jorden är slipprig af blod: möt mig, du trot-
    siga, der!

England.

Stå, som en hålig vulkan, och förstör hvad som
    blomstrar omkring dig,
Till's i din egen eld plötsligt du faller en
    dag.

England.

Hör' mich an, worum streiten wir denn? Ist
denn die Welt nicht gross genug für uns Beide?
Nach Ruhm und nach Macht strebst du, ich
dagegen habe das bessere Theil erwählt, näm-
lich Geld und Gewinn. Mir steht es zu, für die
Freiheit der Welt zu kämpfen, doch muss ich
auch die Herrin des Welthandels sein; von die-
sen Zweien lasse ich das Letztere zuletzt. Für
die Freiheit eifere ich, und zwar ist es die Zoll-
freiheit, was ich meine, — Freiheit für mich,
wie sich von selbst versteht, nicht auch für die
Andern. Darum nimm den Frieden an, den ich
dir anbiete! Lass uns den Raub unter einander
theilen: — dein soll die grünende Erde sein,
und mein der blaue Ocean!

Frankreich.

Hör' mich, ich kenne dich wohl und verachte
deine Krämerpolitik, die auf einer Handels-
bilanz beruht, mit ihr steigend und mit ihr fal-
lend. Du bist noch die nämliche wie früher,
ich dagegen bin eine durchaus Neugeborene; die
Kraft, verjüngt und kühn, sehnt sich nach dem
Turnierspiel des Krieges. Die Erde erobre
ich mir mit dem Schwert, und das Meer folgt
wohl von selbst nach, denn wer den Strand hat,
hat auch das Meer; niemals theile ich mit dir.
Nicht deine gewaffnete Hand, sondern deine
bittende soll mir den Frieden anbieten! Beuge
dich vor der Besseren! Das ist der Friede, wie
ich ihn anbiete.

England.

Hoch in der Luft fliegen die Wimpel, es reg-
net wie einstens in Sodom, die Wogen schäu-
men von Blut: — dort, du Trotzige, magst du
mich finden!

Frankreich.

Hoch in der Luft fliegen die Adler, es blitzt
und donnert wie am Tag des jüngsten Gerichts,
die Erde ist schlüpfrig vom Blute: — dort, du
Trotzige, magst du mich finden!

England.

Stehe wie ein hohler Vulkan da, und zerstöre
rings umher jede Blüthe, bis dass du eines Ta-
ges plötzlich in deine eigene Gluth stürzest.

Frankrike.

Ligg, som ett blockskepp, fast, men krediten
    ankare aviker,
Och det förlorade vrak drifver för vind och
    för våg.

Frankreich.

Pflanze dich hin, wie ein Blockschiff; — der Anker des Credits lässt dich doch noch im Stich, und Wind und Welle spielen dann mit dem verlornen Wrack.

Krigssång för Skånska Landtvärnet.
(1808.)

Hvi pröfvas ej huggande
Klingor ännu?
Hvi klyfvas ej skuggande
Hjelmar i tu?
Förlorad är tiden
I kojornas skygd.
Till striden, till striden
För fädernebygd!

Trygge suto vi och hörde
Åskorna derute gå.
Dunderguden, hur han körde,
Kunde dock ej Norden nå.

Ifrån vester, ifrån öster,
Hvarje budskap friden svär.
Plötsligt ropa tusen röster:
Fienden är här, är här.

Mordbrand är hans krigs-förklaring,
Falskhet är hans riddarsköld,
Och till menskoblods besparing
Tar han Ehrensvärds graf med — stöld.

Kriegsgesang für die Schonische Landwehr. (1808.)

Warum sausen die hauenden Klingen noch nicht durch die Luft? Warum hör' ich die schirmenden Helme nicht, von den Schwertern durchhauen, zur Erde rasseln? Verloren ist die Zeit zwischen den Pfühlen des Hauses. In den Kampf, in den Kampf für's Vaterland!

Still und ruhig sassen wir und hörten draussen des Donners fernes Geroll. Wie der Donnerer auch einherfuhr, nach unserm Norden kam er nicht.

Von Westen und von Osten schwor jede Botschaft Frieden. Plötzlich rufen tausend Stimmen: der Feind ist da, der Feind!

Mordbrand ist seine Kriegserklärung. Falschheit ist sein Ritterschild, und, um Menschenblut zu sparen, ehrt er das Grab Ehrensvärds — durch einen Diebstahl.

Im ersten Abdruck des Gedichtes folgt hierauf die Strophe:

Ack! ett folk af stilla herdar, bodde
Vi lycksalige i okänd Nord;
Uppå fädrens fält vår föda grodde,
Och i fädrens dalar sprang vår hjord.
Våldets slagtningar oss brydde föga,
Liksom åskor hörda långt ifrån;
Men de nalkas, — och med blodigt öga
Tittar kriget ner på fjällens son.

Ach! ein Volk von stillen Hirten, wohnten wir glücklich in Nordens unbekannten Gauen; auf dem Feld unserer Väter wuchs, was wir zu unseres Lebens Nothdurft brauchten, in unsern väterlichen Thälern sprangen unsere Herden. Die blutigen Kämpfe der Gewalt machten uns wenig Sorgen, sie waren für uns nur wie ein in der Ferne dahinziehendes Gewitter; doch es zieht nun näher heran, — und mit blutigem Auge blickt der Krieg auf den Sohn des Gebirgs herab.

Vi draga det rostade
Svärdet med mod,
Det svärdet, som kostade
Tusendes blod.
Snart vilja vi pröfva,
Om eggen är god,
Om jätten kan döfva
Båd' klinga och mod.

Wir ziehen das rostige Schwert mit Muth, das Schwert, woran schon das Blut von Tausenden klebt. Bald wollen wir's erproben, ob es gut schneidet, und ob wohl der Riese vom Norden die Macht hat, uns den Muth und die Klinge zu feien.

Låt den snåle kronor samla
Hvar han kan en krona få.
Sveas kronor tre, de gamla,
Låter han väl bli ändå.

Här bland Odens ätteläggar
Trifves han ej länge just,
Och hans stridshäst sällan gnüggar
Mer än en gång på vår kust.

Derför bor, från fordomtida,
Sjelfbestånd bland bergen än;
Derför Sveas stjernor skrida
Ännu öfver frie män.

| Lasst den Listigen nur nach Kronen jagen, wo er eine Krone kriegen kann. Die altehrwürdigen drei Kronen von Schweden, die lässt er wohl liegen.

Hier, wo Odens und seines Geschlechtes heilige Gebeine ruhn, wird es ihm nicht allzuwohl, und selten wiehert sein Schlachtross mehr als einmal an unsern Ufern.

Darum ist auch von Alters her der selbstständig freie Sinn heimisch im Gebirge; darum wandeln die Sterne Sweas ob freien Männern hin.

Die zwei letzten Strophen lauteten im ersten Abdruck des Gedichtes so:

Än har ingen ovän stuckit
Ut sitt läger på vår strand,
Ingen ovän häst har druckit
Källorna i Göthens land.
Ännu ledas våra tärnor
Till sin brudstol af vår hand,
Ännu blicka Nordens stjernor
Ner på ett sjelfständigt land.

Så länge gullskenade
Carlvagnen går,
Så länge hvitmenade
Fjällryggen står,
Och jern bor i grufva,
Och männer å strand,
Så länge de kufva
Ej Svithiods land.

Inga nya rön vi tarfva,
Möta faran utan sorg:
Ryssen kommer — men från Narva,
Dansken — men från Helsingborg.

Hvarför mäter icke hjelten
Sjelf sin kraft med Svenske män?
Obetvunget inom Belten
Hvilar Götha lejon än.

Men den kloke vill ej draga
Sjelf åstad, och det med fog:
Det är farligt till att jaga
I den djupa lejonskog.

Ty skogskungen vakar på
Jägarens ban,
Han ryter, han skakar på
Gnistrande man.

Noch stach kein Feind sein Lager ab an unserm Gestade, noch hat keines Feindes Ross getrunken in Giothlands Bächen. Noch werden unsere Dirnen von uns selbst zum Brautstuhl geführt, noch schauen die Sterne des Nordens auf ein selbstständig freies Land herab.

So lange der Karlswagen noch golden am Himmel glänzt, so lange die schneeweissen Gebirge noch stehn; — als es in den Gruben noch Eisen gibt und Männer am Strande, so lange knechten sie auch Swithiods Land noch nicht.

Wir haben keine Kriegsschule nöthig, furchtlos und muthig gehen wir der Gefahr entgegen: es kommt der Russe — doch er kommt von Narwa, es kommt der Däne — doch kommt er von Helsingborg.

Warum misst der Held nicht selbst mit schwedischen Männern seine Kraft? Unbezwungen ruht der Göthalöwe noch zwischen den Belten.

Doch der Kluge wagt sich nicht selbst hieher, und das mit Fug: gefährlich ist es, zu jagen im tiefen Löwenwald.

Denn der König des Waldes geht wachsam der Spur des Jägers nach, er sträubt mit Gebrüll seine funkelnde Mähne.

Han lyss ej till böner,
Han räds ej för hot;
De osällas söner
Dess kula gå mot.

Stor är deras här att nämna,
Tallös såsom hafvets sand,
Och det enda val de lemna:
Döden eller slafvars band.

Derför är det lätt att välja
För en hvar, som föddes fri,
Ej de stritande vi tälja,
Blott de slagne tälja vi.

Ihn rührt kein Flehn, ihn schreckt keine Drohung; nur die Söhne des Unglücks nahn seiner Höhle.

Gross ist ihre Macht zu nennen, zahllos, wie der Sand im Meer, und die Wahl, die sie uns lassen, schwankt nur zwischen Tod und Sklaverei.

Darum ist die Wahl nicht schwer für Den, der frei geboren wurde, und nicht die Kämpfenden, sondern nur die Erschlagnen zählen wir.

Im ersten Abdruck lautete die zunächst vorhergehende Strophe so:

Bojor och blygd de förmätne ärna
Oss, som ej frukta, oss, som ej fly.
Förr från himlen de stjäla en stjerna,
Än de ta bort från vårt land en by.

Så möt om de sökande
Härar med mod,
Så släckom de rökande
Åskor i blod.
Ej vilja vi bida,
Ty bloden är ung,
Och skönt är att strida
För land och för kung.

Hur herrligt att draga de
Trotsiga ned!
Hur lustigt att jaga de
Glesnade led!
På sträckande kampar
De flykta, farväl!
Förskräckelsen trampar
De flyendes häl. —

Solen sjunker, och med solen
Sjunker äfven stridens gny,
Men ett präktigt sken kring polen
Purpurfärgar haf och sky.

Och med böjda knän vi prisa
Härars Gud, som allt förmår,
Våra söners söner visa
Stridens fält om tusen år.

Den fallne skall hvila i
Fädernas jord;
Hans rykte skall ila i
Sjelfständig Nord.

Knechtschaft und Schmach denken uns die Frechen zu, uns, die sich nicht fürchten, uns, die nicht fliehen. Ehe sie von unserm Land ein Dorf losreissen, mögen sie einen Stern vom Himmel stehlen.

So lasst uns mit Muth begegnen den suchenden Heeren, so lasst uns in Blut die qualmenden Schlünde des Donners löschen! Frisch darauf und daran, unser Jünglingsblut schäumt, und schön ist's, zu streiten für König und Vaterland!

Wie ist es so herrlich, die Frechen zu Boden zu reissen! Wie ist es so lustig, die gelichteten Reihen dahinzujagen! Im Galopp fliehen sie sausend dahin, — gehabt euch wohl! Der Schrecken tritt den Fliehenden auf die Fersen.

Die Sonn' erlischt, und mit der Sonn' erlischt auch des Kampfes heisse Wuth; ein prächtiger Purpurschein jedoch umglüht den Pol, und färbt leuchtend Luft und Meer.

Und wir beugen die Kniee und preisen den Gott der Heerschaaren, der da ist allmächtig; — noch nach tausend Jahren werden unsere Enkel mit Stolz auf dieses Schlachtfeld weisen.

Der Gefallne soll ruhn in der Erde der Väter; sein Name soll auf den Schwingen des Ruhms durch den selbstständig freien Norden eilen.

De åldrige komma
På vacklande staf
Och lägga en blomma
På ynglingens graf.

En flicka med sväfvande
Lockar skall gå
Och fälla en bäfvande
Tår deruppå.
Och skalderne sjunga
Med hjertat i brand
Den slumrande unga,
Som föll för sitt land

Snart stormen tiger,
Och solen ler,
Och friden stiger
Från himlen ner.
Kring bygden skallar
Blott fröjd och ro,
Och under tallar
De frie bo.

Och dagen firas
Med dans och lek
Vår panna siras
Med krans af ek.
Den fyllda kannan
Kring laget går,
Och ingen annan
Är skål'n, än vår.

Dann werden am wankenden Stabe die Greise sich nahn und dem Jüngling eine Blume auf's Grab legen.

Ein Mägdlein mit wehenden Locken soll an sein Grab eilen, und ihm eine bebende Thräne weihen. Und die Dichter preisen mit glühendem Herzen in Liedern den schlummernden Knaben, der da fiel für sein Land.

Bald schweigt der Sturm, heiter lächelt die Sonn' und vom Himmel herab steigt der Friede. Nur von Frieden und Freude tönen Feld und Auen wieder, und unter dem Grün des schwedischen Nadelgehölzes wohnt nur die Freiheit.

Und mit Spielen und Tänzen wird der Tag gefeiert, und unsere Stirne zieren Eichenkränze. Die volle Kanne geht um den Tisch herum, und niemand Anderm, als uns selbst, trinken wir Glück und Wohlfahrt zu.

Sång för Jemtlands Fältjägare.

Det rör sig, det hvimlar vid skogens bryn,
Gevären blixtra mot dagen,
Och hurraropet flyger mot skyn:
Då gläder sig döden med bister syn,
Ty hans förpostkedja är dragen.
Och framåt hon ilar från trakt till trakt:
Det är Svenske män, det är Jemtlands jagt.

Vi jaga, som björnen han jagar i Nord,
Som lejonet jagar i Söder.
Dock — deras jagt är för glömskan gjord:
Vårt villebråd är det skönsta på jord,
En Sverges ovän, som blöder.
För Sverges ära, för Sverges makt
Öfver berg, öfver dal skallar Jemtlands jagt.

Gesang für die Jemtländischen Feldjäger.

Es regt sich, es wimmelt am Waldessaum, hell blitzen Gewehre im Lichte, und der Hurrahruf dringt in die Lüfte: da jauchzt der Tod mit schrecklichem Gesicht, denn seine Vorpostenkette ist gezogen. Und vorwärts eilt sie im Sturme von Gau zu Gau: — das sind schwedische Männer, das ist Jemtlands Jagd.

Wir jagen wie der Bär des Nordens, wie der Löwe des Südens jagt. Doch — ihre Jagd lebt nicht im Gedächtniss fort: unser Wild ist das schönste auf Erden: — ein Feind Schwedens in seinem Blute. Für Schwedens Ehre, für Schwedens Macht über Berg und Thal braust Jemtlands Jagd.

Bespara dig flykten och falla med mod,
Du oväu från östan, från sunnan!
Bakefter dig ilar skidlöpare god,
Och aldrig irrar hans vingade lod;
Med lifvet du kommer ej undan.
På den har döden sin hand re'n lagt,
Som råkar i skotthåll för Jemtlands jagt.

Stån trygga, J hyddor i dalarnas natt!
Stån trygga, J snöfjällar höga,
Der stjernehvalfvet sin krona satt!
Och, Storsjö, blicka mot himlen gladt,
Du fjällens mörkblåa öga!
Kring er och kring fädernas grafvar på vakt
Stå Svenske männer, står Jemtlands jagt.

Du fosterländska, du fria jagt,
Som jagar för landet och kungen!
På faran gifver ej jägaren akt,
Han leker med henne så oförsagdt,
Och dör han, så dör han besjungen.
Och tusende eko i fädernetrakt
Upprepa sången om Jemtlands jagt.

Spar' dir die Flucht und fall' mit Muth, du
Feind von Ost und von Süden! Dicht hinter dir
läuft der Schneeschlittschuhläufer gut, und nie-
mals fehlt seine geflügelte Kugel; du kommst
nicht mit dem Leben davon. An Den hat der
Tod seine Hand schon gelegt, der der Jagd von
Jemtland in den Schuss geräth.

Steht still und ruhig, ihr Hütten in der Nacht
der Thäler! Steht still und ruhig, ihr hohen
Gebirge voll Schnee, darüber die Krone des
Sternengewölbes erglänzt! Und heiter blicke
zum Himmel empor, du Storsee, du dunkel-
blaues Auge des Gebirges! Als Schildwacht
um euch und um die Gräber stehn schwedische
Männer, steht Jemtlands Jagd.

Du vaterländische, du freie Jagd, die du jagt
für König und Land! Keiner Gefahr hat der
Jäger Acht, er spielet mit ihr so unverzagt, und
stirbt er, so lebt er im Gesange. Und tausend
Echo's im Heimathland wiederholen den Gesang
von Jemtlands Jagd.

Hjelten.
(1813.)

Hvarför smädar du mig ständigt,
Ögonblickets lumpna skara,
Utan vilja, utan merg?
Fånga fjärlarna behändigt,
Men jag ber, låt örnen fara
Fri kring sina blåa berg!

Ser du, kring den starke anden
Växa alltid starka vingar.
Hvad rör örnen väl derför?
Dufvan plockar korn i sanden,
Men han tar sitt rof och svingar
Mot den ban, der solen kör.

Frågar stormen, när han ryter,
Frågar himlens höga dunder,
När det öfver jorden far,
Om det någon lilja bryter,
Om det i de gröna lunder
Störer ett förälskadt par?

Der Held.
(1813.)

Warum schmähst du mich denn beständig,
du elendes Lumpenpack, das nur für den Tag
lebt und jedes Marks enthehrt und jedes Wil-
lens? Hasche meinetwegen Schmetterlinge, nur
den Adler, bitt' ich dich, lass mir frei um seine
blauen Höhen kreisen!

Schau, einem starken und mächtigen Geist
wachsen jederzeit auch mächtige Schwingen.
Was kann denn der Adler wohl dafür? Die
Taube pickt sich im Sand ihr Körnlein, er da-
gegen erfasst kühn seinen Raub und schwingt
sich zu der Bahn empor, wo die Sonn' ihre
Kreise beschreibt.

Fragt denn der Sturm, wenn er heult, fragt
der gewaltige Himmelsdonner, wenn er dröh-
nend zur Erde niederfährt, ob er nicht irgendwo
eine Lilie abbricht, ob er nicht wo in einem
Haine ein liebendes Paar störe?

Evigt kan ej bli det gamla,
Ej kan vanans nötta lexa
Evigt repas opp igen.
Hvad förmultnadt är, skall ramla,
Och det friska, nya, växa
Opp utur förstörelsen.

Icke jag har härjat fälten,
Ej hvälft Södern opp och Norden,
Det hör högre makter till.
Skalden, tänkaren och hjelten,
Allt det herrliga på jorden,
Verkar blindt, som anden vill.

Uppe bland de höga stjernor
Skrefs den väldiga bedriften,
För hvars skull jag kom hit ner.
Icke tidens kloka hjernor,
Ej den falska lyckans skiften
Hämma hennes fortgång mer.

Derför går jag, trygg och lika,
Huru ock mitt rykte ljudar,
Hvart mig ock mitt öde för.
Ej för menskor vill jag vika,
Endast för de höge Gudar,
Hvilkas tysta röst jag hör.

Låt dem flykta, låt dem fara,
Mina slafvars hop, som rysa
Vid den högre kraftens bud.
Ensam går jag. Natt skall vara,
Innan himlens stjernor lysa,
Innan hjelten blir en Gud.

Falla kan jag. Under månen,
Den omvexlingsrika, bodde
Ingen fri för ödets kast.
Lejontämjarn, gudasonen
Föll, när svekets klädning grodde
Vid hans breda skullror fast.

Men han reste sig, och tände
Sjelf sitt bål på höga Öta
Och flög dän, gudomliggjord.
Så min hjelteban ock ände.
Och vill bålets namn du veta,
Söder heter det och Nord!

Das Alte kann nun einmal keine Ewigkeit
dauern, man kann nicht in Ewigkeit die abge-
droschene Leiermannsarie der Gewohnheit wie-
derholen hören! Was da morsch ist, das soll in
Schutt zusammenbrechen, und das Frische, das
Neue soll dann aus den Ruinen hervorblühn.

Nicht ich habe die Felder verwüstet, nicht
ich habe den Süden und den Norden aufge-
wühlt, das war das Werk höherer Mächte. Was
irgend gross und herrlich ist hienieden, der
Held, sowie der Dichter und der Denker, es
wirkt blind, wie der Geist es will.

Droben in dem Buch der Sterne stand die
grosse That geschrieben, um derentwillen ich
auf die Erde herabgestiegen bin. Weder die
klugen Köpfe der Zeit, noch die Wechselfälle
des treulosen Glückes halten ihre fernern Wir-
kungen mehr auf.

Und so geh' ich denn, ruhig und stät, und
nicht darauf achtend, was auch das Gerücht
von mir sagen mag, meines Weges weiter, wo-
hin mich mein Geschick nun führt. Nicht vor
den Menschen will ich weichen, nur vor den
hohen Göttern, deren leisen Ruf ich höre.

Mögen sie fliehn, mögen sie ziehn, die vor-
mals meine Sklaven waren, und denen schau-
dert vor dem Gebote einer höhern Kraft. Ein-
sam geh' ich meine Bahn. Nacht muss es sein,
ehe die Sterne des Himmels leuchten, ehe der
Held zum Gott wird.

Zwar auch ich kann meinen Fall noch schauen.
Noch wohnte Keiner unter dem wechselnden
Mond, der frei gewesen wäre von den Schlägen
des Schicksals. Auch der Löwenbändiger, der
Sohn eines Gottes, fiel, als jenes Gewand der
List um seine Schultern festwuchs.

Er erhob sich jedoch wieder, und zündete
selbst seinen Holzstoss auf dem hohen Oeta an,
und flog empor, zum Gott geworden. — So mag
auch meine Heldenbahn enden! Und soll ich
dir den Namen meines Holzstosses nennen? —
Sein Name ist Süden und Norden!

Aus dem Gedichte: Swea.

(Von der schwedischen Akademie mit dem grossen Preise gekrönt im J. 1811.)

Mig gläder stormens sus och fädrens stora minnen;
Jag älskar deras mod och deras höga sinnen,
Då Nordens son ej än tog andras seder an
Och njöt hvad jorden gaf och tälte som en man.
Bort med den falska konst, som sinnets kraft förvekar,
Och flärdens tomma prål och yppighetens lekar! —
Folk! som vid öcknens barm växt opp, och med besvär
En knapp och oviss skürd från frusen torfva skär;

Du härmar oförsynt, och glömskt af fädrens lag,
All Söderns veklighet och — saknar dess behag.
Naturen lede dig. Hon gaf för skilda zoner
At ederna sin färg, åt språken sina toner.
I Söderns paradis, der solens milda kraft
Uppammar sjelfsådd skörd och kokar drufvans saft,
Der himlen jemt är blå, och i en evig sommar
Orangens gull slår opp och lagrens krona blommar,
Och mellan bäckars sorl och vestanvindars gång
Sjelf språket smälter bort i lena toners sång; —
Der bjöd naturen sjelf den glada menskan njuta;
Hon leder nöjets dans och knäpper sångens luta,
Och lifvet, fritt för sorg som för behofvens hot,
Är yppigt som den jord, som blomstrar för din fot. —
Kring Roms besegrare, kring Odens ättelägger,
Hon gjutit isfylld våg och murat fjällens väggar;
Utöfver snöklädd trakt med dristig hand hon satt
Det stormbebodda moln, den norrskens-lysta natt.

Meine Lust ist das Gebraus des Sturmes, mich freuen die grossen Erinnerungen meiner Väter; ihr Muth macht mir die Sele erglühn und ihr hohes Gemüth: — die Zeit, da es der Sohn des Nordens in Sitt' und Wandel noch nicht den Fremden nachthat, wo er genoss, was seine Erde ihm bot und Mühen und Beschwerden als ein Mann ertrug. Hinweg mit der falschen Kunst, die des Herzens Kraft verweichlicht, hinweg mit dem hohlen Prunk der Eitelkeit und den üppigen Spielen! — O mein Volk, das du am Herzen der Wildniss grossgewuchsen und dir mit Mühe und Noth von einer gefrornen Scholl' eine schmale und unsichre Erndte gewinnst; —

sonder Scheu und Scham, und vergessend des schlichten Brauchs deiner Väter, äffst du in deinem eiteln Thun jede Weichlichkeit des Südens nach und — hast doch seine Anmuth nicht. Die Natur sei deine Führerin. Sie gab in den verschiednen Zonen dem Thun und Lassen der Menschen überall von selbst die eigene Färbung, überall von selbst der Sprache die eigenthümlichen Töne. Im Paradies des Südens, wo die milde Kraft der Sonn' eine selbstgesäete Erndte erzieht und den Saft der Traube kocht, wo der Himmel beständig blau ist, und wo in der Pracht eines ewigen Sommers der Orangen schwellendes Gold aus dem Grün hervorglänzt und die Krone des Lorbeers blüht, und unter der Bäche Gemurmel und dem linden Säuseln des Westwinds selbst die Sprache dahinschmilzt in weichen Tönen, die wie Gesang klingen; — da lud die Natur selbst den Menschen zum heitern Genuss des Lebens ein; sie führt den fröhlichen Reigen an und schlägt die Laute des Gesanges, und das Leben, frei von Sorgen und drohender Noth, ist ein üppiges, wie das Erdreich, das da zu deinen Füssen blüht. — Um das Land, wo die Besieger Roms hausen, wo Odens und seines Geschlechtes heilige Gebeine ruhn, goss sie eine Fluth voll schwimmenden Eises und thürmte sie die Mauern des Gebirges: hoch überm Schneegefild liess sie kühn die stürmige Wolke steigen, liess sie die vom Licht des Nordscheins leuchtende Nacht thronen.

Se kring dig! Flammande kring fjällen fästet
svänger,
Utöfver forsens svall förvägna klippan hänger,
Och skogen hvart du går, omgjordande din stig,
Står hög och allvarsam och blickar ner på dig.
Här sjunker dal vid dal, der klyft på klyfta
lastad
Står opp, i hedendag af jättehänder kastad:
Tätt öfver skullran hän de höga stjernor gå;
I klippan växer jern, och männer deruppå.
Här vill naturen se det enkla, allvarsamma,
Här vill i dorftigt bo hon stora sinnen amma.
Här vandre fri och stolt bland fjällarna en ätt,
Som sjelfmant gör sin pligt och kräfver ut sin
rätt,
Och i sin enfald vis, uti sitt armod Ärad,
Omfamnar faran glad, och döden oförfärad.
Så växte fordom opp bland tallarna en slägt,
Som kufvat Österns väld och Söderns bäfvan
väckt.
O Sveas fordna dar! o fädrens gudaminnen!
I seklers långa natt J skymten och försvinnen.
I sången lefven qvar! — Den tiden är förbi,
Då trygg som klippans rot, som himlens viud så
fri,
Och närd utaf den skörd, som på hans täppa
grodde,
Europas segrare i Nordens hyddor bodde.
För lag och för rätt, för kung och fosterland,
Han slösade ej ord, men väpnade sin hand.
Han plöjde fädrens jord och ärfde deras seder,
Såg glad i lifvet in och trygg i grafven neder;
Och skild från vekligt prål och yppighetens
flärd
Han ej beskattad blef, men ärad af en verld.
Ej Asien klädde än, ej Indien honom födde,
För honom Söderns folk, och ej dess drufvor
blödde.

Schau' dich um! Flammend um's Gebirge wölbt
sich die Vesto des Himmels, hoch überm schäu-
menden Schwall des gewaltig niederstürzenden
Waldstroms hängt kühn der Fels herab, und
der Wald, auf Schritt und Tritt mit seinem
dunkeln Grün dich umgürtend, steht hoch und
ernst und blickt herab auf dich. Hier senkt
sich ein Thal neben dem andern, dort erhebt
sich eine Felskluft höher als die andere, im
grauen Heidenthum von Riesenhänden aufein-
ander gethürmt: ob deinen Schultern, zum
Greifen nahe, wandeln die hohen Sterne hin;
Eisen wächst in dem Schacht der Felsen, und
Männer wachsen obendrauf. Hier will die Na-
tur nur Ernst und schlichte Einfalt schauen,
hier will sie in der Wohnung der Armuth grosse
Herzen säugen. Hier wandere frei und stolz
zwischen den Bergen ein Geschlecht, das unge-
heissen seine Schuldigkeit thut und sich sein
gutes Recht nicht rauben lässt, und das, in sei-
ner Einfalt weise, in seiner Armuth geehrt,
heiter die Gefahr in seine Arme schliesst und
unerschrockenen Muths den Tod. So wuchs
vor Zeiten unter den Tannen ein Geschlecht
auf, dem des Ostens Macht erlag, und das der
Schrecken des Südens war. O Vorzeit Schwe-
dens! O göttliche Erinnerungen ihr meiner
Väter! In der Nacht der Zeiten seh' ich euch
nur noch wie blasse Nebel wogen und zerrin-
nen. So lebt denn im Gesange wieder auf! —
Die Zeit ist vorbei, wo ruhig und fest wie der
Felsen Grund, so frei wie der Wind des Him-
mels, und nur von der Erndte sich ernährend,
die ihm in seinem kleinen Gehege wuchs, Euro-
pas Sieger noch unter des Nordens niederm
Strohdach wohnte. Um Ehr' und Recht, für
König und Vaterland machte er keinen Schwall
von Worten, sondern waffnete muthig seinen
Arm. Er pflügte das Grundstück seiner Väter, ihr
treuer Sohn und Erbe in Sitt' und Brauch, sah
heiter ins Leben hinein und getrost ins Grab
hinab; und frank und frei von weichlichem
Luxus und von üppigem Getändel, zahlte er der
Welt keinen Tribut, sondern er war von ihr ge-
ehrt. Noch gab ihm Asien nicht seine Kleider,
noch nährte ihn Indien nicht, ihm floss nur das
Blut der Völker des Südens, nicht das Blut sei-
ner Trauben.

— — — — — — — —

J ädle, mossa gror på edra glömda ben,
Er lefnads hjeltedikt är slutad längese'n.
En annan verld står opp. Välan, välan, J fäder!
Hvem är den menskoätt, som på er aska träder?

Ihr Edeln, Moos wächst nun ob euern vergesse-
nen Gebeinen, das Heldengedicht eueres Lebens
ist längst zu Ende. Eine andere Welt ersteht
nunmehr. Wohlan, wohlan, ihr Väter! Was ist
es denn für ein Geschlecht, das seinen Fuss auf
euere Asche setzt und darüber wandelt?

O blygd! Är detta er, är detta Göthers stam? —

— — — — — —

Du sofver, Svea folk! Hvem vill din hvila rubba?
Men svaret med sin dolk, men väldet med sin
klubba,
De vaka omkring dig. O väckte dig min sång
Med djup af grafvens röst, med dån af åskans
gång!
Se, med de väldige ha dina fäder tvistat,
Men nu går solen opp i länder, som du mistat.
O Finland, trohets hem! O borg, som Ehrn-
svärd byggt,
Nyss lik en blodig sköld från statens hjerta
ryckt!
En throu står opp ur kärr, hvars namn vi knap-
past vetat,
Och kungar böja knä, der våra hjordar betat;
En annan skär vår skörd och upptar klippans
jern,
Som rodnar utaf harm att smidas till hans värn.

— — — — Se stad och byddor brinna!
Du man, hvar är ditt svärd? — Hvar är din dygd,
o qvinna? —

Se tiden! Är hon gjord för svagheten och fåf-
ängen?
Eröfrare gå fram, som jordskalf, genom verlden.
Europas gamla form ej längre hålla vill,
Den nya skapelsen med svärdet yxas till.
Hvad throner störtas om! Hvad riken sönder-
styckas!
Förtrycket nämns försvar, och Rätt är det, som
lyckas.
Tror du dig ensam trygg? Så är ej våldets art.
Var viss, det klappar ock uppå din fjällport
snart.
Betänksamt ödet står, med griffeln höjd, att rista
I kopparn in vår dom, den eviga, den sista.
Ett ögonblick ännu! Det plånar ut, med köld,
De nötta kronorna, o Svea, från din sköld.
Upp, ännu är det tid att deras helgdom berga,
Än har du kung och stat och grafvar till att
värja,
Och vålnan af ett namn, som minnets stolthet gör.
Kan du ej rädda dem, så kan du dö derför. —

O Schmach! Ist das euer, ist das der Gothen
Stamm und Geschlecht?

— — — — — —

Du schläfst so ruhig, o Schwedenvolk! Wer
will wohl deine Ruhe stören? Doch wachen
Augs umlauern dich der Betrug mit seinem
Dolch und die keulenschwingende Gewalt. O,
dass mein Gesang dich weckte mit tiefer Graber-
stimm' und mit dem dröhnenden Hall des
Donners! Siehe, deine Väter haben gekämpft
mit den Mächtigen, jetzt dagegen geht die Sonn'
in Ländern auf, die einst dein waren. O Fin-
land, du Heimath der Treue! O Burg, die Ehren-
svärd erbaute, und die noch neulich einem blu-
tigen Schilde gleich vom Herzen unseres Staats
gerissen ward! Ein Thron erhebt sich aus dem
Moor, von dem wir kaum den Namen wussten,
und Könige beugen jetzt ihr Knie, wo vordem
unsere Heerden weiden gingen; ein Anderer
schneidet unser Getreide und holt unser Eisen
aus dem Schacht herauf, und das Eisen er-
röthet, dass es sich von ihm zu seiner Wehr
muss schmieden lassen.

— — — — Schau, Stadt und Dörfer stehen
in Flammen! O Mann, wo ist dein Schwert? Wo
ist deine Tugend, o Weib? — — — —

Schau' doch der Zeit ins Auge! Ist sie denn
darnach angethan, dass man noch an Schwach-
heit und Eitelkeit denken kann? Donnernd, wie
wenn die Erde Grund erbebt, wandeln gewal-
tige Eroberer durch die Welt. Nicht länger will
die alte Form von Europa halten und mit dem
Schwerte wird die neue Schöpfung zugehauen.
Was stürzen für Throne um! Was werden für
Länder zerstückelt! Gewaltherrschaft heisst
Vertheidigung und Recht heisst Das, was glückt
und was gelingt. Hältst denn du dich alleinig
für sicher? Das ist nicht die Art der Tyrannei.
Gib Acht, in Kurzem klopft sie auch an deine
Gebirgspforte. Nachdenkend steht das Schick-
sal da und hält schon den Griffel in der Hand,
um in den kupfernen Schild unser Urtheil, un-
ser ewiges, unser letztes, hineinzugraben. Einen
Augenblick nur noch! — und kalt, o Swea,
löscht es von deinem Schilde den Trödel der
drei Kronen hinweg. Auf, noch ist es Zeit, rette
ihr Heiligthum! Noch hast du einen eigenen
Staat und einen eigenen König und theure Grä-
ber zu schirmen, noch hast du wenigstens den
schwachen Nachhall eines Namens, welcher der
Stolz der Erinnrung ist. Kannst du sie nicht
länger erhalten, so kannst du doch sterben da-
für. —

Se, Bälten kasta än kring dig de fria armar,
Och fjällens fästning står, och himlen sig förbarmar.
Än sår du egna fält och kan dem fylla än
Med malmstöpt åskas hot, med klingor och med män.
Än kan du med ditt mod en häpen verld förfära,
Och rädda, fallande, åtminstone din ära. —

Så sjöng jag. Solen sjönk. Med stjernor natten kom.
Till ringa hyddas lugn jag ville vända om.
Bedröfvad, tyst, jag gick utöfver dödens sångar.
Men hör! Ett hällsamt ljud far genom harpans strängar,
Och natten ljusnar opp, och röster ropa mig,
Och själen, hög och fri, från stoftet svingar sig.
I glans är verldens rund för skaldens syn förgången.
En Gudom fattar mig. Det bor en Gud i sången.

Jag ser en syn.
(O lyssnen till orden!)
Det dånar i jorden,
Det flammar i skyn.
Valkyrior rida
På frustande hästar.
Hell, dödsjungfrur, hell!
I dag skall man strida.
I Vallhalla gästar
En skara i qväll.

Upp, männer, till striden!
Den kommer ej mer.
I dag fäster tiden
Sitt öga på er.
Se högarnas famnar
Uppbrytas med dån,
Och fädernas hamnar
Stå upp derifrån.
De se, hur I fäkten. —
Den bortdöda verld,
De ofödda slägten,
Anropa ert svärd.

Mulna hopar
Skaka fädrens spjut.
Stridslur ropar,
Lösen flyger ut.
Svärdsklingor springa och blodströmmar vandra,
Härarna famna i vrede hvarandra.

Schau, noch breiten die beiden Belte um dich die freien Arme, noch steht hoch die Felsburg deiner Gebirge, und der Himmel hat Erbarmen. Noch bestellst du eigene Felder und noch kannst du sie bedecken mit den dräuenden Donnern von Erz, mit Klingen und mit Männern. Noch kannst du durch deinen Muth eine staunende Welt erschrecken, und kannst, wenn du auch fällst, doch wenigstens deine Ehre retten.

So sang ich. Die Sonn' erlosch und mit Sternen kam die Nacht. Zum Frieden und zur Ruhe meines Hüttchens gedachte ich wieder zurückzukehren. Voll trüber Gedanken und schweigend schritt ich ob Gräbern, den Pfühlen des Todes, dahin. Horch, da rauscht mit einmal ein seltsamer Klang durch die Harfensaiten, und die Nacht wird plötzlich hell und licht, und Stimmen rufen mich, und die Sele, erhaben und frei, schwingt sich empor vom Staube. Die Welt schwindet im Lichtglanz vor dem Blick des Sängers. Eine Gottheit erfasst mich. Es wohnt ein Gott im Gesange.

Ich gewahre ein Gesicht. (O lauschet meinen Worten!) Es dröhnt die Erde und es blitzt in den Wolken. Walkyren reiten auf schnaubenden Rossen. Heil euch, ihr Todesjungfrauen, Heil! Heute soll sie geschlagen werden, die Schlacht. In Walhalla zieht heute Abends ein neuer Schwarm von Gästen ein.

Auf, Männer, in die Schlacht! Es ist die letzte. Heute richtet die Zeit ihr Auge auf euch. Seht, krachend öffnen sich die Busen der Hügel, und die Nebelgestalten der Väter steigen daraus hervor. Sie sehn, wie ihr kämpft. — Die vorige Welt und die noch ungeborenen Geschlechter rufen euer Schlachtschwert an.

Wolkige Heerhaufen schwingen den Speer der Väter. Die Hörner rufen zum Kampf, die Losung fliegt durch die Reihen. Schwerter springen in Stücke und das Blut fliesst in Strömen, voll Zornwuth umarmen die beiden Heerhaufen einander.

Mörker och dam
Omhölja jorden.
Framåt, fram!
Strid är för Norden,
Strid är for frihet, för barn och för maka.
Vägen går framåt, den går ej tillbaka.

Hafvet, förskräckt,
Tiger och undrar.
Solen är släckt,
Asa-Thor dundrar.
Undan! Der kommer han, der kommer kungen.
Blodiga rosor han sår öfver ljungen.

Carlarnes svärd
Brinner i handen,
Slår, och en verld
Bleknar i sanden.
Fädren, som skåda hur striden sig vänder,
Klappa från högen i dimmiga händer.

Segren är ryckt
Till oss af hjelten.
Brusande flykt
Gjuts öfver fälten.
Bäfvan, förstöram, förödelse-bringarn,
Jagar de slagne på flåsande springarn.

Den slagtning är slagen,
Och fritt är vårt land.
I blod sjunker dagen
Vid himmelens rand.
De fallne nerträda
Till Asarnes hof,
Och Barderne qväda
De bleknades lof.

En Gud ser jag komma
Med kransade hår.
Der växer en blomma
I hvarje hans spår.
Han lyfter de fria
I faderlig famn,
Gör svärdet till lia
Och Frid är hans namn.

Och Svea sitter å sin thron på fjällen,
Med stjernekronan omkring gullgult hår.
Hon blickar stilla ner i sommarqvällen;
Dess rykte nyfödt genom verlden går.
Fullbordat har en dag, hvad sekler ämnadt:
Dess kraft är pröfvadt och dess namn är hämnadt.

Wolken des wirbelnden Staubes und Dunkelheit umnachten die Erde. Vorwärts, muthig voran! Wir kämpfen für unsern Norden, wir kämpfen für unsere Freiheit, für Weib und Kind: vorwärts geht unser Weg, er geht nicht zurück.

Erschrocken und staunend schweigt das Meer. Die Sonn' ist erloschen, Asathor donnert. Audem Weg da! Dort kommt er, dort kommt der König. Blutige Rosen sät er im Sturm übers Heidekraut hin.

Flammend in der Hand blitzt das Karlsschwert, darein schlägt's und eine Welt liegt erblassend am Boden. Und die Väter, die von dem Hügel herab die Wendung des Kampfes schauen, klatschen freudig und hell in die nebelgebildeten Hände.

Der Held hat das Panier des Sieges mit Macht an sich gerissen, es ist unser. In brausenden Wogen ergiesst sich die Flucht übers Blachfeld. Die Angst, die Bringerin der Zerstörung und des Grauens, jagt auf schnaubendem Ross die Geschlagnen dahin.

Die Schlacht ist geschlagen und frei ist unser Land. In Blut sinkt der Tag am Himmelssaum hinab. Die Gefallnen steigen nach Asaheim, und die Barden singen das Lob und den Preis der Erblichnen.

Einen Gott seh ich kommen mit einem Kranz im Haar. Blumen sprossen hervor, wo er geht und steht. Er hebt die Freien väterlich auf seinen Arm, er macht das Schwert zur Sichel, und Frieden ist sein Name.

Und Swea sitzt hoch auf dem Throne des Gebirgen, die Sternenkrone im goldgelben Haar. Still blickt sie in die Sommernacht herab; neugeboren durchwandert ihr Ruhm die Welt. Vollbracht hat ein Tag, was Jahrhunderte zu vollbringen dachten: ihre Kraft ist nun erprobt und ihr Name ist gerächt.

Se, upp till statens nya tempel tåga
Ej skilda flockar, men ett brödrafolk.
Det ligger aska öfver afunds låga,
Och tvedrägt faller för sin egen dolk.
Ren som en stjerna blickar Religionen,
Och lag och frihet hålla vakt kring thronen.

Schau, zum neuen Tempel des Staats wandern
nicht mehr in Parteien geschiedne Haufen,
sondern ein einiges Brudervolk. Asche bedeckt
nun die Flamme der Missgunst und des Neides,
und die Zwietracht stösst sich den eigenen
Dolch in die Brust. Rein und hell wie ein
Stern blickt die Religion, und Gesetz und Freiheit umstehn als Schildwacht den Thron.

Och fritt är hvarje bröst, och fri hvar tunga,
Och statskonst öppen såsom solens ban.
I fordna öcknar gyllne skördar gunga,
Och skeppen dansa öfver ocean.
De milda dvergar, skymtande i qvällen,
I'ppläsa skrinlagd rikedom ur hällen.

Und frei ist jede Brust und frei die Rede, und
hell am Tage, wie die Sonn' und ihr Wandel, liegt
die Staatskunst. Wo ehemals Wildnisse waren, wogen jetzt goldene Ernten, und Schiffe tanzen fröhlich übern Ocean. Die guten Zwerge, die
des Abends durch die Wälder huschen, bringen
den heimlichbewahrten Reichthum aus dem
Schacht herauf.

Och hög och fri, på blåa skyar buren,
Står sångens mö, ett barn of Nordens land,
Högtidlig, dristig, enkel som naturen:
I harpans strängar stormar hennes hand.
Hon sjunger kraft och mod i millioner,
Och Södern lyssnar till de höga toner.

Und frei und erhaben, auf blauen Wolken
schwebend, steht die Muse des Gesanges, eine
Tochter des Nordens, voll feierlichen Ernsts,
und kühn und einfach, wie die Natur: mit stürmenden Händen fährt sie durch die Harfensaiten.
In Millionen Menschenherzen singt sie Kraft
und neuen Muth hinein, und staunend lauscht
der Süden den erhabnen Tönen.

Så såg jag synen
I norrskens-natt.
Dess bilder försvunno,
Och stjernorna brunno
Vid himlabrynen
Igen så matt

So war das Gesicht, das ich sah in der Nordscheinsnacht. Seine Bilder verschwanden, und
die Sterne glühten wieder matt wie vorher am
Himmelssaum.

Jag lyfte min hand
I natten, och svor
Att lefva och dö för mitt land.
Och stormen for
Med orden till himmelens rand;
Men stjernor och hafvet, och fjällen och heden,
De hörde den dyra, den heliga eden.

Ich hob meine Rechte hoch in die Nacht empor,
und that den Schwur, zu leben und zu sterben für
mein Land. Und der Sturm fuhr mit den Worten
bis ans äusserste Ende des Himmels; doch Meer
und Sterne, und die schneeigen Bergesfirnen und
die Ebenen vernahmen den hohen und heiligen Schwur.

Och solen rann opp
Ur lågande öster
Och sken på mitt hopp.
Och skogarnes röster,
Och hafsvågens sorl och den susande nordan
De sjöngo den dag, då min syn får fullbordan.

Und die Sonn' erhob sich wieder aus dem
flammenden Ost herauf und beschien rosig meine
Hoffnung. Und die Stimmen der Wälder, und
das Rauschen der Meerfluth und der sausende
Nordwind, sie allsamt sangen den Tag, an dem
mein Gesicht in Erfüllung gehen wird.

Du sofver i skyar
Bak österns port,
Du dag, som vår ära förnyar.
Upp, skynda dig fort,

Du schläfest noch in den Wolken hinter dem
Thor des Osts, o Tag, an dem sich unser
Ruhm erneuen soll. Auf, eile dich schnell,

v. Lfinburg, schwed. Poesie. III.

Och stig öfver blånande sjö!
Du oföddc hämnare, kom utan hinder,
Och låt mig få se dina lågande kinder
Och värma mitt bröst i ditt sköte — och dö!

Men J, som kören med de gyllne tömmar
Er stjernevagn utöfver Nordens sfer; —
På Sveas kronor och på Göthas strömmar
J höge Carlar! blicken nådigt ner.

Rätt ofta tror jag eder stämma höra,
Då tyst och rörd jag blickar till er opp.
Hon hviskar sakta uti nattens öra
Om forntids ära och om framtids hopp.

Men var ert minne, var er dygd förgäfves,
Skall Svea falla här i tidens höst,
En slaf bland folken utan namn, och qväfves
Er hjeltelåga evigt i dess bröst; —

Då styren stjernbeströdda tistelstången
Mot hafvets afgrund med förtviflad mod,
Att med vår jord vår skam må bli förgången,
Och ingen veta hvar ert Svea stod!

und erhebe dich hoch aus der blauenden See!
Du ungeborener Rächer, komm sonder Säumniss,
und lass mich schauen deine glühenden
Wangen, lass mich meinen Busen in deinem
Schooss erwärmen — und dann sterben!

Ihr aber, die ihr mit den goldenen Zäumen
euern Sternenwagen hoch überm Norden hinlenkt; — ihr hohen Helden all, die ihr den theuern
Namen Karls tragt, blickt gnädig herab auf
Sweas Kronen und auf Göthas Ströme!

Gar oft, wenn ich still und gerührt den Blick
zu euch erhebe, glaub' ich eure Stimme zu hören.
Leise flüstert sie der Nacht ins Ohr von
dem Ruhm der Vorzeit und von den Hoffnungen
der kommenden Tage.

War aber euer Gedächtniss, war eure Tugend
vergebens, soll Swea fallen hienieden in dem
Herbst der Zeit, eine Sklavin unter namenlosen
Völkerschaften, und soll eure Heldenflamme
ewiglich ihr in der Brust erloschen sein; —

Dann lenkt die sternenglänzende Wagendeichsel
hoffnungslos ins tiefste Meer hinab,
auf dass zugleich mit unserer Vatererde auch
unsere Schande spurlos untergehe, und damit
Niemand mehr wisse, wo euer Schweden
stand!

Nore.
(I anledning af freden i Kiel, 1814.)

En okänd kämpe lik, som mot en sköldmö strider,
Med sluten hjelm, med blinda slag,
Så, Nore, var vår strid. Fäll hjelmen ner omsider,
Och känn din systers anletsdrag!
Drag stridens handske af. Din hand är fast som
hällen,
Kom räck mig den till trohet, öfver fjällen!

Ack! fordom lekte vi, ett tvillingpar, tillhopa,
En högväxt ätt uti Allfaders hus.
Som två Valkyrior snart vi flögo kring Europa,
Och Roma föll, en verld i grus,
Oemotståndlig var vår arm, som himlaflamman,
Ty Nordens sköldar klingade tillsammans.

Nore.
(Nach dem Abschlusse des Kieler Friedens i. J. 1814.)

Einem unbekannten Kämpen gleich, der mit
geschlossnem Helm und mit blinden Schlägen
gegen eine Schildjungfrau kämpft, so, Nore,
war auch unser Streit bis jetzt. Lass das Visir
nun herab, und erkenne die Züge deiner Schwester!
Ziehe den Fehdehandschuh herunter!
Deine Hand ist fest wie deine Felsen, komm,
reiche sie mir zum Zeichen der Treue übers Gebirg
herüber!

Ach, vormals spielten wir, ein junges Zwillingspaar,
zusammen, ein hochgewachsenes Geschlecht
in Allvaters Haus. Wie zwei Walkyren
umflogen wir bald Europa, und die ewige Roma,
eine Welt stürzte in Schutt und Graus. Unwiderstehlich
war unser Arm, wie die Flamme
des Himmels, denn Nordens Schilde klangen
hell zusammen.

Den unga kraft är vild, dess lekar heta döden.
Ett slagfält jorden för oss låg.
Dess byten togo vi, och värjde oss för nöden,
Likt örnens var vårt återtåg.
Omkring de rika fält vi strödde blod och lågor,
Och gyllne drakar klöfvo mörkblå vågor.

Wild und stürmisch ist die Art der jungen
Kraft, ihre Spiele heissen Tod. Ein Schlachtfeld lag die Erde vor uns da. — — — — —
Ringsum durch die blühenden Auen säten wir
Blut und Flammen, und goldene Drachen zogen schäumend durch die dunkelblauen Meereswogen.

Men Valhall slöt sin port, det herliga, det höga;
Dess minnen bleknade i Odens land.
Der kom en hvitklädd Gud, med tårar i sitt öga,
Med fridens palmqvist i sin hand.
Vi löste pansart af. Vi gjorde det med smärta —
Och sågo fromt ner i vårt eget hjerta.

Jedoch Walhall, das herrliche und hohe,
schloss seine Pforte; seine Erinnerungen erblassten in Odens Landen. Es kam ein Gott in
weissem Gewande, mit Thränen im Auge, und
mit dem Palmzweig des Friedens in der Hand.
Wir zogen den Panzer ab, wir thaten es traurig
und mit Schmerz, und sahen fromm und still in
unsere eigenen Herzen.

Hvar blef du, broder, af? Du kände ej din syster,
Med sköld och svärd du mot mig stod.
Det blinda hatet kom, en svartalf lömsk och dyster,
Och Götha drack de blindas blod.
Dock hviskade alltjemt en röst: Din broder är det,
Och fridens goda engel grep om svärdet.

Wohin ist es mit dir gekommen, Bruder? Deine
Schwester kanntest du nicht mehr. Mit Schild
und Schwert hist du wider mich gestanden. Der
blinde Hass kam heran, ein türkischer und
finsterer Schwarzalf, und Götha trank das Blut
der Blinden. Doch flüsterte mir beständig eine
Stimme zu: es ist dein Bruder, und des Friedens guter Engel legte seine Hand sanftbeschwichtigend an den Griff meines Schwertes.

Ack! huru mången gång, se'n dagens stormar tego
Och rörd jag såg en stilla qväll,
Hur evighetens ljus, de bleka stjernor, stego,
Som hvita andar, från din fjäll,
Jag tänkte: fridens bud, J Nores helsning bringen!
Men fåfäng var min väntan: der kom ingen.

Ach, wie oft, wenn die Stürme des Tages
schwiegen, und ich im Schweigen des Abends
voll Rührung sah, wie die ewigen Lichter, die
blassen Sterne, wie weisse Geister von deinen
Gebirgen emporstiegen, dacht' ich nicht: Ihr
Boten des Friedens, ihr bringt einen Gruss von
Nore! — Doch vergebens war meine Hoffnung:
es kam kein Gruss.

Så skildes våra bröst af fjällarna och svärden: —
— — — — — — — — — — — — — —
Till slut vi stodo der, i skygd af lundens grenar,
På Nordens graf förfallna bautastenar.

So lagen die Gebirge und das Schwert des
Hasses zwischen uns: — — — — — — —

Zuletzt standen wir im Grün des Haines nur
noch wie eingesunkene Bautasteine auf dem
Grab des Nordens da.

Hvad? Skulle Nordens folk och krafter, evigt skilda,
Sam dragna klingor nötas mot hvarann,
Tills fädrens helga jord förtrampats af de vilda,
Och Asars ätt bland slafvarnas försvann?
— — — — — — — — — — — — — —

Wie? Nordens Volk und Nordens Kraft, sollen sie sich denn gleich gezogen Klingen in
ewigem Kriege mit einander kreuzen und sich
nutzlos Scharten holen, bis die heilige Erde der
Väter von dem Fuss der Wilden zertreten ist
und die Söhne des Asa-Geschlechtes spurlos
untergehn unter dem Geschlecht der Sklaven?
— — — — — — — — — — — — — —

Vid Sveas kronor, nej! nej, vid S:t Olofs bila!
Vid Vasas slagsvärd! Så skall det ej bli.
Ej mer på Nordens jord en fiende skall hvila,
Men han skall hvila deruti.
Af dödens liljor bindu en krans. Här gror ej
                    annan;
Den doftar kyligt kring den klufna pannan.

Du höga hjeltekraft, du bodde förr i Norden,
Högbröstad, senfull, axelbred,
I ludna armar du tog himmelen och jorden,
Nu tros du lagd i högen ned.
Välan, som Hervorn vi dig ur högen kalla,
Och Tirfing flammar, och barbarer falla.

Är Odens öga släckt, det gyllne, för oss? Bullra
Ej dina åskor, höga Thor?
Stå fjällarna ej qvar och svepa kring sin skullra
Den blåa stjernemantelns flor?
Ge bergen icke jern? Ge dalarna ej männer?
Och äro Nor och Svea icke vänner?

O Nore! -- -- -- -- -- -- -- --

Se ej med längtan mer utöfver hafvets yta,
Vänd emot Södern ej din håg,
Der Herthas blomsterö, och hennes systrar, flyta
Med gröna lunder på den blanka våg.
Er skiljer hafvet åt, men Seveberget löder
Ditt land vid mitt. Hvad söker du i Söder?

Förtroligt från i dag vi vilja sitta båda,
Och stödja hvar sin fjällrygg hop.
Mot öster vilja vi och emot vester skåda,
Med hvar sin sköld, mot hvar sin hop.
Som en förtrollad ö skall Norden stå. På stran-
                  den
Stålklädde männer gå, med svärd i handen.

Se, friden stiger ner! Hur skön, med gyllne
                  vingar,
Han solar sig vid bäckens rand!
Sitt horn, med perlor fyldt, den rika Ägir bringar,
Och Frejas tårar glittra på vår strand.
I hjelmen, aflagd nyss, de glada barn sig skyla,
Och qvällens vindar kämpens panna kyla.

Bei Sweas Kronen, nein! nein, bei der Axt
St. Olofs! Bei Wasas Schlachtschwert! Das
soll nicht geschehn! Kein Feind soll mehr auf
Nordens Erde ruhn: — doch wohl mag er in ihr
ruhn. Von Todeslilien wird ihm ein Kranz ge-
wunden. Hier blüht ihm kein anderer; kühl
duftet er ihm um die gespaltne Stirne.

Du hohe Heldenkraft, du waret einst heimisch
im Norden, hochbusig sassest du da, nervig
und mit breiten Schultern. Mit rauhen Armen
umschlossest du Himmel und Erde, — jetzt
sollst du im Grabe liegen und schlafen. Wohlan,
wie Hervor rufen wir dich heraus aus deinem
Hügel, und Tirfing blitzt wieder, und Barbaren
fallen.

Ist denn Odens goldenes Auge für uns erlo-
schen? Dröhnen deines Donners Schläge nicht
mehr, hoher Thor? Stehn nicht die Gebirge
von Schnee noch da, den Flor des blauen Ster-
nenmantels um ihre Schultern schlagend? Ruht
denn kein Eisen mehr in dem Schacht der
Berge? Gibt es in den Thälern keine Männer
mehr? Und sind Nore und Swea nicht Freunde
mit einander?

O Nore! — — — — — — —

Blick' nicht mit Sehnsucht übers Meer hin-
über, nicht nach dem Süden stehe dir der Sinn,
wo Herthas blumige Insel, und ihre Schwestern,
mit grünen Hainen auf der blanken Woge
schwimmen. Euch scheidet das Meer von ein-
ander, während das Sewogebirge dein Land von
selbst an meines knüpft. Was suchst du im
Süden?

Traulich wollen wir von nun an beisammen-
sitzen, und das Eine lehne sich fest an den Ge-
birgsrücken des Andern. Nach Osten wollen
wir und nach Westen schauen, Jedes mit seinem
Schild sich deckend, Jedes gegen seine Heer-
schaar gekehrt. Wie eine verzauberte Insel
soll der Norden dastehn. Am Strande schreiten
stahlgekleidete Männer, mit dem Schwert in der
Hand.

Schau, der Friede steigt herab! Wie schön,
mit goldnen Schwingen, schläft er still sich son-
nend an dem Rain des Baches! Aegir bringt
sein Horn heran, das voll ist von Perlen, und
Freias Thränen glänzen an unserm Ufer. Mit
dem Helm, soeben abgelegt, bedecken fröhliche
Kinder spielend sich das Haupt, und des Abends
Schmeichellüfte kühlen die Stirn des Kämpen

Och Mimer visar oss sin länge glömda källa
(Dess botten kallas evighet),
Och manligt vett och kraft och rätt och sanning
  välla
Ur ådran, som den vise vet.

Och dikten träder fram, som dagens plåga söfver.
Och andas värma midt i Nordens köld.
Sin blomsterduk hon bär, och rullar ut den öfver
Den höga forntids svarta sköld.
Hur yppig duken är! Hur allvarsam är grunden,
Som hafvet djup, och vid som himlarunden!

Så länge jorden går ännu sin dans kring solen,
Så länge Nordens klippor stå
Och kyla blottande sitt marmorbröst mot polen,
Så länge, Nore, vårt förbund bestå!
Hvad sjelf ej är ett helt, sig till det hela slute!
För hvarje halft är stunden hastigt ute.

Den dag skall gry en gång som Nordens ära
  kröner,
Och enar Asars barn på Asars jord;
Då Gefions ö med Juels, med Tordenskölders
  söner,
Som vaktskepp ankrar utför fjällstängd Nord.
Träng, viking, ej för när. Hon hvilar lugnt i
  säfven,
Men stridens röda hane gal i stäfven.

Och kommer någon se'n vår sköldeborg att hota
Och stjäla friden från vår strand,
Med dödens fågel då på skullran, hviftar Rota
Blodröda vingar öfver haf och land.
Förgrymmad reser sig ur hvilan fjällens dotter,
Och slår med try par armar, som Starkotter.

Und Mimer zeigt uns wieder seine längstvergessene Quelle (ihr Grund heisst Ewigkeit), und männliche Einsicht und Kraft und Recht und Wahrheit sprudeln aus deren Quelladern, wie die Weisen wissen. — — — — — —

Und die Dichtung tritt auf, die des Tages Noth und Plage zum Schweigen bringt, und athmet Wärme mitten in Nordens Frost und Kälte. Sie bringt ihr blumiges Tuch heran und breitet es hin über der herrlichen Vorzeit schwarzen Schild. Wie reich und prächtig ist dieses Tuch! Wie ernst ist der Grund, wie ist er so meertief und dabei so weit wie das Himmelsgewölbe!

So lange die Erde noch die Sonn' umtanzt, so lange noch des Nordens Felsengebirge stehn und ihre nackte Marmorbrust am Pol noch kühlen, so lange soll auch unser Bund bestehn, o Nore! Was selber kein Ganzes ist, das mag sich an ein Ganzes anschliessen! Für jede einzelne Hälfte ist die Lebensdauer schnell vorüber.

Einst wird der Tag noch dämmern, der dem Ruhm des Nordens die Krone aufsetzt, und der die Asa-Kinder in Eintracht mit einander vereinigt auf der Asa-Erde; wo Gefions Insel mit den Söhnen der Jule und der Tordenskiolde als Wachtschiff ankern wird vor dem gebirgsgeschlossenen Norden. Komm ihm nicht zu nahe, du Wikinger! Still ruht sie da im Schilfe, doch vorne am Steven kräht der rothe Hahn des Streites.

Und will sich Einer dräuend einmal unserer Schildburg nahn und will er den Frieden brechen an unserm Strande, dann wird Rota, mit dem Todesvogel auf der Schulter, ob Land und Meer die blutrothen Schwingen schlagen. Grimmig erhebt sich dann die Tochter des Gebirgs aus träger Ruhe, und wie Starkodder schlägt sie um sich mit drei Paar Armen.

Carl XII.
(Vid hans minnesfest 1818.)

Kung Carl, den unga hjelte,
Han stod i rök och dam.
Han drog sitt svärd från bälte
Och bröt i striden fram.
„Hur Svenska stålet biter,
Kom, låt oss pröfva på!
Ur vägen, Moscoviter,
Friskt mod, J gossar blå."

Karl der Zwölfte.
(Bei seiner Gedächtnissfeier im Jahre 1818.)

König Karl, der Heldenjüngling, der stand in dichtem Pulverdampf. Er zog sein Schwert und warf sich muthig in den Kampf hinein. „Hieher, und lasst uns sehen, wie der schwedische Stahl beisst! Aus dem Wege, Moskowiter, frisch darauf los, ihr meine blauen Jungen!"

Och en mot tio ställdes
Af retad Vasason.
Der flydde, hvad ej fälldes;
Det var hans läropån.
Tre konungar tillhopa
Ej skrefvo pilten bud.
Lugn stod han mot Europa,
En skägglös dundergud.

Gråhårad statskonst lade
De snaror ut med hast:
Den höga yngling sade
Ett ord — och snaran brast.
Högbarmad, smärt, gullhårig,
En ny Aurora kom:
Från kämpe tjugeårig
Hon vände ohörd om.

Der slog så stort ett hjerta
Uti hans Svenska barm,
I glädje som i smärta,
Blott för det Rätta varm.
I med-och mot-gång lika,
Sin lyckas öfverman,
Han kunde icke vika,
Blott falla kunde han.

Se nattens stjernor blossa
På grafven längese'n,
Och hundraårig mossa
Betäcker hjeltens ben.
Det herrliga på jorden,
Förgänglig är dess lott!
Hans minne uti Norden
Är snart en saga blott.

Dock — än till sagan lyssnar
Det gamla sagoland,
Och dvergalåten tystnar
Mot resen efterhand.
Än bor i Nordens lundar
Den höge anden qvar:
Han är ej död, han blundar,
Hans blund ett sekel var.

Böj, Svea, knä vid griften,
Din störste son göms der.
Läs nötta minnesskriften,
Din hjeltedikt hon är.
Med blottadt hufvud stiger
Historien dit och lär,
Och Svenska äran viger
Sin segerfana der.

Und Einer gegen Zehne stritt der gereiste
Wasasohn mit seinen blauen Jungen. Da
flohen, die nicht fielen; das war seine Lehr-
probe. Drei Könige zusammen schrieben dem
Knaben kein Gebot vor Ruhig und fest stand
er, ein bartloser Donnergott, Europa gegenüber.

Geschwind warf die grauweise Staatskunst
ihre Schlingen aus: indess der hohe Jüngling
sprach nur ein Wort — und das Netz zerriss. —
Vollbusig, schlank und goldlockig kam eine
neue Aurora daher: — sie fand jedoch bei dem
zwanzigjährigen Kämpen kein Gehör, und kehrte
wieder um.

Ihm schlug in seiner schwedischen Brust ein
so grosses Herz, das da in Freuden, gleichwie
in Leiden nur für das Rechte glühte. In guten
und bösen Tagen war er stets seines Glückes
Uebermann, und konnte nicht weichen, nur fal-
len konnte er.

Schau, die Sterne der Nacht scheinen nun
schon seit langer Zeit auf sein Grab herab, und
hundertjähriges Moos bedeckt bereits die Ge-
beine des Helden. Das Herrliche auf Erden —
vergänglich ist sein Loos! Bald ist sein Ge-
dächtniss im Norden nur noch eine Sage.

Jedoch — der Sage lauscht noch das alte Sa-
genland, und nach und nach wird doch das hei-
sere Geschrei der Zwerge gegen den Riesen
stumm. Noch lebt in Nordens Hainen der hohe
Geist: er ist nicht todt, er schläft nur, und sein
Schlaf hat nun ein Jahrhundert gedauert.

Kniee nieder, Swea, an diesem Grabe, es ruht
dein grösster Sohn darin. Lies die kaum mehr
leserlichen Gedenkzeilen der Inschrift — sie ist
dein Heldengedicht. Mit entblösstem Haupte
tritt die Geschichte heran, um daran zu lernen,
und Schwedens Ruhm weiht seine Siegesfahne
davor.

Till prins Oscar.
(d. 4. Juli 1817.)

En telning född af södra solen,
Till Norden flyttad, drogs du fram.
All blomningstid är kort kring polen:
Bär frukt, du konungsliga stam!

Lyft kronan emot himlarunden
Och sträck din rot, lik fjällens trygg,
Djupt i den jernbemängda grunden,
Och berg och dalar öfverskygg!

Välkommen, Prins, bland Svenske männer!
Tag afsked af din barndoms år!
Ifrån i dag dig ryktet känner;
Nu är du Nordens, är du vår.

Omkring de gamla kämparäten
De höga skuggor gå igen.
Fördunklad blott, men ej förgäten
Är storheten i Norden än.

Och lejonet, som springer öfver
De strömmar tre med lätta fjät,
En mäktig ledare behöfver;
Var stark, om du vill tygla det!

Så fyll din plats i höga Norden,
På hopp och minnen lika rikt,
Och veckla ut ditt lif för jorden,
En nyvigd segerfana likt!

An S. K. H. den Prinzen Oskar.
(den 4. Juli 1817.)

Ein zarter Schössling, den eine südliche Sonn'
erzog, und den man nach dem Norden brachte,
wuchsest du heran. Nur flüchtig und schnell
vorübergehend ist am Pol die Blüthezeit: trage
nun Frucht, du königlicher Stamm!

Erhebe deine Krone zum Himmelsgewölbe,
und breite deine Wurzeln, fest und sonder Wanken, wie die starken Wurzeln eines Berges, gewaltig in dem Schoose unserer Eiseuerde aus,
und überschatte königlich Gebirg und Thal!

Willkommen, Prinz, unter schwedischen Männern! Nimm Abschied von den Tagen deiner
Kindheit! Von heute an wird die Welt deinen
Namen nennen; du gehörst jetzt dem Norden,
gehörst jetzt uns an.

Auf den altehrwürdigen Kämpensitzen gehn
noch die grossen Schatten der Vorzeit um. Licht
und Glanz zwar hat die Grösse im . Norden
jetzt längst eingebüsst, doch ist sie noch unvergessen.

Und der Löwe, der leichten Sprunges die drei
Ströme überspringt, bedarf eines mächtigen
Lenkers; kraftvoll musst du sein, wenn du ihn
zu zügeln gedenkst.

So füll' ihn denn aus, den Platz, der dir geworden ist im hohen Norden, den Platz, an
Hoffnungen so reich wie an Erinnerungen, und
entfalte dein Leben vor der Welt, einer neugeweihten Siegesfahne gleich!

Vid
Skånska Hofrättens invigning,
(den 4. Juli 1821.)
För H. M. Konungen.

Skön är, o kung, din dubbelkrona:
Den sjelf du vann med bragders rätt.
Bär den som hittills, och försona
Din samtid med en kungaätt.
Mot dagens tadel, dagens fara
Beskyddar lätt den gyllne ring;
Men kungar måste äfven svara
På häfdernas Allshärjarting.

Bei der Einweihung
des Schonischen Hofgerichts
(den 4. Juli 1821.)
Seiner Majestät dem König.

Schön ist, o König, deine Doppelkrone: du errangst sie dir selbst durch das Recht der Thaten.
Trage sie wie bisher, und söhne deine Mitwelt
mit dem Mangel eines königlichen Geschlechtes
aus. Gegen den Tadel, gegen die Gefahr des
Tages schützt zwar der Glanz des goldenen
Ringes; doch auch Könige müssen Rede stehen
vor dem grossen Volksgericht der Geschichte.

Der är, o kung, ej folket ringa,
Men mången hög är ringa der,
Ty väldet der förutan klinga
Och smickret utan tunga är.
Väl dig, Carl Johan! för din ära
Du finner der en oköpt tolk;
Den tolken är ditt hjerta nära:
Ditt skonade, ditt fria folk.

Da, o König, gilt das Volk nicht wenig, gar
Mancher gilt dagegen wenig da, der jetzt hoch
steht; denn die Gewalt ist da ohne Schwert und
stumm ist da die Schmeichelei. Wohl dir, Karl
Johann! Für deinen Ruhm findest du da einen
unbezahlten Dollmetsch; der Dollmetsch steht
deinem Herzen nahe: es ist dein milde regier-
ten, dein freies Volk.

För H. K. H. Kronprinsen.

Och du, som ärfva skall hans spira,
Ärf ock hans nit för rätt och lag!
Prins, skönare kan du ej fira,
Än nu du gjort, din födelodag.
Som klippan på de fasta grunder,
Står Nordens thron på Nordens lag,
Med hjessan trygg mot himlens dunder,
Och foten fast mot böljans slag.

Från Södern hänger, och till Norden,
En mäktig våg bland stjernors bär.
Hon håller verlden jemnt: på jorden
Rättvisan hennes afbild är.
De minsta välden, som de största,
Dem bär, dem upprätthåller hon.
Ett domarsäte var den första,
Och det blir ock den sista thron.

8. K. Hoheit dem Kronprinzen.

Und nun du, der dereinst sein Scepter erben
soll, erbe auch seinen Eifer für Recht und Ge-
setz! O mein Prinz, schöner, als du es jetzt
gethan, kannst du den Tag nicht feiern, an wel-
chem du geboren wardst. Gleichwie der Fels
fest im Grunde wurzelt, so steht des Nordens
Thron auf dem Grund der Gesetze des Nordens;
sein hoher Scheitel ist des himmlischen Donners
Nachbar, an seinen Fuss schlägt machtlos der
Woge Brandung.

Vom Süden bis zum Norden hängt eine unge-
heuere Wage zwischen den Sternen droben. Sie
erhält die Welt im Gleichgewicht: ihr irdisches
Abbild ist die Gerechtigkeit. Die geringste
Gewalt, wie die grösste, trägt sie und erhält sie
aufrecht. Ein Richterstuhl war der erste Thron,
ein Richterstuhl wird auch der letzte sein.

För k. Hofrätten.

Du lagens nyss upplåtna öga,
Du tunga uppå Themis våg,
Hell dig af låga och af höga,
Du väntade af hög och låg!
Du länk från folket till monarken,
Den svages skygd, den tryckteshopp!
Som fordom Israel till arken,
Till dig allt landet blickar opp:

Det skörderika land, det sköna!
I vågor går den gyllne slätt,
Och stilla susa lunder gröna: —
Omgärda dem med frid och rätt!
Glöm ej, hvad våldet blott vill glömma,
De ädlas tröst, de visas bud:
„På jorden måste menskor dömma,
Men öfver stjernor dömmer Gud."

Dem k. Hofgericht.

Du Auge des Gesetzes, das sich nun erschlos-
sen, du Züngelchen an Themis gerechter Wage,
Gruss und Heil dir von Hoch und Nieder, Hoch
und Nieder sah sehnsuchtsvoll empor nach dir!
Du Glied in der Kette, welche das Volk mit
dem Monarchen verknüpft, du Schirm und Hort
des Schwachen, du Hoffnung des Bedrückten!
Wie vormals Israel zu seiner Arche, so blickt
jetzt unser ganzes Land zu dir empor:

Unser kornreiches, unser schönes Land! Von
goldenen Halmen wogt die Ebene, und still säu-
seln die grünen Haine: — umhege sie mit Frie-
den und mit Recht! Vergiss niemals, was nur
die rohe Gewalt vergisst, was der Trost der
Edeln ist und das Gebot der Weisen: „Auf Er-
den müssen Menschen richten, über den Sternen
aber richtet Gott."

Skålar
vid H. K. H. Kronprinsens återkomst till Sverige 1822.

För H. M. Konungen.

Du gaf åt Nordens hjelteminnen
Ditt namn och dina bragders dån,
Gaf nya land och nya sinnen;
Hvad bäst du gaf, var dock din son.

Min är han, — så ditt hjerta talar,
När han Europas kärlek får; —
Men Nordens haf, dess berg och dalar,
De svara åter: han är vår.

För H. K. H. Kronprinsen.

Välkommen, Prins! Till trofast sköte
Din Nord dig åter trycka får.
Dit glada folk går dig till möte,
Som Längtan emot Hoppet går.

Lik drottarne i fordna verlden
Du nyss din Erikagata red;
Då svor, hvarthelst du styrde färden,
Hvart hjerta dig sin hyllnings-ed.

Och Södern tjusades och lade
Sin blomsterduk uppå din stig.
Af allt det sköna, som han hade,
Det skönaste dock det gaf han dig.

När Maj har löfvat våra lindar,
Och vaktein slår på lummig strand,
Då kommer hon med vårens vindar,
Med svanorna, till Sagans land;

Der minnet än på trötta vingar,
Från runsten och till runsten flyr,
Och stormen som ett Drapa klingar,
Och bäcken som ett äfventyr;

Och full af hjeltestoft är jorden,
Och himlen sjelf af sagor full.
Ty der kör Thor sin vagn kring Norden
Och Freja spinner der sitt gull.

Trinksprüche
bei der Rückkehr S. K. Hoheit des Kronprinzen nach Schweden, im Jahr 1822.

Auf das Wohl S. Majestät des Königs.

Du gabst den Heldenerinnerungen des Nordens deinen Namen und den Schall deiner Grossthaten, gabst ihm neue Länder und neue Herzen; — indess das Beste, was du ihm gabst, war doch dein Sohn.

Mein ist er, — so sprichst du zu dir im Herzen, wenn ihm Europas Herzen zufliegen; — doch das Meer des Nordens, und seine Thäler und Gebirge, sie rufen dir das Echo zu: er ist unser.

S. K. Hoheit dem Kronprinzen.

Willkommen, Prinz! dein Norden kann dich nun wieder in seine treuen Arme schliessen. Dein frohes Volk geht dir entgegen, wie die Sehnsucht der Hoffnung entgegen geht.

Den Königen der nordischen Vorzeit gleich, rittst auch du jetzt deine Erichsstrasse daher; da schwor auch dir, wohin du deinen Fuss setztest, jedes Herz den Eid der Huldigung.

Und der Süden jubelte und breitete seinen Blumenteppich zu deinen Füssen aus. Von all dem Schönen, was er besass, gab er dir doch das Schönste.

Wenn der Mai unsere Linden wieder grün belaubt hat, und wenn die Wachtel wieder schlägt in dem Grün unseres Strandes, dann kommt sie mit den Frühlingswinden, mit den Schwänen, nach dem Land der Sage;

Wo müden Fluges die Erinnrung noch von Runenstein zu Runenstein schwebt, und wo der Sturm wie ein Drapa klingt und der Bach wie ein Mährchen der Vorzeit;

Und voll Heldenstaubs ist die Erde, und voll von schönen Sagen ist der Himmel selbst, denn Thor umrasselt da ringsum den Norden mit seinem Wagen, und Freia dreht da noch die goldene Spindel.

Thors kraft och Frejas skönhet vandra,
Två gyllne bilder i det blå.
Den ena är för dig, den andra
För henne, som du tänker på.

Thors Kraft und Freias Schönheit wandeln,
zwei goldene Bilder, in dem Blau des Himmels.
Das eine davon ist für dich, und das andere für
Sie: — die süsse Herrscherin deiner Gedanken.

Till Norska Stortingets Deputerade,
1823.

Är Norden icke skön, J bröder,
Är den ej nu er dubbelt kär?
Hvar ligga länderna i Söder
Så lyckliga som Norden är?

På thronen sitter mognad ära
Med krona och med lagerskrud,
Och thronen, liksom folket nära,
Står Hoppet med sin unga brud.

Hon uppsteg, skön som Frejas stjerna,
Ur vågorna på klippig strand,
Och hjeltedottren trifves gerna
Uti det gamla hjelteland.

Det är ej här, som annorstädes,
Der slafvars glädjerop beställs,
Ty fritt kring Östersjön man glädes
Och fri är glädjen vestanfjälls.

Och forntids store andar blicka
Med tjusning till den jord, dem födt,
Och framtids Nornor duken sticka
Med lager och med rosenrödt.

De ädla brödrafolken lefve,
De tvillingar ur Asaheim!
Och Norden blifve — hvad han blefve,
Om samma lag förente dem!

An die Deputirten des norwegischen
Reichstages, i. J. 1823.

Ist der Norden nicht schön, ihr Freunde und
Brüder, ist er euch jetzt nicht noch einmal so
theuer? Wo liegen wohl Länder im Süden,
welche so glücklich wären, wie unser Norden es
jetzt ist?

Auf dem Thron sitzt der Ruhm in seiner ganzen Kraft und Hoheit, im Schmuck der Krone
und der Lorbern, und dem Throne, wie dem
Volk gleich nahe, steht die Hoffnung mit der
jungen Braut.

Schön wie der Stern der Freia stieg sie aus
der Fluth ans Felsengestade herauf, und wohl
mag die Heldentochter sich heimisch fühlen in
unserm alten Heldenland.

Da ist es nicht wie anderwärts, wo Sklaven
auf Befehl schreien und jubeln; — denn freuen
kann man sich da noch frei und nach Herzenslust am Strand der Ostsee, und frei und nach
Belieben, wo im West die Gebirge ragen.

Und hoch sich freuend blicken der Vorzeit
grosse Geister noch auf die Erde herab, die sie
gebar, und die Nornen der Zukunft durchwirken ihr Gewebe mit Lorbergrün und Rosenroth.

Es leben hoch die edeln Brüdervölker, die
Zwillinge aus Asaheim! Und der Norden möge
werden, — was er werden müsste, wenn das
Band eines und desselben Gesetzes sie
umschlänge!

Georg Adlersparres skugga till Svenska folket.

Från himlens Nordenland, från polens stjerna,
Der Svenska skuggorna sin bostad fått,
Jag bringar er min helsning, käre landsmän!
Ty dyrbar är mig än den ringa vrån,

Georg Adlersparres Schatten an das schwedische Volk.

Vom himmlischen Norden, vom Polarstern
herab, auf welchem die Schweden nach dem
Tode ihre Wohnung haben, bring' ich euch
meinen Freundesgruss, ihr lieben Männer meiner Heimath! Denn theuer ist mir noch jetzt
der kleine Winkel,

Knappt märkbar här, som kallas Svea välde.
Hur stort är allting här! hvad gyllne öar
I ethern* stilla verldshaf simma kring
Med jätteluuder susande i vinden!
Dock — helst se'n tidens timglas runnit ut —
Det stora är det stora ej i rymden.
Och derför blickar än mitt öga gerna
Ner till den kära trakt der Neveberget
Står som en ålder uti Nordens panna,
Och Venern, med sitt Gustafsvik på strand,
Ej synes större än en tår på kinden.
Der lefver ändå hvad mig kärast var
Näst fosterlandet. Gamla fosterland,
Hvars välgång jag har tänkt och kämpat för!
Du jordens Riddarhus, du hjeltars amma,
Och ej blott hjeltars, sansningens och vettets
Och fribets, men den himlaburna frihets,
Som är förnuftets, som är lagens dotter,
Som med sin vågskål öfver jorden går
Och väger rätt och pligter mod hvarandra! —
Hur är det med den statsform, jag er byggde?
Hvad sorl, som stiger opp der nerifrån,
Hvad skrik! — J landsmän, ingen frihet skriker.
En stilla Genius med sin liljestängel
Står hon och jagar drömmarna ifrån sig,
De tomma drömmar om en jemnlikhet,
Som aldrig funnits, om en stat i molnen,
Ett abstraktionens spöke, utan grund
I bilderna, och utan grund på jorden.
Det är med friheten liksom med skalden:
Ej af det öfverspända, oerhörda
Han bygger opp sin verld, men helst af det,
Som finnes öfverallt, som alltid funnits;
Betydningslöst för hopens skumma syn
Det får betydelse i Siarns öga.
Han sätter icke, nej, han andas hop
De lätta, fria, luftiga gestalter,
Och smärta, ranka, som ur intet vuxna,
Uppskjuta pelarstammarna, och rada
Sig af sig sjelfva hop till kolonnader,
Och himlens vindar slå sin samklang i
De lätta hvalfven af Basilikan.
Ty en Basilika, en kungabyggnad
Är samhällslifvet dock till slut ibland er.
En kung är själen uti Nordens lemmar,

kaum sichtbar da heroben, den sie Schweden nennen. Wie gross ist doch Alles da heroben! Was schwimmen für goldene Inseln im stillen Weltmeer des Aethers umher mit Riesenhainen, im Wehn des Windes rauschend! Doch — besonders, wenn der Sand verrann im Stundenglas der Zeit — das Grosse ist nicht das Grosse im Raume. Und darum blickt auch mein Auge noch gerne hinab nach jener theuern Gegend, wo die Höhenzüge des Sewegebirges wie Adern auf der Stirn des Nordens stehn, und der Wenersee, mit seiner Gustavsvik am Strande, nicht grösser erscheint, als eine Thräne, die an den Wangen eines Menschen hängt. Da lebt noch, was mir am theuersten war nächst meinem Vaterland. Mein uralttheiliges Vaterland, für dessen Wohlfahrt ich gedacht und gekämpft habe! du Ritterhaus der Erde, du Amm' und Pflegerin der Helden, und nicht nur das, — die du an deinen Brüsten auch die männliche Besonnenheit grossgesäugt, und die Vernunft und die Freiheit, doch nur jene himmelgeborene Freiheit, die eine Tochter der Vernunft, die eine Tochter des Gesetzes ist, die mit der gerechten Wage die Welt durchwandert und Rechte und Pflichten gegen einander abwägt! — Wie steht es denn mit der Staatsform, die ich euch gegeben habe? Was für ein Gemurmel tost denn jetzt von unten herauf, was für ein Geschrei! — Ihr Männer Schwedens, der Freiheit ist das Schreien nicht eigen. Ein Genius mit dem Lilienstengel steht sie still und ruhig da und wehrt die Träume von sich ab, die hohlen Träume von einer Gleichheit, wie es niemals eine gab, von einem Wolkenstaat, einem blossen Gespenst der Abstraktion, ohne Grund in der Geschichte, und ohne Grund auf der Erde. Es ist mit der Freiheit wie mit dem Dichter: nicht aus dem Ueberspannten, aus dem Unerhörten, pflegt er sich seine Welt zu erbauen, sondern am liebsten aus Dem, was überall zu finden ist, was von jeher überall zu finden war; ohne höhere Bedeutung für den trüben Blick des grossen Haufens, erhält es seine Bedeutung im Auge des Sehers. Er setzt nicht, sondern sein Athem haucht zusammen die leichten, freien, luftigen Gestalten, und schlank und gerade, wie aus dem Nichts hervorgewachsen, schiessen die Säulen empor, und reihen sich von selbst zu prächtigen Kolonnaden, und des Himmels Lüfte wehn harmonisch durch die leichten Bogengewölbe der Basilika. Denn eine Basilika, ein Königsbau ist doch am Ende euer ganzer Staat. Ein König ist die Sele im Körper des Nordens,

De vissna bort och stelna den förutan. —
Mot maktens missbruk stridde jag också
Med tankens vapen, och till slut med svärdet. —
— — — — — — — — — —
Men då satt makten ännu på en thron,
Och stora minnen stodo vakt kring henne.
— — — — — — — — — —
Nu är det annorlunda, och den makt,
Som nu missbrukas, sitter ej på thronen.
Hon har ett dagblad till sin kröningsmantel,
Och hennes lifvakt är i trasor klädd.
Hon lär, — — — — — — —
Hur dömmas skall från Torneå till Ystad
Om statens värf, och drucken pöbel hurrar
Sitt glada bifall till orakelspråken.
Hvad stort och ädelt är, hvad ärofullt,
Det måste ner, det måste ner i gruset,
Ty ingen flygt förstår ett vinglöst slägte,
Och allt, som stiger, är dess svurna ovän. —
De Svenska färger voro blått och gult,
Och kraft och ära klädde sig uti dem;
Men nu är smuts er nationalfärg, lögnen
Er hjeltedigt, och smädelsen är lös
Sex dar i veckan, hvilar knappt den sjunde.
Dess ögon speja i hvar enskild lefnad,
Dess öra ligger vid hvart nyckelhål. —
J Svenske män, är detta eder fribet?
Skall Norden bli en stor kannstöparverkstad,
Ett smutsigt herberge, der verkgesällen
Författar sjelf den vishet, som han trycker?
Hvart ädelt sinne måste vämjas vid
En uselhet så anspråksfull som denna,
Och ej blott vämjas, äfven stiga fram
Och kämpa vettets, kämpa ärans strider
På lif och död, och helst en hvar, som fått,
Hnu ock, ain gnista utaf gudagåfvan.
Hur mörka blicka skuggorna häruppe!
Der sitta åskmoln uppå Höijers panna,
Och Kellgren, när han ser till jorden ner,
Betänksam skakar lagerkrönta hufvud;
Men ömkans, afskyns bittra löjen leka
Alltjemt kring läpparna på Leopold.
För rätt och vett och sanning måste krigas.
Ännu (så hoppas vi) har Norden män
Att ställa opp emot den mörka ligan,
Och Febi silfverbåge spännes än
Af andra händer, än de skändeligas.

seine Glieder werden starr und sterben ab ohne
sie. — Gegen den Missbrauch der Gewalt stritt
auch ich mit den Waffen des Gedankens, und
zuletzt auch mit dem Schwerte. — — — — —
Doch damals sass die Macht noch auf dem
Thron, und grosse Erinnerungen standen noch
als Leibwacht um sie her. — — — — —
Jetzt ist es anders, und die Macht, welche jetzt
missbraucht wird, sitzt auf keinem Throne. Ein
armseelig Tagblatt ist ihr Krönungsmantel, und
ihre Leibwacht ist in Lumpen gekleidet. Sie
gibt den Ton an, wie man von Torneo bis Ystad
von dem Staat und seiner Regierung urtheilen
und reden muss, und ein trunkener Pöbel jauchzt
den Orakelsprüchen frohen Beifall zu. Was da
gross ist, schön und gut und ruhmvoll, das
muss herunter, das muss in den Staub gezogen
werden, denn von keinem höhern Fluge weiss
ein Geschlecht, dem jede Schwinge fehlt, und
was da kühn emporsteigt, das gilt ihm sogleich
als ein geschworner Feind. Die schwedischen
Farben waren blau und gelb, und Kraft und
Ruhm kleideten sich in sie in vorigen Tagen; —
jetzt dagegen ist der Schmutz eure National-
farbe, die Lüge eure Heldendichtung, und die
Schmähung eurer Losung sechs Tage der Woche
hindurch, kaum, dass sie am siebenten ruhen
mag. Ihr Späherauge guckt in jedes einzelne
Leben hinein, an jedes Schlüsselloch legt sie
ihr horchendes Ohr. — Ihr Männer Schwedens,
ist das wohl eure Freiheit? Soll denn der Nor-
den zu einer grossen Werkstatt der Kannen-
giesserei werden, eine schmutzige Herberge, in
der der Geselle sich die Weisheit, die er druckt,
gleich selbst verfasst! Anekeln muss jedes bes-
sere Gemüth eine so anspruchsvolle Schlechtig-
keit, wie die; und nicht nur anekeln muss sie, son-
dern hochherzig hervortreten soll jeder Bessere,
und die Kämpfe der Vernunft und der Ehre käm-
pfen, auf Leben und Tod kämpfen, und kämpfen
soll zumal Der, der noch einen Funken gött-
licher Begabung in sich trägt. Wie finster
blicken doch die Schatten da hieroben! Ge-
witterwolken umlagern die Stirne Höijers, und
wenn Kellgren zur Erde hinabblickt, dann schüt-
telt er bedenklich das lorbergekrönte Haupt;
doch des Mitleids und des Abscheus bittres Lä-
cheln umspielt beständig die Lippen Leopolds.
Für Recht, Vernunft und Wahrheit muss ge-
kämpft werden. Noch (so wollen wir hoffen) hat
der Norden Männer, um sie gegen die Anhänger
der dunkeln Liga ins Feld zu führen, und den
silbernen Bogen des Phöbus spannen noch an-
dere Hände, als die jener Elenden.

Napoleons graf.
(1831.)

Med anledning af de flera förslag, som redan då gjordes i Franska deputerade-kammaren, att flytta Napoleons stoft till Paris och förvara det under segerkolonnen på Vendôme-platsen.

Rör ej hans stoft; hvarhelst det hvilar
Står segerpelaren derpå.
Det är hans ära blott, som ilar
Till jordens gräns; låt stoftet stå!

Det var hans storhet, att han ville
Förena hvad dock söndras skall,
Det Gamlas och det Nyas snille,
Det var hans storhet — och hans fall.

De begge böjas ej tillsamman,
De sprungo sönder i hans hand,
Och snart igen upplågar flamman
Af deras strid kring haf och land.

Den nya verlden med den gamla
På djupet möts, der solen vänds,
Och forn-och fram-tids andar famla
På minnenas och hoppets gräns.

Bland slocknade volkaners härdar,
En vågbalk med två tider på,
En gränssten mellan tvenne verldar,
Hans urna står, — der må hon stå!

Der kan han öfver begge blicka,
Och peka med sin herrskarstaf,
Hur begge sina vågor skicka
Att brottas kring hans jättegraf.

Napoleons Grab.

Geschrieben auf Anlass der verschiedenen Vorschläge, die in der französischen Deputirtenkammer schon damals (im J. 1831) gemacht wurden, die Asche Napoleons nach Paris zu bringen und sie unter der Vendômesäule zu bestatten.

Rührt sie nicht an, seine Asche; — wo sie auch ruhen möge, da steht ja die Siegessäule schon darüber. Nur sein Ruhm ist es, der bis ans Ende der Erde hinausfliegt; lasst seine Asche in Frieden ruhen!

Das war ja seine Grösse, dass er mit Gewalt vereinigen wollte, was nun einmal geschieden bleiben muss, den Geist der neuen Zeit und den der alten; das war seine Grösse — und sein Fall.

Die beiden lassen sich nicht zusammenbiegen, sie zersprangen unter seiner Hand, und bald lodern wieder ringsum zu Land und Meer die Flammen von dem Kampf der beiden auf.

Es reichen die neue und die alte Welt im Meer, da, wo sich die Sonne wendet, einander schwesterlich die Hand, und die Geister der Vor- und der Nachwelt schwanken auf der Grenze der Erinnerungen und der Hoffnung umher.

Zwischen Kratern erloschener Vulkane, eine Wage mit zwei Zeitaltern darauf, ein Markstein zwischen zwei Welten, steht seine Urne da, — und da mag sie stehen bleiben!

Da kann er hinschaun hoch herab auf beide, und zeigen mit seinem Herrscherstab, wie sie beide ihre Wogen senden, um zu branden an seinem Riesengrab.

III.

Religiöse Gedichte.

Prestvigningen.

Den fromma skaran tränger
Till altarfoten re'n,
Och hvitklädd oskuld hänger
Sin mantel på hvaren.
Med knäppta händer flyger
Den rädda bönen hän,
Och likt ett barn sig smyger
Opp till sin faders knän.

Hör, Herrans budskap talar.
Det låter som ibland
I vidt aflägsna dalar
En helsning från vårt land.
Som molnens tårar falla
På den förbrända jord,
Så strömma på oss alla
Gudomlighetens ord.

De vigda händer röra
Välsignande vid mig.
Det susar för mitt öra,
Guds ande sänker sig.
Farväl, du tidens gyckel,
Farväl, J jordens band!
Se, himmelrikets nyckel
Är i min fria hand!

Se opp! hvad är som lågar?
En gyllne verld i skyn.
Guds väldes klarhet tågar
Förbi min tjusta syn.
De salige mig nicka
Välsignelse och frid,
Och englahufvun blicka
Från brustna hvalfvet ned.

Hur svala himlen släcker
Hvar jordisk brand likväl!
Hur salighet betäcker
Den nye lärarns själ!
Hör! Davids strängar brusa
Odödlighet och Gud.
Hör! Edens palmer susa
Försonarns milda bud.

Die Priesterweihe.

Schon drängt sich die fromme Schaar zum Fusse des Altares hin, und die Unschuld im weissen Gewande hängt einem Jeglichen den Mantel um. Mit frommgefalteten Händen steigt, voll heiliger Scheu, das Gebet empor, und schmiegt sich wie ein Kind an seines Vaters Kniee.

Horch, die Botschaft des Herrn erklingt. Es ist ein Ton, wie wenn manchmal in einem fernen, fernen Thal ein Gruss der Heimath an unser Ohr schlägt. Wie Wolkenthränen auf die versengte Erde herniederrieseln, so strömen die Worte der Gottheit auf uns herab.

Die geweihten Hände rühren mich segnend an. Mir ist, als vernähme ich ein Sausen und ein Brausen, und der Geist Gottes schwebt hernieder. — Leb' wohl nun, Gaukelspiel der Zeit, lebt wohl, ihr Fesseln der Erde! Schau', ich halte jetzt den Schlüssel des Himmelreichs in meiner freien Hand!

Schau auf! Was ist's, was da so hell erglüht? Eine goldene Welt schwebt in der Luft. Das Licht und die Klarheit der Allmacht des Herrn zeucht mir am Auge vorüber, im Anschaun selig. — Die Seligen winken mir Segen und Frieden zu, und vom durchbrochnen Kirchengewölbe schauen Engelsköpfe nieder.

Gleichwohl! wie löscht die himmlische Kühle doch jeden irdischen Brand; — wie bedeckt doch Seligkeit des neuen Predigers Sele! Horch! die Saiten Davids klingen, sie klingen machtvoll, und erzählen von Unsterblichkeit und Gott. Horch! Edens Palmen säuseln von des Versöhners freundlichmildem Gebot.

Och hänryckt skalden griper
I lyran, och slår an
Hvad vishet ej begriper,
Hvad tron blott ana kan.
Den låga jordens sorger
Förstumna vid hans röst,
När evighetens orger
Genljuda i hans bröst.

Hur glad är genom gruset
Den stilla vandrarns gång,
Med oskulden och ljuset,
Med religion och sång!
Lätt öfver lifvet halka
Hans steg, likt sommarns vind,
Och englavingar svalka
Den gudavigdes kind.

Upp, evighetens prester,
Upp, himlens medborgsmän!
Ledsagom stoftets gäster
Till bortglömdt hem igen!
Så ömt som dufvan klagar,
Så högt som åskan slår,
Förkunnom himlens lagar
För fallen verld, för vår!

Halleluja! så vida
Som stjernchvalfvet spänns,
Som år och sekler skrida,
Till tidens, rymdens gräns.
Halleluja! hvad söker
Min själ att högre ha?
Guds salighet besöker
Vår jord. Halleluja!

Und, der Gottheit voll, greift der Dichter in
seine Leier und schlägt Töne an, die die Weis-
heit nicht begreifen, die nur der Glaube ahnend
schauen kann. Die Sorgen der niedern Erde
schweigen bei seinem Gesang, wenn die Orgel-
klänge der Ewigkeit in seinem Herzen wider-
klingen.

Wie selig heiter wandelt der stille Wanderer
durch den Schutt und die Oede der Welt!
Unschuld und Licht, Glaube und Gesang
sind seine leitenden Gestirne! Leicht, wie der
Wind des Lenzes, schwebt er durchs Leben,
und Engelsschwingen wehn den Wangen des
von Gott Geweihten Kühlung zu.

Auf, ihr Priester der Ewigkeit! Auf, ihr Bür-
ger des Himmels! Lasst uns die Gäste dieser
Welt des Staubes wieder in ihre vergessne Hei-
math zurückführen! Mit dem lieblich weichen
Klageton der Tauben, mit dem lauten Hall
des Donners lasst uns der gefall'nen Welt, lasst
uns unserer Welt verkündigen die himmlischen
Gebote!

Halleluja! so hoch das Sternengewölbe sich
wölbt, so ferne die Jahre wandeln, und die Jahr-
hunderte, — bis zum Markstein der Zeit und
des Raumes! Halleluja! was will meine Sele
noch Höheres haben? Die Seligkeit des Herrn
besucht unsere Erde. Halleluja!

Vid förrättandet af en Prestvigning.
1837.

Bröder i yrke och håg! välkomne till altarets
    rundel,
Ty trappsteget är han ända till himmelens port.
Hvad som är ädelt och högt hos menniskan kom-
    mer ur templet,
Eller, om hellre du vill, templet är grundadt
    derpå.
Jorden har vexlat gestalt, och en annan sida än
    fordom,
Ny vårsida mot sol vänder den hvälfvande nu,
Pröfvar, förkastar och pröfvar igen, och bygger
    ruiner,
Åflas i lifvets bestyr, yfves i vetandets ljus.

Bei der Vornahme einer Priesterweihe.
1837.

Brüder im Amt und im Geiste! — Willkom-
men am Rundell des Altares, denn er ist ja die
Treppe zur Pforte des Himmels. Was am Men-
schen Edeles ist und Erhabnes, das kommt aus
dem Tempel, oder wenn es dir so lieber ist, der
Tempel ist darauf gegründet. Die Erde hat
ihre Gestalt gewechselt, und die rastlos sich
drehende kehrt jetzt der Sonn' eine andere Seite
als früher, eine neue Frühlingsseite, zu, ver-
sucht, verwirft und versucht wieder, und bauet
Ruinen, kämpft mit den Sorgen des Lebens, und
ergetzt sich eitel und stolz in dem Licht des
Wissens.

Men bur du äflas och yfs, dock ej ur den skapade
verlden,
Ej ur det skapade bröst drifver du skapelsens
Gud.
Tyngdpunkt blifver och är i lifvet Religionen,
Går som en åder af gull genom den jordiska
malm.
Formen må skifta och vexla alltjemt, men vä-
sendet blifver;
Öfverst på andarnes bänk sitta dock Fromhet
och Tro.
Lefvande Fromhet och Tro, det är roten till
menniskovärdet,
Allt, som hos slägtet är bäst, blommar och
växer derur.
Ära och snille och sanning och dygd, välartade
döttrar,
Bära sitt mödernes drag, fädernet kommer
från Gud.
Högst bland tankar är tanken på Gud och dju-
past bland känslor,
Menuklig förträfflighet bär evigt det heligas
färg.
Snillet bar lyran, det Rätta sin kub, och vishet
sin lampa,
Högst är dock korsets symbol, samlar dem
alla kring sig.
Kristus har lefvat och lärt. Hvad var han?
menniskans urbild;
Menska, som Gud sig den tänkt, steg ock hans
Logos ur skyn,
Stiger han neder ännu, en Gud, i förädlade sinnen,
Födes af jungfrun jemt, blöder, försonas och
dör.
Detta är meningen af att „igenom honom är allt
gjordt,"
Nyckeln till häfderna bär menskones son i
sin barm.
Kristus har lefvat och lärt. Hvad lärte han?
anda och sanning,
Icke en bokstafstro, icke förmöglad myster.
Lifvets friska myster, den lärde han: kärlek
och handling,
Kärlek till menskor och Gud, handling för
sanning och rätt.
Mildhet han lärde, men kraft och rik uppoffring
derjemte,
Mod till att lefva och dö fromt för det heligas
sak.
Frihet han lärde och ljus, fulländningens högsta
insegel:
„Var fullkommen (han bjöd) såsom min fader
det är."
Kristendom, det är bildningens höjd, fulländ-
ningens dopnamn,

Doch so sehr du dich auch mühen und plagen,
so sehr du dich mit deinem Wissen blähen
magst, du treibst doch weder aus der erschaff-
nen Welt, noch aus dem erschaffnen Herzen den
Gott der Schöpfung hinaus. Der Schwerpunkt
ist und bleibt im Leben die Religion, läuft
wie eine Goldader durch das irdische Erz. Die
Form mag wechseln und von Neuem wechseln.
das Wesen dagegen bleibt; zu oberst auf der
Bank der Geister sitzen jedoch Frömmigkeit
und Glaube. Lebendige, in Werken sich be-
thätigende Frömmigkeit und Glaube, das sind
die beiden Wurzeln, in denen der Werth des
Menschen ruht; — was irgend wahrhaft gut und
schön ist bei'm Menschengeschlechte, das wächst
und blüht daraus hervor. Ehre und geistige
Begabtheit und Tugend und Wahrheit, wohl-
geartete Töchter, tragen im Antlitz die Züge
der Mutter, von der sie stammen, väterlicher
seits stammen sie von Gott selbst ab. Gott ist
das Höchste, was der Mensch denken, er ist das
Tiefste, was er in seinem Herzen empfinden
kann; was hoch und herrlich ist am Menschen.
das trägt in Ewigkeit die Farbe des Heiligen.
Das Genie hat seine Lyra, das Rechte seinen
Cubus, und die Weisheit ihre Ampel, das höchste
Symbol indess ist doch das des Kreuzes, es be-
greift sie sämmtlich in sich. Christus hat ge-
lebt und gelehrt. Was war er? — Das Urbild
des Menschen; ein Mensch, wie ihn Gott sich
gedacht, kam auch sein Logos herab, steigt er
noch jetzt herab, ein Gott, in bessere Herzen,
wird er noch jetzt von der Jungfrau geboren,
blutet er am Kreuze, sühnt und stirbt. Das ist
der Sinn von den Worten: „durch ihn ist Alles
gemacht," und den Schlüssel zur Geschichte der
Menschheit trägt der Sohn des Menschen in sei-
nem Busen. Christus hat gelebt und gelehrt. Was
hat er gelehrt? - Geist und Wahrheit, nicht
einen Buchstabenglauben, nicht ein Geheim-
niss, das durch die Zeit schon schimmelig ge-
worden ist. Das frische Geheimniss des Lebens
lehrte er: das Geheimniss zu lieben und leben-
dig zu wirken, nämlich Gott und die Menschen
zu lieben, und durch die That zu wirken für
Wahrheit und Recht. Milde lehrte er, jedoch
auch Kraft und schonungslose Selbstaufopfe-
rung, und Muth, um für die heilige Sache zu
leben und zu sterben. Freiheit lehrte er und
Licht, das Siegel der höchsten Vollendung.
„Sei vollkommen wie mein Vater im Himmel
es ist," so lautete sein Gebot. Das Christen-
thum ist die Höhe der Bildung, ist der Tauf-
name der Vollendung.

Kyrkan till skola är byggd, — bort med den
    hedniska hop!
Derför att fostra till seder och ljus de unga, och
    rensa
Mörkrets och råhetens frön bort ur de växande
    bröst,
Göra det Goda hvarhelst de förmå, och våga
    det Rätta,
Forska det Sanna med nit, bilda det Sköna
    med lust:
Detta, J bröder, är presterligt värf, det är lef-
    vande gudstjenst,
Kappa och krage är det, burna i andarnas land.
Sägen mig icke, att tiden är ond, att allt är för-
    gäfves; —
Detta har varit och är feghetens lösen alltjemt.
Tiden är ond! derför skall det goda stå upp
    mot det onda,
Solen på himmelens hvalf brottas med mör-
    kret derför.
Jakob brottades djerft med en Gud, tills morgo-
    nen lyste,
Ref välsignelsens ord till sig, fast höften blef
    knäckt.
Framgång ligger på Gudomens knä, men viljan
    är menskans,
Både för menskor och Gud gäller det redliga
    nit.
Efter oss komma väl de, som lyckas bättre än
    vi gjort,
Gjuta ur mäktiga bröst skönare, djupare ord.
Låtom oss bedja för dem, för oss sjelfva, för
    menniskoslägtet,
Lekman äfvensom klerk, låtom oss bedja till
    Gud:
Fader! som verldarna sått, och församlar som
    kärfvar i ladan,
Sedan de mognat till skörd, vårdar och styrer
    till dess!
Son, som medlar alltjemt emellan himlen och
    jorden,
Ypperst bland menniskobarn, ädlast, och der-
    före — Gud!
Ande, som rör dig i allt, och lefver naturen
    igenom,
Blommar i växande vår, klappar i helgade
    bröst!
Hören mig, helige tre! (ty tänkandets väsen är
    trefaldt)
Skapande, medlande kraft, lefvande, hören
    mig J!
Gjuten er sjül i lärarens bröst, att han skapar
    och medlar,
Lifvar, som menskor förmå, skuggar det eviga
    af!

v. LEINBURG, schwed. Poesie. III.

die Kirche ist zur Schule geworden, — hin-
weg mit dem heidnischen Pöbel! Darum, um
zu Sittlichkeit und Licht die Jugend zu er-
ziehen, und die wachsenden Herzen zu reinigen
von dem Samen der Finsterniss und der Rohheit,
Gutes zu thun nach Kräften, und das Rechte zu
wagen, mit Eifer zu forschen nach Wahrheit, mit
freudigem Herzen das Schöne zu bilden: das, o
meine Brüder, ist das Amt des Priesters, das ist
lebendiger Gottesdienst, das ist der Mantel und
der Kragen, den man trägt im Land der Geister.
Sagt mir nicht, die Zeit sei schlecht, und es sei
doch Alles vergebens; — das war von jeher nur
die Losung der Feigheit, und bleibt es. Die
Zeit ist schlecht! Gerade darum soll sich das
Gute zum Kampf erheben wider das Böse, darum
kämpft die Sonn' am Himmelsgewölbe mit der
Finsterniss. Kühn und muthig stritt Jakob mit
einem Gott, bis der Morgen leuchtete, riss ihm
die heiligen Segensworte aus der Hand, ob-
gleich er dabei an seinen Lenden Schaden er-
litt. Der Erfolg liegt auf den Knieen der Gott-
heit, doch der Will' ist des Menschen, und vor
den Menschen sowohl, als vor Gott gilt ein
redliches Streben. Nach uns kommen wohl
Andere, denen es besser gelingt, als uns, aus
mächtiger Brust schönere, tiefere Worte er-
tönen zu lassen. Lasst uns beten für sie, für
uns selbst, für unser ganzes Geschlecht, Laie
sowohl als Priester, lasst uns so zu Gott dem
Herrn beten: Vater, der du die Saat der Welten,
ein himmlischer Sämann, in die Nacht gesät
hast, und der du sie sammelst in deiner Scheuer
wie Garben! Der du sie lenkst mit wachendem
Auge, bis sie zur Erndte gereift sind! Sohn, du
ewiger Friedensherold zwischen Himmel und
Erde, du höchster und edelster unter den Men-
schen und darum — Gott! — Geist, dessen
Athem überall weht, der du da lebst und webst
in der ganzen Natur, der du da blühst im keimen-
den Frühling, der du da klopfst im geheiligten
Menschenherzen! Höret mich, ihr heiligen Drei
(denn dreifaltig ist das Wesen des Denkens),
höret ihr mich, du schaffende, mittelnde und
allbelebende Kraft! Giesset eure Selo in die
Brust des Predigers, auf dass auch er schaffend,
mittelnd und belebend wirken möge, soviel ein
Mensch es vermag, und dass er sei ein Schatten-
bild des Ewigen!

Läraren skall skapa och ordna en verld ur tan-
karnas kaos,
Bilda ur natten en form, säga oss: „varde det
ljus!"
Läraren skall medla i menniskobröst, der himlen
och jorden
Kämpa sin eviga kamp; — hvad som ej käm-
par är dödt.
Läraren skall lifva; ty lifvet är högst, det är
blomman af tingen,
Fästet för andarnes sol, bandet i skapelsens
krans.
Menskan skall varda som Gud, det lilla afspegla
det stora,
Läraren är skuggan utaf överstepresten i skyn.
Hören mig, helige tre, när jag viger förpantade
hjertan;
Hjertat är summan af allt, lag och profeter är
det.
Hufvudet lärer af hjertat ibland, ej hjertat af
hufvu't,
Hjertat är himlens organ, värmen, beveken
det J!
Fyllen dess heliga hvalf med anderöster, som
klinga
Fjerran från skönare land, tala om under och
djup.
Gifven oss kunskapens ljus, men förnämligast
fromhet och saktmod;
Dufvan, men icke en örn, sväfvade öfver Jor-
dan.
Gifven oss hvad som är bäst: det är kärlek, som
tror och som hoppas;
Gäckad, bedragen, förglömd, hoppas han
ännu — och dör.

Der Prediger soll aus dem Chaos der Gedanken
eine Welt erschaffen und ordnen, soll aus der
Nacht eine Form bilden, soll uns zurufen: „es
werde Licht!" — Der Prediger soll seine mit-
telnde Kraft wirken lassen im menschlichen
Herzen, wo Himmel und Erde mit einander in
ewigem Zweikampf liegen; — denn wo kein
Kampf ist, da ist auch kein Leben. Belebend
soll der Prediger wirken; denn das Leben ist
das Höchste, es ist die Blume jedes erschaffnen
Dinges, es ist das Firmament für die Sonne der
Geister, das Band im Kranze der Schöpfung.
Der Mensch soll werden wie Gott, das Kleine
soll das Grosse abspiegeln, der Prediger ist ein
Schatten des obersten Priesters da droben. Hö-
ret mich, ihr heiligen Dreie, wenn ich den Her-
zen, die sich dir zum Pfande gegeben, die heili-
gen Weihen ertheile! Das Herz ist der Inbegriff
der ganzen Welt, das Gesetz und die Propheten
begreift es in sich. Der Kopf muss manchmal
von dem Herzen lernen, nicht das Herz von dem
Kopfe; das Herz ist das Organ des Himmels, er-
wärmet und rührt ihr es! Lasst seine heilige
Wölbung von Geisterstimmen wiedertönen, die
da von fernen, schöneren Landen erklingen, die
da von Wundern und bodenlosen Tiefen erzäh-
len! Lasst uns leuchten das Licht der Erkennt-
niss, vor Allem aber Frömmigkeit und Sanft-
muth; überm Jordan schwebte nicht ein Adler,
sondern eine Taube. Gebt uns das Beste was
es gibt: — eine Liebe nämlich, die da glaubt
und hofft; getäuscht, betrogen und vergessen
hofft sie doch noch — und stirbt.

Vid invigningen af Gärdsby kyrka.
(Juni 1837.)

1. Från altaret.

Ja, helig, helig han, som skapat verlden!
Han kastar himlen som en mantel kring sig,
Och vår, som blommar, är hans andedrägt.
Sjustjernorna, sju solar, sätter han
Som gyllne ringar på sitt skaparfinger,
Han bänger svärdet i Orions bälte,
Och fästets lyra klingar på hans arm.
Fall ner och tillbed! — Nej, stig upp och älska;
Ty det är han, som lyser dig i solen,

Zur Feier der Einweihung der Gords-
byer Kirche.
(Juni 1837.)

1. Am Altare gesprochen.

Ja, heilig, heilig ist er, der die Welt erschaf-
fen! Er wirft den Himmel wie einen Mantel um
seine Schultern, und der blühende Frühling ist
sein Athemzug. Die sieben Sterne des Sieben-
gestirnes, sieben Sonnen, steckt er wie goldene
Ringe an seinen Schöpferfinger, er hängt das
Schwert in Orions Gürtel, und die Leier des Fir-
maments erklingt auf seinem Arm. Fall' in den
Staub nieder und bete an! — Nein, erhebe dich
und liebe; denn er ist's, dessen Licht dir in der
Sonne leuchtet,

När dig i skörden, svalkar dig i källan,
Och susar öfver dig i lundens toppar,
När månen skiner på de stilla vattnen,
Och på de stilla tankarna, som gå
Bland minnets vålnader i aftonstunden.
Ack! hvarje gång en högre tankes blixt
Slår ner i själen och förskingrar mörkret,
Hvar gång en känsla mera ren och djup
An hvardagslifvet med dess små bekymmer
Ditt hjerta vidgar, och du känner vingar,
Som lyfta dig från jorden, tycks dig stå
Och dricka himlen, trampande på molnen,
Försänkt i salighet, och ville trycka
Hvart skapadt väsen till din trogna barm; —
Då känner du, det är hans kraft, som bär dig,
Då är hans ande öfver dig, är när dig,
Du ser hans herrlighet, du hör hans röst
Väl icke utifrån, men inom i ditt bröst.

Här ha vi byggt ett tempel till hans ära,
En ringa byggnad, äfvenväl för jorden;
Men himlen blickar rikligt in uti den,
Och stora tankar kunna rymmas der,
Och känslor djupa såsom evigheten.
J murar, salighetens hörnestenar,
J hoppets fästen i en stormig tid,
Jag lyser himlens frid utöfver eder!
Hur många slägten, icke födda än,
Som skola här förnimma himlaorden!
Hur månget knä, som icke än är till,
Skall böjas här och nöta altarrunden!
När stilla andakt håller vakt i templet,
Och orden flyga ifrån lärarns läppar
Och söka hjertat, och slå ner derpå,
Som dufvor på den kända fönsterkarmen;
Då, men ej förr, är gudstjenst under hvalfvet.
Och när engång en himmelsk sångarfågel
Blir lockad in i kyrkan, trifves der
Och bygger bo på läktaren deruppe,
När orgeln drar de djupa andedragen
Ur himlens lungor, och förflyttar eder
Till sångens fria, underbara land,
Der allt är harmoni och gudaskönhet,
Hvart doft en ånga ifrån Libanon,
Hvart moln ett gullmoln, idel englahufvu'n
Se på sin syster, själen, ner derur; —

der dich ernährt in deiner Erndte, der dir Kühlung zufächelt im frischen Hauch der Quelle, und der in des Haines Wipfeln dich umsäuselt, wenn der Mond die stillen Gewässer bescheint, und die stillen Gedanken, die in der Abendstunde unter den Schemen der Erinnerung wandeln. Ach! so oft der Blitz eines höhern Gedankens in deine Sele niederschlägt und die Finsterniss verscheucht; so oft ein Gefühl, das reiner und tiefer ist, als das Alltag-leben mit seinen kleinen Bekümmernissen, dir das Herz erweitert, und dir ist, als besässest du Flügel, die dich emporheben von der Erde, und du die Luft des Himmels zu athmen glaubst; — wenn dir ist, als stündest du in den Wolken, in Seligkeit versunken, und als möchtest du jedes erschaffne Wesen an deine treue Brust drücken: — dann fühlst du es, dass es eine Kraft es ist, die dich trägt, dann umschwebt sein Geist dich sichtbar, ist dir nahe, du schauest seine Herrlichkeit, du vernimmst seine Stimme, — wohl nicht von aussen, doch drinnen in deines Herzens Tiefen.

Hier haben wir nun einen Tempel erbaut zu seiner Ehre, ein kleines Gebäude, klein selbst für die Erde; doch mit tausend Lichtstrahlen blickt der Himmel herein, und grosse Gedanken, und Gefühle unermesslich wie die Ewigkeit, finden Raum darin. Ihr Mauern, ihr Ecksteine der Seligkeit, ihr Burgen der Hoffnung in einer stürmischen Zeit, segnend rufe ich des Himmels Frieden auf euch herab! Wie viele Geschlechter, jetzt noch nicht geboren, werden hier das Wort Gottes hören! Wie manches Knie, das jetzt noch nicht da ist, wird sich hier beugen und seine Spuren am Altare hinterlassen! Wenn stille Andacht im Tempel Wache hält, und die Worte von den Lippen des Predigers fliegen, und das Herz suchen, und darauf herniederfallen, wie Tauben auf die wohlbekannte Fensterbrüstung; dann, — doch nicht früher, ist Gottesdienst unter dem Dachgewölb. Und wenn sich einmal ein himmlischer Sängervogel vom Felde draussen da in die Kirche herein locken lässt, da lebt und wobt, und sich ein Nest bauet auf dem Chore da droben; wenn die Orgel ihre tiefen Athemzüge thut aus himmlischen Lungen, und euch ins freie, wunderbare Land des Gesanges versetzt, wo nichts als Harmonie und göttliche Schönheit ist, wo jeder Duft eine Weihrauchwolke vom Libanon, jede Wolke ein Goldgewölk ist, woraus eitel Engelsköpfe auf die Sele, ihre Schwester, herniederschauen; —

Då, men ej förr, är edert tempel färdigt,
Och, i sin ringhet, dock den Högste värdigt,
En evighetens vagga, hvarest I,
I tidens hittebarn, fån växa till uti!

Dock — när det barnet fullväxt är och moget,
Då lägges det uti en annan vagga
Hürutanför, och våren höljer den
Med gröna täcken. Kännen I det stället,
Den stilla staden, der de tyste bo?
Der sofva edra fäder före eder,
I kommen sjelfve, edra söner komma
Och lägga sig bredvid er: maken åt er!
Dock — der är rum i herberget. Ej sorl,
Ej kif höres der, eu hvar är der belåten
Och tristar ej med andra om sin plats.
O! hvilken ville icke hvila der
I stilla kamrar, långt från verldens ädlan,
Och sofva bort en tid af evigt gyckel,
Som spänt sin lina mellan taken på
De dödas grafvar, dansande deröfver?
Der är en fristat, der är allting lika,
Den rike magrar der, den sköne grinar
Med murkna tänder, sjelfva sqvallrets tunga
Förlamas der och ljuger icke mer.
Men rysen icke, ty de multna benen
Få lif igen och undanvälta stenen,
Och himlalöften och odödlight hopp
Gå som en morgon öfver grafven opp.
Hvad kärt, hvad dyrbart I på jorden haden,
Det mognar der, som frukten under bladen,
Och står en gång ifrån förmultnad stam
Föryngradt, skönare och luftigare fram.

I män och qvinnor, samlade omkring mig!
Jag viger templets, viger grafvens stenar
Till frid och hvila: kunde jag jemväl
Till frid och hvila viga edra hjertan!
Der går en oro genom menskolifvet,
Som söndrar hjertat, läser fast vid jorden
Dess större hälft, den andra vill till skyn.
Den söndringen kan endast kyrkan hela.
Det var en tid, då hon det hela var,
Hon är det helande ännu för slägtet.

dann, doch nicht früher, ist euer Tempelbau
vollendet, und in all seiner Kleinheit doch des
Höchsten würdig, eine Wiege der Ewigkeit, in
der ihr Findelkinder der Zeit grosswachset!

Wenn jedoch das Kind erwachsen ist und
schnittreif, dann wird es in eine andere Wiege
gelegt — vor der Kirchthür draussen, und der
Frühling deckt's mit seinem grünen Bahrtuch
zu. Kennt ihr die Stelle, die stille Stadt, wo die
Schweigenden ruhen? Da schlafen vor euch
eure Väter, ihr selbst folgt nach, dann kommen eure Söhne und legen sich nieder neben
euch: — macht Platz! — Doch — in dieser Herberge fehlt es nicht an Raum. Da ist von keinem Gemurr, von keinem Gezänk und Streit
mehr die Rede, da gibt sich Jeder still zufrieden
und hadert nicht mehr mit den Andern wegen
der ihm angewiesenen Stelle. O! wer möchte
nicht ruhen da in den stillen Kammern, ferne
von dem Treiben der Welt; wer möchte nicht
eine Zeit voll ewiger Gaukelei und Täuschung
lieber verschlafen, die ihr Seil frevelnd selbst
zwischen den steinernen Dächern der Todtengrüfte ausgespannt hat, und leichtfertig darüber
hintanzt? Da ist ein Freistaat, da ist eine völlige Gleichheit: — da magern die Reichen, da
grinst selbst das Gesicht des Schönen mit morschen Zähnen, ja, selbst das boshafte Geklatsch
der Welt erlahmt daselbst und lügt nicht mehr.
Doch darum schaudert nicht! — Denn die morschen Gebeine leben wieder auf und wälzen den
Stein hinweg, und himmlische Verheissungen
und unsterbliche Hoffnungen gehn wie ein Morgen überm Grabe auf. Was ihr auf Erden Liebes und Theueres besasset, das reift allda, wie
die Frucht unter den Blättern, und ersteht dereinst verjüngt, schöner und luftiger wieder von
dem morschen Stamm zu Licht und Leben.

Ihr Männer und Frauen, die ich da um mich
versammelt schaue! Den Steinen dieses Tempels, dieses Friedhofs Steinen ertheil' ich nun
zu Ruh' und Frieden meines Segens Weihen: —
o dass ich doch die Macht besässe, damit auch
zugleich eure Herzen zu Ruh' und Frieden einzuweihn! Es geht ein Geist der Unruhe durch
das Menschenleben, der das Herz in zwei Hälften scheidet, und die grössere Hälfte davon mit
Macht zur Erde niederzieht, während die andere
himmelwärts strebt. Dieser Trennung kann
nur die Kirche heilend steuern. Es gab einst
eine Zeit, wo sie selbst noch eine einzige und
ungespaltene war, — die einzig heilende ist sie
der Welt noch jetzt.

Och derför gån med andakt i dess gårdar,
Ty der är himlens tröskel. Läggen af
All verldens sorg som en försliten klädning,
Och ställen själen, hvitklädd, fram för Gud!
Det är ej lärarns svaga röst allena,
Ej ordet ensamt, som han er förkunnar,
Men ock derjemte helgamanna-samfund,
Gemensamheten, allt det storas moder,
Och bön, som lågar, sång, som sväller opp, —
Det allt rör hjertat eller lyfter tanken.
Ty andakt smittar, liksom sorg och glädje,
Och hvar församlingen i Herrans namn
Har trädt tillhopa, är han midt ibland dem,
Och alla blott ett hjerta och en själ.
Det är den helige, den gode Anden,
Som bor i kyrkan, sväfvar öfver landen,
Och följer vandraren med tysta spår
Välsignande, så länge som han får,
Hugsvalar, lugnar, stöder och begåfvar,
Och jordens son till slut till himlen hemförlofvar.

Und so geht denn mit Andacht in ihre Höfe
ein, denn da ist die Schwelle des Himmels. Legt
all die Sorgen dieser Erde ab wie ein abgetragenes Gewand, und tretet mit reiner, hochzeitlichgekleideter Sele vor euern Gott und Herrn!
Es ist nicht blos eures Hirten schwache Stimme,
worauf es ankommt, nicht blos das Wort, das
er euch verkündigt; sondern es ist auch zugleich die heilige Gemeine, es ist die Gemeinsamkeit, die Mutter alles Grossen, und das Gebet, das da glüht und zündet, der Gesang der
Gemeine, der das Gefühl erhebt, — was die Sele
rührt und bewegt und dem Gedanken Flügel
leiht. — Denn die Andacht ist ansteckend, wie
Schmerz und Freude, und wo die Gemeine im
Namen des Herrn zusammengetreten ist, da ist
er mitten unter ihr, und all ihre Glieder sind
ein Herz und eine Sele. Das ist der heilige,
der gute Geist, der in der Kirche wohnt und
bleibt, der segnend überm Reiche schwebt, der
still und segnend dem Wanderer nachfolgt auf seiner Spur, solange er hienieden wandelt, der ihn
tröstet und beruhigt, der ihn stützt, der ihm
seine Gnaden spendet, und der den Erdensohn
zuletzt zurückführt in seine himmlische Heimath.

2. Från predikstolen.

Den nya tempelbyggnaden i dag
Är vigd och helgad under harposlag,
Och himlens makter, Sanningen och Ljuset,
Ha tagit fasta på det helga huset.
Byggmästare i skyn, du verldens far,
Som evigt är och blifver hvad du var,
Håll du ditt öga, håll din hand deröfver!
Vårt lof, vår dyrkan icke du behöfver,
Men vi behöfve att anropa dig,
Vägledare uppå vår skumma stig! —
Du ljusets konung, bosätt dig i kyrkan
Och i hvart bröst, som der ger dig sin dyrkan!
Din åska flyge dessa hvalf förbi,
Och din församling växe till deri,
Som blomstren växa öfver sommarns täcken,
Som alar växa vid den svala bäcken.

2. Von der Kanzel herab.

Der neue Tempelbau ist nun unter Harfenklängen eingeweiht und geheiligt worden, und
die Wahrheit und das Licht, die himmlischen
Mächte, haben Besitz genommen von dem heiligen Hause. Du Baumeister da droben, du
himmlischer Vater der Welt, der du in Ewigkeit
bist und bleibst was du warst, lass dein Auge
ruhn darüber, streck' aus darüber deine Rechte!
— Du bedarfst unseres Lobes und Preises, unserer Verehrung nicht, wir aber haben es nöthig, dich anzuflehn und zu dir emporzuschreien,
du Wegweiser auf unserm dunkeln Pfad! — Du
König des Lichtes, nimm deine Wohnung in
dieser Kirche und lass dich nieder in jedem
Herzen, das dir da seine Anbetung und Verehrung weihen wird! Möge der Blitz deines
Zornes vorüberfliegen an diesen Wölbungen,
und möge deine Gemeine wachsen und gedeihen
darin, gleichwie die Blumen wachsen auf den
grünen Teppichen des Sommers, wie die Erlen
wachsen am kühlen Bach!

Och en gång, när en hvar, som lyssnar här,
Ett bortglömdt stoft, en namnlös skugga är,
Och när århundraden, som icke stanna,
Ha strött sin mossa öfver templets panna,
Låt dina englar, som på molnen stå,
Ännu med glädje blicka ner derpå!
Pris vare dig bland dina myriader,
Tack vare dig, du mensklighetens fader!

Und wenn einmal nicht Einer mehr von denen
lebt, die jetzt meiner Rede lauschen, — wenn
er nichts mehr ist, als eine Handvoll vergessenen Staubes, ein Schatten sonder Schall und
Namen; und wenn die Jahrhunderte, die nicht
stehen bleiben, im Vorübereilen das Dach dieses Tempels längst mit Moos überzogen haben.
— lass deine Engel, die in den Wolken stehen,
auch dann noch mit Freuden darauf herunterschauen! Preis und Lob sei dir, umgeben von
deinen zahllosen Heerscharen! Dank sei dir,
du Vater der Menschheit!

Till Lars Gustav Tegnér.
(Med en Bibel, vid hans konfirmation, näst före hans afresa till Sydamerika.)

Utöfver djup, som tvenne verldar skilja,
Dig lede stjernan och magnetens nål,
Förståndets klarhet och en säker vilja,
Två goda styrmän till hvart jordiskt mål.

Men öfver djup, som ock två verldar dela,
Två andra, en härnere, en i skyn,
Tag här ett sjökort, som ej plägar fela,
Fast storm och mörker sväfva för din syn.

Ett säkert sjökort, ritadt i de tider,
Då jord och himmel nalkades hvarann.
Studera det och följ det, och omsider
Löp trygg i hamnen, det dig visat an!

An Lars Gustav Tegnér.
(Mit einer Bibel, bei seiner Confirmation, kurz vor seiner Abreise nach Südamerika.)

Ueber die tiefen Gewässer, die zwei Welten
von einander scheiden, mögen der Stern dich
leiten und die Magnetnadel, Klarheit des Verstandes und ein fester Wille, zwei tüchtige
Steuermänner nach jedem irdischen Ziel.

Ueber das Meer jedoch, das auch zwei Welten
scheidet, zwei andere Welten, eine hienieden,
und eine da droben, geb' ich dir hiemit eine
Seekarte mit, welche unfehlbar zu sein pflegt,
wie auch Sturm und Finsterniss dich umschweben mögen.

Eine zuverlässige Seekarte, gezeichnet in Zeiten, wo Himmel und Erde einander noch näher
waren. Studire sie wohl und folge ihr, und getrost zuletzt magst du dann in den Hafen einlaufen, den sie dir anzeigt!

Skaldens morgonpsalm.

Sol, som från mig flytt!
Öfver bergens topp
Lyfter du på nytt
Strålig hjessa opp.
Jag vill bedja med de myriader.
Hör mig, sångens, hör mig, ljusets fader!

Tag mig med i skyn
På din himmelsfärd!
Öppna för min syn
Diktens sköna verld!
Låt dess gudabilder i det höga
Sväfva klara för ett dödligt öga!

Des Dichters Morgenpsalm.

O Phoebus, der du von mir hinweggingst!
Ueber dem Gipfel des Berges erhebst du da von
Neuem deinen strahlenden Scheitel. Ich will
beten mit den zahllosen Myriaden. Hör' mich,
du Vater des Gesanges, höre mich gnädig, du
Vater des Lichtes!

Nimm mich mit hinauf auf deiner Himmelfahrt! Erschliesse meinem Auge die schöne
Welt der Dichtung! Lass die göttlichen Bilder
der Poesie hell und klar in deiner Höhe vor
einem irdischen Auge schweben!

Lär mig måla se'n
För den dunkla jord
Hvarje himlascen:
Gif mig språk och ord,
Att de flyktiga gestalter stanna
På mitt papper, lefvande och sanna.

Gif mig kraft och mod
Att förakta rätt
Dårars öfvermod,
Tidens kloka ätt,
Som beler hvad skaldens pensel målar,
Fåfängt doppad uti dina strålar!

För den bleka nöd
Stäng igen min dörr;
Gif i dag mig bröd
Som du gifvit förr;
Att den höga himlakraft ej rymmer
Ur mitt bröst för jordiska bekymmer!

O! du vet det väl,
Hur jag älskar dig.
Derför fyll min själ,
Fyll den helt med dig!
Ärans, guldets, maktens åtrå vike
Från mitt rena hjerta, från ditt rike!

Se, du hör min bön,
Hör mitt lof också!
Jorden syns mer skön,
Himlen mera blå.
Andar hviska i de svala lunder;
Jag hör harpor, jag ser skaparns under.

Tiden flyger bort,
Konsten är så lång,
Lifvet är så kort.
Upp, min själ, till sång!
Guden kommer. Lyssnen, myriader!
Det är sångens, det är ljusets fader.

Lehr' mich die Kunst, jedes himmlische Gesicht nachher zu malen zur Schau der dunkeln Erde: gib mir die Macht der Sprache und des Wortes, dass die flüchtigen Gestalten auf meinem Papier stehn bleiben, lebendig und wahr.

Gib mir Kraft und Muth, um recht von Herzen den Uebermuth der Thoren zu verachten, und das kluge heutige Geschlecht, das da stolz belächelt, was des Dichters Pinsel malt, der vergebens in deine Strahlen eingetaucht ward!

Vor der blassen Noth schliesse gnädig meine Thüre; gib mir auch heute wie zuvor mein tägliches Brod; auf dass die hohe Himmelskraft aus meiner Brust nicht fliehen möge vor den irdischen Sorgen und Bekümmernissen!

O! du weisst es wohl, wie ich dich liebe. Darum erfülle meine Sele, erfülle sie ganz mit dir! Weichen möge von meinem reinen Herzen, wie von deinem Reiche, jedes unlautere Begehr nach Macht und Glanz und Ruhm und Gold!

Du hörst mein Flehn, o Vater, so höre auch meinen Lobgesang! Schöner will mir die Erde scheinen, blauer das Blau des Himmels. Geister flüstern in dem Grün der kühlen Haine; ich höre Harfen klingen, ich schaue die Wunder der Schöpfung.

Die Zeit vergeht im Fluge, die Kunst ist so lang und das Leben ist so kurz. Auf, meine Sele, hebe deinen Gesang an! Der Gott steigt herauf. Lauschet, Myriaden! Der Vater des Gesanges ist es, es ist der Vater des Lichtes!

Söndagsskolan.
(I en ung flickas minnesbok.)

En skola känner jag, som trifs,
Hur ock må bli de andras öden;
Der vexelundervisning drifs,
Men — mellan lifvet blott och döden.

Die Sonntagsschule.
(Einem jungen Mädchen ins Stammbuch.)

Ich kenne eine Schule, die blüht und gedeiht, welches Schicksal auch die andern Schulen haben mögen; wo es einen wechselseitigen Unterricht gibt, doch — zwischen Leben blos und Tod.

En himlens monitör är der,
Hvars röst bland barnen ypperst gäller.
Från Zion sångarskalan är,
Och ifrån Sinai hans tabeller.

Hur skönt att stafva deruppå,
Och göra läraren till viljes,
Och lägga hop, hvad vi förmå,
Tills det blir Jul-lof, och man skiljes.

Man går ej ur den skolan ut
I verlden, men i andra verlden;
Ty lärarns varning tar ej slut
På denna sidan himmelsfärden.

Hans lära är för höst som vår,
Och stundom varnar, stundom lockar.
Hon andas varmt på silfverhår,
Och kyler dina gyllne lockar.

Det ges ej högre lära spord
Inunder eller öfver solen.
Lyss derför till hans faders-ord,
Du söndagsbarn i söndagskolen!

Ein himmlischer Monitor ist da, dessen
Stimme das höchste Gewicht hat unter den
Kindern. Von Zions Höhn ist seine Gesangs-
Tonleiter, und vom Sinai sein Lehrbuch.

Wie schön ist es doch, darinnen lesen zu ler-
nen, und dem Geheiss des Lehrers zu folgen,
und zu thun, was wir vermögen, bis die Weih-
nachtsferien das Schuljahr schliessen, und
man auseinandergeht.

Man geht aus dieser Schule nicht in die Welt
hinaus, sondern in's andere Leben; denn des
Lehrers Warnung und Ermahnung dauert fort,
so lange wir noch diesseits des Himmels wan-
deln.

Seine Lehre ist sowohl für Herbst als Früh-
ling, und klingt bald warnend und ermahnend,
bald lockend und anziehend. Ihr Hauch er-
wärmt das Silberhaar, und weht deinen golde-
nen Locken Kühlung zu.

Weder unter der Sonne noch über ihr gibt's
eine erhabenere Lehre. Horche daher seinem
Vaterwort, du Sonntagskind dieser Sonntags-
schule!

IV.
Vermischte Gedichte.
(Natur, Welt und Leben, Kunst und Wissenschaft.)

Solsången.

Dig jag sjunger en sång,
Du högtstrålande sol!
Kring din konungastol,
Djupt i blånande natt,
Har du verldarna satt
Som vasaller. Du ser
På de bedjande ner; —
Men i ljus är din gång.

Se, naturen är död.
Natten, välnaders vän,
På dess bleknade pragt
Har sitt bårtäcke lagt.

Das Lied an die Sonne.

Dir will ich ein Lied singen, du hochher-
strahlende Sonne! Ringsumher um deinen Kö-
nigsthron, im tiefen Dunkel der blauenden
Nacht, hast du dir die Welten hingesetzt als
Vasallen. Du schauest hoch hinab auf die in
Demuth dir Unterthänigen; — doch dein Wan-
del ist im Lichte.

Siehe, wie im Todesschlaf ruht die Natur. Die
Nacht, die Freundin der Schatten, hat auf ihre
erblichne Pracht ihr Bahrtuch gelegt.

Mången nattlampa ser
Uti sorghuset ner.
Men du stiger igen
Utur östern i glöd.
Som en ros ur sin knopp
Växer skapelsen opp.
Den får lif, den får färg.
Men du nedblickar glad
På de gistrande blad,
På de flammande berg.
Lifvets rinnande flod,
Som var frusen och stod,
Nu framsorlar hon mild
Med din vaggande bild;
Tills du nedblickar sval
Mot den vestliga sal,
Der för anande hopp,
Der för uttröttad dygd
Till de saliga sbygd
Springa portarna opp.

O du himmelens son,
Hvadan kommer du från?
Var du med, var du med,
Då den Evige satt
Och i ljusnande natt
Sådde flammande säd? —
Eller stod du kanske
Vid hans osedda thron
(Öfver verlden står hon),
Att som engel tillbe:
Tills du stolt ej fördrog
Hvad från thronen befalls,
Och han vredgad dig tog
Öfver strålande hals,
Och dig hof med förakt
Som en boll i det blå,
Att förkunna ändå
Hans förnekade makt? —
Derför ilar du än
Så orolig, så snar;
Ingen tröstande vän
Bjuder vandraren qvar.
Derför ännu ibland
Drar du skyarnas dok
Öfver kindernas brand.
Ty du sörjer den dag,
Då dig hämnaren vrok
Ur sitt heliga lag,
Och du föll från hans knän
Uti öcknarna bän.

Säg mig, blir du ej trött
På din ensliga gång?

Manche Nachtampel blickt in's Trauerhaus
herab. Jedoch du erhebst dich wieder glühend
aus dem Ost, und wie eine Rose aus der Knospe
bricht die Schöpfung an's Licht hervor. Sie
wird lebendig, sie wird reicher an Farben; du
indessen blickst heiter auf's lustige Glänzen des
Laubes, auf's Feuer der rosenroth glühenden
Berge hinab. Der bewegte Strom des Lebens,
der, wie vom Frost gefesselt, stillstand, sanft mur-
melnd nun sprudelt er wieder hervor, und schau-
kelt in seinem Spiegel dein Bild, bis kühleren
Hauches du hinabblickst gegen den westlichen
Saal, wo ahnendem Hoffen am Ende, wo endlich
der Tugend, nachdem sie sich müde gekämpft
im Kampf des Lebens, die Thore aufspringen
zur Wohnung der Seligen.

O, du Tochter des Himmels, woher ist deine
Strasse? Bist du wohl schon dabei, schon dabei
gewesen, als der Ewige dasass, und in die plötz-
lich sich lichtende Nacht flammige Saat aus-
säte? — Oder bist du an seinem unsichtbaren
Throne gestanden (dem hoch ausserhalb der
Welt stehenden), ihn anbetend als Engel: bis
hoffärtig du einmal nicht thatest, was dir vom
Throne herab befohlen ward, und er in seinem
Zorn dich erfasste an deinem strahlenden Hals,
und dich mit Verachtung hinausschleuderte als
einen Ball in's Blau des Himmels, damit du den-
noch Zeugniss gebest von seiner Macht, der du
da Trotz zu bieten dich frevelnd vermassest? —
Darum eilest du vielleicht noch jetzt so ohne
Rast und Ruhe, so stürmisch schnell deine
Bahn dahin; kein Freund hält tröstend die
Wandrerin auf. Darum bedeckst du wohl noch
jetzt zuweilen mit dem Tuch der Wolken deine
glühenden Wangen. Denn noch immer ge-
denkst du voll Gram des Tages, als dich der
Rächer aus dem Kreis der Gerechten verstiess,
und du von seinen Knien in die Wüsten des
Raumes hinausfielst.

Sage mir doch, gehst du dich nicht müde auf
deiner einsamen Strasse?

Blir ej vägen dig lång,
Som så ofta du nött?
I mångtusende år
Har du kommit igen;
Och dock gröna ej än
Dina gullgula hår?
Som en hjelte går du
På din glänsande stig,
Dina härar ännu
Hvälfva trygge kring dig.
Men det kommer en stund,
Då din gyllene rund
Springer sönder: dess knall
Manar verlden till fall.
Och som ramlande hus
Störta skapelsens hörn
Efter dig uti grus:
Och den flygande Tid,
Lik en vingskjuten örn,
Faller död derbredvid.
Far en engel då fram
Der du fordomdags sam
Som en gyllene svan
Genom blå ocean,
Se, då blickar han stum
Kring de ödsliga rum;
Men dig finner han ej,
Ty din pröfning har slut,
Och försonad alltnog
Dig den Evige tog
Som ett barn på sin arm,
Och nu hvilar du ut
Invid faderlig barm. —

Wird dir der Weg nicht zu weit, den du so oft schon gegangen? Seit vielen Tausenden von Jahren bist du nun schon wieder und wieder gekommen; und doch werden deine goldgelben Locken noch nicht grau? — Wie ein Held wandelst du deine glänzende Bahn, noch umwandeln dich ruhig und sicher im Kreise deine glänzenden Heerschaaren. Doch eine Stunde wird kommen dereinst, in welcher dein goldener Ball in Stücken springt: der Knall davon wird das Zeichen geben zum Einsturz der Welt. Und gleich Häusern, die in den Schutt sinken und zusammenbrechen, stürzen die Ecksteine der Schöpfung dir nach in Schutt und Graus: und die fliegende Zeit stürzt, gleich einem Adler, welchem ein Schuss der Fittige Kraft gebrochen, todt daneben zu Boden nieder. Kommt dann einmal ein Engel des Weges, wo du vormals deine Bahn dahinzogst wie ein goldener Schwan durch den blauen Ocean: — siehe, dann blickt er schweigend umher im einsamen Raum der unermesslichen Oede; dich jedoch findet er nicht mehr, denn deine Prüfung ist zu Ende, und versöhnt wohl nahm dich der Ewige wie ein Kind auf seinen Arm, und nun ruhest du selig an seiner Vaterbrust aus. —

Väl, så rulla ditt klot
Uti ljus och gå gladt
Din förklaring emot!
Efter långvarig natt
Skall jag se dig en gång
I ett skönare blå;
Jag skall helsa dig då
Med en skönare sång.

Wohlan, so lass denn auch in Zukunft deinen Ball im Licht seine Kreise ziehn, und gehe froh und heiter deiner Verklärung entgegen! Nach einer langen, langen Nacht werd' ich dich wieder einmal schauen in einem schöneren Blau; ich werde dich dann begrüssen mit einem schönern Gesang.

Stjernsången.

Stjernorna blinka
Ner på min ödsliga stig.
Stjernorna vinka
Tröttade vandrarn till sig.

Das Lied von den Sternen.

Die Sterne flimmern herab auf meinen einsamen Pfad. Die Sterne senden dem müden Wanderer Grüsse zu und suchen ihn freundlich hinauf zu ziehn zu sich.

O den som hade
Vingar som fåglarna ha!
Broder, hur glade
Skulle dit uppåt vi dra!

Ser du, på randen
Utaf den gyllene ön,
Lyran i handen,
Står der en engel så skön.

Vänligt han nickar
Ner till den skuggiga jord.
Ser du hans blickar?
Hör du den hviskandes ord?

Plötsligen Guden
Griper i strängarnas gull.
Lyssna till ljuden!
Verlden af sången är full.

Strömmen och strömmen,
Toner! jag känner er väl.
Ofta i drömmen
Hörde jag er i min själ.

Säkert bland vänner
Såg jag ock engeln en dag.
Säkert jag känner
Sångarens anletsdrag.

Ännu med smärta
(Smärtan bland skuggorna bor)
Djupt i mitt hjerta
Suckar hans fängslade bror.

O huru fången
Längtar i stjernornas sken!
O huru sången
Går genom merg, genom ben!

Starkare ljudar
Sången från stjernorna ner.
Vandrande Gudar,
Tagen mig hastigt till er!

O wer doch Flügel hätte, wie die Vögel sie haben! Bruder, wie fröhlich zögen wir dahinauf!

Schau' doch einmal, am Rande jener goldenen Insel steht, im Arm die Leier, ach, ein wie schöner Engel!

Freundlich grüssend lächelt er herab zur schattigen Erde. Gewahrst du seine Blicke? Vernahm dein Ohr wohl des Flüsternden Wort?

Mit einem Mal greift der Gott in's Gold der Saiten. Lausche den Tönen! Die Welt ist voll von Gesang.

O Töne! Ergiesset, ergiesset den Strom eures Wohllautes! Ich kenn' euch wohl. Oft vernahm ich in meiner Seel' euch im Traum.

Gewiss sah ich auch unter den Lieben, die ich habe, schon einmal den Engel. Gewiss kenn' ich auch die theuern Züge des Sängers.

Noch seufzt mit Schmerz (der Schmerz wohnt unter den Schatten) in meines Busens Schachte sein Bruder, gefesselt an's irdische Dasein.

O wie den armen Gefangnen ein Sehnen ergreift im Sternenschein! O wie der Gesang ihm Mark und Bein durchzuckt!

Mächtiger und mächtiger klingt der Gesang herab vom Sternenchor. Ihr wandernden Gottheiten, o nehmt mich doch bald zu euch hinauf!

Elden.

Mörkt låg djupet uti död förstening,
Outgrundligt, som Allfaders mening,
Formlöst, utan ande, utan kropp.
Ingen själ tog upp uti sin spegel
Tingens bilder. Skapelsens insegel
    Var ej brutet upp.

Das Feuer.

Nachtschwarz gähnten noch die Tiefen und lagen in lehloser Erstarrung, unergründlich, wie Allvaters heilige Gedanken, formlos, sonder Geist und Körper, da. Noch spiegelten in keiner Sele sich die Bilder der erschaffnen Welt. Noch war das Siegel der Schöpfung nicht erbrochen.

Evigheten, lik en orm i ringar,
Låg och rufvade med svarta vingar
Uppå verldar, icke ännu till.
Rymdens tält låg ouppspändt. För tiden
Var ej ännu någon stund förliden,
  Och dess ur stod still.

Se, det blixtrar! Se, hur natten randas!
Lifvet vaknar, känner sig, och andas
I den graf, der fordom döden frös.
Tingen skilja sig med skild förmåga.
Himlen lyfte sig till hvalf. I låga
  Slet sig solen lös.

Oster rycker sig med våld från vester,
Gent mot Norr sin boning Söder fäster,
Himlens rosor spricka ur sin knopp.
Dagen vexlar öfver land och vatten,
Månan, rodnande och blyg, i natten
  Slår sitt öga opp.

Plantan skjuter ur den värmda mullen.
Skogens kronor susa öfver kullen,
Blomman staduar vid dess fötter qvar.
Djuren leka. Ensam, utan like,
Framstår menskan, och till dubbelt rike
  Jord och himmel tar.

Puls i ådrorna utaf naturen,
Växt i plantorna, och lif i djuren,
Gudalåga, hvem har tändt dig an?
Jo, Allfader, ännu känd af ingen,
Ville en gång spegla sig i tingen,
  Och — hans spegel brann.

Ingen harpa stämmes till din ära.
Tiden ler åt Zendas höga lära,
Vestas altar flammar icke mer.
Men ett väldigt tempel än dig hyser,
Och ditt öfvergifna altar lyser
  Ifrån solen ner.

Öfverallt är du, lik himlaanden,
Utan föda lefver du i granden,
Verldar äter du, och hungrar än.
Fåfängt forskarn vill ditt väsen fråga:
Han förklarar ej din gudalåga,
  Men han värmes af den.

Gleich einer zusammengeringelten Schlange
lag die Ewigkeit da, und brütete mit schwarzen
Schwingen ob Welten, die noch nicht dawaren.
Unausgespannt lag noch das Zelt des Raums.
Kein Augenblick der Zeit war noch vergangen,
und die Uhr der Zeit stand still.

Schau, da blitzt's! Schau, wie es zu dämmern
anhebt in der Nacht! Das Leben erwacht, es
fühlt sich und athmet in dem Grab, in welchem
starr vorher der Tod noch lag. Mit verschiedenen Kräften scheiden sich die Dinge von einander. Der Himmel erhob sich zum Gewölbe.
In Flammen rang sich die Sonne aus dem
Chaos los.

Mit Gewalt reisst der Osten sich vom Westen,
dem Norden gerade gegenüber lässt sich der
Süden nieder, des Himmels Rosen brechen aus
der Knosp' hervor. Ueber Land und Meer
abwechselnd schwebt der Tag, und sittsam und
erröthend schlägt der Mond in der Nacht sein
Auge auf.

Die Pflanze sprosst empor aus der erwärmten
Erde. Ueber dem Hügel säuseln des Waldes
Kronen, die Blume bleibt still am Fuss des Hügels stehn. Thiere spielen. Einsam, nirgends
seines Gleichen schauend, tritt der Mensch
in die Schöpfung, und ergreift als Herrscher
eines doppelten Reiches Besitz vom Blau des
Himmels und dem Grün der Erde.

Du Puls in den Adern der Natur, du keimende
und sprossende Kraft im Wachsthum der Pflanzen und Sele im Leben der Thiere, du göttliche
Flamme, wer hat dich angefacht? Ja, Allvater,
noch einsam in der Welt und von keinem Wesen noch geahnt, beschloss, sich in den Dingen
zu spiegeln, und — sein Spiegel stand in Licht
und Lohe.

Keine Harfenklänge tönen jetzt mehr zu deinem Preise. Es lächelt die Zeit jetzt der erhabnen Lehre Zendas. Am Altare der Vesta
ist das Feuer längst erloschen. Doch hegt ein
mächtiger Tempel dich noch jetzt, und hell
noch lodert dein verlassner Altar von der Sonn'
herab.

Ueberall bist du da, gleich dem Geist des
Himmels, ohne Nahrung lebst du im Sandkorn.
Welten verzehrst du, und hungerst dennoch.
Umsonst bemüht der Forscher sich, dein Wesen
zu erfragen: deine göttliche Flamme kann er
nicht erklären, nur wärmen kann er sich daran.

Säg oss, säg oss, är du ej densamma,
Känd som snillets eller solens flamma,
Uti skaldens dikt, i vårens prakt?
När volkanen eller hjelten ryter,
Är det icke samma eld, som bryter
  Ut med samma makt?

Blickar månen på den öde borgen
Ner i natten, o! så blickar sorgen
Ner på grafven af en ungdomsvän.
Bådas qvällen utaf Frejas stjerna,
O! så blickar mången Nordens tärna
  I sin brudstol än.

Himlalåga! när den trötte anden
En gång flyger till de blåa landen.
Der han kanske bott för längese'n;
Herbergera du den vilsna gästen,
Och gör honom, som du gör asbesten,
  Mera skön och ren!

Sprich, o sprich doch, ist es nicht überall
deine Flamme, von der der Genius, von der
die Sonn' erglüht, die das Gedicht des Dichters,
die des Frühlings Pracht durchwebt? Wenn
der Vulkan, wenn der Held der Feldschlacht
schrecklich tobt, ist es nicht das nämliche
Feuer, das dann hervorbricht mit der nämlichen
Gewalt?

Blickt der Mond in der Nacht auf die einsame
Ruine herab: — o so blickt auch die Trauer auf
das Grab eines Jugendfreunds herab. Kündigt
der schöne Stern der Freia das Herannahn des
Abends an: — o so ist noch jetzt im Norden
manches Mägdlein im Brautstuhl anzuschaun.

Du Himmelsflamme! Wenn sich der müde
Geist einmal emporschwingt zu jenen blauen
Landen, wo er vielleicht vordem längst heimisch
war; gönn' ihm dann freundlich eine Herberge,
dem irrenden Fremdling, und mach' ihn, wie du
es mit dem Gewebe des Asbests machst, schöner und reiner!

Träden.

Dodonas ekar talade fordomdags,
Ur helga skuggor stammades ödets dom.
  Ännu i dag för den Vises öra
  Hviskar en stämma i edra toppar,

I stilla väsen, slutna inom er sjelf,
I, jordens döttrar, hvilka med barndomslust
  Dien er moders barm och lyften
  Lummiga hjessor mot himlens stjernor!

I edra skuggor bygger sitt lätta bo,
På edra grenar hvilar sig skogens skald,
  Hvilken bekymmerslös, lätt bevingad,
  Reser med sång mellan skyn och jorden.

I skogens vildar, kungliga ekars slägt,
I Nordens tallar, hedens och klippans barn,
  Och du förtrogna björk, som hänger
  Ner öfver dalen de gröna lockar!

Hur ofta låg ej min sorgfria barndom förr
I edra skuggor! O huru ofta såg
  Jag till de eviga stjernor genom
  Dallrande taket af edra kronor!

Die Bäume.

Die Eichen Dodonas sprachen vor Zeiten, aus
heiligen Schatten hervor erklang in Räthseln der
Spruch des Geschickes. — Noch jetzt — doch
nur dem Ohr des Weisen vernehmbar, — flüstert
eine Stimme in euern Wipfeln,

Ihr stillen Wesen, still in euch selbst verschlossen, ihr Sprösslinge der Erde, die ihr mit
Kindeslust sauget an der Brust euerer Mutter
und die laubigen Scheitel bis hoch zu den Sternen emporhebt!

In euern Schatten baut sich sein leichtes
Nest, auf euern Zweigen ruht sich der Sänger
des Waldes aus, der, sorglos und leichtbeschwingt, mit Gesang zwischen dem himmlischen Blau und der Erde seine Strasse zieht.

Ihr Wilden des Waldes, du Geschlecht königlicher Eichen, ihr Föhren des Nordens, Kinder
des Haidelands und des Felsgebirgs, und ihr
traulichen Birken, die ihr eure grünen Locken ins
Thal hemiederhängen lasst!

Wie oft lag nicht meine sorgenfreie Kindheit
in euern Schatten! O wie oft sah ich zu den
ewigen Sternen empor durch das zitternde Dach
eurer Kronen!

Hör, hur det vandrar! Gången är andars gång.
Hör, hur det talar! Rösten är andars röst;
Blyga Dryaders, som genom barken
Hviska ännu om Naturens skönhet;

Naturens lif! Ty den eviga är ej död.
Hon lefver ännu och rörs i hvar fibertråd,
Och drifver safven i trädens blomkärl,
Det hvita blodet inunder barken.

Se, hur de kläda i blommor sin hjessas prakt,
När våren kommer, skapelsens kröningsdag.
Gyllene kronor en Gud då sätter
Öfver de grönskande trädens tinning.

Fall ned och tillbed, icke ett skapadt ting,
Men håg, som lefver! Lifvet är verldens kung.
Dess härold, Solen, skrifver från höga himlen
Sitt kärleksqväde med guldbokstäfver.

O låt mig trycka hvart väsen till kärligt bröst!
Se hvarje träd, som blommar, en tunga har,
Talar om Skönhet och Lif och Kärlek;
De stummas tunga är aftonvinden.

Horch, war das nicht ein leises Gehen? Das
war ein Schreiten der Geister. Horch, erklang
es nicht wie ein leises Gespräch? Das war die
Stimme der Geister; — ein Geflüster scheuer
Dryaden, die aus dem Stamm hervor noch
flüstern von der Schönheit der Natur;

Von dem Leben der Natur! Denn die ewige,
sie ist nicht todt. Sie lebt noch und regt sich in
jeder Fiber, und treibt den Saft in der Bäume
Blüthenkelch, das weisse Blut unter der Rinde.

Schau, wie sie in Blüthen ihre prächtigen
Wipfel kleiden, wenn der Frühling herannaht,
der Krönungstag der Schöpfung! Goldene Kronen setzt dann ein Gott den grünenden Bäumen
auf's Haupt.

Fall' in den Staub nieder und bete an — nicht
ein erschaffnes Wesen, sondern einen Sinn, der
lebt! Das Leben ist der König der Welt. Die
Sonn' ist seine Heroldin und schreibt, von der
Höhe des Himmels herab, mit goldenen Buchstaben Liebesgedichte.

O lass mich liebevoll jegliches Wesen an
meine Brust drücken! Schau, jeder blühende
Baum hat seine Sprache und erzählt von Schönheit und Leben und Liebe; — die Sprache der
Schweigenden ist der Abendwind.

Mennisko-anden.

(Fragment.)

Arma främling, som förlorat vägen
Under natten, och, förlägen,
Famlar kring och lånar hus
I en bräcklig och förfallen hydda!
Akta dig, — hon kan dig icke skydda,
Men begrafva dig uti sitt grus.

Hvadan kom du? hvarför ser ditt öga
Trånande upp till den höga
Gudasal med silfverlampor i?
Har du lemnat slägtingar och vänner
I det blåa landet? känner
Du de saliga deri?

Der Geist des Menschen.

(Fragment.)

Armer Fremdling, der du in der Nacht Weg
und Strasse verlorst, und rathlos im Finstern
umherirrst und Obdach suchst als Gast in einer
morschen und verfallnen Hütte! Nimm dich in
Acht, — sie kann dir keinen Schutz gewähren,
sie kann dich nur unter dem Schutt und den
Trümmern begraben.

Von wannen ist denn deine Strasse? Warum
blickt dein Auge so voll Gram und Sehnsucht
nach dem hohen Göttersaal hinauf mit den silbernen Ampeln darin? Hast du in dem blauen
Land vielleicht Freunde und Verwandte zurückgelassen? Kennst du wohl die Seligen
darin?

Kanske flöto dina barndoms-stunder
Sakta fram ibland dess lunder,
Som en bäck bland Edens trän? —
Kanske flyktade din ungdoms fröjder
På dess solbeglänsta höjder,
Som en dagg bland rosor hän?

Vielleicht flossen dir die Tage deiner Kindheit still unter seinen Hainen hin, wie ein Bach unter Edens Bäumen? — Vielleicht schwanden dir die Freuden deiner Jugend auf seinen sonnigen Hügeln wie Thauperlen unter Rosen hin?

Mjeltsjukan.

Jag stod på höjden af min lefnads branter,
Der vattendragen dela sig och gå
Med skummig bölja hän åt skilda kanter,
Klart var deruppe, der var skönt att stå.
Jag såg åt solen och dess anförvandter,
Som, s'en hon slocknat, skina i det blå,
Jag såg åt jorden, hon var grön och herrlig,
Och Gud var god och menniskan var ärlig.

Då steg en mjeltsjuk svartalf opp, och plötsligt
Bet sig den svarte vid mitt hjerta fast:
Och se, på en gång allt blef tomt och ödsligt,
Och sol och stjernor mörknade i hast:
Mitt landskap, nyss så gladt, låg mörkt och höstligt,
Hvar lund blef gul, hvar blomsterstängel brast.
All lifskraft dog i mitt förfrusna sinne,
Allt mod, all glädje vissnade derinne.

„Hvad vill mig verkligheten med sin döda,
Sin stumma massa, tryckande och rå?
Hur hoppet bleknat, ack det rosenröda!
Hur minnet grånat, ack det himmelsblå!
Och sjelfva dikten! Dess lindansarmöda,
Dess luftsprång har jag sett mig mätt uppå.
Dess gyckelbilder tillfredsställa ingen,
Lösskummade från ytan utaf tingen.

Dig, menskoslägte, dig bör jag dock prisa,
Guds afbild du, hur träffande, hur sann!
Två lögner har du likväl till att visa,
En heter qvinna och den andra man.

Hypochondrie.

Ich stand auf der Höhe meines Lebensbergs, wo sich die Gewässer scheiden und mit schäumiger Welle nach verschiednen Seiten hingehn, — es war hell da droben und schön da zu stehn. Ich sah zur Sonn' empor und zu den ihr verwandten Sternen, die, wenn sie untergeht, im Blauen gläuzen; ich sah zur Erde hinab, sie war grün und herrlich, und Gott war gut und der Mensch war ehrlich.

Da stieg ein hypochondrischer Dämon aus der Nacht herauf, und mit einem Male biss sich der Schwarze an meinem Herzen fest, und schau, mit einem Male erschien mir die Welt jetzt wüst und leer, und Sonn' und Sterne wurden mit einem Mal schwarz und dunkel: meine Landschaft, noch den Augenblick vorher so hell und freundlich, lag mit einem Male fahlgrau und herbstlich da, jeder Hain welkte, jeder Blumenstengel brach. All meine Lebenskraft schwand mir plötzlich im eisigen Herzen, all mein Lebensmuth und meine Freude starben mir dahin.

„Was soll mir die Wirklichkeit mit all der todten, seelenlosen Masse darin, der schweren und rohen? — Wie ist mir doch die Hoffnung so erblichen, ach die rosenrothe! Wie ist mir doch die Erinnerung in die Nacht hinabgesunken, ach die himmelblaue! Und selbst die Dichtung! Ich habe mich satt gesehn an ihr und den Seiltänzerkunststücken und den Luftsprüngen, die sie macht. Ihre Gaukelbilder befriedigen Niemanden, indem bloss aussen von den Dingen ihre bunten Seifenblasen herunterschäumen.

Dich, o Menschengeschlecht, dich muss ich indess preisen, du Ebenbild Gottes, wie sprechend ähnlich, wie wahr! Zweier Lügen muss ich dich gleichwohl zeihen: die eine heisst Weib und die andere Mann.

Om tro och ära fins en gammal visa,
Hon sjunges bäst, när man bedrar hvarann.
Du himlabarn! hos dig det enda sanna
Är Kainsmärket inbrändt på din panna.

Ett läsligt märke af Guds finger skrifvet!
Hvi gaf jag förr ej på den skylten akt?
Det går en liklukt genom menskolifvet,
Förgiftar vårens luft och sommarns prakt.
Den lukten är ur grafven, det är gifvet:
Graf muras till, och marmorn ställs på vakt.
Men ack! förruttnelse är lifvets anda,
Stängs ej af vakt, är öfverallt tillhanda.

Säg mig, du vaktare, hvad natten lider!
Tar det då aldrig något slut derpå?
Halfätne månen skrider jemt och skrider,
Gråtögda stjernor gå alltjemt och gå.
Min puls slår fort som i min ungdoms tider,
Men plågans stunder hinner han ej slå.
Hur lång, hur ändlös är hvart pulsslags smärta!
O mitt förtärda, mitt förblödda hjerta!

Mitt hjerta? I mitt bröst fins intet hjerta,
En urna blott med lifvets aska i.
Förbarma dig, du gröna moder Hertha,
Och låt den urnan engång jordfäst bli;
Hon vittrar bort i luften: jordens smärta,
I jorden är hon väl ändå förbi,
Och tidens hittebarn, här satt i skolen,
Får, kanske, se sin fader — bortom solen."

Von Treu' und Ehre gibts ein altes Lied, am
besten singt man's gerade dann, wenn man einander
betrügt. Du Kind des Himmels! das einzige
Wahre, was an dir ist, das ist das Kainszeichen,
das dir als Brandmal auf der Stirne steht.

Ein leserlich Zeichen ist's, von Gott selbst
geschrieben! Wie kommt's doch, dass ich
früher nicht Acht gab auf das Aushängschild?
— Es geht ein Leichenduft durch's Menschenleben,
der die Frühlingsluft vergiftet und die
Pracht des Sommers. Der Duft weht aus dem
Grab herauf, das ist gewiss: so mauert man das
Grab denn zu und setzt einen Marmorstein als
Schildwache darauf. Doch ach! Verwesung ist
die Sele des Lebens, keine Schildwacht wehrt
sie ab, überall ist sie zu schauen.

Sag' mir doch an, du Wächter, wie spät ist's
denn in der Nacht? Will denn die Nacht noch
nicht enden? Die halbabgefressene Mondesscheibe
wandelt ruhig ihre Bahn dahin, beständig
weiter und weiter schreitend, und die Sterne
mit thränennassen Augen wandern weiter, und
beständig weiter. Mein Puls schlägt rasch und
feurig noch wie in den Tagen meiner Jugend,
doch schlägt er die Stunden der Qual nicht nieder.
Wie endlos lange dauert doch der Schmerz
eines jeden Pulsschlags! O meines zerrissenen,
meines blutigen Herzens!

Meines Herzens? In meiner Brust ist ja kein
Herz mehr, — da ist nur noch eine Urne mit der
Asche des Lebens darin. Erbarme dich doch,
du grüne Mutter Hertha, und lass die Urne einmal
in deinen Schooss hinuntersenken und
darin fest und ruhig stehen; sie verwittert in
der Luft hieroben: der Schmerz der Erde, er
ist in der Erde drunten doch wohl vorbei, und
das Findelkind der Zeit, das jetzt die Schule
dieses Lebens besuchen muss, darf seinen Vater
vielleicht — jenseits der Sonn' einst selig wiedersehn."

Ättehögen.
Till L.

Lik en urna i en blomsterpark,
Ättehögen står uppå din mark,
Hälften bortskymd mellan rågen;
Öfver slätten ser han, öfver vägen.

Das Hünengrab.
An L.

Gleich einer Urne in einem Blumenpark, steht
das Hünengrab auf deinem Felde, halb zwischen
dem hohen Korn versteckt: auf die weiten Fluren
hinaus schaut es da, hinaus auf's Meer.

Se, i vårens grönska är han klädd.
Lifvet blomstrar upp ur dödens bädd.
Djupt i kämpens aska linden
Slår sin rot, och susar uti vinden.

Ofta från dess höjd jag skådar glad
Sommarns prakt och Saxos gamla stad,
Sjelf en ättehög från fordna dagar:
Tanken forskar der, och minnet klagar.

Se dig kring! Till horisontens slut
Bredes landets blomsterkarta ut;
Och som andar mellan träden,
Skymta hvita tempel fram ur säden.

Och i vester hvälfs det mörkblå haf,
Hvilka under gömmer ej dess graf!
Den som visste, hvart dess bölja leder!
Den som vore, hvarest sol går neder!

Bygg en helgedom för sången opp,
Lätt och luftig, uppå högens topp;
Ty från ättebögen svingar
Sången helst sig opp på starka vingar.

Sången, konsten är blott blomstrens doft,
För minuten född på grafvars stoft.
All vår glädje här i mullen
Är ett lusthus bygdt på ättekullen.

Schau, wie er im grünen Gewande des Frühlings dasteht! Aus dem Bett des Todes blüht das Leben hervor. In dem Staub und der Asche des Kämpen wurzelt die Linde und säuselt im Wehn des Windes.

Oft von seiner Höhe herab beschau' ich mir frohen Sinn's die Pracht des Sommers und die alte Stadt des Saxo, die selbst ein Hünengrab der Vorzeit ist: der Gedanke ist da forschend thätig, und die Erinnerung klagt und trauert.

Schau dich um! Bis wo sich der Horizont abschliesst, breitet sich der Blumenplan des Gefildes aus; und wie Geister zwischen den Bäumen, tauchen weisse Tempel aus der Saat hervor.

Und drüben im Westen wölbt sich dunkelblau das Meer, welche Wunder deckt sein Grab nicht zu! Wer doch wüsste, wohin wohl seine Woge führt! Wer doch wäre da wo die Sonn' in goldenen Wolken untergeht!

Erbau' einen Tempel, leicht und luftig, dem Gesange auf des Hügels Höhe; denn von Heldengräbern schwingt die Poesie sich gerne empor auf mächtigen Flügeln.

Die Kunst, wie die Dichtung ist nichts als der Duft der Blume, die einen Augenblick auf Gräbern blüht. All' unsere Freude hienieden ist blos ein Lusthaus, das auf einem Grabeshügel errichtet steht.

Asatiden.

Du sofver, Heimdall, son af de nio mör,
Och Gulltopp hvilar, och Gjallarhorn rostas och tiger.
— — —

Ack, fordom var dock din sömn som fågelns lätt;
Från himlens ända ditt spejande öga såg alla,
Och ingen ann än saliga Gudars ätt
Beträdde bryggan, som leder till höga Valhalla.

Die Asenzeit.

Du schläfst jetzt, Heimdall, du Sohn der neun Jungfrauen, und Gulltopp ruht und das Gellhorn rostet und schweigt. — — —

Ach, und doch war dein Schlaf vorzeit wie der des Vogels leicht; vom Ende des Himmels sah dein spähendes Auge in die Welt hinaus, und kein Sterblicher verbarg sich vor ihm, und Niemand als der seligen Götter Spross betrat die Brücke, die da führt nach der hohen Walhalla.

Der red Valfader, så högväxt som stjernströdd
natt,
Som ljuset enögd, på ättafotade springarn.
Den vise korpen på milsbreda skuldran satt,
Och allting visste den vingade tidningsbringarn.

Da ritt noch Walvater, so hoch wie die Sternennacht, wie das Licht einäugig, auf seinem Springer mit den acht Füssen. Der kluge Rabe sass auf seiner meilenbreiten Schulter, und was da geschah in der Welt, das wusste der geflügelte Zeitungsbringer.

Och Thor sig reste på knakande vagn, så hög,
Och fyllde bältet med åskor, och blickade mulen.
Fram öfver bron det vrenskande spannet flög,
Och gnistor stänkte, som stjernor, från lågande
hjulen.

Und Thor erhob sich stolz und kühn in seinem rasselnden Wagen, voll von Donnern war ihm der Gürtel und finster drohend sein Blick. Ueber die Brücke flog das wiehernde Gespann dahin, und Funken stoben wie Sterne von den flammenden Rädern.

Han högg sin Mjölner i fjällen: der blef en dal.
Han drack uf hafvet: det sjönk mellan torkade
bräddar.
Med tiden stred han, med trollen i Lokes sal,
Med midgardsormen, som rundt kring Heimskringla sig bäddar.

Er schlug mit seinem Mjölner ins Gebirg hinein: — da lag ein Thal zur Stelle. Er trank aus dem Meer: — und zurückwich es in seinen Ufern, die plötzlich zu trocknen begannen. Mit der Zeit stritt er im Zweikampf, mit den riesigen Ungethümen in Lokes unterirdischem Saal, mit der Midgardsschlange, die rings um Heimskringla sich ringelt.

Drack han i Thrudvang sitt mjödhorn på kämpavis,
Fridsälle Gudar besökte väldiga Norden.
Öm, som en fästmös suckar, kom Vanadis,
Och Frej steg neder i värmande regn öfver jorden.

Trank er in Thrudwang sein Methhorn nach Kämpenart, dann besuchten die Friedenliebenden Gottheiten den mächtigen Norden. Holdselig und süss wie eine sehnsuchtsschmachtende Braut kam Wanadis, und Frei liess sich im wärmenden Regen zur Erde nieder.

Då var naturen ej ännu en liflös kropp;
En ande rördes i nu förstelnade leder.
Gullmanig Skinfax drog strålande dagen opp;
När Rimfax fnyste, dröpp dagg i dalarne neder.

Damals war die Natur noch kein lebloser Körper; eine Sele athmete in den jetzt in Erstarrung liegenden Gliedern. Skinfax mit seiner goldenen Mähne zog den strahlenden Tag herauf; wenn Rimfax zu schnauben begann, troff der Thau in die Thäler herab.

— — — — — — — — — — —

I bergens salar satt jätten med trotsigt mod
Och drack för Loke en skål ur menniskoskallar.
Grönskäggig strömkarl sjöng ur den blåa flod,
Och skogsfrun svängde sitt släp mellan grönskande tallar.

In der Nacht der unterirdischen Bergessäle sass der Jette mit trotzigem Muth und trank aus Menschenschädeln auf Lokes Wohlfahrt. Der Wassermann mit grünem Barte liess aus dem blauen Strom herauf seinen Gesang hören, und die Waldfrau im grünen Tann liess ihre Schleppe hinter sich tanzen.

Och skalden framgick kring jorden, med helig
håg,
En dyrkad främling, de salige Gudarnas like.
På menskligheten höjder steg han och såg
Rundtomkring verlden, så stolt som en kung
kring sitt rike.

Und der Skalde durchzog die Erde, mit heiligem Sinn und Herzen, ein hoch geehrter Fremdling, den seligen Göttern gleich. Die Höhen der Menschheit erklomm er kühn und sah ringsum in die Welt unter ihm hinab, wie ein König hinabblickt auf seine Gauen umher.

Och hänryckt grep han i harpan med senfull hand.
Ej veklig vällust, ej qvinnoglam ljöd från dess
  strängar.
Om fribet sjöng han, om ära, om fosterland,
Om segersömnen på Rotas blodiga sängar.

Und glühend von heiligem Feuer griff er ins
Harfengold hinein mit sehniger Hand. Nicht
weichliche Wohllust, nicht weibisches Ge-
tändel erklang da von den Saiten. Die Frei-
heit pries er in seinem Gesange, den Ruhm und
die Heimath-Erde, den Siegerschlaf auf Rotas
blutigem Bette.

Han reste stenen med runor på kämpens mull,
För Nordisk hjelte han spridde i Valhalla festen.
Sjelf Gudars fader steg opp från sin thron af gull,
Och Thor bjöd vänlig ett stålhandskadt hand-
  slag åt gästen.

Ueber der Asche des Kämpen erhöhte er den
Stein mit Runen, dem nordischen Helden rüstete
er das Mahl in Walhalla. Selbst der Götter-
vater stieg von dem goldenen Thron herab, und
Thor bot freundlich dem Gast einen stahlhand-
schuhklirrenden Handschlag.

Mathilda.

Uti en rosenbuske satt
En näktergal,
Och sjöng uti Italiens natt,
I Arnos dal.

Och vågen lyddes, vestanvind
Knappt andan drog,
Och rödare blef rosens kind,
När fågeln slog.

Då drog en vikingsson förbi,
En gäst från Nord.
Det rosenstånd med fågeln i
Tog han om bord.

Nu står den ros i nordanvind,
Står midt i snön,
Lik rodnan på en skönhets kind,
Men mera skön.

Och näktergalen slår sin drill
Till Nordlands-ljud;
Det låter som ett valdthorn till
Ett segerbud.

Du söderns purpurkrona, brinn
På nordanfjäll!
Du söderns trånadssuck, försvinn
I vinterqväll!

Mathilde.

In einem Rosenbusch sass eine Nachtigall,
und sang im Glanz der italienischen Nacht, im
Thal des Arno.

Und die Welle lauschte, kaum athmete der
Westwind, und röther glühten die Wangen der
Rose, wenn der Vogel zu schlagen anhob.

Da zog ein Wikingerenkel vorbei, ein Gast
von Nordens Bergen. Den Rosenstock mit dem
Vöglein darin nahm er in sein Schiff hinein.

Jetzt blüht die Rose in Nordens Sturm, jetzt
blüht sie hoch im Schnee, wie die Röthe, die auf
den Wangen einer Schönheit prangt, nur noch
reizender und schöner.

Und die Nachtigall schlägt mit Macht zu Nor-
dens Klängen; es klingt wie eines Waldhorns
Schall zum Jubelton einer Siegesbotschaft.

Du glühende Purpurkrone des Süds, brenne
lieblich auf Nordens Schneebergen! Du schmerz-
licher Sehnsuchtsschall des Südens, erstirb in
der Nacht des nordischen Winters!

Jakob Faxe.

Vännerna klaga från Lund, ty döden är lös
   bland dem alla,
Vandrar från hus och till hus, plockar det
   käraste ut.
Fader lägges på bår vid qvidande tvillingars
   vagga,
Fästman ryckes från brud, sonen från grå-
   tande mor.
Darrande öppnar min hand hvart bref, hvart
   bref är en Jobspost,
Gömmer blott tårar och sorg under det svarta
   signet.
Redlige Jakob, du ock! Din Jakobsstege till
   himlen
Steg du för tidigt uppå, kunde väl stannat hos
   oss.
Tidens vexlande spel mot det eviga allvar der-
   uppe,
Jordens oroliga hopp gaf du för himmelens
   lugn.
Bytet är godt, vi veta det väl, men äfven härnere
Borde i glädje du trifts, kär som du var för
   en hvar.
Säkrare, sade vi oss, graviterar ej jorden till
   solen,
Än till andarnas sol, än till det Rätta hans
   själ.
Alla vi älskade ju den blyge, som gömde sitt
   värde,
Som i förseglade hvalf konungar gömma sitt
   guld.
Flärden, så sade vi oss, predikar sin vishet på
   torget,
Den som det djupare vill tänker och tiger och
   hör.
Dock — ej teg du alltjemt: när det gällde att
   säga hvad rätt var,
Eller fördömma en lögn, eller förvara en vän,
Herrligt du lågade opp, och, som Zacharias i
   skriften,
Fick du din stämma igen, talte prophetiska ord.

Mins du (du minnes det visst, ty de saliga kunna
   ej glömma)
Hur i ditt fädernehus — ack! det var länge
   ock mitt —
Glädtig förtrolighet satt och språkade qvällen
   igenom,
Knäppande uret allen visste hvad aftonen led.
Själ meddelte sig själ, och de vingade orden som
   fjärlar,
Sommarens brokiga barn, svärmade fria om-
   kring.

Jakob Faxe.

Es klagen die Freunde von Lund, denn unter
ihnen wüthet der Tod, wandert von Haus zu
Haus, pflückt sich das Theuerste heraus. Man
legt den Vater auf die Bahre neben der Wiege
wimmernder Zwillinge, vom Herzen der Braut
wird der Bräutigam gerissen, vom Herzen der
weinenden Mutter der Sohn. Bebend erbricht
meine Hand jeden Brief, jeder Brief ist eine
Hiobspost, der nichts als Thränen und Trauer
unter dem schwarzen Siegel birgt. Redlicher
Jakob, nun auch du! Zu frühe bist du an dei-
ner Jakobsleiter zum Himmel hinaufgestiegen,
hättest wohl noch bei uns weilen können. Du
gabst das wechselnde Spiel der Zeit hin gegen
den ewigen Ernst dadroben, der Erde rubelose
Hoffnung gegen die himmlische Ruhe. Der
Tausch ist gut, wir wissen es freilich, doch auch
hienieden hättest du wohl noch gerne gelebt,
werth und theuer, wie du es einem Jeden warst.
Sicherer, sagten wir uns, gravitirt die Erde
nicht zur Sonne, als zur geistigen Sonne, als
zum Rechten und Wahren seine Sele. Haben
wir all' ihn doch geliebt, den bescheidnen Men-
schen, der seinen eigenen Werth verbarg, wie
Könige ihr Gold bergen in verschlossenem Ge-
wölbe. Die Eitelkeit, so sagten wir uns, predigt
ihre Weisheit auf dem Markte, wer jedoch Tie-
feres will, der denkt und schweigt und höret,
was Andere sagen. — Doch nicht schwiegst
du beständig: wenn es galt zu sagen, was recht
war, oder wenn es eine Unwahrheit zu verdam-
men, oder einen Freund zu vertheidigen galt,
dann flammtest du herrlich auf, und wie Zacha-
rias in der Schrift bekamst du deine Sprache
wieder und redetest prophetische Worte.

Erinnerst du dich noch (du erinnerst dich ge-
wiss noch, denn die Seligen können nicht ver-
gessen), wie in deinem Vaterhaus — ach! es war
lange auch das meinige — vertrauliche Heiter-
keit sass und die Abendstunden verplauderte,
und nur die pickernde Uhr wusste, wieviel es an
der Zeit war. Da theilte sich Sele der Sele mit,
und gleich Schmetterlingen, den bunten Kindern
des Sommers, flogen die geflügelten Worte
munter schwärmend hin und her.

Då i vår vänliga krets satt du, lik lugnet i
    solsken,
Yngling till åren, men man både till hjerta
    och själ.
Allas förtrogne var du, men föräldrarne var du
    på en gång
Hjertlig och vördande son, hjertlig och tän-
    kande vän.
Lyckliga dagar var det, tryggt stod det älskade
    huset,
Fylldes med glädje och hopp, nu är det öde
    och tomt
Antipodernas land, de kopparfärgades, hållor
Dottren hos sig, hon har natt, när det är da-
    ger hos oss.
Henne och suckande far verldshafvet ligger
    emellan,
Ack! men ett djupare haf skiljer dock honom
    och dig.
Trösten för åldriga dar, förhoppningens krona
    i slägten,
Nu är hon fallen till jord, löfvas ej mera igen.

Se, det stundar till påsk och lärkorna taga i
    skyar
Upp uppståndelsens psalm, helsa den kom-
    mande vår.
Upp står lifvet på nytt, det blir grönt på Helgo-
    nabacken,
Knoppar på gungande gren svälla som yng-
    lingens hopp.
Backen är herrlig att se, det är hatten, som
    slätternas Flora
Sätter po flygande hår, smyckar med blom-
    mor och löf.
Backen är herrlig att se, han är full med minnen
    och dikter,
Absalon, Saxo och Finn skymta bland skug-
    gorna der.
Fader, vill du ej gå på dess höjd och skåda hur
    solen
Sjunker i vågorna ner, helsar till främmande
    land?
Moder, vill du ej se hur död förgät-mig-ej öppnar
Ögonen åter, de blå, blickar ur mullen igen?
Hvarför dröjen J så? I afton kommer ej Jakob,
Fordom han följde er dit, nu är han gången
    förut.
Vandren likväl, J enslige två, det är skönt till
    att vandra
Mellan de stammar, man satt, som bland de
    glada, man gör.
Qvällen med vingar af guld har lagt sig och
    hvilar på Sundet,
Som ett odödeligt hopp hvilar på grafven ännu.

Dann sassest du da in unserm freundlichen Kreis,
wie die sonnige Mittagsruhe, Jüngling an Jah-
ren, aber Mann an Geist und Gemüth. Du
warst der Vertraute eines Jeden, den Eltern
aber warst du zu gleicher Zeit ein herzlicher
und ehrerbietiger Sohn, und ein herzlicher und
denkender Freund. Das waren glückliche Tage,
still und ruhig stand das geliebte Haus, es war
voll von Hoffnung und Freude; — nun ist es öde
und leer. Das Land der kupferfarbigen Anti-
poden hält nun die Tochter, sie hat Nacht, wenn
wir Tag haben. Zwischen ihr und dem seufzen-
den Vater wogt das Weltmeer, ach, doch noch
ein tieferes Meer scheidet ihn und dich. Der
Trost seines Alters, die Krone der Hoffnung
seines Hauses und Geschlechtes, nun ist sie zur
Erde gefallen und wird nicht mehr grünen.

Schau, es geht nun gegen Ostern, und die
Lerchen nehmen in die Luft hinauf den Aufer-
stehungspsalm mit, und grüssen den kommenden
Frühling. Von Neuem ersteht das Leben, es wird
grün auf dem Heiligenhügel, die Knospen auf
schwankendem Zweig schwellen wie die Hoff-
nung des Jünglings. Der Hügel ist herrlich
anzuschaun, es ist der Hut, den sich die Flora
der Felder umher auf ihr fliegendes Haar setzt
und mit Blumen und grünem Laub schmückt.
Der Hügel ist herrlich anzuschaun, er ist voll
von Erinnerungen und Dichtungen, Absalon,
Saxo und Finn tauchen da unter den Schatten
als Nebelgestalten hervor. Vater, willst du
nicht auf seine Höhe hinaufgehn und sehn, wie
die Sonn' ins Meer hinabgeht und ein fremdes
Land grüsst? — Mutter, willst du nicht sehn,
wie das todte Vergiss-mein-nicht wieder die
blauen Augen aufschlägt, und wieder aus dem
Staub emporblickt? — Warum säumt ihr denn
so? Heute Abend kommt Jakob nicht, früher
folgte er euch wohl da hinauf, jetzt ist er vor-
ausgegangen. Wandert gleichwohl hinan, ihr
zwei Einsamen; es ist schön, unter den Bäumen
zu wandeln, die man selbst gepflegt, wie un-
ter denen, die man glücklich und froh macht.
Der Abend mit goldenen Schwingen hat sich
zur Ruhe gelegt und schläft auf dem Sunde,
gleichwie unsterblich noch auf dem Grabe die
Hoffnung ruht.

Stjernorna tändas i rad till aftonsången i himlen,
Tänken att sonen, som gått, blickar ur någon
    af dem.
Tänken, han ser på er sorg i parken, men skö-
    nare parker,
Helgonbackar hos Gud, hålla den vingade
    qvar.
Vandren så gråtande hem, och slumren i väntan
    att drömmen,
Hälften en tröstande dikt, hälften en sanning
    ur skyn,
Ställer den saknade fram för er säng: han lef-
    ver, han talar,
Kysser på hand och på kind, vänlig och stilla
    som förr.
Dock, när den nattliga syn, den kära, blir ute
    för alltid,
Detta är tecknet för er, glädjens, ty dager är
    när. .

Schon werden die Sterne, einer nach dem an-
dern, angezündet zum Abendgesange im Him-
mel: — denket, der dahingegangene Sohn
schaue aus einem davon herab. Denket, er sehe
es, wie ihr trauert im Garten da draussen; — doch
schönere Gärten, Heiligenhügel bei Gott, halten
den jetzt Flügel Tragenden zurück. Wandelt so-
dann weinend heim, und schlummert mit dem Ge-
danken ein, dass der Traum, halb ein tröstendes
Gedicht, halb eine Wahrheit von droben, euch den
so schmerzlich Wiederersehnten vor's Bett füh-
ren möge: er lebt noch, er spricht mit euch,
küsst euch Wangen und Hände, freundlich und
still wie sonst. Lässt sich jedoch das holde
nächtliche Gesicht einmal nicht mehr schauen,
dann ist es ein Zeichen für euch: freuet euch
dann, denn der Morgen ist nahe.

O. Myhrman.

Jag mins en tid, fast det är längese'n,
Då lifvets vårdag på oss begge sken
Vid Rämsjöns gröna strand, der idog hammar
Slog takt till glädjen mellan björkens stammar.
Du var den gladaste uti vår krets:
Till vägens botten, och till bergets spets
Du steg med öfverdådets hundra frågor,
Och gjorde fröjdspräng öfver masugnslågor.
Hur ofta drog du mig från min Homer,
Ej halft förstådd, men älskad desto mer,
Till vädjobanan, der ett klot af masur,
En svarfvad verldsrund, under himlens azur
Beskref sin båge, och slog ned med makt
Och fällde kungen, ensam, bland sin vakt.
Det var en lycklig tid. Der kom en annan,
Med eklöf eller lager omkring pannan,
Men ock med sorger, outsörjda än,
Som pröfvade, som smidde oss till män.
I olik riktning gingo våra banor
(Din var den bättre); under skilda fanor
Vi gjorde lifvets fälttåg, der hvar dag
En drabbning är, och mest ett nederlag.

O. Myhrman.

Einer Zeit gedenk' ich noch, obgleich es lange
her ist, wo noch der Frühlingstag des Lebens
uns Beiden freundlich glänzte am grünen Strand
des Sees von Rämen, wo des emsigen Ham-
mers Fall den Takt schlug zur Lust und Fröh-
lichkeit zwischen den Birken. Du warst der
Fröhlichste in unserm ganzen Kreis. Zum tiefen
Grunde der Fluth hinab, wie zum steilen Kamm
des Berges hinauf stiegst du mit den zahllosen
Fragen des Uebermuths, und thatest über-
müthige Freudensprünge übers glühende Erz
des Schmelzofens. Wie oft zogst du mich von
meinem Homer, den ich nicht halb verstand —
um so mehr liebte ich ihn — hinaus zur Wett-
bahn, wo eine Kugel von Maserholz, ein ge-
drechselt Weltrund, seinen Bogen beschrieb
unter dem Blau des Himmels und mit Macht
niederschlug, und den König, nur ihn alleinig,
inmitten seiner ganzen Leibwacht, traf und um-
warf. — Das war eine glückliche Zeit. Dann
kam eine andere, mit Eichenlaub und Lorbern
um die Stirn, jedoch auch mit Sorgen, noch jetzt
nicht ausgesorgt, eine Zeit, die uns erprobt, die
uns zu Männern gestählt hat. Nach ungleicher
Richtung hin schieden sich unsere Wege (der
deine war der bessere): — unter zwei verschied-
nen Fahnen machten wir den Feldzug des Le-
bens mit, wo es jeden Tag eine neue Schlacht,
und gewöhnlich eine Niederlage absetzt.

Lugn stod du i den drabbningen och rådig,
Klar, säker, modig — om ej öfverdådig,
Med kropp och sinne utaf härdadt stål,
Och hvar det rätta var, der var ditt mål.
Ej diktens skimmer bländade ditt öga,
Det ädla kände du, det sköna föga:
Det var för bräckligt för en senfull själ,
Och lycklig den, som aldrig blef dess träl.
Dock var ditt väsen mildt och brödrakärligt
Emot en hvar, som slöt sig till dig ärligt
Och trodde på dig trofast, kanske blindt:
Då kom du gerna, kom du opåmint; —
— — — — — du ordnade och ledde,
Och smålog mildt hvar gång du trasslet redde.
Och mången varning fick jag ock dertill
Om oron, som ej känner hvad hon vill,
Och om den viljan, som beherrskar tingen,
Och bygger ödet och beror af ingen.
Det var förgäfves: Verklighet och Dikt
Ej väga jemt, fast begge ha sin vigt.
Det är och blir en annan makt, som styrer
Förståndets män och fantasiens martyrer.

Ruhig und besonnen standest du da im Kampfe,
klar, sicher, muthig — beinahe übermüthig,
möcht' ich sagen, mit Leib und Sele von gediegnem Stahl, und nur das Rechte thatest du
in jeder Sache. Nicht der Glanz der Dichtung
blendete dein Auge. Nach dem Guten und
Edeln stand dir der Sinn, nach dem Schönen
minder: es war zu gebrechlich für eine markige
Sele, und glücklich preisen muss ich Den, der
den freien Sinn niemals unter seine Fesseln bog.
Doch war dein Wesen milde und brüderlich
liebevoll gegen Jeden, der sich dir ehrlich anschloss und dir mit treuem Glauben, wenn auch
mit einem blinden, anhing. Da kamst du gerne,
da kamst du ungemahnt etc. etc. — — du ordnetest und leitetest, und lächeltest milde, wenn
der Wirrwarr wieder geschlichtet war. Und
manches Wort der Warnung bekam ich dann
von dir zu hören von jener Unruhe, die nicht
weiss, was sie will und von jener männlichen
Festigkeit, die sich nicht von den Dingen beherrschen lässt, sondern sie beherrscht, und die
sich selbst ihr Schicksal schmiedet und von
Niemand abhängt. Doch es war vergebens:
Wirklichkeit und Dichtung wiegen nun einmal
ungleich, wenn sie auch beide ihr Gewicht haben. Es ist und bleibt eine andere Macht, unter
deren Herrschaft die Männer des Verstands
und die Märtyrer der Phantasie im Leben stehn.

Farväl, o broder, trogne ungdomsvän!

Fahrwohl, o Bruder, du treuer Jugendfreund!

Fast intet rykte förde kring ditt namn,
En hopens lekboll, fast i jordens famn
Det sofver, glömdt af tadlet och af sången,
Kärt, heligt blir det dock för mig och mången.
Och går en vän, en enslig aftonstund,
När solen sjunker öfver Hagalund,
Ut till hvad Stockholm än allvarligt äger,
De dödas stilla, furukrönta läger,
Och skådar der din sista hviloort,
En ringa, prålfri, grönklädd himlaport,
Han tänker: „Kraft och heder i förening,
En man, en man, i ordets högsta mening!"

Hat auch der Ruf deinen Namen nicht, einen
Spielball des Pöbels, in die Welt hinausgetragen, schläft er auch jetzt still im Schoose der
Erde, vergessen vom Tadel, wie vom Gesange:
— mir und vielen Andern bleibt er doch
heilig, hoch und theuer. Und geht irgend
ein Freund, in einer einsamen Abendstunde,
wenn die Sonn' in Purpur untergeht überm Hagahain, nach dem Einzigen hinaus, was Stockholm jetzt Heiliges und Ernstes noch besitzt,
nach dem stillen, föhrenumkränzten Friedhof,
und sieht er da deine letzte Ruhestatt, eine
kleine, unscheinbare, grüne Himmelspforte,
dann denkt er: „Kraft und Biederkeit in treuem
Bunde, ein Mann, ein Mann, im höchsten Sinn
des Wortes!"

Till Mathias Norberg.
(Dedication af poëmet: Nattvardsbarnen.)

Mins du det land, der förr du trifdes gerna,
Den blomsterplan med sina hvita torn,
Der Sundets vågor gå på vakt och värna
För gröna ekar och för gyllne korn?
Mins du det land och dina vänner alla?
Jag deras herold är, vi nu dig återkalla.

Jag vet det väl, du längtade till Norden,
Till fädrens grafvar kring den kända elf;
Ty klarare är himlen der, och jorden
Än honom närmare, är ett stjernland sjelf,
Med sällsam glans utöfver land och vatten,
Och solen somnar ej, som bör, midsommarnatten.

Jag vet det väl, ty jag har äfven längtat
Till mina berg, till mina skogars sus.
Som skalden till sin himmel, har jag trängtat
Till björkarna omkring min moders hus.
Ack! i hvar själ en hembygds bilder glöda;
Mer blå är himlen der, och rosorna mer röda.

Dock, är ej äfven här den Svenska jorden,
Den fria, som ännu ej bar en slaf?
Står icke här, på udden utaf Norden,
En fyrbåk byggd att lysa strand och haf?
En Grekisk eld, som aldrig släcks, blott tänder?
Har du ej vårdat den, du sjelf, med trogna händer?

Hvar är väl mannens fosterbygd? De trakter,
Der slumpen ställt hans vagga, eller de,
Der han har offrat åt de högre makter,
At ljusets makter, hvad han bäst kan ge:
Sitt väsens kärna, blomman af sitt snille:
Det sanna, som han tänkt, det ädla, som han ville?

I fyrtio år den höga forntids-lära
(En helig Adams-bok) du tydde här.
Från Lundagårdens kronor flög din ära,
Ditt namns, ditt ryktes fosterbygd är der.
Vår blef du då, vår är du. Vi bevaka
Vår rätt till dig i dag: vi börda dig tillbaka.

An Mathias Norberg.
(Dedication der Nachtmahlskinder.)

Gedenkst du noch des Landes, wo du einst
gerne gelebt, des blumigen Angers mit seinen
weissen Thürmen, wo die Wogen des Sundes
als eine Meerwacht rauschen und die grünen
Eichen schirmen und des Kornes Gold? Gedenkst du noch des Landes und deiner Lieben
all? Ich bin ihr Herold, wir rufen dich jetzt
zurück.

Ich weiss es wohl, du sehntest dich hinauf
nach dem Norden, nach den Vätergräbern am
bekannten Strom; denn klarer ist der Himmel
da, und die Erde steht ihm näher, ist selbst ein
Sternenland mit seltsamem Glanz ob Land und
Wasser, und nicht wie in unsern niedern Thälern schläft da die Sonn' in der Nacht des Mittsommers.

Ich weiss es wohl, denn auch ich habe mich
gesehnt nach meinen Bergen, nach dem Rauschen meiner Wälder. Wie der Dichter nach
seinem Himmel, so hab' auch ich geschmachtet
nach den trauten Birken, die meiner Mutter
Haus umstehn. Ach, in jeder Sele glühn die
Bilder irgend einer lieben Heimath; der Himmel ist blauer da und die Rosen prangen röther.

Doch ist nicht auch hier die schwedische, die
freie Erde, die noch keinen Sklaven trug? Steht
nicht auch hier, am Vorgebirg des Nordens,
eine Feuerwacht, um Strand und Meer umher
zu erleuchten? — Ein griechisches Feuer, das
nie erlischt, das nur zündet? Hast nicht du
selbst, du selbst es gepflegt und genährt mit
treuen Händen?

Wo ist wohl des Mannes eigentliches Heimathland? Ist es in den Gegenden, wo der Zufall seine Wiege hinstellte, oder ist es da, wo er
den höhern Mächten, den Mächten des Lichtes,
das Beste geopfert hat, was er besitzt: den
Kern seines ganzen Wesens, die Blüthe seines
Genius, das Wahre was er ersann, und das
Edelste, wonach er strebte?

Durch vierzig Jahre hast du uns die erhabne
Vorzeitslehre (ein heiliges Adamsbuch) als Dollmetsch hier gedeutet. Von des Lunderhofes
Baumeswipfeln flog der Ruhm deines Namens
in die Welt hinaus, darum ist deines Namens,
deiner Berühmtheit Heimath da. Unser wardst
du da, unser bist du noch jetzt. Wir machen
unser Recht an dich jetzt wieder geltend, wir
fordern dich zurück.

Kom, Orientens vän och Nordens heder,
Du man från fabelns glömda dar af gull,
Med patriarkers språk, med deras seder,
Som åldren vis, som barnet oskuldsfull!
Kom åter till de välbekanta ställen,
Sitt neder, och förtälj för oss i vinterqvällen;

Förtälj om undren, som vi ej förgäte,
Från solens länder, dem du såg en dag:
Om Hellas, minnets gamla enkesäte,
Om Rom, den höga fornverlds sarkofag!
Förtälj oss det, etc. etc. — — — —

— — — — — — — — — — — —
Se'n gå vi hem, och drömmen till oss sänder
En bild, ej olik hvad vi skådat nyss:
En vis med silfverhår, som står och talar
Ur morgonrodnans port; då ljusna berg och dalar,

Och Forntid reser sig ur dunkla grifter,
Och Isis-slöjan faller från dess syn.
Persepolis' och Obeliskens skrifter,
Dem solen förfängt läste på ur skyn,
De tydas alla, och Eleusis biktar
Sin hemlighet för oss. Hur skönt dock drömmen diktar! —

Till dess, tag mot en helsning från den stranden,
Der i hvart bröst du dig ett altar byggt,
Tag mot en ringa gåfva från den handen,
Som du så ofta faderligt har tryckt;
En ringa gåfva! — Ack, den nya tiden
Är fattigdomens tid: den rika är förliden.

Komm, du Freund des Orients, du Stolz des Nordens, du Mann aus der verschollnen, goldnen Fabelzeit, mit der Sprache, mit der schlichten Einfalt der Patriarchen, wie ein Greis so weise, und wie ein Kind so unschuldsvoll! Komm wieder zurück zu den dir wohl bewussten Räumen, nimm Platz und erzähle uns beim Licht des Winterabends;

Erzähl' uns von den unvergesslichen Wundern, von den Ländern des Helios, die du einst mit Augen gesehn: von Griechenland erzähl' uns, dem uralthciligen Wittwensitz der Erinnrung, von Rom, dem Sarkophag einer grossen Vorwelt! Erzähl' uns das, etc. etc. — — —

Dann gehn wir nach Hause, und der Traum lässt uns ein Bild sehn, dem soeben Geschauten ähnlich: einen Weisen im Silberhaar, der da steht und spricht aus dem Thor des Morgenroths heraus; da werden Gebirg und Thal umher hell und heiter,

Und die Vorzeit erhebt sich aus dunkeln Gräbern, und der Isisschleier weht ihr von dem Angesicht. Die Schriftzüge von Persepolis und der Obelisken, welche die Sonn' aus der Höh' herab umsonst zu lesen sich bemühte, sie werden nun all enträthselt, und Eleusis beichtet uns sein Geheimniss. Wie schön der Traum doch dichtet! —

Indess empfange diesen Gruss von dem Strande, wo du dir in jedem Herzen einen Altar erbautest, und nimm hin eine geringe Gabe von der Hand, die du so oft väterlich gedrückt hast; eine geringe Gabe! — Ach, die neue Zeit ist eine Zeit der Armuth: — die reiche ist vorüber.

Sången.

Har du betraktat diktens lunder
Med gyllne frukt i löfvens skygd?
Och silfverbäckar gå derunder
Och leka i den gröna bygd.
Hur skönt de glada landskap skifta
I morgonrodnans purpurfärg!
Hur hoppets gröna fanor vifta
Uppå de solbeglänsta berg!

Der Gesang.

Hast du dir die Haine der Dichtung schon mit Fleiss betrachtet, die Haine mit goldenen Früchten unter dunkelm Laub? — Silberbäche rieseln darunter hin und spielen in dem Grün der Au. Wie schön die heitern Landschaftsbilder wechseln im Purpurglanz der Morgenröthe! Wie auf den sonnigen Bergeshöhn der Hoffnung grüne Fahnen wehn!

Hvi klagar skalden då? Hans flamma,
Är hon ej gode Gudars lån?
Hvi sörjer han, den otacksamma,
Det Eden, han ej drefs ifrån?
Har han ej qvar ännu dess dalar
Med grönklädd vår, med gyllne höst?
Och sjunga ej dess näktergalar
Alltjemt ur djupet af hans bröst?

Med himmelsk fröjd den gudasände
Omfamnar lifvet som en brud.
Hvar inre syn, hans hjerta tände,
Han präglar ut i bild och ljud.
Den verld, som i hans barm låg fången,
Se, fram i dagen har hon gått.
En evig längtan är ej Sången,
Han är en evig seger blott.

Gif akt! Den höga Genius svingar
Med klang utöfver haf och jord,
Med morgonrodnaden till vingar,
Med manteln af en Majsky gjord.
Så glad, som fåglens morgonqvitter,
Så stark, som åskan, då hon slår,
Och evighetens cirkel sitter,
Bland rosor gömd, omkring hans hår.

Han vet ej af den mörka sagan
Om trånad utan mod och hopp.
Han känner ej den veka klagan,
Ej misslljud, som ej lösas opp.
Hans saknad är en flod, som brusar
Melodiskt mot det sökta haf;
Hans suck är vindens lek, som susar
Emellan blomstren på en graf.

Hans tempel står i ljus och lågor,
En källa sorlar vid dess mur:
Från tidens botten gå dess vågor
Och skalden drycker kraft derur.

— — — — — — — —

Den källan är ej jordens tårar,
Nej, hon är himlens spegel blott.
— — — — — — — —

Warum klagt denn der Dichter dann? Ist
seine Flamme nicht ein Geschenk guter Götter?
Wie mag der Undankbare das Paradies be-
trauern, woraus er doch noch nicht vertrieben
ist? — Blieben ihm denn Edens Thale nicht noch
mit dem Grün des Lenzes und dem goldnen
Herbst? Und klingen Edens Nachtigallgesänge
nicht noch aus den Tiefen seiner Brust?

Mit Himmelslust umarmt der Gottgesandte
das Leben wie eine geliebte Braut. Jedes in-
nere Gesicht, das seine Sele erglühen machte,
prägt er aus in Bild und Ton. Die Welt, die in
seinem Busen gefangen lag, schau, sie ist ans
Licht des Tags hervorgesprungen. Der Gesang
des Dichters ist nicht eine ewige Sehnsucht, er
ist ein ewiger Siegesjubel.

Gib Acht! Der hohe Genius schwingt sich mit
Klang über Land und Meer, von Morgenroth
gewebt sind seine Schwingen, eine Maiwolke ist
das Gewebe seines Mantels. So heiter und fröh-
lich, wie des Vogels Morgengezwitscher, so
furchtbar gewaltig, wie wenn der Blitzstrahl
niederschlägt; und der Zirkel der Ewigkeit
sitzt ihm, zwischen Rosen versteckt, in seinen
Locken.

Er weiss nichts von der dunkeln Sage von
einer Sehnsucht ohne Lebensmuth und Hoff-
nung. Er weiss nichts von weibischer Klage,
nichts von einem Misston, für den es keine Lö-
sung gäbe. Seine Sehnsucht ist ein Strom, der
sich melodisch brausend ins gesuchte Meer er-
giesst; seines Herzens leises Klagen ist ein
Spielen des Windes, der zwischen den Blumen
eines Grabes säuselt.

Sein Tempel steht in Licht und Flammen,
eine Quelle murmelt an seiner Mauer: vom tie-
fen Grund der Zeiten herauf rauschen ihre
Wasser, und der Dichter trinkt sich Kraft dar-
aus.

— — — — — — — —

Der Ursprung der Quelle sind nicht der Erde
Thränen, sondern sie ist des Himmels
Spiegel bloss.
— — — — — — — —

Skidbladner.

Det är så kraftigt, men så kallt i Norden!
Längre ner till den hebodda jorden
Längtar du från snö och is,
Dit, der drufvan och orangen blommar,
Dit, der grönklädd Maj och mognad sommar
Hvila öfver paradis.

O! hur skönt förflyga lifvets stunder,
Suckar du, ibland dess lunder,
Vid dess näktergalars sång!
Drucke jag utaf dess silfverströmmar!
Blefve min inbillnings drömmar
Verkliga ändå en gång!

Hvarför icke? Hvad är verkligheten?
Hvad J kännen, hvad J veten,
Det är verkeligt, det lefven J.
Låt blott konsten lyfta er ur gruset!
Vidsträckt är hon, såsom himlaljuset,
Och som hafvets våg så fri.

Se, Skidbladner vinkar dig vid stranden.
Öfver hafven, öfver landen
Diktens gyllne skepp går fram.
Evig medvind i dess segel susar.
Skönare dig jorden tjusar,
Högre himlen, från dess stam.

Oden timrade det sjelf med verlden.
Egennyttan, afunden och flärden
Tas ej mot inom dess rena bord.
Skalden med den gyllne lyran
Står vid styret. Gudayran
Jagar köln kring haf och jord.

Väl, så stig med lust på spegeldäcket!
Som en morgondimma faller täcket
Ifrån andeverlden; hon är din.
Huru vänligt skog och klippa nickar!
Huru vidt du från din mastkorg blickar
I de blåa landen in!

Segla oförskräckt! Se, djupt i vester
Står bland gyllne moln en stad. Hvad fester
Firas der, hvad sång, hvad dans!
Hur dess kolonnader skina!
Huru tornen bada sina
Tinningar i purpurglans!

Skidbladner.

Es ist so kraftvoll, doch ist es so kalt im Norden! Weiter hinab nach der bewohnten Erde sehnst du dich von Schnee und Eis; — dahin, wo Trauben und Orangen blühn, dahin, wo der Mai im grünen Gewande und die Pracht des reifen Sommers ob wunderseligen Paradiesen ruhn.

O wie schön, rufst du in heisser Sehnsucht aus, rauschen des Lebens Stunden unter seinen Hainen, bei seinen Nachtigallgesängen dahin! O möcht' auch ich einmal an seinen Silberströmen trinken! O würden doch die Träume meiner Phantasie einmal wirklich und lebendig!

Warum denn nicht? Was ist denn die Wirklichkeit? — Was ihr fühlt und was ihr wisst, das ist wirklich, das habt ihr erlebt in euerm Herzen. Lasst euch nur durch die Kunst aus dem niedern Staube heben! Schrankenlos breitet sie sich durch die Räume, wie das Licht des Himmels, und wie das Meer ist sie so frei.

Schau hin, Skidbladner winkt dir am Gestade. Ueber Meer' und Länder hin schwebt der Dichtung goldenes Schiff. Ein ewiger günstiger Wind bläht säuselnd seine Segel. Herrlicher und schöner will dir von ihm herab die Erde, höher dir der Himmel scheinen.

Zugleich mit der Welt sprang seines Kieles Wunderbau aus Odens zimmernder Hand hervor. Weder die Selbstsucht, noch die Eitelkeit und die Gemeinheit des Neides betritt jemals seine reinen Planken. Am Steuer steht der Dichter mit seiner goldnen Leier. Seiner göttlichen Flamme mächtig Wehn jagt das Schiff durch Land und Meer dahin.

Wohlan, so schwinge dich freudig auf seines Verdeckes Spiegel hinauf! Wie ein Morgennebel sich zerrinnend theilt, so zerreisst plötzlich der Vorhang, hinter dem dir die geheimnissvolle andere Welt lag; sie ist dir erschlossen. Wie freundlich Wald und Fels herübergrüssen! Wie blickst du von deinem Mastkorb hoch herab ins Blau der weiten, weiten Länder hinaus!

Fahr' kühn und muthig weiter! Schau, unten im fernen West erhebt zwischen Goldgewölk sich eine Stadt. Was für Feste gibt es da, was für Tänze und Gesänge! Wie ihre Säulenreihen glänzen! Wie die Thürme ihre Zinnen in dem Glanz des Purpurs baden!

Lustigt är der, som på Idavallen.
Der är ännu icke Balder fallen,
Brages harpa klingar der ännu.
Forntids minnen, framtids öden,
Lifvets gåta, gåtan utaf döden,
Allt förklaradt skådar du!

Derför längta icke mer från Norden.
Skönheten är vansklig uppå jorden,
Endast dikten här hon evigt till.
Hvar som helst du må af ödet ställas,
Fins Hesperien, fins Hellas
För din syn, så snart du vill.

Fröhlich geht es da zu, wie auf Idawall. Da
weiss man noch nichts von Balders Fall und
Tod, da rauschen noch Brages Saiten. Die Er-
innerungen der Vorzeit, der kommenden Zeit
Geschicke, das Räthsel des Lebens und des To-
des — von all Dem wirst du da die Lösung
schauen!

Darum sehne dich nicht mehr hinweg vom Nor-
den. Eine vergängliche Blume ist die Schön-
heit hienieden, nur in dem Land der Dichtung
blüht sie in ewigem Glanze. Welche Heimath
dir das Schicksal hienieden auch beschied: —
Griechenland und die Hesperidengärten stehn
vor dir, so bald du willst.

Det Eviga.

Väl formar den starke med svärdet sin verld,
Väl flyga som örnar hans rykten;
Men någon gång brytes det vandrande svärd
Och örnarne fällas i flygten.
Hvad våldet må skapa är vanskligt och kort;
Det dör som en stormvind i öcknen bort.

Men Sanningen lefver. Bland bilor och svärd
Lugn står hon med strålande pannan.
Hon leder igenom den nattliga verld,
Och pekar alltjemt till en annan.
Det Sanna är evigt: kring himmel och jord
Genljuda från slägte till slägte dess ord.

Dett Rätta är evigt: ej rotas der ut
Från jorden dess trampade lilja.
Eröfrar det Onda all verlden till slut,
Så kan du det Rätta dock vilja.
Förfölje det utom dig med list och våld,
Sin fristad det har i ditt bröst fördold

Och viljan, som stängdes i lågande bröst,
Tar mandom, lik Gud, och blir handling,
Det Rätta får armar, det Sanna får röst,
Och folken stå upp till förvandling.
De offer, du bragte, de faror, du lopp,
De stiga som stjernor ur Lethe opp.

Das Ewige.

Wohl gestaltet sich der Gewaltige mit dem
Schwert die Welt, wohl steigen wie Aare sein
Ruhm und sein Name empor; doch oft genug
wird das wandernde Schwert zerbrochen, und
todt rauschen die fliegenden Aare zur Erde nie-
der. Was die Gewalt auch erschaffen mag, ver-
gänglich ist es und von kurzer Dauer; es stirbt
wie ein Sturmwind der Wüste dahin.

Die Wahrheit jedoch, die lebt. Von dräuen-
den Beilen und Schwertern umblitzt, steht sie
still und ruhig mit strahlender Stirne da. Sie
führt dich hindurch durch die nächtliche Welt,
und zeigt mit dem Finger beständig nach einer
anderen hin. Das Wahre ist ewig: ringsum
durch Himmel und Erde finden seine Worte
Widerhall von Geschlecht zu Geschlecht.

Das Rechte ist ewig: nicht lässt sich seine in
den Staub getretene Lilie jemals mit den Wur-
zeln aus der Erde reissen. Erobert das Böse
am Ende auch die Welt allumher, so kannst du
nach dem Rechten doch streben. Und wird es
auch ausser dir mit List und Gewalt verfolgt, in
deines Busens Tiefen bleibt ihm eine heilige
Freistatt doch.

Und der Will', im Busen dir heimlich erglüht,
tritt, menschliche Gestalt annehmend, wie Gott,
ins Leben herein, und wird zur That; dem
Recht wachsen Arme, die Wahrheit hebt an zu
reden, und Völker erstehn zur Verwandlung.
Und die Opfer, die du im Leben brachtest, und
die Gefahren, so du bestandst, sie steigen wie
Sterne aus der Fluth der Lethe herauf.

Och dikten är icke som blommornas doft,
Som färgade bågen i skyar.
Det Sköna, du bildar, är mera än stoft,
Och åldren dess anlet förnyar.
Det Sköna är evigt: med fiken håg
Vi fiska dess gullsand ur tidens våg.

Så fatta all Sanning, så väga all Rätt,
Och bilda det Sköna med glädje!
De tre dö ej ut bland menniskors ätt,
Och till dem från tiden vi vädje.
Hvad tiden dig gaf må du ge igen,
Blott det Eviga bor i ditt hjerta än.

Und die Dichtung ist nicht wie der Blumen
Duft, wie der farbige Regenbogen im Gewölke
da droben. Denn das Schöne, so du hervor-
bringst, ist mehr als Asche, und die Zeiten er-
neuen sein Antlitz. Das Schöne ist ewig: mit
emsigem Sinn waschen wir seinen Goldsand aus
dem Strome der Zeit.

So erfasse denn stets die Wahrheit, so wage
denn das Recht überall, und bilde freudigen
Herzens das Schöne! Die Dreie sterben nicht
aus unter dem Menschengeschlechte, sie glän-
zen uns als Sterne des Trosts in der Zeit. Was
die Zeit dir gab, das musst du zurückgeben,
nur das Ewige wohnt dir im Herzen stets.

Språken.

Grekiskan.

Sångmön älskar dig högst, ty modersmålet är
  kärast.
All den Olympiska ätt, Gracerna talte som du.
Troget, som klädningen fäst uppå den badande
  flickan,
Låter du känslorna ses, röjer du tankarnas
  växt.

Latinet.

Ren är din stämma och skarp, som rasslet af
  härdade klingor,
Hårdt, som eröfraren höfs, ljuder ditt herr-
  skare-ord.
Stolt, oböjlig och arm; men ur grafven beherr-
  skar du ännu
Halfva Europa. Derpå känner man Romarn
  igen.

Italienskan.

Nöjets och trånadens språk, du är blott en
  stämma ur flöjten,
Hela ditt väsen är sång, hvarje ditt ord en
  sonett.
Älskade dufva, blif qvar, och kuttra om längtan
  och njutning:
Skada ändå, i ditt land sjunga kastraterna bäst.

Spanskan.

Skön skall du vara och stolt. Jag känner dig
  icke, men mången,
Hvilken ej känner dig mer, prisar dig högt i
  vår Nord.

Die Sprachen.

Die griechische Sprache.

Du bist der holde Liebling der Muse, denn
die Muttersprache ist ihr natürlich am theuer-
sten. Des Olympos ganzes Geschlecht und die
Grazien sprachen wie du. Getreulich, wie das
Gewand sich schliesst an die Glieder des baden-
den Mädchens, giebst du zur Schau die Gefühle,
verräthst du den Wuchs der Gedanken.

Die lateinische Sprache.

Rein ist und gediegen dein Klang, wie das
Rasseln gehärteter Klingen, schroff und stramm,
wie es dem Eroberer gesiemt, lautet dein Herr-
scherwort. Stolz, unbiegsam und arm; — doch
beherrschest du noch aus dem Grabe halb
Europa. Daran erkennt man die Römerin noch.

Die italienische Sprache.

Sprache der Lust und der schmachtenden
Sehnsucht, du bist nichts als ein Flötenton;
dein ganzes Wesen ist Gesang, jedes Wort von
dir ein Sonett. Lass dich nieder, du holde
Taube, und girre von süssem Verlangen und
von Genuss: — Schade ist es nur, dass wo du
daheim bist gerade die Kastraten am schönsten
singen.

Die spanische Sprache.

Man rühmt dich als eine schöne und stolze
Sprache. Ich selbst kenne dich nicht; gar Man-
cher jedoch, der nicht mehr von dir weiss, als
ich, erhebt dich hoch in unserm Norden.

Fransyskan.

Jollrande hoppar du fram, och ljuger och kom-
　　plimenterar,
Dock är din artighet täck, dock är ditt lä-
　　spande sött.
Hylla vi längre dig ej som drottning för systrarna
　　alla;
Ännu som sällskapsdam lyssna vi gerna till
　　dig.
Skona oss blott för din sång; den är som en
　　dans af de döfve;
Fötterna röra de väl, takten förnimma de ej.

Engelskan.

Språk, för de stammande gjordt, hvart ord är
　　ett embryon hos dig,
Stöter du en hälft fram, sväljer den andra du
　　ner.
Allt i ditt fädernesland med ångmachiner be-
　　drifves,
Käraste, skaffa dig snart en för din tunga
　　också!

Tyskan.

Frisk, starklemnad och grof, en jungfru fostrad
　　i skogen,
Smidig derjemte och skön: endast är munnen
　　för bred.
Litet raskare ock! Lägg af ditt phlegma, att
　　icke
Meningens början är glömd, innan man hin-
　　ner dess slut.

Danskan.

Mig behagar du ej. För veklig för nordiska
　　styrkan,
Äfven för söderns behag mycket för nordisk
　　ännu.

Svenskan.

Ärans och hjeltarnas språk! Hur ädelt och man-
　　ligt du rör dig,
Ren är som malmens din klang, säker som
　　solens din gång.
Vistas på höjderna du, der åskan och stormarna
　　tala,
Dalarnas lägre behag äro ej gjorda för dig.
Spegla ditt anlet i sjön, och friskt från de man-
　　liga dragen
Tvätta det främmande smink, kanske det
　　snart är för sent.

Die französische Sprache.

Tändelnd und spielend hüpfst du daher; und
lügst und komplimentirest, doch deine Artig-
keit ist nett, doch dein Lispeln ist lieblich
und süss. Huldigen wir dir jetzt auch nicht
mehr als Königin vor all den übrigen Schwe-
stern, so hören wir dir doch als Gesellschafts-
dame noch gerne zu. Nur mit deinem Gesange
verschone uns; denn der ist gerade, wie wenn
ein Tauber tanzen will; er bewegt seine Füsse,
ohne das Geringste vom Takt zu hören.

Die englische Sprache.

Sprache, für die Stammelnden gemacht, bei
dir ist jedes Wort ein Embryo, die eine Hälfte
stösst du heraus, die andere verschluckst du.
Bei dir zu Land wird ja doch Alles mit Dampf-
maschinen betrieben; — Wertheste, so schaff
dir doch auch für deine Zunge recht bald eine an!

Die deutsche Sprache.

Frisch, von derbem und kräftigem Glieder-
bau, ein im Wald aufgewachsenes Mädchen, da-
bei jedoch geschmeidig und schön: — nur ist
der Mund ein wenig zu gross und zu breit. Ein
wenig rascher auch! Lege dein Phlegma ab,
damit man nicht, ehe man noch am Ende eines
Satzes ist, den Anfang schon wieder vergessen
hat.

Die dänische Sprache.

Meine Wahl bist du nicht. Zu weichlich für
die nordische Kraft, bist du doch für die Anmuth
des Südens auch wieder zu nordisch.

Die schwedische Sprache.

Sprache des Ruhms und der Helden! Wie
männlich und wie voll Adels bewegst du dich
doch, rein wie Metall ist dein Klang, ruhig und
sicher, wie die der Sonn', ist die Majestät deines
Ganges. Wähle dir die Höhn zur Wohnstatt,
wo nur die Sprache des Donners und der Stürme
gesprochen wird, die holde Anmuth der Thäler
ist nicht gemacht für dich. Spiegele dein An-
gesicht in der See, und frisch von den männ-
lichen Zügen wasche dir die fremde Schminke
ab, denn bald möchte es vielleicht zu spät sein.

Skaldebref.
(1815.)

Naso till Adlerbeth sin helsning ur skuggornas
rike!
Majas bevingade son förer den villigt till dig.
Ty från diktningens land ännu besöker han jorden,
Ännu med gyllene spöet jagar han skuggorna
hit.
Språksam lärer han oss hvad skönt som bildas
deruppe,
Genom den vingades mun känna vi sången i
Nord.
Väl gaf fordom han bort till Apollo den strängade
lyran,
Sin uppfinning likväl älskar Cyllenieru än.
Nyligen förde han hit din Maro och sedan din
Flaccus,
Kellgren, stolt af sin vän, läste dem båda för
oss.
Skockad hängde en hop på den läsandes skullra
och drack med
Giriga öron hvart ord, kändt med förtjusning
igen.
Händerna klappade vi: det lät, som när vindar
om våren
Uppe på blomstrande jord stöta i dalarna hop.
Se, då nalkades mig med hån illfundige Guden,
Hviskade, hörd af en hvar: „Naso, dig glömmer
han dock,
Dig, som lefde likväl, som dog vid Asarnas
vagga,
Dig, som diktade sjelf, tror jag, i Göthiska
ljud."
Alltså han smädade mig: Horatius skrattade
bittert,
Maro, så blygg som han är, vände sig bort,
för att le.
Silfverbågen likväl, den Pythiske, spände ock
min hand,
Klingande pilen derfrån träffade målet ibland.
Mången helsade mig för den Romerska sångens
Triumvir,
Efter de prisade två nämnde man äfven mitt
namn.
Böcker, tre gånger fem, om förvandlade former
jag diktat;
Dikten, så säger man mig, lefver i minnet
ännu.

— — — — — —

Upp! jag viger dig in att vara min härold i
Norden,
Öfver ditt hufvud, o Skald! sväfvar min ande
från nu.

Poetische Epistel.
(1815.)

Naso an Adlerbeth seinen Gruss aus dem
Reiche der Schatten! Gerne überbringt ihn dir
der geflügelte Sohn der Maja. Denn von dem
Land der Dichtung aus besucht er noch immer
die Erde, noch immer jagt er mit dem goldenen
Stab die Schatten hieber. Gesprächig theilt er
uns mit, was droben Schönes geschaffen wird,
durch den Mund des Geflügelten erfuhren wir
auch von dem Gesang im Norden. Wohl gab
er die saitenbezogene Leier einstmals an Apollo
hinweg, doch gedenkt der Gott von Cyllene
noch gerne seiner Erfindung. Neulich brachte
er deinen Maro hieher und dann deinen Flaccus,
Kellgren, welcher stolz war auf seinen Freund,
las sie beide uns Andern vor. Dichtgedrängt
umstand ein Schwarm die Achsel des Lesenden
und sog begierig jedes Wort ein, das man mit
freudigem Erstaunen wiedererkannte. Mit den
Händen klatschten wir Beifall: das war ein
Schall, wie wenn droben auf der blühenden Erde
die Frühlingswinde in einem Thale zusammenklingen.
Schau, da nahte sich mir mit Hohn
der Gott voll Arglist im Herzen, und flüsterte
mir, so dass es Jedem vernehmlich war, zu:
„Naso, an dich denkt er doch nicht, an dich
nicht, der du doch lebtest und starbst nahe den
Fluren, wo die Heimath der göttlichen Asa-
Mächte lag, dich, der selbst einmal, glaub' ich,
in getischen Tönen dichtete." — Also höhnte er
mich: Horatius brach in ein schadenfrohes Gelächter
aus, und selbst Maro, so still und schüchtern
er sonst ist, drehte sich um und lachte.
Gleichwohl spannte auch meine Hand einmal
den pythischen Silberbogen, und klingend flog
der Pfeil von ihm hinweg und nicht fehlte er
so oft seines Zieles. Mehr als Einer begrüsste
mich als der römischen Dichtung Triumvir,
nach dem gepriesenen Zweigestirn nannte man
auch meinen Namen. Der Bücher fünfzehn
habe ich gedichtet von verwandelten Gestalten,
und das Gedicht, so sagt man, lebt noch jetzt in
der Menschen Gedächtniss. — — — —
Auf! Dich will ich nun zu meinem Herold im
Norden einweihen, ob deinem Scheitel, o Dichter,
schwebt von nun an mein Geist.

Sjelf jag fyller uti de bleknade dragen på taflan,
— — — — — — — — — — — —
Sjelf ingifver jag dig sexfotade versen, som
  dansar
Rask, som bland blommorna hän dansar den
  skummiga flod. —
Skynda dig. Timmarna fly, reu gråna de lagrade
  lockar,
Febus för alla engång gömmer båd' lyra och
  sol.
Dock han gömmer dem ej, han gifver dem ble-
  kare åter,
Solen är mattare här, lyran är formad af moln.
Ty hit tränger ej mer från jorden, än själen af
  tingen,
Bilden i källorna lik dallrar den eviga här.
Sorglöst sväfva vi kring bland liljor, väfda af
  månsken,
Under de luftiga trän sträcka vi lemmar af
  dunst.
Kroppen förvittras till luft, men sinnet är evigt
  det samma,
Sanning och snille och dygd lefva bland skug-
  gorna qvar.
Derför är plats i vårt lag för Svensken med Ro-
  mare-sinnet,
Latiens skalder en dag famna sin nordiska
  bror.

Selbst frische ich dir die verblassten Züge im Ge-
mälde wieder auf, — — — selbst geb' ich dir das
Maass des sechsfüssig einherschreitenden Ver-
ses ein, der raschen Laufes, wie der schäumige
Fluss zwischen Blumen, dahintanzt. — Eile dich
indess, die Stunden fliehen, schon ergrauen die
lorberprangenden Locken, einem Jeden von uns
verbirgt Phoebus einmal seine Sonn' und seine
Leier. Er verbirgt sie uns jedoch nicht, er gibt
sie uns nur bleicher wieder zurück, die Sonn' er-
glänzt in blässerem Scheine da unten, die Leier
ist von Gewölke geformt. Denn hieher dringt
nicht mehr von der Erde, als nur die Sele eines
jeden Dinges, dem Bild in einer Quelle gleich
schwankt die ewige da unruhig hin und her.
Sorglos schweben wir umher zwischen Lilien,
die von Mondenschein gewebt sind, unter den
luftigen Bäumen strecken wir Glieder aus, von
Dunst und Nebel gestaltet. Der Körper ver-
geht und weht dahin in die Luft, doch des Her-
zens Sinn und Gefühl bleibt stets das nämliche.
Wahrheit und Tugend und die Macht des Genies
leben auch in der Nacht des Orcus noch fort.
Darum ist auch noch Platz für den Schweden
mit Römergesinnung, die Dichter Latiums wer-
den eines Tages stolz den nordischen Bruder
umarmen.

Epilog
vid Magister-promotionen i Lund 1820.
(Författaren var promotor.)

Den glada fest, den lagerfest är slutad.
Till älskad krets af syskon och föräldrar,
Som räknat månader, och dar och stunder,
Den efterlängtade, den kära yngling
Tillbakavänder, nu en bildad man,
Med mästerbrefvet och med segerkransen. —
Betydningsfull bör festen vara för er,
J lagerkransade, J nyinvigde?
I ringa bilder har det högsta gått
Förbi i dag för edra glada ögon.
Ty detta är det herrliga hos menskan,
Att hon kan fatta tingens inre väsen,
Ej hvad de synas, men hvad de betyda;
Och verkligheten, hvart vår öga ser,
Den är symbolen endast af ett högre.

Epilog
bei der Magisterpromotion in Lund im Jahr 1820,
(bei welcher der Dichter selbst das Amt des Pro-
motors versah).

Das heitere Fest, das Lorberfest ist nun zu
Ende. Zum theuern Kreis der Eltern und Ge-
schwister, die die Monate, die Tage und die
Stunden schon gezählt, kehrt der ersehnte, der
geliebte Jüngling zurück, jetzt ein Mann der
Bildung und der Wissenschaft, mit dem Meister-
briefe und dem Siegerkranze. — Das Fest muss
ein dedeutungsvolles sein für euch, ihr Lorber-
bekränzten, ihr neu Geweihten! In kleinen Bil-
dern ist das Höchste heute an euern frohen
Augen vorübergezogen. Denn Das ist ja das
Herrliche am Menschen, dass er den Dingen
dieser Welt ins innerste Wesen hineinschauen,
dass er sehn kann und erfassen, nicht was sie
scheinen, sondern was sie bedeuten; und
die Wirklichkeit, sie ist ja, wohin wir den Blick
werfen, nur das Symbol von irgend einem
Höhern und Heiligern.

Parnassens tinnar hafven J bestigit,
De solbeglänsta menaklighetens höjder;
Ty högre stiger icke menskan opp,
Än Vettenskap och Konst ledsaga henne
Förr stod parnassen i en hednisk verld,
Och kring dess dubbla toppar dansade
I evigt solaken ungdomsfriska Gudar;
Men vid dess fot låg verldens medelpunkt,
Apollostaden med sitt visbetstempel.
Ingifvelsen, den gudasända, hade
Sin källa der, och ur orakelhålan
Det mörka ödets anderöster stego,
Från jordens hjerta skickade i dagen.
Nu står parnassen i den kristna kyrkan,
Men vigd och helgad, renad och förädlad.
Ty i dess granskap tydas himlens under,
Och orgelns toner brusa derutöfver,
Den store orgelns bild, som ingen ser,
Hvars silfverpipor gå igenom verlden
Och till hvars toner, spelade af Gud,
Naturens hjerta slår och sferer dansa.
En lagerkrans J hämtat från parnassen,
Bevaren den och glömmen ej hans anor!
Från Febus stammar han, från ljusets Gudom.
Ty idealet under Dafnes skepnad
För Guden flydde, som det flyr ännu
För vishetens och sångens vän på jorden.
Andtruten följde han den flyende,
Den älskade, genom berg och dalar,
Med lyran på sin arm, och aftonvinden
Slog ett adagio i dess silfversträngar,
Och Gudens suckar svarade dertill.
Och redan är förföljarn henne nära,
Hans andedrägt ren bränner hennes skullra,
Hans armar öppnas ren, att famna henne,
Då bad hon upp till Zeus med sträckta händer:
„Förbarma dig, och gif mig ej till pris
At snillets Gud, ej sådan som jag är
Låt honom fatta mig: förvandla förr,
Hur helst du vill, den lefvande gestalten!"
Och se, på en gång (underbart att höra!)
De späda fötren växte fast i jorden,
Det smärta lifvet roste sig till stam,
Til grenar bredde sig de sträckta händer,
Och håret susade som löf i vinden.
Rörd tryckte Febus den förvandlade

Die Zinnen des Parnasses habt ihr nun erstiegen, die sonnigen Höhen der Menschheit; denn höher kann doch der Mensch nicht hinauf hinieden, als Kunst und Wissenschaft ihn freundlich leiten. Einst stand der Parnass in einer heidnischen Welt, und rings um seine doppelten Gipfel schlangen jugendfrische Götter in ewigem Frühlingsglanz den fröhlichen Reigen; an seinem Fuss jedoch, da lag der Mittelpunkt der Welt, die Stadt Apollo's mit dem Weisheitstempel. Die Gabe der Weissagung, die Botin der Ewigen, besass da eine eigene Quelle, und aus der Orakelhöhle stiegen, vom Herzen der Erde ans Licht des Tags emporgesendet, des dunkeln Schicksals Geisterstimmen dumpf herauf. — Jetzt steht der Parnass im Tempel des Herrn, doch ist er jetzt geweiht und geheiligt, gereinigt und veredelt. Denn jetzt werden in seiner Nachbarschaft die Wunder des Himmels gedeutet, und darüber hin brausen die Töne der Orgel, die ein Bild ist jener grossen, jener unsichtbaren Orgel, deren Silberpfeifen sich durch die Welt hinziehen, und nach deren Klängen, von Gott hervorgerufen, die Pulse der Natur schlagen und die Sphären tanzen. — — — Einen Lorberkranz habt ihr euch vom Parnass geholt, bewahrt ihn und vergesst nicht seiner Herkunft! Von Phöbus rührt der Lorber her, von dem Gott des Lichtes. Denn das Ideal floh einst unter der Gestalt der Daphne vor dem Gott, wie es noch jetzt dem Freund der Weisheit und des Gesangs entflieht auf Erden. Athemlos folgte der Gott der Fliehenden, der heiss Geliebten, durch Gebirg und Thalschlucht nach, im Arm die Leier, und der Wind des Abends schlug ein Adagio auf ihren Silbersaiten, und des Gottes schmachtende Sehnsuchtslaute gaben gleichsam die Begleitung dazu. Und schon ist ihr der Verfolger nahe, schon berührt seines Athems Glutbhauch ihr die Schulter, schon öffnen sich seine Arme, um sie zu umfangen, da flehte sie zu Zeus empor mit erhobnen Händen: „Erbarme dich meiner, und gib mich dem Gott des Geists und des Talents nicht Preis, nicht so wie ich bin, lass ihn mich ergreifen, verwandle zuvor, wie du nur willst, die lebende Gestalt!" Und schau, mit einem Male wuchsen (es ist wunderbar zu hören) die zarten Füsse am Boden fest, der schlanke Leib erhob sich zum Stamm eines Baumes, zu Zweigen breiteten sich die emporgehobenen Arme aus, und das Haar säuselte als Laub im Wehn des Windes. Gerührt schloss Apollo die Verwandelte

Intill sitt bröst: ännu var trädet varmt.
Och hjertat slog ännu inunder barken.
En qvist han bröt sig utaf nyfödd lager
Och flätade den in i gyllne lockar,
Och bar den jemt till tecken af sin kärlek.
Och från den stunden (det är sagans mening)
När Febi söner ej det högsta Sköna,
Det högsta Sanna: det flyr undan för dem,
Och, när det stadnar, är det ren förvandladt,
En ringare natur, en fallen engel;
Den rätta engeln bor utöfver stjernor.

— — — — — — — — — — — — —

Bevaren derför eder lagerkrans,
Ty den betecknar edert mål i lifvet.
Han binder eder vid de högre makter.
De eviga, som vistas uti ljuset,
Och nu sitt tecken på er panna fäst.

Men tecknet är ej saken, vägen är
Ännu ej målet, det står fjerran borta.
Hvad dagens högmod kallar mästerbrefvet,
Ack! det är ju ett städjobref allena,
En pantförskrifning af ert hela väsen
Till ljusets tjenst, till sanningens. Idag
J hafven svurit hennes adelsfana,
Ty menskligheten adel samlar hon,
Och ingen ofrälst kämpar under henne.
En stormig tid, en vild, emottar eder,
En väldig valplats, lika vid med jorden.
Det murkna gamla, det unogna nya
Med blind förbittring kämpa nu om verlden
Hvart striden lutar, det vet menskan ej,
Dess lotter vägas på de gömda vigter,
Som hänga dallrande emellan stjernor.
Men ljusets vän vet lätt sin plats i striden.
Det säges, att solen sänkes, att dagen grånar:
Välan, så kämpen under aftonrodnan;
Dag är det nog ännu att vinna slaget.
Tron ej, hvad håglösheten hviskar till er.
Att striden är hög för er förmåga,
Och att den kämpas ut väl er förutan.
Hvad menniskighetens herrlige ha sökt,
Sitt hela sköna, rika lif igenom,

an seine Brust: noch war der Baumstamm
warm, und feurig schlugen noch in ihm des
Herzens Pulse. Er brach sich einen Zweig
von dem neugeborenen Lorber, flocht sich ihn
in seine goldnen Locken, und trug ihn stets als
ein Liebesangedenken. Und von dem Tag an,
(das ist der Sinn der Mythe) wird den Söhnen
des Phöbus nicht das höchste Schöne, das
höchste Wahre mehr zu Theil; ein fliehendes
Traumbild umschwebt sie's stets, und wenn es
stehnbleibt, ist es bereits verwandelt, ist es bereits niederer Natur, ein gefallner Engel; der
rechte Engel wohnt jenseits der Sterne.

— — — — — — — — — — — — —

Bewahrt daher euern Lorberkranz, denn er bezeichnet eueres Lebens Ziel und Streben. Er
knüpft euch an die höhern Mächte, die ewigen
Mächte, die da im Lichte wohnen, und die euch
jetzt ihr Zeichen an die Stirn geheftet.

Jedoch das Zeichen ist noch nicht die Sache
selbst, der Weg ist noch nicht das Ziel, das
steht noch in weiter Ferne Was der Hochmuth
des Tages den Meisterbrief zu nennen pflegt,
ach, das ist ja doch blos gewissermassen ein
Schuldschein, eine Verschreibung, wodurch ihr
euer ganzes Wesen dafür zum Pfand gesetzt
habt, euch dem Dienst des Lichtes und der
Wahrheit zu weihen Am heutigen Tage habt
ihr zu der heiligen Adelsfahne der Wahrheit geschworen. Denn nur die Edeln der Menschheit
wirbt sie an, und kein Unadeliger kämpft unter
ihr. Eine stürmische Zeit, eine wilde, ist es, die
euch empfängt, gross ist der Wahlplatz, so gross
wie die Erde. Das morsche Alte, das noch unaunreife Neue kämpfen jetzt mit blindem Hass
und Eifer um die Welt. Wohin der Kampf sich
neigen wird, kann Niemand wissen, denn auf
den unsichtbaren Wagschalen werden seine Lose
gewogen, welche schwankend zwischen den
Sternen hangen; der Freund des Lichtes weiss
indess recht wohl, wo er zu stehn hat im Kampfe
Man sagt allgemein, dass die Sonn' im Untergehn wäre, dass der Tag zu Ende gehe und die
Nacht sich nahe in grauer Dämmerung: wohlan,
so kämpft denn in der Abendröthe; es ist noch
Tag genug, um in der Schlacht zu siegen.
Glaubt es nicht, was euch die Trägheit ins Ohr
bläst, dass nämlich der Kampf zu gross ist
für eure geringe Kraft, und dass er schon ohne
eure Hülfe zu Ende gekämpft werden wird
Was die Herrlichen der Menschen gesucht haben ihr ganzes schönes, reiches Leben hindurch.

Väl är det värdt att sökas af oss alla.
O! det är skönt, att sluta sig till dem,
Om också som den ringaste, den siste. —
Men för de höga makter ofvan skyn
Är intet ringa, intet stort här nere.
Härförarn ensam vinner icke slaget,
De djupa leder vinna det åt honom.
Verldsanden verkar genom menskokrafter,
Och af det spridda ringa fogar han
Med konsterfarna händer hop det stora.
Så bringom villigt till hans haf af ljus
Vår ringa gnista, till hans gudakrafter
Vår menskokraft! —

Ty det är kraft och klarhet,
Som Febus fordrar af de kransade.
Den samme Gud, som tände dagens fackla,
Var äfven Guden med det gyllne svärd,
Med silfverbågen, hvilken fällde Python.
Sjelfständig kraft är mannens första dygd.
Fast skall han stånda som en Herkulsstod,
På klubban lutad, höljd i lejonhuden.
Det lösa vacklandet, den blinda lättron
Är dagens kräfta uti unga sinnen;
Hon fräter tanken bort ur hjernans kamrar,
Och mod och styrka ur det fria bröst
En hvar kan icke bli en Genius,
På säkra vingar stigande mot ljuset;
Men hvem som vill kan pröfva, förr'n han dömmer,
Kan fatta sjelf den sanning han besvärjer,
Kan känna sjelf det Sköna han beundrar.
Helt visst i tankens stilla verldshaf än
Der ligga många obekanta öar,
Och mången stjerna speglas der kanske,
Ej hittills upptäckt utaf forskarns öga.
Kan du ej plöja sjelf de djupa vågor,
Så lyssna villigt till de vises röster,
De viltberestes, som med säkra tecken
Tillbakavända från de nya landen.
Men tro ej allt, hvad skeppare förtälja
Om oerhörda ting, som de erfarit,
Om verldens gåta, ändtligt löst af dem,
Och om den vises sten, som de ha funnit.
De arme dödlige! Den vises sten
I knappen sitter på Allfaders spira,
Och menskohänder bryta den ej lös.
Förgäfves mana de den höga sanning
Med mörk besvärjningsformel; just det mörka
Fördrar hon icke, ty hon bor i ljuset. — — —
Hvad du ej klart kan säga, vet du ej;

es ist wohl werth, dass auch wir andern allzumal es suchen. O, es ist schön, sich den Herrlichen anzureihn, und wäre es selbst als der Geringste, als der Letzte. Doch für die hohen Mächte da droben ist nichts gross und nichts gering hienieden. Der Heerführer allein kann die Schlacht nicht gewinnen, die untern Glieder gewinnen sie ihm. Der Weltgeist wirkt durch die einzelnen Menschenkräfte, und aus dem rings in der Welt zerstreuten Kleinen fügt er mit kunsterfahrenen Händen das Grosse zusammen. So lasst uns denn willig unsern unbedeutenden Funken zu seinem Lichtmeer bringen, zu seinen göttlichen Kräften unsere Menschenkraft! —

Denn Kraft und Klarheit ist es, was Phöbus von den Bekränzten fordert. Der nämliche Gott, der einst des Tages helle Fackel zündete, war auch der Gott mit dem goldnen Schwerte, mit dem Silberbogen, der den Python erlegt hat. Des Mannes höchster Vorzug ist selbstständige Kraft. Fest soll er dastehn, wie eine Herkulesstatue, auf die Keule gestützt, im Fell des Löwen. Das lose Schwanken, das blinde Glauben, das ist der Krebs des Tages in jungen Herzen; er frisst den Gedanken aus den Kammern des Gehirnes, und Muth und Stärke aus der freien Brust. Es kann nicht Jeder ein Genius werden, der sich auf sichern Flügeln zum Licht emporschwingt; doch wer da will, kann prüfen und erwägen, bevor er urtheilt, kann die Wahrheit selbst erfassen und begreifen, die er beschwört, kann das Schöne, das er bewundert, in seinem eigenen Herzen empfinden. Im stillen Weltmeer des Gedankens liegen gewiss noch manche unbekannte Inseln, und es spiegeln sich darin vielleicht noch manche Sterne, bis jetzt von keines Forschers Auge noch entdeckt. So du die tiefen Wogen nicht selbst durchpflügen kannst, so horche willig auf Das, was die Weisen sagen, die sich umsahn in der Welt, und die mit sichern Zeichen wiederkehren von den neuen Ländern. Sei jedoch nicht leichtgläubig, wenn dir die Schiffer Mährchen erzählen von unerhörten Abenteuern, die sie bestanden, vom Räthsel dieser Welt, das sie gelöst, und von dem Stein der Weisen, den sie gefunden haben. Die armen Sterblichen! Der Stein der Weisen, der sitzt am Knopfe von Allvaters Scepter, und keines Menschen Hand bricht ihn davon los. Umsonst beschwören sie die hohe Wahrheit mit geheimnissdunkeln Formeln; gerade Das verträgt sie nicht, denn sie wohnt im Lichte. — — — —
Was du nicht klar kannst sagen, das weisst du nicht;

Med tanken ordet föds på mannens läppar:
Det dunkelt sagda är det dunkelt tänkta.
Den sanna vishet liknar diamanten,
En stelnad droppe utaf himlaljuset;
Ju renare, ju mera värd han skattas,
Ju mera lyser dagen ock igenom.

—————

I många strålar bryter sig det Sköna
För menskans syn: till alla sidor blickar
Det rika ljuset med sitt Janusanlet.
Den höga Konsten är så rik som ljuset,
En stor månghörning är dess tempelbyggnad.
All färg fördrar hon, endast mörkret ej;
Der mörkret finnes, der har Konsten felat
Och solen, himlens snille, har gått ner.

mit dem Gedanken wird auf des Mannes Lippen auch schon das Wort geboren: was dunkel gesagt ist, das ist auch dunkel gedacht. Die ächte Weisheit gleicht dem Diamant, einem erstarrten Tropfen des himmlischen Lichtes; je reiner und klarer er ist, desto mehr ist er werth, und desto mehr strahlt auch das Licht des Tags hindurch.

In vielen Strahlen bricht sich das Schöne vor dem Blick des Menschen: nach allen Seiten blickt das reiche Licht mit seinem Janusangesicht. Die hohe Kunst ist reich gleichwie das Licht, ein grosses Polygon steht ihr Tempelbau da. Jede Farbe verträgt sie, nur nicht Nacht und Dunkelheit; wo Dunkelheit zu finden ist, da hat die Kunst gefehlt, und des Himmels Genius, die Sonn', ist da untergegangen.

—————

Så lefve ljuset! Sprides det af eder
I fosterbygden, i det kära landet,
Der barndomsvänner bo, och fädren hvila.
Frid öfver deras stoft! Ett minnets land,
En stor stamtafla är det höga Norden.
Hvarthelst vi blicka, står en hågkomst för oss.
I hjeltars aska gro de Svenska skogar,
Om äfventyr från fordom sjunger vågen,
Och Nordens himmel skrifves full hvar qväll
Med gyllne runor om de store döde.

—————

J ädle ynglingar, J ljusets svurne,
Det eviges apostlar uti Norden!
I fosterlandets namn, i menskligheten,
Jag lyser deras frid utöfver eder.
Gån ut, prediken Evangelium,
Det Sannas Evangelium, det Skönas,
Det glada budskap från den bättre verld,
Der allt är gudafrid och himlaklarhet.
Och när J en gång (gälle det er alla!)
Igenomstridt den femtiåra striden
För ljusets sak, när er gullbröllops-fest
Med Sanningen är redo till att firas,
Och evighetens gränssten, grafvens häll,
Som vigselpall står öfverhängd med blommor:
Välkomna du, J silfverhårade,
J Febi svanor, o! välkomna åter
Till samma tempel, som i dag er rymmer,

Ein Lebehoch denn dem Lichte! Breitet denn ihr es aus in unserm Vaterland, dem theuern Lande, wo unsere Kindheitsfreunde wohnen und unsere Väter ruhn! Sie ruhen in Frieden! Ein Land der Erinnerungen, ein grosser Stammbaum ist der hohe Norden. Wohin wir schauen, steht irgend ein Denkmal vor uns. Im Staube der Helden wachsen die Wälder Schwedens, Mährchen der Vorzeit erzählt die rauschende Fluth, und noch stets des Abends erscheinen an Nordens Himmel flammende Runen zum Ruhm der grossen Todten. — — —

Ihr edeln Jünglinge, ihr Geschwornen des Lichtes, Apostel des Ewigen im Norden! Im Namen des Vaterlandes, in dem der Menschheit, ruf ich ihren Segen auf euch herab. Geht in die Welt hinaus, predigt das Evangelium, das Evangelium des Wahren und des Schönen, die frohe Botschaft von jener bessern Welt, wo man von Nichts weiss, als von Gottesfrieden und von Himmelsklarheit. — Und wenn ihr dereinst (o, dass es doch euch Allen gälte!) den fünfzigjährigen Kampf muthig durchgekämpft habt für die Sache des Lichtes, wenn ihr einmal im Begriff steht, euere goldne Hochzeit zu feiern mit der Wahrheit, und wenn der Grabstein, der Markstein der Ewigkeit, ein Blumenüberhangener Trauungsschämel vor euch steht: o willkommen alsdann, ihr Greise im Silberhaar, ihr Schwäne des Phöbus, o willkommen zum zweiten Mal, willkommen an dieses nämlichen Tempels Schwelle, der euch heute umschliesst,

Till samma lager, ej förvissnad än,
Men blott ett halft århundrade mer mogen!
Ack! icke jag emottar eder då.
Förstummad längesen är då min stämma,
Och detta hjerta, som slår nu så varmt,
Är stoft, och någon vänlig stam deröfver
I vinden skakar sina gröna lockar.
Men anden (hoppas jag) ser ner ännu
Till jorden, till de välbekanta ställen,
Der tåget skrider öfver Lundagård
I templet opp att hämta sina kransar.
Och sakta orda mellan sig de gamle
Om flydda dagar, om sin ungdoms drömmar,
Och jemte dem ett slägte, ofödt nu,
Med vördnad lyssnar till de visa röster; —
Då gläds jag än en gång åt eder högtid.

' zum nämlichen Lorbeer, dann noch nicht verwelkt, sondern nur noch um ein halbes Jahrhundert reifer! Ach, nicht ich bin es, der euch dann empfängt. Längst schweigt dann meiner Stimme Schall, und dieses Herz, das jetzt so warm noch schlägt, ist Staub, und irgend ein freundlicher Baum schüttelt im Winde seine grünen Locken darüber. Mein Geist jedoch (ich hoff' es) blickt noch nach der Erde herab, nach den trauten Räumen, wo der Zug sich zwischen den Bäumen des Lunderhofs zum Tempel hin bewegt, um sich die Kränze da zu holen. Und in leisem Gespräche reden unter sich die Greise von vergangnen Tagen, von den Träumen der Jugend, und neben den Greisen wandelt ein jetzt noch ungeborenes Geschlecht, und horcht mit Ehrfurcht auf die weisen Stimmen; — dann freue ich mich noch einmal eures Fests.

Till Gustaf v. Leopold.

Der satt på en af Pindens throner
En sångarkung i utdödt hof,
Och harpan med de rena toner
Låg tystnad på hans arm och sof.

Han var ej mer, som förr, den glade
Förtjusarn börd af stad och land,
Och mörkret, för att hämnas, hade
Uppå hans ögon lagt sin hand.

Då reste sig ett yngre slägte
Med sorl ur sina dalars natt.
De stormade, men ingen räckte
Till thronen, der den gamle satt.

Gick så en främling med sin lyra
Den vilda tummelplats förbi.
Han såg väl striden och dess yra,
Men icke meningen deri.

„Hvad vill," sad' han, „det långa kifvet?
Den höges måttstock är ej vår.
Från andra höjder såg han lifvet,
Hans sång på andra toner går.

An Gustav von Leopold.

Auf einem der Throne des Pindus sass ein Sängerkönig in seinem nun einsamen und ausgestorbenen Hofe. Und seine Leier mit den reinen Tönen lag stumm auf seinem Arm und schlief.

Er war nicht mehr wie vormals der heitere, der zaubermächtige Liedersänger, dem Stadt und Land mit Wohllust lauschten, und die Nacht, um sich zu rächen, hatt' auf seine Augen jetzt die Hand gelegt.

Da erhob sich lärmend aus der Nacht seiner Thäler ein jüngeres Geschlecht. Sie stürmten heran, doch reichte nicht ein Einziger zu dem Thron hinauf, auf welchem der Greis noch ehrfurchtgebietend sass.

Da kam ein Fremdling mit seinem Saitenspiel an dem Ort des wilden Getümmels vorüber. Er sah wohl den Streit und seine Heftigkeit, doch sah er keinen Sinn darin.

„Was ist der Sinn," so sprach er, „des langen Zankes da? Der Maassstab dieses Hohen ist nicht mehr der unsere. Von andern Höhen sah er das Leben, nach andern Tönen geht seines Gesanges Melodie.

Från himlen kommer sångarljuset,
Dess första färg har ingen sett.
Det bryts i skyn, det bryts i gruset,
För Gud allena är det ett.

Som blomstren skifta i det gröna,
Så skiftar diktens lätta här.
I många former trifs det Sköna,
Och skönt är allt, som snillrikt är.

Hell dig, bland klassiska ruiner
Du gamle, hög och undransvärd!
Du Farus, som står qvar och skiner
Ur en förgången sångarverld!" —

Så talade han rörd, och lade
För skaldens fötter ned sin krans.
Den krans var ringa, men han hade
Ej någon bättre då till hands.

Och solen sjunker i det samma,
Och natten står på bergets topp;
Och rundt kring sångarns hjessa flamma
Det gamla minnets facklor opp.

Vom Himmel kommt das Sängerlicht, seine
erste Färbung hat Keiner gesehn. Es bricht
sich in den Wolken, es bricht sich im Erden-
staube, nur dem Auge Gottes ist es eines und
dasselbe.

Wie die Blumen wechseln im Grünen draus-
sen, so wechselt auch der Dichtung leichtes
Heer. In vielen Formen tritt das Schöne her-
vor, und was da des Genius voll und geistreich
ist, das nenn' ich schön.

Heil dir, unter klassischen Ruinen, du Dichter-
greis, hoch dastehend und bewundernswürdig!
Du Pharus, der noch einsam emporragt und
herüberleuchtet aus einer untergegangenen
Sängerwelt!

So sprach er gerührt, und legte seinen Kranz
still zu des Dichters Füssen nieder. Der Kranz
war werthlos und gering, doch hatt' er keinen
bessern da zur Hand.

Und in dem nämlichen Augenblicke sinkt die
Sonn' ins Meer hinunter, und die Nacht steht
auf dem Scheitel des Gebirges; und rings um
des Sängers Schläfe lodern hell die Fackeln der
Erinnrung an vorige Tage auf.

J. O. Wallin.
(Erkebiskop. Död 1839.)

Den Svenska kyrkan, Wasas kyrka, hvilar
Uppå ett hälleberg sin altarrund;
Hon darrar ej vid dagens ilar,
Ty hon står fast som jordens grund.
Men hvad den horde, Sången der ej sade,
Och sömnig kom han ifrån berg och dal;
Ty Spegels språk föräldrat hade,
Och orden fattades till fädernas choral.
Då kommer från Parnassens branter
En yngling, en af ljusets anförvandter,
Med lagren i sitt mörka hår;
Den hänger han på Davids harpa,
Och griper i dess guld, och slår
Akkord, än milda, som en fläkt i vår,
Och än som dundersslagen skarpa.
Då smälter hjertat i hvart menskligt bröst,
Och englarne från himlens throner

J. O. Wallin.
(Erzbischof von Schweden, gestorben im J. 1839.)

Die schwedische Kirche, die Kirche Wasa's,
ruht mit dem Rundell des Altares auf einem Fel-
sen; sie wankt nicht unter den Stürmen des Ta-
ges, denn sie steht fest, gleichwie der Erde
Grund. Doch matt blieb ihr Gesang hinter
Dem zurück, was sie lehrte, und schläfrig kam
er von Bergen und Thälern herab; denn die
Sprache Spiegels war veraltet, und zum Choral
der Väter fehlte das rechte Wort. Da steigt
von den Höhen des Parnasses ein Jüngling
herab, einer von denen, die dem Lichte stam-
verwandt sind, mit dem Lorbeer in seinem dun-
keln Haar; den hängt er fromm an Davids
Harf und greift in ihr Gold hinein, und schlägt
Accorde darin an, bald sanft und mild wie
Frühlingswehn, bald furchtbar mächtig und
dröhnend wie des Donners Hall.
Du schmilzt das Herz in jeder Menschenbrust,
und die Engel schauen herab von des Himmels
Thronen

Se ner och lyss till broderliga toner
Utaf den gudasändes röst.
Och hviska tjuste till hvarannan:
Så sjöngo vi, på samma vis,
När första aftonen, med Hesperus i panuan,
Stod öfver nyfödt paradis!
Så klingade ock våra psalmer.
Det susade i Edens palmer,
När sången kom från himlens tempelgard,
Ett rikt, ett klingande akkord.
Hör hvilken sång, hör Gudasonons lära,
Som jordens frälsning är och himlens ära,
Den djupa evighets mystér,
För menskan satt i toner der!

— — — — — — — — — — — —
En sång som denna
Har Delphi ej, har Hellas ej lärt känna,
Har sjelfva Roma icke hört ännu,
Urgamla herrskarstaden, hjelteamman,
Med minuets fästningar på bergen sju)
Knappt Salems tempelkrönta kullar,
Der Kidrons mörka bölja rullar
Och gjutes i det döda haf.
En mörk profet, som sjunger mellan säfven
Jordslägtets vaggsång, och dess drapa äfven."—

＊

Så sjöngo englarne: en återklang
Af deras sång kring bergen sprang
Och dallrade i dalar gröna;
Men skalden slog sin harpa, och det Sköna
Stod mellan bergen opp och log
Och såg sig om i Nordanskog.
Så lätt, så sorglös som ur intet sprungen,
Den sången var, dock djupt ur hjertat sjungen.
— — — — — — — — — —

En vers så skön, som knappast Kellgren diktat,
Så högstämd som profetens var,
Djup, som de tankar natten biktat,
Frisk, som dem dagen skiner på, och klar.
Det var den konst, som föds af gudaflamman,
Som spänner sinnet och dock ger det ro, —
Och formens bedua skönhet växte sammau
Med djupet af de kristnas tro.

und lauschen den brüderlichen Gesangestönen
des Gottgesandten, und flüstern einander voll
freudigen Staunens zu: „So, gerade so sangen
auch wir einmal, als die Pracht des ersten
Abends, überm der Hesperus an seiner Stirne
glänzte, überm neugeschaffnen Paradiese stand.
So klangen auch unsere Psalmen, in Edens Pal-
men säuselte es, wenn der Gesang erscholl vom
Tempelhof des Himmels, ein prächtiger und vol-
ler, ein klingender Accord. Horch, was das für ein
herrlicher Gesang ist, vernimm, wie die Lehre
des göttlichen Sohnes, die da ist die Erlösung
der Welt und die Glorie des Himmels, wie der
Ewigkeit tiefes Geheimniss da in Musik gesetzt
ist! — — — — — — — — — — —

Einen Gesang wie diesen kannte Delphi, kannte
Griechenland nicht, einen solchen Gesang ver-
nahm selbst Rom noch nicht (die uralte Herr-
scherstadt, die glorreiche Heldenamme, mit den
Burgen der Erinnrung auf den sieben Bergen);
kaum Salems Tempelgekrönte Hügel vernah-
men ihn, wo sich des Kidrons dunkle Welle
hinwälzt und sich zuletzt ins todte Meer er-
giesst, ein düsterer Prophet, der zwischen dem
Schilfe das Wiegenlied des menschlichen Ge-
schlechts auf Erden singt — und auch seinen
Grabgesang."

So sangen die Engel: durchs Gebirge scholl
das Echo des Gesanges, und mit leisem Beben
klang es im Grün der Thale wieder: der Dich-
ter jedoch schlug hell die Saiten, und die Schön-
heit erhob sich zwischen den Bergen und sah
sich lächelnd um in Nordens Wald. So leicht
und ungesucht, wie aus dem Nichts hervorge-
sprungen, war dieser Gesang, und doch quoll
er hervor aus des Herzens heiligsten Tiefen. —

Das war eine Pracht des Verses, worin selbst
Kellgren ihn nicht übertraf, das war eine
Sprache, so hoch und erhaben, wie die eines
Propheten, voll tiefen Ernsts, wie die Gedan-
ken, die die Nacht gebeichtet, voll frischen Le-
bens und hell und klar, wie die, welche der
Licht des Tags bestrahlt. Das war jene ächte
Kunst, die da von der göttlichen Flamme ge-
boren wird, die dem Herzen die höchste Spann-
kraft gibt und es doch, zugleich wieder be-
schwichtigt und beruhigt, — und die beidnische
Schönheit der Form verwuchs mit den tiefen
Schönheiten des christlichen Glaubens.

Och när han talade från predikstolen,
Hur lyftes sinnet då uppöfver solen!
Det var liksom när åskan går,
(Predikarn i den friska vår); —
Men dessemellan ljumma droppar
Nerdugga öfver lundens toppar
Och gläusa i dess gröna hår,
En evangelii bild, men dundersslagen
Förkunna Herrans makt, förkunna lagen: —

Så stod den väldige profeten,
Guds talemau i dödligheten,
Profet till blick, profet till röst,
Hon kom med hot, hon kom med tröst,
Och tempelhvalfven darrade vid henne.

Und wenn er von der Kanzel herab zum Volke
sprach, wie hoben sich die Herzen da so hoch
empor, höher empor, als Sonn' und Sterne glänzen! Es war wie ein Gewitter (welches da ist
gleichsam ein Prediger im frischen Frühling); —
während die linden Tropfen auf die Wipfel des
Haines herniederthauen, und, ein Bild des Evangeliums, in seinem grünen Haar erglänzen, verkünden zugleich des Donners grause Schläge
die Macht des Herrn und das Gesetz: — — —
so stand der mächtige Prophet da, ein Sprecher
Gottes in dem Kreis der Sterblichkeit, Prophet
dem Blick, Prophet der Stimme nach: — sie
kam mit Worten der Warnung und der Drohung,
sie kam mit Worten des Trosts, und wie ein
fernes Donnern am bebenden Tempelgewölbe
brach sich ihr Widerhall. — — — — —

Johannisboken, gudasagan,
Den bok, som borde skrifvits blott
Med blomsterskrift på himmelsblått,
En gudalifvets svanesång, hvars klagan
Med hopp och tröst till månget hjerta gått:
En rik idyll om Gudasonen,
Som solen klar, och mild och blid som månen,
(Den bleke vandraren, som allvarsam
Med minnets lampa går i natten fram)
Den boken han från himlen läute,
Dess ädlaste, dess bästa tolk,
Och gaf oss den i testamente,
När han gick bort ifrån sitt folk: —
Dess Svenska syskon vi nu fåfängt vänte,
Ty han med sig lagt ned sin herdestaf:
Dess gudatoner susa kring hans graf.

Das Buch Johannis, die göttliche Sage, das
Buch, das da in Wahrheit werth gewesen wäre.
nicht anders als mit Blumenschrift auf Himmelsblau niedergeschrieben zu werden, der Schwanengesang eines göttlichen Lebens, dessen
Klage mit Trost und Hoffnung zu so manchem
Herzen drang: eine wunderschöne Idylle von
dem Sohne des Herrn, hell und klar wie die
Sonn', und sanft und mild, wie der Glanz des
Mondes, (dieses bleichen Wanderers, der voll
heiligen Ernsts mit der Ampel der Erinnerung
durch die Nacht wandelt), das Buch nahm er zu
leihen von des Himmels Höhn, als sein edelster,
sein bester Dolmetsch, und hinterliess es uns
als ein Vermächtniss, da er von seinem Volke
sich hinweg begab; — vergebens warten wir
jetzt auf seine schwedischen Schwestern, denn
mit ihm hat er seinen Hirtenstab niedergelegt:
seine göttlichen Klänge umrauschen jetzt sein
Grab.

Farväl, du store sångarbroder!
Sof lugnt, — — — —
    och på den kyrkogården,
Som sjelf du helgat, blifver minnesvården
Hvad skönt du bildat, och hvad stort!
Det gamla trogna minnet skrifver
Din saga upp, och dertill våren gifver
Sin bästa färg af guld och rosenrödt.
Den himmel, du predikat, blifver
Ditt grafhvalf, högt och stjernbeströdt, —
Det hvalfvet ingen ålder rifver.
Och tröttnar stundom någon gång,
Den flygande, den Svenska sång,

Leb' wohl, du grosser Bruder im Gesange!
Schlafe in Frieden — — — — und auf dem
Kirchhof, den du selbst einst eingeweiht, wird
Das, was du im Leben Grosses und Schönes
schufst, dein Denkmal werden! Die alte treue
Erinnerung schreibt deine Sage auf, und der
Frühling gibt dazu seine schönsten Farben her
von Gold und Rosenroth. Der Himmel, welchen du gepredigt, wird das Gewölbe deiner
Gruft sein, hoch und herrlich und von Sternen
glänzend, — das Gewölbe reisst keine Zeit
nieder. — Und will dann und wann der schwedische Gesang in seinem Fluge ermüden,

Låt honom då få hvila vingen
Emot din graf, och svinga sig
Igen till stjernorna, till dig,
Du, första stämman i den vittra ringen,
Du skald som få, du talare som ingen!

dann lass ihn seine Flügel zur Rube auf dein
Grab herniedersenken, und dann wieder empor
zum Dom der Sterne, zu Dir sich schwingen,
Du, die erste Stimme in dem Rath der Dichter
und Gelehrten, du Sänger wie wenig andere,
du Redner wie Keiner.

Svar på Professor Agardhs inträdes-tal i Svenska Akademien.
(1834.)

Antwort auf Professor Agardhs Antrittsrede bei seiner Einführung unter die Achtzehn der Schwedischen Akademie.
(1834.)

Välkommen bland oss, fast ej mer som förr
Den plats, du intar, aktas högt af alla,
En thron i Ordets eller Sångens verld,
Ett domarsäte utaf jäf och villa.
I tankens rike väljes man till kronan,
Till lagerkronan; den en krona bär
Skall också herrska, den en sak förstår
Skall också dömma, det är tingens ordning.
Så troddes fordom, så tros nu ej mer.
Ack! stora minnen bo likväl härinne
I Gustafs stiftelse, der Lehnberg talte,
Och Oxenstjerna, Kellgren, Leopold
I ädel täflan höjde sångens röster.

— — — — — — — — —

Men hvad är Minnet för en tid som denna,
Som ingen forntid, ingen framtid har,
Blott ögonblicket, som man äflas i,
Der dagens infusionsdjur leka frihet
I tanklöst hvimmel, eller falla ner
I platt afgudadyrkan — för sig sjelfva?
Frisinnig är vår tid, och allt slags makt,
Jemväl den mildaste, den himlaburna,
Som styr och lär i Andens fria land,
Så snart hon erkäns, blir hon straxt förhatlig.
Ej en skall styra, och ej fler, — men alla,
Ty medelmåttans jemlikhet är helig.
Hon stiftar lag i Staten, hvarför ej
I Dikten äfven, som dock är en fristat?

— — — — — — — — —

Willkommen unter uns, wenngleich der Platz, welchen du einnimmst, keineswegs mehr von einem Jeden so hoch wie vormals geschätzt ist, ein Thron im Reiche des Wortes und des Gesanges, ein Richterstuhl des Irrthums und des Widerspruchs. Im Reiche des Gedankens wird man zur Krone, zum Lorbeerkranz erwählt: und wer eine Krone trägt, der soll auch herrschen, wer eine Sache versteht, der soll auch urtheilen, so ist es in der Ordnung. Dieser Meinung war man früher, jetzt ist man einer andern. Ach, grosse Erinnerungen leben gleichwohl noch jetzt in diesem Kreise, in Gustavs Stiftung, wo Lehnberg redete, und Oxenstjerna, Kellgren und Leopold in edelm Wetteifer die Stimmen des Gesangs erhoben.

Doch was ist die Erinnerung für eine Zeit wie die unsere, der weder das Gestern, noch das Morgen mehr heilig ist, sondern blos der Augenblick, in dem man lebt und worin des Tages Infusionsthiere in gedankenlosem Durcheinanderwimmeln Freiheit spielen, oder höchstens in flachem Götzendienst anbetend — vor sich selber auf die Kniee fallen? Freisinnig ist unsere Zeit, und doch — jede Art von Macht, selbst die mildeste, die Tochter des Himmels, die da lehrt und herrscht im freien Land des Geists, sowie sie sich geltend macht, ist sie sogleich gehässig. Nicht Einer soll herrschen und auch nicht eine gewisse Anzahl — sondern Jeder, denn heilig ist bloss die Gleichheit der Mittelmässigkeit. Sie gibt im Staat Gesetze, warum nicht auch in der Welt der Dichtung, die doch eine Republik ist? — — — — — —

Välkommen likväl till den stol, der Fleming,
Med silfverstämman, satt och talte blommor.

Med tidens ström gå ädlare naturer,
Som andra, neråt; men de simma dock,
Som svanen simmar öfver grumlig bölja
Och skakar slammet från sitt silfverdun.
På mången grund, som nu är plöjd och harfvad,
Ha mensklighetens bästa blommor växt.

För ordets gåfva satt han ibland oss.
Ej stora tankar, som gå drägtiga
Med nya verldar, föllo från hans läppar,
Som elden faller ifrån himlahvalfvet,
Men väl ett arlaregn emellan solsken,
Som vederqvickte både fält och dal.
Det låg en Gratie i hvad han sade; — — —
Ett skönt, ett ädelt sinnes makt på jorden, —
Dess inre blomstrar, derför blomstra ordon.

Välkommen bland oss, fast du icke hör
Till diktens folk, som sväfvar utan styre
Emellan himlen, som det dock ej når,
Och jorden, der dess fot ej finner fäste.
Du hör till vettenskapen, och din sångmö
Är Sanningen, men kring dess gudalemmar
Det Skönas purpurmantel kastar du
I rika veck, och blixtrande idéer
Som ädelstenar lysa på dess bräm.
Så var det förr i Grekland och i Rom.

Du är Naturens prest och dess förtrogne,
Lyss till dess röster utur Delfigrottan,
Och täljer hennes pulsars pendelslag.
En egen tjusning följer också med
Ditt sköna yrka, med ditt blomsterfolk,
Naturens skötebarn, som ännu ligga
Och dia jordens barm, och medvetslösa
I salig slummer dricka lif och lugn.
Hur sälla dessa nerver, som ej känna,
Hur glada dessa ögon, som ej se!

Willkommen gleichwohl auf dem Stuhl, worauf Fleming, mit seiner herrlichen Silberstimme, sass und in lauter Blumen sprach.

Bessere Naturen gehn, wie die andern, abwärts mit dem Strom der Zeit; indess schwimmen sie doch darauf hin, wie der Schwan dahinzieht durch die trübe Fluth und den Schlamm abspritzt von seinem silbernen Gefieder. — — —

Auf manchem Grund und Boden, worüber jetzt Egg' und Pflug gegangen sind, sind der Menschheit herrlichste Blumen gewachsen.

Der Gabe des Wortes wegen sass er in unserm Kreise. Keine grossen Gedanken waren es gerade, keine Gedanken, welche mit neuen Schöpfungen schwanger gehen, die von seinen Lippen flossen, gleichwie das Feuer züngelnd vom Himmelsgewölbe niederfliesst; wohl war es dagegen ein Morgenregen, der davon niedertroff, ein Morgenregen unter Sonnenschein, der Feld und Thal erquickte. Eine eigene Grazie lag in Dem, was er sprach; — — —
— — — — — denn darin beruht die Macht eines schönen, eines edeln Gemüths hienieden: in seinem Innern blüht es von lauter Blumen, und darum blüht auch seine Rede.

Willkommen unter uns, obgleich du nicht zu dem Volk der Dichtung gehörst, das steuerlos zwischen dem Himmel, den es doch nicht erreicht, und zwischen der Erde hin herschwebt, worauf seine Füsse niemals Grund und Boden finden. Zur Wissenschaft gehörst du, und deine Muse ist die Wahrheit; doch wirfst du um ihre göttlichen Glieder in prächtigen Falten den Purpurmantel der Schönheit, und wie Juwelen glänzen Gedankenblitze an seinem Saume. So war es einst auch in Griechenland und Rom.

Du bist ein Priester und Vertrauter der Natur, du horchst auf ihre Stimmen aus der Nacht der Delphigrotte, und zählst ihre Pulsschläge mit Bedacht. Ein eigener Zauber ist auch mit deiner schönen Thätigkeit, mit deinem Blumenvolk verbunden, diesen Schoosskindern der Natur, die noch saugend am Busen der Erde liegen, und bewusstlos in süssem Schlaf Leben trinken, und Frieden und Ruhe. Wie glücklich sind doch diese Nerven, die nicht fühlen, wie fröhlich und heiter diese Augen, die nicht sehen!

Hvar gång, som våren kommer i sin skönhet
Och skrifver ängen, skrifver dalen full
Med sina dikter, vaggande i vinden,
Hur önskar jag att kunna tyda då
Det sköna språket, det Olympiska,
Hvars mening nu jag endast dunkelt anar.
Du känner det, du lärt det från din barndom,
Och vårens unga, undersköna döttrar
Ha ingen hemlighet för dig, du står
Vid deras nattduksbord i morgonstunden,
Vet hvad harmonisk, gudabyggd gestalt
De svepa solskenslöjan om, och hör dem
Med rosenläppar hviska sinsemellan
Om nattens sagor, och i blomdoft andas
De sina känslor ut för den förtrogne.
Och bland de tusende och tusen än
Fins ingen enda falsk emot sin vän,
Men idel tro och oskuld, hvart vi blicke; —
O öfvergif dem, öfvergif dem icke! — — —

Mig har man valt att ta emot dig här,
I hopp att minnet om försvunna dagar,
Om bättre dagar, skulle kasta än
Sitt rosenskimmer öfver denna stunden.
O hoppets glans i lifvets österland!
O gyllne drömmar under morgonrodnan!
Hvar är det hjerta, som ej saknar eder,
Hvar är det öga, som ej friskar opp
Med stilla tårar edra bleka rosor?
— — — — — — — — — — —
Det var en lycklig tid, en rik, en herrlig,
Vår resa gick till obekanta land
Bland rika äfventyr, bland ärofulla.
Hvad näktergalar slogo rundtomkring
Ej blott i lunden, men i våra hjertan.
Hvad trollslott brunno uti morgonsolen!
Förhexade prinsessor sofvo der,
De skulle väckas genom sång och forskning
Och sätta lagerkransen på befriarn. —
Hur mycket annorlunda är det nu,
Sen åren gått med sina sorger alla
Utöfver lockarna och färgat dem
Med dödens nationalfärg, med det hvita. —
— — — — — — — — — — —

So oft der Frühling wiederkehrt in seiner Schönheit, und den grünen Anger und das Thal vollschreibt mit seinen Dichtungen, die sich da im Wehn des Windes wiegen, wie möchte ich da jedesmal so gerne die schöne Sprache zu deuten wissen, die olympische Orakelsprache, deren Sinn ich selbst nur dunkel ahne. Du verstehst sie, du hast sie gelernt von deiner Kindheit an, und die jungen, die wunderschönen Frühlingstöchter haben kein Geheimniss vor dir, du darfst sie belauschen, wenn sie des Morgens Toilette machen, du weisst es wohl, um welche schöne, harmonische, um welche von göttlichen Händen geformte Gestalt sie den sonnigen Schleier des Tages werfen, und hörst sie mit Rosenlippen untereinander von den Mährchen der Nacht lispeln, und im Duft der Blüthen hauchen sie vor dem Vertrauten ihre Gefühle aus. Und unter den vielen Tausenden und Tausenden ist nicht eine einzige, die falsch wäre gegen den lieben Freund, und nichts als Treue und Unschuld finden wir, wohin wir schauen; — o lass sie, lass auch du sie nicht im Stiche! — — —

Mich hat man dazu erwählt, in diesem Kreis dich zu empfangen und zu begrüssen, indem man hoffte, dass das Gedächtniss nun längst dahingeschwundener, schönerer und besserer Tage noch seinen rosigen Schein auf diesen Augenblick werfen möchte. O Hoffnungsglanz im Morgenland des Lebens! O goldene Träume im Frühroth! Wo ist das Sele, die nicht noch mit heissem Sehnsuchtsschmerz nach euch die Arme breitet? Wo ist das Auge, das nicht mit still geheimen Thränen eure bleichen Rosen wieder netzt? — — — — — — — —

Ja, das war eine glückliche Zeit, eine reiche, eine herrliche, nach unbekannten Ländern zogen wir zusammen aus unter glänzenden, unter ruhmlichen Abenteuern. Was schlugen für Nachtigallen, nicht nur im Haine, sondern in unsern eigenen Herzen selbst, was für Zauberschlösser sahn wir da im Feuerschein des Morgens glänzen! Verzauberte Prinzessinnen schliefen da, und dass wir sie erlösen würden durch Gesang und Forschung, hofften wir damals hochgemuth, und dass sie den Lorberkranz ertheilen würden dem kühnen Befreier. — Wie ganz anders ist es jetzt, seitdem die Jahre mit all ihren Sorgen über unsere Locken dahingegangen sind und sie mit der Nationalfarbe des Todes gefärbt haben, mit der Weissen! —
— — — — — — — — — — —

Ej herrskar minnet ensamt, hoppet bor
Hvar lifvet bor, och det är mycket än,
Som kunde göras, innan natten kommer.
Derför med säkert öga banan mät,
Blif icke trött, bevinga dina fjät,
Och mången framgäng kan du än förmoda.
Det bästa når ej menskan, men det Goda
Är också godt: gå hän och lef för det!

Nicht nur die Erinnerungen herrschen im Ge-
müthe, wo irgend Leben wohnt, da wohnt auch
noch die Hoffnung, und noch Manches lässt
sich thun und wirken, ehe die Nacht berein-
bricht. Darum miss mit sicherm Auge noch die
Bahn, und werde nicht müde, beflügle deine
Schritte, und manches Erfolges kannst du dann
noch gewärtig sein. Das Beste kann der Mensch
nicht erreichen, doch selbst das Gute ist schon
gut: geh' hin und lebe dafür!

Svar på Professor Atterboms inträdestal i Svenska Akademien.
(Maj 1840.)

Att här du sitter, att jag helsar dig
Välkommen bland oss, visar tidens välde,
Ombildarens, som länge ställde
Inunder skilda fanor dig och mig,
Och ej blott mig, men äfven mången annan
Af sångar-ätten från kung Gustafs dar,
Som bar ovansklig lagerkrans kring pannan.
Den kransen hänger än bland stjernor qvar
På minnets hvalf, när qvällens vindar sopa
På vår förgätna graf tillhopa
Blott vissna blad af min och mången anns
Förgängeliga sångarkrans.

Dock striden är förbi. Hvad ondt den vållat,
Förgätes bättre än det tänkes på.
Vi tacka glömskan, som sin åska sållat
På släckta glöd, och undra begge två
Hvad sällsam villa, som vår syn förtrollat:
Med åren komma sans och frid ändå;
Och allt som skiljomuren börjat ramla,
Den nya skolan flyttar i den gamla.

Vi sågo ej, men känna dock en tid,
En gyllne tid, då der var knappast strid
Emellan diktens bild och verkligheten;

Antwort auf Professor Atterboms Antrittsrede bei seiner Einführung unter die Achtzehn der Schwedischen Akademie.
(Im Mai 1840.)

Dass du jetzt unter uns sitzest, dass ich dich
unter uns willkommen heisse, es ist ein Beweis
von der Macht der Zeit, der grossen Umgestal-
terin, die uns Beiden so manches Jahr unter
verschiedenen Fahnen unsern Kampfplatz an-
wies; — und nicht nur mir und dir, sondern
auch manchem andern von dem Sängerge-
schlechte aus König Gustavs Tagen, der einen
unvergänglichen Lorberkranz um seine Schläfe
trug. Der Kranz wird noch zwischen den Ster-
nen am Gewölbe der Erinnerung hangen, wenn
die Winde des Abends nur noch welke Blätter
von meinem und von manchem andern vergäng-
lichen Sängerkranze auf unsern vergessenen
Gräbern zusammenkehren.

Doch der Streit ist nun vorbei. Was er Bö-
ses im Gefolge gehabt hat, das sei lieber mit
einem Schleier bedeckt, als noch einmal er-
wähnt. Wir wissen wir's der Vergessenheit,
dass sie ihre Asche auf gelöschte Gluthen
streuete, und wir wundern uns Beide, welcher
seltsame Irrthum unser Auge doch bezaubert und
bethört haben muss: mit den Jahren kommen
indess von selbst Besinnung und Friede; und
sowie die Scheidemauern nach und nach zusam-
menstürzen, zieht auch die neue Schule Mann
für Mann in die alte ein.

Wir selbst haben sie nicht mehr gesehn, wir
wissen es jedoch, dass es einmal eine gab: —
eine goldene Zeit nämlich, wo kaum noch ein
Zwiespalt war zwischen dem Bilde der Dichtung
und der Wirklichkeit;

Ty blott det Sköna verldens grundlag var,
Och ännu lekande bland blommor qvar
Låg vid naturens hjerta menskligheten.
Naturen sjelf, som nu ej lefver rätt,
Spratt då af lif, och dansande och lätt
sig rörde hennes unga näringssafter;
Personligt lefde alla hennes krafter
Som lekkamrater åt sin menskoätt.
I öster Eos satt med purpurfanan,
Och timmarne sig radade till dans;
Men på sin vagn i oförgänglig glans
For Helios och mätte strålebanan
Igenom zodiakens sagoverld,
Och knäppte lyran på sin himmelsfärd.
Och ej blott himlens hvalf, men äfven jorden
Var utaf lefvande gestalter full.
Hvarthelst du vände dig, förnummos orden
Af verldspoëmet, diktad för din skull.
Ur lundens toppar nickade Dryaden,
Dess fibrer lefde uti hvarje stam,
Och hvar en källa sprang bland bergen fram,
Satt med sin urna sorlande Najaden.
Dig mötte idel fränder på din stig;
I vindens sus, i blommorna, i gräsen,
En ande lefde, ett beslägtadt väsen,
Ett sagans barn, som tänkte, kände sig
Och såg med vänligt öga opp till dig.
Men ofvan skyarna i rika skrudar
Der suto herrskande Olympens Gudar,
Men stego likväl ned ibland,
Välkomna gäster, öfver sjö och land,
Och bodde gladt i marmortemplen inne:
De sköna templen, der hvar jordens son
Förklaradt läste högre verldars minne:
Som trösten faller i hvart ädelt sinne,
Föll ljuset i rotundan ofvanfrån.
Ju menskligare Gudar voro,
Ju mer gudomlig menskan blef,
Och hjeltarne kring jorden foro
Som gudasöner, hvart dem anden dref.
Då blödde Hydran, afundsjukan, splitet,
Nemäas lejon, terrorismen, föll,
Och Jofursonen Gorgohufvu't höll
Mot det förvända, det besatta nitet,
Men ack, det skedde då, som nu, för litet.
Men i Olympia, i Kronions lund,
En skog af gudastoder och oliver,
Der mätte täflingsbanan ut sin grund
För kraftens lekar, för de ungas ifver.
Med senor spänstiga som hamradt stål,

denn nur das Schöne war das Grundgesetz der
Welt, und unter Blumen spielend lag die
Menschheit noch am Herzen der Natur. Die Na-
tur sogar, die jetzt kein rechtes Leben mehr hat,
sprudelte da noch von Leben, und tausend
gleichsam und spielend ergossen sich ihre jun-
gen Nahrungssäfte; — ein persönliches Dasein
besassen all ihre Kräfte, sie waren wie Spielka-
meraden des Menschengeschlechtes. Im Osten
sass Eos mit der Purpurfahne, und die Stunden
reihten sich zum Tanze; doch hoch in seinem
Wagen droben in unvergänglichem Glanz fuhr
Helios dahin und durchmass die Strahlenbahn
durch die Sagenwelt des Thierkreises, und
schlug die Leier während seiner himmlischen
Fahrt. Und nicht nur das Himmelsgewölbe,
sondern auch die Erde war voll von lebendigen
Gestalten. Wohin du schautest, vernahm dein
Ohr Klänge des Weltgedichts, das deinetwegen
gedichtet worden war. Aus des Haines Wipfeln
nickte grüssend die Dryade, in jedem Baumstamm
schlug ihr Pulsschlag noch, und wo im Gebirge
eine Quelle aus dem Gestein hervorsprang, da
sass mit der Urne die plätschernde Najade. Wo du
standst und gingest, begegneten dir verwandte
Naturen; im Säuseln des Windes, in Gras und
Blume lebte eine Sele, ein Wesen deines Ge-
schlechtes, ein Kind der Sage, welches dachte,
welches fühlte und mit freundlichem Auge zu
dir emporsah. Ueber den Wolken jedoch, in
prächtigen Gewändern, da sassen herrschend
des Olympos Götter, stiegen indess doch dann
und wann, als willkommne Gäste, auf Land und
Meer herab, und schlugen heiter in heiteren
Marmortempeln ihre Wohnstatt auf, jenen schö-
nen Tempeln, in denen jeder Erdensohn im Ver-
klärungsglanze das Andenken einer höhern
Welt erblickte: — gleichwie sich ein Strahl des
Trosts leuchtend in die Nacht eines jeden edeln
Herzens niedersenkt, so ergoss von obenher das
Licht sich in die Rotunde. Je menschlicher
die Götter waren, desto göttlicher wurde der
Mensch, und wie Göttersöhne durchzogen die
Helden die Erde, wohin der Geist sie trieb. Da
blutete die Hydra, der Neid und die Zwietracht,
Nemäas Löwe, das Ungeheuer des Terrorismus,
fiel, und der Sohn des Jupiter hielt dem ver-
kehrten, dem rasenden Eifer das Gorgohaupt
entgegen, doch ach, es geschah leider auch da-
mals so wie noch jetzt zu wenig. Doch in Olym-
pia, in Kronions Haine, einem Wald von Götter-
statuen und von Oliven, da mass sich die Wett-
bahn ihr Feld ab zu den Spielen der Kraft, zum
Kampf der strebenden Jugend. Mit Sehnen,
elastisch wie gediegner Stahl,

Skönnakne ynglingar till brottnings drogo,
Och Diskus hven och Cästusklubbor slogo,
Och segervagnar rasslade till mål.
Der kraft och djerfhet sina kronor togo.
Ynglingasagau om helleniak ätt
Qvad der Herodotus, historiens fader,
Och brusande i mäktiga kaskader
Flöt Pindarssången genom skog och slätt.
O diktens brudqväll, sångens jubeldagar,
För er hvart menskligt hjerta måste slå,
Och skaldens längtan lågar upp och klagar:
„O! hvarför, hvarför lefde jag ej då?
Den gamla herrligheten är försvunnen,
Förseglad evigt rika sångarbrunnen,
Naturen enögd, skönhetskänslan blind,
Och rosen vissnat har på lifvets kind." —

Nu klagar mången; — men hvad är det Sköna,
Om ej med något himmelskt i förbund?
Ett yppigt färgspel på förgänglig grund,
En vansklig blomma, vuxen i det gröna,
Förvissnad innan året fyllt sin rund.
Det hednaskäna sjönk, när lifvets stjerna
Gick opp och lyste öfver Bethlehem;
Då kom en längtan till várt rätta hem,
Då löstes skalet ifrån lifvets kärna,
Sitt inre djup den diktande förnam,
Och andens högre skönhet trädde fram,
Den skönhet, inre ögat skådar gerna,
Ej lekande, men sträng och allvarsam.
En ann betydelse fick menskligheten,
Ett annat mål, ett annat bildningsskick.
Ty sprängd var porten till odödligheten,
Ett annat hjerta slog i verkligheten,
Och dikten snart på andra toner gick:
Ej fullt så klingande som förr och klara,
Men mera djupa, mera underbara,
Ty sanningen, med blod och offer köpt,
Var fäst vid hinlen och det Sköna döpt.
Det trifdes nu, som förr, i lunder gröna,
Men med en renare, en himmelsk håg,
Upp emot stjernehvalfvet skalden såg.
Det innerliga adlade det sköna,
Och hvarje lyra vid ett hjerta låg.
Ej blott en fader, skapare af tingen,
Ej blott en Gudason, som menska var,

zogen da schönnackte Jünglinge zum Ringkampf, und sausend flog der Diskus durch die Luft und erklang der Schlag der Cästuskeulen, und die Siegeswagen rasselten ans Ziel, wo Kraft und Kühnheit ihre Kränze nahmen. Die Ynglingasage des Hellenenvolkes sang Herodotus da, der Vater der Geschichte, und brausend ergossen sich Pindars Gesänge in mächtigen Kaskaden durch Wald und Ebene. O Brautnacht der Dichtung du, ihr Jubeltage des Gesanges, jedes Menschenherz muss für euch schlagen, und glühend erwacht des Dichters Sehnsucht und klagt: „O warum, warum hab ich damals nicht gelebt? Die damalige Herrlichkeit ist nun dahin, für immer versiegelt ist der sprudelnde Sängerbrunnen, die Natur einäugig, das Schönheitsgefühl erblindet, und verwelkt ist die Rose auf den Wangen des Lebens." —

So klagt wohl Mancher; — doch was ist das Schöne, wenn es nicht mit etwas Himmlischem im Bunde steht? — Ein üppiges Farbenspiel auf schwankendem Grunde, eine vergängliche Blume, die da im Grünen wächst und die wieder welkt, ehe das Jahr noch voll ist. Die Schönheit des Heidenthums erblasste, als der Stern des Lebens am Himmelsgewölbe erschien und leuchtend ob Bethlehems Dächern stand; da überkam uns plötzlich eine Sehnsucht nach unserer eigentlichen Heimath, da sprang die Schale los von dem Kern des Lebens; in seines Herzens Tiefen griff der Dichtende hinein, und die höhere Schönheit, die Schönheit der Sele trat mehr hervor, jene Schönheit, woran das innere Auge gerne liebend hängt, nicht scherzend und spielend, sondern voll Ernsts und strenger Hoheit. Die Menschheit bekam eine andere Bedeutung, einen andern Zweck, eine andere Gestalt, denn gesprengt war die Pforte zur Unsterblichkeit, ein anderes Herz schlug in der Wirklichkeit, und auch die Dichtung liess sich bald in andern Tönen hören: zwar nicht mehr ganz so klar und klangvoll wie früher, dafür jedoch um so tiefer, um so wunderbarer, denn die Wahrheit, mit Blut und Opfern erkauft, war an den Himmel geknüpft und das Schöne getauft. Noch jetzt war es wie vormals im Grün des Haines heimisch, doch mit einem reinern, einem himmlischern Sinn und Gemüthe sah der Dichter jetzt zum Sterneugewölbe empor. Das Innige adelte das Schöne, und jede Leier lag jetzt an einem Herzen. Nicht nur ein Vater und Schöpfer der Welt, nicht nur ein Gottessohn, welcher zugleich Mensch war,

Men ock en moder satt i stjerneringen,
Och menskoslägtet deras färger bar.
Det gick en längtan genom menskans sinne
Till något osedt, underbart, till Gud,
Ej olik den, vi än hos jungfrun finne,
För första gången rodnande till brud.
Den längtan trifs ännu i hjertan inne,
Men troubadouren satte den i ljud.
Så skön som förr var icke lifvets saga,
Så yppigt klädd i rosenrödt och gull,
Men mer allvarlig, mer betydningsfull,
Lik moln, som öfver sommarsolen jaga.
I mystiskt dunkel, mera än i ljus,
I månskensskymning var den sagan hållen.
Väl kommo englar från Gud faders hus,
Men utur bergen skrattade ock trollen,
Och aningen om synd och död och fall
Igenombäfvade naturen all.
I skaldens sånger, om ock än så ljufva,
En suck af trånad klingade ändå,
Som när i qvällen näktergalar slå,
Som när i skogen kuttrar enslig dufva.
Men stolt var tiden, svärmande och djerf;
Med djupt förakt för nyttans lägre värf,
Drog riddarn ut på äfventyr till striden,
Först för sin tro, och för sin dame dernäst:
Med hennes handske uppå hjelmen fäst,
Med hennes färger uti skärpets siden.
Han sin medtäflare ur sadeln slog
Och segrens pris ur sköna händer tog.
Men var det lek inom torneringsskranken,
Till blodigt allvar vändes också tanken.
Då sprängdes porten till förtrolladt slott,
Och svärdsslag hamrade på jätteskallen,
Tills hednisk trollkarl klufven låg och fallen,
Och frälst prinsessa ur hans bojor gått.
Sanct Görans lans bet djupt i drakens lunga.
Och Rolands klinga skar sin egen ban,
Bland krokig sabel, blödande turban,
Han rasade för Angelique den unga:
Men många vindar häfva ocean
Och qvinnans bröst, och när hon fanns i skogen,

sondern auch eine Mutter sass jetzt thronend im Kranz der Sterne, und das menschliche Geschlecht trug ihre Farben. Eine Sehnsucht durchglühte das Gemüth des Menschen nach etwas noch Ungesehenem, Wunderbarem, nach Gott, nicht unähnlich jener Sehnsucht, die wir noch jetzt bei der Jungfrau finden, wenn sie sich mit holdem Erröthen zum ersten Mal als Braut begrüsst sieht. Noch jetzt glüht diese Sehnsucht in unsern Herzen, nur war's der Troubadour, der sie in Tönen aussprach. So schön wie vormals war freilich die Sage des Lebens nicht mehr, sie war nicht mehr so prächtig in Gold und Rosenroth gekleidet, sondern sie war voll höhern Ernsts, sie war bedeutungsvoller, sie glich den Wolken, welche, die heitere Landschaft trübend, an der Sonn' im Sturme vorüberjagen. Mehr mystisch dunkel als licht und hell, im Halbdunkel träumerischer Mondendämmerung war diese Sage gehalten. Wohl kamen Engel herab von Gottvaters Haus, doch aus den Bergen erscholl auch das höhnische Lachen der Kobolde, und eine Ahnung von Sündenfall und Tod durchbebte die ganze Natur. Im Gesang des Dichters, und wenn er auch noch so freudig war und heiter, klang doch ein Ton tiefer Wehmuth durch, ein Ton der Wehmuth, wie wenn die Nachtigall schlägt in der Nacht, wie wenn im Walde das Gegirr sich hören lässt von einer einsamen Turtel. Doch war die Zeit stolz, schwärmerisch und kühn; mit tiefer Verachtung gegen jedes Geschäft, das nur dem niedern Gewinn und Vortheil diente, zog der fahrende Ritter auf Abenteuer aus zum Streit, zuerst für seinen Glauben, und dann für seine Dame: ihr Handschuh war auf seinem Helm befestigt, ihre Farben zierten seine seidene Schärpe: — so hob er seinen Nebenbuhler männlich aus dem Sattel, und empfing aus schönen Händen den Siegespreis. War es in den Schranken des Turniers nun gleichwohl nur ein Spiel, so nahm der Gedanke doch auch wieder eine Richtung zu blutigem Ernst. Da wurde die Pforte gesprengt zu einem Zauberschloss, und Schwertschläge hagelten auf Riesenschädel, bis dass der heidnische Zauberer zerhauen und erschlagen dalag, und die Prinzessin aus seinen Banden erlöst war. Mit Macht fuhr St. Georgs Speer dem Drachen ins Gekröse, und Rolands Klinge machte sich ihre eigene Gasse zwischen Krummsäbeln und blutenden Turbanen hindurch, — der jungen Angelique galt seine Raserei: — jedoch von vielen Winden hebt sich die Brust des Oceans — und des Weibes, und als er sie endlich auffand im Walde,

Ack! hon var skön ännu, men icke trogen. —
Så vexlade uti romantisk ton
Emellan kärlek och Religion
Den underbara riddardikten,
Och sagan visste tusen äfventyr,
Hur riddarn slår, hur Saracenen flyr,
Och sköna synder visste öronbikten. —
Jag älskar klassisk tonart, ty hon är
Till smak och harmoni vår bästa ledning,
Och sången ifrån Hellas är mig kär,
Ehur jag känner, att den var en hedning.
Men Romantiken, underbar och fri,
Med innerliga, sällsamt djupa rösten,
Må ock af sångens söner aktad bli;
Och äro litet ludna hjeltebrösten,
Ett trofast hjerta klappar dock deri. —

Men diktens välde går utöfver jorden;
Der fins ej öcken, fins ej bortgömd vrå,
Der menskor bo, hur vilda och bur rå,
Der ej förnimmas, blott du lyssnar, orden
Af skaldens gudaspråk ända. —
Der bodde fordom i det höga Norden
Från hedenhös en kraftig ätt,
Ömtålig om sin frihet och sin rätt,
Med hårda händer och med hårda sinnen:
Till Valhalls throner stego deras minnen,
Och öfver vågor, öfver dal och slätt
Förblödde deras vilda strider.
Strid var mot menskor, mot en karg natur
Med frusen barm; men kämpen bröt derur
En tarflig näring, segrande omsider.
Det voro mörka, voro arma tider,
Men skalden var dock med. Han stod
I sköldeborgen kämpande med mod;
Med svärd och toner lika skarpa
Besjöng och slog han banesår;
Der stänkte blod uppå hans harpa,
Och stormen flög uti hans hår.
Hårdt var hans språk; men i Norränatunga
En mäktig malmklang låg ändå, en skär,
Ej blott att stridens minnen sjunga,
Men äfven hjertats ömmare begär.
Med längtan sökte Vanadis sin Oder
Igenom rymderna från norr till söder,
Och trånande i sina skuggors verld
Satt hvite Guden med sin bleka panna,

ach, da war sie zwar noch schön, doch war sie
nicht mehr treu. — So wechselte in romantischem
Ton zwischen Liebesschwärmerei und Religion
die wunderbare Ritterdichtung, und die Sage
wusste tausend Abenteuer zu erzählen von
kämpfenden Rittern und von fliehenden Sara-
zenen, und von reizenden Sünden wusste die
Ohrenbeicht. — Ich liebe die klassische Tonart,
denn sie gibt uns zu Geschmack und Harmonie
die beste Anleitung, und werth und theuer ist
mir die hellenische Poesie, wenn ich auch recht
wohl fühle, dass sie eine Heidin war. Doch
auch die Romantik, wunderbar und frei, mit den
innigen, den seltsam tiefen Lauten, mögen die
Söhne des Gesanges nicht verschmähn; und ist
die Brust der Helden in ihr auch manchmal ein
wenig wild und haarig, so schlägt doch ein
treues Herz darunter.

Jedoch die Macht der Dichtung geht ge-
waltig durch die Welt; keine Wildniss gibt's
und keinen einsamen Winkel dieser Erde, wo
Menschen hausen, und wären sie noch so wilden
und rohen Sinn's, wo man nicht — wenn du nur
ein Ohr hast dafür, wenigstens einzelne Klänge
vernähme von der göttlichen Sprache des Dich-
ters. — Es wohnte vordem im hohen Norden
von den Zeiten des Heidenthums her ein kräf-
tiges Geschlecht von Menschen, mit eifersüch-
tigem Auge seine Freiheit hütend und sein
Recht, mit harten Händen und harten Herzen:
zu Walhallas Thronen empor stiegen ihre Er-
innerungen, und zu Meer, wie in Thal und
Ebene verbluteten ihre wilden Kämpfe. Kampf
galt's mit den Menschen, und mit einer kargen
Natur, deren Busen von Schnee und Eis war;
der Recke kämpfte ihr jedoch mit Mühe seine
spärliche Nahrung ab, und bezwang sie zuletzt.
Es waren dunkele, waren arme Zeiten, der Dich-
ter indess fehlte doch nicht. Muthvoll käm-
pfend stand er in der Schildburg; mit Schwert
und Tönen, gleich klingend und schneidend,
besang und schlug er Todeswunden; da spritzte
Blut auf seine Harf, und der Sturm wehte in
seinem Haar. Hart und spröde war seine
Sprache; und doch besass die Norrönasprache
einen mächtigen, einen reinen Metallklang, ge-
eignet, nicht nur um die Erinnerungen rühm-
licher Kämpfe im Gesange zu feiern, sondern
auch um von den zartern Wünschen des Her-
zens zu singen. — Sehnsuchtsvoll zog Wanadis
von Norden bis hinab nach Süden durch die
Räume, ur͜͡   Oeders theures Bild, und
schma͜͡   Schattenwelt sass der
weis͜͡   'ten Stirne,

I saknans tårar smälte bort hans Nanna,
Och Frej förpantade sitt svärd.
Hvard stort och enkelt ligger i passionen
Och troheten i lif och död
(som dock är mer, än Söderns kärleksglöd),
Det visste Nordens skalder väl, och tonen,
Hur vild han var, likväl ur hjertat ljöd,
Det outgrundliga, det rika,
Som hafvet stormande och djupt tillika.
Af många under dock dess djup bebos,
Och lätt är att på färgen skilja
En nordisk trohet med sin hvita lilja
Från Söderns älskog med sin röda ros.
Helst klingade dock runosången
Om Valhalls gudaverld, ej än förgången.
Hur Oden qvad sitt Havamal,
Enögde Guden, hvilken styrde verlden,
Och drog på åttafota färden
Med Sleipner öfver berg och dal;
Hur Nornorna vid tidens källa,
Tre sköldemör på evigt Ting,
Utrydde runorna, som gälla
Heimskringla och Valhalla kring,
Och ömsom fria, ömsom fälla;
Och hur det Onda hos det Goda bor;
Hur väldigt med sin åska Asathor
Slog efter jättarna i fjällen;
Hur Idun blomstrade, hur Freja spann,
Och Gefion frös och Lofna brann,
Och ljusa Alfer dansade i qvällen. —
Den sången var en half barbar,
Men kraftfull dock och underbar.
En hög gestalt, med slagsvärd vid sin sida,
Han sågs utöfver bergen skrida.
Med Nordens stjerna fäst på hjelmens rund,
Och djup och vildhet om hvarannan
Låg på hans sångar-anlet i förbund:
Der brunno norrskens-ögon under pannan,
Och storm och åska lekte kring hans mund. —

Sitt vördnadsfull uppå den sångarstolen,
Der Asaskalden sutit före dig.
Högt är det minne som der reser sig,
Fast nedergången är Valhallasolen.
All stor natur är egen, djerf och fri,
Och harposlag, som genom verlden hvina,
Dö ej, fast deras tid är ren förbi;
Det stora lefver qvar i poësi,
Fast andra stjernor öfver dikten skina.
Hans sångartoner voro icke dina,
Men kraft och snille lågo dock deri.

in Thränen des Grams schmolz seine Nanna hin,
und Frei setzte sein Schwert zum Pfande. Die
Skalden des Nordens wussten recht wohl von der
einfachen Grösse der Leidenschaft und von der
Treue in Leben und Tod (die doch von mehr
Werth ist, als die Liebesgluth des Südens), und
der Ton, so wild er auch war, er kam doch aus
dem Herzen, dem reichen und unergründlichen,
dem wie das Meer so stürmischen und tiefen.
Doch zahllose Wunder hausen in seinen Tiefen,
und leicht lässt sich durch Ton und Färbung
die nordische Treue mit der weissen Lilie in der
Hand unterscheiden von der Liebesgluth des
Südens mit der rothen Rose an der Brust. Am
liebsten liess der Norden jedoch seine Runen-
gesänge hören von der noch unvergangenen
Götterwelt Walhalla's, wie Oden sein Hawamal
sang, der einäugige Gott, welcher die Welt re-
gierte und auf acht Füssen mit Sleipner über
Berg und Thal dahinzog; wie die Nornen an
dem Quell der Zeiten, drei Schildjungfrauen auf
einem ewigen Ting, die Runen deuteten, deren
mächtiger Schall durch Heimskringla und Wal-
halla klingt, und die bald die Fesseln sprengen
und Erlösung bringen, bald den Stab brechen
und das Verdammungsurtheil sprechen; und
wie das Böse dem Guten nahe wohnt; wie ge-
waltig Asathor mit seinen Donnern die Riesen
des Gebirges niederschlug; wie Iduna blühte,
Freia am Spinnrocken sass und spann, und wie
Gefion fror und Lofna glühte, und wie lichte
Elfen in der Nacht den Reigen schlangen. —
Der Gesang war ein halber Barbar, doch war er
kräftvoll zugleich und wunderbar. Eine hohe
Gestalt, mit dem Schlachtschwert an seiner
Linken, am Helm den Nordstern, sah man ihn
durchs Gebirge schreiten, und sinnige Gemüths-
tiefe und Wildheit lagen abwechselnd in seinem
Sängerangesicht: unter seiner Stirne sprühten
flammende Nordscheinaugen, und Sturm und
Gewitter umspielten seinen Mund. —

Lass dich mit Ehrfurcht nieder auf dem
Sängerstuhl, auf dem der Asadichter vor dir
gesessen. Erhaben ist die Erinnrung, die sich
da erhebt, obschon die Sonne Walhalla's unter-
gegangen ist. Grosse Naturen sind gewöhnlich
eigenthümlich, kühn und frei, und Harfenklänge
wie die seinigen, die durch die Welt brausen,
sterben nicht so bald, wenn auch ihre Zeit be-
reits vorüber ist; das Grosse lebt noch in der
Poesie, obgleich längst andere Sterne ob dem
Dom der Dichtung glänzen. Seine Gesanges-
töne waren nicht die deinen, Genie und Kraft
indess lagen doch darin.

Trångbröstad smak är en och enahanda;
Med regelrätt, med sträng landtmätarked
Mäte sångens land ej upp. Frisinnad anda
Tar andra trakter, ock de vilda, med.
Det jättestora trifves med det ljufva;
Hvem älskar kuttret ej af sångens dufva?
Men fritt må örnen på sin klippa bo,
Blott han bär himlens blixt i mäktig klo.
Ej form, ej färg är stängd ur sångens gille,
En regel smaken har, den heter Snille:
Mångsidig regel uti dikten spord,
Och rum är der för Söder och för Nord.

Hans sångartoner voro icke dina;
Blott våreus stjernor, ingen norrsken skina
Uppå din sångarhimmel, dunkelblå,
En sydlig himmel, men derunder
Hur doftande naturens under,
Nej, diktens under, dina „Blommor" stå!
Fastvuxna fjärlar i de gröna lunder,
Hur sköna och — symboliska ändå!
Som aftonrodnans guld på viken.
En himlafallen slöja likt,
Så präktig ligger symboliken
Och gungar öfver djupets riken
Uti din underbara dikt.
I hennes röst tillhopaställas
Hvad Södern ljufvast, Norden djupast lär:
Till formens skönhet hon ett barn af Hellas,
Till tankens djup ett Nordens barn hon är.
Ej endast stormens språk i bjeltesagan,
Men vestanvindens Nordbon ock förstår,
Och lyss förtjust till „näktergalens klagan"
Som suckar i hans korta vår.

Einen engen Kreis beherrscht ein Geschmack,
der stets nur Eines und das Nämliche will; mit
der regelrechten, strengen Geometerkette lässt
sich des Gesanges Feld nicht messen. Ein
freier und des Regelzwangs nicht achtender
Geist wählt sich andere Gebiete, und schweift
dann und wann wohl auch in eine Wildniss.
Das Riesengrosse kann sehr wohl neben dem
Lieblichen bestehn; wer liebt nicht das Gegirr
der Gesangestaube? Doch frei muss auch der
Adler auf seinem Felsen horsten, nur er trägt
den Blitz des Himmels in seiner mächtigen
Klaue. Weder Form noch Farbe schliesst die
Gilde des Gesanges aus, eine Regel hat der
Geschmack, und die heisst Genie: doch mehr
als eine Regel gibt es in der Dichtung, und
Raum ist da für Süd und Norden.

Seine Gesangestöne waren nicht die deinen;
— an deinem Sängerhimmel, einem dunkel-
blauen, einem südlichen Himmel, glänzen nicht
des Nordlichts Fackeln, sondern nur Sterne des
Frühlings; — darunter jedoch, wie stehn da, als
duftende Wunder der Natur, doch was sag' ich?
— als Wunder der Dichtung, deine „Blumen":
— festgewachsene Schmetterlinge in dem Grün
der Haine, wie schön und doch wie symbolisch
zugleich! — Wie des Spätroths Gold auf einer
Meeresbucht, einem vom Himmel gefallnen
Schleier gleich, so prächtig glänzt und schau-
kelt sich hell ob den Tiefen die Symbolik in
deiner wunderbaren Dichtung. Ihr Saitenspiel
umfasst, was der Süden Süsses, was der
Norden Tiefes haben kann: der Schönheit
der Form nach ist sie eine Hellenin, der Ge-
dankentiefe nach ist sie eine Tochter des
Nordens. Der Bewohner des Nordens versteht
nicht nur die Sprache des Sturms in der Hel-
densage, sondern auch die des Westwinds, und
lauscht bewunderungstrunken der schmelzen-
den „Klage der Nachtigall", die in seinem
kurzen Frühling seufzt.

Svar på Professor Grafströms inträdestal i Svenska Akademien.
(Maj 1840.)

Den man, du efterträder ibland oss,
Var ej, som du, ett sångens söndagsbarn,
Och ingen diktmö sjöng inför hans vagga.
På prosa gick hans lif, och prosa är
Dock menskolifvets grundval och dess kärna,
En formation utaf granit, den äldsta,
Den refbensbyggnad, hvarkring jorden satt sig.
Som sammanhåller hennes dolda djup
Och bär, på bergfast rustning, opp de yngre,
De lösare jordhvarfven, och bland dem
Förnämligast de grönskande, de rika,
Der dikten anlagt sina blom-rabatter,
Och näktergalar slå i lundens kronor,
Och ros och lilja dofta vid dess fot.
Jag älskar prosan, lifvets verklighet,
Urformationen utaf tingens väsen,
Och ofta lägger jag med flit i dikten
En bit granitberg, för att hålla samman
Den lösa grund, som rimmen spela på.
Ty prosa är likväl förstånd och klarhet,
Som ordna allt och sammanhålla verlden,
Den yttre som den inre, i sin ban.
Hon sväfvar ej i luften, utan står
Med senfull fot på säker jord, och blickar,
Väl utan längtan, men ej utan hopp,
Med jerngrå ögon till sin himmel opp.

En fallen poësie är icke prosan,
Ej en misslyckad dikt, ty skilda mål,
Fast begge ädla, skilda verkningskretsar
Har himlen utmätt för de höga syskon.
Men prosan äfvenväl sin skönhet har,
Hvar ljus och ordning äro, der är skönhet!
Kysk, ädel, ren, ej svällande och yppig,
Lik Pallasjungfruns emot Afrodites.
Den skönheten är talarns, som försmår
All diktens flärd och söker blott det Sanna.
Han vill ej lysa, men upplysa endast,
Vill ej förleda, endast leda tanken.

Antwort auf Professor Grafströms Antrittsrede bei seiner Einführung unter die Achtzehn d. Schwedischen Akademie.
(Mai 1840.)

Der Mann, an dessen Stelle du in unsern Kreis eintrittst, war nicht wie du ein Sonntagskind des Gesanges, und keine poetische Muse hat ihm ihr Wiegenlied gesungen. In Prosa hat sich sein Leben bewegt, und die Prosa ist am Ende ja doch die Grundlage des Menschenlebens, und der Kern davon; sie ist eine Granitformation, und zwar die älteste, das Gerippe gleichsam, worum die Erde sich angesetzt hat, welches ihre verborgnen Tiefen zusammen hält, und welches auf bergesfestem Felsengerüste die jüngern, die lockerern Erdschichten trägt, und darunter besonders die gründenden und herrlichen, wo die Dichtung ihre Blumenrabatten angelegt hat, wo in des Haines Wipfeln Nachtigallen schlagen, und untenher Rose und Lilie duften. Ich liebe die Prosa, die Wirklichkeit des Lebens, die Urformation vom Wesen der Dinge, und oft lege ich mit Fleiss in meine Gedichte ein Stückchen Granit hinein, um dadurch den lockern Grund mehr zusammenzuhalten, worauf die Reime spielen. Denn in der Prosa liegen doch auch Verstand und Klarheit, die beiden Mächte, die Alles ordnen, und die die Welt, die äussere sowohl als die innere, auf der rechten Bahn erhalten. Die Prosa schwebt nicht ausicher ins Blaue hinauf, sondern sie steht mit sehnigem Fuss auf sicherem Grund und Boden, und blickt zwar ohne Sehnsucht, doch nicht hoffnungslos, mit eisengrauen Augen himmelan.

Die Prosa ist keineswegs eine gefallne Poesie, keineswegs eine misslungne Dichtung, denn verschiedne Zwecke, wiewohl beide schön und gut, verschiedene Wirkungskreise hat der Himmel den zwei erhabnen Schwestern angewiesen. Jedoch auch die Prosa hat ihre Schönheit, (denn wo Licht und Ordnung herrschen, da ist auch Schönheit): keusch, adelig, rein, nicht schwellend und üppig, eine Schönheit, wie die der Pallasjungfrau, mit der der Aphrodite verglichen. Auf diesem Geheimniss beruht die Schönheit des Redners, der all den eiteln Prachtschmuck der Dichtung verschmäht und nur die Wahrheit sucht. Er will nicht glänzen, sondern nur voll Licht und Glanz reden und sich seinen Hörern klar machen, er will nicht hinreissen, sondern nur den Gedanken richtig leiten.

Förvissna inga rosor i hans krans,
Hans tinning skuggas dock af eklöfsbladen.
Den konsten är den ädle medborgsmannens,
Som älskar landet, ifrar för dess frihet,
Som är ett annat namn uppå dess ära.
Ack! landets ära hon var honom kär,
Än, der han ligger i sin graf, hon är;
Värd hvarje offer: som en åldrig moder
Kär, dyrbar, helig för en ädel son,
Med mäktig hand han stod vid statens roder
Och vek, fast tröttad, icke derifrån,
Ehuru stormen hven med hot och hån,
Och skummet yrde öfver dagens floder.

Hans bild du tecknat har för oss i dag,
Fast, manlig, ädel, derför sann och lik,
Med mången blomma knuten omkring pannan,
Ty sångens mö kan ej förneka sig
Och mångahanda äro hennes gåfvor.
Din är en blomsterjungfru, en Flora,
Som bor i blomdoft, trifs i vestanvinden,
Och, när hon klagar, är det källans klagan
Emellan liljorna på grönklädd strand,
Men i den källan speglar sig alltjemt
Den djupblå himlen med dess sol och stjernor.
Din sångarstämma räknar slägt med den,
Som snart ett halft århundrade beherrskat
Hvart känsligt hjerta i vår Nord, dess skönsta,
Dess renaste, dess gudavigda ton,
En återklang ifrån det paradiset,
Der menskan skuldfri, from och lycklig var,
Och himlens englar på forntidaviset
Än lekte med det första menskopar.
Den stämman diktar än alltjemt idyller
Bland ängarna inunder Nordens pol.
Sen allt har somnat, än en midnattssol
De ängarna med mythisk glans förgyller,
Och hvita alfer der, den himlasläg̈t,
Guldlockig, blåögd, och med lätta vingar,
Med aftonrodnaden till sommardrägt,
Bland ljusgrön björkskog dansa kring i ringar.
Den stämman älskar hvarje sångens vän,
Far fort derför och täfla du med den!

Welken auch keine Rosen in seinem Kranz,
so umschatten doch Eichenlaubblätter seine
Schläfe. Es ist das die Kunst des edeln Bürgers, der sein Vaterland liebt und für dessen
Freiheit eifert, die nur ein anderer Name ist
für dessen Ruhm. Ach, der Ruhm und die
Ehre seines Vaterlands, sie waren ihm theuer,
und auch jetzt noch, wo er in seinem Grabe
ruht, sind sie es; — jedes Opfers werth: wie
eine bejahrte Mutter einem edeln Sohn werth
und theuer und heilig ist. Mit mächtiger Hand
stand er am Ruder des Staats, und wich, wenn
auch matt und müde, doch nicht davon zurück,
wie auch der Sturm pfiff drohend und höhnisch
kichernd, und wie auch der Schaum zischend
auf der Fluth des Tages dahintrieb.

Du hast uns heute sein Bild gezeichnet, fest,
voll männlichen Adels, und darum wahr und
ähnlich, und hast ihm manche Blume um die
Stirn gewunden, denn die Muse der Dichtkunst
kann sich nicht verläugnen und mannigfach
sind ihre Gaben. Die deinige ist ein Blumenmädchen, ist eine Flora, die da in Blüthenduft
und Westwind lebt und webt, und wenn sie
klagt, dann ist es die Klage einer Quelle zwischen Lilien am grünen Raine, doch in der
Quelle spiegeln sich ruhig und beständig des
Himmels tiefes Blau und Sonn' und Sterne.
Deine Gesangesstimme ist verwandt mit der, die
nun bald ein halbes Jahrhundert hindurch jedes
gefühlvolle Herz beherrscht in unserm Norden.
— die dessen schönster, dessen reinster Ton ist,
ein Ton, durch den die Weihen Gottes klingen,
ein Widerhall jenes Paradieses, wo der Mensch
noch schuldlos und fromm und glücklich war,
und wo die Engel des Himmels noch wie in der
Vorzeit dieses Lebens mit dem ersten Menschenpaar zu spielen pflogen. Jene holde Stimme
dichtet noch bis zum heutigen Tage Idyllen unter den Auen am Nordpol. Während ringsumher
die Sängerwelt im Schlafe liegt, vergoldet eine
Mitternachtssonne mit mythischem Glanz noch
jene Auen, und weisse Elfen tanzen da, ein
himmlisches Geschlecht, mit goldenen Locken,
mit blauen Augen, mit leichten Schwingen,
und mit dem Spätroth zum sommerlichen Gewande, in Kreisen unter dem Dach des hellgrünen Birkengehölzes umher. Jeder Freund
des Gesanges liebt jene Stimme, darum fahre
fort, auch ferner um den Preis mit ihr zu
ringen!

Vid Svenska Akademiens femtiåra minneshögtid.
(5. April 1836.)

Jag stod på stranden under kungaborgen.
När dagens oro ändtlig somnad var,
Och öde voro gatorna och torgen,
Och på kung Gustafs stod sken månen klar.
Der låg ett uttryck i de milda dragen,
Som när det åskat i en fredlig dal,
Och Hjelten var der, men jemväl Behagen,
En segerkrans, men som bland blommor tagen,
En blick, till hälften örn, till hälften näktergal.

Förunderliga makt, som konstnärn äger!
Se anden färdig så till strids som sångs,
En bild, som oss sin egen saga säger,
En lefvande Gustaviad i brons!
Ja, sådan var han, när han kom ur striden,
Men sådan äfven, när han gjöt sin själ
I folket in, bland konsterna och friden,
Ty store andar ge sin form åt tiden,
Och Gustafs tidehvarf bär Gustafs drag jemväl.

Det var som våren, när hans värma droppar
Ur blånad sky och löser vintrens tvång:
Då leka djur, då svälla lundens knoppar,
Och kinden färgas, menskohjertat hoppar
Och allt omkring är lust och mod och fågelsång.

Der Svenska ären bröt sig nya banor
I tankens obesökta land: Linnée
Stod segersäll bland sina blomsterfanor,
Oskyldig, älskvärd, konstlös, likasom de.
Melanderhjelm beräknar himlafärden
För månens skifva, för planetens ring,
När Schéle skedar skapelsen i härden,
Och Bergman drar grundritningen till verlden,
Och häfdernas myster ransakar Lagerbring.

Zur fünfzigjährigen Erinnerungsfeier der Schwedischen Akademie.
(5. April 1836.)

Ich stand am Strande, an dem Fuss des Königsschlosses; das rege Treiben und die Unruhe des Tages schliefen, öde und einsam waren Markt und Strassen, und hell im Licht des Mondes stand die Statue Gustavs da. Es lag ein Ausdruck in diesen milden Zügen, wie wenn ein Gewitter vorübergezogen ist in irgend einem Thal des Friedens, und der Held war da zu schauen, doch auch die Anmuth, es gab sich da ein Siegerkranz zur Schau, doch war er, als wäre er unter lauter Blumen und Blüthen erkämpft, und ein Blick, der halb der eines Adlers war, halb der einer Nachtigall.

O Wundermacht, die dem Künstler zu Gebote steht! Schau, wie die Sele da bereit ist zum Kampf, wie zum Gesange, ein Bild, das uns seine eigene Sage erzählt, eine lebendige Gustaviade in Bronze! Ja, so war er, wenn er aus der Schlacht kam, indess so war er auch, wenn er seine Sele, umgaukelt von den Genien der Künste und des Friedens, ins Volk ergoss, denn grosse Geister drücken der Zeit ihr Gepräge auf, und die Zeit Gustavs trägt daher auch Gustavs Züge.

Es war wie im Frühling, wenn seine Wärme aus der wieder blauen Luft herniederträufelt und des Winters Fesseln löst: da spielen Thiere, da regen sich mit Macht im Haine die jungen Augen am Gezweige, und die Wangen färben sich, im Menschenherzen erwachen wieder neue Hoffnungen, und allumher ist nichts als Lust und Muth und fröhliches Vogelgezwitscher.

Da brach sich der Ruhm Schwedens neue Bahnen in dem noch unbesuchten Land des Gedankens: ein freudiger Sieger stand Linnée zwischen seinen Blumenfahnen, unschuldig, liebenswürdig, ungekünstelt und anspruchlos, wie sie. Melanderhjelm berechnet die Himmelsbahn für die Mondessscheibe, berechnet die Bahn des Planetenringes, während Schéle an seinem Herde die Schöpfung scheidet, und Bergman den Grundriss der Welt entwirft, und Lagerbring nach dem Geheimniss der Geschichte forscht.

Och här, der Mälarn gjuts i östervågor,
Och kungastaden midt i skogen är,
Hvad sydligt lif inunder norrskenslågor,
Hvad sångartempel på de öde skär!

Und hier, wo sich der Mälar in die Fluth der
Ostsee ergiesst, und wo im Schooss des Waldes
die Königsstadt sich stolz erhebt, was für ein
südliches Leben regt sich da unter des Nord-
lichts lodernden Feuern, was für Tempel des
Gesanges steigen auf den einsamen Inseln em-
por! — — — — — — —

Och då sjöng Gyllenborg, en mäktig ande,
Fast stundom rimfrost på hans vingar låg.
Ack, klippor finnas, der vi alla strande,
Och äfven dikten har sin frusna våg.
Men vågen smälte, våren återsände
I skaldens barm, som ingen kyla tål,
Och allt, hvad menskohjertat djupast kände,
Steg fram och gret i „Menniskans Elände",
En djup, oändlig suck, vårt slägtes modersmål.

Da begann Gyllenborg zu singen, ein mächti-
ger Geist, wenngleich des Reifes Winterthau
dann und wann auf seinen Flügeln lag. Ach,
Riff und Klippen gibt es im Gesange, an denen
Jeder von uns einmal stranden muss, und auch
die Dichtung hat ihr schwimmendes Eis. Je-
doch das Eis der Welle schmolz, der Frühling
kehrte wieder in der Brust des Dichters, die
keinen Frost erträgt, und was in des Menschen
Herzen an tiefen Gefühlen jemals wohnte, das
trat nun hervor und hub zu weinen an im
„Elende des Menschen," einem tiefen,
einem unendlichen Seufzer, der Muttersprache
unseres Geschlechts.

Bredvid hans sida, drömmande och stilla,
Satt Creutz, och band på rosor utan tagg,
Och diktade om „Atis och Camilla"
En sång af vestanvind och morgondagg.
Den sången är en dröm ur gyline åren,
En gång i lifvet af hvart hjerta drömd,
Fast ej så skön, fast ej så himlaboren, —
En sång så ljuf som lärkornas om våren,
Öm, enkel, oskuldsfull — och derför är han
    glömd.

Neben ihm, still und träumerisch, sass Creutz,
und wand Rosen ohne Dornen zum Kranze, und
dichtete ein Gedicht von „Atis und Camilla",
welches aus lauter Westwind und Morgenthau
bestand. Das Gedicht ist ein Traum aus dem
goldenen Zeitalter, einmal im Leben von jedem
Herzen geträumt, wenn auch nicht so schön,
wenn auch nicht so himmlisch, — ein Gesang
so lieblich wie der der Lerchen im Frühling,
zärtlich, schlicht und einfach, unschuldsvoll —
und darum ist er vergessen.

Gif plats, gif plats! Ty nordens vingud nalkas,
Och sången raglar kring hans vigda mun!
Hör, hur han skämtar, se, hur ömt han skalkas
Med nymferna uti den gröna lund!
Men ack, hans glädje ligger ej i kannan,
Ej i idyller, som han kring sig strött, —
Hans drucknä öga söker än en annan,
Och märk det vemodsdraget öfver pannan,
Ett nordiskt sångardrag, en sorg i rosenrödt!

Und nun Platz, nun Platz gemacht! Denn der
Weingott des Nordens naht jetzt, und der Ge-
sang umtaumelt seinen gewiehten Mund! Höre,
wie er scherzt, schau, wie er so schelmisch mit
den Nymphen im grünen Haine kost und schä-
kert! Doch ach, seine Freude liegt nicht in dem
Weinkrug, nicht in den Idyllen, die er mit ver-
schwenderischer Hand um sich gestreut, — sein
trunkenes Auge sucht noch eine andere, und
gib Acht auf den Zug von Wehmuth auf seiner
Stirne, einen nordischen Sängerzug, eine Trauer
in Rosenroth!

J Djurgårdseekar, susen vänligt öfver
Den största sångarns bild, som Norden bar!
Det fins ej tid, som dessa toner söfver,
Det fins ej land, som deras like har.

Ihr Eichen des Thiergartens, säuselt freund-
lich ob dem Bild des grössten Sängers, den der
Norden jemals sah! Wann gäbe es eine Zeit,
wo solche Töne den Schlaf des Todes schliefen,
wo gäb' es ein Land, das sich gleicher Töne
rühmte?

En sång, som växer vildt, och likväl ansad,
Bär konstens regel, men försmår dess tvång,
Till hälften medvetslös, till hälften sansad,
En gudasång, på gudaberget dansad
Med Faun och Gratie och Sångmö på en gång.

Dernäst hör Lidner: — „grafvens portar knarra
På tröga gångjern; domen förestår,
Och lampans bleka sken på marmor darra,
Och midnattsklockan ifrån tornet slår." —
— — — — — — — — — — — —
En rik, men sönderbruten harmoni,
En genius, ack, för djupt i stoftet bunden,
Hur ömt begråter han i lagerlunden
Hvar likes qval! Du hör hans eget deruti!

Men som en stilla sommarqväll på landet,
När daggen darrar uti blomsterskåln,
Och aftonrodnan knyter rosenbandet
Kring vesterns lockar, kring de lätta moln:
På ängen samla sig till dans de unga,
De gamla till rådpläguingar i byn;
Sitt matta guld i vinden skördar gunga; —
Hvar blomman doftar, alla fåglar sjunga,
Och frid och salighet se ner ur aftonskyn.

Så är det i din sång, o Oxenstjerna,
Italiens himmel öfver Nordens berg!
Din sångar-gratie är en sydlig tärna,
Och sydlig äfven glöden af din färg.
Hvad solglans ligger öfver „Dagens stunder"!
Hur klangfull lian genom „Skörden" går!
Och „Hoppet", lifvets tröst och diktens under,
Hur blef det diktadt under furulunder?
Jag undrar mången gång, men gläds, att du var vår!

Och Kellgren, som „af skönhet och behagen"
Oss än en ren och himmelsk urbild ger!
Sen „Nya Skapelsen" stått fram i dagen,
Hvad ha vi andra till att skapa mer?

Eine Dichtungsart, die wild wächst und doch gepflegt, die den Regeln der Kunst gehorcht und doch deren Zwang verschmäht, halb unbewusst und halb besonnen, ein göttlicher Gesang, auf des Götterberges Höhn mit Faun und Gratia und Muse zu gleicher Zeit getanzt.

Hierauf höre Lidnern: — „knarrend in trägen Angeln springen die Pforten des Grabes auf; das Gericht steht bevor, und der Ampel blasser Schein glänzt unheimlich schwankend von dem Marmor wider, und vom Thurm herab schlägt die zwölfte Stunde." —

Eine prächtige, jedoch zerrissne Harmonie, ein ach nur allzusehr an den Staub der Erde gefesselter Genius: — mit welchen heissen, süssen Schmerzensthränen beklagt er im Lorberhain die Qual eines Jeden, dessen Geschick dem seinen ähnlich ist! Es ist der Schmerzensschrei seiner eigenen!

Dagegen wie ein freundlichstiller Sommerabend auf dem Lande, wenn der Thau im Kelch der Blumen glitzert, und die Abendröthe das Rosenband schlingt um die Locken des Westens, die leichten Wolken: auf dem grünen Plan versammelt die Jugend sich zum Tanze, um Rath zu pflegen finden im Dorfe sich die Greise ein; die Ernteu wiegen ihr mattes Gold im Wind; — wo die Blume duftet, wo die Vögel singen allzumal, und Frieden und Seligkeit aus den Abendwolken niederschauen.

So ist es in deiner Dichtung, o Oxenstjerna, ein italienischer Himmel ob Nordens Bergen! Deine Säugergrazie ist eine Tochter des Südens, und südlich ist auch der glühende Schmelz deines Colorits. Welche sonnige Heiterkeit und Pracht umlächelt deine „Tageszeiten"! Wie klangvoll geht die Sichel durch deine „Ernten"! Und die „Hoffnung", dieser Trost des Lebens, dieses Wunder der Poesie, wie war es möglich, dass es in der Nacht des nordischen Nadelgehölzes entstand? Ich wundere mich oft darüber, und dann freu' ich mich doch wieder, dass selbst du der Unsern einer warst.

Und dann Kellgren, der „von Schönheit und von Anmuth" uns noch ein reines und himmlisches Urbild gibt! Nachdem seine „Neue Schöpfung" ans Licht der Welt getreten, was bleibt denn uns Audern da wohl noch zu schaffen übrig?

Hur klingar Svenska lyran i hans händer,
Hur ren hvar ton, hur skön, hur silfverklar!
Ack, i mitt öra, hvart jag också länder,
Den diktens grundton ständigt återvänder,
En dunkel melodi från mina barndomsdar!

Men hvad är lyrisk klang på silfvervågor
Och evig blomdoft uti blånad luft? —
Den ädle skalden har ock andra frågor,
Och skönhet vill han, men jemväl förnuft.
När Kellgrens snille slog de stora slagen,
De blixtrande, för sanning, rätt och vett,
I skämt och allvar: — hur det flög för dagen
Kring land och rike, och enhvar betagen
Sprang upp och undrade, att han ej förr det sett!

Och han, som slöt den långa sångarraden,
Och lefde länge, för att sörja den,
En rosenkrans med taggar mellan bladen,
Behagens, skämtets, tankens, Gustafs vän,
Han, som bar kronan i de vittras gille,
En lagrad veteran i vettets sold, — — —
— — — — ,— — — — —
Den blinde siaren, Tiresias-Leopold!

Jag sjöng hans Drapa; Minnets döttrar sjunga
En dag, och bättre, hvad han Sverge var.
Ty der bor oväld uppå framtids tunga,
Och all förtjenst till slut sin krona har.
Han stod emellan tvenne sångartider,
Den enas varning och den andras stöd,
Och steg ej neder uti deras strider;
Men solen bröt utur sitt moln omsider
Och sjönk förstorad ner i gull och purpurglöd.

Det låg ett skimmer öfver Gustafs dagar,
Phantastiskt, utländskt, flärdfullt, om du vill;
Men det var sol deri; — och hur du klagar,
Hvar stodo vi, om de ej varit till?

Wie klingt in seinen Händen die schwedische
Leier, wie rein ist da jeder Saitenton, wie schön
und silberklar! Ach, in meinem Ohr, wohin ich
mich auch wenden mag, kehrt stets der Grundton dieser Dichtung wieder, eine dunkle Melodie von den Tagen meiner Kindheit!

Doch was ist lyrischer Klang auf Silberwogen
und ewiger Blumenduft in blauer Luft? — Der
edle Dichter hat noch andere Fragen, und er
will Schönheit, doch will er auch Vernunft dazu.
Wenn Kellgrens Genius die grossen, die von Gedankenblitzen leuchtenden Schlachten schlug für
Wahrheit und Recht und für gesunden Sinn, jene
Schlachten des Scherzes und des Ernsts: — wie
flog es da ans Licht hinaus durch unser ganzes
Land, und voll freudigen Staunens sprang ein
Jeder auf und wunderte sich, dass er es vorher
nicht gesehn!

Und zum Schluss er, das letzte Glied der
langen Kette von Sängern, dem ein so langes
Leben beschieden war, nur um sie zu betrauern,
ein Rosenkranz mit Dornen zwischen den Blättern, der Freund der Anmuth, des Scherzes und
des Gedankens, der Freund Gustavs, er, der die
Krone trug im Kreis der schönen Geister, ein
lorbergekrönter Veteran im Sold des Witzes und
des Verstandes, — — — — —
— — — — — — — — —
der blinde Seher, Tiresias-Leopold!

Ich habe ihm das Grablied gesungen; die
Töchter der Erinnrung jedoch werden einst,
und noch besser, singen, was er für Schweden
gewesen. Denn die Nachwelt steht ausser dem
Hader der Parteien, und jedem Verdienste wird
zuletzt die Krone. Er stand da ein Markstein
zweier Sängerzeiten, ein ragendes Warnungszeichen der einen, und ein Pfeiler der andern,
und stieg nicht herab in ihre Kämpfe und Gefechte; doch brach die Sonn' aus dem Gewölk
zuletzt wiederum hell hervor und sank vergrössert in Gold und Purpurgluth ins Meer hinab.

Ein eigener Glanz umstrahlte die Zeit Gustavs;
der Glanz war phantastisch, er war nicht national, er war selbst eitel und prahlerisch, wenn
man will; doch war er hell und sonnig; —
und wie du es auch beklagen mögest, wo ständen denn wir selber, wenn sie nicht gewesen
wäre?

All bildning står på ofri grund till slutet,
Blott barbariet var engång fosterländskt;
Men vett blef planmdt, jernhårdt språk blef brutet,
Och sången stämd, och lifvet menskligt njutet,
Och hvad Gustaviskt var, blef derför äfven Svenskt.

J höga skuggor, ädla sångarfäder,
Jag lägger kransen på ert stoft i dag!
En efter annan bland oss alla träder
Snart upp till eder uti stjernströdt lag;
Der lätt oss sitta och se ner till Norden,
Förtjusta af hvad skönt som bildas der,
Och strophvis om hvarandra sätta orden
Till stjernmusiken om den fosterjorden,
Som väl förgätit oss, men dock är oss så kär!

Die Dichtung steht doch am Ende überall auf unfreiem Grunde, nur die Barbarei war einst vaterländisch; jedoch Verstand und Witz ward angepflanzt, das spröde Eisenerz unserer Sprache ward gebrochen, und Lieder erklangen, und menschlich genoss man seines Lebens, und was daher Gustavisch war, das war auch schwedisch.

Ihr erhabnen Dichterschatten, ihr edeln Väter des Gesanges! Auf euerm Grabe leg' ich meinen Kranz nieder am heutigen Tage! Bald tritt Einer nach dem Anderen von uns in euern sternenglänzenden Reigen ein; da lasst uns dann beisammensitzen und nach dem Norden hinabschn, und uns des Schönen freuen, was da ans Licht der Welt hervortritt, und abwechselnd lasst uns Jeder eine Strophe zur Musik der Sterne dichten von unserer Heimatherde, die uns dann zwar längst vergessen haben wird, die uns jedoch gleichwohl so werth und theuer ist!

V.

Bruchstücke aus Tegnérs grösseren Dichtungen.

A.

Aus der Frithiofs-Sage.

Der Sohn des nordischen Kämpen Thorsten Wikingsson, Frithiof, der Held des Gedichtes, und die schöne Ingeborg, die Tochter des Königs Bele, werden in einem einsamen Thale bei dem schlichten greisen Bauer Hilding zusammen erzogen, wo sie sich, der Warnungen des Pflegevaters nicht achtend, mehr und mehr in einander verlieben. Das selige Kinderglück und die unschuldige Schwärmerei der beiden jungen Liebenden bilden den Inhalt des ersten Gesanges: „Frithiof und Ingeborg." — Im zweiten Gesange des Gedichtes: „König Bele und Thorsten Wikingsson" rufen die beiden Greise, der König Bele und der freie Bauer Thorsten Wikingsson, die sich dem Tode nahe fühlen, noch einmal ihre Söhne zusammen, um sie zur Eintracht und Freundschaft unter einander zu ermahnen. Es erscheinen die Söhne des Königs, Helge und Halfdan, und der Sohn seines Freundes, Frithiof. Die ächt nordischen und die verschiedenen Charaktere der drei jungen Männer vortrefflich zeichnenden, wahrhaft goldenen Lehren nun, die die beiden Sterbenden den „jungen Adlern" auf den Weg mitgeben, kann man als den Grundstock des ganzen zweiten Gesanges betrachten. Im dritten Gesange schildert der Dichter prachtvoll und doch homerisch einfach das schöne Erbe, welches Frithiof nach dem Tode Thorstens antritt, und gibt somit ein Bild von dem Reichthum und der gesellschaftlichen Stellung eines freien Bauers im Norden jener Zeit. Die zwei Königssöhne Helge und Halfdan werden vom Volke zusammen zu Königen gewählt.

Frithiof tager arf efter sin Fader.
— — — — — men Frithiof som endaste sonen,
Delte med ingen, och fäste i lugn sin boning på
  Framnäs.
Tre mil sträckte sig kring den gårdens ägor, på
  tre håll
dalar och kullar och berg, men på fjerde sidan
  var hafvet.
Björkskog krönte de kullarnas topp, men på
  sluttande sidor
frodades gyllene korn och manshög vaggade
  rågen.
Sjöar, många i tal, sin spegel höllo för bergen,
höllo för skogarna opp, i hvars djup höghornade
  elgar
hade sin kungliga gång, och drucko af hundrade
  bäckar.
Men i dalarnas vidd omkring der bette i grönskan
hjordar med glänsande hull och med jufver som
  längta till stäfvan.
Mellan dem spriddes, än hit och hän dit, en
  oräknelig skara
af hvitulliga får, som du den hvitaktiga strömoln
flockvis spridda på himmelens hvalf, när det blå-
  ser om våren.
Springare två gånger tolf, bångstyriga, fjettrade
  vindar,
stampande stodo i spiltornas rad och tuggade
  vallhö,
manarna knutna med rödt och hofvarna blanka
  af jernskor.
Dryckessalen, ett hus för sig sjelf, var timrad
  af kärnfur.
Ej femhundrade män (till tio tolfter på hundrat)
fyllde den rymliga sal, när de samlats att dricka
  om julen.
Genom salen, så lång som han var, gick bordet
  af stenek,
bonadt och blankt som af stål; högsätespelarne
  båda
stodo för ändan deraf, två Gudar skurna af alm-
  träd;
Oden med herrskareblick och Frej med solen
  på hatten.
Nyss emellan de två på sin björnhud (huden var
  kolsvart,
gapet skarlakanrödt, men klorna skodda med
  silfver)
Thorsten bland vännerna satt, som gästfriheten
  bland glädjen.
Ofta, när månen bland skyarna flög, förtalde
  den gamle
under från främmande land, dem han sett, och
  vikingafärder
fjerran i Östervåg och i Vestersaltet och Gaudvik.

Frithiof ergreift Besitz von dem Erbe
  seines Vaters.
— — — — — Frithiof hingegen, als einziger
Sohn, theilte mit Niemandem; in Frieden bezog
er seine Wohnung auf Framnäs. Drei Meilen im
Umkreis erstreckte sich das Gebiet der Hof-
mark, auf drei Seiten umgaben's Thäler, Hügel
und Berge, auf der vierten schwoll das Meer.
Birkholz krönte die Gipfel der Höhen, doch an
den Abhängen, da wucherte goldenes Korn und
mannshoch wogte der Roggen. Und viele
Seen hielten den Bergen den Spiegel, hielten
ihn den Wäldern vor, in deren Grund sich der
Elchhirsch mit hohem Geweihe königlich stolz
erging und aus hundert Bächen trank. Doch
in den Thälern umher, da weideten Herden mit
glänzendem Vliess, und mit Eutern, die nach
dem Eimer verlangten, im Grünen. Zwischen
ihnen wimmelten, hierhin und dorthin verstreut,
weisswollige Schafe, gleichwie du weisse Wol-
ken in Flocken am Himmelsgewölbe verstreut
siehst, wenn der Wind weht im Frühling. Zwei-
mal zwölf muthige Rosse, gefesselte Winde,
standen, mit rothdurchflochtenen Mähnen und
mit stahlblauen Hufen, gereiht an der Wand
der Ställe umher und kauten üppiges Heu. Der
Trinksaal, ein Haus für sich selbst, war von
Föhren gezimmert. Fünfhundert Männer (zu
zehnmal Zwölf das Hundert gerechnet) mach-
ten den weiten Saal nicht voll, wenn sie zum
Gelage zusammenkamen am Julfest. Den gan-
zen Saal entlang ging eine steineichene Tafel,
gehobelt und blank, wie von Stahl; am obern Ende
davon standen die beiden Pfeiler des Hochsitzes,
zwei aus Ulmholz geschnitzte Götter; Oden mit
herrschendem Blick und Frei mit der Sonne
zum Hauptschmuck. Jüngst noch sass zwischen
den Zweien auf seiner Bärenhaut (die Haut war
kohlschwarz, der Rachen scharlachroth, die
Klauen aber mit Silber eingefasst) Thorsten
zwischen den Freunden, wie die Gastlichkeit
zwischen der Freude. Oft, wann der Mond durch
die Wolken flog, erzählte der Alte von Wun-
dern, die er in fremden Ländern gesehn, und
von Wikingerfahrten im fernen Ostmeer und
droben im Westmeer und Gandvik.

Tyst satt lyssnande lag och dess blickar hängde
vid gubbens
läppar, som hiet vid sin ros; men skalden tänkte
på Brage,
när med sitt silfverskägg och med runor på tun-
gan han sitter
under den lummiga bok och förtäljer en saga
vid Mimers
evigt sorlande våg, han sjelf en lefvande saga.
Midt på golfvet (med halm var det strödt) brann
lågan beständigt,
gladt på sin murade häll: och igenom det luf-
tiga rökfång
blickade stjernorna in, de himmelska vänner, i
salen.
Men kring väggen, på naglar af stål, der hängde
det radvis
brynja och hjelm vid hvarann, och här och der
dem emellan
blixtrade neder ett svärd, som i vinterqvällen
ett stjernskott.
Mera än hjelmar och svärd dock sköldarne lyste
i salen,
blanka som solens rund, eller månens skifva, af
silfver.
Gick der stundom en mö kring bordet och fyllde
i hornen,
slog hon ögonen ned och rodnade: bilden i
skölden
rodnade äfven som hon: det gladde de drickande
kämpar. —

Rikt var huset: hvarhelst som du skådade, mötte
ditt öga
fyllda källrar, och proppade skåp, och rågade
visthus.
Många klenoder jemväl der gömdes, byten af
segren,
guld med runor uppå och det konstarbetade
silfver.
Tre ting skattades dock af all den rikedom yp-
perst:
svärdet, som ärfdes från fader till son, var
främst af de trenne,
Angurvadel, så kallades det, och broder till
blixten.
Fjerran i Österland var det smidt (som sagan
förtäljer),
härdadt i dvergarnes eld: Björn Blåtand bar
det från början.
Björn förlorade dock på en gång båd' svärdet
och lifvet
söder i Gröningasund, der han stridde mot väl-
dige Vifell.

Still sass dann die lauschende Schaar, und ihre
Blicke hingen an dem Mund des Greises, wie die
Biene an einer Rose; doch der Skalde gedachte
Brages, wenn er mit seinem Silberbart und mit
Runen auf der Zunge unter der laubigen Buche
sitzt und eine Sage erzählt an Mimers ewigmur-
melnder Fluth, — er selbst eine lebendige Sage.
Mitten auf dem Boden (er war mit Stroh bestreut)
lohte beständig das Feuer lustig auf dem steinge-
mauerten Herde; und durch den luftigen Rauch-
fang blickten die Sterne, die himmlischen
Freunde, in den Saal herein. Doch an den Wän-
den umher, an stählernen Nägeln, da hingen Pan-
zer und Helm reihweise geordnet beisammen, und
zwischen ihnen blitzte hier und dort ein Schwert
nieder, wie in der Winternacht ein Sternschuss.
Doch noch mehr als Schwerter und Helme funkel-
ten die Schilde in dem Saal, blank, wie die Sonne,
oder wie die Scheibe des Mondes, von glänzen-
dem Silber. Ging nun dann und wann ein Mägd-
lein am Tische herum und schenkte die Hörner
ein, so schlug sie das Auge erröthend nieder;
und dann erröthete auch das Bild in dem Schilde:
dess freuten sich die trinkenden Kämpen. —

Es war ein reiches und wohlbegütertes Haus:
wohin du schautest, stiess dein Auge auf gefüllte
Keller, von Reichthum strotzende Schränke
und mit Vorrath gesegnete Speicher. Doch
barg es auch manches Kleinod noch, Sieges-
trophäen, Gold mit Runen darauf und künstlich
getriebenes Silber. Doch drei Stücke waren zu-
höchst geschätzt von all dem Reichthum: das
Schwert, das sich da vom Vater zum Sohn fort-
geerbt, war das erste von den dreien, Angur-
wadel, so hiess es, und Bruder des Blitzstrahls.
Es war im fernen Osten geschmiedet (wie die
Sage erzählt), und war in dem Feuer der Zwerge
gehärtet: zuerst besass Björn Blauzahn es.
Björn verlor es jedoch, und sein Leben dazu,
als er südlich im Gröningersunde mit dem ge-
waltigen Wifell stritt.

Vifell hade en son, het Viking. Men, gammal
och bräcklig,
bodde på Ulleråker en kung med sin blomstrande
dotter.
Se, då kom det ur skogarnas djup en oskapelig
jätte,
högre till växten än menniskors ätt, och luden
och vildsint,
fordrade envigeskamp, eller kungadottren och
riket.
Ingen vågade kampen likväl, ty det fans ej ett
stål som
bet på hans skalle af jern, och derför nämdes
han Jernhös.
Viking allena, som nyss fyllt femton vintrar,
emottog
striden i hopp på sin arm och på Angurvadel. I
ett hugg
klöf han till midjan det rytande troll, och frälste
den sköna.
Viking lemnade svärdet till Thorsten, sin son,
och från Thorsten
gick det till Frithiof i arf: när han drog det,
sken det i salen
liksom flöge en blixt derigenom, eller ett norrsken.
Hjaltet var hamradt af guld, men runor syntes
på klingan,
underbara, ej kända i Nord, men de kändes vid
solens
portar, der fäderne bott, förrn Asarne förde dem
hit upp.
Matta lyste de runor alltjemt, när fred var i
landet,
men när Hildur begynte sin lek, då brunno de alla
röda som hanens kam, när han kämpar: förlorad
var den, som
mötte i slagtningens natt den klingan med lå-
gande runor.
Svärdet var vida berömdt, och af svärd var det
ypperst i Norden.

Dernäst ypperst i pris var en armring, vida be-
ryktad,
smidd af Nordiska sagans Vulkan, af den hal-
tande Vaulund.
Tre mark höll han i vigt, och arbetad var han
af rent guld.
Himlen var tecknad derpå med de tolf Odödligas
borgar,
vexlande månaders bild, men af skalderna nämn-
des de solhus.
Alfhem skådades der, Frejs borg: det är solen,
som nyfödd
börjar att klättra igen för himmelens branter
vid Julen.

Wifell hatt' einen Sohn — Wiking war sein
Name. Doch alt und gebrechlich wohnte auf
Ullerücker ein König mit seiner blühenden Toch-
ter. Siehe, da kam aus der Wälder Nacht hervor
ein ungeheurer Riese, höher an Wuchs als der
Menschen Geschlecht, und zottig und grimmig;
der forderte Zweikampf, oder die Tochter des
Königs und das Reich. Es wagte jedoch Kei-
ner den Kampf, denn es fand sich kein Stahl,
der in den eisernen Schädel eindrang, darum
hiess er auch Eisenkopf. Nur der einzige Wi-
king, der erst fünfzehn Winter zählte, nahm den
Kampf an, sich auf die Kraft seines Armes und
auf Angurwadel verlassend. Und mit einem
Schlage hieb er das brüllende Ungethüm bis
zum Gürtel entzwei, und befreite die Schöne.
Wiking vererbte das Schwert auf Thorsten, sei-
nen Sohn, und von Thorsten kam es auf Frithiof
im Erbe: wenn der es zog, dann schien's im
Saal, gleichsam als leuchtete ein Blitz darin
oder ein Nordlicht. Der Griff war von Gold ge-
hämmert, jedoch auf der Klinge waren Runen
zu schauen, wunderbar und von Niemandem zu
deuten im Norden; nur an den Thoren der
Sonne kannte man sie, wo die Väter gewohnt,
bevor die Asen sie heraufwärts geführt. War
Frieden im Lande, dann gaben die Runen nur
einen matten Schein, wenn jedoch Hildur ihr
Spiel begann, dann erglühten sie alsbald hoch-
roth wie der Kamm des Hahns, wenn er kämpft:
und verloren war, wer in dem Grauen der
Schlacht der Klinge mit den flammenden Ru-
nen begegnete. Das Schwert war weithin be-
rühmt, und von den Schwertern des Nordens
das beste.

Nächstdem war ein Armring das Beste im
Preise, weithin berühmt, geschmiedet vom hin-
kenden Waulund, dem Vulkan der nordischen
Sage. Er hielt drei Mark an Gewicht und war
aus lauterm Gold gehämmert. Darauf war der
Himmel zu schauen mit den Burgen der zwölf
Unsterblichen, der wechselnden Monate Bild,
doch nennen die Skalden sie die Häuser der
Sonne. Da sah man Alfheim, Freis Burg: das
ist die Sonne, welche zur Julzeit wieder ver-
jüngt aufsteigt zur Höhe des Himmels.

Söquabäck var der ock, i dess sal satt Oden hos
    Saga,
drack sitt vin ur det gyllene kärl; det kärlet är
    hafvet,
färgadt med guld af morgonens glöd, och Sagan
    är våren,
skrifven på grönskande fält med blommor i stäl-
    let för runor.
Balder syntes jemväl på sin thron, midsomma-
    rens sol, som
gjuter från fästet sin rikedom ner, en bild af det
    Goda;
ty det Goda är strålande ljus, men det Onda är
    mörker.
Solen tröttnar att stiga alltjemt, och det Goda
    desslikes,
svindlar på höjdernas brant: med en suck för-
    sjunka de båda
neder till skuggornas land, till Hel: det är Bal-
    der på bålet.
Glitner, den fredliga borg, sågs äfven: förli-
    kande alla
satt der med vågen i hand Forsete, domarn på
    höstting.
Dessa bilder och många ännu, som betecknade
    ljusets
strider på himmelens hvalf och i menniskans
    sinne, de voro
skurna af mästarens hand i den ringen. En präk-
    tig rubinknapp
krönte dess bugtiga rund, som solen kröner sin
    himmel.
Ringen var länge i slägten ett arf, ty hon ledde
    sin ättlängd,
endast på mödernet dock, till Vaulund, räknad
    för stamfar.
En gång stals den klenoden dock bort af röfva-
    ren Sote,
svärmande kring på de nordiska haf, sen fann
    han ej åter.
Slutligen taltes det om, att Sote, på kusten af
    Bretland
lefvande satt sig med skepp och gods i sin
    murade grafhög;
men der fann han ej ro, och det spökade stän-
    digt i högen.
Thorsten förnam det ryktet också, och med Bele
    besteg han
draken, och klöf den skummande våg, och styrde
    till stället.
Vid som ett tempelhvalf, som en kungsgård,
    vore den bäddad
in i grus och grönskande torf, så hvälfde sig
    högen.
Ljus ock lyste derur: igenom en springa på porten

Da war auch Söquabäck, in dessen Saal sass Oden bei Saga und trank seinen Wein aus der goldenen Schale; die Schal' ist das Weltmeer, in der Gluth der Frühe vergüldet, und Saga ist der Frühling, der mit Blumen, statt mit Runen auf die grünende Flur geschrieben ist. Auch Balder war auf seinem Throne zu schauen, die Sonne des Mittjahrs, welche ihren Reichthum herabgiesst von der Veste des Himmels, ein Bild des Guten, denn das Gute ist strahlendes Licht, doch das Böse ist Finsterniss. Die Sonne ermüdet allmählig zu steigen, und so auch das Gute, schwindelt am Rande der Höhn: mit einem Seufzer sinken sie Beide ins Land der Schatten hinab, zur Hel: das ist Balder auf dem Holzstoss. Und so sah man auch Glitner, die Burg des Friedens: Weltrichtend und vergleichend, sass da, die Wag' in der Hand, Forsete, der Richter am Herbstting. Diese Gebilde und andere noch, darstellend die Kämpfe des Lichts am Gewölbe des Himmels und in der Brust des Menschen, sie waren von Künstlers Hand in den Ring geschnitten. Ein prächtiges Rubinschloss krönte sein buchtiges Rund, wie die Sonne den Himmel krönt. Lange Zeit war der Ring ein Erbstück des Geschlechts, denn es leitete seinen Ursprung, jedoch nur mütterlicherseits, bis auf Waulund zurück, dessen es als des Stammvaters sich rühmte. Doch einstmals wurde das Kleinod von Sote dem Räuber gestohlen, der auf den nordischen Gewässern umherschwärmte. Und seit der Zeit fand man es nicht mehr. Endlich hiess es, Sote habe sich an der Küste von Bretland lebend mit Schiff und Schätzen in seinem gemauerten Grabhügel zur Ruhe gesetzt; doch habe er da keine Ruhe und es spuko beständig im Hügel. Auch Thorsten vernahm das Gerücht und mit Bele bestieg er seinen Drachen, und spaltete die schäumende Fluth und steuerte nach der Stelle hin. Weit wie ein Tempelgewölbe, wie ein Königshof, in Schutt und grünendes Gras gebettet, erhob sich der Hügel. Auch flimmerte Lichtglanz aus ihm hervor: durch einen Spalt an der Thüre

tittade kämparne in, och det beckade vikinga-
      skeppet
stod der med ankar och master och rår; men
      hög i dess bakstam
satt en förfärlig gestalt: han var klädd i en
      mantel af lågor.
Bister satt han och skurade der blodfläckade
      klingan,
kunde ej skura de fläckarna bort: allt gull, som
      han rånat,
låg i högar omkring, och ringen bar han på ar-
      men.
„Stiga vi, hviskade Bele, dit ner och kämpa mot
      trollet,
två mot en ände af eld?" Men halfvred svarade
      Thorsten:
„En mot en var fädernas sed, jag kämpar väl
      ensam."
Länge tvistades nu, hvem först af de tvenne det
      tillkom,
pröfva den vådliga färd; men till slut tog Bele
      sin stålhjelm,
skakade om två lotter deri och vid stjernornas
      skimmer
kände Thorsten igen sin lott. För en stöt af
      hans jernlans
sprungo riglar och lås, och han nedsteg. Frå-
      gade någon,
hvad han förnam i det nattliga djup, då teg han
      och ryste.
Bele hörde dock först en sång, den lät som en
      trollsång;
sedan förnam han ett rasslande ljud, som af
      klingor som korsas,
sist ett gräseligt skri, då blef tyst. Ut störtade
      Thorsten,
blek, förvirrad, förstörd; ty med döden hade
      han kämpat.
Ringen bar han likväl; „den är dyrköpt, sade
      han ofta,
ty jag har darrat en gång i mitt lif, och det var
      när jag tog den."
Smycket var vida berömdt och af mycken yp-
      perst i Norden.

Skeppet Ellida till slut var en af slägtens kle-
      noder.
Vlking (sägs det) en gång, när han vände till-
      baka från härtåg,
seglade längs med sin strand, då såg han en man
      på ett skeppsvrak
sorglöst gungande hän; det var, som han lekte
      med vågen.
Mannen var hög och af ädel gestalt och hans
      anlete öppet,

guckten die Kämpen hinein, und da stand das
pechbestrichene Wikingerschiff mit Ankern und
Masten und Raa'n; doch hoch an dem Steuer
sass eine schreckliche Gestalt: die war in einen
feurigen Mantel gekleidet. Grimmig sass sie da
und rieb an dem blutigen Schwert, und ver-
mochte die Flecken nicht herunterzuwischen:
all das Gold, was sie geraubt, lag in Haufen
umher, und den Ring trug sie am Arm: „Steigen
wir hinab," flüsterte Bele, „und kämpfen wir
mit dem Ungethüm, wir Zwei gegen den feuri-
gen Geist?" Doch halbzornig erwiderte Thor-
sten: „Einer wider Einen, so war's der Väter
Gebrauch, ich nehm's wohl allein mit ihm auf."
Und nun stritten sie lange, wem von beiden es
zuerst zukäme, die grause Gefahr zu erproben;
doch zuletzt nahm Bele den Stahlhelm ab,
schüttelte zwei Loose darin, und beim Schimmer
der Sterne erkannte Thorsten das seinige wie-
der. Auf einen Stoss seiner eisernen Lanze
sprangen Riegel und Schloss auf und er stieg
hinab. Fragte Einer, was er vernahm in jener
nächtlichen Tiefe, da schwieg er und schau-
derte. Bele hörte jedoch zuerst ein Singen, das
klang wie ein Trollsang; nachher vernahm er
einen rasselnden Laut, wie von Klingen, welche
sich kreuzen, und endlich einen grässlichen
Schrei, dann ward es still und Thorsten stürzte
hervor, bleich, verwirrt, verstört; denn er hatte
mit dem Tode gekämpft. Gleichwohl brachte
er den Ring; „der ist theuer erkauft," sagte er
oft. „denn einmal hab' ich in meinem Leben ge-
bebt, und das war, als ich den nahm." Das Ge-
schmeide war weithin berühmt und von den Ge-
schmeiden des Nordens das beste.

Endlich das Schiff Ellida, das war auch eines
von den Kleinoden des Geschlechts. Wiking
(sagt man) segelte, als er einst von der Heer-
fahrt zurückkam, längs des heimischen Strandes
dahin, da sah er einen Mann sorglos auf dem
Wrak eines Schiffes hinschaukeln; es war, als
spielte er da mit den Wogen. Der Mann war
gross und von edler Gestalt, und sein Angesicht
freundlich und

gladt, men föränderligt dock, likt hafvet som
   leker i solsken.
Manteln var blå och bältet af guld, besatt med
   koraller,
skägget hvitt, som vågornas skum, men båret
   var sjögrönt.
Viking styrde sin snäcka deråt för att berga den
   arma,
tog den förfrusna hem till sin gård och förplä-
   gade gästen.
Dock, när han bjöds af värden till sängs, då log
   han och sade:
„vinden är god och mitt skepp, som du sett, är
   ej att förakta,
hundrade mil, det hoppas jag visst, jag seglar i
   afton.
Tack för din bjudning ändå, den är välment,
   kunde jag endast
ge dig ett minne af mig! men min rikedom lig-
   ger i hafvet;
kanske finner du dock i morgon en gåfva på
   stranden." —
Dagen derpå stod Viking vid sjön, och si! som
   en hafsörn,
när han förföljer sitt rof, flög in i viken ett
   drakskepp.
Ingen syntes derpå, ej en gång man märkte en
   styrman,
rodret dock lette sin bugtiga väg bland klippor
   och blindskär,
liksom bodde en ande deri: när det nalkades
   stranden,
refvade seglet sig sjelf, och ej rördt af menni-
   skohänder,
ankaret sänkte sig ned och bet med sin hulling
   i djupet.
Stum stod Viking och såg, men då sjöngo de le-
   kande vågor:
„Bergade Ägir ej glömmer sin skuld, han skän-
   ker dig draken."
Gåfvan var kunglig att se, ty de bugtiga plan-
   kor af eke
voro ej fogade hop som annars, men vuxna till-
   sammans.
Sträckningen var som en drakes i sjön: i stam-
   men derframme
lyfte han hufvudet högt, och af rödt guld lågade
   svalget.
Buken var spräcklig med blått och med gult,
   men baktill vid rodret
slog han sin väldiga stjert i en ringel, fjällig af
   silfver;
vingarna svarta med kanter af rödt; när han
   spände dem alla

heiter, doch wandelbar auch, wie das im
Sonnenglanze spielende Meer. Der Mantel war
blau und der Gürtel von Gold, mit Korallen
besetzt, der Bart weiss, wie der Schaum der
Fluth, doch das Haar war meergrün. Wiking
steuerte seine Schnecke dahin, den Armen zu
bergen, nahm den Erstarrten mit heim auf sei-
nen Hof und pflegte des Fremdlings. Als ihn
jedoch der Wirth einlud, zu Bette zu gehen, da
lacht' er und sprach: „der Wind ist gut und
mein Schiff, wie du ja gesehn, ist nicht zu ver-
achten, ich hoffe die Nacht durch noch hundert
Meilen zu segeln. Doch danke ich dir für deine
Einladung, sie ist wohlgemeint, vermöcht' ich
dir nur ein Andenken zu geben von mir! Doch
mein Reichthum liegt im Meer; vielleicht fin-
dest du indess morgen eine Gabe am Strande."
— Den Tag darauf stand Wiking am Meer und
schau! wie ein Meeradler, wenn er seinen Raub
verfolgt, flog ein Drachschiff in die Bucht her-
ein. Man sah Niemanden darauf, nicht einmal
einen Steuermann gewahrte man, und doch
suchte das Ruder sich durch die Krümmungen
zwischen Klippen und Schären hindurch seinen
Weg, als wohnte ein Geist darin: als es dem
Strande sich nahte, reffte das Segel sich selbst
und, unberührt von menschlichen Händen,
senkte der Anker sich nieder und biss sich mit
seinem Zahne in den Grund ein. Stumm stand
Wiking da und sah's, da sangen die spielenden
Wogen: „Aegir, den du beherrgst, gedenkt
seiner Schuld und schenkt dir den Drachen"
Königlich war die Gabe zu schauen; denn die
gewölbten Planken von Eichenholz waren nicht
wie anderswo in einander gefügt, sondern zu-
sammengewachsen. Der Drache streckte sich
hin, wie ein Drache der See: ein Vordertheil
hob er sein Haupt hoch empor, und von rothem
Gold glühte der Rachen. Der Bauch war blau
und golden gesprenkelt, doch hinten am Ruder
ringelte er seinen mächtigen Schweif mit silber-
nen Schuppen; die schwarzen Schwingen waren
roth gesäumt; wenn er sie allzumal auseinander-
schlug,

flög han i kapp med den susande storm, men
örnen blef efter.
Fylldes det skeppet med väpnade män, då skulle
du tro't dig
skåda en flytande konungastad, en simmande
fästning. —
Skeppet var vida berömdt, och af skepp var det
ypperst i Norden.

Detta, och mera dertill tog Frithiof i arf af sin
fader.
Knappast fans i de nordiska land en rikare arf-
ving,
om ej en konungason; ty kungars välde är yp-
perst.
Var han ej konungason; likväl hans sinne var
kungligt,
vänsällt, ädelt och mildt, och med hvar dag
växte hans rykte.
Kämpar hade han tolf, gråhåriga, furstar i idrott,
fadrens kamrater, med bröst af stål och med är-
riga pannor.
Nederst på kämparnes bänk, jemnårig med
Frithiof, en yngling
satt, som en ros bland vissnade löf: Björn hette
den unga,
glad som ett barn, men fast som en man och
vis som en gubbe.
Upp med Frithiof han växt och de blandat blod
med hvarandra,
fosterbröder på Nordmanna sätt, och svurit att
lefva
samman i lust och i nöd, och att hämna hva-
randra i döden.
Midt bland kämpar och gästernas mängd som
kommit till graföl,
Frithiof, en sörjande värd, med ögon fyllda af
tårar,
drack på fäderuns vis sin faders minne, och
hörde
skaldernas sång till hans lof, ett dundrande
Drapa; men sedan
steg han i fadrens säte, nu hans, och satte sig
neder
mellan dess Oden och Frej: det är Thors plats
uppe i Valhall.

flög er um die Wette dahin mit dem sausenden Sturm, und liess den Adler zurück. War das Schiff voll von Gewappneten, du meintest eine wogengetragene Königsburg, eine schwimmende Festung zu sehen. — Das Schiff war weithin berühmt, und von den Schiffen des Nordens das beste.

Dieses und noch mehr ererbte Frithiof von seinem Vater. Wohl schwerlich gab es in Nordens Landen einen reicheren Erben, wenn nicht einen Königssohn; denn der Könige Macht ist die höchste. War er nicht Königssohn, so war doch seine Gesinnung königlich, freundereich, hochberzig und mild, und mit jedem Tage wuchs sein Ruhm. Er hatte zwölf Kämpen, grau von Haar und Fürsten im Kriegswerk, Genossen des Vaters, mit stählerner Brust und mit narbigen Stirnen. Zu unterst auf der Bank der Kämpen, gleichaltrig mit Frithiof, sass ein Jüngling, eine Rose zwischen welkem Laub: Björn hiess der Knabe, fröhlich wie ein Kind, doch gesetzt wie ein Mann, und wie ein Alter so weise. Er war mit Frithiof gross geworden und sie hatten als Pflegebrüder nach dem Brauch der nordischen Männer ihr Blut mit einander gemischt und sich geschworen, in Lust und Gefahr mit einander zu leben, und einander zu rächen im Tode. Mitten unter den Kämpen und Gästen, die zum Grabtrunk gekommen waren, sass, ein trauernder Wirth, und das Auge von Thränen getrübt, Frithiof, trank nach Väterweise des Vaters Gedächtniss, und hörte ihn preisen im Skaldengesange, in donnernder Drapa; hierauf bestieg er jedoch den Sessel des Vaters, nunmehr den reinen, und setzte sich nieder zwischen den Bildern Odens und Frei's: das ist Thors Platz droben in Walhall.

Im darauffolgenden Gesange lädt Frithiof, als reicher Erbe und als Vasall der Könige, die beiden Brüder und ihre schöne Schwester zu einem Gastmahl ein, wozu sich jene nach dem Gebrauch der Zeit und des Landes auch einfinden. Die Leidenschaft der zwei jungen Liebenden erhält jetzt plötzlich wieder neue Nahrung, bis Frithiof zuletzt an einem offenen Gerichtstag im

Freien von den beiden Königen die Hand der Schwester begehrt, wo er jedoch von dem verschlossnen, hocharistokratischen Helge mit schnödem Hohn zurückgewiesen wird. Frithiof zerschlägt im Heldenzorn mit seinem berühmten Schwert Angurwadel in einem Schlage den goldenen Königsschild Helges, und kündigt ihm Treue und Gehorsam auf. — Im fünften Gesang wird mit wenigen Pinselstrichen der greise König Ring, der von seinem Volke geliebte und wie ein Gott angebetete, gute und friedenliebende König eines kleinen Nachbarlandes geschildert. Seine Gemahlin ist ihm gestorben, und er fühlt sich zu einsam im Spätherbst seiner Tage; er sendet daher Boten zu Ingeborgs Brüdern hinüber, mit prächtigen Geschenken an Gold und Schmucksachen und mit „guten Worten", und wirbt bei diesen, als den Vormündern der Schwester, um seine neue Erwählte, die Tochter seines ehemaligen Freundes Bele. Der eine Bruder jedoch, böse Vorbedeutungen fürchtend, schlägt sie ihm ab, und der andere, fast noch ein Knabe, und im ganzen Gedichte als kindisch und schwach gezeichnet, fordert das Unglück durch seine Tollkühnheit sogar förmlich heraus, indem er mit Spott auf das Greisenthum des Freiers anspielt, was die Boten diesem natürlich hinterbringen. Doch der Greis gelobt Rache für solchen Schimpf und will sich seine Braut mit dem Schwert in der Hand selbst holen. Er erklärt den Brüdern den Krieg. Helge fürchtet jetzt für seine Schwester und lässt sie zur grössern Sicherheit nach dem Tempel des Gottes Balder in Gewahrsam bringen. Denn die Tempel waren damals eine Statt des Friedens, eine heilige Zuflucht, und kein Mann durfte ein darin wohnendes Weib anrühren. — Der sechste Gesang ist eine höchst anmuthig erfundne, geistreiche kleine Romanze. Frithiof sitzt nämlich mit seinem Freunde Björn gerade beim Schachspiel, als sein treuer Pfleger, der greise Hilding, eintritt, und ihn im Namen der beiden Könige zur Theilnahme an dem nun nahe bevorstehenden Kriege ermahnt. Der schwerbeleidigte Held gibt nun dem Botschafter auf seine Fragen anscheinend gleichgültig so vonreich und absichtlich-zweideutig Bescheid, dass das Wenige, was er in Betreff des Spieles zu sagen scheint, doch zugleich durch die Metapher auch seine Gesinnung gegen die beiden Könige errathen lässt: — in der That ein kleines Meisterstück in seiner Art. — Hilding muss wieder nach Hofe gehen, ohne seinen Zweck erreicht zu haben, kann indess dem Pflegesohn kaum Unrecht geben. — Jede schöne Nacht segelt indess Frithiof auf seinem Zauberschiff Ellida nach dem gegenüberliegenden Baldersstempel zu seiner geliebten Ingeborg hinüber, und während seine Freunde und Gefährten am Tempelthor Wache halten, schwelgt er in Liebesglück und Seligkeit die zaubermächtige Moudennacht hindurch, und schwärmend von einem reinern, schönern Wingolf jenseits dieser Erde, will er es der mehrmals furchtsam mahnenden Geliebten nicht glauben, dass schon so bald wieder der Tag anbricht, der nüchterne irdische Tag, wo er wieder von seinem Glück scheiden soll. Das Glück und die Seligkeit so einer schönen träumerischen Liebesnacht feiert der Dichter im siebenten Gesange seines herrlichen Werkes, einer mit wahrhaft italienischer Farbenpracht und Gluth niedergeschriebenen Romanze, die man in der That als ein Seitenstück zu jener berühmten Balkonscene in Romeo und Julie betrachten kann:

Frithiofs Lycka.

Kung Beles söner gerna drage
från dal till dal att he om svärd.
Mitt få de ej: i Balders hage
der är min valplats, är min verld.
Der vill jag ej tillbaka blicka
på kungars hämd, på jordens sorg,
men endast Gudars glädje dricka
tvemänings med min Ingeborg.

Så länge ännu solen tömmer
sin purpurglans på blomstren varm,
lik rosenfärgadt skir, som gömmer
en blomsterverld, min Ingborgs barm;

Frithiofs Liebesglück.

König Beles Söhne mögen immerhin, um
Schwerter werbend, von Thal zu Thale ziehen.
Das meine kriegen sie nicht: in Balders Hag,
da ist mein Wahlplatz, meine Welt. Da will
ich nicht mehr rückwärts schauen auf der Könige Rache und der Erde Schmerz und Weh.
Der Götter Seligkeit nur will ich trinken selbander mit meiner Ingeborg.

So lange die Sonne noch ihr Purpurlicht auf
die Blumen warm herabgiesst, einem rosigen
Schleier vergleichbar, der eine Welt von Blumen birgt, meiner Ingeborg Busen;

så länge irrar jag på stranden
af längtan, evig längtan tärd,
och ritar snckande i sanden
det kära namnet med mitt svärd.

Hur långsamt gå de tröga stunder!
Du Dellings son, hvi dröjer du?
Har du ej skådat berg och lunder
och sund och öar förr än nu?
Bor ingen mö i vestersalar,
som väntar dig för längesen,
och flyger till ditt bröst och talar
om kärlek först, om kärlek sen?

Dock ändtlig, trött af vägens möda,
du sjunker ner ifrån din höjd,
och qvällen drar det rosenröda
sparrlakanet för Gudars fröjd.
Om kärlek hviska jordens floder,
om kärlek hviskar himlens fläkt.
Välkommen, Natt, du Gudars moder!
med perlor på din bröllopsdrägt.

Hur tyst de höga stjernor skrida,
likt älskarn till en mö på tå!
Flyg öfver fjärden, min Ellida,
skjut på, skjut på, du bölja blå!
Der borta ligga Gudens lunder,
till gode Gudar styra vi,
och Balderstemplet står derunder,
med kärlekens Gudinna i.

Hur lycklig träder jag på stranden!
Du jord, jag ville kyssa dig,
och Er, J blommor små, som randen
med hvitt och rödt den krökta stig!
Du måne, som ditt skimmer tömmer
kring lund och tempel, hög och vård,
hur skön du sitter der och drömmer,
lik Saga i en bröllopsgård!

Hvem lärde dig, du bäck som talar
med blommorna, min känslas röst?
Hvem gaf Er, Nordens näktergalar,
den klagan, stulen ur mitt bröst?
Med qvällens rodnad Alfer måla
min Ingborgs bild på mörkblå duk;
den bilden kan ej Freja tåla,
hon blåser bort den, afundsjuk.

Dock gerna hennes bild förvinne,
der är hon sjelf, som hoppet skön,
och trogen, som ett barndomsminne;
hon kommer med min kärleks lön.

so lange irr' ich an dem Strande, von Sehnsucht,
ewiger Sehnsucht verzehrt, und seufzend riz'
ich mit dem Schwerte den theuren Namen in
den Sand.

Wie langsam schleichen die trägen Stunden!
Du Dellings Sohn, was zögerst du? — Hast du
denn Gebirg und Wald, Meerbusen und Inseln
nicht früher schon gesehn? Wohnt denn kein
Mägdlein da drüben in Westens Sälen, das, ach,
schon allzulange dich erwartet und dir aus Herz
fliegt und früh von Liebe redet und von Liebe
spät?

Endlich jedoch, matt und müde von des We-
ges Mühn, sinkst du von deiner Höh' herab, und
der Abend zieht die rosenrothe Gardine vor der
Lust der Götter nieder. Von Liebe lispeln der
Erde Wasser, von Liebe lispelt des Himmels
Hauch. Willkommen, o Nacht, du Göttermut-
ter! mit Perlen an deinem Brautgewand.

Wie still doch die hohen Sterne wandeln, wie
ein Liebender, der sich auf den Zehn zu seinem
Mädchen schleicht. Flieg' übern Meerbusen
hin, Ellida, stoss' nach — stoss' nach, du blaue
Welle! Dort drüben liegen des Gottes Haine,
zu guten Göttern steuern wir, und Balders Tem-
pel steht darunter, und die Liebesgöttin wohnt
darinnen.

Wie selig tret' ich an's Gestade! Du Erde, —
küssen möcht' ich dich, — und euch, ihr holden
Blümlein auch, die ihr mit Weiss und Roth den
geschlängelten Pfad säumt! Du Mond, der du
dein Licht auf Hain und Tempel, Hügel und
Gedenkstein herabstrahlst, wie schön du dort
weilst und träumst, gleich Saga in einem Braut-
gemach!

Wer lehrte dich, du Bach, der du mit den
Blumen Zwiesprach hältst, meiner Empfindung
Sprache? Wer verrieth euch, ihr nordischen
Nachtigallen, die Klage meiner Brust? Mit dem
Roth des Abends malen die Elfen das Bild mei-
ner Ingeborg in's dunkle Blau; Freia mag das
Bild nicht leiden, und neidisch bläst sie es hin-
weg.

Doch ihr Bild, es mag's der Wind verwehn!
Da ist sie ja selbst, so schön wie die Hoffnung,
wie eine Kindheitserinnerung so lieblich; sie
kommt mit meiner Liebe Lohn.

Kom, älskade, och låt mig trycka
dig till det hjerta du är kär.
Min själs begär, min lefnads lycka,
kom i min famn och hvila der.

Så smärt som stjelken af en lilja,
så fyllig som en mognad ros!
Du är så ren, som Gudars vilja,
och dock så varm, som Freja tros.
Kyss mig, min sköna! Låt min låga
få genomströmma äfven dig.
Ack! jordens rund och himlens båga
försvinna, när du kysser mig.

Var icke rädd, här fins ej fara;
Björn står der nere med sitt svärd,
med kämpar nog att oss förvara,
om det behöfdes, mot en verld.
Jag sjelf, o att jag strida finge
för dig, som jag dig håller nu!
Hur lycklig jag till Valhall ginge,
om min Valkyria vore du!

Hvad hviskar du om Balders vrede?
Han vredgas ej, den fromme Gud,
Den älskande, som vi tillbede,
Vårt hjertas kärlek är hans bud;
Den Gud med solsken på sin panna,
Med evig trohet i sin barm:
Var ej hans kärlek till sin Nanna,
Som min till dig, så ren, så varm?

Der står hans bild, han sjelf är nära,
Hur mildt han ser på mig, hur huldt!
Till offer vill jag honom bära
Ett hjerta varmt och kärleksfullt.
Böj knä med mig: ej bättre gåfva,
Ej skönare för Balder fanns,
Än tvenne hjertan, hvilka lofva
Hvarann en trohet, fast som hans.

Till himlen mera, än till jorden,
Min kärlek hör, försmå ej den!
I himlen är han ammad vorden,
Och längtar till sitt hem igen.
O den, som ren deruppe vore!
O den, som nu med dig fick dö,
Och segrande till Gudar fore
I famnen på sin bleka mö!

När då de andra kämpar rida
Ur silfverportarna till krig,
Jag skulle sitta vid din sida,
En trogen vän, och se på dig.

Komm, Geliebte, und lass dich an das Herz
drücken, das dich liebt. Du meiner Sele süss
Verlangen, du meines Lebens Glück, komm in
meinen Arm und ruhe da.

So schlank wie ein Lilienstengel, so voll wie
eine erblühte Rose! Du bist so rein, wie der
Gedanke der Götter, und doch so warm, wie wir
es von Freia glauben. Küsse mich, du Schöne!
Lass meine Liebesgluth auch dich durchströ-
men. Ach, der Erdkreis und des Himmels Bo-
gen schwinden mir bei deinem Kuss dahin!

Fürchte dich nicht, hier droht uns keine Ge-
fahr; Björn steht dort unten mit seinem Schwert
und mit Kämpen genug, uns, thät' es Noth, ge-
gen eine Welt zu schirmen. Ich selbst, o dass
ich für dich streiten könnte, wie jetzt mein Arm
dich hält! Wie glücklich ging' ich nach Wal-
halla — wenn du meine Walkyre würdest!

Was flüsterst du da von Balders Zorn? Er
zürnet nicht, der liebende und fromme Gott, den
wir anbeten; — unserer Herzen Liebe ist sein
Gebot; der Gott mit Sonnenschein auf seiner
Stirn, mit ewiger Treue in seiner Brust: war
seine Liebe zu seiner Nanna nicht wie meine
zu dir so rein und warm?

Da steht sein Bild, er selbst ist nahe, wie mild
schaut er auf mich, wie hold! Zum Opfer will
ich ein Herz ihm bringen, warm und liebevoll.
Kniee nieder mit mir: keine bessere Gabe
gibt's, keine schönere für Balder, als zwei Her-
zen, die einander eine Treue geloben, fest wie
seine.

Meine Liebe gehört mehr dem Himmel an,
als der Erde, verschmähe sie nicht! Im Himmel
ward sie gross gesäugt und sehnt sich wieder
nach der Heimath zurück. O wer doch schon
da droben wäre! O wer mit dir nun sterben
dürfte, und als Sieger sich zu den Göttern
schwänge, im Arme seiner bleichen Maid!

Wenn die andern Kämpen dann zur Schlacht
hinreiten aus den Silberpforten, dann säss' ich,
ein treuer Liebender, nur neben dir und sähe
nichts, als nur dich.

När Valhalls mör kring bordet bringa
De mjödhorn med sitt skum af gull,
Med dig jag ensamt skulle klinga,
Och hviska öm och kärleksfull.

En löfsal ville jag oss bygga
På näset vid en mörkblå bugt.
Der låge vi i skuggan trygge
Af lunden med den gyllne frukt.
När Valhalls sol sig återtände,
(Hur klart, hur herrligt är dess blossl)
Till Gudarne vi återvände
Och längtade dock hem till oss.

Med stjernor skulle jag bekransa
Din panna, dina lockars glöd;
I Vingolfs sal jag skulle dansa
Min bleka lilja roseuröd;
Till dess jag dig ur dansen droge
Till kärlekens, till fridens tjäll,
Der silfverskäggig Brage sloge
Din brudsång ny för hvarje qväll.

Hur vakan sjunger genom lunden!
Den sången är från Valhalls strand.
Hur månen skiner öfver sunden!
Han lyser ur de dödas land.
Den sången och det ljuset båda
En verld af kärlek utan sorg;
Den verlden ville jag väl skåda
Med dig, med dig, min Ingeborg!

Gråt icke: ännu lifvet strömmar
I mina ådror, gråt ej så.
Men kärlekens och mannens drömmar
Kringsvärma gerna i det blå.
Ack! blott din famn du mot mig breder,
Blott dina ögon se på mig,
Hur lätt du lockar svärmarn neder
Från Gudars salighet till dig! — —

„Tyst, det är lärkan." Nej, en dufva
I skogen kuttrar om sin tro;
Men lärkan slumrar än på tufva
hos maken i sitt varma bo.
De lycklige! Dem skiljer ingen,
När dagen kommer, eller far,
Men deras lif är fritt, som vingen,
Som bär i skyn det glada par.

„Se, dagen gryr." Nej, det är flamman
Af någon vårdkas österut.
Ännu vi kunna språka samman,
Än har den kära natt ej slut.

Wenn dann Walhalla's Jungfrauen die Methhörner mit dem goldenen Schaum an dem Tisch kredenzen würden: — ich würde mit dir allein nur anklingen und von Lust und Liebe flüstern.

Eine Laube würd' ich uns bauen am Vorstrand einer blauen Bucht. Da würden wir still im Schatten ruhn des Haius mit seinen goldnen Früchten. Wenn dann die Sonne Walhalla's wieder erglühte, (wie klar und herrlich ist ihr Schein!) dann gingen wir zu den Göttern zurück, und sehnten uns doch wieder heim zu uns.

Mit Sternen würd' ich dir die Stirne, deiner Locken Gluth dir kränzen; in Wingolfs Saal würd' ich mir meine bleiche Lilie roth tanzen wie eine Rose; — bis dass ich dich aus dem Reigen hinweg und zum Zelt der Liebe und des Friedens trüge, wo Brage mit silbernem Barte dir jede Nacht aufs Neue das Hochzeitslied sänge.

Wie die Drossel im Walde schlägt! der Gesang ist von Walhall's Strand. Wie der Mond die Meerbucht hell beglänzt! Er leuchtet herauf aus der Todten Land. Der Gesang und das Licht verkünden uns eine Welt von Liebe sonder Harm; die Welt möcht' ich mit dir, mit dir wohl schauen, meine Ingeborg!

Weine doch nicht: noch strömt das Leben in meinen Adern, weine doch nicht so! Doch der Liebe und des Mannes Träume schwärmen ja so gerne ins Blaue! Ach! schlinge nur deinen Arm um mich, deine Augen nur lass ruh'n auf mir, wie leicht lockst du den Schwärmer von der Seligkeit der Götter dann zu dir herab! — —

„Still — das ist die Lerche." Nein, eine Taube im Walde girrt von Liebeslust und Treue; doch die Lerche schlummert noch auf dem Hügel im warmen Nest beim Weibchen. Die Glücklichen! — Niemand scheidet sie, ob der Tag kommt, ob er geht, sondern ihr Leben ist frei wie der Fittig, der das frohe Paar zu den Wolken trägt.

„Schau — der Tag graut." Nein, es ist die Flamme eines Wachtfeuers drüben im Osten. Wir können noch zusammen plaudern, — noch ist die süsse Nacht nicht zu Ende.

| Försof dig, dagens gyllne stjerna! | Verschlafe dich doch, du goldener Stern des
| och morna sen dig långsamt till. | Tages! und erhebe dich dann spät und langsam!
| För Frithiof må du sofva gerna | Von mir aus magst du, wenn dir's so behagt,
| till Ragnarök, om du så vill. | bis Ragnarök noch schlummern.

Dock, det är fåfängt till att hoppas, der bläser ren en morgonvind, och redan österns rosor knoppas så friska, som på Ingborgs kind. En vingad sångarskara qvittrar (en tanklös hop) i klarnad sky, och lifvet rörs och vågen glittrar, och skuggorna och älskarn fly.

Doch vergebens ist mein Hoffen, schon weht ein Morgenwind, und auch des Ostens Rosen knospen schon so frisch wie auf den Wangen Ingeborgs. Eine geflügelte Sängerschaar zwitschert (ein gedankenloser Schwarm) in klarer Luft, und das Leben rauscht und die Welle glänzt, und die Schatten fliehen und der Geliebte.

Der kommer hon i all sin ära! Förlåt mig, gyllne sol, min bön! Jag känner det, en Gud är nära, hur präktig är hon dock, hur skön! O den, som fram i banan trädde så väldig, som du träder nu, och, stolt och glad, sin lefnad klädde i ljus och seger liksom du!

Da kommt sie in all dem Glanz, der sie umstrahlt! Vergib mir mein Flehen, du goldene Sonne! Ich fühl' es, eine Gottheit ist nahe, wie prächtig ist sie doch und herrlich! O wer so gewaltig seine Bahn beträte, wie du sie nun beträtest, und stolz und heiter wie du sein Erdensein in Licht und Siegesglanz kleidete!

Hur ställer jag inför ditt öga det skönaste du sett i Nord. Tag henne i din vård, du höga, hon är din bild på grönklädd jord. Dess själ är ren som dina strålar, dess öga som din himmel blått, och samma guld din hjessa målar, har hon i sina lockar fått. —

Hier stelle ich dir das Schönste vor, was du im Norden jemals sahst. Nimm sie in deine Hut, du Herrliche, sie ist dein Abbild auf der Erde Grün. Ihr Herz ist rein, wie deine Strahlen, ihr Aug' ist blau, wie dein Himmel, und dasselbe Gold, das von deinem Scheitel strahlt, schmückt glänzend auch ihre Locken.

Farväl, min älskade! En annan, en längre natt vi ses igen. Farväl! Ännu en kyss på pannan, och en på dina läppar än! Sof nu, och dröm om mig, och vakna vid middag; och med trogen själ tälj timmarna, som jag. och sakna, och brinn, som jag. Farväl, farväl!

Leb' wohl, Geliebte! wir sehn uns ja wieder in einer andern, in einer längern Nacht. Leb' wohl! noch einen Kuss auf die Stirn und einen auf deine Lippen noch! Schlaf' jetzt und träume von mir, und erwache am Mittag; und mit treuem Herzen zähle wie ich die Stunden, und sehne dich und glühe, wie ich! Leb' wohl! Leb' wohl! —

Doch die schwarzen Wolken des Schmerzes und des Unglücks ziehen den beiden Liebenden näher und näher. Frithiof erhält von dem tückischen Helge zur Strafe für seine nächtlichen Liebesbesuche im Tempel Balders eine gefahrbringende Sendung nach einer fernen Insel, und muss von Ingeborg scheiden. Der Abschied der beiden Liebenden nun ist in dem wunderherrlichen achten Gesange des Gedichtes mit einer Pracht des Colorits und dabei doch mit einer Kraft und Wahrheit der Empfindung geschildert, die dieser dramatisirten Romanze stets eine Stelle unter den köstlichsten Juwelen der europäischen Poesie sichern wird. Ja, man kann diesen Dialog ohne Frage das hohe Lied der Weiblichkeit nennen; es gibt wenigstens wohl schwerlich noch ein zweites modernes Gedicht, worin der Zauber einer wahrhaft himmlischen Demuth und einer ächt weiblichen Resignation so mächtig zum Herzen spräche: — der Zauber einer Resignation, die voll Demuth und doch zugleich mit dem Stolz einer Königin, „die den Mantel abwirft, und gleichwohl die nämliche bleibt, die sie war," auch ihr schönstes und theuerstes, ihr ganzes Lebensglück der Pflicht und der Ehre zum Opfer bringt:

Afskedet.
Ingeborg.

Det dagas ren, och Frithiof kommer icke!
i går likväl var redan Tinget utlyst
på Beles hög: den platsen valdes rätt;
hans dotters öde skulle der bestämmas.
Hur många böner har det kostat mig,
hur många tårar, räknade af Freja,
att smälta hatets is kring Frithiofs hjerta,
och locka löftet från den stoltes mund,
att åter bjuda handen till försoning!
Ack! mannen är dock hård, och för sin ära
(så kallar han sin stolthet) räknar han
ej just så noga, om han skulle krossa
ett troget hjerta mera eller mindre.
Den arma qvinnan, sluten till hans bröst,
är som en mossväxt, blommande på klippan
med bleka färger; blott med möda håller
den obemärkta sig vid hällen fast,
och hennes näring äro nattens tårar.

I går alltså blef då mitt öde afgjordt,
och aftonsolen har gått ner deröfver.
Men Frithiof kommer ej! De bleka stjernor,
en efter annan, slockna och försvinna,
och med hvarenda utaf dem som släcks,
går en förhoppning i mitt bröst till grafven.
Dock, hvarför ocksa hoppas? Valhalls Gudar
ej älska mig, jag har förtörnat dem.
Den höge Balder, i hvars skygd jag vistas,
är förolämpad, ty en mensklig kärlek
är icke helig nog för Gudars blickar;
och jordens glädje får ej våga sig
inunder hvalfven, der de allvarsamma,
de höga makter ha sin boning fäst. —
Och likafullt, hvad är mitt fel, hvi vredgas
den fromme Guden öfver jungfruns kärlek?
Är han ej ren, som Urdas blanka våg,
ej oskuldsfull, som Gefions morgondrömmar?
Den höga solen vänder icke bort
från tvenne älskande sitt rena öga;
och dagens enka, stjernenatten, hör
midt i sin sorg med glädje deras eder.
Hvad som är loftigt under himlens hvalf,
hur blef det brottsligt under tempelhvalfvet?
Jag älskar Frithiof. Ack, så långt tillbaka,
som jag kan minnas, har jag älskat honom;
den känslan är ett årsbarn med mig sjelf;

Der Abschied.
Ingeborg.

Es tagt schon, und Frithiof lässt sich noch nicht sehen! gleichwohl wurde gestern schon das Ting gehalten auf Beles Grabhügel: der Platz war gut gewählt, seiner Tochter Schicksal galt es ja da zu beschliessen. Wie manche Bitten hat es mich gekostet, wie manche Thränen, Freia zählte sie, das Eis des Hasses im Herzen Frithiofs zu schmelzen, und dem Stolzen das Versprechen abzulocken, die Hand noch einmal zur Versöhnung zu bieten! Ach! der Mann ist doch hart, und für seine Ehre, (so nennt er seinen Stolz) nimmt er es nicht gerade so genau, ob er ein liebend Herz mehr oder minder drüber bricht. Das arme Weib, an seine Brust gefesselt, gleicht einem Moosgewächs, das auf der Klippe blüht mit bleichen Farben; nur mit Mühe hält es sich und unbemerkt am Felsen fest, und seine Nahrung sind die Thränen der Nacht

Also gestern wurde mein Geschick beschlossen, und die Abendsonne ist darüber untergegangen. Und doch lässt sich Frithiof noch nicht sehen! Die blassen Sterne erlöschen einer nach dem andern und verschwinden, und mit jedem, der erlischt von ihnen, geht eine Hoffnung in meiner Brust zu Grabe. Doch was hoff' ich auch? die Götter Walhallas lieben mich nicht, ich habe sie erzürnt. Der hohe Balder, in dessen Hut ich lebe, er ist beleidigt, denn ein menschlich Lieben ist nicht heilig genug vor dem Auge der Götter; und der Erde Lust darf sich nicht wagen unter die Wölbung, wo die ernsten, die hohen Gewalten ihre Wohnung sich befestigt haben. — Gleichwohl, was ist mein Fehl, warum ist der fromme Gott der Liebe einer Jungfrau gram? Ist sie nicht rein, wie Urdas blanke Fluth, nicht unschuldsvoll wie Gefions Morgenträume? Die erhabne Sonne wendet ihr reines Auge von zwei Liebenden nicht ab; und die Sternennacht, die Wittwe des Tages, hört, mitten in ihrer Trauer, mit Lust noch ihre Eide. Was löblich ist unter dem Gewölbe des Himmels, wie würde das frevelhaft unter dem Gewölbe des Tempels? Ich liebe Frithiof. Ach, so weit ich nur zurück denken kann, habe ich ihn geliebt; dieses Gefühl ist mit mir geboren;

jag vet ej när hon börjat, kan ej ens
den tanken fatta, att hon varit borta.
Som frukten sätter sig omkring sin kärna
och växer ut och rundar omkring henne
i sommarsolens sken sitt klot af guld;
så har jag äfven vuxit ut och mognat
omkring den kürnan, och mitt väsen är
det yttre skalet endast af min kärlek.
Förlåt mig, Balder! Med ett troget hjerta
jag trädde i din sal, och med ett troget
vill jag gå derifrån: jag tar det med mig
utöfver Bifrosts bro, och ställer mig
med all min kärlek fram för Valhalla Gudar.
Der skall han stå, en Asason som de,
och spegla sig i sköldarna, och flyga
med lösta dufvovingar genom blå,
oändlig rymd uti Allfaders sköte,
hvarfrån han kommit. — Hvarför rynkar du
i morgongryningen din ljusa panna?
I mina ådror flyter, som i dina,
den gamle Odens blod. Hvad vill du frände?
Min kärlek kan jag icke offra dig,
till det ej ens, han är din himmel värdig.
Men väl jag offra kan min lefnads lycka;
kan kasta bort den, som en drottning kastar
sin mantel från sig, och är likafullt
den samma, som hon var. — Det är beslutadt!
Det höga Valhall skall ej blygas för
sin fränka, jag vill gå emot mitt öde,
som hjelten går mot sitt. — Der kommer Frithiof:
Hur vild, hur blek! Det är förbi, förbi!
Min vreda Norna kommer jemte honom.
Var stark, min själ! — Välkommen, sent omsider!
Vårt öde är bestämdt, det står att läsa
uppå din panna.

Frithiof.

Stå der icke äfven
blodröda runor, talande om skymf
och hån och landsflykt?

Ingeborg.

Frithiof, sansa dig,
berätta hvad som händt: det värsta anar
jag längesen, jag är beredd på allt.

Frithiof.

Jag kom till Tinget uppå ättehögen,
och kring dess gröna sidor, sköld vid sköld,
och svärd i handen, stodo Nordens män,
den ena ringen innanför den andra,
upp emot toppen: men på domarstenen,
mörk som ett åskmoln, satt din broder Helge,

ich weiss nicht, wann es begann — kann nicht
einmal den Gedanken fassen, dass es nicht da ge-
wesen wäre. So wie sich die Frucht ansetzt um
ihren Kern und ihn umwächst, und ihren gol-
denen Ball um ihn rundet im Sommersonnen-
scheine; — so bin auch ich gewachsen und gereift
um diesen Korn, und mein Wesen ist die äus-
sere Schale nur von meiner Liebe. Vergib mir
Balder! Mit einem treuen Herzen betrat ich dei-
nen Saal, und mit einem liebenden und treuen
will ich ihn wieder verlassen. Ich nehme es über
Bifrosts Brücke mit mir hinüber, und stelle mich
mit all meiner Liebe vor Walhallas Götter hin.
Da wird sie stehen, eine Asatochter, wie sie,
und sich in den Schilden spiegeln, und mit
freien Taubenschwingen durch den blauen, un-
endlichen Raum hinfliegen in Allvaters Schooss,
von wo sie herkam. — Was runzelst du in der
Morgendämmerung die lichte Stirne; in meinen
Adern fliesst wie in deinen des alten Odens
Blut. Was willst du, Oheim? Meine Liebe kann
ich dir nicht opfern, ich will es nicht einmal,
sie ist deines Himmels werth. Wohl aber kann
ich dir das Glück meines Lebens opfern; kann
es von mir werfen, wie eine Königin den Mantel
von sich wirft und doch dieselbe bleibt, die sie
war. — Es sei! Das hohe Walhall soll sich
seiner Verwandten nicht schämen, entgegen
gehen will ich meinem Schicksale, wie der Held
dem seinigen entgegen geht. — Dort kommt
Frithiof; wie wild, wie bleich! Es ist vorbei,
vorbei! Zugleich mit ihm kommt meine zür-
nende Norne. Sei stark, mein Herz! — Will-
kommen, wenn auch spät! Unser Loos ist be-
stimmt, es ist zu lesen auf deiner Stirne.

Frithiof.

Stehen da nicht auch blutrothe Runen, die
von Schimpf erzählen, und von Hohn und Lands-
flucht?

Ingeborg.

Fasse dich, Frithiof, berichte, was geschehen
ist: das Schlimmste ahne ich längst, ich bin
gefasst auf Alles.

Frithiof.

Ich kam zum Tinge am Geschlechtsgrabhügel
droben, und ringsumher an seinen grünen Seiten,
Schild neben Schild, und in der Hand das
Schwert, standen die Männer des Nordens, der
eine Kreis hinter dem andern, bis hinauf zum
Gipfel: doch auf dem Richtersteine, finster wie
eine Gewitterwolke, sass dein Bruder Helge,

den bleka blodman med de skumma blickar;
och jemte honom, ett fullvuxet barn,
satt Halfdan, tanklöst lekande med svärdet.
Då steg jag fram och talte: „kriget står
och slår på härsköld invid landets gränser;
ditt rike, konung Helge, är i fara;
gif mig din syster, och jag lånar dig
min arm i striden, den kan bli dig nyttig.
Låt grollet vara glömdt emellan oss,
ej gerna när jag det mot Ingborgs broder.
Var billig, konung, rädda på en gång
din gyllne krona och din systers hjerta.
Här är min hand. Vid Asa-Thor, det är
den sista gång hon bjuds dig till försoning." —
Då blef ett gny på Tinget. Tusen svärd
sitt bifall hamrade på tusen sköldar,
och vapenklangen flög mot skyn, som glad
drack fria männers bifall till det rätta.
„Gif honom Ingeborg, den smärta liljan,
den skönaste, som växt i våra dalar;
han är den bästa klingan i vårt land,
gif honom Ingeborg." — Min fosterfader,
den gamle Hilding, med sitt silfverskägg,
steg fram och höll ett tal af vishet fullt,
med korta kärnspråk, klingande som svärdshugg;
och Halfdan sjelf ifrån sitt kungasäte
sig reste, bedjande med ord och blickar.
Det var förgäfves; hvarje bön var spilld,
liksom ett solsken slösadt bort på klippan,
det lockar ingen växt från hennes hjerta;
och konung Helges anlet blef sig likt,
ett bleklagdt Nej på menaklighetens böner.
„At bondesonen (sade han föraktligt)
jag kunnat Ingborg ge, men tempelskändarn
syns mig ej passa för Valhalladottern.
Har du ej, Frithiof, brutit Balders fred,
har du ej sett min syster i hans tempel,
när dagen gömde sig för Edert möte?
Ja eller Nej!" Då skallade ett rop
ur mannaringen: „säg blott nej, säg nej,
vi tro dig på ditt ord, vi fria för dig,
du Thorstens son, så god som kungasonen:
säg nej, säg nej, och Ingeborg är din." —
„Min lefnads lycka hänger på ett ord,
(sad' jag) men frukta ej för det, kung Helge!
Jag vill ej ljuga mig till Valhalla glädje,
och ej till jordens. Jag har sett din syster,
har talt med henne uti templets natt,
men Balders fred har jag ej derför brutit." —

der bleiche Blutmann mit den trüben Blicken;
und neben ihm, ein grossgewachsenes Kind,
sass Halfdan und spielte, sichtbar nichts denkend, mit dem Schwerte. Da trat ich vor und sprach: Der Krieg steht und schlägt den Heerschild an dieses Landes Gränzen; dein Reich, König Helge, ist in Gefahr: gib mir deine Schwester und ich leihe dir meinen Arm im Streit, er möchte dir nützlich werden. Lass den Groll zwischen uns vergessen sein — nicht gern nähr' ich ihn wider den Bruder Ingeborgs. So sei denn billig, König, rette dir die goldene Krone zugleich und deiner Schwester Herz. Hier ist meine Hand. Bei Asa-Thor, es ist das letzte Mal, dass sie dir zur Versöhnung geboten wird."
— Da erhob sich ein Getös auf dem Ting. Tausend Schwerter fielen Beifallhämmernd auf tausend Schilde nieder, und der Waffenklang stieg zum Gewölke hoch empor, das froh den Beifall freier Männer für das Rechte trank. „Gib ihm Ingeborg, die schlanke Lilie, die schönste die erwuchs in unsern Thälern; er ist der beste Degen unseres Landes, gib ihm Ingeborg." Mein Pflegevater, der alte Hilding mit seinem Silberbart, trat vor und hielt eine Rede, voll von Weisheit, mit kurzen Kernsprüchen, klingend wie Schwertschläge; und Halfdan selbst erhob sich von seinem Königssitz, und bat mit Worten und mit Blicken. Umsonst; — alles Bitten war fruchtlos, wie der Strahl der Sonne sich umsonst am harten Felsgestein bricht, und kein Gewächs entlockt er seinem Innern; und König Helges Angesicht blieb sich gleich, ein blasses und kaltes Nein auf menschliches Flehn. „Dem Sohn des Bauern (sagte er verächtlich) hätt' ich Ingeborg vielleicht gegeben, dem Schänder des Tempels aber, mein' ich, gebührt Walhalla's Tochter nicht. Hast du den Frieden Balders nicht gebrochen, Frithiof, hast du nicht meine Schwester gesehn in seinem Tempel, wenn der Tag vor euerm Frevel sich verbarg? Ja oder Nein!" Da erscholl ein Ruf aus dem Kreis der Männer: „Sage nur nein, sag' nein, wir glauben dir auf dein Wort, wir frei'n für dich, du Sohn des Thorsten, so gut wie ein Königssohn: sag' nein, sag' nein, und Ingeborg ist die deine." — „Es hängt das Glück meines Lebens an einem Worte, (sprach ich) doch darum fürchte nichts, König Helge! Ich will mich weder zu Walhalla's noch zu der Erde Freuden lügen. Deine Schwester habe ich gesehen und habe gesprochen mit ihr in des Tempels Nacht. Doch hab' ich darum den Frieden Balders nicht gebrochen." —

Jag fick ej tala mer. Ett sorl af fasa
flög Tinget genom: de som stodo närmast
sig drogo undan, liksom för en pestsjuk;
och när jag såg mig om, den dumma vantron
förlamat hvarje tunga, kalkat hvit
hvar kind, nyss blossande af glad förhoppning.
Då segrade kung Helge. Med en röst
så hemsk, så dyster som den döda Valans
i Vegtamsqvida, när hon sjöng för Oden
om Asars ofärd och om Helas seger,
så hemskt han talte: „landsflyckt eller död
jag kunde sätta, efter fädrens lagar,
uppå ditt brott; men jag vill vara mild,
som Balder är, hvars helgedom du skymfat.
I vesterhafvet ligger det en krans
af öar, dem Jarl Angantyr beherrskar.
Så länge Bele lefde, jarlen gaf
hvart år sin skatt, sen har den uteblifvit.
Drag öfver böljan hän och indrif skatten;
det är den bot jag fordrar för din djerfhet.
Det säga, tillade han med nedrigt hån,
att Angantyr är hårdhändt, att han rufvar
som draken Fafner på sitt guld, men hvem
står mot vår nya Sigurd Fafnersbane?
En mera manlig bragd försöke du,
än dåra jungfrur uti Balders hage.
Till nästa sommar vänta vi dig här
med all din ära, framför allt med skatten.
Om icke, Frithiof, är du hvar mans niding,
och för din lifstid fridlös i vårt land." —
Så var hans dom och härmed löstes Tinget.

Mehr konnte ich nicht sprechen. Ein Gemurmel
des Schreckens durchflog den Ting: die mir am
nächsten standen, wichen scheu vor mir zurück,
wie vor einem Pestkranken; und als ich mich um-
sah, hatte der thörichte Wahn den Männern rings-
umher die Zungen gelähmt und die Wangen, so-
eben noch von freudiger Hoffnung erglühend,
kalkweiss gefärbt. Da siegte König Helge; und
mit einer Stimme so hohl und schauerlich, wie
die der todten Wala in Wegtamsquida, als sie
Odin vorsang von der Asen Unheil und von He-
las Siegen, so hohl sprach er: „Landflucht oder
Tod könnte ich bestimmen, nach der Väter
Satzungen, auf dein Vergehn; doch ich will
milde sein wie Balder, dessen Heiligthum du ge-
schändet hast. Im Westmeer liegt ein Kranz
von Inseln, welche Jarl Angantyr beherrscht.
So lange Bele lebte, gab der Jarl alljährlich
seinen Schoss, dann blieb er aus. Zeuch hin
durch's Meer und treibe den Schoss ein; das
ist die Busse, die ich von dir fordere für deine
Frechheit. Man sagt," fügte er mit niedrigem
Hohn hinzu, „dass Angantyr harthändig ist,
dass er wie der Lindwurm Fafner auf seinem
Golde brüte, doch wer widerstände wohl unse-
rem neuen Sigurd Fafnersbane? Versuche nun
eine männlichere That, als Jungfrauen in Bal-
ders Hage zu bethören; im nächsten Sommer
erwarten wir dich hier in allen Ehren — doch
vor Allem mit dem Schoss. Wo nicht, Frithiof,
so bist du Jedermanns Neiding, und Zeitlebens
verfehmt in unserm Lande." — Das war sein
Urtheil und damit war das Ting zu Ende.

Ingeborg.
Och ditt beslut?

Ingeborg.
Und dein Entschluss?

Frithiof.
Har jag väl mer ett val?
Är ej min ära bunden vid hans fordran?
Den skall jag lösa, om ock Angantyr
förgömt sitt lumpna guld i Nastrands floder.
I dag ännu far jag.

Frithiof.
Bleibt mir denn noch eine Wahl? Ist meine
Ehre nicht gebunden an seine Forderung? Die
muss ich lösen, hätt' Angantyr sein lumpiges
Gold auch in Nastrands Fluthen versenkt. Ich
fahre heute noch.

Ingeborg.
Och lemnar mig?

Ingeborg.
Und verlässest mich?

Frithiof.
Nej, icke lemnar dig, du följer med.

Frithiof.
Ich verlasse dich keineswegs, du gibst mir
das Geleite.

Ingeborg.
Omöjligt!

Ingeborg.
Unmöglich!

Frithiof.
Hör mig, hör mig, förrn du svarar.
Din vise broder Helge tycks ha glömt,
att Angantyr var vän utaf min fader,
liksom af Bele; kanske gifver han
med godo hvad jag fordrar; men om icke,
en väldig öfvertalare, en skarp,
har jag; han hänger vid min venstra sida.
Det kära guldet skickar jag till Helge,
och dermed löser jag oss begge från
den krönte hycklarns offerknif för alltid.
Men sjelfve, sköna Ingeborg, hissa vi
Ellidas segel öfver okänd våg;
hon gungar oss till någon vänlig strand,
som skänker fristad åt en biltog kärlek.
Hvad är mig Norden, hvad är mig ett folk,
som bleknar för ett ord af sina Diar,
och vill med fräcka händer gripa i
mit hjertas helgedom, mit väsens blomkalk?
Vid Freja, det skall icke lyckas dem.
En usel träl är bunden vid den torfva,
der han blef född, men jag vill vara fri,
så fri som bergens vind. En hand full stoft
utaf min faders hög och en af Beles,
få ännu rum om skeppsbord, det är allt
hvad vi behöfva utaf fosterjorden.
Du älskade, det fins en annan sol
än den, som bleknar öfver dessa snöberg;
det fins en himmel skönare än här,
och milda stjernor med gudomlig glans
se ner derfrån i varma sommarnätter,
i lagerlundar på ett troget par.
Min fader Thorsten Vikingsson for vida
omkring i härnad, och förtalde ofta,
vid brasans sken i långa vinterqvällar,
om Greklands haf och öarna deri,
de gröna lundar i den blanka böljan.
Ett mäktigt slägte bodde fordom der,
och höga Gudar uti marmortempel.
Nu stå de öfvergifna, gräset frodas
å öde stigar, och en blomma växer
ur runorna som tala forntids vishet;
och smärta pelarstammar grönska der,
omlindade af söderns rika rankor.
Men rundt omkring bär jorden af sig sjelf,
en osådd skörd, hvad menniskan behöfver,
och gyllne äpplen glöda mellan löfven,
och röda drufvor hänga på hvar gren,
och svälla yppiga som dina läppar.
Der, Ingeborg, der bygga vi i vågen
ett litet Norden, skönare än här;
och med vår trogna kärlek fylla vi
de lätta tempelhalfven. Flyga än

Frithiof.
Hör' mich, hör' mich erst einmal, ehe du
antwortest. Dein weiser Bruder Helge ver-
gass wahrscheinlich, dass Angantyr ein Freund
von meinem Vater war, wie von Bele; vielleicht
gibt er im Guten, was ich fordere; und wenn
nicht — ich hab' einen gewaltigen Ueberreder,
einen scharfen, an meiner Linken hängen! Das
theure Gold send' ich dem Helge, und damit
lös' ich uns Beide für immer von dem Opfer-
messer des gekrönten Heuchlers. Wir selber
aber, schöne Ingeborg, hissen Ellidas Segel ob
einer uns noch fremden Woge; sie schaukelt
uns hin an eine freundliche Küste, die ver-
fehmter Liebe eine Freistatt bietet. Was ist
mir der Norden, was ist mir ein Volk, das vor
jedem Wort seiner Priester erbleicht und mir mit
frechen Händen in meines Herzens Heiligthum,
in meines Wesens Blumenkelch will greifen?
Bei Freia, das soll ihnen nicht gelingen! Ein
elender Sklave nur ist an die Scholle gebunden,
wo er geboren wurde, ich aber will frei sein, so
frei wie der Sturm des Gebirges. Eine Hand
voll Staub von meines Vaters Hügel, und eine von
Beles, hat noch Raum an unseres Schiffes Bord,
das ist Alles, was wir bedürfen von der Heimath-
erde. O eine andere Sonne noch gibt's, du
Theure, als die, welche bleich auf diese be-
schneiten Berge niederstrahlt; einen schönern
Himmel gibt's als diesen, und milde Sterne mit
göttlichem Glanz schauen in warmen Sommer-
nächten von ihm herab, in Lorbeerhaine auf ein
liebendes Paar. Mein Vater Thorsten Wikings-
son fuhr weit umher auf Heerfahrt, und erzählte
oft beim Schein der Herdesflamme in langen
Winternächten von Griechenlands Meer und den
Inseln darin, den grünen Wäldern in der Fluth,
der glänzenden und klaren. Dort wohnte vor-
zeit ein mächtiges Geschlecht, und hohe Götter
in Tempeln von Marmor. Nun stehen sie ein-
sam und verlassen. Das Gras wuchert auf den
öde liegenden Stufen, und eine Blume wächst
aus den Runen hervor, welche von der Weis-
heit der Vorzeit zeugen; und der Säulen
schlanke Stämme grünen da, umschlungen von
des Südens üppigen Ranken. Doch ringsumher
trägt von sich selbst die Erde, eine ungesäete
Ernte, wessen der Mensch bedarf, und goldene
Aepfel glühen zwischen dem Laub, und rothe
Trauben hangen an jedem Zweige, üppig schwel-
lend, wie deine Lippen. Dort, Ingeborg, dort
bauen wir in der Fluth uns einen kleinen Nor-
den, schöner als dieser hier; und mit unserer
treuen Liebe bevölkern wir die leichten Tem-
pelgewölbe, erfreuen noch

med mensklig lycka de förgätna Gudar.
När seglarn då med slappa dukar gungar
ty stormen trifs ej der,) förbi vår ö
i aftonrodnans sken, och blickar glad
från rosenfärgad bölja upp mot stranden —
då skall han skåda uppå templets tröskel
den nya Freja, (Afrodite tror jag
hon nämns i deras språk) och undra på
de gula lockar, flygande i vinden,
och ögon ljusare än söderns himmel.
Och efter hand kring henne växer opp
ett litet tempelsläfgte utaf Alfer
med kinder, der du tror att södern satt
i Nordens drifvor alla sina rosor. —
Ack! Ingeborg, hur skön, hur nära står
all jordisk lycka för två trogna hjertan!
Blott de ha mod alt gripa henne fatt,
hon följer villigt med och bygger dem
ett Vingolf redan här inunder moluen. —
Kom, skynda; hvarje ord som talas än,
tar bort ett ögonblick ifrån vår sällhet.
Allt är beredt, Ellida spänner redan
de mörka örnevingarna till flygt,
och friska vindar visa vägen från,
för evigt från den vanhrosfyllda stranden.
Hvi dröjer du?

Ingeborg.
Jag kan ej följa dig.

Frithiof.
Ej följa mig?

Ingeborg.
Ack, Frithiof, du är lycklig!
du följer ingen, du går sjelf förut,
som stammen på ditt drakskepp, men vid rodret
din egen vilja står och styr din fart
med stadig hand utöfver vreda vågor.
Hur annorlunda är det ej med mig!
Mitt öde hvilar uti andras händer,
de släppa ej sitt rof, fastän det blöder;
och offra sig och klaga och förtyna
i långsam sorg, är kungadottrens frihet.

Frithiof.
Är du ej fri så snart du vill? I högen
din fader sitter.

Ingeborg.
Helge är min fader,
är mig i faders ställe, af hans bifall
beror min hand, och Beles dotter stjäl
sin lycka ej, hur nära ock den ligger.

mit menschlichem Glück die verschollnen Götter. Schaukelt ein Segler dann mit schlaffem
Tuch (denn' Sturm gibt es da keinen) im Schein
des Abendroths an unserm Eiland vorüber, und
blickt er von der rosigen Fluth heiter nach dem
Gestade hinauf — dann wird er auf der Schwelle
des Tempels die neue Freia schauen, (Afrodite,
glaub' ich, heisst sie in der dortigen Sprache)
und er wird die goldenen Locken bewundern,
die im Winde wehen, und die Augen, lichter als
des Südens Himmel. Und um sie her erwächst
dann nach und nach ein kleines Tempelgeschlecht
von Elfen, mit Wangen anzuschaun,
als hätte der Süden all seine Rosen gepflanzt in
den Schnee des Nordens. — Ach! Ingeborg,
wie schön, wie nahe liegt doch jedes irdische
Glück zwei liebenden Herzen! Es bedarf nur
des Muthes, es zu ergreifen, es folgt willig mit
und errichtet ihnen schon hier unter den Wolken
ein Wingolf. — Komm, eile; — jedes Wort,
das noch gesprochen wird, es raubt uns einen
Augenblick von unserer Seligkeit. Alles ist bereit,
Ellida spannt schon die dunkeln Aarschwingen
aus zum Fluge, und frische Winde
weisen uns den Weg für immer hinweg von
dem wahnumnachteten Strande. Was zögerst
du?

Ingeborg.
Ich kann dir nicht folgen.

Frithiof.
Mir nicht folgen?

Ingeborg.
Ach, Frithiof, wie bist du doch glücklich!
keinem Andern brauchst du zu folgen, du gehst
selbst voran, wie deines Drachen Bug, doch am
Steuer steht dein eigener Will' und lenkt deine
Fahrt mit starker Hand übers wilde Meer. Wie
ist es anders doch mit mir! Mein Schicksal
ruht in der Hand Anderer, die lassen ihre Beute
nicht los, wie sehr sie auch blute; und sich
opfern und klagen und vergehn in langem
Gram, das ist einer Königstochter Freiheit.

Frithiof.
Bist du nicht frei, sobald du nur willst? Im
Hügel sitzt ja dein Vater.

Ingeborg.
Mein Vater ist jetzt Helge, er vertritt mir
meines Vaters Stelle, meine Hand hängt ab von
seinem Beifall, und die Tochter Beles stiehlt
sich ihr Glück nicht, wie nahe es ihr auch liegen
möge.

Hvad vore qvinnan, om hon alet sig lös
ifrån de band, hvarmed Allfader fäst
invid den starke hennes svaga väsen?
Den bleka rattenliljan liknar hon;
med vågen stiger hon, med vågen faller,
och seglarns köl går öfver henne fram
och märker icke, att han skär dess stängel.
Det är nu hennes öde; men likväl,
så länge roten hänger fast i sanden,
har växten än sitt värde, lånar färgen
af bleka syskonstjernor ofvanfrån,
en stjerna sjelf uppå de blåa djupen.
Men rycker hon sig lös, då drifver hon,
ett vissnadt blad, omkring den öde böljan.
Förliden natt — den natten var förfärlig,
jag väntade dig ständigt och du kom ej,
och nattens barn, de allvarsamma tankar,
med svarta lockar, gingo jemt förbi
mitt vakna öga, brinnande och tårlöst,
och Balder sjelf, blodlöse Guden, såg
med blickar fulla utaf hot uppå mig —
förliden natt har jag betänkt mitt öde,
och mitt beslut är fattadt, jag blir qvar,
ett lydigt offer vid min broders altar.
Dock var det väl, att jag ej hört dig då
med dina öar diktade i molnen,
der aftonrodnan ligger ständigt kring
en enslig blomsterverld af frid och kärlek.
Hvem vet hur svag man är? Min barndoms dröm-
mar,
de länge tystade, stå upp igen
och hviska i mitt öra med en röst,
så välbekant, som vore det en systers,
så öm, som vore det en älskares.
Jag hör Er icke, nej, jag hör Er icke,
J lockande, J fordom kära stämmor!
Hvad skulle jag, ett Nordens barn, i södern?
Jag är för blek för rosorna deri,
för färglöst är mitt sinne för dess glöd,
det skulle brännas af den heta solen,
och längtansfullt mitt öga skulle se
mot Nordens stjerna, hvilken står alltjemt,
en himmelsk skildtvakt, öfver fädrens grafvar.
Min ädle Frithiof skall ej flykta från
det kära land han föddes att försvara,
skall icke kasta bort sitt rykte för
en sak så ringa som en flickas kärlek.
Ett lif, der solen spinner år från år
den ena dagen alltid lik den andra,
ett skönt, men evigt enahanda, är
för qvinnan endast, men för mannens själ,
och helst för din, blef lifvets stiltje tröttsam.
Du trifves bäst, när stormen tumlar kring
på skummig gångare utöfver djupen,
och på din planka, uppå lif och död,

Was wär' das Weib, wenn es sich losrisse von
den Banden, womit Allvater ihr schwaches We-
sen an einen Stärkeren knüpfte? Der bleichen
Wasserlilie gleichet sie; sie steigt mit der Welle
und mit der Welle sinkt sie, und des Seglers
Kiel geht über sie hinweg, und merkt nicht, dass
er ihr den Stengel abbricht. Das ist nun einmal
ihr Geschick; und doch, so lange die Wurzel
noch fest im Sande hängt, hat das Gewächs
noch seinen Werth, leiht es sich die Farbe noch
von den bleichen Schwestergestirnen droben,
selber ein Stern in der blauen See. Wenn sie
sich jedoch losreisst, dann treibt sie, ein ver-
welktes Blatt, auf der Fluth umher. Letzte
Nacht, — die Nacht war schrecklich, erwartete
ich dich beständig, und du kamst nicht, und die
Kinder der Nacht, die ernsten Gedanken mit
schwarzen Locken, zogen beständig an meinem
Auge vorüber, gluthverzehrt und thränenleer,
und Balder selbst, der unblutige Gott, sah mit
drohenden Blicken auf mich nieder — letzte
Nacht erwog ich mein Geschick, mein Ent-
schluss ist gefasst, ich bleibe hier, ein folgsames
Opfer am Altare meines Bruders. Doch war es
gut, dass ich dich da nicht hörte mit deinen In-
seln, in die Luft gedichtet, wo das Spätroth be-
ständig um eine einsame Blumenwelt von Frie-
den und von Liebe liegt. Wer weiss, wie
schwach man ist? Die Träume meiner Kind-
heit, die längst in tiefem Schlafe liegenden,
stehn wieder auf und lispeln mir ins Ohr mit
einer Stimme, so traut, als wär' es die einer
Schwester, so hold und zärtlich, als wär' es die
eines Geliebten. Ich hör' euch nicht, nein, ich
hör' euch nicht, ihr lockenden, ihr vormals so
geliebten Stimmen! Was sollte ich, ein Kind des
Nordens, im Süd? Ich bin zu bleich für die Ro-
sen darin, zu farblos ist mein Sinn für seine
Gluth, die heisse Sonne würde ihn versengen,
und sehnsuchtsvoll würde mein Auge nach dem
Stern des Nordens schauen, welcher beständig,
ein himmlischer Wächter, über den Gräbern der
Väter steht. Mein edler Frithiof darf das theure
Land nicht verlassen, das er zu schirmen gebo-
ren ward, darf seinen Ruhm nicht wegwerfen
für eine so geringe Sache, als die Liebe eines
Mädchens ist. Ein Leben, wo die Sonne von
Jahr zu Jahr den einen Tag stets wie den an-
dern spinnt, ein schönes doch ewiges Einerlei,
ist nur für das Weib, für die Brust des Mannes
dagegen, und für deine zumal, ist die Stille des
Lebens ertödtend. Du blühest und gedeihst nur,
wenn der Sturm sich rings auf schäumigem Ross
ob der tiefen See tummelt, und du auf deiner
Planke auf Tod und Leben

du kämpa får med faran om din ära.
Den sköna öcknen som du målar, blefve
en graf för bragder icke födda än,
och med din sköld förrostades jemväl
ditt fria sinne. Så skall det ej vara!
Ej jag skall stjäla bort min Frithiofs namn
ur skaldens sånger, icke jag skall släcka
min hjeltes ära i dess morgonrodnad.
Var vis, min Frithiof, låt oss vika för
de höga Nornor, låt oss rädda ur
vårt ödes skeppsbrott dock kunu vår ära;
var lefnads lycka kan ej räddas mer.
Vi måste skiljas.

         Frithiof.
               Hvarför måste vi?
För det en sömnlös natt förstämt ditt sinne?

         Ingeborg.
För det mitt värde räddas bör och ditt.

         Frithiof.
På mannens kärlek hvilar qvinnans värde.

         Ingeborg.
Ej länge älskar han den han ej aktar.

         Frithiof.
Med lösa nycker vins hans aktning ej.

         Ingeborg.
En ädel nyck är känslan af det rätta.

         Frithiof.
Vår kärlek stridde ej mot den i går.

         Ingeborg.
I dag ej heller, men vår flykt dess mera.

         Frithiof.
Nödvändigheten bjuder henne; kom!

         Ingeborg.
Hvad som är rätt och ädelt, är nödvändigt.

         Frithiof.
Högt rider solen, tiden går förbi.

mit der Gefahr um deine Ehre kämpfen kannst.
Die schöne Einsamkeit, welche du da schilderst,
würde dir nur zu einem Grabe ungeborener
Thaten werden, und mit deinem Schilde
würde auch dein freier Sinn dir rosten. Das
soll nicht sein! Nicht ich will den Namen meines
Frithiof den Liedern der Skalden stehlen,
nicht ich will meines Helden Ruhm erlöschen
machen in seinem Morgenroth. So sei denn
verständig, Frithiof, lass uns vor den hohen
Nornen weichen, lass uns aus dem Schiffbruch
unseres Schicksals doch wenigstens die Ehre
retten; — das Glück unseres Lebens lässt sich
nicht mehr retten. Wir müssen uns trennen.

         Frithiof.
Warum müssen wir? Weil eine schlaflose
Nacht die Sele dir umwölkt hat?

         Ingeborg.
Weil mein Werth gewahrt werden muss und
deiner.

         Frithiof.
Des Weibes Werth beruht auf der Liebe des
Mannes.

         Ingeborg.
Die er nicht mehr achtet, die liebt er auch
nicht länger.

         Frithiof.
Mit blossen Launen gewinnt man seine Achtung nicht.

         Ingeborg.
Eine edle Laune ist das Gefühl dessen, was
da recht ist.

         Frithiof.
Dagegen stritt unsere Liebe gestern nicht.

         Ingeborg.
Auch heute nicht, unsere Flucht aber um so
mehr.

         Frithiof.
Die Nothwendigkeit gebietet sie: komm!

         Ingeborg.
Nur was edel ist und recht, das ist auch nothwendig.

         Frithiof.
Die Sonne steigt höher und höher, es geht die
Zeit vorbei.

Ingeborg.
Ve mig, han är förbi, förbi för alltid!

Frithiof.
Besinna dig, är det ditt sista ord?

Ingeborg.
Jag har besinnat allt, det är mitt sista.

Frithiof.
Välan, farväl, farväl, kung Helges syster!

Ingeborg.
O Frithiof, Frithiof, skola så vi skiljas?
Har du ej någon vänlig blick att ge
åt barndomsvännen, ingen hand att räcka
åt den olyckliga du älskat förr?
Tror du jag står på rosor här och visar
min lefnads lycka leende ifrån mig,
och sliter utan smärta ur mitt bröst
ett hopp, som växt tillhopa med mitt väsen?
Var icke du mitt hjertas morgondröm?
Hvar glädje som jag kände, hette Frithiof,
och allt hvad lifvet stort och ädelt har,
tog dina anletsdrag inför mitt öga.
Fördunkla ej den bilden för mig, möt
med hårdhet ej den svaga, när hon offrar
hvad henne kärast var på jordens rund,
hvad henne kärast blir i Valhalla salar.
Det offret, Frithiof, är nog tungt ändå;
ett ord till tröst det kunde väl förtjena.
Jag vet du älskar mig, har vetat det
alltsen mitt väsen började att dagas,
och säkert följer dig din Ingeborgs minne
i många år ännu, hvarthelst du far.
Men vapenklangen döfvar sorgen dock,
hon blåser bort uppå de vilda vågor,
och tör ej sätta sig på kämpens bänk
vid dryckeshornet firande sin seger.
Blott då och då, när uti nattens frid
du mönstrar än en gång förflutna dagar,
då skymtar fram bland dem en bleknad bild:
du känner honom väl, han helsar dig
från kära trakter, det är bilden af
den bleka jungfrun uti Balders hage.
Du må ej visa honom bort, fastän
han blickar sorgligt, du må hviska honom
ett vänligt ord i örat: nattens vindar
på trogna vingar föra det till mig,
en tröst likväl, jag har ej någon annan! —
För mig är intet som förströr min saknad,
i allt, som omger mig, har hon en målsman.
De höga tempelhvalfven tala blott

Ingeborg.
Weh' mir, sie ist vorbei, vorbei für immer!

Frithiof.
Bedenke dich doch, ist das dein letztes Wort?

Ingeborg.
Ich habe Alles bedacht, es ist mein letztes.

Frithiof.
So leb' denn wohl, leb' wohl, König Helges Schwester!

Ingeborg.
O Frithiof, Frithiof, sollen wir denn so von
einander scheiden? Hast du denn der Freundin
deiner Kindheit nicht einen freundlichen Blick
mehr zu schenken? Keine Hand mehr zu reichen
der Unglücklichen, die du einst geliebt?
Glaubst du denn, ich steh' auf Rosen hier und
weise das Glück meines Lebens lächelnd von
mir, und reisse eine Hoffnung, die mit meinem
ganzen Dasein verwuchs, schmerzlos aus meiner
Brust? Warst nicht du meines Herzens
Morgentraum? Was ich an Freuden empfand,
das hiess ja Frithiof, und was das Leben irgend
Grosses und Edles hat, nahm deine Züge an
vor meinem Auge. Verdunkle mir dieses Bild
nicht, begegne der Schwachen nicht mit Härte,
wenn sie opfert, was ihr das Liebste war auf der
Erde Rund, was ihr das Liebste bleiben wird
in Walhalls Sälen. Dieses Opfer, Frithiof, ist
schon schwer genug; ein Wort des Trosts dürft'
es wohl verdienen. Ich weiss, du liebst mich, ich
habe es gewusst, seitdem es zu dämmern begann
in meiner Seele, und die Erinnerung an deine Ingeborg
folgt dir gewiss noch manches Jahr,
wohin du ziehen magst. Allein der Klang der
Waffen betäubt die Trauer, sie verweht auf der
wilden Fluth und darf sich auf der Kämpen
Bank nicht setzen, wenn sie beim Trinkhorn
ihre Siege feiern. Nur dann und wann, wenn
du im Frieden der Nacht noch einmal vergangne
Tage musterst, dann taucht unter ihnen auch
ein bleiches Bild auf: du kennst es wohl, es
grüsst dich von theuern Fluren, es ist das Bild
der bleichen Jungfrau in Balders Hage. O woll'
es nicht von dir weisen, wie traurig es blicke, o
lispie ihm ein freundlich Wort ins Ohr: die
Nachtwinde führen es mir auf liebenden Schwingen
zu, es ist doch ein Trost, ich habe keinen
andern! — Für mich gibt's nichts, was meinen
Gram zerstreue, was mich umgibt, mahnt mich
an ihn. Die hohen Tempelgewölbe reden
nur

om dig, och gudens bild, som skulle hota,
tar dina anletsdrag, när månen skiner.
Ser jag åt sjön, der sam din köl och skar
i skum sin väg till längterskan på stranden.
Ser jag åt lunden, der står mången stam
med Ingborgs runor ritade i barken.
Nu växer barken ut, mitt namn förgås,
och det betyder döden, säger sagan.
Jag frågar dagen, hvar han såg dig sist,
jag frågar natten, men de tiga still,
och hafvet sjelf som bär dig, svarar på
min fråga endast med en suck mot stranden.
Med aftonrodnan skall jag skicka dig
en helsning, när hon släcks i dina vågor,
och himlens långskepp, molnen, skola ta
om bord en klagan från den öfvergifna.
Så skall jag sitta i min jungfrubur,
en svartklädd enka efter lifvets glädje,
och sömma brutna liljor uti duken,
tills en gång Våren väft sin duk, och sömmar
den full med bättre liljor på min graf.
Men tar jag harpan för att sjunga ut
oändlig smärta uti djupa toner,
då brister jag i gråt, som nu — —

Frithiof.

Du segrar, Beles dotter, gråt ej mera!
Förlåt min vrede, det var blott min sorg,
som för ett ögonblick tog vredens drägt,
den drägten kan hon icke bära länge.
Du är min goda Norna, Ingeborg:
hvad ädelt är, lär bäst ett ädelt sinne.
Nödvändighetens vishet kan ej ha
en bättre förespråkerska än dig,
du sköna Vala med de rosenläppar!
Ja, jag vill vika för nödvändigheten,
vill skiljas från dig, men ej från mitt hopp;
jag tar det med mig öfver vestervågor;
jag tar det med mig intill grafvens port.
Med nästa vårdag är jag här igen,
kung Helge, hoppas jag, skall se mig åter.
Då har jag löst mitt löfte, fyllt hans fordran,
försont jemväl det brott man diktat på mig,
och då begär jag, nej, jag fordrar dig
på öppet Ting emellan blanka vapen,
ej utaf Helge, men af Nordens folk,
det är din giftoman, du kungadotter!
jag har ett ord att säga den som vägrar.
Farväl till dess, var trogen, glöm mig ej,
och tag, till minne af vår barndomskärlek,
min armring här; ett skönt Vaulunderverk,

von dir, und das Bild des Gottes, welches drohen
sollte, nimmt deine Züge an, wenn der Mond
scheint. Blick' ich zur See, da schwamm dein
Kiel und schnitt im Schaum seine Bahn zur
Sehnenden am Strande. Seh' ich nach dem
Haine, so steht auch da so mancher Baumstamm
mit Ingeborgs Runen, die in die Rinde einge-
ritzt sind. Nun verwächst die Rinde, es ver-
geht mein Name, und das besagt den Tod, so
spricht die Sage. Den Tag frag' ich, wo er zu-
letzt dich sah, die Nacht frag' ich, jedoch sie
schweigen still, und das Meer selbst, das dich
trägt, erwidert meine Frage nur mit einem Seuf-
zer am Gestade. Mit dem Abendroth werd' ich
dir Grüsse senden, wenn es erlischt in deinen
Fluthen, und die Wolken, die Schiffe des Him-
mels, werden eine Klage mitnehmen von der
Verlassnen. So werd' ich sitzen in meinem
Frauengemache, eine schwarzgekleidete Wittwe
nach des Lebens Freuden, und gebrochne Lilien
sticken in mein Tuch, bis der Lenz einmal sein
Tuch gewebt und es mit bessern Lilien voll-
stickt auf meinem Grabe. Doch nehm' ich meine
Harfe, den unsäglich heissen Schmerz in tiefen
Tönen ausströmen zu lassen, dann breche ich in
Thränen aus, wie jetzt — —

Frithiof.

Du siegst, du Tochter Beles, weine nicht
mehr! Vergib mir mein Zürnen, mein Schmerz
nur war es, welcher für einen Augenblick das
Gewand des Zorns umwarf, das Gewand kann
er nicht lange tragen. Du bist meine gute
Norne, Ingeborg: was gut und schön ist, lehrt
eine schöne Sele am besten: — die Weisheit der
Nothwendigkeit kann keine mächtigere Für-
sprecherin haben, als dich, du schöne Wala mit
den Rosenlippen! Ja, der Nothwendigkeit will
ich weichen, ich will von dir scheiden, doch von
meiner Hoffnung nimmer; ich nehme sie mit mir
übers Meer des Westens; ich nehme sie mit mir
bis zur Pforte des Grabes. Mit dem ersten Tag
des Lenzes bin ich wieder da; — König Helge,
hoff' ich, soll mich wiedersehen. Dann habe
ich meine Zusage gelöst und seiner Forderung
genuggethan, gesühnt den Frevel auch, den
man mir angedichtet, und alsdann begehr' ich,
nein, ich fordre dich auf offnem Dinge, unter
blanken Waffen — von Helge nicht, nein, von
Nordens ganzem Volk, denn das ist dein Vor-
mund, du Königstochter. Ich habe ein Wort zu
reden mit dem, der dann noch widerspricht. Bis
dahin lebe wohl, sei treu, vergiss mein nicht, und
nimm zum Gedächtniss unserer Jugendliebe den
Armring hier, ein schönes Kunstwerk Waulunds,

med himlens under ritade i guldet;
det bästa undret är ett troget hjerta.
Hur skönt han passar till din hvita arm,
en lysmask lindad kring en liljestängel!
Farväl, min brud, min älskade, farväl,
om några månar är det annorlunda!

Ingeborg.
Hur glad, hur trotsig, hur förhoppningsfull!
Han sätter spetsen af sitt goda svärd
på Nornans bröst och säger: du skall vika!
Du arma Frithiof, Nornan viker ej,
hon går sin gång och ler åt Angurvadel.
Hur litet känner du min mörka broder!
Ditt öppna hjeltesinne fattar ej
det dystra djupet utaf hans, och hatet
som glöder i hans afundsjuka barm.
Sin systers hand ger han dig aldrig; förr
han ger sin krona, ger sitt lif till spillo,
och offrar mig åt gamle Oden, eller
åt gamle Ring, som nu han kämpar mot. —
Hvarthelst jag ser, fins intet hopp för mig,
dock är jag glad, det lefver i ditt hjerta.
Jag vill behålla för mig sjelf min smärta,
men alla goda Gudar följe dig!
Här på din armring dock sig räkna låter
hvar särskilt månad af en långsam sorg;
två, fyra, sex — då kan du vara åter,
men finner icke mer din Ingeborg.

des Himmels Wunder sind in Gold geritzt darauf: das beste Wunder ist ein treues Herz. Wie schön er zu deinem weissen Arme passt, ein Leuchtwurm an einem Lilienstengel hangend! Leb' wohl, meine Braut, meine Geliebte, leb' wohl, in wenig Monden ist es anders!

Ingeborg.
Wie harmlos heiter, wie so voll Trotz, voll Lebensmuth und Hoffnung! Er setzt die Spitze seines guten Schwerts der Norne auf die Brust und sagt: zurück von mir! Armer Frithiof, die Norne weicht nicht zurück, sie lacht Angurwadels und geht schnurstracks ihre Bahn. Wie wenig kennst du doch meinen finstern Bruder! dein offener Heldensinn begreift nicht den düstern Abgrund des seinigen, und den Hass, der in der neidischen Brust ihm glüht. Die Hand seiner Schwester gibt er dir nimmer; lieber lässt er die Krone, lässt er im Stich sein Leben, und opfert mich dem alten Oden, oder dem alten Ring, gegen den er kämpft nunmehr. Wohin ich schaue, ist keine Hoffnung für mich, doch bin ich froh, denn sie lebt in deinem Herzen. Für mich selbst behalten will ich meinen Schmerz, dir aber mögen alle guten Götter folgen! Auf deinem Armring hier lässt sich doch jeder neue Monat eines trägen Grames zählen; zwei, vier, sechs, — dann könntest du zurück sein, doch deine Ingeborg findest du nicht mehr.

Im neunten Gesange macht sich Ingeborgs Gram und Wehmuth durch eine todesmelancholische Klage Luft. — Der zehnte Gesang schildert Frithiofs Meerfahrt und seinen Muth im Kampf mit dem Sturm und mit den fürchterlichen Seeungeheuern, die ihm König Helges Hass und Zauberei heraufbeschworen. — Im folgenden Gesange landet er glücklich am Gestade jener Insel und findet, nachdem er in einem Zweikampf mit einem wüthenden Berserker, wiewohl noch müde von Sturm und Seefahrt, eine glänzende Probe seiner Kraft und seines Heldenmuths gegeben, bei dem Statthalter der Insel, dem mächtigen Angantyr, einem Freunde seines Vaters Thorsten, freundliche Aufnahme, wohnt sogleich einem grossen Schmaus und Gelage bei, und muss den ganzen Winter hindurch als Gast dableiben. — Bei seiner Rückkehr, im zwölften Gesange, findet er jedoch Haus und Hof in Schutt und Asche, und nachdem er von seinem Pflegevater erfahren, dass das ein Werk der Rache, und zwar von Seiten des feigen Helge wäre, der von dem Heer König Rings nach kurzem Kampfe schmachvoll geschlagen, dem Sieger zuletzt auch noch seine Schwester Ingeborg als Lösung für seine Krone verhandelt habe, stürzt er in den Tempel Balders, worin Helge gerade mit dem heiligen Scheiterhaufen des Gottes beschäftigt ist, will den Schimpf rächen und den Feigen strafen, veranlasst jedoch durch einen Zufall den Brand des Tempels (im dreizehnten Gesange), und wird dadurch als Tempelschänder vom Volk für vogelfrei und heimathlos erklärt; was der Dichter so schön als kraftvoll im vierzehnten Gesange erzählt, einer Romanze, deren Schlussstrophen an jenes berühmte Abschiedslied im ersten Gesange von Byrons „Pilgerfahrt Harolds" erinnern. — Drei Jahre hindurch fährt er in tiefem Gram als Seeräuberkönig von Strand zu Strand, von Meer zu Meer, und segelt selbst bis nach Griechenland hinab (funfzehnter Gesang);

da ergreift ihn endlich eine unwiderstehliche Sehnsucht, seinen lieben Norden und die unvergessliche Kindheitsgeliebte wiederzusehen, und nach einem Zwiegespräch mit seinem Freund und Gefährten, dem durch und durch gesunden und geraden Kämpen Björn, der ihm die Sache vergebens abräth, (Inhalt des sechzehnten Gesanges) landet er an einer Meerbucht von König Rings kleinem Königreich, und schleicht sich zur Nachtzeit, als Greis, mit einem Stabe, und mit einem Bärenfell angethan, in den Saal des gastfreien Herrschers hinein, wo gerade das grosse Winterfest des Gottes Freier, das fröhliche Julfest gefeiert wird. Was sich nun da begab, erzählt der Dichter im siebenzehnten Gesange:

Frithiof kommer till kung Ring.

Kung Ring han satt i högbänk om julen och
  drack mjöd,
Hos honom satt hans drottning så hvit och
  rosenröd.
Som vår och höst dem båda man såg bredvid
  hvarann,
hon var den friska våren, den kulna höst var han.

Då trädde uti salen en okänd gubbe in,
från hufvud och till fötter han insvept var i
  skinn.
Han hade staf i handen och lutad såge han gå,
men högre än de andra den gamle var ändå.

Han satte sig på bänken längst ned vid salens
  dörr;
der är de armas ställe ännu, som det var förr.
De hofmän logo smädligt och sågo till hvarann,
och pekade med fingret på luden björnskinns-
  man.

Då ljungar med två ögon den främmande så
  hvasst,
med ena handen grep han en ungersven i hast,
helt varligen han vände den hofman upp och
  ned,
då tystnade de andre; vi hade gjort så med.

„Hvad är för larm der nere? Hvem bryter
  kungens frid?
Kom upp till mig, du gamle, och låt oss talas
  vid.
Hvad är ditt namn? Hvad vill du? Hvar kom-
  mer du ifrån?"
Så talte kungen vredgad till gubben, gömd i
  vrån.

„Helt mycket spör du, konung, men jag dig
  svara vill.
Mitt namn ger jag dig icke, det hör mig ensam
  till.
I Ånger är jag uppfödd, min arfgård heter Brist,
hit kom jag ifrån Ulfven, hos honom låg jag sist.

Frithiof kommt zu König Ring.

König Ring er sass im Hochsitz am Julfest
und trank Meth, neben ihm sass die Königin,
so weiss und rosenroth. Wie Frühling und
Herbst sassen die Beiden neben einander, sie war
der frische Frühling, der kühle Herbst war er.

Da trat ein fremder Greis in den Saal; er war
vom Kopf bis zum Fuss in einen Pelz gewickelt.
Er trug einen Stab in der Hand und man sah
ihn gebückt einhergehn, und dennoch war der
Greis grösser als die Andern.

Er setzte sich auf die Bank ganz unten an der
Thüre des Saal's; da ist noch jetzt, wie vor
Zeiten, die Stelle der Armen. Die Höflinge
lachten höhnisch und sahen einander an, und
wiesen mit dem Finger auf den Mann im zotti-
gen Bärenfell.

Da blitzt der Fremde so wild mit beiden Augen,
mit einer Hand nahm er geschwind einen jungen
Mann, und wendete ganz bedächtig den Höfling
um und um, da schwiegen die Andern still; wir
hätten's auch gethan.

„Was gibt's für ein Gelärm da unten? Wer bricht
den Frieden des Königs? Komm zu mir herauf,
du Alter, und lass uns reden mit einander. Wie
ist dein Name? Was willst du, wo kommst du
her?" So rief der König zorngemuth dem Greise
zu, der demüthig im Winkel hinten stand.

„Vielerlei fragst du in einem Athem, König,
doch ich will dir Bescheid geben — Meinen Na-
men gebe ich dir nicht, denn der gehört nur mir
allein an. In Reu' und Leid wuchs ich auf,
Noth heisst mein Erbgut, vom Wolf komme
ich hieher, bei welchem ich lag zuletzt.

„Jag red i fordna dagar så glad på drakens
rygg,
han hade starka vingar och flög så glad och
trygg;
nu ligger han förlamad och frusen jemte land,
sjelf är jag gammal vorden och brännen salt vid
strand.

„Jag kom att se din vishet, i landet vida
spord;
då mötte man med hån mig, för hån är jag ej
gjord;
jag tog en narr för bröstet och vände honom
kring,
dock steg han opp helt oskadd, förlåt mig det,
kung Ring!" —

„Ej illa, sade kungen, du lägger dina ord;
de gamle bör man ära, kom sätt dig vid mitt
bord.
Låt din förklädning falla, låt se dig som du är,
förklädd trifs glädjen icke, jag vill ha glädje
här."

Och nu från gästens hufvud föll luden björn-
hud ner,
i stället för den gamle, en hvar en yngling ser.
Ifrån den höga pannan, kring skullran bred och
full
de ljusa lockar flöto liksom ett svall af guld.

Och präktig stod han för dem i sammetsman-
tel blå,
i handsbredt silfverbälte med skogens djur uppå.
I drifvet arbet alla den konstnär bragt dem ann,
och rundt kring hjeltens midja de jagade hva-
rann.

Och ringens gyllne smycke kring armen satt
så rikt,
vid sidan hang hans slagsvärd, en stannad
ljungeld likt.
Den lugna hjelteblicken kring sal och gäster for,
skön stod han der som Balder, och hög som Asa-
Thor.

Den häpna drottnings kinder de skifta färg så
snällt,
som röda norrsken måla de snöbetäckta fält:
som tveune vattenliljor inunder stormens larm
stå gungande på vågen, så häfdes hennes barm.

„Ich ritt in frühern Tagen so fröhlich auf des
Drachen Rücken, er hatte starke Schwingen und
flog so lustig und sicher dahin; nun liegt er er-
lahmt und starr am Land, ich selbst bin alt ge-
worden und brenne Sals am Strand.

„Ich kam, deine Weisheit zu schauen, im
Lande weit und breit berühmt; da begegnete
man mir mit Hohn, — für Hohn bin ich nicht ge-
macht; ich nahm einen von den Gecken beim
Flügel und wendete ihn um und um, doch stand
er mit heilen Gliedern wieder vom Boden auf,
verzeihe mir das, König Ring!" —

„Nicht schlecht," sagte der König, „setzest
du deine Worte; das Alter muss man ehren,
komm setz' dich her an meine Tafel. Lege
deine Verkleidung ab, lass dich sehn wie du
bist; bei der Verkleidung kommt keine rechte
Lustigkeit heraus, und ich will Lustigkeit haben
in meinem Saal."

Und es fiel nun die zottige Bärenhaut herab
von dem Haupt des Gasts, und männlich er-
blickt statt des Greises einen Jüngling. Von der
hohen Stirn herab, um seine Schultern, breit
und voll, flossen die lichten Locken wie eine
Fluth von Gold

Und prächtig stand er im Mantel von blauem
Sammet da, in handbreitem Silbergürtel mit
des Waldes Gethieren darauf. In getriebner
Arbeit hatte der Künstler sie all' angebracht,
und rund um des Helden Leib jagten sie ein-
ander.

Und am Arm stak ihm des Ringes goldener
Schmuck so reich. zur Seiten hing ihm sein
Schlachtschwert, einem festgehaltenen Blitz-
strahl gleich. Der ruhige Heldenblick überflog
Saal und Gäste, schön stand er da wie Balder,
und hoch wie Asa-Thor.

Der tieferschrockenen Königin Wangen, sie
wechseln so schnell die Farbe, wie rothe Nord-
lichter die beschneiten Fluren malen: wie zwei
Wasserlilien im Sturmgebraus auf der Fluth
sich wiegen, so hob sich ihr Busen.

Nu blåste lur i salen och tyst blef öfverallt,
ty nu var löftets timma och in bars Frejers galt.
Med kransar omkring bogen, och äpple uti mund,
och fyra knän han böjde på silfverfatets rund.

Och konung Ring sig reste i sina lockar grå,
han rörde galtens panna och gjorde löfte så:
„Jag svär att Frithiof vinna, fastän en kämpe
stor;
så hjelpe Frej och Oden, derhos den starke
Thor!"

Med trotsigt löje reste sig främlingen så hög,
en blixt af hjeltevrede hans anlet öfverflög;
han slog sitt svärd i bordet, så det i salen klang,
och upp från ekebänken hvarenda kämpe sprang.

„Och hör du nu, Herr konung, mitt löfte äfvenväl:
ung Frithiof är min frände, jag känner honom
väl:
Jag svär att Frithiof skydda, och var det mot
en verld;
så hjelpe mig min Norna, derhos mitt goda
svärd!"

Men kungen log och sade: „Helt dristigt är
ditt tal,
dock, orden äro fria i nordisk kungasal.
Fyll honom hornet, drottning, med vin som du
har bäst,
den främling, vill jag hoppas, i vinter är vår
gäst."

Och drottningen tog hornet, som framför
henne stod,
af urens panna brutet, en kostelig klenod,
på blanka silfverfötter, med mången gyllne ring,
med forntida bilder sirad och runeskrift omkring.

Med nederslagna ögon hon räckte hornet då,
men darrande var handen, och vin blef spildt
derpå.
Som aftonrodnans purpur på liljorna ibland,
de dunkla droppar brunno på hennes hvita
hand.

Och glad tog gästen hornet utaf den ädla fru;
ej tvenne män det tömde, som männer äro nu;

Jetzt blies das Horn im Saal und überall
ward's still, denn es war die Gelöbnissstunde
nunmehr und der Keuler des Frei ward herein
getragen. Mit Kränzen um den Bug und im
Rüssel den Apfel, bog er in des Silbergefässes
Rundung die vier Kniee.

Und König Ring erhob sich in seinen grauen
Locken, er berührte des Ebers Stirn und that das
Gelübde: „Ich gelobe Frithiof in meine Gewalt
zu bekommen, ob er gleich ein gewaltiger Held
ist: so helfe mir Frei und Oden, dazu der starke
Thor!"

Mit trotzigem Lächeln erhob sich so hoch
der Fremdling, ein Blitz von Heldenzorn überflog
sein Angesicht; er schlug sein Schwert in
den Tisch hinein, dass es klang in dem Saal,
und dass die Kämpen allzumal emporsprangen
von der Bank von Eichholz.

„Und hör' du nun, Herr König, auch mein
Gelübde: jung Frithiof ist verwandt mit mir,
ich kenn' ihn wohl. Ich gelobe Frithiof zu
schirmen auch wider eine Welt; so helfe mir
meine Norne, dazu mein gutes Schwert!"

Doch der König lacht' und sagte: „Du bist
sehr dreist im Reden, doch im nordischen Königssaal
ist ja die Rede frei. Füll' ihm das
Horn, Königin, mit dem besten Wein den du
hast, der Fremdling bleibt diesen Winter, hoff'
ich, unser Gast."

Und die Königin nahm das Horn, das vor ihr
stand, von der Hirnschale des Urs gebrochen,
ein köstliches Kleinod, auf blanken Füssen von
Silber, mit manchem goldnen Ring, mit Gebilden
der Vorzeit verziert und Runenschrift darum.

Da reichte sie ihm das Horn mit niedergeschlagenen
Augen, doch unsicher bebte ihr die
Hand, und ein paar Tropfen Weines fielen ihr
darauf. Wie der Purpur des Abendroths zuweilen
auf Lilien, so glühten die dunkeln Tropfen
auf ihrer weissen Hand.

Und frohen Muthes nahm der Gast das Horn
von der edeln Frau, wohl zwei Männer, wie die
Männer jetzt sind, tränken es nicht leer; .

men lätt och utan tvekan, den drottning till behag, / doch mit leichter Mühe und ohne Zaudern, der Königin zum Ergötzen, trank's der Gewaltige
den väldige det tömde uti ett andedrag. / in einem Athemzug leer.

Och skalden tog sin harpa, han satt vid kungens bord, / Und der Skalde nahm seine Harfe, er sass an des Königs Tische, und sang ein herzliches Lied
och sjöng ett hjertligt qväde om kärleken i Nord, / von Liebestreu im Norden, von Hagbart und schön Signe, — und bei seiner tiefen Stimme
om Hagbart och skön Signe, och vid hans djupa röst / schmolzen die harten Herzen in stahlbekleideter Brust.
de hårda hjertan smälte i stålbeklädda bröst.

Han sjöng om Valhalls salar och om Einheriers lön, / Er sang von den Walhallasälen und von der Einherier Lohn, von tapfrer Väter Thaten zu Land
om tappre fäders bragder på fältet och på sjön. / und Meer. Jede Hand griff da zum Schwerte,
Då grep hvar hand åt svärdet, då flammade hvar blick, / jeder Blick funkelte da, und fleissig gingen die tiefen Hörner um den Tisch herum.
och flitigt omkring laget det djupa hornet gick.

Helt skarpt blef der nu drucket allt i det kungahus, / Und nun ging an ein scharfes Trinken da in dem Königshaus, es holte sich jedweder Kämpe
hvar enda kämpe tog sig ett ärligt julerus, / einen tüchtigen Julrausch, und ging dann schlafen sonder Harm und Schmerz; doch König Ring
gick sedan bort att sofva förutan harm och sorg; / der Alte schlief bei schön Ingeborg.
men konung Ring den gamle sof hos skön Ingeborg.

Bei einer Schlittenfahrt, im achtzehnten Gesange, wo plötzlich das Eis eines zugefrorenen See's einbricht, und das Königspaar schon unterzugehen droht, bewährt sich wieder die ungeheuere Kraft und Stärke des Helden. Der kluge Königsgreis, seinen Gast wohl kennend, macht eine Anspielung auf „Frithiof den Starken;" dieser thut indess nicht dergleichen. — Die herrliche Romanze des neunzehnten Gesanges ist wieder ein Kleinod der Poesie für sich selbst, und schildert prachtvoll Frithiofs Prüfung, Bewährung und Belohnung:

Frithiofs Frestelse.

Våren kommer, fåglen qvittrar, skogen löfvas, solen ler,
och de lösta floder dansa sjungande mot hafvet ner.
Glödande som Frejas kinder tittar rosen ur sin knopp,
och i menskans hjerta vakna lefnadslust och mod och hopp.

Då vill gamle kungen jaga, drottningen skall med på jagt,
och det hela hof församlas hvimlande i brokig prakt.
Bägar klinga, koger skramla, hingstar skrapa mark med hof,
och med kappor öfver ögat skrika falkarna på rof.

Frithiofs Versuchung.

Der Frühling kommt, die Vögel zwitschern, der Wald belaubt sich wieder, die Sonne lacht, und die vom Eise befreiten Flüsse tanzen singend zum Meer hinunter. Glühend wie Frejas Wangen lugt die Rose aus der Knospe hervor, und in des Menschen Herzen erwachen Lebenslust und Muth und Hoffnung.

Da will der alte König jagen gehn, auch die Königin soll mit zur Jagd, und der ganze Hof versammelt sich wimmelnd in bunter Pracht. Bogen klirren, Köcher rasseln, Hengste scharren den Boden mit dem Huf, und mit Hauben überm Auge schreien die Falken nach Raub.

Se, der kommer jagtens drottning! Arma
Frithiof, se ej dit!
Som en stjerna på en vårsky sitter hon på gångarn hvit.
Hälften Freja, hälften Rota, skönare än begge
två,
och från lätta purpurhatten vaja högt de fjädrar
blå.

Se ej på de ögons himmel, se ej på de lockars
gull!
akta dig, det lif är smidigt, akta dig, den barm
är full!
Blicka ej på ros och lilja skiftande på hennes
kind,
hör ej på den kära stämman, susande som vårens
vind.

Nu är jägarskaran färdig. Hejsan! öfver berg
och dal!
Hornet smattrar, falken stiger lodrätt emot
Odens sal.
Skogens åbor fly med ångest, söka sina kulors
hem,
men med spjutet sträckt framför sig är Valkyrian efter dem.

Gamle kungen kan ej följa jagten som hon
flyger fram,
ensam vid hans sida rider Frithiof, tyst och allvarsam.
Mörka, vemodsfulla tankar växa i hans qvalda
bröst,
och hvarthelst han än sig vänder, hör han deras
klagoröst.

„O! hvi öfvergaf jag hafvet, för min egen fara
blind?
Sorgen trifs ej rätt på vägen, blåser bort med
himlens vind.
Grubblar viking, kommer faran, bjuder honom
opp till dans,
och de mörka tankar vika, bländade af vapnens
glans.

Men här är det annorlunda, outsäglig längtan
slår
sina vingar kring min panna, som en drömmande
jag går;
kan ej glömma Balders hage, kan ej glömma
eden än,
som hon svor — hon bröt den icke, grymma Gudar bröto den.

Schau, da kommt die Königin der Jagd! Armer Frithiof, blick' nicht hin! Wie ein Stern auf einem Lenzgewölk sitzt sie auf weissem Ross. Halb Freia und halb Rota, ist sie doch schöner als beide noch, und vom leichten Purpurhut wehn hoch die blauen Federn nieder.

Schaue nicht in den Himmel dieser Augen, auf dieser Locken Gold nicht schaue! hüte dich, dieser Leib ist schlank, hüte dich, dieser Busen ist voll! Blicke nicht auf Ros' und Lilie, wechselnd auf diesen Wangen, der holden Stimme lausche nicht, säuselnd wie des Frühlings Wind.

Nun ist der Jäger Schaar bereit. Hussa! über Berg und Thal! Das Jagdhorn schmettert, lothrecht steigt der Falke zu Odens Saal empor. Zagend fliehn des Waldes Bewohner und suchen der Höhlen Schlupfwinkel auf, doch mit vorgestrecktem Speer setzt ihnen die Walkyre nach. —

Der alte König kann der Jagd wie sie vorwärts fliegt nicht folgen, einsam neben ihm reitet Frithiof, stumm und ernst. Trübe, wehmuthvolle Gedanken erstehen in seiner schmerzbeklommenen Brust, und wohin er sich auch wenden mag, vernimmt er ihre klagende Stimme.

„O! warum verliess ich das Meer, für mein eigenes Unheil blind? Auf der Fluth ist der Gram nicht heimisch, fliegt im Wind dahin. Grübelt der Wikinger, so kommt die Gefahr, ruft ihn auf zum Tanz, und die trüben Gedanken weichen, geblendet vom Glanz des Gewaffens.

Hier aber ist es anders, ein unsäglich Sehnen schlägt seine Fittige um meine Stirne, gleichwie ein Träumender geh' ich einher: kann Balders Hag nicht vergessen, kann den Eid nicht vergessen, den sie schwor, — sie brach ihn nicht, grimme Götter brachen ihn.

Ty de hata menskors ätter, skåda deras fröjd
med harm,
och min rosenknopp de togo, satte den i vinterns
barm.
Hvad skall vintern väl med rosen? Han förstår
ej hennes pris,
men hans kalla ande kläder knopp och blad och
stjelk med is." —

Denn sie hassen die Geschlechter der Menschen, schauen neidisch ihre Lust, und sie nahmen meine Rosenknospe und legten sie an des Winters Brust. Was soll der Winter denn mit der Rose? Er weiss sie nicht zu schätzen, sondern sein kalter Hauch umkleidet nur Knospe und Blatt und Stengel mit Eis." —

Så han klagade. Då kommo de uti en enslig
dal,
dyster, hopträngd mellan bergen, öfverskyggd
af björk och al.
Der steg kungen af och sade: „se! hur skön,
hur sval den lund,
jag är trött, kom låt oss hvila, jag vill slumra
här en stund."

So klagte er. Da kamen sie in ein einsames Thal, düster, zwischen Bergen zusammengedrängt, von Birken und Erlen hoch umkränzt. Da stieg der König ab und sagte: „Schau, wie schön und kühl ist der Wald, ich bin müde. komm, lass uns ruhn, ich will ein Weilchen schlummern hier."

„Icke må du sofva, konung, kall är marken
här och hård,
tung blir sömnen, upp! jag för dig snart tillbaka
till din gård."
„Sömnen, som de andra Gudar, kommer när vi
minst det tro,"
sade gubben, „unnar gästen ej sin värd en timmas ro?"

„Nicht magst du schlafen, König, kalt ist der Boden hier und hart, der Schlaf wird schwer, auf! ich führe dich alsbald zurück nach deinem Hof." „Der Schlaf kommt, wie die andern Götter, wenn wir es am wenigsten erwarten." sagte der Alte, „gönnt der Gast seinem Wirthe nicht einer Stunde Rast?"

Då tog Frithiof af sin mantel, bredde den på
marken hän,
och den gamle kungen lade tryggt sitt hufvud
på hans knän;
somnade så lugnt som hjelten somnar efter stridens larm
på sin sköld, så lugnt som barnet somnar på sin
moders arm.

Da nahm Held Frithiof seinen Mantel ab, breitete ihn auf die Erde hin, und der alte König legte sein Haupt ruhig auf seine Kniee; schlummerte so still wie der Held nach dem lärmenden Streit auf dem Schilde schlummert, so still wie das Kind schlummert auf seiner Mutter Arm.

Som han slumrar, hör! då sjunger kolsvart fågel ifrån qvist:
„skynda, Frithiof, dräp den gamle, sluta på en
gång er tvist.
Tag hans drottning, dig tillhör hon, dig har hon
som brudgum kysst,
intet menskligt öga ser dig, och den djupa graf
är tyst." —

Wie er schläft, horch! da singt ein kohlschwarzer Vogel herab vom Zweige: „eile, Frithiof, tödte den Alten, ende mit einmal euern Zwist. Nimm die Königin, dir gehört sie, dich hat sie als Bräutigam geküsst, kein menschlich Auge sieht dich, und das tiefe Grab ist stumm." —

Frithiof lyssnar: hör! då sjunger snöhvit fågel ifrån qvist;
„ser dig intet menskligt öga, Odens öga ser dig
visst.
Niding, vill du mörda gubben? vill du värnlös
gubbe slå?
Hvad du vinner, hjelterykte vinner du dock ej
derpå." —

Frithiof lauscht: horch! da singt ein schneeweisser Vogel herab vom Zweig: „sieht dich kein menschlich Auge, Odens Auge schaut dich gewiss; Neiding, willst du den Schlaf morden? einen wehrlosen Greis erschlagen? — Was du auch gewinnst, — Heldenruhm gewinnst du dadurch nicht."

Så de begge fåglar sjöngo; men sitt slagsvärd
Frithiof tog,
slängde det med fasa från sig fjerran i den mörka
skog.
Kolsvart fågel flyr till Nastrand, men på lätta
vingars par,
som en harpoton den andra klingande mot solen
far.

So sangen die beiden Vögel; doch Frithiof
zog sein Schlachtschwert und mit tiefem Grauen
schleuderte er es weit von sich in den dunkeln
Wald. Der kohlschwarze Vogel fliegt gen Na-
strand, doch auf leichten Fittigen steigt, wie
ein Harfenton, der andere klingend zur Sonne
hinauf.

Strax är gamle kungen vaken. „Mycket var
den sömn mig värd,
ljufligt sofver man i skuggan, skyddad af den
tappres svärd.
Dock, hvar är ditt svärd, o främling? blixtens
broder, hvar är han?
Hvem har skilt Er, J som aldrig skulle skiljas
från hvarann?" —

Alsbald ist der alte König wach. „Viel war
dieser Schlaf mir werth, süss schlummert sich's
im Schatten, beschirmt von dem Schwert des
Tapfern. Doch, wo ist dein Schwert, o Fremd-
ling? Der Bruder des Blitzes, wo ist er? wer
schied euch, die ihr nimmermehr geschieden
werden solltet von einander?

„Lika mycket, Frithiof sade: svärd jag finner
nog i Nord;
skarp är svärdets tunga, konung, talar icke fri-
dens ord.
Mörka andar bo i stålet, andar ifrån Niffelhem,
sömnen är ej säker för dem, silfverlockar reta
dem." —

„Gleichviel." sagte Frithiof: „ich finde noch
Schwerter genug im Norden; des Schwertes
Zunge ist scharf, König, redet nicht des Frie-
dens Wort. Finstere Geister wohnen im Stahle,
Geister von Niflheim, vor denen ist der Schlaf
nicht sicher und Silberhaar lockt sie an."

„Jag har icke sofvit, yngling, jag har blott
dig pröfvat så,
obepröfvad man och klinga litar ej den kloke
på.
Du är Frithiof, jag har känt dig alltseu i min
sal du steg,
gamle Ring har vetat länge, hvad hans kloka
gäst förteg.

„Ich habe nicht geschlafen, Jüngling, ich
habe dich bloss geprüft so; — unerprobtem
Mann und Schwerte gibt kein Kluger sich ver-
trauend hin. Du bist Held Frithiof, ich wusst'
es von der Stund' an, wo du zu mir in den
Saal tratst; lange hat der alte Ring gewusst,
was ihm sein kluger Gast verschwieg.

Hvarför smög du till min boning, djupt för-
klädd och utan namn?
Hvarför, om ej för att stjäla bruden ur den
gamles famn?
Äran. Frithiof, sätter sig ej namnlös uti gästfritt
lag,
blank är hennes sköld som solen, öppna hennes
anletsdrag.

Warum schlichst du dich in meine Wohnung
ein, in tiefer Vermummung und namenlos?
Warum, wenn nicht um aus des Greises Armen
die Braut zu reissen? Die Ehre setzt sich nicht
namenlos zum gastlichen Mahl, o Frithiof; blank
ist ihr Schild, wie die Sonne, und ihr Angesicht
ist frei.

Ryktet talte om en Frithiof, menniskors och
Gudars skräck,
sköldar klöf och tempel brände den förvägne
lika käck.
Snart med härsköld, så jag trodde, kommer han
emot ditt land,
och han kom, men höljd i lumpor, med en tig-
garstaf i hand.

Von einem Frithiof sprach das Gerücht, der
war der Menschen und der Götter Schreck,
Schilde spaltete und Tempel zündete der Ver-
wegne an gleich kühn. Bald mit dem Heer-
schild, so glaubte ich, wird er wohl heranziehn
gegen dein Land, und er kam — jedoch in Lum-
pen und den Bettelstab in der Hand.

Hvarför slår du ner ditt öga? Jag var också
    ung en gång,
lifvet är en strid från början, ungdomen dess
    Berserksgång.
Klämmas skall hon mellan sköldar, tills det
    vilda mod är tömdt;
jag har pröfvat och förlåtit, jag har ömkat och
    förglömt.
	Warum schlägst du denn dein Auge nieder?
	Auch ich war jung einmal, das Leben ist ein
	Streit von Anfang, die Jugend ist seine Ber-
	serkertobsucht. Zwischen Schilden muss sie
	eingeklemmt werden, bis dass der wilde Muth
	sich ausgetobt: ich habe geprüft und verziehn,
	ich habe bedauert und vergessen.

Ser du, jag är gammal vorden, stiger snart i
    högen in;
tag mitt rike då, o yngling, tag min drottning,
    hon är din.
Blif min son till dess, och gästa i min kungssal
    som förut;
svärdlös kämpe skall mig skydda, och vår gamla
    tvist har slut."
	Schau, ich bin nun alt geworden, — bald steig'
	ich in den Grabhügel; nimm mein Reich dann hin,
	o Jüngling, nimm meine Königin, sie ist dein.
	Sei mein Sohn indessen, und gaste in meinem
	Königssaal wie vorher; ein schwertloser Recke
	soll mich beschützen, und unsere frühere Feind-
	schaft ist zu Ende." —

„Icke, svarar Frithiof dyster, kom jag som en
    tjuf till dig,
ville jag 'din drottning taga, säg: hvem skulle
    hindrat mig?
Men min brud jag ville skåda, en gång, ack! blott
    en gång än.
O! jag dåre, halfsläckt låga tände jag på nytt
    igen!
	„Keineswegs," sagte Frithiof düster, „kam
	ich als ein Dieb zu dir, wenn ich im Sinn ge-
	habt, dir die Königin zu rauben, sprich, wer
	hätt' es gewagt, mich daran zu hindern? Ich
	wollte nur meine Braut schauen, einmal, ach,
	nur einmal noch! O ich Thor, die schon halb
	erloschne Gluth hab' ich von Neuem angefacht!

I din sal jag dröjt för länge, gästar mer ej der,
    o kung!
Oförsonta Gudars vrede hvilar på mitt hufvud
    tung.
Balder med de ljusa lockar, han som har hvar
    dödlig kär,
se, han hatar mig alleua, ensamt jag förka-
    stad är!
	Zu lange schon bin ich in deinem Saal ge-
	blieben, gäste nicht länger mehr daselbst, o Kö-
	nig; der Zorn der Götter, der noch nicht ver-
	söhnten, ruht schwer auf meinem Haupte. Balder
	mit dem lichten Haar, der jeden andern Sterb-
	lichen liebt, siehe, mich nur hasst er, nur ich
	allein bin verworfen!

Ja, jag stack i brand hans tempel; Varg i
    Veum heter jag,
när jag nämnes, skrika barnen, glädjen flyr ur
    gästfritt lag.
Fosterjorden har förkastat en förlorad son med
    harm,
fridlös är jag i min hembygd, fridlös i min egen
    barm.
	Ja, ich steckte den Tempel ihm in Brand; ich
	heisse Wolf im Heiligthum; wenn mein Name er-
	wähnt wird, schreien Kinder, flieht die Fröhlich-
	keit schon vom gastlichen Mahl. Das Vaterland
	hat einen verlornen Sohn mit seinem Fluch ver-
	stossen, friedlos bin ich in meiner Heimath,
	friedlos in meiner eignen Brust.

Icke på den gröna jorden vill jag söka friden
    mer,
marken bränner under fötren, trädet ingen skugga
    ger.
Ingeborg har jag förlorat, henne tog den gamle
    Ring,
solen i mitt lif är slocknad, bara mörker rundt-
    omkring.
	Nicht auf der grünen Erde will ich mehr Frie-
	den suchen, mir brennt der Boden unter den
	Füssen, mir gibt der Baum keinen Schatten
	mehr. Ingeborg hab' ich verloren, es führte der
	alte Ring sie heim, mir erlosch die Sonne mei-
	nes Lebens, rings um mich her ist Finsterniss.

Derför, hän till mina vågor! Eja, ut, min drake god! bada åter beckswart bringa lustigt i den salta flod; brifta vingarna i moluen, hväsande de vågor skär, flyg så långt som stjernan leder, som besegrad bölja bär!	Darum, zu meinen Wogen hin! Eia, hinaus. mein Drache gut! bade lustig die pechschwarze Brust wieder in salziger Fluth; hoch in die Wolken erhebe die Schwingen, und zischend durchschneide die Wogen, so weit die Gestirne dich leiten, so weit dich, besiegt, die Welle trägt!
Låt mig höra stormens dunder, låt mig höra åskans röst! När det dånar rundtomkring mig, då är lugn i Frithiofs bröst. Sköldeklang och pilregn, gubbe! Midt i hafvet slaget står, och jag stupar glad, och renad till försonta Gudar går."	Lass mich hören des Sturms Gebraus, lass mich hören des Donners Laut! Wenn es tobt rings um mich her, dann ist Ruhe in Frithiofs Brust. Schildesklang und Pfeilregen, Alter! Mitten im Meer tobt die Seeschlacht, und da fall' ich freudig, und steige gereinigt zu versöhnten Göttern empor."

Der zwanzigste Gesang erzählt den Tod des greisen Königs, und der einundzwanzigste ist eine ächt nordische Drapa, d. h. ein Grabgesang zu seinem Ruhm und Preis, mit den so charakteristischen Stabreimen der altscandinavischen Poesie:

Kung Rings Drapa.	**König Rings Drapa.**
Sitter i högen högättad höfding, slagsvärd vid sidan, skölden på arm. Gångaren gode gnäggar derinne, skrapar med guldhof grundmurad graf.	Im Grabhügel sitzt nun der hochhehre Häuptling, das Schlachtschwert zur Seiten, den Schild am Arm. Das gute Ross wiehert darin, mit goldenem Huf die Grabmauer scharrend.
Nu rider rike Ring öfver Bifrost, svigtar för bördan bågiga bron. Upp springa Valhalls hvalfdörrar vida; Asarnes händer hänga i hans.	Ueber Bifrost reitet nun der herrliche Ring, es biegt sich die bogige Brücke vor der Last. Weit springen Walhalla's wölbige Pforten auf; die Hände der Asen liegen in seiner
Thor är ej hemma, härjar i hårnad. Valfader vinkar vinbägarn fram. Ax flätar Frej kring konungens krona, Frigg binder blåa blommor deri.	Thor ist nicht daheim, ist answärts auf einer Heerfahrt. Walvater winkt nach dem Weinbecher. Frei umwindet mit Aehren des Königs Krone, Frigga flicht blaue Blumen hinein.

Brage, hin gamle,
griper i guldsträng,
stillare susar
sången än förr.
Lyssnande hvilar
Vanadis hvita
barmen mot bordet,
brinner och hör.

„Högt sjunga svärden
ständigt i hjelmar;
brusande böljor
blodas alltjemt.
Kraften, de gode
Gudarnas gåfva,
bister som Berserk
biter i sköld.

Derför var dyre
drotten oss kär, som
stod med sin sköld för
fredliga fält:
Sansade styrkans
skönaste afbild
steg som en offer-
ånga åt skyn.

Ord väljer vittra
Valfader, då han
sitter hos Saga,
Söquabäcks mö.
Så klungo kungsord,
klara som Mimers
böljor, och derhos
djupa som de.

Fridsam förlikar
Forsete tvisten,
domarn vid Urdas
vällande våg.
Så satt å domsten
dyrkade drotten,
blidkade händer
blodhämden bjöd.

Karg var ej kungen,
kring sig han strödde
dvergarnas dagglans,
drakarnas bädd.
Gåfvan gick glad från
gifmilda handen,
lätt från hans läppar
lidandets tröst.

Brage, der Greis, greift in die goldenen Saiten, leiser als sonst erklingt der Gesang. Lauschend neigt Wanadis den blendenden Busen zur Tafel hin, glüht und horcht.

„Hell singen Schwerter beständig in Helmen; es bluten brausende Wogen. Die Kraft, die Gabe der gütigen Götter, beisst wie ein Berserker grimm in den Schild

Darum war der theure Herrscher uns werth, der mit seinem Schild vor friedlichem Feld stand: das herrlichste Abbild besonnener Kraft stieg wie ein Opferrauch empor zur Höhe.

Sinnig wählt Walvater seine Worte, wenn er bei Saga, der Jungfrau Söquabäcks, sitzt. So klangen auch des Königs Worte, klar wie die Fluth Mimers, und auch so tief dabei, wie sie.

Friedlich gleicht Forsete den Zwiespalt aus, der Richter an Urdas wallendem Born. So sass am Richterstein der geehrte Herrscher, versöhnte Hände bot die Blutrache dar.

Nicht geizig war der König, ringsumher streute er Tagglanz der Zwerge, Drachenbett aus. Die Gabe glitt freudig aus gütiger Hand, von den Lippen leicht ihm des Leidens Trost.

Välkommen, vise Valhalla-arfving! Länge lär Norden lofva ditt namn. Brage dig helsar böfviskt med horndryck, Nornornas fridsbud nerifrån Nord!"	Willkommen, weiser Erbe Walhalla's! der Norden wird dich noch lange preisen. Brage begrüsst dich freundlich mit dem Horntrunk, der Nornen friedlicher Bote du, drunten vom Norden!"

Im zweiundzwanzigsten Gesange gibt uns der Dichter ein frisches, dramatisch lebendiges Bild von einer freien nordischen Königswahl; Frithiof erhebt den jungen Sohn des Königs auf den Schild, und wird selbst während der Minderjährigkeit des erwählten Königs zu seinem Vormund gewählt. Die Reue zehrt indess und der Gram am Herzen des Helden, und er sehnt sich nach Wiederversöhnung mit dem Gott, den er durch den Brand seines Tempels beleidigt zu haben glaubt; da erscheinen ihm endlich, am Grabe seines Vaters (im dreiundzwanzigsten Gesange) die drei Nornen (Schicksalsgöttinnen) und zeigen ihm einen in der Luft schwebenden schönern Tempel als goldene „Fata Morgana", was Frithiof fromm für einen höhern Befehl hält, den von ihm zerstörten Tempel Balders an derselben Stelle, wo er stand, schöner wieder zu erbauen:

Frithiof på sin Faders Hög.	**Frithiof auf seines Vaters Grabhügel.**
„Hur skönt ler solen, huru vänligt hoppar dess milda stråle ifrån gren till gren! Allfaders blick, i aftondaggens droppar, som i hans verldshaf, lika klar och ren! Hur röda färgar hon ej bergens toppar! O! det är blod på Balders offersten! I natt är snart det hela land begrafvet, snart sjunker hon, en gyllne sköld, i hafvet.	„Wie schön die Sonne lächelt, wie freundlich hüpft ihr milder Strahl von Zweig zu Zweig! Allvaters Blick — gleich klar und rein in den Tropfen des Abendthaus, wie im Weltmeer! Wie roth sie der Berge Haupt nicht färbt! O! das ist Blut auf Balders Opferstein! In Nacht ist bald das ganze Land begraben, — bald sinkt sie, ein goldener Schild, in's Meer.
Först låt mig dock bese de kära ställen, min barndoms vänner, dem jag älskat så. Ack! samma blommor dofta än i qvällen, och samma fåglar än i skogen slå. Och vågen tumlar sig som förr mot hällen; — O! den som aldrig gungat deruppå! Om namn och bragder jemt den falska talar, men fjerran för hon dig från hemmets dalar.	Lass mich zuerst die theuern Orte doch beschauen, meiner Kindheit Freunde, die ich so geliebt. Ach! noch duften dieselben Blumen am Abende und dieselben Vögel singen im Walde noch. Und die Welle bricht sich wie vormals noch an der Klippe, — o! wer sich nimmermehr darauf geschaukelt! Von Ruhm und Thaten spricht die Falsche stets, doch ferne führt sie dich hinweg von deiner Heimath Thälern.
Jag känner dig, du flod, som ofta burit den djerfve simmarn på din bölja klar. Jag känner dig, du dal, der vi besvurit en evig tro, som jorden icke har. Och björkar J, uti hvars bark jag skurit de runor många, J stån ännu qvar, med stammar hvita och med kronor runda, allt är som förr, blott jag är annorlunda.	Ich kenne dich, du Fluss, der oft den verwegnen Schwimmer auf seiner klaren Fluth getragen. Ich kenne dich, du Thal, wo wir uns eine ewige Treue geschworen, wie die Erde sie nicht hat. Euch Birken auch, in deren Rinde ich so manche Runen einschnitt, — ihr steht noch da, mit weissen Stämmen und mit runden Kronen; alles ist noch wie sonst, nur ich bin ein Anderer geworden.

Är allt som förr? Hvar äro Framnäs salar och Balders tempel på den vigda strand? Ack! det var skönt uti min barndoms dalar, men derutöfver har gått svärd och brand, och menskors hämd och Gudars vrede talar till vandrarn nu från svarta svedjoland. Du fromme vandrare, ej hit du drage, ty skogens vilddjur bo i Balders hage.	Ist Alles noch wie früher? Wo sind die Säle von Framnäs und der Tempel des Balder auf dem geweihten Strand? Ach! es war schön in den Thälern meiner Kindheit, doch darüber ist — Schwert und Brand dahingegangen, und Menschenrache und Götterzorn spricht zum Wanderer nun von der Brandstatt schwarzem Boden. Du frommer Wanderer, komm nicht hieher, denn die wilden Thiere des Waldes hau- sen in Balders Hag.
Det går en frestare igenom lifvet, den grymme Nidhögg ifrån mörkrets verld. Han hatar Asaljuset, som står skrifvet på hjeltens panna, på hans blanka svärd. Hvart nidingsdåd, i vredens stund bedrifvet, det är hans verk, är mörka makters gärd; och när det lyckas, när han templet tänder, då klappar han uti kolsvarta händer.	Es geht ein Versucher durch das Leben, der grimme Nidhögg aus der Welt der Finsterniss. Er hasst das Asalicht, das auf des Helden Stirne, auf seinem blanken Schwert geschrieben steht. Jede Frevelthat, begangen in Zornes- muth, sie ist sein Werk, ist dunkler Mächte Zoll; und wenn es glückt, wenn er den Tempel in Asche legt, dann klatscht er in seine kohl- schwarzen Hände.
Fins ej försoning, strålande Valhalla? Blåögde Balder! tar du ingen bot? Bot tager mannen, när hans fränder falla, de höga Gudar sonar man med blot. Det sägs, du är den mildaste af alla. bjud, och hvart offer ger jag utan knot. Ditt tempels brand var icke Frithiofs tanka, tag fläcken bort ifrån hans sköld, den blanka.	Gibt es denn keine Versöhnung, strahlende Walhalla? Blauäugiger Balder! gibt es denn kein Sühnopfer für dich? Der Mann ist mit der Sühne des Blutgelds zufrieden, wenn seine Ver- wandten fallen, die hohen Götter sühnt man mit Blutopfern. Man heisst dich den mildesten der Götter, gebeut, und ich bringe jedes Opfer gerne. Der Brand deines Heiligthums war Frithiofs Gedanke nicht, nimm von seinem blanken Schild den Flecken hinweg.
Tag bort din börda, jag kan den ej bära, qväf i min själ de mörka skuggors spel; försmå ej ångren, låt en lefnads ära försona dig för ögonblickets fel. Jag bleknar ej, fast Ljungarn sjelf står nära, i ögat kan jag se den blekblå Hel. Du fromme Gud med dina månskensblickar, dig ensam räds jag och den hämd du skickar.	Nimm deine Last hinweg mir, ich vermag sie nicht zu tragen, in meiner Sele banne mir der finstern Schatten Spiel; verschmähe nicht die Reue, lass dich durch den Ruhm und die Ehre eines ganzen Lebens für den Fehl eines Augen- blicks versühnen. Ich erbleiche nicht, und wenn der Donnerer selber nahe wäre, der blassblaue Hel kann ich ins Auge schaun. Du frommer Gott mit deinen Mondscheinblicken, — vor dir allein erbebe ich — und vor der Rache, so du sendest.
Här är min faders grafhög. Sofver hjelten? Ack! han red hän, der ingen kommer från. Nu dväljs han, sägs det, uti stjernetälten, och dricker mjöd och gläds åt sköldars dån. Du Asagäst, se ner från himlafälten, din son dig kallar, Thorsten Vikingsson! Jag kommer ej med runor eller galder, men lär mig blott, hur blidkas Asa-Balder?	Hier ist meines Vaters Grabhügel. Schläft der Held? Ach! er ritt hin, von wannen Kei- ner mehr wiederkehrt. Nun lebt er, so heisst es, unter Sternenzelten, und trinkt Meth und freut sich am Klang der Schilde. Du Asagast, schaue herab von der Himmelsflur, dich ruft dein Sohn, Thorsten Wikingsson! Ich komme nicht mit Runen und Zaubergesängen — nur das Eine lehre mich, wie sich Asa-Balder süh- nen lässt?

Har grafven ingen tunga? För en klinga
den starke Angantyr ur högen qvad.
Det svärd var godt, men Tirfings pris är ringa
mot hvad jag ber, om svärd jag aldrig bad;
svärd tar jag väl i holmgång sjelf, men bringa
du mig försoning ifrån Asars stad.
Min skumma blick, min gissning blott du lede,
ett ädelt sinne tål ej Balders vrede.

Du tiger, fader! Hör du, vågen klingar,
ljuft är dess sorl, lägg ner ditt ord deri.
Och stormen flyger, häng dig vid hans vingar,
och hviska till mig, som han far förbi.
Och vestern hänger full af gyllne ringar,
låt en af dem din tankes härold bli. —
Ej svar, ej tecken för din son i nöden
du äger, fader! O hur arm är döden!" —

Och solen släcks, och aftonvinden lullar
för jordens barn sin vaggsång utur skyn,
och aftonrodnan körer opp och rullar
med rosenröda hjul kring himlens bryn.
I blåa dalar, öfver blåa kullar
hon flyger fram, en skön Valhallasyn.
Då kommer plötsligt öfver vestervågor
en bild framsusande i guld och lågor.

En hägring kalla vi det himlens under,
(i Valhall klingar hennes namn mer skönt.)
Hon sväfvar sakta öfver Balders lunder,
en gyllne krona på en grund af grönt.
Det skimrar öfver och det skimrar under,
med sällsam glans, ej förr af menskor rönt.
Till slut hon stadnar, sjunkande till jorden,
der templet stått, nu sjelf ett tempel vorden.

En bild af Breidablick, — den höga muren
stod silfverblank på klippans brant och sken.
Af djupblått stål hvar pelare var skuren,
och altaret utaf en ädelsten;
och domen hängde, som af Andar buren,
en vinterhimmel stjerneklar och ren,
och högt deri, med himmelsblåa skrudar,
med gyllne kronor, suto Valhalls Gudar.

Hat denn das Grab keine Sprache? Ob einer
Klinge liess der starke Angantyr aus dem Hügel
Gesang erklingen. Das Schwert war gut,
doch Tirfings Preis ist gegen das, um was ich
bitte, gering, nie bat ich um ein Schwert; ein
Schwert nehm' ich mir wol selbst im Kampf des
Holmganges: — sondern bringe mir Versöhnung
von der Asenstadt. Meinen trüben Blick, der
Ahnung Nacht nur erhelle mir, ein edles Herz
erträgt nicht Balders Zorn.

Du schweigst, Vater! horch, wie die Woge
rauschend geht, lieblich ist ihr Murmeln, leg
ein Wort von dir hinein. Und es fleugt der
Sturm, hänge dich ihm an die Schwingen und
lisple mir zu, wie er vorbeifährt. Und der Westen
hängt voll von goldenen Ringen, lass einen
derselben deines Gedankens Boten sein. — Hast
du denn keine Antwort, Vater, kein Zeichen für
deinen Sohn in der Noth?! — O wie ist der Tod
so arm!" —

Und die Sonn' erlischt, und der Abendwind
singt den Kindern der Erde sein Wiegenlied aus
dem Gewölke vor, und die Abendröthe führt in
die Luft empor und umfährt mit rosenrothen Rädern
der Erde Saum. An blauen Thälern, an
blauen Hügeln fliegt sie, ein schönes Walhallagesicht,
vorüber. Da erscheint mit einemmal,
vom Westmeer herübersausend, ein Bild,
in Gold und Feuer glänzend.

Eine Spiegelung der Luft nennen wir dieses
Himmelswunder, (schöner klingt seine Benennung
in Walhalla.) Leise schwebt es ob Balders
Hainen dahin, eine goldene Krone auf grünem
Grund. Hell strahlt es obenher und hell
strahlt es unten, mit seltsamem und nie vorher
von Menschen noch erschautem Glanz. Endlich
bleibt es stehn und sinkt zur Erde, da wo der
Tempel gestanden, zum Tempel selbst geworden.

Ein Bild von Breidablick, — die hohe Mauer
stand silberblank am Felsenrand und schimmerte.
Von dunkelblauem Stahl waren die
Säulen gehauen, und der Altar aus einem Edelstein;
und des Dachfirsts majestätisches Gewölbe
schwebte, wie von Geistern getragen, in der Luft,
ein Winterhimmel rein und sternenhell, und hoch
darinnen, in himmelblauen Gewändern, mit goldenen
Kronen, sassen Walhallas Götter.

Och se, på runbeskrifna sköldar stödda,
de höga Nornor uti dörren stå:
tre rosenknoppar i en urna födda,
allvarliga, men tjusande ändå.
Och Urda pekar tyst på det förödda,
det nya templet pekar Skulda på.
Och bäst som Frithiof nu sig sansa hunnit,
och gläds och undrar, så är allt försvunnit.

„O! jag förstår Er, mör från tidens källa,
det var ditt tecken, hjeltefader god!
Det brända templet skall jag återställa,
skönt skall det stå på klippan, der det stod.
O! det är herrligt att få vedergälla
med fredlig bragd sin ungdoms öfvermod!
Den djupt förkastade kan hoppas åter,
den hvite Guden blidkas och förlåter.

Välkomna stjernor, som deruppe tågen!
Nu ser jag åter glad Er stilla gång.
Välkomna norrsken, som deruppe lågen!
J voren tempelbrand för mig en gång.
Uppgrönska, ättehög! och stig ur vågen,
så skön som förr, du underbara sång!
Här vill jag slumra på min sköld och drömma,
hur mensker sonas, och hur Gudar glömma."

Und schau, auf runenbeschriebene Schilde gestützt, stehn unter der Thüre die erhabnen Nornen, drei aus einer Urne erblühte Rosenknospen, voll hohen Ernsts und doch bezaubernd schön. Und Urda zeigt schweigend nach dem in Schutt liegenden, nach dem neuen Tempel weist Skulda hin. Und ehe sich Frithiof noch recht zu besinnen vermag, und ehe er sich noch von seinem freudigen Staunen erholt hat, ist die ganze Erscheinung schon wieder verschwunden.

„O! ich verstehe euch, ihr Jungfrauen vom Born der Zeiten, es war ein Zeichen von dir, du Heldenvater gut! Den Tempel soll ich aus seiner Brandstatt wieder neu erbauen, schön soll er stehen auf dem Felsen, wo er stand. O! es ist herrlich, mit friedlichem Werk der Jugend Uebermuth sühnen zu dürfen! Der Tiefverworfene darf wieder hoffen, der weisse Gott ist wieder gut und verzeiht mir.

Willkommen, Sterne, die ihr da droben wandelt! Frohen Herzens schau' ich nun wieder euren leisen Wanderzug. Willkommen, Nordlicht, das du da droben loderst! Du warst einst für mich ein Tempelbrand. Ergrüne, Vätergrab! hebe wie vormals dich schön aus der Welle herauf, du wunderbarer Meergesang! Hier will ich schlummern auf meinem Schild und träumen, wie Menschen endlich Sühne finden, und wie Götter vergessen."

Frithiof thut es und sühnt dadurch den Groll des Gottes. Bei der feierlichen Einweihung des Tempels, im vierundzwanzigsten Gesange, löst der hohe Priester Balders den Bannfluch von dem Verfehmten, hält eine Rede, an deren nordischem Heidenthums-Horizont schon einzelne Morgenrothstreifen des Christenthums glänzen, und legt zuletzt, nachdem zu gleicher Zeit ein Bote die Nachricht von Helges Fall in einem Religionskriege gebracht, und Helges Bruder, der mildere Halfdan, sich mit Frithiof ausgesöhnt hat, am Altar des Gottes die Hände der beiden Liebenden freudig in einander:

Försoningen.

Fulländadt nu var Balders tempel. Deromkring
stod ej som förr en skidgård, men af hamradt
jern,
med gyllne knappar på hvar stång, ett väru var
rest
kring Balders hage; som en stålklädd kämpehär
med hillebårder och med gyllne hjelmar, stod
det nu på vakt kring Gudens nya helgedom.
Af idel jättesteuar var dess rundel byggd,

Die Versöhnung.

Vollendet war jetzt Balders Tempel. Darunter stand nicht wie vormals ein Pfahlzaun, sondern von gehämmertem Eisen, mit goldenen Knöpfen auf jeder Stange, war eine Wehr um Balders Hain erhöht: wie ein in Stahl gekleidet Heer von Kämpen, mit Hellebarden und mit Goldhelmen, stand sie Wache nun um des Gottes neues Heiligthum. Ganz von Riesenblöcken war seine Rundung erbauet,

med dristig konst hopfogade, ett jätteverk
för evigheten, templet i Upsala likt,
der Norden såg sitt Valhall i en jordisk bild.
Stolt stod det der på fjällets brant och speglade
sin höga panna uti hafvets blanka våg.
Men rundtomkring, en präktig blomstergördel lik,
gick Balders dal med alla sina lundars sus,
med alla sina fåglars sång, ett fridens hem.
Hög var den kopparstöpta port, och innanför
två pelarrader uppå starka skulderblad
uppburo hvalfvets rundel, och han hang så skön
utöfver templet, som en kupig sköld af guld.
Längst fram stod Gudens altar. Det var hugget af
en enda nordisk marmorklyft, och deromkring
ormslingan slog sin ringel, full med runeskrift,
djuptänkta ord ur Vala och ur Havamal.
Men uti muren ofvanföre var ett rum
med gyllne stjernor uppå mörkblå grund, och der
satt Fromhetsgudens silfverbild, så blid, så mild,
som silfvermånen sitter uppå himlens blå. —
Så templet syntes. Parvis trädde nu derin
tolf tempeljungfrur, klädda uti silfverskir,
med rosor uppå kinderna och rosor i
det oskuldsfulla hjertat. Framför Gudens bild
kring nyinvigda altaret de dansade,
som vårens vindar dansa öfver källans våg,
som skogens Elfvor dansa i det höga gräs,
när morgondaggen ligger skimrande derpå.
Och under dansen sjöngo de en helig sång
om Balder, om den fromme, hur han älskad var
utaf hvart väsen, hur han föll för Höders pil,
och jord och haf och himmel greto. Sången var
som om den icke komme från ett menskligt bröst,
men som en ton från Breidablick, från Gudensaal;
som tanken på sin älskling hos en enslig mö,
när vakteln slår de djupa slag i nattens frid
och månen skiner öfver björkarna i Nord. —
Förtjust stod Frithiof, lutad vid sitt svärd, och
såg
på dansen, och hans barndomsminuen trängde
sig
förbi hans syn, ett lustigt folk, ett oskuldsfullt.
Med himmelsblåa ögon och med hufvuden,
omflutna utaf lockigt guld, de vinkade
en vänlig helsning till sin fordna ungdomsvän.
Och som en blodig skugga sjönk hans vikingslif
med alla sina strider, sina äfventyr,

mit kühner Kunst zusammengefügt, ein Riesenwerk für die Ewigkeit, dem Tempel von Upsala gleich, in welchem der Norden sein Walhall in irdischem Bilde sah. Erhaben und stolz stand er da am steilen Fels, und spiegelte seine hohe Zinn' im Glanz der Meerfluth. Ringsumher jedoch, einem prächtigen Blumengürtel gleich, zog sich Balders Thal, mit all seiner Haine Wehn, mit all seiner Vögel Gesang, eine Statt des Friedens, hin. Hoch war das kupfergegossene Thor auch, und innenher trugen zwei Reihen von Säulen auf starken Schultern die Rundung des Gewölbes, und überm Heiligtbum hing es so schön da, wie ein gewölbter Schild von Gold. Am weitesten vorne stand der Altar des Gottes. Der war aus einem einzigen nordischen Marmorblock gehauen, und rings um ihn herum schlug die Schlange ihren Reif, voll mit Runenschrift, Sprüche voll tiefer Weisheit aus Wala und aus Hawamal. Doch in der Mauer obenher war eine Blende mit goldenen Sternen auf dunkelblauem Grund, und da thronte das Silberbild des Gottes der Frömmigkeit, so sanft und mild, wie der Silbermond am Blau des Himmels steht. — So erschien der Tempel. Paar an Paar traten nun zwölf Tempeljungfrauen ein, angethan mit Silberstoff, mit Rosen auf den Wangen und Rosen in dem reinen Herzen. Vor des Gottes Bilde schlangen sie um den neueingeweihten Altar einen Reigen, wie über die Welle des Bachs die Frühlingswinde hintanzen, wie die Elfen des Waldes im hohen Grase schweben, wenn der Thau des Morgens schimmernd liegt darauf. Und unter dem Tanzen sangen sie ein heiliges Lied von Balder dem Frommen, wie geliebt er war von jedem Wesen, wie er hinsank vor Höders Pfeil, und wie die Erde, das Meer und der Himmel weinen thaten. Das Lied war, als quöll' es nicht aus einer Menschenbrust, sondern als wär' es ein Ton von Breidablick, dem Saal des Gottes; wie die Erinnrung an seinen Geliebten bei einem einsamen Mägdelein, wenn in der stillen Nacht die Wachtel ihre tiefen Schläge schlägt und der Mond auf die Birken im Norden scheint. — Entzückt stand Frithiof, an sein Schwert gelehnt, und sah dem Reigen zu, und seine Kindheitserinnerungen drängten sich ihm am Auge vorüber, ein lustiges Volk, ein noch unschuldsvolles. Mit Augen blau wie der Himmel und mit Häuptern, umflossen von lockigem Gold, winkten sie einen freundlichen Gruss dem trauten Freund der Jugend zu. Und einem blutigen Gespenste gleich sank sein Wikingerleben mit all seinen Kämpfen und Abenteuern

i natten neder, och han tyckte sjelf sig stå,
en blomsterkransad Bautasten, på deras graf.
Och allt som sången växte, höjde sig hans själ
från jordens låga dalar upp mot Valaskjalf;
och mensklig hämd och menskligt hat smalt
sakta hän,
som isens pansar smälter ifrån fjällets bröst,
när vårsol skiner; och ett haf af stilla frid,
af tyst hänryckning göt sig i hans hjeltebarm.
Det var, som kände han naturens hjerta slå
emot sitt hjerta, som han ville trycka rörd
Heimskringla i sin broderfamn, och stifta frid
med hvarje skapadt väsen inför Gudens syn. —
Då trädde in i templet Balders Öfverprest,
ej ung och skön, som Guden, men en hög gestalt,
med himmelsk mildhet i de ädla anletsdrag,
och ned till bältestaden flöt hans silfverskägg.
En ovan vördnad intog Frithiofs stolta själ,
och örnevingarna på hjelmen sänktes djupt
inför den gamle; men han talte fridens ord:

"Välkommen hit, son Frithiof! Jag har väntat
dig.
Ty kraften svärmar gerna vidt kring jord och haf,
en Berserk lik, som biter blek i sköldens rand,
men trött och sansad vänder hon dock hem till
slut.
Den starke Thor drog mången gång till Jotun-
heim,
men trots hans gudabälte, trots stålhandskarna.
Utgårda-Loke sitter på sin thron ännu;
det onda viker icke, sjelf en kraft, för kraft.
En barnlek blott är Fromhet, ej förent med kraft;
hon är som solens strålar uppå Ägirs barm,
en löslig bild med vågen stigen eller sänkt,
förutan tro och hållning, ty han har ej grund.
Men kraft förutan fromhet tär ock bort sig sjelf,
som svärdet tärs i högen: hon är lifvets rus,
men glömskans läger sväfvar öfver hornets
brädd,
och när den druckne vaknar, blygs han för sitt
dåd.
All styrka är från jorden, ifrån Ymers kropp;
de vilda vattnen äro ådrorna deri,
och hennes senor äro smidda utaf malm.
Dock blir hon tom och öde, blir hon ofruktbar,
tills solen, himlens Fromhet, skiner deruppå.
Då grönskar gräs, då stickas blomstrens purpur-
duk,
och trädet lyfter kronan, knyter fruktens guld,

in die Nacht, und es däuchte ihm, als ob er sel-
ber, ein blumenbekräuzter Bautastein, auf ihrem
Grabe stände. Und wie der Gesang höher und
höher schwoll, erhob sich seine Sele von der
Erde niedern Thalen zu Walaskjalf empor, und
Menschenzorn und Menschenhass schmolz leise
hin, wie der Panzer des Eises schmilzt von der
Halde Brust, wenn die Sonne des Frühlings
glänzt, und ein Meer von stillem Frieden und
von stillem Entzücken ergoss sich in sein Hel-
denherz. Es war ihm, als fühlte er das Herz der
Natur an seinem Herzen schlagen, als möchte
er Heimskringla gerührt in seinen Bruderarm
schliessen, und vor des Gottes Angesicht mit
jedem erschaffnen Wesen sich versöhnen. —
Da trat in den Tempel Balders Oberpriester,
nicht schön und jugendlich wie der Gott, doch
herrlich von Gestalt, mit himmlischer Milde im
edeln Angesicht, und bis zum Gürtel floss sein
Silberbart herab. Eine ungewohnte Ehrfurcht
überkam Frithiofs stolzen Sinn, und die Adler-
flügel auf seinem Helme senkten sich tief vor
dem Greise; er aber sprach die Friedensworte:

"Willkommen in diesen Mauern, mein Sohn
Frithiof! — Ich habe dich erwartet. Denn die
Kraft schweift zwar gerne weit umher um Meer
und Land, dem Berserker gleich, der bleich in
den Rand des Schildes beisst, doch müde und be-
sonnen kehrt sie gleichwohl endlich heim. Der
gewaltige Thor zog manchesmal gen Jotunheim,
doch trotz des Göttergürtels und trotz der Stahl-
handschuhe, sitzt Utgarda-Loke noch immer auf
seinem Thron; es weicht das Böse, selbst eine
Kraft, nicht der Kraft. Ein Kinderspiel nur ist
die Frömmigkeit, wenn sie nicht verbunden ist
mit Kraft; der Sonne Strahlen ist sie gleich auf
Ägirs Busen, ein flüchtig schwankend Bild, das
mit der Woge steigt und sinkt, sonder Haltung
und Bestand, denn ihm fehlt der Grund. Doch
auch Kraft ohne Frömmigkeit verzehrt sich
selbst, gleichwie der Rost ein Schwert verzehrt
im Hügel: sie ist der Rausch des Lebens, doch
des Vergessens Reiher umschwebt des Hornes
Rand, und erwacht der Trunkene dann, so
schämt er sich seiner That. Die Stärke ist
von der Erde, von Ymers Leib; die wilden Ge-
wässer sind die Adern darin, von Erz sind die
Sehnen ihm gestählt. Doch bleibt die Erde
leer und öde, doch bleibt sie unfruchtbar, bis
die Sonne, die Milde des Himmels, sie erst be-
scheint. Dann sprosst das Gras, dann wird
der Blumen Purpurtuch gestickt, der Baum er-
hebt seine Krone, durchflicht sie mit dem Gold
der Früchte,

och djur och menskor näras vid sin moders barm. | und Menschen und Thiere ernähren sich an der
Så är det ock med Askers barn. Två vigter har | gemeinsamen Mutterbrust. So ist es auch mit
Allfader lagt i vågskåln för allt menskligt lif, | Askers Kindern. Zwei Gewichte hat Allvaters
motvägande hvarandra, när den våg står rätt; | Hand in die Wagschale alles menschlichen Da-
och jordisk Kraft och himmelsk Fromhet heta de. | seins gelegt, gleichwiegend mit einander, wenn
Stark är väl Thor, o yngling, när han spänner | die Wage recht steht; und irdische Stärke und
hårdt | himmlische Frömmigkeit heissen sie. Thor ist
sitt Megingjard utöfver bergfast höft och slår. | wohl stark, o Jüngling, wenn er seinen Megingjard
Vis är väl Oden, när i Urdas silfvervåg | straff um die felsenfeste Hüfte spannt und schlägt.
han blickar ner, och fågien kommer flygande | Weise ist wohl Oden, wenn er hinabschaut in
till Asars far med tidningar från verldens rund. | Urdas Silberfluth, und der Vogel mit Zeitungen
Dock bleknade de begge, deras kronors glans | vom Erdenrund zum Asenvater geflogen kommt.
halfslocknade, när Balder, när den fromme föll, | Beide erblassten jedoch, ihrer Kronen Glanz
ty när var bandet uti Valhalla gudakrans. | erlosch halb, als Balder der Fromme fiel, denn
Då gulnade på tidens träd dess kronas prakt | er war in Walhalla's Götterkranz das Band. Da
och Nidhögg bet uppå dess rot, då lossades | gilbte auf dem Baum der Zeiten seiner Krone
den gamla nattens krafter, Midgardsormen slog | Pracht und Nidhögg nagte an seiner Wurzel,
mot skyn sin etterswällda stjert, och Fenris röt | die Mächte der alten Nacht kamen los, die Mid-
och Surturs eldsvärd ljungade från Muspelheim. | gardsschlange schlug den giftgeschwollenen
Hvarthelst sen dess ditt öga blickar, striden går | Schweif hoch in die Luft empor, und Fenrir heulte
med härsköld genom skapelsen: i Valhall gal | und Surturs Glutschwert funkelte von Muspel-
gullkammig hane, blodröd hane gal till strids | heim. Wohin seit der Zeit dein Auge blickt,
på jorden och innunder jord. Förut var frid | geht der Streit mit dem Heerschild durch die
ej blott i Gudars salar, men på jorden ock; | Schöpfung: in Walhalla krähte der Hahn mit dem
frid var i menskors, som i höge Gudars barm. | Goldkamm, der blutrothe Hahn krähete zum
Ty hvad som sker hämere, det har redan skett | Streit auf der Erde und unter ihr. Vorher war
i större mått deruppe: menskligheten är | Friede nicht in der Götter Sälen bloss, sondern
en ringa bild af Valhall, det är himlens ljus, | auch auf der Erde; Friede war in der Menschen,
som speglar sig i Sagas runbeskrifna sköld. | wie in der hohen Götter Brust. Denn was immer
Hvart hjerta bar sin Balder. Mins du än den tid, | auch geschieht hienieden, es ist in grösserem Mass-
då friden bodde i ditt bröst och lifvet var | stab dort droben schon geschehen; die Mensch-
så gladt, så himmelskt stilla, som sångfåglens | heit ist ein kleines Abbild von Walhalla nur, und
dröm, | des Himmels Licht ist es, das in Sagas runen-
när sommarnattens vindar vagga hit och dit | beschriebnem Schild sich spiegelt. Jedes Herz
hvar sömnig blommas hufvud och hans gröna | hat seinen Balder. Denkst du noch der Zeit
säng? | als Frieden wohnte in deinem Herzen und das
Då lefde Balder ännu i din rena själ, | Leben dir so fröhlich war, so himmlisch still,
du Asason, du vandrande Valhallabild! | wie des Singvogels Traum ist, wenn die Winde
För barnet åt ej Guden död, och Hela ger | der Sommernacht die Häupter schläfriger Blu-
igen sitt rof så ofta som en menska föds. | men und sein grünes Bett hin und her wiegen?
Men jemte Balder växer i hvar censklig själ | Da lebte Balder noch in deiner reinen Brust, du
hans blinda broder, nattens Höder; ty allt ondt | Asasohn, du wanderndes Bild Walhalla's! Für
födsblindt, som björnens yngel föds, och natten är | das Kind ist der Gott nicht todt, und Hela gibt
dess mantel, men det Goda kläder sig i ljus. | ihren Raub so oft ein Mensch geboren wird zu-
Beställsam trüder Loke, frestarn, fram alltjemt | rück. Doch neben Balder wächst in jeder
och styr den blindes mörderhand, och spjutet far | menschlichen Sele auch sein blinder Bruder,
i Valhalla kärlek, i den unge Balders bröst. | der Höder der Finsterniss, auf; denn alles
Då vaknar Hatet, Våldet springer opp till rof, | Böse wird blind geboren, dem Bärenjungeu
 | gleich, und das Dunkel ist sein Mantel, doch das
 | Gute kleidet sich in Licht. Geschäftig tritt
 | Loke der Versucher stets heran und leukt die
 | Mörderhand des Blinden, und der Spiess fährt
 | in Walhalla's Lust, in das Herz des jungen Bal-
 | der. Da wacht der Hass auf, die Gewalt springt
 | nach dem Raub empor,

och hungrig stryker svärdets ulf kring berg och
  dal,
och drakar simma vilda öfver blodig våg.
Ty som en kraftlös skugga sitter Fromheten,
en död ibland de döda, hos den bleka Hel,
och i sin aska ligger Balders gudahus. —
Så är de höge Asars lif en förebild
till mensklighetens lägre: begge äro blott
Allfaders stilla tankar, de förändras ej.
Hvad skett, hvad ske skall, det vet Valas djupa
  sång.
Den sång är tidens vaggsång, är dess Drapa ock,
Heimskringlas häfder gå på samma ton som den,
och mannen hör sin egen saga deruti.
Förstån J ännu eller ej? spör Vala dig. —

Du vill försonas. Vet du hvad försoning är?
Se mig i ögat, yngling, och blif icke blek.
På jorden går försonarn kring och heter Död.
All tid är från sin början grumlad evighet,
allt jordiskt lif är affall från Allfaders thron,
försonas är att vända renad dit igen.
De höge Asar föllo sjelfve; Ragnarök
är Asarnas försoningsdag, en blodig dag
på Vigrids hundramila slätt: der falla de,
obämnade dock icke, ty det Onda dör
för evigt, men det fallna Goda reser sig
ur verldsbålslågan, luttradt till ett högre lif.
Väl faller stjernekransen blek och vissnad ner
från himlens tinning, väl försjunker jord i sjön.
Men skönare hon återföds och lyfter glad
sitt blomsterkrönta hufvud utur vågorna;
och unga stjernor vandra med gudomlig glans
sin stilla gång utöfver den nyskapade.
Men på de gröna kullar styrer Balder då
nyföddn Asar och en renad menskoätt.
Och runetaflorna af guld, som tappats bort
i tidens morgon, hittas uti gräset då
på Idavallen af försonta Valhalls barn. —
Så är det fallna Godas död dess eldprof blott,
är dess försoning, födslen till ett bättre lif,
som återflyger skärradt dit det kom ifrån,
och leker skuldlöst, som ett barn, på fadrens knä.
Ack! allt det bästa ligger på hinsidan om
grafhögen, Gimles gröna port, och lågt är allt,
besmittadt allt, som dväljes under stjernorna. —
Dock, äfven lifvet äger sin försoning ren,

und hungrig durchstreicht des Schwertes Wolf
Gebirg und Thal, und wild schwimmen Drachen
übers blutige Meer. Denn einem ohnmächtigen
Schatten gleich sitzt die Frömmigkeit, eine
Todte unter den Todten, bei der bleichen Hela,
und in Asche liegt der Tempel Balders. — So
ist der hohen Asen Leben ein Vorbild von dem
niedern der Menschheit: beide sind nur Allva-
ters stille Gedanken, sie sind unveränderlich.
Was geschehen ist, was geschehen wird, singt
Walas tiefes Lied, das Lied ist das Wiegenlied
der Zeit und ist — auch ihr Grabgesang, Heims-
kringlas Thaten gehn nach demselben Ton wie
es, und der Mann vernimmt seine eigne Sage in
ihm. Wisst ihr es nunmehr oder nicht? fragt
Wala dich. —

Du willst dich sühnen. Weisst du auch, was
Versöhnung ist? Schau mir ins Auge, Jüngling,
und erblasse nicht. Es geht auf Erden der Ver-
söhner rings umher und heisst — Tod. All un-
sere irdische Zeit ist von Anbeginn nichts als
Bodensatz der Ewigkeit, alles irdische Leben
ist Abfall von Allvaters Thron, sich versöhnen
heisst nur gereinigt wiederum dahin zurück-
kehren. Die hohen Asen selbst fielen einmal;
Ragnarök ist der Versöhnungsmorgen der Asen,
ein blutiger Tag auf Wigrids hundert Meilen
langer Ebene; da fallen sie, jedoch nicht unge-
rächt, denn das Böse stirbt auf ewig, das ge-
fallne Gute dagegen erhebt sich aus der Welt-
scheiterhaufenflamme, zu einem höheren Leben
geläutert. Wohl rauscht der Kranz der Sterne
bleich und welk herab von des Himmels Schei-
tel, wohl sinkt die Erde in das Meer. Doch herr-
licher wird sie dann wieder erstehn und froh
erhebt sie ihr blumenbekränztes Haupt aus den
Wogen; und neue Gestirne wandeln mit gött-
lichem Glanz leisen Gangs dann ob der neuge-
schaffenen dahin. Aber auf den grünen Höhen
herrscht Balder dann über neugeborene Asen
und ein besseres Menschengeschlecht. Und die
goldenen Runentafeln, die verloren gegangen
waren am Morgen der Zeiten, werden auf Ida-
wall von Walhalla's versöhnten Kindern im Grase
wiedergefunden. — So ist des gefallnen Guten
Tod seine Feuerprobe nur, ist seine Sühne, die
Geburt zu einem besseren Dasein, welches ge-
reinigt wieder dahin fliegt, wo es herkam, und
schuldlos wie ein Kind spielt auf des Vaters
Knie. Ach! alles Beste liegt jenseits des Gra-
bes nur, Gimles grüner Pforte, und niedrig ist
Alles, Alles ist befleckt, was unter den Sternen
wohnt. — Doch auch das Leben hat seine Sühne
schon, —

en ringare, den högres stilla förespel.
Hon är som skaldens löpning på sin harpa, när
med konsterfarna fingrar han slår sången an
och stämmer tonen, sakta pröfvande, till dess
att handen griper väldigt uti strängens guld,
och forntids stora minnen lockas ur sin graf,
och Valhalls glans omstrålar de förtjustas syn.
Ty jorden är dock himlens skugga, lifvet är
förgården dock till Balderstemplet ofvan skyn.
Till Asar blotar hopen, leder gångarn fram,
guldsadlad, purpurbetslad, för att offras dem.
Det är ett tecken, och dess mening djup, ty blod
är morgonrodnan till en hvar försoningsdag.
Men tecknet är ej saken, det försonar ej;
hvad sjelf du brutit, gäldar ingen ann för dig.
De döda sonas vid Allfaders gudabarm,
den lefvandes försoning är i eget bröst.
Ett offer vet jag, som är Gudarna mer kärt,
än rök af offerbollar, det är offret af
ditt eget hjertas vilda hat, din egen hämd.
Kan du ej döfva deras klingor, kan du ej
förlåta, yngling, hvad vill du i Balders hus?
Hvad mente du med templet, som du reste här?
Med sten försonas Balder ej, försoning bor
här nere, som deruppe, blott der friden bor.
Försonas med din fiende och med dig sjelf,
då är du ock försonad med ljuslockig Gud. —

I södern talas om en Balder, jungfruns son,
sänd af Allfader att förklara runorna
på Nornors svarta sköldrand, outtydda än.
Frid var hans härskri, kärlek var hans blanka
  svärd,
och oskuld satt som dufva på hans silfverhjelm.
From lefde han och lärde, dog han och förlät,
och under fjerran palmer står hans graf i ljus.
Hans lära, sägs det, vandrar ifrån dal till dal,
försmälter hårda hjertan, lägger hand i hand,
och bygger fridens rike på försonad jord.
Jag känner ej den läran rätt, men dunkelt dock
i mina bättre stunder har jag anat den;
hvart menskligt hjerta anar den ibland, som mitt.
En gång, det vet jag, kommer hon och hviftar
  lätt
de hvita dufvovingar öfver Nordens berg.

eine geringere, ein stilles Vorspiel nur der höhern.
Sie gleicht dem Vorspiel des Skalden auf der
Harfe, wenn er mit kunsterfahrenem Finger die
Melodie anschlägt und den Ton stimmt, leise
prüfend, bis die Hand mächtig hineingreift in
das Gold der Saiten, und der Vorzeit grosse
Erinnerungen hervorgelockt werden aus dem
Grabe, und Walhalla's Glanz das Angesicht der
begeisterungstrunkenen Hörer umstrahlt. Denn
die Erde ist doch der Schatten des Himmels, das
Leben ist der Vorhof doch zum Balderstempel
überm Blau. Die Asen ehrt das Volk durch blu-
tige Opfer, es führt ihnen das Ross, goldgesattelt,
purpurgezäumt, zum Opfer hin. Ein Zeichen ists,
— und zwar von tiefer Bedeutung, denn Blut ist
die Morgenröthe eines jeden Versöhnungstages.
Doch Zeichen ist nicht Sache, es versöhnet nicht;
denn was du selbst verbrachst, das büsst kein
Anderer für dich, die Todten finden ihre Sühne
an Allvaters Götterbrust, im eigenen Gemüthe
ist der Lebenden Versöhnung. Doch ein Opfer
weiss ich, das den Göttern lieber ist, als Rauchen-
wirbel von Opferschalen, und das ist das Opfer
von deines eigenen Herzens glühendem Hass,
von deiner eigenen Rache. Kannst du nicht die
Schwerter lähmen deines Hasses und deiner
Rache, — kannst du nicht verzeihen, Jüngling,
was willst du in Balders Haus? Was wolltest
du mit dem Tempel, den du da bautest? Mit
blossen Steinen lässt sich Balder nicht versöh-
nen, Versöhnung wohnt hienieden, gleichwie da
droben, nur dort, wo Friede wohnt. Versöhne
dich mit deinem Feinde und mit dir selbst, so
bist du auch ausgesöhnt mit dem lichtlockigen
Gott. —

Im Süden spricht man von einem Balder,
dem Sohn der Jungfrau, gesandt von Allva-
ter, die Runenschrift zu erklären auf der Nor-
nen schwarzem Schildrand, die bis jetzt noch
ungedeuteten. Friede war sein Heerschrei,
Liebe war sein blankes Schwert, und als Taube
sass auf seinem Silberhelm die Unschuld. Er
lebte fromm und lehrte, heilig starb er und ver-
zieh, und unter fernen Palmen steht sein Grab
im Licht. Seine Lehre, so sagt man, wandert
von Thal zu Thal, erweicht harte Herzen, legt
Hand in Hand, und ist die Gründerin eines neuen
Friedensreichs auf versöhnter Erde. Ich kenne
die Lehre noch nicht recht, dunkel hab' ich sie
jedoch in meinen bessern Stunden oft geahnt; je-
des menschliche Gemüth ahnt sie zuweilen, wie
das meine. Einst, ich weiss es, kommt sie und
schlägt sanft die weissen Taubenschwingen über
Nordens Höhen.

Men ingen Nord är längre till för oss den dag,
och eken susar öfver de förgätnas hög.
J lyckligare slägten, J, som dricken då
strålbägarn af det nya ljus, jag helsar Er!
Väl Eder, om det jagar bort hvar sky, som hängt
sitt våta täcke bittills öfver lifvets sol.
Förakten likväl icke oss, som redligt sökt
med oafvända ögon hennes gudaglans,
En är Allfader, fastän fler hans sändebud. —

Du hatar Beles söner. Hvarför hatar du?
Åt sonen af en odalbonde ville de
ej ge sin syster, ty hon är af Semings blod,
den store Odensonens; deras ättartal
når upp till Valhalls throner, det ger stolthet in.
Men börd är lycka, ej förtjenst, invänder du.
Af sin förtjenst, o yngling, blir ej menskan stolt,
men endast af sin lycka; ty det bästa är
dock gode Gudars gåfva. Är du sjelf ej stolt
af dina hjeltebragder, af din högre kraft?
Gaf du dig sjelf den kraften? Knöt ej Asa-Thor
dig armens senor fasta såsom ekens gren?
Är det ej Gudens högre mod, som klappar gladt
i sköldeborgen af ditt hvälfda bröst? Är ej
det Gudens blixt, som ljungar i ditt öga brand?
De höga Nornor sjöngo vid din vagga ren
drottqvädet af din lefnad, din förtjenst deraf
är större ej än kungasonens af sin börd.
Fördöm ej andras stolthet, att ej din fördöms.
Nu är kung Helge fallen." — Här bröt Frithiof af:
„kung Helge fallen? När och hvar?" — „Du
vet det sjelf,
så länge som du murat här, han var på tåg
bland Finnarna i fjällen. På en ödslig klint
stod der ett gammalt tempel, vigdt åt Jumala.
Nu var det stängdt och öfvergifvet längesen,
men öfver porten ännu en vidunderlig
forntidabild af Guden lutade till fall.
Men ingen torde nalkas, ty en sägen gick
bland folket ifrån slägt till slägt, att hvem som
först
besökte templet, skulle skåda Jumala.
Det hörde Helge, och med blind förbittring drog
han upp å öde stigar emot hatad Gud,
och ville störta templet. När han kom dit upp,
var porten stängd och nyckeln rostad fast deri.
Då grep han om dörrposterna och rystade

Dann aber ist kein Norden mehr da für uns, und
die Eiche rauscht hoch ob dem Grabhügel der Vergessnen. Ihr glücklichern Geschlechter ihr, die
ihr sodann den Strahlenbecher trinkt des neuen
Lichtes, ich grüsse euch! Wohl euch, wenn es
durch jede Wolke bricht, die ihre feuchte Decke
bis jetzt um des Lebens Sonne hing. Verachtet
uns indess nicht, die wir redlich und unverwandten Auges ihr Götterlicht gesucht, ein Einziger
ist Allvater nur, — seiner Boten jedoch sind mehr.

Du hassest die Söhne Beles. Warum hassest
du? Dem Sohne des freien Bauers wollten sie
ihre Schwester nicht geben, denn sie ist von
Semings Blut, des grossen Odensohns, ihre
Ahnenzahl reicht zu den Thronen Walhalla's
hinauf, das macht stolz. Geburt ist Glück,
und nicht Verdienst, — wendest du mir ein.
Auf sein Verdienst, o Jüngling, wird der Mensch
nicht stolz, nur auf sein Glück, denn das Beste
ist doch nur guter Götter Gabe. Bist du selbst
auf deine Heldenthaten vielleicht nicht stolz,
auf deine höhere Kraft? Gabst du die Kraft dir
selbst? Knüpfte nicht Asa-Thor dir die Sehnen
des Armes fest wie der Eiche Zweig? Ist es des
Gottes höherer Muth nicht, der in der Schildburg deines gewölbten Busens fröhlich schlägt?
Ist es des Gottes Blitz nicht, der da sprüht aus
deines Auges Brand? Bereits an deiner Wiege
sangen die erhabnen Nornen dir das Heldenlied
deines Lebens, dein Verdienst darum ist nicht
grösser, als jenes des Königssohnes um seine Geburt. Richte nicht den Stolz der Andern, auf
dass der deinige nicht gerichtet wird. Nun
ist König Helge todt." — Hier unterbrach ihn
Frithiof: „was, — König Helge todt? — Wann
und wo ist das geschehn?" — „Du weisst
es selbst, während du da bautest, lag er im
Kriege mit den Finnen im Gebirge. Auf einer
wilden Felshöhe stand ein uralter Tempel dort
dem Jumala geheiligt. Nun war er geschlossen und verlassen längst, doch überm Thore
neigte sich ein wundersames Vorzeitbild der
Gottheit noch zum Einsturz herab. Doch Keiner
durfte sich nahn, denn im Volke ging von Sohn
zu Sohn die Sage, dass wer zuerst den Tempel
beträte — der sollte Jumala schauen. Das hörte
Helge, und in blindem Eifer klomm er die längst
von keinem menschlichen Fusse mehr betretnen Stufen hinan zu dem Bild des verhassesten
Gottes, um den Tempel zu stürzen. Als er droben ankam, war die Pforte verschlossen und der
Schlüssel fest gerostet darin. Da umfasste er
wuthbleich mit beiden Armen die Thürpfosten
und rüttelte mit Macht an

de multas stammar: på en gång med rysligt brak
föll bilden ner och krossade uti sitt fall
Valhallasonen, och så såg han Jumala,
Ett bud i natt har bragt oss tidningen härom.
Nu sitter Halfdan ensam på kung Beles stol,
bjud honom hauden, offra Gudarna din hämd.
Det offret fordrar Balder, fordrar jag, hans prest,
till tecken att du icke gäckat fridsäll Gud.
Förrägrar du det, då är templet fåfängt bygdt,
och fåfängt har jag talat." — —

                        Nu steg Halfdan in
utöfver koppartröskeln, och med ovisa blick
han stod på afstånd från den fruktade, och teg.
Då knäppte Frithiof brynjohataren från länd,
mot altaret han stödde sköldens gyllne rund
och trädde obeväpnad till sin ovän fram.
„I denna strid, — så talte han med vänlig röst, —
är ädlast den, som bjuder först sin hand till frid."
Då rodnade kung Halfdan, drog stålhandsken af,
och länge skilda händer slogo nu ihop,
ett kraftigt handslag, trofast såsom fjällens
                    grund.
Förbannelsen upplöste gubben då, som låg
utöfver Varg i Veum, öfver biltog man.
Och som den löstes, insteg plötsligt Ingeborg,
brudsmyckad, hermlinsmantlad, utaf tärnor följd,
som månen följs af stjernorna på himlens hvalf.
Med tårar i de sköna ögonen hon föll
intill sin broders hjerta, men han lade rörd
den kära systern intill Frithiofs trogna bröst.
Och öfver Gudens altar räckte hon sin hand
åt barndomsvännen, åt sitt hjertas älskade. —

den morschen Pfeilern: mit einem Mal und mit
schrecklichem Krachen stürzte das Bild herab
und erschlug in seinem Fall den Walhallaspros-
sen, und so — erschaute er Jumala. Ein Bote
hat uns diese Nacht die Mähr gebracht. Nun
sitzt Halfdan allein auf König Beles Stuhl, biet'
ihm die Hand, den Göttern opfere deine Rache
Das Opfer fordert Balder — das Opfer fordre
ich, als sein Priester, und zum Zeichen, dass
du dem Friedensgott nicht Hohn gesprochen
hast. Verweigerst du es jedoch, dann wurde
der Tempel ihm umsonst erbaut, und vergebens
hab' ich geredet." —

    Da überschritt Halfdan die Kupferschwelle,
und mit scheuem Blick blieb er in einiger Ent-
fernung stehn von dem Gefürchteten und
schwieg. Da machte Frithiof den Panzerhasser
von seiner Lende los, lehnte des Schildes golde-
nes Rund an den Altar und unbewaffnet trat er
auf den Widersacher zu. „In diesem Streit," —
sagte er freundlich, „ist der der Edelste, wel-
cher zuerst die Hand zum Frieden bietet." Er-
röthend zog König Halfdan den Stahlhandschuh
ab, und langgeschiedene Hände schlugen nun
zusammen in kräftigem Handschlag, so treu wie
Bergesgrund. Den Bannfluch löste der Greis so-
dann, welcher auf dem Wolf im Heiligthum lag,
dem geächteten Mann. Und sowie er gelöst war,
trat plötzlich Ingeborg im Brautschmuck ein, im
Pelzmantel von Hermelin, gefolgt von dienenden
Frauen, wie die Sterne dem Monde folgen am Him-
melszelt. Mit Thränen in den schönen Augen
fiel sie dem Bruder an das Herz, der jedoch legte
gerührt die theure Schwester an Frithiofs treue
Brust. Und über dem Altar des Gottes reichte
sie nun dem Freunde der Kindheit, dem Gelieb-
ten ihres Herzens, ihre Hand. —

B.

Aus der Gerda.

    „Gerda" ist leider Bruchstück geblieben. — Die unten folgenden Proben aus dem ersten Ge-
sange des Gedichtes, das uns, wie ein geschätzter Kritiker im „literarischen Unterhaltungs-
blatt" von F. A. Brockhaus in Leipzig schon 1850 (Nr. 306 ff.) richtig bemerkt hat, „mit noch
gewaltigerem Flügelschlage, als die Frithiofs-Sage, auf die Höhen der nordischen Dichtung
führt," haben zum Inhalte den Besuch des jungen Axels Hvide, des später so berühmten
Erzbischofs Absalon (1128—1201) bei der schönen Gerda, der Tochter des Riesen Finn,
in einer Höhle des einsamen Gebirges. Der Dichter gibt uns einen Begriff von der hohen
Schönheit Gerdas, schildert die Pracht der unterirdischen Riesenwohnung, legt seiner Heldin
eine herrliche dichterische Apologie des nordischen Heidenthums in den Mund, beschreibt den

mächtigen Eindruck, den ihre Erscheinung auf den jungen Anhänger der neuen Lehre macht, und lässt dann auch diesen ein paar Lanzen des Wortes für die Macht und Schönheit des Christenthums brechen; — die von ihm mit epischer Breite und mit grossem Reichthume an glänzenden Bildern und Gleichnissen erzählte Einweihung des Lunder Doms gehört unter die prächtigsten Juwelen der Tegnér'schen Poesie.

Vårsol sken på Runamo,
Der, om du vill sagan tro,
Hildetand i fordna tider
Högg i berget fädrens strider, —
Väldig runskrift, half mil lång,
Nu förnött af vandrarns gång.
Här och der de djerfva dragen
Stå oläsliga i dagen,
Lika dragen till att se
På en död: förr talte de
Jordiskt språk; hvad nu de mena,
Veta andarne allena.

Die Frühlingssonne schien auf Runamo herab, wo, wenn du der Sage Glauben schenken willst, Hildetand in vorigen Zeiten die Schlachten seiner Väter ins Gestein des Berges einhauen liess, — eine gewaltige, eine halbe Meile lange Runenschrift, jetzt längst platt getreten und abgenutzt von dem Fuss des Wanderers. Nur, hie und da noch treten die kühnen, unleserlichen Züge zu Tage, gleich den Zügen anzuschauen eines Leichenangesichts: — im Leben sprachen sie eine irdische Sprache; was sie jetzt sagen, das wissen nur die Geister des Jenseits.

Vårsol sken på Runamo. —
Slumrande i skuggig ro
Låg der, lik en somnad Norna,
Lik en sång från dagar fordna,
Kraftig, vild, men ändå skön,
Unga Gerda, jättemön.
Dallrande, som säf i vågen,
Stod dess jagtspjut uär, och bågen,
Hälften stål och hälften ben,
Hängde på nylöfvad gren.
Bar var foten, bar var armen;
Men en björnhud skylde barmen,
Skylde mången rundning skön,
Trifldes nu som förr på — snön;
Och kring halsen och kring kinden
Lockar, lyftade af vinden,
Svallade, som mörknad sjö
Svallar kring en blomster-ö.

Die Frühlingssonne schien auf Runamo herab. — In schattiger Ruhe lag dorten schlafend, einer schlummernden Norne, einem Gedichte der Vorzeit gleich, voll Kraft und Wildheit, und doch voll Schönheit und Anmuth, die junge Riesentochter Gerda. Im Wehn des Windes schwankend, wie Schilf in der Fluth, stand neben ihr der Jagdspiess, und der Bogen, halb von Stahl und halb von Bein, hing von dem frisch belaubten Ast herunter. Bloss war der Fuss und bloss der Arm; doch eine Bärenhaut bedeckte den Busen, bedeckte manches Reizes süsse Welle, lag jetzt, schön wie früher. — auf Schnee; und um den Hals und um die Wangen flogen, vom Wind gehoben, voll und prächtig die Locken, gleichwie ein dunkelnachtender, schwarzer See eine Blumeninsel schäumenden Schwall's umwogt.

Vid ett rasslande i lunden
Spratt den sköna opp ur blunden,
Och för hennes häpna syn
Stod en yngling, som i skyn
Han plär målas utaf skalder,
Hälften Thor och hälften Balder,
Grönklädd, med en fjäderhatt,
Och en falk på skuldran satt.

Bei einem Rauschen im Gezweig des Waldes sprang die Schöne aus dem Schlaf empor, und mit Staunen gewahrt sie plötzlich einen Jüngling vor sich, wie ihn die Dichter gewöhnlich in die Luft zu malen pflegen, halb Thor und halb Balder, im grünen Kleide, mit einem Federhut, und auf seiner Achsel sass ein Falke.

Gegenseitige Erklärung; zuletzt sagt Gerda:

„Dock för den, som det behöfver,
Alltid ha vi något öfver,
Enkel spis och stenhård bädd:
Följ mig, om du ej är rädd!" —

„Jedoch für Den, der dessen bedarf, haben wir immer noch was übrig, ein einfaches Mahl und ein steinhartes Bett: wenn du dich nicht fürchtest, so komm mit mir!" —

Tyst betraktande hvarandra
Nu de genom skogen vandra,
Der en smal och krokig stig
Mellan ekar slingrar sig.
Längre fram bland höga lindar
Sprang en hjord af tama hindar;
Tama elgkor deribland
Slickade på Gerdas hand.
Utför, ständigt utför, leder
Vägen uti djupet neder,
Tills en lodrätt bergvägg skär
Dalen af, som slutas der.
Forsen brusar doft inunder;
Men i höjden gröna lunder,
Rotade på bergets bryn,
Skaka kronorna i skyn.
På en silfverklocka ringer
Jättedottren nu, — då springer
Opp en port i slutet berg,
Och på tröskeln står en dverg,
Född vid Nordkap. Rädd han träder
Fram, och kysser Gerdas kläder,
Bär en fackla i sin hand:
Flämtande dess blåa brand
Lyser, som på kärrets vatten,
Lyktegubbarna i natten.
Hur dess dager faller half,
Genom ett oändligt hvalf,
Skimrar mellan långa rader
Utaf grottans kolonnader!
Hur hvar pelare med hot
Kastar ner för vandrarns fot
Jätteskuggor, svarta spöken,
Skimrande i haltyst öcken!
Ändtligt, såsom himlen fri,
Ljus, med hundra lampor i,
Öppnar sig en vid rotunda;
Och då måste ögat blunda
För den glans, som strålar ur
Högbvälfdt tak och malmfylld mur.

Einander stumm betrachtend, wandern sie jetzt
durch den Wald, wo sich ein schmaler Fusspfad
in vielen Windungen zwischen Eichen hin-
schlängelt. Weiter vorwärts, unter hohen Lin-
den sprang plötzlich eine Schaar von zahmen Hin-
dinnen heraus; dazwischen kamen auch zahme
Elchkühe, Gerdan freundlich die Hand leckend.
Abwärts, beständig abwärts, führt der Weg in
einen tiefen, tiefen Grund hinunter, bis zuletzt
eine lothrecht emporsteigende Felswand das
Thal abschneidet, welches da zu Ende ist.
Dumpf brausend untenher tobt der Wasserfall;
auf der Höhe droben dagegen wiegen grüne
Haine, gerade an dem Saum des Berges wur-
zelnd, ihre Kronen rauschend in der Luft. An
einer Silberglocke läutet die Riesentochter jetzt,
da springt ein Thor im verschlossnen Fels-
gestein des Berges auf, und auf der Schwelle
steht ein Zwerg, am Nordkap geboren. Scheu
und furchtsam tritt er vor, und küsst Gerdan die
Kleider, trägt eine Fackel in der Hand:—zischend
leuchtet ihr blauer Brand, gleichwie die Irrlich-
ter in der Nacht auf einem Weiher tanzen. Wie
ihr Feuerschein mit seinem ungewissen Däm-
merungsglanze hinblitzt durch ein unermess-
liches Gewölbe, prachtvoll erglänzend zwischen
den langen Säulenreihen der unterirdischen
Grotte! Wie werfen die Pfeiler da so drohend
gleichsam vor des Wanderers Füssen riesige
Schatten hin, schwarze Gespenster, schimmernd
in der Nacht der halberleuchteten Oede! End-
lich, hoch und frei wie das Himmelsgewölbe,
thut sich eine mächtige Rotunde auf; — und
schliessen muss sich da das Auge vor dem Glanz,
der von dem hochgewölbten Dach und aus der
von Erzen funkelnden Mauer niederstrahlt

Underliga ting att se
Voro der och många de.
Hvilka skatter djupets makter
Skrinlagt i de mörka schakter! —
Flammande i bergets natt
Guld i glimmerskiffer satt,
Rika blad med knoppar under,
Gula som förkylda lunder.
Silfver sedan i en lång,
Körtelrik och mäktig gång
Kröp i bergkalk efter hällen,
Krökte sig på tusen ställen, —

Wunderdinge, und das nicht wenige, gaben sich
da zur Schau. Welche Schätze lagen den unter-
irdischen Mächten da in den dunkeln Schachten
bewahrt! — Flammend in der Nacht des Berges
sass da in Tafeln glimmerigen Schiefers das
Gold, prächtiges Laub mit jungen Augen am
Gezweige, gelb wie die Haine, wenn sie trauern,
von des Winters eisigem Kuss berührt. Dann
war Silber da zu schauen; langen, drusenreichen
und mächtigen Ganges kroch es im Bergkalk
am Gestein dahin, und schlängelte sich,

En ofantlig orm, en blå,
Glänsande att se uppå.
Och hvarthelst som ögat faller,
Bländas det utaf metaller,
Jordens kärna, hvaromkring
Satt sig hennes gröna ring.
Här, i tusende gestalter,
Växte de ur bergets spalter,
Klädde i oändligt tal
Väggarna i Mammons sal.
Men i hvalfvet hang förvågen
Skimmerbild af himlabågen,
Som sjufärgad rinner opp,
Kröner skyarna med hopp.
Dock, hvad hopp han må betekna,
Hastigt hoppets färger blekna,
Här hvar färg förstenad var,
Stod med ständigt skimmer qvar,
Som i ett olyckligt sinne
En förgången sällhets minne.
Ljusröd rosenqvarts var der
Och granatens dunkla här.
Gul topas var så att skåda,
Grön smaragd, men matta båda.
Ljusblå cyaniten se'n
Spelte med oskyldigt sken,
Lik en nordisk flickas öga;
Men derunder i det höga
Drog lazurn sin mörkblå rand,
Och, af flusspat väfdt, ett band
Kantade (ty lägst satt detta)
Bågen det violetta.
Men en mäktig bergkrystall
Satt i hvalfvets höjd, en kall,
Underjordisk måne, lyste
Dunkelt opp hvad natten hyste,
Som förstundet lyser i
De förrycktas fantasi.

— — —

Snart på marmorbord stod färdig
En anrättning, kungar värdig:
Rågbröd, växt på svedjeland,
Fint och hvitt som Gerdas hand;
Smör så gult, som en ranunkel,
Vildsvins-skinka, röd och dunkel etc.

— — —

Dufvan bjöd sitt blåa ägg,
Ostronet sitt salta skägg.
Men bredvid i blanka muren
Satt en kran, af silfver skuren.
„Vid är källarn," Gerda sad',
„Går inunder land och stad
Ända ut till söderlanden;" —
Och när blott hon vred med handen,

eine unermessliche, blaue, glänzend anzuschauende Schlange, in tausend Krümmungen und Windungen durch die Nacht. Und wohin das Auge sich wenden mag, blenden es glänzende Erze, die da sind der Kern der Erde, worumher die Pracht ihres grünen Ringes sich angesetzt. Hier, in tausendfachen Gestalten, wuchsen sie aus den Spalten des Berges heraus, und bekleideten in unendlicher Zahl die Wände in Mammons Saal. Doch hoch und kühn am Gewölbe schwebte ein schimmerndes Bild des Himmelsbogens in der Luft, der siebenfarbig daherstrahlt und die Wolken mit Hoffnung krönt. Gleichwohl, was er an Hoffnung auch bezeichnen mag, seine Farben bleichen bald wieder: — hier waren die Farben allzumal Stein geworden, blieben stehn mit stätem Glanz und Schein, gleichwie in einem armen, von Schmerz und Gram des Lebens blutenden Herzen noch die Erinnerungen glänzen eines vergangnen Glücks. Hellrother Rosenquarz war da zu schauen, und die dunkle Bere der Granate. Dann gab sich gelber Topas zur Schau, und grüner Smaragd, die beiden letzten jedoch matt und blass. Der hellblaue Cyanit sodann spielte mit unschuldig holdem Schein, gleich dem Auge eines nordischen Mägdleins; darunter her jedoch am hohen Bogen zog der Lazurstein seinen dunkelblauen Rand, und ein Band, von Flusspath gewebt, bildete (denn es sass am weitesten unten) die schöne violette Einsäumung des Bogens. Doch ein gewaltiger Bergkrystall sass hoch an der Decke des Gewölbes, wie ein kalter unterirdischer Mond, dunkel beleuchtend, was die Nacht bedeckte, ähnlich wie der Verstand noch dann und wann mit schwachem Dämmerungsscheine durch die Phantasie eines Wahnsinniggewordnen blitzt.

Bald stand auf einem Marmortisch ein Mahl bereit, das würdig gewesen wäre, Könige damit zu bewirthen: Kornbrod, auf geschwendeter Erde gewachsen, fein und weiss, wie die Hand Gerdas; Butter so gelb wie Ranunkeln, Wildschweinschinken, roth und dunkel etc. — — Die Tauben boten ihre blauen Eier, die Austern ihr salziges Fleisch dar. Nebenan jedoch sah man an der glänzenden Mauer einen silbernen Krahn funkeln. „Gross und geräumig," sagte Gerda, „ist unser Kellergewölbe, dehnt sich unter Land und Stadt hindurch bis hinab zum Süden;" — und wenn sie nur mit der Hand umdrehte,

Vinet, hett som sommarsol,
Klart som norrsken upp vid pol,
Sprutar lustigt fram och faller
I högfotade krystaller.

— — — — — — — —

(*Finn spricht*): — — — „Berget är blifvet
Till ett enkesäte, gifvet
Åt en slägt, som enka är
Efter all sin storhet här.
Väl har berget än ej ramlat,
Och från tusen år vi samlat
Mången rik och dvergsmidd skatt,
Gömd i dessa klyftors natt.
Än med friska näringssafter
Lefva jordens ungdomskrafter
Här i djupet, drifva fram
Malmens gren ur kärnfrisk stam.
Men jag vet, en dag skall blomma
Opp ur Östersjön, och bomma
Nattens gamla riken till,
Då stå bergets krafter still.

— — — — — — — —

Himlens ljus och jordens merg
Smälte hop på Nordens berg,
Och ett starkt och klarsint slägte
Fädrens fria jord betäckte,
Och från slagfält och från våg
Djerft till djerfva Gudar såg.
Nu en matt och sjuklig lära,
Utan merg och utan ära
Smyger som en feber i
Nordens kropp, nyss sund och fri,
Blott försonar, blott förenar,
Talar frid, och svaghet menar,
Af allt stort och kraftigt glömsk,
Grätmild, hycklande och lömsk.
Men hon segrar: Valhalls stolar
Slockna, som förbrunna solar,
Död är Nordens hjeltekraft. —

— — — — — — — —

„Dock, förlåt, du är min gäst.
Säg mig, hvad som rör mig mest,
Grönskar än min glada kulle,
Der jag gerna jordas skulle,
Der mig gladt så mången gång
Blomsterdoft och fågelsång?
Ack, som barn uti det gröna
Sprang jag der, ock såg de sköna,
Rika fälten, hvaruppå
Skördarna i vågor gå,
Och de gamla offerlunder

sprudelte der Wein, heiss wie die Sommersonne,
klar wie der Nordschein am hohen Pol, lustig
hervor und ergoss sich schäumend in hoch-
füssige Krystalle.

— — — — — — — — „Unser Gebirge,"
(*sagt Finn unter andern zu seiner Tochter, die die
Rede des Riesen mit seinen eigenen Worten wiedergibt*)
„ist jetzt zu einem trauernden Witthum gewor-
den, einem Geschlechte gegeben, das einsam
und verlassen nur noch um all seine frühere
Grösse da unten Trauer trägt. Wohl stehn
noch fest die Säulen unseres Berges, und von
Tausenden von Jahren her haben wir manchen
prächtigen und zwerggeschmiedeten Schatz
gesammelt, wohlverwahrt in dieser Höhlen
Nacht. Noch mit frischen Nahrungssäften leben
da in den Tiefen herunten der Erde jugendliche
Kräfte und treiben den Ast des Erzes noch aus
kernfrischem Stamm hervor. Doch ich weiss
es, ein Tag wird heraufblühn aus der Ostsee,
und wird der Nacht uraltes Reich verriegeln,
dann stehn des Berges Kräfte still. — — — —
Des Himmels Licht und der Erde Mark ver-
schmolzen auf Nordens Bergen, und ein starkes
und hell und klar in die Welt schauendes Ge-
schlecht bedeckte die freie Erde der Väter, und
vom Schlachtfeld und vom Meer blickte es stolz
und kühn empor zu stolzen und kühnen Asagott-
heiten. Wie ein Fieber beschleicht jetzt eine
Lehre, matt und krankhaft, ohne Saft und Kraft
und ruhmlos, den Körper des Nordens, jüngst
noch so gesund und frei, will nichts als versöh-
nen, will nichts als vereinen, spricht beständig
von Frieden, und meint damit nichts als Schwach-
heit, weiss von keiner Kraft und keiner Grösse,
beständig in Thränen schwimmend, heuchlerisch
und gleissnerisch, wie sie ist. Doch sie wird
siegen: der Glanz der Walhallathrone erlischt
dann, gleich verkohlten Sonnen, todt ist dann
des Nordens Heldenkraft. — — — — — —

— — — — — — — —

„Indess vergib mir, du bist mein Gast. Sage
mir lieber, was mich rührt, wie nichts anderes
auf Erden, grünen denn die Gelände noch mei-
nes heitern Hügels, wo ich im Tod so gerne
ruhen möchte, wo so oft der Blumenduft, der
Gesang der Vögel meine Seele süss durchdrang?
Ach, als Kind sprang ich da im Grünen, und
sah die schönen, segenreichen Fluren, wo sich
im Wind die schweren Halme wiegen, und wo
sich die uraltheiligen Opferhaine

«Snart gå de som Valhall under!»
Stå som holmar med sin topp
Grönskande ur guldsjön opp;
Men det blåa hafvet vakar
Rundt kring stränderna och drakar
Bära der med becksvart rygg
Äran i sin sköldborg trygg.
O! min sköna barndoms minne,
Hur du gläder än mitt sinne!
Huru dina bilder stå
Skimrande i fjerran blå
Öfver lyckligare parker! —
Men jag bor i ödemarker!»

«bald gehn auch sie wie Walhalla unter!» wie
grünende Inseln aus dem goldenen Meer erheben;
doch die blaue See umgibt als eine Wehr
ringsum die Gestade, und mancher Drache mit
pechschwarzem Rücken führt da in seiner
Schildburg still und ruhig den Ruhm mit sich.
O! du Andenken an meine schöne Kinderzeit,
wie labst du noch so süss meine Sele! Wie lächeln
mir deine Bilder so lieblich und hell aus
blauer Ferne herüber, schwebend ob seligem
Gefilden! — Ach, und indess wohne ich in einer
Wildniss!»

Der Gast sagt zur Riesentochter:

„Ack! du skulle sett, som jag,
Vigningsfestens stora dag.
Aldrig går den ur mitt minne,
Blommar ständigt i mitt sinne,
Som en aftonrodnad på
Djupa vågor, dunkelblå."

„Ach, hätt'st du doch wie ich den grossen
Tag des Kirchweihfests gesehen! Niemals
werd' ich ihn vergessen, beständig blüht er in
meinem Herzen, gleichwie der Purpur des Abendroths
auf tiefen, dunkelblauen Wogen."

Aus Axels Erzählung von der Einweihung des Lunder Doms:

„Främst, ibland ett moln af klerker,
Biskop Eskil gick. — — — — —
Dubbelspetsad mitra nickar
Ner från silfverhår och skickar
Strålar ut med sällsamt sken
Utaf mången ädelsten.
Pallium sedan, påfvens gåfva,
Hvitt som drifvor, när de sofva
Uti solsken: deruppå
Fyra kors af purpur stå.
Men en guldnål med rubiner
Håller kåpan hop och skiner
Som en rosenstängel bland
Liljor i ett blomsterland.
Kräklan i den ena handen
Höll han; i den andra brandeu
Af ett kärl med rökverk från
Cederkrönta Libanon.
Rundt kring templet tromme gånger
Bispen gick med helga sånger,
Stänkte signadt vatten ur
Isopsqvast på nybyggd mur,
Börjande från östra runden;
Stänkte taket, midteln, grunden. —
Hvarje gång som tåget drog
Tempeldörr förbi, han slog
Kopparn med sin krumstaf: „Hören,
Ärans konung kommer! Gören
Porten hög och vägen bred!
Ärans konung stigit ned!" —

Vornan, umgeben von einer Wolke von Klerikern,
schritt Bischof Eskil. — — — Die doppelspitzige
Mitra nickt von seinem Silberhaar herab
und wirft Strahlen um sich mit seltsamem Glanz
von manchem Edelstein. Das Pallium sodann,
eine Gabe des Papsts, weiss wie Schneewehen,
wenn sie im Sonnenschein schlafen; — darauf
stehn vier Kreuze von Purpur. — Eine
goldene Nadel jedoch mit Rubinen hält den
Mantel zusammen und glänzt wie ein Rosenstengel
zwischen Lilien in einem Blumenbeet.
Den Bischofsstab hielt er in der einen Hand; in
seiner andern ein brennendes Rauchfass mit
Räucherwerk vom cedergekrönten Libanon.
Dreimal wandelte der Bischof mit heiligen Liedern
und Gesängen dann rings um den Tempel
herum, sprengte geweihtes Wasser aus dem
Wedel von Isopreis auf das neuerstandene Gemäuer,
von der gegen Morgen liegenden Chorrundung
anfangend; besprengte das Dach, das
Schiff des Domes und den Fussboden. — So oft
der Zug wieder am Tempelthor vorbeikam,
schlug er mit dem Krummstab an das Erz:
„Höret, der König der Ehre kommt! Machet die
Thüre hoch und den Weg breit! Der König der
Ehre ist herniedergestiegen!" —

När han slår för tredje gången,
Springer porten opp och sången:
„Helig, helig, helig Gud!"
Stämmes till Cymbalers ljud.
Hvilken syn! Hur skina ljusen etc. etc.

Som om Tabor holkadt vore
Ut till kyrka, — — — så
Tycktes mig det templet stå.
Det är Edens doft som ångar
Mellan dessa pelargångar,
Det är Herren Gud som bor
Osedd i det höga chor;
Och det skenet derinunder,
Flämtande från jordens grunder,
Ur den mörka kryptan opp,
Är odödlighetens hopp.

— — — — — — — Han
Stänker vin och saltkorn rundt
Kring på predikstol och funt.
Sedan, å sitt embets vägnar,
Kyrkan han Skt. Laurents egnar,
Som en salig martyrdöd
Funnit på sitt halsters glöd. —
Högt från salvadt altar ljuder
Första messan nu och bjuder
Menighet, som står bredvid,
Himmelens och jordens frid.
Första gången ock i dag
Sina djupa andetag
Drager orgeln, himlens lunga, —
Ty de himmelska blott sjunga
Med dess toner, när de stå
Jublande på kullar blå.
Än det lät som aftonvindar,
Suckande i Edens lindar,
Än som Herrans stämma i
Dundret öfver Sinai.

När till slut den vigde talar
I sin vigda kyrkas salar,
Talar saligheter om
Nåden som från himlen kom,
Och förlåter och välsignar,
Då hvart knä till jorden dignar,
Och hvar målad engel ser
Lefvande från hvalfvet ner."

Da er zum dritten Mal daran schlägt, springt die Thüre auf und der Gesang: „Heilig, heilig, heilig Gott!" erklingt zu dem Schall der Cymbeln. Welcher Anblick! Wie strahlen die Kerzen etc. etc.

Wie wenn der Thabor zu einer Kirche ausgehöhlt worden wäre, — — — so schien mir der Tempel dazustehn. Es ist der Duft Edens, der zwischen diesen Säulengängen weht, es ist Gott der Herr, welcher da unsichtbar im hohen Chore wohnt; und der Lichtschein da drunten, der da von der Erde Gründen, aus der dunkeln Krypta heraufblitzt, ist die Hoffnung des ewigen Lebens. — — — Dann sprengt er Wein und wirft er Körner Salzes ringsumher auf Kanzel und Taufstein. Hierauf, von seines Amtes wegen, weiht er die Kirche dem heiligen Laurentius, welcher auf seinem glühenden Rost den seligen Tod eines Märtyrers gestorben. Hoch vom geweihten Altare herab erklingt jetzt der ersten Messe Gesang, und bietet der gegenwärtigen Gemeinde den Friedensgruss des Himmels und der Erde. — — — Zum ersten Mal thut auch die Orgel, die Himmelslunge, ihre tiefen Athemzüge, denn die Himmlischen nur singen mit den Tönen der Orgel, wenn sie jubelnd auf blauen Hügeln stehn. Bald klang es wie Abendwinde, leisen Klagetons in Edens Linden rauschend, bald wie die Stimme des Herrn, in Donnern von den Höhn des Sinai herniederrufend. — — —
Als dann zum Schluss der Geweihte des Herrn predigt in seiner geweihten Kirche wölbigem Saal, als er Seligkeiten verkündigt von der Gnade, die da kam vom Himmel, und Vergebung ertheilt und Segen, — da neigt sich jedes Knie zur Erde nieder, und die gemalten Engel all schauen wie lebendig vom Gewölbe nieder."

Aus Axels Monolog.

„Denna Gerda, hur hon hatar
Fridens lära, hur hon matar
Odens korpar i sin barm!
— — — — — — —
Men hur skön är dock den vilda!
Som en konstnär skulle bilda
S k a d e, uti månskensqväll
Jagande på Dofrefjäll.
Hur dess mörka ögon flamma,
Svärmande och allvarsamma!
Hur dess väsen prägeln bär
Af en själ, ej hemma här: —
Glöder, men som midnattssolen
Öfver lunderna kring polen,
Lockar, men som rosor på
Afgrundsbranten: låt dem stå!
Dock, hur lycklig den som tvingar
Denna själ med örnevingar,
Den, hvars hjerta engång må
Mot dess stora hjerta slå!
Såg jag icke hos den höga
Tårar nyss i dunkelt öga?
Hörde jag ej känslans ton?
— — — — — — —
Nu en stum, förstenad saga
Ifrån tidens barndomsår,
Berget rundt omkring mig står.
— — — — — — —
Vore hon allenast döpt!
Vore hennes själ blott köpt
Från de mörka makters skara!
Gud må hennes själ bevara!" —

„Diese Gerda, wie sie die Lehre des Friedens
hasst, wie sie die Raben Odens im Busen nährt!
— — — — — Und doch wie schön ist
nicht die Wilde! Schön, wie ein Künstler wohl
die Gestalt Skades bilden würde, im Glanz
der Mondennacht jagend auf dem Dofrefjäll.
Wie ihr die dunkeln Augen so schwärmerisch
glühen und doch so voll tiefen Ernsts! Wie ihr
ganzes Wesen das Gepräge einer Sele trägt, die
sich nicht heimisch fühlt hienieden! — Sie glüht,
— jedoch so wie die Mitternachtssonne, wenn
sie die Haine um den Pol überglüht, sie lockt
und reizt, — jedoch so wie die Rosen an eines
Abgrunds jäher Schlucht: lass sie stehn! Dennoch, wie glücklich ist der Mann zu preisen, der
einmal dieses stolze Gemüth mit Adlerschwingen
bändigen und zwingen mag, der Mann, der einmal an seiner Brust den Pulsschlag von Gerdas
grossem Herzen fühlt! Sah ich nicht soeben
noch Thränen perlen im dunkeln Auge der
Hohen? War es nicht die Sprache des Gefühls,
was ich vernahm? — — — — —

Eine stumme, steingewordene Sage aus den
Kinderjahren der Zeit, steht jetzt das Geheimniss dieses Berges um mich her. — — — —

Wäre sie nur getauft! Wär' ihre Sele nur losgekauft von der finstern Mächte Schaar! Möge
Gott ihre Sele in Gnaden bewahren!" — — —

Gegen den Schluss des Gedichtes schildert der Dichter die Bekehrung Gerdas:

Huru bergets hedna tärna
Mängen stilla aftonstund
Hängde vid den Vises mund,
Som vid himlen hänger Nordens stjerna.

Wie die heidnische Bergesjungfrau so manche
stille Abendstunde an dem Mund des Weisen
hing, gleichwie am Himmel der Nordstern
hängt.

C.

Aus dem Axel.

Der Held dieses schönen Gedichtes ist einer der Trabanten des berühmten Schwedenkönigs
Karl XII. Er erhält von seinem Herrn die Sendung, einen Brief an den Rath des Königreichs
Schweden von Bender, wo der Aar im Käfig seines Geschickes wild die Flügel schlägt, nach
Stockholm zu bringen. Eine prächtige Schilderung Axels und der „blauen Burschen", (wie
die Trabanten des Königs hiessen) gibt der Dichter in folgenden Zeilen:

Det var en skön gestalt, som Norden
Dem föder ännu någon gång,
Frisk som en ros, men smärt och lång
Som tallar i den svenska jorden.
Som himlen på en molnfri dag
Var pannans hvalf så fritt och herrligt,
Och allvarsamt och bottenärligt
Hvart enda af hans anletsdrag.*)
Det syntes på hans klara öga,
Att det var gjordt, att blicka opp
Med redlig tillförsigt och hopp
Till ljusets fader i det höga,
Och blicka utan fruktan ner
På honom som blott natten ser. —
En plats bland konungens drabanter
Han fick, ibland sin själs förvandter:
En ringa hop, ty deras tal
Var sju, som Carlavagnens stjernor,
Högst nio, såsom Minnets tärnor,
Och strängt var deras fria val.
De pröfvade med svärd och lågor;
Det var en kristnad Vikingsstam,
Ej olik den, som fordom sam
På drakar öfver mörkblå vågor.
De sofvo aldrig uti säng,
Men på sin kappa, brädd på jorden,
Bland storm och drifvor ifrån Norden
Så lugnt som på en blomsteräng.
En hästsko kramade de samman,
Och aldrig såg du dem kring flamman,
Som sprakar ifrån spiselns häll;
De eldade med kulor gerna,
Så röda, som när dagens stjerna
Går ner i blod en vinterqväll.
Det var en lag i stridens våda,
Att en fick vika först för sju; —

—————————

Och slutligt var det ock ett bud,
Helt svårt, det svåraste kanhända:
Till ingen mö de skulle vända
Sin håg, förr'n Carl tog sjelf en brud.
Hur himmelsblått två ögon lyste,
Hur rosenrödt två läppar myste,
Hur barmens svanor summo på
Sin insjö, likaledes två,

Es war eine schöne Gestalt, wie sie der Norden noch jetzt dann und wann hervorbringt, frisch wie eine Rose, doch schlank und hoch gewachsen, wie die Tannen in Schwedens Wäldern. Wie der Himmel an einem heitern, wolkenlosen Tage, war die gewölbte Stirne frei und herrlich anzuschaun, und voll männlichen Ernsts und grundehrlich war jeder Zug seines Angesichts.*) Man sah es seinem klaren Auge an, dass es dazu gemacht war, mit redlicher Zuversicht und Hoffnung zum Vater des Lichts droben emporzuschauen, und furchtlos hinunterzuschauen auf ihn, den nur die Nacht gewahrt.
— Er bekam eine Stelle unter den Trabanten des Königs, den Verwandten seiner Sele. Eine kleine Schaar, denn nicht mehr als sieben waren sie der Zahl nach, sieben, wie die Sterne des Karlswagens, im höchsten Fall neune, wie die Musen, und streng war ihre freie Wahl. Nur mit Feuer und Schwert waren sie gewohnt zu prüfen; es war ein Geschlecht von christlichen Wikingern, nicht unähnlich jenem, das vormals auf Drachen durchs dunkelblaue Meer dahinschwamm. Niemals schliefen sie in einem Bette, auf dem auf den Boden hingebreiteten Mantel jedoch schliefen sie in Sturm und Schnee des Nordens so still und ruhig, als wenn sie auf einem blumigen Anger lägen. Ein Hufeisen bogen sie zusammen, und niemals sahst du sie an dem Feuer, das von des Herdes Gemäuer prasselt; mit Kugeln waren sie gewohnt zu heizen, so roth und hell, wie wenn der Stern des Tages blutig untergeht an Winterabenden. Es war ein Gesetz in der Noth und Gefahr des Streites, dass Einer erst vor Sieben weichen durfte; — — — — — und endlich war noch ein Gebot, gar schwer, schwerer vielleicht als jedes andere: nach keines Mägdleins Bilde durfte ihr Sinn in Sehnsucht stehn, bevor nicht Karl selbst eine Braut sich nahm. Wie himmelblau zwei Augen blitzten, wie rosenroth zwei Lippen lächelten, wie des Busens Schwanenpaar hinschwamm auf dem See der Brust, —

---

*) An einer andern Stelle des Gedichtes sagt T.:

— — — — Blott tro och heder
Bo på en panna, hvälfd som hans.
Jag såg ifrån hans ögas glans
I botten på hans hjerta neder,
Som Dagen ser i botten på
En källa frisk och sillverblå.

„Nur Treue und Glauben wohnen auf einer Stirne, gewölbt wie die seinige. Ich habe von dem Glanz seines Auges bis auf den Grund seiner Sele hinabgesehen, gleichwie das Licht des Tages bis auf den Grund und Boden einer Quelle, frisch und sillerblau, hinabdringt.

De måste blunda — eller springa:
De voro vigde vid sin klinga.

sie mussten die Augen zumachen — oder fliehen:
sie waren durch einen Eidschwur an ihr Schwert
gebunden.

Nachdem sich der Muth und die Tapferkeit des Helden bei einem Ueberfall durch Räuber
auf dem Wege durch die Ukraine glänzend bewährt haben (wobei er jedoch zuletzt fast der
Mehrzahl unterlegen wäre):

Med ryggen stödd emot en ek,
Den kämpe leker nu sin lek.
Hvartut det tunga slagsvärd susar,
Der böjs ett knä och blodet frusar,
Och ärligt löste han sin ed.
Ej en mot sju — det vore ringa, —
Men en mot tjugu flög hans klinga.
Han stridde som Rolf Krake stred.
Der var ej mera hopp i nöden,
Han stred för sällskap blott i döden etc.

Mit dem Rücken an eine Eiche gelehnt, spielt
nun der Recke sein Spiel. Wohin das schwere
Schlachtschwert in sausendem Schwunge blitzt,
da bricht ein Knie zusammen und fliesst das Blut
in Strömen, und ehrlich und als Mann hielt er
seinen Schwur. Nicht Einer gegen Sieben —
das wäre noch gering, — sondern Einer gegen
zwanzig flog seine Klinge. Er stritt wie Rolf
Krake vormals stritt. Da leuchtete kein Hoff-
nungsstrahl mehr in der Noth, er stritt nur noch,
um sich mit dem Schwert Genossen seines To-
des zu erwerben etc. etc.

erscheint gerade im Augenblick der höchsten Gefahr eine Jägerschaar, wodurch die Räuber in
die Flucht gejagt werden. Dem Jagdzuge voran reitet eine schöne Amazone, die Herrin eines
nahen Schlosses, die den in seinem Blute liegenden jungen Mann sogleich gastlich nach dem
Schloss bringen lässt, ihn bis zu seiner Wiedergenesung pflegt, und zuletzt damit schliesst,
dass sie sich sterblich in ihn verliebt.

Och lif och död de stridde båda
Om ynglingen; men lifvet vann,
Och faran småningom försvann,
Och Axel kunde nu beskåda
Med sansad blick, fast skum och matt,
Den engel vid hans sida satt.*)
Hon var ej som idyllens sköna,
Som gå och sucka i det gröna,
En evig trånads konterfej,
Med lockar gula såsom solens,
Och kinder såsom nattvioleus,
Och ögon som förgät-mig-ej.
Hon var ett österns barn: de rika,
De svarta lockar lågo lika
En midnatt kring en rosengård,
Och glädjens mod, det enda sanna,
Stod stolt och ädelt på dess panna,
Som segrens bild på sköldmöns vård.
Dess färg var frisk, som konstnärn målar
Auroras i en krans af strålar.

Und Leben und Tod lagen im Kampf mit ein-
ander um die Kraft des Jünglings; das Leben
gewann jedoch, und die Gefahr schwand all-
mählig, und Axel konnte sich nun mit wieder
zum Bewusstsein erwachtem Blick, wenn er auch
noch trübe und matt war, den Engel betrach-
ten, welcher neben seinem Lager sass.*) Sie
war nicht wie die Schönen der Idylle, die da im
Grünen gehn und schmachten, ein Bild ewigen
Liebesgrams, mit Locken so goldgelb wie der
der Sonn', mit bleichen Nachtviolenwangen,
und mit Vergissmeinnichtaugen. Sie war ein
Kind des Ostens; die reichen und prächtigen,
die schwarzen Locken lagen gleich einer Mitter-
nacht um einen blühenden Rosengarten, und
der freudige Lebensmuth, das einzige Wahre
hienieden, stand ihr stolz und voll Adels auf die
Stirn gezeichnet, wie das Bild des Sieges auf
dem Grabstein einer Heldin. Frisch war ihr
Colorit, wie der Künstler das der Aurora in
einem Strahlendiadem zu malen pflegt.

---

*) An einer andern Stelle sagt der Dichter sehr schön:

Hon satt, liksom i Greklands lunder
(Den sköna verld, som nu går under)
En yppig ros, som växer vild
Bredvid en fallen Herkuls-bild.

Sie sass da, gleichwie in Griechenlands Hainen,
(der schönen Welt, die jetzt untergeht) eine üppige
Rose steht, die da wild wächst neben einem umge-
stürzten Herkulesbilde.

Växt var hon som en Oread,
Och gången dansande och glad.
Och höga gingo barmens vågor,
Af ungdomen och hälsan häfd;
En kropp af ros och lilja väfd,
En själ af idel eld och lågor,
En sydlig sommarhimmel, full
Af blomsterdoft och solens gull.
Der stridde i dess dunkla öga
En himmelsk och en jordisk brand.
Hon blickade så stolt ibland
Som Jofurs örn ifrån det höga,
Och åter som det dufvopar,
Som Aphrodites skyvagn drar.

———————

O kärlek! jords och himmels under!
Du salighetens andedrägt!
Gudomlighetens friska flägt
I lifvets qvalm-uppfyllda lunder!
Du hjerta i Naturens bröst,
Du menniskors och gudars tröst!
I hafvet söker droppen droppe,
Och alla stjernorna deroppe,
De dansa ifrån pol till pol
En brudidans blott omkring sin sol.
Du är ännu i menskans sinne
En aftonglans, ett bleknadt minne
Af skönare, af bättre dar,
Då hon ännu på barnbal var
I himlen, i det blå gemaket
Med silfverkronorna i taket,
Och sof, se'n hon sig dansat varm,
Hvar afton på sin faders arm.
Då var hon rik som bildningsgåfvan,
Och hennes språk var blott en bön,
Och hennes broder var hvar skön,
Hvar vingad himlasou derofvan.
Men ack, hon föll hit ner, och se'n
Är icke hennes kärlek ren.
Dock hos den älskade hon känner
Ett drag af fordna himlavänner,
Hör deras stämma än en gång
I varens eller skaldens sång.
Då glädes åter hennes sinne,
Likt främlingens från Schweitz, som hör
En hemlands-ton, som återför
Hans Alpers och hans barndoms minne. —

———————

Det var en afton. Qvällen låg
Och drömde på sin bädd i vester,
Och tysta som Egyptens prester
Begynte stjernorna sitt tåg.

Wie eine Oreade war sie gewachsen, und tanzenden und fröhlichen Ganges schwebte sie dahin. Und hoch gingen des Busens Wogen, von Jugend und Gesundheit gehoben: — ein Leib, von Rosen und von Lilien gewebt, eine Sele von lauter Feuer und Flammen, ein südlicher Sommerhimmel, voll von Blumenduft und Sonnengold. Es lagen in ihrem dunkeln Auge eine himmlische und eine irdische Gluth mit einander im Kampfe. Ihr Blick war manchmal so stolz wie der des Jupiteradlers von der Höhe herab, und dann blickte sie doch wieder so sanft wie das Taubenpaar, das den Wolkenwagen Aphroditens zieht.

———————

O Liebe! Du Wunder der Erde und des Himmels! Du Athemzug der Seligkeit! Du frischer Lufthauch der Göttlichkeit in dieses Lebens qualmigen und schwülen Hainen! Du Herz in der Brust der Natur, du Trost der Menschen und der Götter! Im Meer sucht ein Tropfen den andern, und die Sterne allzumal da droben, sie tanzen von Pol zu Pol nur einen Brauttanz um die Sonne. Du bist in des Menschen Herzen noch ein Spätrothglanz, eine erblasste Erinnerung schönerer, besserer Tage, wo er noch auf dem Kinderball im Himmel war, in jenem blauen Hochsaal mit den silbernen Giraudolen am Dachgewölb, und wo er des Abends, wenn er sich warmgetanzt, selig einschlief auf seines Vaters Arm. Da war er noch reich wie die Phantasie, und seine Sprache war nichts als ein Gebet, und jeder schöne, jeder geflügelte Himmelssohn da droben war ein Bruder von ihm. Doch ach, er fiel zur Erde herab, und seit der Zeit ist seine Liebe nicht mehr rein. Jedoch bei Denen, die er liebt, glaubt er noch jetzt die Züge seiner vorigen Himmelsfreunde wiederzuerkennen, glaubt noch einmal ihre Stimme zu hören im Gesang des Frühlings, wie in dem des Dichters. Dann jauchzt noch einmal freudig seine Sele, gleich dem Fremdling aus der Schweiz, dem ein Ton der Heimath ans Ohr klingt, ein Ton der Heimath, welcher Erinnerungen an seine Alpen, an seine Kindheit in seinem Herzen wieder wachruft. —

———————

Eines Abends war's einmal. — Die hereinbrechende Dämmerung ruhte noch träumerisch auf dem Bett im Westen, und still und schweigend wie Egyptens Priester begann der Chor der Sterne seinen Zug.

Och jorden stod i stjerneqvällen
Lycksalig som en brud, som står
Med kronan i de mörka hår,
Och ler och rodnar under pellen.
Af dagens lekar trött och varm,
Najaden stilla låg och myste,
Och aftonrodnan satt och lyste,
En präktig ros, i hennes barm.
Hvar kärleksgud, som legat bunden,
När solen sken, blef lös och red
På månens strålar upp och ned
Med pil och båge genom lunden,
Den dunkelgröna äreport,
Der våren nyss sitt intåg gjort.
Ur ekarna slog näktergalen;
Den sången klingade i dalen
Så öm, så oskuldsfull, så ren,
Som något qväde af Franzén.
Det var som om naturen sade,
Att nu sin herdestund hon hade,
Så lifligt och så tyst ändå,
Du kunde hört dess hjerta slå. —
Då gingo med förtjusta sinnen
Bredvid hvarann de unga två:
Som brudpar vexla ringar, så
De vexlade sin barndoms minnen.

— — — — — —
— — — — — —

Och med en lång, en evig kyss,
Som lifvet varm, som grafven trogen,
Upplöstes deras själar i
En enda salig harmoni.

För dem var icke verlden till
Och tiden i sin flygt stod still.
Ty hvarje stund i dödligheten
Af tiden mäts, och har sin gräns,
Men dödens kyss och kärlekens,
De äro barn af evigheten.

Und die Erde stand im Glanz der Sternennacht glückselig wie eine Braut, die da mit der Krone im dunkeln Haar, und lächelnd und erröthend unter dem Hochzeitsbaldachine steht. Erhitzt und müde von den Spielen des Tages, lag die Najade still und mit ruhigem Lächeln da, und die Abendröthe sass und leuchtete, eine prächtige Rose, am Busen der Schönen. Was von Amorinen gebunden lag während des langen, sonnigen Tages, das riss sich jetzt los und ritt auf den Strahlen des Mondes auf und nieder, und durchzog mit Pfeil und Bogen den Hain, die dunkelgrüne Triumphpforte, durch welche vor Kurzem der Frühling seinen Einzug hielt. Aus der Nacht der Eichen herauf schlug die Nachtigall; der Gesang scholl durch das Thal dahin so rührend hold und süss, so unschuldsvoll und himmlischrein, wie eines der Lieder von Franzén. Es war als ob die Natur gestände, dass sie jetzt ihre Schäferstunde habe, so voll von Leben und doch so heimlich still zugleich, du meintest zu hören, wie ihr des Herzens Pulse schlugen. — Da gingen mit Herzen, glühend von Glück und Seligkeit, die jungen Liebenden Arm in Arm mit einander; wie ein Brautpaar die Ringe wechselt, so wechselten und tauschten sie ihre Kindheitserinnerungen gegen einander aus. — — — — —

— — — — — —

Und mit einem langen, einem ewigen Kuss, warm wie das Leben, treu wie das Grab, schmolzen Beider Herzen dahin in eine einzige selige Harmonie. — —

Für sie war keine Welt mehr da, und die Zeit stand still in ihrem Fluge. Denn jeder Augenblick im Gebiet der Sterblichkeit hienieden ist durch die Zeit gemessen und hat seine Gränzen. Kinder der Ewigkeit jedoch sind der Kuss des Todes und der Liebeskuss.

    Doch dem Gebote der Pflicht gehorchend, muss sich der Glückliche endlich aus Mariens Armen losreissen, und geht nach Schweden. Die schöne Russin, verzehrt von Gram und Sehnsucht, und von dem eifersüchtigen Gedanken gequält, der Geliebte habe vielleicht schon eine andere Braut daheim, folgt ihm indess in männlicher Kleidung bald nach, geht unter die Soldaten, die Russland gerade zu einem Plünderungszuge gegen Schweden anwirbt, und findet in einer Schlacht, worin die Russen blutig zurückgeschlagen werden, den Tod. Der Held des Gedichtes und des Tages wandelt nach der Schlacht noch einsam trauernd im Mondenschein umher, und findet seine Geliebte sterbend, empfängt ihre letzten Scheidegrüsse, wird wahnsinnig darüber, und stirbt vor Gram.

Ett mättadt rofdjur lik, låg ren
Den slagtning still och sof på fältet,
Och månen göt från himlatältet
Ner på förödelsen sitt sken.
Längs utmed nattomhöljda viken
Går Axel suckande bland liken.
De ligga parvis, man vid man,
Hur hårdt omfamna de hvarann!
Vill du ett trofast famntag skåda,
Se ej på kärlekens, der båda
Omarma ömt hvarann och le: —
Gå på ett slagfält hän och se,
Hur hatet under dödens smärta
Sin ovän trycker till sitt hjerta.
Ack! kärlekens och glädjens rus,
De flykta som en vårvinds sus;
Men hatet, sorgerna och nöden,
De äro trogna uti döden.
Så suckar han, och plötsligt hör
En stämma, klagande i natten:
„Jag törstar, Axel, — gif mig vatten,
Och tag mitt afsked, förr'n jag dör!"
Vid denna röst, den välbekanta,
Han störtar fram bland klippor branta,
Och ser — en okänd yngling, stödd
Mot berget, sårad och förblödd.
Men månen går ur moln och lyser
På bleka anletsdrag: då ryser,
Då skriker han med fasans ton:
„O Herre Jesus, det är hon!"

Ack! det var hon. Med kufvad smärta
Hon hviskar, med en röst så matt:
„God afton, Axel, nej god natt,
Ty döden sitter vid mitt hjerta.
Spörj icke hvad som hit mig fört,
Min kärlek blott har mig förfört.
Ack! när den långa natten skymmer,
Och menskan står vid grafvens dörr,
Hur annorlunda då äu förr
Syns lifvet och dess små bekymmer!
Och blott en kärlek, skön som vår,
Tas med, när man till himlen går.
Den ed, du svor, jag ville veta,
Nu skall jag den bland stjernor leta:
Der står hon skrifven, jag skall se
Din oskuld lika klart som de. —

Einem des Würgens müden reissenden Thiere gleich, lag die Schlacht bereits da und schlief auf dem Felde, und der Mond goss vom Himmelszelt herab auf die Scenen des Grauens seinen Schein. Längs der nachtumschleierten Meerbucht wandelt Axel still wehklagend zwischen den Leichen auf und ab. Da liegen sie paarweise neben einander, Mann an Mann, wie fest umarmen sie einander! Willst du wo ein recht inniges Umarmen sehen, dann schaue nicht auf das von zweien Liebenden, wo sich die voll Zärtlichkeit umschlingen und selig dazu lächeln: sondern gehe hinaus auf ein Schlachtfeld und schau', wie der Hass noch unter dem Schmerzen des Todes seinen Feind ans Herz presst. Ach, Freudentaumel und Liebesseligkeit im Leben — sie fliehen dahin wie ein Säuseln des Frühlingswinds, der Hass dagegen, die Noth und die Sorgen, sie bleiben uns treu bis zum Tode. So seufzt er still; plötzlich schlägt der Ton einer Stimme an sein Ohr, welche klagend durch die Nacht ruft: „Mich dürstet, Axel, — gib mir Wasser, und empfange meinen Abschied, bevor ich sterben muss!" — Bei dieser Stimme, der wohl bekannten, stürst er im Fluge zwischen den steilen Felsen des Gestaden weiter, und sieht — einen unbekannten Jüngling, am Felsgestein angelehnt, verwundet und verblutet. Doch es tritt nun der Mond zwischen den Wolken hervor und beleuchtet die Züge des blassen Angesichts: — da fährt er mit tiefem Erschrecken zurück, da stösst er einen furchtbaren Schrei aus und ruft: „O mein Herr und Heiland, das ist sie!"

Ach, sie war es — Mit Mühe den heissen Schmerz bezwingend, fleht sie mit einer Stimme, so matt und lispelnd: „Guten Abend, Axel! — Nein, gute Nacht, denn mir sitzt der Tod bereits im Herzen. Frage mich nicht, was mich hieher geführt hat, meine Leidenschaft hat mich irrgeführt. Ach, wenn die Dämmerung der langen Nacht hereinbricht, und wenn der Mensch an der Pforte des Grabes steht, wie anders als zuvor erscheint uns dann das Leben mit seinen kleinen Sorgen und Bekümmernissen! Und nur eine Liebe, schön wie unsere, folgt Einem nach auf dem Weg zum Himmelszelt. Das Geheimniss deines Eides zu erforschen, welchen du geschworen, kam ich hieher; jetzt werd' ich unter den Sternen darnach suchen: da steht er geschrieben, und deine Unschuld werd' ich da schauen so hell und klar wie sie.

Jag har ej bror, ej far, ej moder,
Du var mig far och mor och broder,
Du var mig allt, — o Axel, svär
I döden att du har mig kär! —
Du svär: — hvi skulle jag väl klaga?
Det skönaste utaf sin saga
Har lifvet mig förtäljt. — Din mö,
Får hon ej vid ditt hjerta dö?
Och blir ej hennes stoft förvaradt
Uti det land, du nyss försvarat?
Se, Axel, öfver månen far
Ett moln: när det försvunnit har,
Då är jag död, då sitter anden
Förklarad på den fjerran stranden,
Och beder godt för dig, och ser
Med alla himlens ögon ner.
Men sätt en utländsk ros på grafven,
Och när hon dör, i snön begrafven,
Det solens barn, täck på din mö,
Som sofver under Nordens snö!
Dess blomningsdagar voro korta; —
Se, Axel, nu är molnet borta,
Farväl, farväl!" — En suck hon drog,
Och kramade hans hand, och — dog.

Då steg från underjordens floder
Ej döden, men hans yngre broder,
Det bleka Vanvett opp, som går
Med vallmokrans kring spridda hår.

Vid Axels hufvud rörer det. —

En morgon satt han död vid sjön,
Med tårar på den bleka kinden,
Halfstelnade i morgonvinden,
Och emot grafven, der hon låg,
Ännu det brustna ögat såg. —

Ich habe keinen Bruder, keinen Vater, keine Mutter mehr, du warst mir Vater und Mutter und Bruder, du warst mir Alles, — o Axel, schwör' es mir, im Tode noch schwöre mir's, dass du mich liebst! — Du schwörst es mir: — warum sollte ich da wohl klagen? Das Schönste von seiner Sage hat das Leben mir erzählt. — Deine Geliebte, darf sie nicht jetzt an deinem Herzen sterben? Und wird ihre Asche nicht ruhen in dem Land, welches du soeben vertheidigt hast? Schau, eine Wolke überzieht den Mond jetzt: wenn sie wieder vorüber ist, dann bin ich todt, dann sitzt meine Sele verklärt an jenem fernen Strande, und erfleht Gutes für dich und blickt mit all den Himmelsaugen da droben auf dich herab. Pflanze jedoch eine ausländische Rose auf mein Grab, und wenn sie dahinstirbt, das Kind der Sonn', in Eis und Schnee begraben, dann gedenke deines Mädchens, es schläft auch unter dem Schnee des Nordens! Flüchtig waren die Tage seiner Blüthe; — schau, die Wolke ist jetzt vorüber, lebwohl, lebwohl!" — sie seufzte noch einmal, erfasste krampfhaft seine Hand, und — war todt.

Da stieg von den Flüssen der Unterwelt herauf — nicht der Tod, sondern sein jüngerer Bruder, der blasse Wahnwitz, der da mit dem Kranz von Mohnblumen in seinem wild verwirrten Haar einhergeht. — — — —

Er berührt Axels Haupt. — — — — —
Eines Morgens sass er todt am Meer, Thränen hingen noch, halb zu Eis geworden im kühlen Wehn des Morgenwinds, an seinen bleichen Wangen; und nach dem Grabe, wo sie lag, sah noch das gebrochne Auge hin. —

D.

Aus den Nachtmahlskindern.

Tegnérs „Nattvardsbarnen" kann man in mehr als einer Hinsicht die Bergpredigt der schwedischen Poesie nennen: — das schöne Gedicht ist nämlich in der That seinem Inhalt nach eine Confirmationspredigt in prächtigen Hexametern, mit poetisch beschreibendem Rahmen. — Soviel zum Verständniss der Proben, die ich nachstehend daraus mittheile:

Pingst, hänryckningens dag, var inne. Den landt-
  liga kyrkan
Stod hvitmenad i morgonens sken. På spiran af
  tornet,
Prydd med en tupp af metall, vårsolens vänliga
  lågor
Glänste som tungor af eld, dem Apostlarne skå-
  dade fordom.
Klar var himlen och blå, och Maj, med rosor i
  hatten,
Stod i sin helgdagsskrud på landet, och vinden
  och bäcken
Susade glädje och frid. Gudsfrid! med rosiga
  läppar
Hviskade blommornas folk, och muntert på gun-
  gande grenar
Fåglarna sjöngo sin sång, en jublande hymn
  till den Högste.
Kyrkogården var sopad och ren. Så grann som
  en löfsal
Stod dess åldriga port, och derinnanför på hvart
  jernkors
Hängde en doftande krans, nyss bunden af äls-
  kande händer.
Sjelf solvisarn, som stod på en kulle emellan de
  döde,
(Hade väl stått der i hundrade år) var sirad med
  blommor.
Liksom den åldrige far, ett orakel i byn och i
  slägten,
Som på sin födelsedag bekransas af barn och af
  barnbarn,
Alltså stod der den gamle prophet, och stum
  med sitt jernstift
Pekte på taflan af sten, och mätte den vexlande
  tiden,
Medan rundt om hans fot en evighet slumrade
  roligt.
Innantill var kyrkan ock prydd; ty i dag var
  den dagen,
Då de unga, föräldrarnas hopp och himmelens
  kärlek,
Skulle vid altarets fot förnya sitt döpelselöfte.
Derför hvar vinkel och vrå var fejad och putsad,
  och dammet
Blåst från väggar och hvalf och från oljemålade
  bänkar.
Kyrkan stod som en blomsterparterre; löfhyd-
  dones högtid
Såg man i lefvande bild. Ur adliga vapnet på
  muren
Växte en buske af löf, och predikstolen af ek-
  träd
Grönskade ännu en gång, som fordom stafven
  för Aron.

Pfingsten, der Tag der Begeistrung, war wie-
der gekommen. Die ländliche Kirche stand
weissangestrichen im Glanz des Morgens. Auf
der Spitze des Thurmes, mit einem Hahn von
Metall geziert, blitzten die freundlichen Flam-
men der Frühlingssonne wie feurige Zungen,
die die Apostel einst schauten. Hell und klar
war der Himmel, und blau, und der Mai, mit Ro-
sen am Hute, stand in seinem Sonntagsgewande
draussen auf dem Land, und der Wind und der
Wiesenbach säuselten Jubel und Frieden. Gott
grüss' euch! lispelte das Volk der Blumen mit
rosigen Lippen, und munter auf schaukelnden
Zweigen sangen die Vögel ihr Lied, eine jubelnde
Hymne zum Lob des Höchsten. Der Kirchhof
war gekehrt und gesäubert. Wie ein prangen-
der Triumphbogen von grünen Maien stand sein
altehrwürdiges Thor da am heutigen Tage, und
innenher sah man auf jedem eisernen Kreuze
einen duftenden Kranz hängen, jüngst von lie-
benden Händen gewunden. Selbst der Sonnen-
uhrzeiger, der auf einem Hügel zwischen den
Todten stand, (mehr als hundert Jahre hatt' er
wohl schon da gestanden) war mit Blumen ge-
schmückt. Gleichwie ein alternder Greis, ein
Orakel des Dorfes und des Geschlechts, wel-
cher an seinem Geburtstag von Kindern und
Enkeln mit Blumen bekränzt wird, so stand
da der alte Prophet, und stumm mit seinem
eisernen Stift zeigt' er auf das steinerne Blatt
und mass die wechselnde Zeit, während rings
um ihn her eine Ewigkeit ruhig schlum-
mernd zu seinen Füssen lag. Auch innenher
war die Kirche geschmückt; denn es war ja
heute der Tag, an dem die Jugend des Dorfes,
die Hoffnung der Eltern und des Himmels holde
Lust, am Fuss des Altares des Taufbundes heili-
ges Gelöbniss erneuen sollte. Darum war denn
jeder Winkel und jede Ecke gefegt und geputzt,
und der Staub war von Wänden und Gewölben
und von den mit Oel angestrichenen Bänken
heruntergekehrt. Die Kirche stand wie ein Blu-
menparterre da: das Lauberhüttenfest sah man
da im lebendigen Bild. Aus dem adligen Wap-
pen an der Wand wuchs ein Busch grünen Lau-
bes heraus, und die Kanzel von Eichenholz
grünte noch einmal, wie einst der Stab des Aaron.

Bibeln derpå var nällad med blad, och försilfrade
	dufvan,
Fästad inunder dess tak, ett halsband hade af
	sippor.
Men, i choret framför, kring altartaflan af Hör-
	berg
Kröp en ofantelig kraus: ljuslockiga hufvu'n af
	englar
Tittade fram, som solen ur moln, ur det skug-
	giga löfverk.
Messingskronan jemväl nyskurad blänkte från
	hvalfvet,
Och i stället för ljus pingst-liljor i piporna suto.

Redan klockorna gått, och den hvimlande ska-
	ran var samlad
Fjerran från dalar och berg, att förnimma det
	heliga ordet.
Hör! då brusa med ens de mäktiga toner från
	orgeln,
Sväfva som röster från Gud, som osynliga andar
	i hvalfvet.
Liksom Elias i skyn, då han kastade manteln
	ifrån sig,
Alltså kastade sinnet sin jordiska drägt, och
	med en röst
Föll församlingen in. —

Se, då trädde der in i kyrkan den värdige lä-
	rarn.
Fader han nämndes och var i församlingen:
	christelig enfald
Klädde från hufvud till fot den sjuttioårige
	gubben.
Vänlig var han att se, och glad som bebådelsens
	engel
Gick han bland skarorna fram, men derjemte
	tänkande allvar
Låg på hans panna så klart, som på mossiga
	grafvar ett solsken.

Enkel och högtidsfull gick nu den christliga
	gudstjenst,
Sånger och bön och till slut ett lågande tal af
	den gamle.
Mänget bevekeligt ord och förmaning, tagen ur
	hjertat,
Föll som morgonens dagg, som manna i öcknen,
	på folket.
Sedan, då allt var förbi, framträdde läraru i
	choret,
Följd af de unga dit upp. Till höger gossarna
	ställdes,

Die darauf liegende Bibel war mit Blättern be-
streut, und die unter dem Kanzeldach befestigte
versilberte Taube hatt' um den Hals einen
blühenden Anemonenkranz. Vornen im Chore
jedoch schlang sich ein ungeheurer Kranz
rings um das Altargemälde von Hörberg herum:
lichtlockige Engelsköpfchen guckten, wie die
Sonn' aus einer Wolke, hervor aus dem schatti-
gen Laubwerk. Auch der Kronleuchter von
Messing glänzte neu und schön geputzt von der
Wölbung herab, und anstatt der Kerzen staken
daran Pfingst-Lilien am heutigen Tage.

Schon waren die Glocken erklungen und schon
drängte sich das Volk, ferne von Gebirg und
Thal dahergekommen, in buntem Gewühl durch
einander, um das Wort des Herrn zu vernehmen.
Horch! da brausen mit einmal von der Orgel
herab die mächtigen Töne, schweben wie Stim-
men von Gott, wie unsichtbare Geister zwischen
den Wölbungen hin und wieder. Gleichwie
Elias in der Luft, da er den Mantel von sich
warf, so warf auch die Seele ihr irdisches Ge-
wand von sich, und wie mit einer Stimme
stimmte die Gemeinde mit ein. —

Schau, da trat in die Kirche der würdige Pre-
diger. Vater hiess er und war er in der Ge-
meinde: das Gewand christlicher Einfalt nufloss
vom Kopf bis zum Fusse den siebenzigjährigen
Greis. Freundlich war er zu schauen, und hei-
ter wie der Mariä-Verkündigungsengel schritt
er durch die Reihen; dabei lag jedoch zugleich
der Ernst des Gedankens so hell und klar auf
seiner Stirne, wie heiterer Sonnenschein auf
moosigen Gräbern.

Einfach und feierlich begann jetzt der christ-
liche Gottesdienst, Lieder und Gebet, und zum
Schluss eine feurige Predigt des Alten. Man-
ches rührende Wort und manches Wort der
Ermahnung, aus dem Herzen kommend, fiel da
wie der Morgenthau, wie das Manna der Wüste,
auf das Volk herab. — Hierauf, nachdem Alles
vorbei war, trat der Prediger in den Chor vor,
dahin hinaufbegleitet von den jungen Leuten.
Den Platz zur Rechten wies er den Knaben an,

Smärta gestalter med lockiga hår och med ro-
siga kinder,
Men till venster om dem, der stodo de darrande
liljor,
Stänkta med morgonrodnadens färg, de sediga
tärnor,
Händerna knutna till bön och ögonen fästa på
golfvet.
Nu med frågor och svar begynte förhöret. — —

Liksom den grönskande knopp utvecklas, när
våren är inne,
Blad framsticka vid blad, och, värmda af strå-
lande solen,
Målas med purpur och gull, tills sist fulländade
blomman
Öppnar sin doftande kalk och vaggar med kro-
nan i vinden;
Så utvecklades här den christliga salighets-lära
Stycke för stycke ur ungdomens själ. — — —

— — — Då smälte på lärarens panna
Molnet med åskorna i, och han talte med mil-
dare stämma,
Ljuflig som aftonens fläkt, som harpor vid Ba-
bylons elfver:

„Varen mig helsade då, välkomna till himme-
lens arfskap,
Barn ej mer från i dag, men bröder och systrar
i troen!

Salige äro de rene för Gud! På renhet och
oskuld
Hvilar den christliga tro, hon sjelf är ett barn
ur det höga.

Ack! då J vandren i dag ur barndomens he-
liga fristad
Ned och allt djupare ned i årens kyliga dalar,
O! hur kommen J snart, för snart, att längta
tillbaka
Upp till dess kullar igen, till de solbeglänsta,
der straffet
Stod som en fader för er, och förlåtelsen, klädd
som en moder,
Gaf er att kyssa sin hand, och det älskande
hjertat var skuldfritt,
Lifvet var lek, och er hand grep efter himme-
lens rosor!

schlanken Gestalten mit lockigem Haar und mit
rosigen Wangen, zur Linken dagegen, da standen
die bebenden Lilien, besprengt mit dem Purpur
des Morgenroths, die sittigen Mägdlein, die
Hände zum Gebet gefaltet und die Augen zu
Boden geschlagen. Jetzt mit Fragen und Ant-
worten begann die Prüfung. — — — —

Gleichwie die grünende Knospe sich ent-
wickelt, wenn der Frühling gekommen ist, wie
ein Blatt nach dem andern hervorspriesst, und,
von der strahlenden Sonn' erwärmt und ange-
glüht, mit Gold und Purpur sich färbt, bis zu-
letzt die voll erblühte Blume ihren duftenden
Kelch erschliesst und mit der Krone im Wind
sich wiegt: so entwickelte sich die christliche
Seligkeitslehre hier Stück für Stück aus der
Sele der Jugend. — — — — — — — —

— — — — Da schmolz auf der Stirne des
Predigers die Wolke mit den Donnern darin,
und er sprach mit milderer Stimme, lieblich und
sanft wie des Abends schmeichelndes Wehn, wie
Harfen an Babylons Flüssen:

„So sei't mir denn gegrüsst, willkommen zum
Erbe des Himmels, keine Kinder mehr vom heu-
tigen Tage an, sondern Brüder und Schwestern
im Glauben! — — — —

Selig sind die Reinen vor Gott! Auf Reinheit
und Unschuld stützt sich der christliche Glaube,
er selbst ist ein Kind aus einer höhern Welt.

Ach, wenn ihr nun hinauszieht aus der heili-
gen Freistatt der Kindheit am heutigen Tage,
wenn ihr nun tiefer und immer tiefer den Schritt
hinablenkt in eures Lebensherbsts kühle Thäler,
o wie bald werdet ihr euch, nur allzubald viel-
leicht, wieder zurück nach der Kindheit Hügeln,
nach den sonnigen Höhen hinauf sehnen, wo die
Strafe noch wie ein Vater vor euch stand, und
die Verzeihung, wie eine Mutter angethan, euch
noch die Hand zum Kusse hingab, und die lie-
bende Sele noch schuldlos, das Leben ein hei-
teres Spiel war, und eure Hand nach den Rosen
des Himmels hinaufgriff! — — — — —

Derföre tagen derfrån till ledare lifvet igenom Bönen med blicken mot skyn, och oskuld, menniskans barnbrud.	Darum nehmt schon von da an zum Führer durch's Leben das Gebet, mit dem frommen emporblickenden Auge, und die Unschuld, des
Oskuld, älskade barn, är en gäst från skillare verldar,	Menschen früheste Gespielin. Unschuld, meine lieben Kinder, ist ein Gast von glücklichern
Skön med sin lilja i hand: på lifvets brusande vågor	Welten, schön anzuschauen mit dem Lilienstengel in der Hand: auf den brausenden Wo-
Gungar hon trygg, hon märker dem ej, hon sofver i skeppet.	gen des Lebens schaukelt sie getrost dahin, sie bemerkt sie nicht einmal, sie schläft im Schiffe.
Lugn hon ser sig omkring i menniskohvimlet: i öcknen	Ruhigen Blicks steht sie da im bunten Gewühl der Menschen: im Grauen der Wildniss treten
Stiga englarna fram och tjena henne, hon sjelf vet	die Engel heran und dienen ihr, sie selbst ahnt ihre Herrlichkeit nicht, sie folgt jedoch in treuer
Ej sin herrlighet af, men hon följer trogen och ödmjuk,	Demuth, folgt so lange als möglich Dem, der sie liebt: stosst sie nicht von euch, denn von
Följer, så länge hon får, sin vän: förskjuten ej henne,	Gott ist sie gekommen und hat die Schlüssel
Ty hon är kommen från Gud och hon har himmelens nycklar. —	des Himmels. Das Gebet ist ein Freund der Unschuld, und das stets willige und bereite
Bönen är oskulds vän, och den villiga flyger beständigt	fliegt beständig zwischen Himmel und Erde hin und her, es ist die Taubenpost nach der Stadt
Mellan jorden och skyn, hon är dufvoposten till himlen.	des Himmels. Der Geist, ein Sohn der Ewigkeit, ein armer Flüchtling und gefesselt in der
Anden, en evighets son, landsflyktig och fjettrad i tiden,	Zeit, reisst mit Gewalt rastlos an seinen Fesseln und strebt zur Höhe hinauf wie die Flamme.
Rycker på kedjorna jemt och sträfvar som lågorna uppåt.	Denn noch denkt er gerührt der vielen Wohnungen seines Vaters, gedenkt seiner Heimath,
Ty än minnes han rörd sin faders boningar många,	wo frischere Blumen blühten, wo eine schönere Sonn' ihm leuchtete, und wo er mit schönge-
Minnes sitt fädernesland, der det blomstrade friskare blommor,	flügelten Engeln spielte. Da wird die Erde zu klein für ihn, zu dumpf und schwül, und voll
Lyste en skönare sol, och han lekte med vingade englar.	Heimweh sehnt sich der irrgegangene nach dem Himmel zurück, und die Sehnsucht des Geists
Då blir jorden för liten, för qvaf, och till himmelen hemsjuk	ist die Andacht, Andacht heisst sein schönster Augenblick: ihre Sprache ist das Gebet. — —
Längtar den vilsne igen, och andens längtan är andakt.	
Andakt beter hans skönaste stund: dess tunga är bönen.	

— — — — — Seraferna tillbe, Skyla med vingarna sex sitt anlet för glansen af den, som Hängde på intet sitt murarelod, då han murade verlden.	— — — — Die Seraphim beten an, mit den sechs Flügeln ihr Angesicht bedeckend vor dem Glanz Dessen, der da an das Nichts das Bleiloth anhing, als er die Welt erschuf. — —

— — — När han*) böjde sitt hufvud i döden, Firade kärleken glad sin triumph; fullbordadt var offret.	Da er sein Haupt im Tode senkte, feierte die Liebe frohlockend ihren Triumph; vollbracht war das Opfer.

*) Christus.

Se, då remnar med hast förlåten i templet, som
 skilde
Jorden och himmelen åt, och de döda stiga ur
 grafven,
Hviskande sakta hvarann i örat med bleknade
 läppar
Ordet, blott anadt förut, till skapelsens gåta:
 Försoning!

Siehe, da zerreisst plötzlich der Vorhang im
Tempel, der vordem eine Scheidewand zwischen Himmel und Erde rauschte, und die Todten steigen wieder aus dem Grab herauf, einander mit erblassten Lippen leise das Wort ins
Ohr flüsternd, das vorher nur geahnte, das Wort
zum Räthsel der Schöpfung: Versöhnung. —

— — — — — — —

Älskar du Gud som du bör, då älskar du brüderna äfven:
Solen på himlen är en, och en är kärleken
 också.
Bär ej hvar mensklig gestalt det Gudomligas
 tecken på pannan?
Läser du ej i hans drag ditt ursprung? Seglar
 han icke
Vilsen, som du, på ett främmande haf, och leds
 ej honom
Samma stjernor som dig? Hvi skulle du hata
 din broder?
Hatar han dig, tillgif! Det är skönt att dock
 stamma en bokstaf
Fram af den eviges språk: Förlåtelse nämns det
 på jorden.

Liebst du Gott wie du sollst, so liebst du auch
deine Brüder auf Erden: an unserm Himmel
steht nur eine einzige Sonn', und so gibt es auch
nur eine Liebe. Trägt nicht eine jede menschliche Gestalt das Zeichen des Göttlichen auf der
Stirne? Liesest du nicht in den Zügen eines jeden
Menschen deinen eigenen Ursprung? Segelt er
denn nicht ein Irrender wie du selbst auf einem
fremden Meer, und leiten ihn nicht die nämlichen Sterne wie dich? Warum solltest du da
deinen Bruder hassen? Wenn er dich hasst, so
vergib ihm! Es ist schön, doch wenigstens einen
Buchstaben hervorzustammeln von der Sprache
des Ewigen: — Verzeihung heisst sie auf Erden.

— — — — — — —

Tron är det klarnade hopp, hon är ljus, hon är
 kärlekens öga,
Tyder den längtandes dröm och hugger dess
 syner i marmor.
Tro är lefnadens sol, och dess anlete skiner som
 Mosis,
Ty hon skådade Gud: — — — — —

Der Glaube ist die klargewordene Hoffnung.
er ist Licht, er ist das Auge der Liebe, deutet
der Sehnenden Träume und meisselt ihre Gesichte in Marmor. Glaube ist des Lebens Sonn',
und sein Angesicht glänzt wie das des Moses,
denn er hat Gott von Angesicht gesehn. — —

— — — — — — —

Derföre, älsken och tron: då följer ock gerningen sjelfmant,
Likasom dagen med sol: det Rätta är son af
 det Goda.
Kroppen till kärlekens själ; den christliga gerning är endast
Lefvande kärlek och tro, som blomman är lefvande våren.

Darum liebet und glaubet: dann folgt die That
schon von selbst nach, gleichwie es Tag ist, sowie
die Sonn' am Himmel emporsteigt: das Rechte ist
ein Kind des Guten, ist der Leib zur Sele der
Liebe; die That und das Wirken des Christen
ist nichts als ein lebendiggewordenes Lieben
und Glauben, gleichwie die Blume der blühende
Frühling ist. — — — — —

Döden är kärlekens bror, är dess tvillingsbroder: —
— — — — — — —
Redan jag hörer den kommandes dån, jag skymtar hans vingar,
Svarta som natt, men med stjernor uppå: jag
 fruktar ej honom.

Der Tod ist ein Bruder der Liebe, ist ein
Zwillingsbruder von ihr: — — — — — Schon
hör' ich das Rauschen des Herankommenden,
ich glaube schon seine Flügel zu schauen,
schwarz wie die Nacht, doch mit Sternen darauf: ich fürcht' ihn nicht.

Död är befrielse blott, ett förbarmandet stumt
    vid hans hjerta
Lättare andas mitt svalkade bröst, och anlet
    mot anlet
Skådar jag Gud som han är, en sol uppklarnad
    ur dimmor,
Skådar jag seklernas ljus, dem jag älskat, de
    mäktiga själar,
Ädlare, bättre än jag: förklarade stå de för
    thronen,
Klädda i hvitt och med harpor af gull, och sjunga
    en lofsång,
Diktad i himmelens luft, på det språk, som talas
    af englar.

Der Tod ist bloss Befreiung, ist ein stummes Erbarmen: leichter athmet an seinem Herzen meine erfrischte Brust, und von Angesicht zu Angesicht schau' ich Gott wie er ist, eine Sonn', unumwölkt von dämmernden Nebeln, schau' ich die leuchtenden Gestirne der Zeiten vor mir. sie, die ich so liebte, die mächtigen Seelen, edler und besser als ich: im Verklärungsglanze stehn sie vor dem Throne, in weissen Gewändern und mit goldenen Harfen, und singen einen Lobgesang, in der Luft des Himmels, in jener Sprache gedichtet, die von den Engeln gesprochen wird.

(Am Schluss theilt der Prediger „das heilige Nachtmahl" aus.)

O! då syntes det mig som Gud med middagens
    öga
Klarare såg i finsterna in, och träden derute
Böjde sin grönskande topp, och gräset på graf-
    varna skälfde.
Men hos de unga (jag märkte det väl, jag kände
    det) for en
Rysning af salighet hän igenom isade lemmar.
Prydd som ett altar för dem stod grönskande
    jord, och deröfver
Öppnade himmelen sig, som för Stephanus for-
    dom: de sågo
Fadren i strålande glans, och Sonen till höger
    om honom.
Under dem hörs de harpornas klang, och eng-
    lar ur gullmoln
Nicka dem broderligt till, och hvifta med vingar
    af purpur.

O! da schien es mir, als ob Gott mit dem Auge des Mittags noch einmal so freundlich und hell zu den Kirchenfenstern hereinsähe, und als ob die Bäume draussen ihre grünenden Wipfel bögen, und als ob das Gras auf den Gräbern bebte. Den jungen Leuten jedoch (ich merkt' es wohl, ich kannte das) fuhr ein Schauer der Seligkeit durch die eisigen Glieder. Gleichwie im Festschmuck eines Altares sahn sie die grünende Erde vor sich stehn, und darüber öffnete sich der Himmel, wie einst dem Stephanus: und sie sahen den Vater in strahlendem Glanz, und den Sohn zu seiner Rechten. Darunter hören sie den Klang von Harfen, und aus goldenen Wolken nicken Engel ihnen brüderlich zu, und schlagen die purpurnen Flügel.

Slutadt var lärarens värf, och med himlen i
    blick och i hjertan
Reste de unga sig upp, och gråtande böjde en
    hvar sig
Neder att kyssa den vördades hand; men han
    tryckte dem alla
Rörd till sitt hjerta, och lade med bön välsig-
    nande händer
Nu på de saliga bröst, nu på hufvudets lockiga
    oskuld.

Zu Ende war nun des Predigers heutiges Amt, und den Himmel im Blick und im Herzen, standen die Kinder jetzt auf, und mit Thränen und voll Ehrfurcht sich neigend nahte sich Eines nach dem Andern, um die Hand des Verehrungswürdigen zu ergreifen und sie ihm zu küssen: er jedoch schloss sie allzumal gerührt in seine Arme, und legte seine segnende Hand unter Gebet bald auf die seligen Herzen, bald auf des Hauptes lockige Unschuld.

E.

Aus der Kronenbraut.

(Landschaft, Sage und Geschichte des schönen Gemeindebezirkes von Skatelöf in Småland, mit seinen Bergen, Wäldern und Seen. — Eine schwedische Bauernhochzeit, und eine Rede des Bischofs von Wexiö dabei.)

Bröllop skall firas med ståt, och kronbrud vigas
    i Skatlöf.
Bispen är bjuden till bröllopet sjelf, ty man vet,
    att han älskar
Seder från fädernas tid och grönskande glädjen
    på landet.
Honom är Skatlöf kärt, alltsen han vigde dess
    tempel,
Kärt för Bråvalla-hed och för Blenda och Sa-
    len, der Kellgren
Vandrat i skönare dar, och älskat och diktat
    Kristina.
Kär är församlingens prost, den silfverhårige
    vise,
Som studerade sig halfblind på himmelens runor.
Sedan Norberg gått hän, stod han som siare
    närmast
Morgonrodnadens port och tydde dess rosiga
    inskrift. —
Nu är han gången, han ock! I välsignelse hvile
    hans aska,
Växe hans minne så högt som Syriske Libanons
    cedrar!

Midsommars-aftonen låg som ett grönskande
    flor öfver Wärend,
Sagornas åldriga bygd, forndiktens steniga hög-
    land;
Ty förr'n tionde Carl knöt hop, hvad aldrig bort
    söndras,
Skånes blomstrande ö, nej half-ö, åter med
    Götha,
Wärend stod som en verld för sig sjelf, dess
    grönskande lunder
Speglade kronornas hvalf i sjöar, kända af ingen.
Fjerran var Danakung, och Svea konung än
    mera.
Götha, med hufvudet stödt på Kålmårds mossiga
    bållar,
Badade foten allen i Vetterns sydliga vågor.
Hvad som var nedanföre mot sjön, beboddes af
    våldsmän,
Männer för sig, en vikingastam, med styrkan
    till lagbalk.

Eine Hochzeit soll's geben mit Glanz und Staat, und die Trauung einer Kronenbraut soll stattfinden in Skatlöf. Der Bischof selbst ist zur Hochzeit geladen, denn man weiss, dass er die Gebräuche von Väterzeiten her liebt und ein Freund ist der grünenden Fröhlichkeit draussen auf dem Land. Ihm ist Skatlöf werth und theuer, seit der Zeit, wo er dessen Tempel geweiht hat, werth wegen seiner Browallaheide, Blendas wegen, und des Saalsee's wegen, wo Kellgren in schöneren Tagen wandelte, wo er seine Christina liebte und besang. Werth und theuer ist ihm der Probst der Gemeinde, der silberhaarige Weise, der sich an den Runen des Himmels halbblind studirt hat. Seit Norberg dahingegangen ist, stand er als Seher dem Thor des Morgenroths am nächsten und deutete dessen rosige Inschrift. — Jetzt ist er dahingegangen, auch er ist es jetzt! In Frieden und Segen ruhe seine Asche, möge sein Gedächtniss unter den Menschen wachsen so hoch wie des syrischen Libanons Cedern!

Die Pracht des Johannisabends lag wie ein grüner Flor über Wärend, dem altehrwürdigen Land der Sagen, der Vorzeit-Dichtung steinigem Hochland; denn ehe Karl der Zehnte wieder verband, was niemals hätt' auseinandergerissen werden sollen, ehe er Schonens blühende Insel, — Halbinsel will ich sagen, wieder mit Gothland verband, lag Wärend wie eine Welt für sich selbst da, seine grünenden Haine spiegelten ihre wölbigen Kronen in Seen, von denen Niemand noch wusste. Ferne war der Dänen König, und der König von Schweden noch ferner. Gothland, das Haupt gestützt auf des nordischen Schwarzwalds, auf des Kolmorden mosige Felsen, badete nur den Fuss in des Wettersees südlichen Wogen. Was weiter hinab gegen die See zu lag, war von einem wilden, gewaltthätigen Geschlechte bewohnt, Männern für sich, einem Stamm von Wikingern, deren Gesetzbuch das Recht des Stärkern war.

— — — — en bild af fädernas Asgård,
Thorslund hafva vi der, och Inges hög med sitt stenklot,
Ristadt med runor, om runor det är, oläsliga ännu;
Odins krubba, men tom, ty åttafotingen saknas,
Asa, för kämpar berömdt, nu marknads-kämpar allenast,
Velints härd på en klippa i sjön, och Vitalas murar.
Bleking, från Norrige bebygdt, alltse'n Hårfager der styrde,
Knöt sin grönskande krans emellan vågen och Värend. —
Sagorna lefva ännu, men Sturleson är ej kommen,
Att dem knyta ihop, som en krans isklockor på Island.
— — — — — — — — — —

Sol sjönk rodnande ner i Helges heliga vågor.
Majstång, sirad med löf och med band, stod smärt som en ungmö
Nära den källan, der förr Skt. Sigfrid döpte. De unga
Dansade sommaren in kring blommiga stängen, och knappast
Slöt sig ett öga den natt. — — — — —

Kom nu med buller och bång och med skott brudsvennernas skara,
Redo, till antal tolf, på små, men eldiga hästar,
Förande mellan sig den stätligt sirade brudgum.
Efter dem kommo i trippande skridt brudtärnorna äfven,
Suto som darrande löf — — — — — och förde
Bruden emellan sig, en smärt gestalt, men dock yppig,
Blåögd, men håret var brunt, som vanligt hos döttrar af Blenda,
Ty det kaukasiska guld är blandadt med mörkret från Finved.
Hög var tärnan att se ock rak som en stjelk af en lilja;
Lifvet du famnade lätt med ett handtag, endast du finge.
Nedanföre likväl sig hvälfde ländernas rundning
Yppig och stark, och barmen var snörd i en kedja af silfver,
Sprängd ej ännu, men hoppande högt för slagen af hjertat.

— — — — — ein Bild von dem Asgård der Väter, einen Thorshain haben wir da noch und einen Hügel Inges, mit seinem Haufen von Steinen, vollgeritzt mit Runen, woferu es Runen sind, die jetzt Niemand mehr lesen kann; — eine Odinskrippe sodann, freilich jetzt leer, denn der Achtfüssler ist nicht mehr da, Asa, seiner Kämpen wegen berühmt, jetzt nur noch seiner Jahrmarkts-Athleten wegen, Velints Feuerherd auf einer aus dem See hervorragenden Klippe und die Mauern von Vitala. Bleking, seit Hårfagers Herrschaft eine Kolonie Norwegens, schlang seinen grünenden Kranz zwischen der Fluth und zwischen Würend. — Die Sagen leben noch jetzt im Volke, indess kein Sturleson kam noch, um sie zusammenzubinden, wie einen Kranz von Eisglöckchen auf Island.
— — — — — — — — — —

Erröthend sank die Sonn' in des Helgesee's heilige Wogen hinab. Ein mit grünem Laub und mit Bändern gezierter Maibaum stand hoch und schlank wie ein Mägdlein nächst der Quelle, wo einst St. Sigfried taufte. Die Jugend tanzte, den blumigen Maibaum umschwärmend, den Sommer ins Land herein, und kaum schloss sich ein Auge die Nacht. — — — — —

Mit Lärmen und mit Schreien und mit Schüssen kam jetzt die Schaar der Brautführer daher; zwölf an der Zahl, kamen sie auf kleinen, aber feurigen Rossen dahergeritten, und führten zwischen sich den stattlich geputzten Bräutigam. Hinter den Burschen kamen alsdann in ängstlich trippelndem Schritt auch die Brautjungfern, wie zitterndes Laub sassen sie — — — — — und führten zwischen sich die Braut, eine schlanke, schmächtige, und dabei doch üppige Gestalt, blauäugig, jedoch braun von Haar, wie es in der Regel der Fall ist bei den Töchtern Blendas, denn das Gold des Kaukasus hat sich da mit dem Dunkel von Finwed vermischt. Hoch gewachsen war die Dirne zu schauen, und schlank wie ein Lilienstengel; mit deinen Händen umfasstest du den Leib mit Leichtigkeit, so du nur dürftest. Weiter hinab zu wölbte sich gleichwohl die Rundung der Lenden üppig und stark, und der Busen war zusammengeschnürt mit einer silbernen Kette, zwar noch nicht gesprengt, doch hochauf wogend von den Schlägen des Herzens.

Präktig var brudens drägt, en drifva virkad af
linne,
Men kring midjan der satt fältbindeln af siden
från Carlshamn,
Blå, som himmelens hvalf; den bärs blott af döt-
kor från Värend,
Arf af Blenda, se'n hon mot en fiende värnade
landet. —
Öfverst en krona af silfver, förgylld, med blix-
trande stenar,
Kanske af slipadt glas, men de strålade som
diamanter.
Och med sin grönskande prakt kröp gladt i
lockarnas skymning
Lingonriset omkring; det är myrtenkransen i
Norden.
Tåget slutades sist af anförvandter, och bland
dem
Brudens fader var främst, nämdmannen från
skogiga Odal,
Jemte den åldriga nämdmans-mor, skön än för
sin ålder;
Liljorna dröjde från friskare dar, fast rosorna
vissnat.

Höll nu tåget invid grönmålade porten af kyr-
kan,
Der mot de kommande gick högvördige Doctorn
och förde
Brud och brudgum till stol, som var byggd för
begge i choret.

Gick så med sång och med bön och med text,
idyller ur Bibeln,
Tagna ur hjertat och våndande dit, den christ-
liga gudstjenst.
Mycket förnummo vi då om döparn, rösten i
öcknen,
Hur han förkunnade den, som komma skulle, ty
plötsligt
Stiger en Gud ej ner till vår jord, men han
skickar som solen
Morgonrodnadens glans förut, att bereda sig
vägen.
Ville nu Doctorn förrätta den heliga akten, men
Bispen
Reste sig upp, tog bok, och talte bevingade
orden:

„Äktenskapet är stiftadt af Gud. ¶ dagarnas
början
Slumrade mannen; då togs ett refben under
hans hjerta,
Skaptes så qvinnan deraf: hon är kött af hans
kött, hon är anda

Prächtig war der Anzug der Braut, von Leinen
gewirkter Schnee, den schlanken Leib jedoch
umflog die seidene Feldbinde von Karlshamn,
blau, wie das Himmelsgewölbe; nur die Wären-
der Dirnen dürfen sie tragen, als ein Erbe von
Blenda, von jenen Tagen her, wo sie das Land
als eine muthige Vertheidigerin gegen den Feind
beschützte. — Zuoberst eine Krone von Silber,
vergoldet, mit blitzenden Steinen, vielleicht von
geschliffnem Glas, doch funkelten sie wie Dia-
manten. Und mit seinem prächtigen Grün
schlangen sich durch die Dämmerung der dun-
keln Locken hell und heiter die zarten Ranken
des Heidelbeerlaubes; das ist der Myrthenkranz
im Norden. Den Zug schlossen dann zuletzt
die Verwandten, und unter diesen war der Vor-
nehmste der Vater der Braut, der Geschworne
vom Bauerngerichte des waldigen Odals, neben
der greisen Geschworenenfrau, noch schön für
ihre Jahre; die Lilien waren noch zurückgeblie-
ben von frischeren Tagen her, wenn auch die
Rosen jetzt blass und verblüht waren.

Der Zug hielt jetzt an der grünangestrichenen
Kirchenthüre, da ging der hochwürdige Predi-
ger den Kommenden entgegen, und führte Braut
und Bräutigam zu dem Stuhl hinauf, der für die
Beiden im Chore bereitstand.

Mit Gesang und Gebet, und mit einer Predigt,
Bildern und Gleichnissen aus der Bibel, aus dem
Herzen kommend und darum auch wieder zu
Herzen gehend, wurde jetzt der christliche Got-
tesdienst von der Gemeinde begangen. Vieles
hörten wir da von dem Täufer, der Stimm' in
der Wüste, wie er Den verkündete, der da kom-
men sollte, denn nicht plötzlich pflegt ein Gott
auf unsere Erde herabzusteigen, sondern wie
die Sonne schickt er den Glanz des Morgenroths
voraus, um sich den Weg zu bereiten. — Jetzt
wollte der Prediger die heilige Handlung ver-
richten, jedoch der Bischof erhob sich, nahm
das Buch, und redete geflügelte Worte:

„Die Ehe ist von Gott selbst eingesetzt. Im
Anbeginn der Tage schlummerte der Mann einst-
mals; da ward eine Ripp' unter seinem Herzen
herausgenommen, und daraus ward das Weib
erschaffen: sie ist Fleisch von seinem Fleische,
sie ist Geist

Utaf hans anda; till tröst är hon skapt, till hjelp
och försköning.
Ljuft skall hon dela och ledt med den man, som
hon valt, och förlänga
Glädjens flyktiga stund, och trösta i sorgerans
dagar.
Huset bestyra skall hon till ordning, en van-
drande husgud,
Fostrande barnen i tukt och i Herrans förmaning,
att de må
Knyta en grönskande krans kring föräldrarnas
kärlek i hemmet.
Derföre älsken hvarann i tro och i äre! — —
— — — — — — — — — — — —
Saktmod höfves en man, den starkare. Tåla är
qvinnans
Mod, och att öfverse, fördraga och vika dess
seger.
Endrägt är skickad af Gud; en fridens, en tref-
nadens engel,
Står han på vakt vid de ringares dörr, och stän-
ger bekymret
Ute, som tränger i marmorpalats, sår törne i
praktsal.
Ringhet, ja fattigdom sjelf, är icke allenast en
pröfning,
Ofta en härdning det är, utvecklar krafter, som
annars
Aldrig kommit till lifs, sjelfständighet, stolthet
och heder.
Ofta i ringhetens hem der sitter beskyddande
engeln
Tyst vid de slumrandes bädd och bygger, i
leende drömmar,
Broar af aftonrodnadens moln till himlarnas
himmel."

Also sprach der Bischof jetzt, und noch man-
ches Andere dazu, " — — — — —
— — — denn zuweilen liebt er es zu sprechen:
er sagte dann die Gebete her: — bei der Stelle
jedoch von den Kindern und von der Blüthe
strahlte des Bräutigams Auge von Feuer, und
Purpur waren die Wangen der Braut. Hierauf,
als die Handlung vorüber war, traten die Eltern
und Geschwister und die Verwandten hervor,
den Getrauten Glück wünschend mit herzlichem
Handschlag. Dann kam auch der Bischof, und
gerührt gab er der holderröthenden Braut einen
Kuss auf die strahlende Stirne. Das ist ein
Recht des Bischofs von Wexiö.
— — — — — — — — — — —

Alltså talade Biskopen nu, och mycket der-
jemte,
— — — — — — ty ibland han älskar
att tala;
Läste så bönerna opp, men vid stället om barn
och om blomma
Brudgummens öga vardt eld, och purpur var
kinden hos bruden.
Sedan, när akten var slut, framträdde lyckön-
skande både
Fader och moder och syskon och slägt med hjer-
teligt handslag.
Efter dem Biskopen kom, och rörd på strålande
panna
Kysste han rodnande brud. Det är lofligt för
Bispen i Wexiö.

samlad kring runden alltre'n af det riktuppdu-
kade bordet
stod nu af hungriga gäster en ring: främst bru-
den med brudgum,
Båda föräldrarna se'n till höger, och Biskopen
närmast dem.
Följde i ordningen se'n de andra. Tappert var
anfall
Både mot skinka och soppa och fisk, mot stek
och mot pudding.
Kannan af silfver, tre mark tung, gick flitigt
kring laget,
Prydd med en Carolin på locket, med skummande
Marsöl.
— — — — Men snart i triumph kom bålen
och sattes
Neder för värden. Då löste sig tungornas band,
och som fjärlar
Infall flögo omkring och skämt bland klingande
skålar.
— — — — — — — — — —
Biskopen talade då till värden: „Hvarföre ej
dansa
Ute på Bråvalla der i det gröna? Himlen är
molnfri,
Skön och betydelsefull är en dans på grafvarna
alltid.
Lifvets yrande fröjd är oftast granne till döden,
Slumraren nere i mull störs ej af de dansandes
hvimmel."

— — — — — — — — — —

Solen sjönk medlertid bak bergen, ock skug-
gorna växte.
Mörkt blef det icke ändå, ty månen satt, som en
Saga,
Blekuad på himmelens hvalf, och förtäljde om
Bråvalla nuder.
Dansen svärmade än kring foten af konungens
ätthög,
Bröst der slogo mot bröst, och händer kramade
händer.
Skulle då slutligen nu krans dansas af bruden,
som sed är. —
Har du sett i April, när skyar jaga kring solen,
Nyligen vaknad till lif? Än gömma de henne i
mörker,
Och än blickar hon gladt derur med strålande
panna;
Alltså syntes den rodnande brud framdarra i
dansen.
Krigs-dans är det, en glad. Ty brud skall er-
öfras, försvarad
Af brudtärnornas här; men förrädaren sitter i
hjertat.

Bereits umgab den runden, reichlichgedeckten
Tisch ein Kreis von hungrigen Gästen: obenan
am Tische sassen die Braut und der Bräutigam,
Beider Eltern sodann zur Rechten, diesen zu-
nächst der Bischof, und dann der Ordnung
nach die Andern. Tapfer war der Angriff so-
wohl auf den Schinken, als auf den Fisch und
die Brühe, auf den Braten und den Pudding.
Fleissig wanderte auch die drei Mark schwere
silberne Kann', auf dem Deckel mit einem Ka-
rolinthaler geschmückt, und voll schäumenden
Märzenbiers, um den Tisch herum. — — —
Doch bald unter lautem Jubel kam die Punsch-
bole und wurde vor den Wirth hingesetzt. Da
löste sich das Band der Zungen, und wie Schmet-
terlinge flogen lustige Einfälle und Witze zwi-
schen den klingenden Gläsern umher. — — —
Da sprach der Bischof zum Wirthe: „Warum
denn nicht im Grünen draussen tanzen auf der
Brovallahaide? Es steht kein Wölkchen am
Himmel, ein Tanz auf den Gräbern ist immer
schön und voll tiefer Bedeutung. Des Lebens
schäumende Lust ist allzuoft eine Nachbarin
des Todes, den Schlummerer im Schooss der
Erde kann doch der Tanzenden buntes Gewühl
nicht mehr in seinem Schlafe stören." — — —

— — — — — — — — —

Indessen verschwand die untergehende Sonne
hinter den Bergen, und die Schatten wuchsen.
Und doch trat keine Dunkelheit ein, denn der
Mond sass, wie eine Saga, bleichen Angesichts
am Himmelsgewölbe, und erzählte Wunder von
Browalla. Der Reigen umschwärmte noch den
Fuss von dem Grabhügel des Königs, Busen
schlug da an Busen und eine Hand hielt die an-
dere fest. Zuletzt sollte denn auch das Fest-
spiel des Kranzeltanzes stattfinden, wie es der
Brauch ist. — Hast du es schon gesehn, wenn
zur Zeit des Aprilmonds Wolken die Sonn' um-
jagen, vor Kurzem erst wieder zum Leben er-
wacht? Bald bergen sie jene in Dunkel, und
bald blickt sie wieder heiter daraus hervor mit
strahlender Stirne; gerade so schien auch die
hocherröthende Braut vorwärts und rückwärts
zu schwanken im Reigen. Ein fröhlicher Kriegs-
tanz ist es. Denn die Braut soll dabei erobert
werden, geschützt und vertheidigt durch das
Heer der Brautjungfern; im Herzen jedoch sitzt
der Verräther.

Kinderna hissa en flagga, än röd, det är blyg-
selns, och derpå
Hvit, då önskar hon tyst få parlamentera och ge
sig.
— — — — — — — — — — — —
Stoj nu var der och strid. — — — — — —
— — — — Men se, då kom som en stormvind
Brudgum, som slitit sig lös ur männaringen, och
lyfte
Bruden på seniga armarna opp och skyndade
undan. —
Gästerna skingrades nu. Det var midnatt. Hä-
starne kommo,
Biskopen steg i sin vagn och försvann i dam-
mande sporrstreck.

Die Wangen hissen wechselnde Flaggen auf;
bald eine rothe, das ist die der Scham, und bald
eine weisse, dann möchte sie gerne still parla-
mentiren und sich ergeben. — — — —
— — — — — — — — — Lautes
Geschrei und Gelächter war da zu hören, und
Streit. — — — Doch gib Acht, da kam mit
einmal wie ein Sturmwind der Bräutigam, der
sich aus dem Kreis des Männerringes losgeris-
sen, daher geflogen, und hob die Braut auf
sehnigen Armen empor und trug sie eiligst hin-
weg. — Die Gäste gingen jetzt aus einander. Es
war schon Mitternacht. Die Pferde kamen, der
Bischof bestieg seinen Wagen und fuhr in stäu-
bendem Galopp davon.

F.

Aus dem Henri IV.

(Eine Liebesgeschichte aus dem Leben Heinrichs IV., Königs von Frankreich. — Der letzte epische Versuch des bereits gemüthskranken Dichters.)

Men pomeranseruas tid var förbi, och der sak
nades skottmål.
Då såg Henrik en flicka, som stod bland gapande
skaror,
Ung som han, och skönare än. och kallades
Flora.
Törnros hon bar i knoppande barm, och Henrik
förlägen
Bad få låna den: brydd hon gaf den åt honom
till skottmål.
Henrik sigtade då, och pilen han satt uti rosens
hjerta, liksom en stjelk. — Han tog dem begge
och bar dem
Hän till Flora, som blygt blott tackade, rodnande
litligt.
Från den stunden det var, som om ynglingen,
äfvensom Flora,
Träffats af kärlekens pil. Nytt lif gick opp för
dem begge. —
— — — — — — — — —
— — — — — — — — —

Doch die Zeit der Pomeranzen war vorüber, und
es fehlte an einem Schussziel. Da erblickte
Heinrich ein Mädchen, das unter dem gaffenden
Volksschwarm dastand, jung wie er, und noch
schöner, und Flora war ihr Name. Sie hatt'
eine Hagerose am schwellenden Busen stecken,
und Heinrich bat sie verlegen, sich dieselbe
leihen zu dürfen: überrascht gab sie sie ihm
zum Schussziel. Da zielte Heinrich, und der
Pfeil sass im Herzen der Rose, gleichwie ein
Stengel. — Er nahm sie beide und brachte
sie Floren, die nur schüchtern dankte, lebhaft
erröthend. Von der Stunde an war es, als wäre
der Jüngling, sowie auch Flora, vom Pfeil der
Liebe getroffen. Ein neues Leben ging Beiden
auf. —

Midt i parken der låg en brunn, infattad i mar-
mor,
Rundtkring stodo på vakt jasminer, syrener och
pinier

Mitten im Schlossgarten befand sich ein Brun-
nen, der war in Marmor eingefasst, und rundum-
her standen Jasmingesträuche, Fliederbüsche,
und Pinien

Med sin stingande lans, en lefvande vakt, och
en säker.
Sådan var parken. — — — — — —

Middagens qvalm låg hett, som det är i bergiga
trakter,
Strålen, trängd mellan berg, blir glöd: hvad på
slätten är värma,
Käns mellan klippornas mur såsom qvalm. Så
var det nu äfven
Bland Pyrenäerna här. — För att svalka sig ha-
stade Flora
Bort till den speglande dam: der tvädde hon
liljor i barmen,
Badade armarnas snö och vattnade kindernas
rosor.
Hänryckt bland buskarnas löf stod Henrik, och
blodet var lågor,
Mättas ej kunde hans öga, ty så steg Venus ur
vågen. —
Hvad han drömde den dag, det vet gud Amor
allena,
Han allena vet ock hvad Henrik drömde om
natten,
Blund i hans öga ej kom. Till Floras fönster
han smög sig,
Rodnande satt hon och läste i ro på stjernornas
saga,
Kärlekens saga det är. — — — — — —

mit stechenden Lanzen als Wache, — eine le-
bendige Wache, und zugleich eine sichere. So
war der Schlossgarten. — — — —

Die Schwüle des Mittags lag, wie es in bergi-
gen Gegenden der Fall ist, brütend heiss in der
Luft; der Strahl, zwischen Bergen eingezwängt,
wird zur Gluth, und was auf der Ebene drunten
Wärme ist, wird zwischen Felswänden als
drückende Schwüle empfunden. So war es jetzt
auch da in den Pyrenäen der Fall. — Kühlung
suchend eilte Flora nach dem Spiegel des Tei-
ches hin: da wusch sie die Lilien des Busens,
badete die schneeweissen Arme, und netzte die
Rosen der Wangen. Im Anschauen selig stand
Heinrich zwischen dem laubigen Gebüsch, und
wie Feuer fühlte er das Blut durch seine Adern
strömen, und nicht satt sehen konnte sich sein
Auge, denn so stieg wohl auch Venus vorzeit
aus der Fluth. — Was er an jenem Tage ge-
träumt haben mochte, das weiss Niemand als
Gott Amor, Niemand als er weiss auch, was Hein-
rich des Nachts geträumt haben mag. Schlaf
kam nicht in sein Auge. An Floras Fenster
schlich er sich hin; erröthend sass sie da, und
ruhig las sie in der Sage der Sterne, es ist die
Sage der Liebe. — — — — — —

Uebersetzungen aus fremden Sprachen.

1.

(Aus der griechischen Anthologie.)

Kärleksgudarne beväpnade.

Se, hur de plundrat den hela Olymp, de beväp-
nade piltar!
Prydda med Gudarnas rof, hoppa de kring i
triumph.
Deliers båge bar en, en annan Jupiters åsk-
vigg,
Klubban, som Herkules fört, släpar en tredje
uppå.

Die bewaffneten Liebesgötter.

Schau' doch, wie sie da den ganzen Olympos
geplündert haben, die bewaffneten Knaben! Ge-
schmückt mit dem Raub der Götter, hüpfen sie
fröhlich herum im Triumph. Den Bogen des
Deliers hat der Eine, ein anderer Jupiters Don-
nerkeil, ein Dritter lädt sich die Keule auf die
Schultern, die einst Herkules geführt.

Bacchi grönskande staf, Mars' hjelm, jordfam-
    narens trudd,
Merkurs bevingade skor, blossen, Diana har
    tändt,
Allt ha de tagit. Derför ej harmens att kufvas,
    J menskor,
När de odödlige ock lånat dem vapen mot er.

Den grünenden Stab des Bacchus, den Helm
des Mars, den Dreizack des Erdkreisumarmers,
Merkurs Flügelschuhe, die Fackel Dianens, Al-
les haben sie genommen. Darum nehmt es euch
nicht so zu Herzen, ihr Menschen, wenn ihr den
Mächtigen unterliegen müsst, da jenen selbst
die Himmlischen Waffen gegen euch geliehen
haben.

En naken Amor.

Naken är Guden, ej båge han för, ej flammande
    pilar,
Derför ler han så gladt, synes dig vänlig och
    from.
Fåfängt bär han dock ej en delphin och en
    blomma: delphinen
Tyder att hafvet är hans, blomman att jorden
    är hans.

Ein nackter Amor.

Nackt ist der Gott, und führt weder Bogen,
noch flammende Pfeile, darum lächelt er so hei-
ter, du hältst ihn für freundlich und fromm.
Doch nicht umsonst hat er in der Hand einen
Delphin und eine Blume: der Delphin deutet an,
dass das Meer sein ist, und die Blume, dass die
Erde sein ist.

Amor på bägarn.

Amor på bägarn! Hvarför? Det är nog med vi-
    net allena; —
Hettar tillfyllest mitt blod. Gjuter du olja i
    eld?

Amor auf dem Becher.

Amor auf dem Becher! Wozu? Es ist schon
genug mit dem blossen Wein; er erhitzt zur Ge-
nüge mein Blut. Giessest du Oel in's Feuer?

En sofvande Amor.

Sofve du verfligen, lågornas son, och lefde vi
    menskor,
Vore det blott för en stund, trygga för bågen,
    du bär,
Flammande facklan i hast jag kunde dig rycka
    ur handen,
Plundra från skullrorna lätt kogret som hänger
    kring dem.
Dock — som du ligger, jag fruktar dig än, ill-
    sluge. I sömnen,
Räds jag, du tänker på svek, drömmer förder-
    fligt för mig.

Ein schlafender Amor.

Schliefest du wirklich, du Sohn der Flammen,
und wären wir Menschen auch nur eine Stunde
sicher vor deinem Bogen, dann möcht' ich dir
wohl geschwind die brennende Fackel aus der
Hand reissen und mit Leichtigkeit dir den Kö-
cher von deinen Schultern rauben. Doch — wie
du da liegst, ich fürchte dich dennoch, du Schel-
mischer. Im Schlaf selbst, fürcht' ich, denkst du
noch auf Betrug und träumest verderblich für
mich.

Venus Anadyomene.

Venus, som stiger ur moderligt haf, ett verk af
    Apelles,
Visar dig målningen här. Märk, hur Gudin-
    nan är skön!
Se, hur hon samlar i handen sitt hår, som dryper
    af vatten,
Vrider ur lockarna ut skummet, som fäst sig
    deri.
Juno säger nu sjelf och Pallas Athene med
    henne:
Icke om skönhetens pris täfla vi längre med
    dig.

Venus Anadyomene.

Die aus dem Mutterschooss des Meers heraus-
steigende Venus, ein Werk des Apelles, zeigt
dir dieses Gemälde. Schau, was die Göttin doch
schön ist! Wie sie ihr Haar, ihr von Wasser
triefendes, in der Hand zusammen fasst und sich
den Schaum aus den Locken windet, der sich
darin festgesetzt hat. Jetzt muss es Juno selbst
sagen und Pallas Athene mit ihr: Nicht länger
streiten wir nun mit dir um den Preis der Schön-
heit.

Knidiska Venus.

„Naken jag visade mig för Adonis, Anchises
och Paris,
Blott för de tre, som jag vet: — men för Praxiteles när?"

Die Knidische Venus.

Nackt hab' ich mich dem Adonis, dem Anchises und dem Paris gezeigt, nur diesen dreien, soviel ich weiss: — doch dem Praxiteles — wann denn?

Bacchanten af Skopas.

A. Hvem är den rasande, säg? — B. En Bacchant. — A. Hvem har bildat den? — B. Skopas.
A. Bacchus dock gjort raseri't? — B. Nej, det har Skopas ock gjort.

Der Bacchant von Skopas.

A. Wer ist denn der Rasende, sprich? — B. Es ist ein Bacchant. A. Wer hat ihn denn gemacht? — B. Skopas — A. Die Raserei hat doch wohl Bacchus gemacht? — B. Nein, auch die hat Skopas gemacht.

Alexander af Lysippus

Djerfve Lysippus, du lågande själ, Sicyoniske konstnär!
Bronzen blickar som eld, eld är i konungens bild.
Så Alexander såg ut. Nu mera klandre mig ingen
Flyende Perser; med skäl hjorden för lejonet flyr.

Alexander von Lysippus.

Kühner Lysippus, du glühende Sele, Sicyonischer Künstler! Die Bronze blickt wie Feuer, Feuer ist in des Königs Bild. — So sah der macedonische Alexander aus. Von nun an schelte mir Keiner den fliehenden Perser; — mit Fug und Recht fliehen die Schafe vor dem Löwen.

2.

Hymnus an den Gott Pan.

(Nach dem Homer.)

Sångmö, sjung mig en sång om älskade sonen af Hermes,
Om bockfotade Pan, tvehornade, larmande Guden,
Som på den skogiga mad omsvärmar med dansande Nymfer.
Toppen stiga de på utaf den stalpiga klippan,
Ropa till Pan, till herdarnas Gud, skönlockiga kungen,
Solbränd, dammig att se; han rår om snöiga kullar,
Rår om åsiga berg och de steniga stigar deröfver.
Hit han vankar och dit omkring bland yfviga skogssnår,
Lockad än i sin gång af mildtframsorlande bäckar,
Än han vandrar omkring bland klippor, som sträfva mot himlen,
Klättrar på spetsen af dem, och spejar de betande hjordar.
Ofta de vida berg, de skimrande, irrar han öfver,
Ofta vid foten deraf han jagar och fäller, med skarp blick,

Muse, singe mir einen Gesang von dem lieben Sohne des Hermes, von dem bockfüssigen Pan, von dem zweihörnigen, dem lärmenden Gott, der da auf der waldigen Matt' umherschwärmt mit tanzenden Nymphen. Zur steilen Höhe steigen sie hinau des schroff niederhangenden Felsens, rufen zum Pan, zu dem Gott der Hirten, den schönlockigen Könige, gebräunten Gesichts, staubig anzuschauen; er ist der Herr der schneeigen Hügel, des steilen Gebirges und der steinigen Pfade darüber. Hieher schweift er und dorthin zwischen dem buschigen Waldgesträuch umher, angelockt auf seiner Wanderung bald von sanft hervormurmelnden Bächen, bald umherwandernd zwischen himmelanstrebenden Felsen, deren Kamm ersteigend und hinunterspähend nach den weidenden Herden. Ueber die weiten, die schimmernden Bergeshöhn oft schweift er, oft an dem Fuss derselben jagt er und erlegt, mit scharfem Blick,

Villehrådet: — när då han vänder tillbaka från
jagten,
Ensam, vid Hesperi sken, en sång han leker på
flöjten,
Ljuflig att höra; — ej litt besegrade honom i
toner
Fågien, den sångare ljuf, som i vårens blom-
miga dagar
Slår de klingande slag och gjuter sin klagan
bland löfven.
Bergens Nymfer jemväl med gäll röst sjunga
med honom,
Trippa med små steg kring mörkflödande käl-
lan i ängen,
Mjuk med sin grönskande bädd, der Hyacinthen
och Saffran
Blomma i tallös mängd bland gräsen och gjuta
sin vällukt; —
Der hörs Nymfernas sång; gjenljudet suckar
ur bergen.
Men än här och än der insmyger sig Guden i
dansen;
Hurtigt han fötterna rör; en mörkröd hud af
ett lodjur
Bär han på skullran: han glids i hjertat åt
klingande sången.
Vida Olympen besjunga de då och saliga Gu-
dar;
Hermes, den lyckosamme, likväl långt mer än
de andra
Sjunga de, huru han är de öfrigas hurtige bud-
sven,
Hur till Arkadien förr, till källsprångsymniga
landet,
Hjordarnas moder, han kom, der han har Cylle-
niska templet.
Der, så Gud som han är, han vallade ruggiga
gettren
At en dödolig man; ty njutningsträuande lusta
Blomstrade opp i hans barm för Dryops lockiga
dotter.
Yppiga bröllopet vardt fullbordadt, och uti ge-
maket
Födde hon Hermes en son: vidunderlig var han
att påse,
Bockfot, hornad dertill, storstojare, leende vän-
ligt
Upp sprang modren med skräck, sjelf öfvergif-
vande barnet,
Skrämd af den vilda gestalt och det yfviga
skägget hos gossen.
Hermes, den lyckosamme, likväl på armarna
genast
Tog sin älskade son, i hjertat fröjdades Gu-
den.

das Wild: — wenn er dann heimkehrt von der Jagd, dann spielt er in der Einsamkeit, bei dem Schein des Hesperus, eine Melodie auf der Flöte, lieblich zu hören: — nicht leicht möchte ihn der Vogel im Gesänge besiegen, der liebliche Sänger, der da in des Lenzes blühenden Tagen seine klingenden Schläge schlägt und seine schmelzende Klage durch den Wald ergiesst. Auch die Nymphen des Gebirges singen mit lauter Stimme mit ihm, umschwärmen ihn mit klei- nen, trippelnden Schritten die dunkelfliessende Quelle der Aue mit dem lieblichen und weichen grünenden Bette, wo die blühende Hyacinthe und der Saffran unzählbar im Grase stehn und süssen Duft und Wohlgeruch spenden; — da erklingt der Gesang der Nymphen; das Echo seufzt aus den Bergen. Doch bald da und bald dort mischt sich der Gott unter die Tanzenden; hurtig bewegt er seine Füsse; das dunkelrothe Fell eines Luchses umfliegt seine Schultern: von Herzen ergötzt ihn der Ton des Gesanges. Den weiten Olympos besingen sie da und die seligen Götter; mehr jedoch als all die andern preisen sie Hermes den Glücklichen, wie er ist der Uebrigen hurtiger Bote, wie er einst nach Arkadien, dem Springbrunnenreichen Lande kam, nach dem Herdenernährenden, wo er des Cyllenischen Tempels Heiligthum hat. Dort, obgleich ein Gott, weidete er einem sterb- lichen Mann die zottigen Ziegen; denn nach Genuss schmachtendes, heisses Verlangen er- blühte in seinem Busen nach der lockigen Toch- ter des Dryops. Vollzogen wurde sodann die üppige Hochzeit, und im Gemache gebar sie dem Hermes einen Sohn: wunderlich war er zu schauen, bockfüssig, mit Hörnern am Kopfe, ein mächtiger Schreier, und freundlich lächelnd. Vom Lager empor sprang die Mutter mit Schrecken, und gab selbst das Kind auf, ent- setzt von dem Anblick der wilden Gestalt und des üppigen Bartes bei dem Knaben. Hermes der Glückliche jedoch nahm seinen geliebten Sohn sogleich auf die Arme, im Herzen freute der Gott sich.

Hastigt han ilade opp till Gudarnas boning med barnet,
Svept i lurfviga skinn af bergbeboende harar.
Satte sig så hos Zeus och hos de öfriga Gudar,
Visade för dem sin son: de odödlige gladde sig alla,
Mest sig gladde likväl den svärmande Gud Dionysos.
Alla nu kallade pilten för Pan, ty han fägnade alla.

Derför, hell dig, o kung, af mig åkallad i sången!
Icke förgäter jag dig, ej heller öfriga sånger.

Schleunig schwang er sich mit dem Kinde, sorgsam ins zottige Fell der Gebirgbewohnenden Hasen gewickelt, hinauf zur Wohnung der Ewigen. Dann setzte er sich zu Zeus und zu den übrigen Göttern und zeigte ihnen seinen Sohn: und all die Unsterblichen freueten sich, am höchsten jedoch freute sich der schwärmende Gott Dionysos. Allzumal gaben sie nun dem Knaben den Namen Pan, denn sie all' erfreueten sich seiner.

Darum, Heil dir, o Herrscher, den ich im Gesang anrufe! Nicht vergesse ich deiner, und auch nicht der übrigen Lieder.

3.

An den Gott Helios bei einer Sonnenfinsterniss.

(Nach einem Fragment des Pindar.)

Strålande Helios, vidtkringblickande,
Ej må jag skåda ditt öga slocknadt.
Höga stjerna, om dagen
Undanstulen, förlamar du
Menniskans friska kraft och förmörkar vishetens bana.
Annorlunda än fordom
Kör du på mörkrets väg din vagn.
Men jag besvär dig vid Zeus,
Styr det vingade spannet,
Styr det till Thebans bästa!
O du heliga ljus,
Verldens gemensamma under!
Bådar du örlog åt oss,
Eller skördens förstöring,
Eller oändeligt snöfall,
Eller förderfveligt uppror?
Spår du oss kanske, att hafvet
Tömmer sig ut öfver fälten,
Eller att isköld stundar,
Eller en fuktig somnar,
Väl af vredgade skurar?
Eller kanhända du dränker åter
Menniskors nyburna jämmerslägte?

Strahlender Helios, weitumherschauender, nicht mag ich dein Auge erloschen sehn. Hohes Gestirn, am Tage den Blicken der Welt entzogen, lähmst du die frische Kraft des Menschen und verdunkelst die Bahn der Weisheit. Anders als vormals lenkst du auf dem Weg der Finsterniss deinen Wagen. Doch ich beschwöre dich bei'm Zeus, lenke das beschwingte Gespann, lenk' es zu Thebens Wohlfahrt! O du heilig Licht, du gemeinsam Wunder der Welt! Verkündigt du uns Krieg und Feldschlacht, oder Zerstörung der Erndte, oder unendlichen Schneefall, oder verderblichen Aufruhr? Bist du uns vielleicht ein Vorzeichen, dass das Meer sich übers Blachfeld ergiesst, oder dass Eiskälte bevorsteht, oder ein feuchter Sommer, nass von wüthigen Hagelschauern? Oder ertränkst du nochmals der Menschen neugeborenes Jammergeschlecht?

4.

Prometheus.
(Frei nach Goethe.)

Kläd i moln Din himmel, Zeus! Öfva barnsligt Dina viggar, Nu på ekar, Nu på berg.	Kleide deinen Himmel in Wolken, Zeus! Uebe kindisch deine Donnerkeile, jetzt an Eichen, und jetzt an Bergen.
Men min jord står fast likväl, Och min hydda, den ej du har byggt, Och min spisel, Hvilkens låga Gör din afund.	Meine Erde bleibt mir darum doch stehn, und meine Hütte, die du nicht gebaut, und mein Herd, dessen Flamme deinen Neid erregt.
Sämre än J, Höge Gudar, Vet jag icke Under solen. Med bekymmer Näres eder Gudahöghet Utaf offer- rök och böner. Och J hungraden, J höge, Vore barn och tiggare ej ännu Hoppuppfyllda, Fromma dårar!	Erbärmlicheres als euch, ihr hohen Götter, weiss ich nichts unter der Sonne. Kümmerlich ernährt sich euere göttliche Hoheit von Opferrauch und Gebeten. Und ihr müsstet hungern, ihr Hohen, wären nicht Kinder und Bettler noch stets hoffnungsvolle, fromme Thoren!
Då jag ännu Var ett barn, Vände sig mitt Vilsna öga Opp till Solen; Liksom vore der ett öra För min klagan, vore der ett hjerta, Att förbarma sig, Som mitt.	Da ich ein Kind noch war, richtete sich mein verirrtes Auge hinauf zur Sonne; gleichsam, als wäre da droben ein Ohr, um zu hören meine Klage, als wäre ein Herz da droben, um sich zu erbarmen, wie das meinige.
Hvilken halp mig Mot Titaners Öfvermod? Hvilken frälste Mig från bojan, Mig från döden? Allting har du Sjelf fulländat, Glödande, och Starka hjerta! Och du tackade i enfald, Oerfaret och bedraget, Slumraren I skyn deruppe!	Wer half mir wider der Titanen Uebermuth? Wer machte mich frei von der Kette, wer mich vom Tode? Alles hast nur du selbst vollendet, du glühendes und starkes Herz! Und dennoch danktest du in Einfalt, unerfahren und betrogen, dem Schlummerer im Gewölk da droben!

| Jag dig ära?
| Hvarför då?
| Har du lättat
| Den betrycktas
| Skullra än?
| Har du torkat
| Den förgråtnas
| Öga än?
| Smidde icke
| Mig till man
| Den allsmäktiga Tiden
| Och det eviga Ödet,
| Mina herrar,
| Zeus, och — dina?

Ich dich ehren? Wofür? Hast du je erleichtert des Beladnen Schulter? Hast du je das Auge getrocknet des Verweinten? Schmiedete nicht mich zum Mann die allmächtige Zeit und das ewige Schicksal, meine Herren, Zeus, und — auch die deinen?

| Kanske trodde
| Du, jag skulle
| Fly i öcknar,
| Lifvet hata?
| Derför att min ungdoms drömmar
| Voro drömmar,
| Och ej mer?

Vielleicht glaubtest du, ich sollte in Wildnisse fliehn, das Leben hassen? Darum, weil meine Jünglingsträume nur Träume waren, und nicht mehr?

| Här jag sitter
| Lugn och formar
| Menskor efter
| Mitt beläte,
| Ett Prometheiskt,
| Väldigt slägte,
| Som skall lida, som skall gråta,
| Som skall glädja sig och njuta
| Och förakta dig —
| Som jag!

Hier sitz' ich still und forme Menschen nach meinem Bilde, ein prometheisches gewaltiges Geschlecht, das leiden soll, das weinen soll, das sich freuen und geniessen soll und dich verachten — wie ich!

5.
Sehnsucht.
(Frei nach Schiller.)

| Sorgsen sitter jag på stranden,
| Lutar hufvudet i handen,
| Blickar öfver strömmen hän
| Till de sköna land, der tiden
| Ingen lia har, och friden
| Vandrar under Edens träu

Traurig sitz' ich am Gestade, das Haupt auf meine Hand gestützt, und blicke über den Strom nach den schönen Gefilden hinüber, wo die Zeit keine Sichel hat und wo der Frieden unter Edens Bäumen wandelt.

| Hvilka gyllne frukter blinka
| Mellan löfven fram, hur vinka
| Grottorna vid flodens rand!
| Se, hvad friska källor springa,
| Hör, hvad englaröster klinga
| Öfver från den glada strand!

Welche goldnen Früchte glänzen zwischen dem Laub hervor! Am Geländer des Flusses, wie laden die Grotten so freundlich ein! Schau, wie da so frische Bäche sprudeln, horch, was für Engelsstimmen da von dem heitern Strande herüberklingen!

Ser du, ser du, hvilka ljusa,
Saliga gestalter susa
Öfver fälten som en vind;
Hvilket himmelskt lugn kringstrålar
Deras panna, huru målar
Evig ungdom deras kind!

O hvad sällhet, att få blandas
Uti deras krets, få andas
Denna luft så ren, så sval!
Men mig stänger floden. Bitter
Reser han sin våg. Jag sitter
Tröstlös i min mörka dal.

O att jag blott vingar hade!
Till de öppna, till de glade
Kullarna jag droge hän,
Der ej någon stormvind ilar,
Der ett evigt solsken hvilar
På den undersköna scen!

Ser du icke, djupt i vester
Står ett tempel! Hvilka fester
Firas der, hvad offerdans!
Hur dess kolonnader skina,
Huru tornen båda sina
Tinningar i purpurglans!

Öfver måste jag, jag måste,
Om ock tusen stormar blåste,
Om hvar bölja svor mig krig;
Ty odrägligt sent går timman
Här på ödslig kust, och dimman
Trycker och förqväfver mig.

Men bedras mitt öga? Flaggar
Icke der en vimpel, vaggar
Ej en farkost vid min strand?
Ingen fruktan vill jag höra.
Blott ett under kan mig föra
Till de sköna undrens land.

Schau doch, schau, was für lichte, selige Gestalten wie ein Wehn des Windes über die Auen schweben; welche himmlische Ruhe umstrahlt ihre Stirne, wie färbt ein ewiges Jugendroth ihre Wangen!

O welche Seligkeit, sich unter sie mischen zu dürfen, athmen zu dürfen jene Luft, so rein und so kühl! Doch mir wehrt der Strom. Wilden Groll's erhebt er seine Fluth. Trostlos sitz' ich in meinem dunkeln Thal.

O hätt' ich nur Flügel! Nach den freien, nach den heitern Hügeln züg' ich hin, wo keine Stürme brausen, wo ewiger Sonnenschein ruht auf der wunderschönen Scenerie!

Siehst du nicht, im tiefen Blau des Westens steht ein Tempel! Welche fröhlichen Feste gibt es da, welche Opfertänze! Wie seine Säulenreihen glänzen, wie die Thürme ihre Zinnen in dem Glanz des Purpurs baden!

Hinüber muss ich, ich muss, und wenn auch tausend Stürme bliesen, und wenn auch jede Woge mir Kampf und Feindschaft drohte; denn unerträglich langsam vergehn mir die Stunden an diesem unwirthlichen Gestade, und der Nebel drückt mich und erstickt mich.

Doch seh' ich recht? Seh' ich nicht eine Wimpel dorten wehn, nicht einen Nachen an's Gestade schwanken? Von keiner Furcht und keinem Bangen will ich wissen, nur ein Wunder kann mich nach dem schönen Land der Wunder hinübertragen.

6.

Des Dichters Heimath.
(Nach dem Dänischen von Oehlenschläger.)

Säg, vill du veta, hvarest skalden bor?
Hvad land den hulde främling föder? —
Välan, han bor emellan norr och söder,
Hans hembygd är som jorden stor.

Sprich, soll ich dir sagen, wo der Dichter seine Heimath hat, welches Land den edeln Fremdling hegt? — Wohlan, zwischen Norden und Süden ist er daheim, seine Heimath ist so gross wie die Erde.

Den sträcker sig från Spitsbergs hvita fjällar
(En helig graf för syndaflodens lik)
Till isens aldrig smälta hällar
I söderhafvets obesökta vik.
I öster gränsar den till morgonrodnans flöden,
Till paradisets unga vår,
I vester gränsar den till döden,
Der ljuset ner i hvila går.
Här stänger evig is, der stormn kalla vindar,
Men midtomkring det stora fosterland
Sin gyllne gördel solen lindar
Och lågar i en evig brand.
Han njuter ären och behagen
Utaf hvad ort, hvad ålder helst han vill.
Hans födelsedag var skapardagen
Och tiden står för honom still.
Han bodde fredligt med Nomaden
I kulorna utmed det röda haf.
Med Amphion han byggde staden,
Och lagar han med Solon gaf.
Han följde Cekrops på dess flotta,
Med Bacchus Indien han vann,
På Pindens höjd, i Nymphers grotta,
Till Hades bleka land steg han.
Pegasen med de starka vingar
Till skänks han af Apollo tog,
Och väldigt, såsom örnen svingar,
På gudagångarn mellan stjernor drog.
Ny syntes honom än den gamla verlden,
Och dunkla medeltiden ny,
Då djerf han for den höga färden
Med Faust och Beelzebub i sky.
Hvar hemlighet, för andeverlden egen,
För forskarn gömd, vet han ändå.
I drömmen ser han himlastegen
Och räknar englarna derpå.
Hvartut han vill kan han sig vända,
Till stjernors höjd, till jordens grund,
Från verldens ena till dess andra ända
Han flyger på en morgonstund.
Hvar boning öppnas för den höga gästen;
Han står, såsnart han önskar blott,
I Nordens gamla kungafästen,
I Feers alabasterslott.
Ifrån palatsens stoj, från torgen
Han flyr till källans sorl, till ensligt bygd.
Bland bergen dväljs han uti riddarborgen,
I öcknen under palmers skygd.
Hvad stort blef tänkt, hvad djerft blef företaget,
Der var ej hjelten med, men han också.
Med Harald drar han till Bråvallaslaget,
Med Roland stupar han vid Ronceveaux.
Han följde Orleans' mö i bålets lågor,

Sie erstreckt sich von Spitzbergens weissen Gletschern (einem heiligen Grabe für die Leichen der Sündfluth) bis zu den noch niemals geschmolznen Eisblöcken in der von keinem Wanderer noch besuchten Meerbucht der Südsee. Im Osten gränzt sie an die Ströme des Morgenroths, an Edens jungen Mai, im Westen an den Strand des Todes, wo das Licht zur Ruhe niedergeht. Hier drängt sich starr und öde ewiges, unzugängliches Eis, dort brausen kalte Stürme, doch ringsumher um den Leib des grossen Vaterlands schlingt die Sonn' ihr goldenes Gürtelband und lodert in einem ewigen Feuer. Er geniesst den glänzenden Ruhm und die Anmuth jedes Orts und jedes Zeitalters, dessen Glanz und Lieblichkeit er geniessen will. Sein Geburtstag war der Schöpfungstag und die Zeit steht für ihn still. Friedlich mit dem Nomaden wohnte er in den Höhlen längs dem rothen Meer. Mit Amphion erbaute er die Stadt, und Gesetze gab er mit Solon. Er folgte dem Cekrops auf seiner Flotte, mit Bacchus gewann er Indien, des Pindus Höhen erklomm er, in die still geheime Grotte der Nymphen, selbst zu des Hades bleichem Land stieg er hinab. Den Pegasus mit den starken Schwingen erhielt er als ein Geschenk von Apollo, und gewaltig wie mit Adlerflug zog er mit dem göttlichen Rosse durch das Gebiet der Sterne. Neu erschien ihm noch die alte Welt, und neu das dunkle Mittelalter, wo er kühn mit Faust und Beelzebub durch die Lüfte die hohe Fahrt machte. Jedes Geheimniss, sei es bloss der Geisterwelt erschlossen, sei es dem Forscher verborgen, ihm ist es kund. Im Traume sieht er die Himmelsleiter und zählt die Engel darauf. Wohin er nur will, kann er sich wenden, zum Dom der Sterne, in den Grund der Erde hinab, vom einen Ende der Welt zum andern fliegt er in einer einzigen Morgenstunde. Jede menschliche Wohnung erschliesst sich gerne dem hohen Gast; so bald er nur will, steht er in des Nordens uralten Königsburgen, steht er im Alabasterschloss der Feen. Von des Palasts Geräusch, von des Markts Gewühl flieht er zu der Quelle Gemurmel, zur Einsamkeit der Natur. Im Gebirge hält er Rast im Ritterschloss, in Brand der Wüste unter schattenden Palmen. Wo es in der Welt einen grossen Gedanken, wo es eine kühne That galt, da war nicht nur der Held, da war auch er dabei. Mit Harald zieht er in die Schlacht von Browalla, sterbend mit Roland sinkt er in die Kniee bei Ronceveaux. Die Jungfrau von Orleans begleitete er zur Gluth des Scheiterhaufens,

Med Luther manade han Påfven ut,
Drog med Columbus öfver vestervågor,
Och störtade med Winkelried på spjut.
Med Werther svärmar han, när våren blommar
Och månen blickar genom löfven ner:
Han diktar i den gröna sommar
En Odyssee i skuggan med Homer.
Om hösten, när en blåst går genom dalen
Och solen blodig färgar bergens topp,
Han står med Shakspeare uti riddarsalen
Och manar gamla skuggor opp.
När vintern breder sina skrudar
Likt dödens lakan öfver stelnad jord,
Då sitter han med Valhalls Gudar
I norrskensnatten öfver väldig Nord.
I handen Brages harpa klingar
Om strid och fall, om As och Alf,
Och snön ifrån de hvita vingar
Nerdammar öfver Valaskjalf. — —
Men dit, kring hvilket alla verldar ljunga,
Det som ej målas kan af menskohand,
Som ej förtolkas kan af menskotunga,
Hans eviga, hans rätta fosterland:
Der inga elementer strida,
I samningens och fridens stat,
Der vänligt sitta vid hvarannans sida
Johannes, Balder och Sokrat:
Der oskulds englar sina liljor vira
Kring Herkulsklubban, — der de starke stå
Kring thronen, och med jubel fira
Den Onämnbare deruppå; —
Dit sträfvar han från grus och töcken,
Det anar han i allt hvad stort och skönt;
Men evigt famlar i Tartarens öcken
Den, som hans flygt ej älskat eller rönt.

mit Luther forderte er den Pabst zum Kampf heraus, zog mit Columbus übers Westmeer hin, und mit Winkelried stürzte er sich in die Spiesse. Mit Werther schwärmt er im blühenden Frühlinge und bei des Mondes Blick durch's Laub der Blume: mit Homer dichtet er im schattigen Grün des Sommers eine Odyssee. Zur Zeit des Herbsts, wenn der Sturm durch's Thal hintobt, und wenn die Sonne die Gipfel der Berge blutig färbt, dann steht er mit Shakspeare im Rittersaal und beschwört die Schatten einer grauen Vorzeit herauf. Wenn der Winter seine Gewande gleich einem unermesslichen Leintuch des Todes hinbreitet übers erstarrte Erdreich, dann sitzt er mit Walhallas Göttern im Glanz der Nordscheinstrahlenden Nacht ob Nordens Höhen. In seinen Händen klingt ihm Brages Harfe von Streit und Fall, von As und Alf, und der Schnee von den weissen Schwingen stäubt nieder auf Walaskjalf. — — — — —
— — — Dahin jedoch, worunter die Welten all im Schwung sich leuchtend drehn, wofür keine menschliche Kunst einen Pinsel, keine menschliche Sprache ein Wort hat, sein ewiges und wahres Vaterland: wo keine Elemente mehr mit einander im Kampfe liegen, in dem Staat der Wahrheit und des Friedens, wo freundlich neben einander sitzen Johannes, Balder und Sokrates: wo die Engel der Unschuld die Herkuleskeule mit Lilien umkränzen, — wo die Starken um den Thron herumstehn und jubelnd den Unnennbaren darauf feiern; — dahin strebt er von dem Schutt und Nebel der Erde, das ist es, was er in allem Grossen und Schönen ahnt; — doch ewiglich tappt in des Tartarus Oede herum, wer seinen höhern Flug nicht liebte und von ihm nichts wusste.

P. H. LING.

Der drittgrösste Name der gothischen Schule nach denen Esaias Tegnérs und Geijers ist der P. H. Lings. — Er ist in Småland im Jahre 1775 geboren, war längere Zeit hindurch Prinses der Lunder Fechtschule, kam später als Vorstand des gymnastischen Central-Instituts nach Stockholm, wo er die seinen Namen führende „schwedische Gymnastik" einführte, und † daselbst im Jahre 1839. (Eine Lebensbeschreibung P. H. Lings von J. Lénström erschien in Stockholm 1852.) — — L. ist eine lyrisch-realistische Natur. C. Lenström hebt als herrschendes Princip seiner Poesie mit Recht eine „gefühlvoll naturschildernde" Richtung hervor; denn das Supernaturelle und Idealistische im Gebiet der Lyrik war nicht so sehr seine Sache, als das Gefühl und das Realistische; der äussere Hauptstoff, an den er seine Gefühle anknüpft, ist nicht die Welt des Menschen, als der Stoff und der Angelpunkt des epischen Gedichts, sondern die Naturwelt. Seine lyrische Unruhe, seine schnell wie der Blitz leuchtende und wiedererlöschende Empfindung macht ihm die epische Ruhe, das gleich einem Strom der Ebene durch die Seele rauschende heitere Gefühl der Sicherheit und Klarheit, wie das schöne Gleichmaass der Gedanken und des Gefühls schlechterdings unmöglich. Ihm fehlt ausserdem durchaus jede rationelle Grundlage in der Kunst, die ruhige Einsicht in den Bau und die Anlage eines organischen Kunstwerks, die Gabe und Fähigkeit der scharfen und klar hervortretenden Charakterzeichnung, sowie das Maass in der Malerei der Leidenschaft. Unter solchen Umständen ist es zu erklären, wenn ihm in seinen epischen, wie dramatischen Dichtungen gewöhnlich bloss die naturbeschreibenden und lyrischen Passagen gelingen, während man die Mühe, sich durch ein ganzes Gedicht hindurchzuarbeiten, bei diesem gewöhnlich nicht endenden Barden in der That als eine wahre Herkulesarbeit bezeichnen muss. Denn ein Genie ist er wohl; doch fehlt ihm die reine Schönheitslinie des Genies, ihm fehlt der Geschmack und das Studium der Griechen, die die Gedichte Tegnérs so unsäglich adeln. Er ist ein Hyperboräer durch und durch; statt der Lyra, statt des goldenen pythischen Bogens Tegnérs, neben welchem er dasteht ungefähr wie Klinger neben Goethe, schlägt er mit Macht die stärkern, doch melodienärmeren Saiten der Thelyu und schwingt er den Speer des Gothenthums. — Die hohe Schönheit, die Kühnheit des Gedankenfluges, die Wucht der Gleichnisse und Bilder in einzelnen naturbeschreibenden und lyrischen Passagen seiner Dichtungen, von denen wir einige mittheilen, werden ihm indess in schwedischen Anthologien, wie im Buch der schwedischen Literaturgeschichte gewiss eine bleibende Stelle sichern, und die Schweden werden seinen Namen nennen, wenn mancher andere von den Irrsternen der modernen Miniaturpoesie, die ein paar Wochen hindurch glänzen, spurlos untergegangen ist. — Seine Gedichte, von denen leider bloss eines und das andere das Glück gehabt hat, in andere Sprachen übersetzt zu werden, waren folgende: „Kärleken" (das berühmte Schäferliebesgedicht Lings) [Stockholm, 2. A. 1816]. — „Asarne" (die schwedischen Metamorphosen) [Stockholm, 2. A. 1833.] — „Tirfing" (das verhängnissvolle Todesschwert der „Hervarasaga", eine romantische Dichtung in 10 Gesängen, Stockholm, 1836. — Dann die Dramen aus der schwedischen Geschichte (1812—1824): Agne, Eylif den Göthiske, der Reichstag des Jahres 1527, Engelbrecht Engelbrechtsson, die h. Birgitha, Styrbjörn der Starke, Ingjald Illråda, Blotsven etc. etc. — Lauschen wir nun den Urtheilen der schwedischen Literaturgeschichtschreiber, so werden wir unsere Ansicht von Lings durchaus mehr lyrischem als epischem Naturell, und von seinen mehr als man gut und geschmackvoll nennen kann hyperboräischen Eigenthümlichkeiten überall bestätigt finden. Wir glauben das Bild des Dichters, von dem wir in unserer Schilderung bloss die Cardinal-Linien des Profils, so zu sagen, wiederzugeben gesucht haben, nicht besser vervollständigen zu können, als indem wir den schon mehrmals erwähnten Werken Wieselgrens, Lénströms und O. P. Sturzenbechers ein paar Striche mit der Feder nachzeichnen, ohne gerade für jeden derben Pinselstrich, besonders in dem Buch des letztern, einzustehen. O. P. Sturzenbecher, wie man nothwendig vorausschicken muss, ein dem „jungen Schweden" angehörender Dichter und Publicist der jüngeren Generation, ein Schüler theils unseres H. Heine, theils des Franzosen Jules Janin (wie er sich selbst gerne nennen lässt), sagt von L. unter andern: „L. war eine hyperboräische Natur, nur ein wenig bärenhaft, ein wenig man möchte sagen zu urnordisch; seine Poesie geht hinauf bis zur Gränze des ewigen Schnees, wo in den dünn stehenden Birken nur noch dann und wann ein paar Meisen zwitschern und eine einzelne Föhre traurig in die Fluth des schäumenden Gebirgsstroms hinaushängt. Der Grundton seiner Poesie war eigentlich das Lyrische; durch das Beispiel der nordischen Dichtungen im grössern Styl, die gerade damals in Schweden selbst, wie in dem dänischen Nachbarreiche erschienen waren, liess er sich jedoch zu seinem Unglück verführen, geschwind auch seinerseits ein paar Stücke im grossen Styl mit grandiosen, staunenerregenden Dimensionen zu fabriziren. Er setzte sich also nieder und schrieb ein grosses nordisches Drama nach dem andern, womit er wahrscheinlich nichts Geringeres beabsichtigte, als ein zweiter Oehlenschläger für Schweden zu werden, sowie ein paar grosse nordische epische Gedichte, nämlich „Asarne" und „Tirfing". Leider sind all diese grossen Arbeiten im Ganzen ziemlich langweilig. „Denn Handlung ist der Welt allmächt'ger Puls," sagt Platen einmal, und die fehlt gerade gewöhnlich seinen Dichtungen. Denn in den Dramen halten seine Kämpen Reden gegen einander vom frühen Morgen an bis in die Nacht hinein, gleichsam als wenn Einer im Stande wäre, die Welt durch Reden, und wären sie auch noch so schön und bilderreich, auch nur einen Zoll breit vom Fleck zu bringen. In seinen epischen Dichtungen dagegen geräth er gerne ins Chronikenstyhlmässige; er gibt oft bloss pragmatische Beschreibungen der Begebenheiten, anstatt der Begebenheiten selbst, von denen gewöhnlich keine Spur zu sehn ist. Sowie er jedoch in diesen seinen Compositionen einen Augenblick das epische Gebiet verlässt und ins lyrische hinüber schweift, ist er auf der Stelle eine ganz andere Erscheinung; da erhebt er sich mit einem Male zu einer imponirenden Gewalt und Grösse, da ist er plötzlich voll

Pracht und Energie der Sprache, und Gedichte wie der herrliche „Gesang Wäinemöinens" und einzelne Chöre in seinen Dramen gehören in der That zu den herrlichsten lyrischen Schöpfungen unserer Tage, und beweisen zur Genüge, was der Mann geworden wäre, hätt' er nicht mit Gewalt nach einem Lorbeer gestrebt, der ihm nicht blühte, und wär' er in Brages Namen bei seiner „Bärensehnenbesaiteten" Lyra geblieben. In seiner Sprache schon hatt' er sich eine gewisse originelle Manier angewöhnt, eine Manier, die darin bestand, in möglichst altväterischer Façon zu schreiben und mit lauter gleichsam in Schweinsleder gebundnen Worten und Redensarten herumzuwerfen; und es lässt sich nicht läugnen, dass schon darin was Hyperboräisches, Ureigenthümliches und Berserkermässiges lag. Auf jedem Blatt wimmelt es bei ihm von Sprachungethümen und Ungeheuerlichkeiten, wie zum Beispiel „stormvräktan sjö," d. i. vom Sturme hin und hergeworfenes Meer, „gräsliga vågor, som kring kölen månd' gånga, d. i. grässliche Wogen, die den Kiel wohl umschwanken, „förgrymmade kämpar, makalöst stora och svängande stenklubban, rysliga tung," d. i. ergrimmte Kämpen, gross sonder Gleichen und schwingend die Steinkeule, schauderhaft schwer, u. s. w. — Doch war er in Naturschilderungen sehr glücklich, und hatt' er dann und wann Scenen und Gegenstände weicherer Art und Natur zu zeichnen, dann war es gerade, als schmölze sein ganzes, sonst ziemlich samojedisches Wesen mit einem Male in eine mildere, eine sanftere Stimmung dahin, und seine rhythmische Sprache fliesst dann leichter; es ist, wie wenn plötzlich das Eis seiner Berserkerseele bräche. Als ein L.'s ganzes Wesen und dichterische Eigenthümlichkeiten ungemein gut wiederspiegelndes Beispiel wähle ich eine Stelle aus seinem grossen Gedichte „Asarne," wo König Gylfe dem Herold befiehlt, mit einer Botschaft nach der Insel Fünen hinüberzueilen; — wobei zu bemerken ist, dass Gylfe seine Befehle mit einem gewissen Nachdruck zu geben gewohnt war, denn

„högt räsom elfvornas sus i vår Nord,
när hundrade vårfloder ner i dem falla,
så Gylfe till härolden qvad dessa ord:
Nu vårstormen hviner,
och vårsolens glans
på isarna skiner.
Snart böljornas dans
skall börjas vid stranden
och svänga sig snällt
öfver hvalarnas fjät;
på glittrande sanden
blir snödrifvan smält.
I svallande bölja
Du guldsnäckan sätt!
af bjelterik ätt
välj män, som dig följa!
Snabbt ile du fram
till gudarnas fränder
af Asarnas stam
på Fiones stränder!"

lauten Hall's, gleich dem Brausen der Ströme in unserem Norden, wenn geschwollne Frühlingswasser zu Hunderten darein sich ergiessen, sprach Gylfe zum Herolde da: Der Frühlingssturm tobt jetzt und der Frühlingssonne Glanz bestrahlt die Eisfelder. Bald wird der Wogen Tanz beginnen am Strande und sich hinschwingen schnell übers Gefild der Wallfische; auf dem glitzernden Sande schmilzt der Schnee. Ins schäumende Meer lass die Goldschnecke hinab! Aus heldenreichem Geschlechte wähle dir Männer, die dir folgen! Schleunig eile du zu den Verwandten der Götter vom Asenstamm an Füuens Gestaden!

Nachdem Gylfe hierauf dem Herold gehörig Bescheid gegeben hat, was er in Fünen zu thun hat, erwidert ihm der letztere:

„För seniga händer
skall guldsnäckan gå
i böljorna blå
till Fiones stränder;
mång' ättgode män
skola vagga på den etc. etc."

Mildt vinkade Gylfe, och bårolden teg
och bugade djupt, när han slutat de orden.
Men åter nu vinkade drotten i norden
och bårolden bortgick med ilande steg.

Ren vårstormen islagda böljorna vältе,
ren vårsolen vaggando isarna smältе,
som fram och tillbaka på stormvräktan sjö
än flöto så jemnt som en snöbetäckt ö,
än åter sig kautrade öfver hvarannan
så höga som fjällen med snödok kring pannan.
Men isarna sjönko för vårdagens sol,
och göken omsider i lunderna gol.

Von sehnigen Händen getrieben soll die Goldschnecke gehn durchs blaue Meer nach Fünens Gestaden; der Männer genug von gutem Geschlechte sollen wiegen daran etc. etc.

Sanft winkte Gylfe, und der Herold schwieg und verneigte sich tief, nachdem er gesprochen. Doch abermals winkte der König im Norden, und der Herold begab sich von dannen mit eilenden Schritten.

Schon wälzte der Frühlingssturm die Wogen dahin voll schwimmenden Eises, schon schmolz die Frühlingssonne die dahinschaukelnden Eisfelder, welche da vorwärts trieben und rückwärts in dem vom Sturme hin und hergeworfenen Meer, und welche bald ruhig und still daher geschwommen kamen gleich einer mit Schnee bedeckten Insel, bald wieder sich übereinanderthürmten so hoch wie Felsengebirge mit dem Tuch von Schnee um die Stirne. Doch die Eisblöcke zerschmolzen zuletzt vor der Frühlingstagssonne, und des Guckucks Ruf scholl in den Hainen. —

Wohl ist es nun wahr, dass diese Beschreibung für eine Schilderung des Frühlingserwachens, noch ein wenig zuviel Schnee und Eis und Sturm enthält, indess ist sie gerade dadurch so eine ächt Lingsche und nordische; — denn der Winter, möchte man sagen, ist gewissermassen die Nationaltracht des Nordens. Uebrigens fühlte L. Letzteres recht wohl, und sagt selbst einmal (in seiner berühmten Rede beim Eintritt unter die Zahl der Achtzehn der schwedischen Akademie) von sich, dass seine Poesie „dem Winter seines Landes gleiche und darum keine Blumen habe," und glaubt, (was wir jedoch nur als einen Beweis der seltenen Anspruchslosigkeit des trefflichen Mannes aufführen) „dass seine Dichtungen höchstens dem blassen Schein des Mondes glichen, der sich in der glänzenden Fläche eines gefrornen See's spiegele." An einer andern Stelle gesteht er sogar gradezu, „bei manchen Gelegenheiten habe er bis zum Uebermaass einer gewissen Barbarei des Styls gehuldigt, und habe nicht selten, einem Vandalen gleich, den schönen Schleier zerrissen, der die göttliche Gestalt der Kunst umwebe;" — lauter Selbstgeständnisse einer schönen, von jeder kleinlichen Eitelkeit freien Dichterseele, wie man sie gewiss nur sehr wenigen Poeten nachrühmen kann. —

„Wer möchte es glauben?" (fragt nun plötzlich Sturzenbecher) „dieser Mann ist sich selbst dennoch einmal in einem weichen Augenblick so untreu geworden, dass er sich hinsetzte und seine berühmte „Liebesidylle" dichtete, eine Gessnersche Idylle in zehn nicht kurzen Scenen (denn das Stück ist in dialogischer Form und in Scenen geschrieben) und mit Damon und Werther in einer Person, mit der Hütt' und der Quelle des Haines, mit Rosen und Lämmern, mit baumwollnen Leidenschaften und Limonadethränen!" — Dieses Gedicht mit seiner dazugehörigen angenehmen Melodie machte zu seiner Zeit gleichwohl grosses Glück, und ein paar Jahre hindurch war es in Schweden das Leib- und Lieblingsstück der ganzen Welt. In jedem Winkel der schwedischen Erde begrüssten Einen seine

Klänge, im lauten Gewühl der Stadt und des Markts, wie draussen im Frieden des einsamen Dorfes, in der Hütt' im Thal, wie droben im Glanz des Palasts, vom niedern Erdgeschoss bis hinauf zur armen Poetenwohnung unter dem Dach: — wo du hinkamst, da lag es am Klavier obenan, es war der Triumph des herumziehenden blinden Musikanten und ein Kleinod des Trosts in traulichen Dämmerungsstunden für arme gebrochne Herzen. — Später wurden die schönen „Freischützarien" Mode in Schweden, dann die von Crusell componirten Romanzen aus der „Frithiofssage", und jetzt — ist es verklungen und vergessen; und Niemand spricht mehr davon als die Geschichte der schwedischen Poesie und jener Tage. — — — — — Urnordisch, wie seine Dichtungen," schliesst unser Gewährsmann, „war übrigens schon der Eindruck seiner ganzen persönlichen Erscheinung, und wenn man den Mann so in seinem sonderbaren Anzug von rauhem Wolfspelz, unter dem seine ziemlich schmächtige Gestalt wunderlich genug hervorsah, in seinem grossen Turnsaal in Stockholm herumgehn sah, dann begriff man den berühmten Satz, dass der Styl der Mann ist, dann begriff man das Hyperboräische in seinen Dichtungen und den Eifer gerade für dergleichen Leibesübungen, wie er sie wieder einführte: — denn gleich userm guten Jahn, dem noch als Greis so frischen, fröhlichen und freien, suchte auch L. durch seine Turnschule für eine Regeneration des gegenwärtigen Geschlechts zu wirken, und eine Race in Schweden heranzuziehen, gleich jenen Berserkern, die seinem Herzen so theuer waren."

Ebenso sagt auch P. Wieselgren von ihm, dass er am grössten als Lyriker gewesen sei, dass ihm jedoch dieser Lorbeer zu wohlfeil erschienen wäre. Er habe sich daher in den Kopf gesetzt, Epiker zu werden, und habe seinen „Gylfe" geschrieben (1812), eine Dichtung, worin er besonders in Naturschilderungen des Guten mehr als genug gethan habe, und woraus später seine „Asarne" hervorgegangen seien, nebenbei gesagt die grösste epische Dichtung der ganzen schwedischen Poesie, da sie nicht weniger als dreissig Gesänge und nahe an 700 Seiten umfasse. — Wäre L. Lyriker geblieben, schliesst W., seine Lieder würden gewiss gleich denen Tegnérs im Herzen der ganzen Nation leben; so hingegen gelte von ihm jetzt, was ein anderer schwedischer Dichter, der pseudonyme Vitalis, (s. den IV. B. dieses Werkes) einmal von den Dichtungen Ariosts sage, dass er nämlich . . . . „ein grosser Dichter sei gewesen, den leider Wenige nur lesen." —

Lénström beklagt in L's „Asarne", einer Schilderung der mythischen Asa-Kolonisation Schwedens, Norwegens, Dänemarks und Finlands in Reimen, besonders den allzugewaltigen und unübersehbaren, zum Theil gradezu rohen Stoff selbst, und den Mangel an jeder Spur von epischer Anlage und Durchführung. Iliaden und Odysseen von Schlachten und von abenteuerlichen Irrfahrten werden oft bloss mit zwei Zeilen abgethan, und Reisen nach fernen, fernen Gegenden bloss mit den paar Worten erwähnt: „hierauf zog er da und dahin, und ehe das Wort noch gesprochen ist, steht auch der Held schon an Ort und Stelle. Wie die Arbeit jetzt vorliegt, ist sie leider nichts weiter als eine Art von Lehrbuch in Reimen, möchte man sagen, der fabulösen Asa-Einwanderungszeit im Norden, eine Geschichte in Reimen, welcher Saxo und Sturleson als Quelle dienen, und worin bloss das Wichtigste einigermassen erzählt ist, während das Uebrige bloss mit ein paar Worten erwähnt wird. Seine Charakterzeichnung ist schwach. Für L. gibt es bloss zwei Typen, einen für das männliche, und einen für das weibliche Geschlecht, und diese zwei Typen prägt er nun, und zwar beinahe ohne Nuancen, in jeder einzelnen von seinen Personen aus. Von ungefähr siebenzig Personen, welche im Gedichte figuriren, hat nicht eine einzige eine klare, sichere Zeichnung und eine treue Haltung des Charakters. Der

Plan des Gedichtes ist schlecht. Die vier verschiedenen Abtheilungen, von denen jede einen eigenen Titel führt, ermangeln durchaus des lokalen Gepräges. Die Arbeit ist sonach im Ganzen misslungen, enthält indess einzelne Partien naturbeschreibenden und lyrischen Inhalts, die in der That grossartig und wundervoll sind. In solchen Partien zeigt sich der Dichter in seiner ganzen Originalität und in der ganzen Pracht seines poetischen Genius, der sogleich augenscheinlich hervortritt, sowie er darangeht, seine gewaltigen Riesenkämpfe, seine übermenschlichen Gestalten aus dem Heidenthum und aus dem Kreis der nordischen Natur zu schildern, angestrahlt von einem mythischen Lichtglanz von Walhalla und seinen schimmernden Burgen. Es erfasst Einen ein förmliches Grauen vor diesen gewaltigen Reckengestalten aus der Zeit des „Weltalters der Kräfte;" sie gleichen mehr den Rimthussen der nordischen Sage, als sterblichen Menschen." — Ebenso ist es der Fall mit dem andern grossen Gedichte L's, mit dem „Todesschwert", einer lyrischerzählenden Dichtung, die der berühmten Hervarasaga des Nordens nacherzählt ist, und die mit den „Asarne" dieselben glänzenden Seiten, wie dieselben Mängel gemein hat: — in beiden ist es dieselbe ächt nordische Kraft und männliche Eigenthümlichkeit, die uns anweht, in beiden die nämliche Schönheit und Pracht der lyrischen Partien und der Naturbeschreibungen, die uns hinreisst, wie das nämliche Behagen am Ungeheuerlichen und Grässlichen, was uns abstösst. — Man kann von L. sagen, was er selbst einmal von einem andern schwedischen Poeten, von A. F. Skjöldebrand, mit den Worten gesagt hat: „Was er in schöner Kunst gedacht und gethan hat, war gross und männlich seiner ganzen Richtung und seinem ganzen Streben nach, und hat niemals der Mode gehuldigt und dem kleinlichen Geschmack des Zeitgeists. Manches darunter mag einem geläuterten Schönheitssinn widerstreben, Manches ihm des Kranzes minder werth erscheinen: — die Kraft und der Hochsinn seiner Poesie geht jedoch unsichtbar durch unser ganzes gegenwärtiges Geschlecht, und geht von Herzen zu Herzen." — Gothischer im strengsten Sinn der gothischen Schule dachte und fühlte kein schwedischer Dichter. —

Die übrigen Anhänger der gothischen Schule waren A. A. Afzelius, v. Beskow, Nicander und A. Lindeblad, von denen sich der Erstere mehr dem einfachen Ton und der nationalen Richtung Geijers und Lings, die drei Letzteren mehr dem farbenprächtigen Panier Esaias Tegnérs anschlossen.

Aus dem idyllischen Gedichte: **Kärleken.**

1. Scene.

Herman, med en blomster-kransad flöjt i handen. Hermann, mit einer blumenbekränzten Flöte in der Hand.

Stunden Bortilar; Men icke min smärta! Lunden Han hvilar, Men icke mitt hjerta. O Emma, din vän, Skall han vänta dig än? Skall han vänta dig än?	Die Zeit vergeht, doch nicht mein Schmerz! Es ruht der Hain, doch nicht mein Herz. O Emma, dein Freund, soll er dich noch länger erwarten, soll er dich noch länger erwarten?
Hanen Hörs sjunga Sitt väktare-qväde. Svanen Ses gunga På sjön med de späde. O Emma! din vän, Skall han vänta dig än? Skall han vänta dig än?	Der Hahn singt sein Wächterlied. Der Schwan schaukelt sich mit seinen Jungen auf dem See. O Emma! Dein Freund, soll er dich noch länger erwarten? Soll er dich noch länger erwarten?
Månan Sig kastar I böljornas sköte; Roduan Framhastar, Att fira vårt möte: O Emma! din vän, Skall han vänta dig än? Skall han vänta dig än?	Der Mond wirft sich in den Schooss der Wogen; eilenden Fusses naht die Morgenröthe zur Feier unseres Stelldicheins: — o Emma! Dein Freund, soll er dich noch länger erwarten? Soll er dich noch länger erwarten?
(*Högtidligt.*) Böjen Er, lindar, Jag ser nu min Emma.	(*Feierlich.*) Beugt eure Wipfel, ihr grünen Linden! Jetzt seh' ich sie.

Dröjen,
O vindar!
Jag hör hennes stämma.
Natur! kom, och vig,
Vig min Emma och mig!
Vig min Emma och mig!

(Starkare.)
Dufvan
Bland klippor
Vår brudsång re'n qväder!
Tufvan
Med sippor
Vår brudsäng bekläder.
Natur! kom, och vig,
Vig min Emma och mig!
Vig min Emma och mig!

Solen
Framdansar,
Likt bröloppets tärnor!
Polen
Bekransar
Vår brudpäll med stjernor.
Natur, kom, och vig
Vig min Emma och mig!
Vig min Emma och mig!

Halte deinen Athem an, o Wind, nun hör' ich ihre Stimme. Natur! komm, sei unsere Priesterin und traue, traue sie und mich! Traue mich und sie!

(Stärker.)
Schon stimmen die Tauben so süss mit Gegirr im Felsgeklüft unser Brautlied an! Der Hügel schmückt unser Brautbett mit blühenden Anemonen. Natur! komm und traue, traue als Priesterin sie und mich, traue mich und sie!

Wie eine Brautjungfer tanzt die Sonn' am Himmel herauf! Der Pol bekränzt mit Sternen unsern Hochzeitsbaldachin. Natur! komm, und traue, traue als Priesterin sie und mich, traue mich und sie!

3. Scene.

Hermann. Emma.

Emma.
Vän! vårt lif skall bli en fest,
Kärleken en ständig gäst
I vår lilla hydda;
Frukt bli rätten på vårt bord,
Vinet mjölk utaf vår hjord,
Renlighet vår krydda.

Herman.
All vår prakt blir fårens ull,
Och för ära och för gull
Ingen vi förtrycka.
Verlden ju vår trägård är?
Flit och dygd plantera der
Blomman: Huslig lycka!

Emma.
Ja, din Emma skall, hvar qväll,
Göra, vid det tysta tjäll,
Dig och hjorden möte.
Och du skall, så lugn och mild,
Se din son, din egen bild,
Vaggad i mitt sköte.

Emma.
Trauter Freund! Unser ganzes Leben soll ein einziger Feiertag werden, die Lieb' ein Stammgast in unserm Hüttchen sein; Obst soll unser Tischgericht, unser Wein die Milch von unserer Herde sein, und Reinlichkeit unser Gewürz.

Hermann.
All unsere Pracht und unser Reichthum soll die Woll' unserer Schafe sein, und Niemanden drücken wir des Goldes und der Ehre wegen. Ist nicht die Welt unser Garten? Fleiss und Tugend pflanzen darin die Blume: Häusliches Glück.

Emma.
Ja, des Abends will ich dir und der Herde stets entgegenkommen am Frieden unserer Hütt', und so still und sanft sollst du dann dein eigenes Bild, deinen Sohn sehen, gewiegt auf meinem Schooss.

Herman.

Och, när stormens hvirfvel går
Kring den höjd, der lyckan står,
Och dess tempel ramla;
Då, i denna lugna däld,
Der vår hydda blifvit ställd,
Flitens ax vi samla.

Emma.

Ja, vi skola leende
Sjelfva dödens midnatt se;
Fast vi den ej önska.

Herman.

Grafven blir vår brudsäng då,
Och af tårar, dem vi få,
Skall dess torfva grönska.

Båda (omfamnande hvarandra).

Ja, vi skola leende
Sjelfva dödens midnatt se;
Fast vi den ej önska.
Grafven blir vår brudsäng då,
Och af tårar, dem vi få,
Skall dess torfva grönska.

(Emma stjelper fruktkorgen, omfamnar Herman flere gånger, och går.)

Hermann.

Und wenn der Sturm wirbelnd die Höhe umtobt, wo das Glück steht, und seine Tempel zusammenstürzen; dann werden wir still in diesem friedlichen Thal, wo unser Hüttchen steht, des Fleisses Garben sammeln.

Emma.

Ja, wir werden lächelnd selbst der dunkeln Nacht des Todes in's Auge schauen, obgleich wir sie nicht wünschen.

Hermann.

Das Grab wird dann unser Brautbett sein, und von den Thränen, die uns geweiht werden, wird sein Rasen grünen.

Beide (einander umarmend.)

Ja, lächelnd werden wir selbst der dunkeln Nacht des Todes ins Auge schauen; — obgleich wir ihn nicht wünschen. Das Grab wird dann unser Brautbett sein, und von den Thränen, die uns geweiht werden, wird sein Rasen grünen.

(Emma wirft den Fruchtkorb hinweg, umarmt Hermann zärtlich mehrere Male, and geht.)

10. Scene.

Herman (allena, stilla lidande vid det ställe, der Emma föll.)

Qvällen
Han nalkas,
Hvi töfvar då döden?
Tjällen
De svalkas,
Dock bränner mig nöden!
O Emma! din vän
Öfverlefver dig än!
Öfverlefver dig än!

Fåren,
De synas
Än efter dig vaka!
Våren
Han tynas,
Han saknar sin maka!
O Emma! din vän
Öfverlefver dig än!
Öfverlefver dig än!

Hermann (allein, still auf die Stelle zugehend, wo Emma fiel.)

Die Nacht naht heran, warum zögert denn der Tod noch? Kühlend netzt der Nachtthau unsere Gezelte, mich dagegen verzehrt ein brennender Schmerz! O Emma! Dein Freund, dass er dich noch überlebt! Dass er dich noch überlebt!

Selbst die Schafe scheinen noch nach dir zu wachen! Den Frühling verzehrt der Gram, er findet die Genossin seiner Lust nicht mehr! O Emma! Dein Freund, dass er dich noch überlebt! Dass er dich noch überlebt!

Häcken,
Han susar;
Han kallar dig åter!
Bäcken,
Han brusar;
Han efter dig gråter!
O Emma! din vän
Öfverlefver dig än!
Öfverlefver dig än!

Svanen,
Orolig,
Sin enklings-sång slutar!
Granen,
Förtrolig,
Sin topp mot mig lutar!
O Emma! din vän
Öfverlefver dig än!
Öfverlefver dig än!

Vekuad
Står klippan
Och tjuter mot vinden!
Blekuad
Står sippan
Med dagg-gråt på kinden!
O Emma! din vän
Öfverlefver dig än!
Öfverlefver dig än!

Stilla,
O smärta!
Sig döden förbarmar.
Stilla,
O hjerta!
Re'n han mig omarmar.
O Emma! din vän
Skall nu se dig igen!
Skall nu se dig igen!

Es rauscht die Hecke, sie ruft dich zurück! Es rieselt die Quelle, sie weint um dich! O Emma! Dein Freund, dass er dich noch überlebt! Dass er dich noch überlebt!

Unruhig endet der Schwan sein Wittwerlied! Traulichhold neigt die Fichte ihre Krone zu mir herab! O Emma! Dein Freund, dass er dich noch überlebt! Dass er dich noch überlebt!

Selbst die Felsbrust schmilzt und erdröhnt im Geheul des Windes! Hingewelkt und blass steht die Anemone da, die Wangen von Thränen des Thaues benetzt! O Emma! Dein Freund, dass er dich noch überlebt! Dass er dich noch überlebt!

Still nun, o Schmerz! Der Tod hat Erbarmen mit mir. Still jetzt, mein Herz! Schon schliesst mich der Tod in die Arme. O Emma! Dein Freund, nun wird er dich wiedersehn, nun wird er dich wiedersehn!

Aus dem Trauerspiel: **Agne.**

1. Chor der Kämpen zum Preise König Agnes.

Glade vi gå
kämparnas färd,
uppå ditt bud,
du Guda-burne!
Sigrunor stå
uppå ditt svärd.
Djupt af en Gud
äro de skurne.

Freudig treten wir die Fahrt der Kämpen an, auf dein Geheiss, du Göttergeborener! Auf deinem Schwert stehn Runen des Sieges, von einem Gott dir mit Macht in den Stahl geritzt.

Guldhornet töms,
töms till ditt lof!
Lustigt det går,
lustigt det klingar!
Kämpen ej glöms
uti ditt hof.
Ofta han för
gyllene ringar.

Wir leeren das Goldhorn, zu deinem Lobe leeren wir's! Lustig geht es im Kreise herum, lustig erklingt es! Du vergisst nicht des Kämpen an deinem Hofe. Oft zum Geschenke erhält er güldene Ringe.

2. Brautgesang.

Konung! här nalkas din brud
så skön i sin tempelskrud,
lik dottern af Mundilför,
som himmelens gullvagn kör.

Hier, König! naht deine Braut, so schön in dem Tempelgewande, wie die Tochter Mundilförs, die des Himmels Goldwagen lenkt.

Se, rank hon är, som ungan lind,
och såsom österns purpursky
så röd är hennes kind,
så röd är hennes mun!
Se! hvit är hennes hand och hy,
som svanen uti Urdas brunn.

Schau, schlank ist sie, gleich der jungen Linde, und wie des Ostens Purpurwolke so roth ist ihre Wange, so roth ist ihr Mund! Schau, weiss ist ihre Hand und Haut, wie der Schwan in Urdas Quelle.

Och håret som i lockar der
kring barmens hvita hvalf sig spridt,
af klaran guld jo är?
Så uppå Asars bud
ju dvergar fordom gullhår smidt
åt Sif, de Gudars rena brud.

Und das Haar, das sich in Locken da um des Busens weisse Wölbung ringelt, ist es nicht von lichtem Golde? — So haben auf göttliches Geheiss vorzeit ja wohl die Zwerge Goldhaar geschmiedet für Sif, die reine Götterbraut.

3. Lob des Nordens.

Sydmannen må ljuga sig säll; kalla oss rå, som bygga på fjäll.	Mag der Südländer sich glücklich lügen, und schelt' er unsere Roheit, die wir im Gebirge hausen.
Leende dal gulläplen bär; dock i hans sal gäst sällan är.	Goldäpfel trägt ihm sein lachendes Thal; in seinem Saal jedoch ist selten ein Gast.
Horn han ej bar för Nordgästen fram; rik han dock var på qvinnoglam.	Kein Trinkhorn bot er dem nordischen Gast; doch war er ein Held in weibischem Gerede.
Nordbon ju går med bågen kring fjäll; tidt han dock får gäst i sitt tjäll.	Wohl gerne durchschweift der Sprössling des Nordens mit dem Bogen die Berge; — doch kehrt häufig in seiner Hütt' ein Gast ein.
Mjödhornets fest hörs vid hans bord. Värden sin gäst pröfvar med ord.	Das Fest des Methhorns erklingt an seinem Tische. Der Wirth prüft mit Worten seinen Gast.
Vänlig och varm talar han tröst. Hård är hans arm, lent är hans bröst.	Freundlich und warm spricht er Trost zu Hart ist sein Arm, weich seine Brust.

4. Nacht und Sterne.

Det blåa höga ren natten täckte. Thiasses öga i moln sig släckte; din rock, o Frigga, der står på kullen, och molnen ligga kring silfverrullen.	Schon bedeckte die Nacht die blaue Höhe. Das Auge Thiasses erlosch in Wolken am Scheitel des Berges da droben glänzt dein Spinnrocken, o Frigga, und Gewölk umweht die silberne Spindel.

5. Trinklied der Kämpen.

Se, guldröda glimma ju
facklornas strålar?
Se, hur deras strimma nu
mjödhornet målar!
Så gyllene skrudarne
hafsalen lyste,
hos Hler, då han Gudarne
gästvilligt byste.

För vänsälle Agne då
horndrycken rinne!
För mör och för slagne må
drickas ett minne!
De tärnor så milda här
mjödskänkt oss alla;
Så Gunur och Hilda bär
horn i Valhalla.

Schau, glänzen nicht goldroth die Strahlen der Fackeln? — Schau, wie ihr Lichtglanz vom Methhorn zurückstrahlt! So strahlte der Meersal Hlers von goldenen Gewändern, als er die Götter gastfreundlich bei sich empfing.

So sei denn dem gastlichen Agne der Horntrunk gebracht! So sei denn den Mägdlein und den Erschlagnen ein Trunk zum Gedächtniss gebracht! So freigebig haben die Dirnen uns all mit Methe gelabt; so kredenzen auch Gunur und Hilda die Hörner in Walhalla.

Aus dem epischen Gedichte: Asarne.

1. Der Gesang des Wäinemöinen.

„Nord! Bland dina berg och böljor
Ställde mig den starke anden.
Men min hog var mild som månen,
Och min sång så varm som solen.
Tingens väsen, verldars upphof,
Eldens födelse besjöng jag.
Dervid dallrade all luften,
Dervid klang i djup och klyfta.
Flärdens fara, flyktigheten
Af allt jordelif jag qvädde.
Fram då qvällde qvalets tårar.
Vreda sinnet vekt jag gjorde,
Sorgsna sinnet starkt jag gjorde.
Fordna fäders kraft jag qvad för
Hyddans häpna hyresgäster.
När jag stämde silfversträngen,
Strax de stolta skogens åbor
Förde fort de fyra fötter,
Luffade på långa läggar,
För att lyss till ljufva leken.
Ej fanns fjädradt djur i fjellskog
Som då icke drog till dansen,
Vigare än vindens hvirfvel.

O Norden! Zwischen deinen Gebirgen und deinen Wogen wies der mächtige Gott mir meine Stelle an. Doch freundlich mild war meine Sele wie der Mond, und mild und warm, wie die Sonn', ist, war mein Gesang. Das Wesen der Dinge, den Ursprung der Welt und die Geburt des Feuers besang ich. Dabei erbebte ringsumher die Luft, dabei erklang's in Tiefen und Schluchten. Die Gefahr der eiteln Nichtigkeit, die Flüchtigkeit jedwedes irdischen Daseins besang ich. Da ergoss sich ringsumher ein Strom von Schmerzensthränen. Zornige Gemüther schmolzen da in Wehmuth hin, traurige Herzen erhuben sich und fühlten sich stärker. Die Kraft, in der die Vorwelt blühte, besang ich den staunenden Bewohnern von Hütt' und Hof. Wenn ich meine Silbersaiten erklingen liess, alsbald kamen die stolzen Waldesbewohner herbeigesprungen auf den vier Füssen, und schlichen sich dann näher auf langen Beinen, um zu horchen meinem süssen Spiele. Kein gefiedertes Thier gab's da im Gebirgswald, das nicht zum Tanze herbeigeflogen wäre, rascher, als des Windes Wirbel.

När jag slog på silfversträngen,
Allt hvad uti vilda vågen
Med sex fenor far och framåt
Flottar sig med åtta åror,
Kom att lyss till lätta leken.
Sjelfva hafsfrun häftigt hof sig,
Bröstgången sträckt mot strandens stenar,
Med besvär sig opp, att bättre
Lyssna till den lätta leken.
Trillade ock tunga tårar
Från mitt eget ögas källor
Ned åt breda bröstets bugtning,
Ned åt knä och genom klädnad,
Ned åt fot och genom fållar.
Jordens sällhet så jag gjorde.
Nu vill Wäinämöinen hvila,
I det dolda djupet stiga,
Der hans toner evigt tiga."

Wenn ich meine silbernen Saiten schlug, dann kam, was irgend in reissender Woge mit sechs Flossen dahinfährt und sich vorwärts flösst mit acht Rudern, herbei, um meinem leichten Spiele zu lauschen. Selbst die Meerfrau hob sich rasch, und gerade den Steinen des Gestades zugekehrt, mit Mühe aus der Fluth herauf, um besser zu lauschen meinem leichten Spiele. Mir selbst rannen schwere Thränen von meines eigenen Auges Quellbächen hinab zur Wölbung meiner breiten Brust, hinab zu meinen Knieen und durch die Kleidung, hinab zu meinen Füssen und die Falten meiner Kleidung. Das Glück und die Freude der Erde war ich so. Jetzt will Wäinemöinen ruhen, hinuntersteigen ins geheimnissvolle Meer, wo seine Klänge dann für immer schweigen."

2. Aus dem letzten Gesange des Gedichtes.

Snart Nordsonen tystnar. Men heliga vare
De ljud, han på tynande harpan vill slå.
Och lätt, som en ljusalf, kring Norden de fare,
Att alla den Allstarke dyrka må
Och älska de hänfarna fäder ändå!

Till verldslifvets urbild, till trädet det stora,
Hvars tredubbla rot genom verldarna går,
Hvars grenar i stjernornas rymd sig förlora,
Hvars stam redan stått många tusende år
Och ännu till verldslifvets dödstimma står: —
Till urgamla Ygdrasil gingo de trenne
Allbjudande Nornorna långsamt fram;
Knappt mindes de vattna den mossiga stam.
Stod Urda så tyst och med lutande änne,
Men flörde sin runstaf mot höjden ibland,
Hon mysterligt tryckte Verdandis hand,
Som fäste på himmelen orörligt öga.
Med arm i arm, vid henne stod Skuld,
I forskande ställning. Med blick så huld,
Hon pekade lugnt mot blåhvalfvet höga.
Så stodo de mägtiga, hvilka se
Allt det, som har skett, som sker och skall ske.
Men nu de tego. Ej rådslag de höllo.

Bald schweigt nun der Sohn des Nordens. Doch heilig seien die Töne, die er noch greifen will auf seinen sanfthinsterbenden Harfensaiten, und anmuthig wie Lichtelfen mögen sie den Norden umschweben, dass der Menschen Geschlecht ehrfurchtsvoll scheue den Allstarken, und liebend gedenke der dahingegangenen Vorwelt!

Zum Urbilde des Weltlebens, zu jenem grossen Baume, dessen dreifache Wurzel sich durch die Welträume erstreckt, dessen Aeste sich hoch in den Sternen droben verlieren, dessen Stamm schon die Spuren so manches Jahrtausends trägt, und der noch stehn wird in der Todesstunde des Weltlebens: — zur uralten Yggdrasil gingen die drei allgebietenden Nornen langsam hin; kaum dachten sie daran, den moosigen Stamm mit Wasser zu begiessen. Urda stand so still und gesenkten Hauptes da, doch hob sie von Zeit zu Zeit den Runenstab empor. Schwesterlich drückte sie Werdandis Hand, die unbeweglichen Auges gen Himmel blickte. Arm in Arm neben ihr stand Skulda, in forschender Stellung. Mit einem so holden Blicke wies sie still mit dem Finger nach der Höhe des blauen Himmelsgewölbes hinauf. So standen die Mächtigen, welche schauen, was da ist geschehen, was jetzt geschieht, und was da geschehen soll in kommenden Zeiten. Jetzt indess schwiegen sie. Keine Berathung hielten sie.

Omsider de neder på anletet föllo;
Så himmelens stjernor i verldshafvet gå.
Och Nornorna länge och tysta lågo,
Ty heliga syner de heliga sågo.

Och Alferna alla, med guldvingar små,
Kring Ygdrasil stodo, så tyst vid hvarannan.
Som sjunkande måne ser nedåt, likså
De andaktsfullt sänkte den strålande pannan.
Hvar Fylgia, i väntan på Nornornas dom,
Lik bedjande småbarnen, stod de så from.

Högtidlig var tystnaden, länge den räckte.
Då for der ett sken genom lufthvalfvet fram,
Förgyllande Ygdrasils krona och stam.
Ja, himmel och jord det med gulldam betäckte,
Som hade väl tusende solar och fler
På en gång från verldsrymden störtat ner.
Strax Alferna strålande guldvingen hängde
För ögat, ty genom den klappande barm
Det skenet sig, liksom en åskstråle, trängde;
Dock var den, som vårsolens, ljuflig och varm.
Knappt mägtade Nornorna skenet fördraga,
Fastän de sig ned på sitt ansigte lagt.
Likt menniskors barn de nu kände sig svaga,
Fast högt öfver Valhall de sträckte sin makt.
Och Nidhögger, mörkrets förfärliga furste,
Af verldslifvets fiender evigt den störste,
Så kraftlös på halffrätna roten nu satt,
Lik vålnaden under en halfljus natt.

Ja, helig var tystnaden öfver all verlden,
Som lugnet i Allfaders eviga hem.
Sig hejdade stormen på halfgjorda färden,
Sig hejdade strömmen, likt svanor i fjärden,
När bugtiga vingarna framvaggat dem.
De hungriga rofdjuren säfliga tego
Och dolde sin blodiga ram och tand.
Här liljor vid liljor ur klipporna stego,
Der rosor vid rosor ur öknarnas sand
Sig höjde och kärligt för vindarna nego.
Så underligt var det i menniskors bröst:
En allt genomgripande vällust de kände
Inom sig, som ingaf båd häpnad och tröst.
Och undret var stort, och, till verldens ände,
Det största som händt och som hända kan;

Endlich warfen sie sich auf's Angesicht nieder;
so senken sich die Sterne des Himmels in's
Weltmeer. Und lange und schweigend lagen die
Nornen da, denn heilige Gesichte schauten die
Heiligen.

Und die Elfen mit goldenen Flügelchen standen
allzumal so still und schweigend um Yggdrasil
beisammen. Wie der untergehende Mond
herabblickt, so standen auch sie da und senkten
andachtsvoll die strahlende Stirne. Fromm wie
betende Kindlein standen die Fylgien in Erwartung
des Urtheilsspruchs der Nornen da.

Feierlich war die Stille umher, lange währte
sie. Da fuhr ein Lichtglanz am ganzen Himmelsgewölbe
dahin, die Krone und den Stamm Yggdrasils
prächtig vergoldend. Ja, er bedeckte
Himmel und Erde mit Goldstaub, als wären
wohl tausend Sonnen und mehr mit einem Mal
vom Weltraum heruntergestürzt. Flugs hingen
sich die Elfen die strahlenden goldenen Flügel
vor's Auge, denn der Lichtglanz durchdrang
wie ein Blitzstrahl den klopfenden Busen, doch
war er, wie das Licht des Maien, so süss und so
warm. Kaum vermochten selbst die Nornen den
Glanz zu ertragen, obgleich sie sich auf's Angesicht
niedergeworfen. Gleich den Kindern
der Menschen fühlten sie sich jetzt ohnmächtig
und schwach, obgleich sie so mächtig ob
Walhalla thronten. Und der Drache Nidhögg,
der schreckliche Fürst der Finsterniss, von den
Feinden des Weltlebens ewiglich der grösste,
sass jetzt so kraftlos und matt auf der halbzerfressenen
Wurzel, wie ein Gespenst in dämmernder
Nacht.

Ja, heilig war die Ruh' und das Schweigen
allumher, wie die Still' in Allvaters ewiger Wohnung.
Der Sturm hielt halbwegs den Athem an,
der Strom hielt an in seinem raschen Schuss,
gleich Schwänen in einem Meerbusen, wenn
die wölbigen Schwingen sie schaukelnd dahingetragen.
Die hungrigen reissenden Thiere
schwiegen gelassen und bargen die blutigen
Tatzen und Zähne. Hier stiegen Lilien an
Lilien aus dem Schooss des Felsensteins herauf,
dort erhoben sich Rosen an Rosen aus dem
Sand der Wüsten, liebevoll vor den Winden sich
neigend. So wundersam war es in der Menschen
Gemüthe: eine alldurchdringende Wohllust
fühlten sie in sich, die sowohl Schauer, als süssen
Trost einflösste. Und das Wunder war gross,
und bis ans Ende der Welt das grösste, das jemals
geschah und das jemals sich ereignen kann;

Ty Allfader sjelf ned till jorden sände
Sin son, och som menniska aflades han.

Strax Nornorna lyfte den strålande pannan,
Och vexelvis sjöngo de så till hvarannan:
„Helig, helig, helig Han,
„Som föddes Gud, som föddes man!"

Från stjerna till stjerna, i luftrymden vida,
De heliga orden sig hasteligt sprida.
Och genast en suck ifrån jordens grund
De heliga orden uppstiga låter,
Och genast, som åskor från blåhvalfvets rund,
Från rymdernas rymd de besvarades åter.
Men Urda den höga på samma gång
Med Verdand och Skuld nu qvad denna sång:

„En Son af den Störste,
„Från evighet bådad,
„Som Sanningens Förste
„I tiden är skådad.

„I Honom är friden,
„I Honom är styrkan;
„Ej rymden, ej tiden
„Begränsa Hans dyrkan.

„För alla allena
„Han strider och blöder;
„Hans död skall förena,
„Hvad lifvet föröder."

Kring rymden, för andra och tredje gången
Ett genljud sig spred af den himmelska sången:

„Helig, helig, helig Han,
„Som föddes Gud, som föddes man!"

Med korslagda händer för klappande barm,
I guldtäckta salen Nornorna gingo,
Och Alfernas strålande anleten fingo
Mer klarhet, och blicken vardt helig och varm;
Men Fylgjorna alla med äflande oro
Tillbaka från bäfvande Yggdrasil foro
Och spridde sig hastigt kring jordens rund.
Allenast tre män, som i Österland bodde,
Hört sången, och hjertligt på undret de trodde.

denn Allvater selbst sendete seinen Sohn zur Erde herab, und als Mensch wurde er empfangen.

Flugs hoben die Nornen die strahlenden Stirnen empor, und abwechselnd sangen sie einander den Lobgesang zu: „Heilig, heilig, heilig ist er, der da als Gott, der da als Mensch ist geboren worden!"

Von Stern zu Stern, im weiten Luftraum, fliegen sogleich die heiligen Worte. Und alsbald lässt ein Schmerzenston die heiligen Worte vom tiefen Erdengrunde emporsteigen, und alsbald klangen sie, wie des Donners Geroll vom blauen Gewölbe, vom Raume der Räume als Echo wieder. Doch Urda die Hohe, zugleich mit Werdanda und Skulda, hob jetzt diesen Gesang an:

„Ein Sohn des Grössten, von Ewigkeit verkündet, ist als ein Fürst der Wahrheit in der Zeit geschauet worden.

„In ihm ist der Frieden, in ihm ist die Stärke; weder Raum noch Zeit begränzen seine Anbetung.

„Er alleinig kämpft und blutet für die Menschheit; sein Tod soll wiedervereinigen, was das Leben zerriss."

Durch's Weltall zum zweiten und dritten Mal ergoss sich ein Widerhall des himmlischen Gesanges:

„Heilig, heilig, heilig ist er, der da als Gott, der da als Mensch ist geboren worden!"

Mit vor der klopfenden Brust zusammengeschlagenen Händen gingen die Nornen jetzt in den mit Gold gedeckten Saal hinein, und die strahlenden Gesichter der Elfen erschienen noch klarer und glänzender, und ihr Blick heiliger und wärmer; doch mit strebender Unruhe fuhren die Fylgien all zurück von der bebenden Yggdrasil, und zerstreuten sich schleunig durch den ganzen Erdkreis. Nur drei Männer, die da im Morgenland wohnten, hatten den Gesang vernommen, und glaubten von Herzen an dieses Wunder.

Den heliga tystnaden varat en stund,
Och längre den skulle i verldslifvet råda;
Men silfverbevingade svanorna båda
I Urdarvågen, med svällande bröst,
Sig lyfte, och snöfagra hufvudet rörde«
Förunderligt. Aldrig de upphäft sin röst;
Men nu, liksom Siare, sjunga de hördes:

„Ljus går öfver jorden,
„Mörkt är i Valhalla,
„Högt gal hane der.
„Fri är menskan vorden,
„Gudhems makter falla,
„Hlidskjalf molntäkt är.

„Ragnarök ej stundar,
„Gudarna dock bleknat;
„Asgårds ringmur föll.
„Sjelfva Oden blundar,
„Sjelfva Mjolner veknat,
„Fastän Thor den höll."

Den andra svanen de orden qvad,
På Yggdrasil rördes hvart enda blad:

„Allt i Fensal höga,
„Allt i Folkvang tiger;
„Slut är deras fest.
„Skumt är Friggas öga,
„Freja mer ej stiger
„På sin ystra häst.

„Bräckt är Ullers båga,
„Tung är Hermod vorden;
„Heimdall sofver än.
„Svag är Tyrs förmåga,
„Njord och Frej till jorden
„Kasta guldet hän."

Nu svanorna häfde de silfrade brösten
Och sjöngo tillhopa den varnande trösten:

„Disarsalar ramla,
„Disarlundar brinna,
„Hes blir Valans röst;
„Men det rena gamla
„Aldrig skall försvinna
„Ur de rena bröst."

Och natten gick fram och den omhöljde jorden,
Som höstliga töcken omhölja Norden,
Och tyst blef i Valhall. —

Das heilige Schweigen währte eine geraume
Zeit, und länger noch thät' es im Weltleben herr-
schen; doch die beiden silbergeflügelten Schwäne
in Urdas Welle erhoben sich jetzt mit schwel-
lender Brust, und wunderbar begann ihr schnee-
schönes Haupt sich zu regen. Nie vorher hatten
sie noch ihre Stimme erhoben, jetzt indess hörte
man sie wie Seher singen:

„Licht überstrahlt die Erde, Nacht ist es in
Walhalla, mit Macht kräht da der Hahn. Der
Mensch ist frei geworden, Gudheims Mächte fal-
len, Hlidskjalf ist mit Wolken bedeckt.

„Ragnarök steht nicht bevor, gleichwohl er-
blichen die Götter; gefallen ist die Ringmauer
Asgords. Selbst Odens heilige Macht nickt ein,
selbst Mjölner ist kraftlos geworden und matt,
wiewohl Thor selbst ihn in Händen hielt."

Der andere Schwan hub an zu singen, — auf
Yggdrasil begann jedes Blatt sich zu regen:

„Alles im hohen Fensal, Alles in Volkwang
schweigt; ihr Fest, es ist nun zu Ende. Trübe
ist Friggas Auge, Freia besteigt nicht mehr ihr
unbändig wildes Ross.

„Zerbrochen ist Ullors Bogen, schwerfällig
und träge ist Hermode geworden; Heimdall
schläft jetzt. Schwach ist die Kraft des Tyr,
Njord und Frei werfen verächtlich das Gold
zur Erde hin."

Jetzt hoben die Schwäne die silbernen Brüste
und sangen zusammen den warnenden Trost:

„Disarsäle stürzen zusammen, Disarhaine
stehn in Brand, heiser wird Walas Stimme; das
reine Alte jedoch wird niemals schwinden aus
den reinen Herzen."

Und die Nacht schritt daher und sie umhüllte
die Erde, wie herbstliche Nebel den Norden um-
hüllen, und still ward's in Walhalla. —

Odens Besuch in Helheim.

Han nalkades Hels beskuggade hem,
Kring hvilket mång' tusende portar mund' hänga.
De öppnas så lätt, och sig sjelfva de stänga;
Dock kan ingen två gånger öppna dem.
Den boningens anblick var liksom en dimmas:
Hvar inur tycktes tvärt genom jordgrunden gå
Och kunde dock blott af sin kyla förnimmas.
Otaliga skuggor arbeta derpå;
Den boningen blir aldrig färdig ändå
Här ingick han. Nio gemak han besökte,
Der gästernas antal hvar stund sig förökte.
Fast gillet hos Hel icke kosteligt är.
Ti Ve heter salen, och Tvinsot är sängen. — —

I midten af boningen Hel måude sitta.
Halft hvit och halft svart är dess anletes hy.
De glanslösa ögon ur groparna titta
Så matt som ett halföppnadt, töckenböljt ny.
Som insjellet kall och som insjellet döf,
Hon hviskar helt tyst, likt ett prasslande löf
På griften. Hvart ljud är dock tusendes bane.
Bakom henne sitter en brandgul hane
Med ruggiga fjädrar och slokande kam.
Hans ljud med ett sorlande dödsrop plär ändas.

Af dödskallelampor der hänger ett par;
I dimman beständigt de släckas och tändas.
Då framskymta benranglens sorgliga flock.
Som kräla alltjemt och stå stilla ändock.
De gå som i sömnen och aldrig de vakna.
De gå som i yra, så kalla och nakna.
Blott värnslöst viradt kring medjan, en hvar
Af multnad svepning en lifgördel har.

När Asia-Öfverdrotts ande det såg,
Han frågade: „Kännen J Balder den Gode?
O skuggor, då leden mig fram till det rum,
Der lycklig han sitter vid älskade Nanna!"
Men långsamt och tyst sin gulbruna panna
Hvar skugga rörde och uppdrog helt stum
De grinande käftben, som hängde så slappa.
Då hof sig hans ande till jordringen opp.

Er nahte sich der schattigen Wohnung Hel's, um welche herum wohl Pforten zu Tausenden hängen. Sie öffnen sich so leicht und schliessen sich sie von selbst wieder; doch kann sie Niemand zweimal öffnen. Wie lauter Nebel gab sich die Wohnung zur Schau: jede einzelne Mauer schien gerade durch den Erdboden zu gehen und doch war sie nur durch ihre Kühle wahrnehmbar. Unzählige Schatten arbeiten daran, und dennoch wird die Wohnung niemals fertig. Hier trat er ein. Neun Gemächer besuchte er, wo sich die Anzahl der Gäste jeden Augenblick mehrte, obschon der Schmaus bei Hel gerade nicht köstlich ist. Denn Schmerz und Wehe heisst der Saal, und Schwindsucht ist das Bette. — — — — —

Zu innerst im Wohnraum sass Hel. Halb weiss und halb schwarz ist ihre Angesichtsfarbe. Die glanzlosen Augen schauen hervor aus den Augenhöhlen, so matt wie ein halboffner, nebelumschleierter Neumond. Wie das Eis des Gletschers so hohl und wie der Gletscher so hohl und so dumpf, lispelt sie ganz leise, gleich einem raschelnden Laub auf der Gruft. Und doch ist jeder Laut ihres Mundes der Tod von Tausenden. Hinter ihr sitzt ein brandgelber Hahn mit struppigen Federn und niederhängendem Kamm. Sein Ruf endigt gewöhnlich mit einem leisen Todesschrei. — — — — — — —

Da hängen ein paar Todtenschädellampen; — im Nebel erlöschen sie beständig und flackern wieder auf. Da tritt aus der Nacht und dem Grauen eine traurige Schaar von Gerippen hervor. Beständig in wimmelndem Haufen wanken und schwanken sie wirr durch einander und bleiben dennoch stehn, wo sie stehn. Sie gehn wie im Traum und niemals erwachen sie mehr, sie gehn wie im Wahnsinn, so kalt und so nackt. Nur nachlässig um seinen Leib geschlungen hat jedes einen Gürtel von einem zerfallnen, modergrauen Leichentuch.

Als des Asia-Oberdrott's Geist das sah, da fragte er: „Kennt ihr Balder den Guten, o Schatten, so führt mich nach jenem Gemach hin, wo er glücklich sitzt bei seiner geliebten Nanna!" — Doch langsam und still berührte jedes Gerippe seine bräunliche Stirne und zog schweigend und stumm seine grinsenden Kinnladen hinauf, die da so schlaff herunterhingen. — Da erhob sich sein Geist wieder zum Erdkreis empor. — — — — —

Odens Geirsodd.

Af synen på en gång bestämd och försagd,
Den Öfverdrott talade så i sitt sinne:
„Nej, Hel! I din boning jag nyss varit inne;
Att bygga hos dig vare mörglöses bragd.

— — — Slaf jag ej blir, ty min ande är fri.
Ja, Hel! blott den fege ditt offer kan bli."
Så taladt. Då höjdes hans mod och hans snille.
Han såg, likt en tjusande sejdmö, stå fram-
Hvart storverk, han hört om sin mägtiga stam,
Hvar seger, den vunnit i blodbadets gille.
Och, fattande tyst ett beslut om sin död,
Han Diarna alla församlas böd.

Sitt afsked som Öfverdrott taga han ville.
Den blanka brynjan uppå sig han drog;
Hon sken, som mot solen en rimfrostig skog.
Nu satte han guldhjelmen uppå sitt änne;
Mot den sken hans silfrade lock så mjell,
Som under en eldsol ett snöbetäckt fjell.
Sin ärriga sköld under hufvud han lade,
Så ofta tillsammans de hvilat hade.
Vid sidan af bädden han sedan på vakt
De fostbröder, spjutet och slagsvärdet, ställer.
Hans koger och båga förglömmas ej heller:
Vid sig han de ynglingavännerna lagt.
Så låg han, när in alla Diarne gingo;
Han hof en vänlig, försmältande blick
På Asia-Freja, som bort strax gick.
En vink af den gamle nu Diarne fingo;
En stilla, betydningsfull blick han dem gaf,
Likt höstmånens glimt ur ett dimmbetäckt haf.

Han guldbrynjan öppnat från sida och bröst;
Men Diarne sågo med skräck på hvarannan.
Då hof han den silfverbelockade pannan
Från bädden och qvad med befallande röst:

Durch das Gesicht zu gleicher Zeit ermuthigt
und von Schauer und Beben erfasst, sprach der
Oberdrott so in seinem Herzen: „Nein, Hela!
In deiner Wohnung bin ich nunmehr gewesen;
bei dir zu hausen, das wäre die That eines elen-
den Schwächlings. — — — — —

— — — — — Ein Sklave will ich nicht wer-
den, denn meine Seele ist frei. Ja, Hel! Nur
der Feigling kann dir zum Opfer werden."
Sprach's. — Da erhob sich sein Muth und
sein Genius. Er sah gleich einer von Schön-
heit strahlenden Zauberin jede Grossthat vor
sich stehn, die man ihm erzählt von seinem
mächtigen Stamm, jede Siegesthat, die dieser
vollbracht bei dem Mahl des Blutbades. Und
still in seinem Herzen einen Beschluss fassend
von wegen seines Todes, gebot er seinen zwölf
Diarn, sich allzumal zum Rath zu versammeln.

Seinen Abschied als Oberdrott gedachte er
zu feiern. Den blanken Panzer zog er an; er
blitzte gleich einem Walde, dessen winterliches,
Schnee- und Eisumhangenes Gezweige im Son-
nenschein glitzert. Er setzte nun den Gold-
helm auf seine Stirne; gegen den hob sich seine
silberne Locke so glänzend ab, wie unter einer
Feuersonne ein schneebedecktes Gebirge. Sei-
nen narbigen Schild legte er unter das Haupt,
so oftmals hatten sie mit einander geruht. Ne-
ben sich hin an das Bett lehnt er sodann seine
treuen Gefährten, den Speer und das Schlacht-
schwert, als Wacht. Auch seines Köchers und
Bogens vergisst er da nicht: neben sich hin
hatt' er die beiden Freunde aus seiner Jüng-
lingszeit gelegt. So lag er da, als die zwölf Ge-
fährten zumal eintraten; er heftete einen freund-
lichen, schmelzenden Blick auf Asia-Freia, die
sogleich hinwegging. Einen Wink von dem
Greise erhielten die zwölf Genossen jetzt; einen
schweigenden, bedeutungsvollen Blick warf er
ihnen zu, wie wenn der Herbstmond aus einem
nebelumzogenen Meer heraufblitzt.

Den goldenen Panzer hatt' er an der Seiten und
an der Brust geöffnet; — doch mit Schrecken
sahen die Zwölfe einander an. Da erhob er sei-
nen silberlockigen Scheitel vom Bette und hub
an zu singen mit herrschender Stimme:

„En kämparing sluten,
„J söner af Oden!
„Med äggskarpa spjuten
„Nu frimodigt gjuten
„Den kraftlösa bloden!
„Vi Geirsodd det kalla.
„Må verlden J lära,
„Hur de böra falla,
„Som lefvat med ära!"

„Schliesst einen Kämpenkreis, ihr Söhne Odens! Stosst zu mit den scharfen Lanzen und lasst nun strömen hochherzig und kühn das kraftlose Blut! Das nennen wir Geirsodd. Ihr mögt es sagen der Welt und sie lehren, wie Die sterben müssen, die da mit Ruhm gelebt haben!"

Han slöt. — Liksom måne i aftonens stund,
Se'n blekhvit han färgat den vestliga brädden,
Går saktelig ned bakom suckande lund,
Så sjönk han tillbaka på guldtäckta bädden.

Er war zu Ende. — Wie der Mond des Abends, nachdem er blass und weiss das westliche Gestade gefärbt, allmählig hinabsinkt hinter dem im Wehn des Windes ächzenden Hain, so sank er zurück auf seine im Goldglanz prangende Lagerstatt.

Nachdem ihm die Zwölfe allzumal nach seinem Geheiss den Speer in die Brust gestossen haben, erhebt er sich noch einmal:

Ej kännande dödssårens smärta,
Han qvad, med en stämma, likt sommarens vind,
När kärligt han smeker en doftande lind.
Han qvad, lik en storm, när den isarna bryter
Och längs öfver lossnande vågorna ryter.
Så ömsom han sänkte och höjde sin röst.
Och hjertlig och glad, som den gästfria värden,
När vänner han följer på återfärden,
Till Diar och söner han sjöng denna tröst:

Nicht fühlend den Schmerz der tödtlichen Wunden, sang er mit einer Stimme, hold wie ein Lüftchen des Sommers, wenn es liebend eine duftende Linde umschmeichelt, sang er gleich einem Sturmwind, wenn er das Eis zerbricht und heulend übers befreite Gewässer dahinstreicht. So liess er seine Stimme bald schwächer, bald stärker ertönen. Und herzlich und heiter, gleich einem gastlichen Wirthe, wenn er seinen Freunden das Geleite gibt bei der Heimkehr, begann er seinen Zwölfen und seinen Söhnen dieses Trostlied zu singen:

„Mitt namn vill jag egna
„De hjeltar, som fulla
„För blixtrande svärd.
„I Makternas verld,
„I glada Valhalla,
„Må Valfader fägna
„De svärdfallne alla!

„Meinen Namen will ich zu eigen geben den Helden, die da von dem blitzenden Schwerte auf's Schlachtfeld sinken. In der Welt der höhern Mächte, im fröhlichen Walhall, mag Walvater sie all erfreuen, so da fielen durch's Schwert!

„Ja, der i all gamman
„Jag lönen skall ujuta;
„Der mötas vi snart.
„Sin brusande fart
„De störtelfvor sluta,
„När sig de tillsamman
„I verldshafvet gjuta."

„Ja, dorten in Freuden gedenk' ich meines Lohnes zu geniessen; dorten werden wir uns bald wiedersehn. Ihre brausende Fahrt enden die reissenden, die Wolkenbruchgeschwollnen Ströme, wenn sie sich zusammen ins Weltmeer ergiessen."

Från bleknande läppar de sista orden
Nu sorlade, tyst som en flod under jorden.

Von den erblassenden Lippen erklangen jetzt die letzten Worte, still wie das Gemurmel eines unterirdischen Stromes.

Den namnstore ännu sitt öga uppslog;
Lik en sjunkande aftonsol han dog!
På Fyrisvall fick han ett bål så härligt,
Och lågorna famnade himmelen kärligt.
Så bögsattes makternaa frände och tolk.
De andra snart delade jordföddas öde.
Vare frid med de lefvande, frid med de döde!
Hel fädernas minne! Hel Nordlandets folk!

Noch einmal schlug der Grosse, der Namenberühmte sein Auge auf, und gleich einer untergehenden Abendsonne starb er dann! Auf dem Fyrisvall erhielt er einen herrlichen Scheiterhaufen, und liebend umarmten die Flammen den Himmel. Dann ward der Blutsfreund und Dolmetsch der himmlischen Mächte im Hügel zur ewigen Ruhe gesetzt. Frieden den Lebenden, Frieden den Todten! Heil dem Gedächtniss der Väter! Heil dem Volke des Nordens!

A. A. AFZELIUS.

A., geb. im J. 1785, und zur Zeit Stiftsprobst zu Eukōping in Uppland, war für die gothische Schule in Schweden, was die beiden Schlegel für unsere romantische Schule in Deutschland waren — mit der gleichsam genuinen Wünschelruthe einer durch und durch schwedischen, keuschen und einfachen Sprache hob er die goldenen Liederschätze, die nationalen Ueberlieferungen und Sagen, welche das Evangelium der neuen Schule waren, und gab nach einander einen Theil der Eddagesänge (E. Sämundar den Vises. Sånger af Nordens äldsta Skalder, Stockholm, 1818), in unübertrefflicher schwedischer Uebertragung, drei BB. schwedischer Volkslieder (Svenska Folkvisor från Fortiden, Stockholm, 1814—1816), letztere in Verbindung mit seinem Freunde E. G. Geijer, von dem unter andern die Red. der Musik-Beilagen und die glänzende Einleitung herrührt*), und 8 BB. einer schwedischen „Sagengeschichte" (erschienen in Stockholm, 1829—1858), d. i. einer „vaterländischen Geschichte" heraus, „wie sie gelebt hat und zum Theil noch lebt in Sagen, Volksliedern und andern Denkmälern des Volks und seiner Sprache".**) — Als selbstschöpferischer Dichter ist A. nicht sonderlich fruchtbar gewesen; das Wenige jedoch, was er in einer schönen und poesiereichen Zeit, wo er Arm in Arm mit Geijer und Tegnér in Lunds und Upsalas Hainen wandelte, geschrieben, wird unsterblich leben im schwedischen Gesange, und seine Romanzen, wie „Neckens polska", „Skades klagan" u. a., worin der Ton des Volkslieds unübertrefflich wahr und schön nachgeahmt ist, werden der Nachwelt seinen Namen erzählen, wenn manches Nippgedicht unserer Tage, manches duftlose Salonparfume der modernen Poesie längst spurlos dahingeschwunden ist; ja, unser oft erwähnter Gewährsmann Wieselgren steht nicht an, geradezu zu sagen, „dass selbst die Lieder im Frithiof nicht weiter hinausfliegen würden ins dämmernde Spätroth der Zeiten, getragen von den Flügeln des Gesanges und der treuen Volkserinnerung, als die „Polka des Neck", die eine so im ächtesten Sinn des Wortes nationelle kleine Dichtung sei". — In seinem Drama: „Der letzte Volkunger (Den sixta Folkungen, Sorgespel, Stockholm, 1830) ist er weniger glücklich; — die Sprache ist schön und kraftvoll.

---

*) Uebersetzt ist daraus bis jetzt Einiges von G. Mohnike (Volkslieder der Schweden, Berlin, 1830), und von Fräulein Warrens (Leipzig bei Brockhaus, 1857); schöne Proben daraus enthält auch der 1. Band dieses Werkes.

**) Zum Theil übersetzt erschienen ist dieses herrliche schwedische „Volksbuch" im höchsten Sinn des Wortes im J. 1842 in Leipzig bei Kollmann, mit einem Vorwort von L. Tieck.

die Bilder und Gleichnisse gut gewählt und durchaus von lokaler und nationaler Färbung, doch fehlt ihm **Eines, das dramatische Interesse**, und damit ist mehr als genug gesagt. — **Sturzenbecher** wirft ihm seine gesuchte Sprache und gewisse Wendungen und Endungen der Wörter vor, die ihm förmlich zur Manie geworden seien, (wie z. B. in „**Neckens polska**" die oft wiederkehrenden Endungen in a: **grönan, svartan, harpans ljud de gå så „sorgeliga"** etc. etc.) und worin er weiter gehe, als es der Geschmack und der Genius der modernen Sprache erlauben. Bereits in Geijers und, wie wir an seiner Stelle zur Genüge hervorgehoben haben, noch mehr in Lings Dichtungen, tritt dann und wann das Bestreben hervor, mit dergleichen Aeusserlichkeiten zu spielen, und mit der tönenden Schelle des Wortes zu klingeln: — bei A. jedoch ist dieses Suchen und Haschen nach gewissen altväterischen Worten und Endungen, worüber längst Moos und Gras gewachsen ist, leider so zu sagen zur Regel geworden, und man muss zugeben, dass dadurch der Wirkung so manches seiner schönen Gedichte nicht wenig Eintrag gethan ist. Minder glücklich war dagegen der Einfall des schwedischen Heine, der ganzen gothischen Schule und besonders A. den stockprosaischen Vorwurf der **Pretiosität** zu machen und ihn darum zu tadeln, dass in dem Gedichte „**Neckens polska**" ein paarmal hintereinander von goldenen Harfensaiten, von Silbertönen und von einem diamantenem Fels die Rede ist. Wenn ein solcher Tadel, und käme er von Herrn Jules Janin in Paris selber her, ein Urtheil heissen soll, dann ist **Rückerts**, dann ist **Platens**, dann ist der ganzen morgenländischen Poesie das Urtheil gesprochen. Die drei kleinen Gedichte, die wir von A. geben, werden jedem Unbefangenen zeigen, mit welcher unnachahmlichen Wahrheit der Ton des schwedischen Volksgesangs darin nachgeahmt ist, und mit welchem tiefen, mit welchem ächtpoetischen Auge A. darin in die Nacht einer mythischen Urzeit hineinblickt, die, wie man weiss, so vielen unserer gelehrten Mythologen nichts weiter als ein Repertorium von Namen und Klängen ist, zu denen uns leider jetzt jeder Schlüssel fehlt: — doch die Poeten sind Propheten, sagt J. Balde irgendwo so schön und wahr, „die nicht nur das Künftige, sondern auch die dunkeln Räthsel der Vorwelt deuten." — Eine Sammlung der Gedichte von A. besitzt man leider nicht; sie erschienen einzeln, theils in der schon mehrmals erwähnten Zeitschrift „**Iduna**", theils in dem von den Upsaliensern herausgegebenen „**Poetischen Kalender**". Seine letzte Arbeit war das Buch: „**Afsked af Svenska Folksharpan**" (Abschied von der schwedischen Volksharfe), ein Nachtrag zu seiner berühmten frühern Volksliedersammlung, mit neuen Beiträgen zur Geschichte der schwedischen Volkslieder und mit 29 lithographirten Musikbeilagen, erschienen zu Stockholm im J. 1843.

Brage den gamle.

Stod Brage med skägget så sidt på hällen,
På gullsträngad harpa lekte hans hand;
Tungt föllo dess ljud kring undrande fjällen,
A klippig strand;
Och Elfvorne sjöngo om tusende år
I Gudens silfverlockiga hår.

Han sjöng om det urgamla qvädets fullbordan
För sednaste Guda-ättlingars hopp;
Och vindarnes höfding, den mäktige Nordan,
Bar manteln opp;
Ett norrsken som rödt öfver hällen sig slog
Kring den gamle Nordens gloria drog.

Men fröjd blir i Valhall bland gudar alla,
När Fadren i Illidskialf sångaren hör;
Och Thor kan ej hvila, när lifsljuden skalla,
Sin vagn han kör:
Från blånande moln höres Thordönets gång
Vid Brages mäktiga gudasång.

Tungt suckar då jätten inunder sin klyfta,
Och af den mörka, den talrika stam
Ses bakom hvar sten sig ett dverghufvud lyfta
Så lurfvigt fram:
Och rosor uppspira i Elfvornes spår,
När Brage den gamle gullharpan slår.

Der plocka dem bygdens älskliga tärnor
Med glöende kinder till brudqvällens krans,
När Friggas den huldas mildt leende stjernor
Tändt upp sin glans. —
Än fjällarne gjenluda, natten så lång,
Af Brages den gamles tystnade sång.

Brage der Alte.

Auf dem Fels stand Brage mit seinem langen,
so prächtig herniederhangenden Barte, durch
die goldenen Harfensaiten glitt seine Hand:
mächtig klangen ihre Töne, im hochaufhorchen-
den Gebirge umher, am felsigen Gestade wieder;
und die Elfen sangen von den vielen Tausenden
und Tausenden von Jahren, die in des Gottes
silberlockigem Haar schliefen.

Er sang von der Erfüllung jenes uralten Liedes,
als dem Lohn treuer Hoffnung der spätesten
Geschlechter göttlichen Ursprungs; und der
Häuptling der Stürme, der mächtige Nordwind,
trug ihm die Schleppe des Mantels nach; und
ein Nordschein, der roth ob der Felshöhe er-
glühte, umzog leuchtend die Glorie des uralt-
heiligen Nordens.

Doch Jubel erwacht in Walhalla unter der
ganzen Götterversammlung, wenn der Vater in
Illidskialf den Sänger vernimmt; und Thor kann
nicht ruhen, wenn die Lebenstöne erklingen,
in seinem Wagen rasselt er dahin: aus dem
Blau hernieder dröhnt des Donners Schall bei
Brages gewaltigem Göttergesange.

Tiefauf seufzt da der Jette in seiner Fels-
höhle, und hinter jedem Stein guckt von dem
dunkeln, dem zahlreichen Geschlecht ein Zwerg-
haupt so struppig hervor: und Rosen sprossen
empor in der Spur der Elfen, wenn Brage der
Alte die Goldharfe schlägt.

Da pflücken sie die lieben ländlichen Dirnen
mit glühenden Wangen zum Kranz für die
Brautnacht, wenn Friggas der Holden mild lä-
chelnde Sterne erglänzen. — Noch jetzt tönen
die Felsengebirge des Nordens wieder, die lan-
gen Nächte hindurch, von Brages des Alten —
nun schweigendem Gesang.

Neckens polska.

Djupt i hafvet på demantehällen
Necken hvilar i grönan sal.
Nattens tärnor spänna mörka pellen
öfver skog, öfver berg och dal.
Qvällen herrlig står i svartan högtidsskrud;
När och fjerran ej en susning, intet ljud
Stör det lugn öfver nejden rår,
När hafvets kung ur gyllne borgen går.

Ägirs döttrar honom sakteliga
Gunga fram på den klara sjö.
Harpans ljud de gå så sorgeliga,
Söka fjerran en väg att dö.
Fast hans öga står åt dunkla himmelen;
Ingen stjerna bådar Nattens drottning än:
Freja smyckar sitt gyllne hår,
Och Necken så sin sorg på harpan slår:

„O hvar dväljs du, klaraste bland stjernor,
I den blånande skymnings stund?
Du, som fordom, en af jordens tärnor,
Var min brud uti hafvets grund,
Och, när hjertat brann vid mina ömma slag,
Smög så skön och blyg de tjusande behag
Mot min barm i den svala flod —
Och gyllene harpan stum på vågen stod."

„Men dig Oden böd högt öfver jorden
Evigt stråla från Gimles famn.
Med sin harpa sångarn ensam vorden,
Qvar blott har din bild, ditt namn.
Men en dag, när Midgardsormen reser sig,
Gudar vilpnas, allt förloaans — då hos dig
Skall jag åter på vågor blå
För nya verldar gyllene harpan slå."

Så den Sorgsne. Men vid himlaranden
Freja huldt genom natten ler.
Evigt på den guldbeströdda stranden
Sina tårar hon glänsa ser.

v. LEINBURG, schwed. Poesie. III.

Meermanns Polka.

Im tiefen Meeresschooss unten, auf diamantener Klippe, ruht still in seinem Saal der Neck. Die schweigenden Töchter der Nacht spannen ihr dunkles Gezelt ob Wäldern, Bergen und Thälern aus. Herrlich steht die Nacht im schwarzen Feiergewande da; nah' und ferne unterbricht kein noch so leises Säuseln, kein noch so leiser Laut den tiefen Frieden und die Ruhe, die über der ganzen Gegend liegen, wenn der Meerkönig hervortritt aus seinem güldenen Schloss.

Sänftiglich wiegen und schaukeln ihn Aegirs Töchter auf der klaren See einher. So wehmuthvoll rauschen seine Harfenklänge, suchen sich ferne, ferne eine Welle, um darin zu sterben und unterzugehen. Rastlos suchend blickt sein Auge nach dem dunkeln Himmel hinauf; noch kündigt kein Stern die Königin der Nacht an: Freia schmückt ihr güldenes Haar und der Neck schlägt die Saiten und singt so seinen Gram dazu:

„O wo magst du nun weilen, du strahlendster unter den Sternen, zur Zeit der blauenden Dämmerung? Du, die einst, eine von den Töchtern der Erde, meine Braut war drunten am tiefen Meeresgrund, und die, wenn dir die Sele glühte bei meinem schmelzenden Harfenklängen, so holdselig und sittsam sahen ihre holde Gestalt an meinen Busen schmiegte im kühlen Gewässer — und stumm und schweigend ruhte dann die güldene Harfe im Schooss der Welle."

„Doch auf Odens Gebeiss musst du nun ewiglich von Gimles Busen hoch auf die Erde herniederglänzen. Mit seinem Saitenspiel ist der Sänger nun allein hienieden, und nichts ist ihm geblieben von dir, als dein Bild und dein Name. Eines Tages jedoch, wenn die Midgardsschlange aus dem Meer sich erhebt, wenn die Götter zum Kampf sich waffnen, und der Tag der allgemeinen Erlösung da ist: — dann werd' auch ich auf blauen Wogen bei dir für neue Welten die güldenen Saiten schlagen."

So der Trauernde. Doch hold am Saume des Himmels lächelt Freia durch die Nacht. Ewiglich an dem mit Gold bestreuten Strande sieht sie ihre Thränen glänzen.

Och sin vän på hafvet helsar hon så mild;
Vågen speglar darrande den huldas bild;
Necken höres på böljan blå
Så gladelig sin gyllene harpa slå.

Nattens tärnor, klara stjernor alla,
Gå till dans i den stilla qväll,
När de skära silfvertoner skalla
Öfver stranden från häll till häll.
Men när blodig Dagens drott uti östern står,
Bleknande och rädd den blida stjernan går;
Sorgligt afsked hon blickar uer,
Och gyllene harpan klingar icke mer.

Und den Trauten im Meer grüsst sie so freundlichmild; die Fluth spiegelt mit zitternder Bewegung das Bild der Holden zurück; so fröhlich schlägt nun der Neck im Blau der Welle die güldenen Saiten.

Die Töchter der dunkeln Nacht, die klaren Sternlein all, sie gehn zum Reigen im Schweigen des Abends, wenn die reinen Silbertöne übers Gestade klingend von Fels zu Fels sich schwingen. — Steht jedoch die Königin des Tages roth wie Blut im Ost, erblassend und scheu tritt dann der milde Stern zurück, wirft einen schmerzlichen Blick des Abschieds herab, und die güldene Harfe klingt nicht mehr.

Skadis klagan.

Satt i sin sal Niords bedröfvade maka.
På orolig strand, och hörde vågens gny;
Natten så lång klagande svanorna vaka,
Måsar skrika, sömnens hulda olfvor fly.
Bore mulen ses på de tunga skyar stå,
Sina gråa, dimmiga tält kring stranden slå. —
Hör, hur Skade klagar:
Glädjens sköna dagar
Hon i sin faders hem vill se tillbaka:

"Sorgelig tycktes mig dagen på ödsliga stranden,
Fastän jag bor i ett slott,
Der omkring min gyllene thron
Ran's hvita mör leka med gullkorn i sanden,
Och din makt jag förer, Odins vise son!
Der mångfärgad öfver vår brudsäng Bifrost log,
Morgonrodnan kring oss sin purpurslöja drog,
Långt, långt till fjällen
Hulda barndomstjällen
Draga mig hän till de höga landen."

"Niord, Niord, kom! Följ mig till Thrymheimurs bällar,
Thrymhems höga hallar; der skall lugn jag bo.
Skön var borgen, men uti stormiga qvällar
Måsen som från hafvet kom, gaf ingen ro:

Skades Klage.

In ihrem Saal sass Niords betrübte Gattin am stürmischen Gestade, und vernahm das hohle Rauschen der Fluth; während der langen, langen Nacht wachen und klagen die Schwäne, Möwen schreien, des Schlafes holde Elfen fliehn Mürrischen Blicks steht Bore hoch droben in schwerniederhangenden Wolken und schlägt ringsumher am Gestade seine grauen, nebelichten Gezelte. Horch, wie Skade so schmerzlich klagt: Die schönen Tage der Freude im Haus des Vaters möchte sie wieder schauen:

"Traurig däuchte mir der Tag am einsamen Strande, obgleich ich in einem Schloss wohne, wo ringsumher um meinen güldenen Thron die weissen Meerjungfern Rana's mit goldenen Körnlein im Sande spielen, und obgleich ich deine Macht habe, Odins weiser Sohn! Wo farbenspielend Bifrosts Regenbogenbrücke ob unserm Brautbett lächelnd und die Morgenröthe den Purpurschleier um unser Lager zog, fernhin, fernhin nach meinen Bergen, nach meinen Hochlanden ziehen mich die holden Gezelte meiner Kindheit."

"Niord, Niord, komm! Komm mit mir zu Thrymheimurs Felshöhn, Thrymheims hohen Felshöhn; da will ich in Ruhe und Frieden hausen. Mein Schloss war schön, doch in stürmischen Nächten liess mir die Möwe, die von dem Meer herkam, keine Ruhe:

Ägirs döttrars olåt, när Bore jagar dem,
Morgonhvilan störde i Niords brusande hem: —
Ljuft uti forssens sal
Omkring min faders sal
Bortsjunger natten Nordens näktergal."

„Stundar den dag drifvorna snöhvita falla
Öfver berg och dal, då på skidor far jag fort,
Likt svalans flygt, eller går jag att kalla
Vänlig rehn och att ila uti min akja bort.
Hårdan båge spänner så väl min hvita hand,
Mången vildrehn skjuts, den höga elg ibland;
Och hörs brasan spraka,
Kommer jag tillbaka,
Då uti salen gyllene mjödhorn svalla."

„Glöd är så skön; kommer förtrolig om qvällen,
Samlar kring sig alla uti min faders hus:
Loge, dess bror, flammar kring henne å hällen;
Ynglingen blott trifs i det renaste ljus.
Saga äfven älskar den väne Loges bloss,
Med de syskon bulda hon ofta gläder oss.
Loge, Glöd och Saga
Mången sorg förjaga;
Ofta ock Brage gästar dem uti tjällen."

„Niord, Niord, kom! Låt från din hafsal oss ila,
Höge Drott, som för de blida vindar rår!
Lugnadt sund gyllene stäfven de hvila;
Ingen vikings bön ditt öra mera når.
Ren jag fjällens grenar förtroligt vinka ser,
Och min faders öga så vänligt blicka ner
Öfver Thrymheims dalar,
Sina fordna salar: —
Niord! dithän, dithän fort låt oss ila!"

Skade ej mer hörs å de snötäckta fjällar
Lätta hinden jaga, följa vildrehns stig;
Men i den stund, när kring de sprakande hällar
Loge, Glöd och Saga troligt lägrat sig,
Jagtens hvita mö de än minnas mången gång,
Än på fjällen jägaren minnes Skadis sång,
När från Gimle höga
Hennes faders öga
Ler uti Nordens stilla vinterqvällar.

das wilde Gebrüll der Töchter Aegirs, wenn
Bore sie zornig dahinjagt, störte mir die Morgenruhe in Niords stürmigem Haus: — lieblich
und süss in der Erle Zweigen singt, um meines
Vaters Saal, während der ganzen Nacht des
Nordens Nachtigall."

„Ist der Tag du, wo die schneeweissen Flocken
wieder in Gebirg und Thal niederwehn, dann
fahr' ich pfeilschnell dahin auf meinen hölzernen Schlittschuhen, an Schnelle gleich dem
Fluge der Schwalbe, oder ich rufe mir ein
freundliches Rennthier und fahr' in meinem Gefährte dahin. Den harten Bogen spann' ich so
gut mit meiner weissen Hand, so manches wilde
Rennthier schiess' ich damit, und dann und
wann auch den hohen Elchhirsch; und prasselt
das Feuer des Herdes, dann komm' ich zurück,
und in Saal schäumen dann die goldenen Methhörner."

„Glöd ist so schön; traulich kehrt sie zu
Nacht bei uns ein und hold gesellig vereinigt
sie um sich all die Lieben in meines Vaters
Haus: ihr Bruder Loge umloht sie mit Feuers
Glanz auf den Höhn der Felsen umher; der Jüngling fühlt sich nur in dem reinsten Lichte heimisch
und wohl. Auch Saga liebt des schönen Loge
Glanz, und oft mit den holden Schwestern erfreut sie uns. Loge, Glöd und Saga verscheuchen manchen Gram; oft ist auch Brage ihr
Gast im Gezelte."

„Niord, Niord, komm! Lass uns eilen, hinweg von deinem Meersaal eilen, hoher König,
der günstigen Winde Beherrscher! Die goldenen Eimer ruhn jetzt in der sanftbeschwichtigten Meereug' und keines Wikings Flehn dringt
mehr zu deinem Ohr. Schon seh' ich die Zweige
des Gebirges traulich winken, und das Auge
meines Vaters so freundlich in Thrymheims
Thale niederglänzen — seine vorigen Säle: —
Niord! Dahin, dahin lass uns schnell eilen!"

Skade jagt nun nicht mehr im Schneegebirg
die rasche Hindin, nicht mehr folgt sie der Spur
des wilden Rennthiers; so oft sich jedoch Loge,
Glöd und Saga im Kreise der Widerhallreichen
Felsböhn umher lagern, dann gedenken sie
noch manches Mal der weissen Jagdfrau, und
noch manchmal gedenkt im Gebirge der Jäger
des Gesanges Skade's, wenn in des Nordens
schweigenden Winternächten Thiasses Auge
von Gimles Höhen herniederlächelt.

BERNHARD FREIHERR VON BESKOW,

der Sohn eines sehr reichen Bergwerksbesitzers, ist im Jahre 1798 geboren. Er studirte in Upsala Anfangs fast ausschliesslich Musik, unternahm 1819 und 1827 zwei grosse Reisen nach dem südlichen Europa, gewann sich durch seine Poesie, und besonders durch das herrliche Preisgedicht, von dem wir unten einige Bruchstücke mittheilen, Freiherrnschild und Krone von demselben König, der die wissenschaftlichen Eroberungen eines J. Berzelius, eines Brinckmann etc. etc. mit dem Adelsschild belohnte, und lebt als königlicher Hofmarschall und glänzender Mäcen der Kunst und Dichtung in Stockholm. Er ist Einer der Achtzehn der schwedischen Akademie und gibt ihr jetzt, den Präsidentenstuhl einnehmend, Licht und Glanz durch seine persönliche Erscheinung. wie durch den Ruhm seines Namens. — Von ihm erschienen Vitterhetsförsök (Poetische Versuche) 2 Hefte, Stockholm, 1819, 2. Aufl. 1819, woraus übersetzt erschien das Gedicht „Sveriges anor" (von Dr. Dunkel in Gothenburg), Lübeck, v. Rhodes Verlag, 1838. — Ferner Dramatische Studien (in 3 Bdn. Stockholm, 1836—1838), mit den berühmten Stücken „Thorkel Knutson", „Birger och hans ätt" (Birger und sein Geschlecht) und „Gustaf Adolf i Tyskland" (ins Deutsche übersetzt von A. Oehlenschläger, Leipzig bei Weber 1841) und „Vandringsminnen" (Reiseerinnerungen des Dichters aus dem Süden, Stockholm, 1835). — — Eine Operette: „Troubadouren" von ihm setzte der König von Schweden in Musik. — B. ist mehr Dramatiker, als Lyriker im strengen Sinn. Seine lyrischen Gedichte, besonders seine Gelegenheitsgedichte und seine patriotischen Gesänge, sind zwar voll von Dem, was man Poesie der Sprache zu nennen pflegt, und zeichnen sich durch einen grossen Reichthum anmuthig wechselnder Formen und einen gewissen Goldklang des Wortes und des Verses aus, leiden jedoch durchweg an jener Rhetorik, die sich so oft an die Stelle der wahren Poesie setzt, und wirken daher, besonders durch gute epigrammatische Pointen, wozu B. ein eigenes Geschick besitzt, gewöhnlich mehr auf den Gedanken, als auf das Gefühl. Ein Prachtstück dieser Art ist das berühmte akademische Preisgedicht „Sveriges anor", eine Gemäldegalerie aus der schwedischen Geschichte, wie Lénström sehr bezeichnend sagt, „die den Beschauer schon durch die Gluth und Pracht des Colorits in Staunen setzt," eines Colorits, das den neuen Momus des schwedischen Parnasses, O. Sturzenbecher, auch gegen diesen durch und durch edeln Mann so in Harnisch bringt, dass er ihm vorwirft, sein Gedicht sei nichts weiter, „als eine ziemlich unverhohlene Nachahmung Tegnérs und schreie von prunkenden Farben wie eine Theaterdekoration;" — was doch wohl ein allzukritisches, und darum unwahres und hartes Urtheil ist. Ungleich zweifellosere Spuren einer solchen

Nachahmung Tegnérs trägt dagegen an sich das Gedicht „Karl den Tolfte", übrigens ein Prachtstück wie das obige, und von einer zündenden und schlagenden Wirkung. Ueber die herrliche Schlussstrophe:

> Hjelten sjunker, hjelteanden flyktar;
> Stjernan slocknar ut — och natt blir natt.
> Samma himmel står der flamman lycktar,
> Samma hållar der ditt lejon satt.
> Samma fjäll sig kring din aska sträckte,
> Samma namn var kämpens, samma arm,
> Men det Sverge, som en verld förskräckte,
> Var — uti din barm!"

sagt eine schwedische Kritik mit Recht: „Mann kann nicht sagen, dass Das gerade zum Herzen spräche durch wahres innerliches poetisches Leben, dass es zur Phantasie spräche durch übergrosse Genialität des Gedankens und des Ausdrucks; — indess es macht sich gut, es klingt und schlägt Einem ins Ohr wie Pelotonfeuer und Raketengepiff und Gepaff." Zur gothischen Schule, sagt eine andere schwedische Kritik, kann man B. übrigens bloss in so ferne zählen, als er in seinen jüngern Jahren ein treuer Wardein zur Fahne der Iduna stand, in welcher bereits Gedichte von ihm erschienen, und als er in seiner Poesie stets eine gewisse Theilnahme bewahrte für die Sache dieser Schule, die Geschichte und die grossen Erinnerungen der vaterländischen Vorzeit. Denn wenn es wahr ist, dass in der Kunst nirgends das Was, sondern das Wie den letzten Ausschlag gibt, so ist freilich in B.'s gothischen Dichtungen wohl darauf zu merken, wie sehr seine Schilderung der Vorzeit absticht von der der andern Gothen. Gegen die Dichtungen Lings und Geijers, ja man kann sagen selbst gegen Tegnérs Frithiofssage, die doch in einer gewissen Modernisirung jener grauen Urzeit schon einen guten Schritt weiter geht, ist nämlich die Vorzeit B.'s so zahm und artig, so glatt und salonfähig, dass man, mit P. Sturzenbecher, dann und wann in der That glauben möchte, B. rede von einer „Vorzeit in Glacéhandschuhen". — — Doch genug davon. Glücklicher, wie schon erwähnt, ist B. in seinen Dramen. Er ist der grösste jetzt lebende schwedische Tragödiendichter, und Probst Wieselgren schreibt ihm sogar ein Rauschen zu jenes mächtigen poetischen Flügelschlags, das wir in Max und Thekla, in Tell und in der Braut von Messina zu hören glauben, und Das zwar," wie W. sagt, „in einem nicht geringen Grade; sowohl in Hinsicht des Geists, der durch seine Stücke wehe, als der Sprache, worin dieser zur Phantasie und zum Herzen rede." — Sturzenbecher möchte dem Dichter gerne selbst den theatralischen Lorbeer rauben, und sagt, er lasse seine Damen in einer hypertegnérischen Bildersprache schwärmen, seine Helden schlügen einander mit lauter Metaphern todt, und bloss die Sentenzen, in denen sie sprächen, seien gut und der Mehrzahl nach in der That mit einem gewissen Geschmack gesagt. Doch die leidenschaftslose Kritik und Lénström urtheilen anders, und preisen nicht nur den Geschmack und die Pracht seines Styls, die schönen Bilder und gut gewählten Reflexionen der einzelnen sich dadurch selbst trefflich zeichnenden Personen, sondern auch den nationalen Stoff seiner Dramen, die, was wir selbst glauben, gewiss noch von einer späten Nachwelt als gross gedachte und wirkungsvoll gemachte Gemälde aus der vaterländischen Geschichte Schwedens geschätzt werden würden. —

Sveriges anor.

(Belönt med Svenska Akademiens stora pris, 1824.)

Jag vet ett land, som ofta manat sången,
Att ila kring med sina segrars bud,
Och när den sista tonen var förgången,
Med nya bragder äskat nya ljud.
Det är mitt land. Jag vill dess anor sjunga:
Dess namn låg ofta ren på skaldens tunga.

Ställd mellan samtiden och efterverlden
Är skalden, med sin evigt gröna krans.
Han väger, obestucken, menskors värden,
Och skönast, af allt jordiskt lof, är hans.
För sångens trollstaf öppnas jordens grifter,
Och hjelten lefver om i skaldens skrifter.

Af segerminnen fylldt, vårt land vid Polen
Står, som Europas äldsta riddarsal.
På välbekanta hjelmar blickar solen
Och luften känns, af segerfanor, sval.
På hvarje häll stå forntids-runor skurna
Och jorden är en enda hjelte-urna.

Är barden tystnad blott? Lyss intet öra,
Som uti fordna dagar, till hans ljud?
I kungsalu feck han nyss sin harpa röra,
För unga hjelten sjöng han, och dess brud.
Han gör så än. De ädla forntids-seder
Hos oss ännu ej gått i grafven neder.

Var helsad, höga tid af våra fäder,
Som arm i arm med faran växte opp!
En grånad kämpe lik, du till oss träder

Schwedens Ahnen.

(Von der schwedischen Akademie mit dem grossen Preise gekrönt im J. 1824.)

Ich weiss ein Land, das den Gesang schon oft ermahnte, mit seinen Siegesbotschaften durch die Welt zu fliegen, und das, wenn der letzte Ton verklang, durch neue Grossthaten zu neuen Klängen mahnte. Es ist mein Land. Ich will seine Ahnen singen. Sein Name erscholl schon oft im Gesang des Dichters.

Zwischen Mit- und Nachwelt steht der Dichter mit seinem unvergänglich grünen Kranze. Unbestochen und mit gerechter Wage wägt er den Werth der Menschen ab, und der schönste Ruhm der Erde ist der seine. Vor dem Zauberstab des Liedes thun sich die Gräber auf, und der Held ersteht zu neuem Leben im Gesang des Dichters.

Voll von Siegeserinnerungen steht unser Heimathland gleichsam wie Europas ältester Ahnensaal am Nordpol an. Auf wohlbekannte Ritterhelme blickt die Sonne herab, und, vom Wehn der Siegesfahnen, fühlt die Luft sich kühl. An jeder Felswand stehn Runen der Vorzeit eingeritzt zu lesen, und die Erde ist nichts als eine einzige Heldenurne.

Wie, und nur der Skalde ist jetzt stumm und will schweigen? Will kein Ohr mehr, wie in den Tagen der Vorzeit, seinen Klängen lauschen? Im Königssaal durfte er kühn die Saiten schlagen, vor dem jungen Helden und seiner Braut liess er sich hören. Er thut es noch jetzt. Wir haben noch nicht jeden edeln Brauch der Vorzeit zu Grabe getragen.

Sei mir gegrüsst, du herrliche Zeit unserer Väter, die da Arm in Arm mit der Gefahr gross wuchs! Einem ergrauten Kämpen gleich, trittst du zu uns

Med dina äfventyr och segrars hopp.
Låt dina barnbarn dina sagor höra:
De fägna månget hjerta, månget öra.

mit deinen kühnen Abenteuern und deinen
Siegeshoffnungen. Lass deine Enkel deine Sagen hören: so manchem Herzen, so manchem
Ohr sind sie willkommen.

Ditt hem var än på fjällen, än på vågen,
Och dina lagar i din konungs röst.
Ditt öde bar du på den spända bågen
Och dina Gudars tempel i ditt bröst.
At dina söner gafs, i arf och lära,
Ett fläckadt svärd, en obefläckad ära.

Deine Heimath war bald in den Bergen, bald
zur See, und deine Gebote klangen in deines
Königs Stimme. Dein Schicksal trugst du auf
dem gespannten Bogen, und die Tempel deiner
Götter in deinem Busen. Deine Söhne erhielten
als Erbtheil und als Lehre ein mit Blut beflecktes Schwert und einen fleckenlosen Heldenruhm.

Som unga falkar, fostrade till striden,
Med hvarje vår de flögo ut igen.
De förde byten hem, men aldrig friden,
Den var ej känd på dessa fjällar än.

— — — — — — — — —
— — — — — — — — —

Gleich jungen Falken, die zu Kampf und
Streit erzogen worden sind, flogen sie mit jedem
Frühlinge von Neuem in die Welt hinaus. Sie
brachten Siegestrophäen mit nach Hause, niemals den Frieden, der war damals noch ein
fremder Gast in diesen Bergen.

— — — — — — — — —

En solförmörkelse utöfver jorden,
Gick Götheus härtåg öfver Söderns land.
Den unga kraften, ammad upp i Norden,
Sig kände fängslad inom bergens rand.
För första gången ägde Roma bojor:
De voro smidda uti våra kojor.

Gleich einer Sonnenfinsterniss, die mit dunkelnachtenden Schwingen die Erde übersicht, zogen
die Heerzüge des Gothen durch die Länder des
Südens dahin. Die junge Kraft, im Norden grossgesäugt, fühlte sich beengt im engen Kessel der
Gebirge. Zum ersten Mal erfuhr selbst Roma,
was eine Kette sei, sie war geschmiedet unter
unsern Dächern.

En lättskrämd dröm är friden dock i Norden!
En blomma kysst, och kastad bort igen.
Den makt, som här med jernmalm fyllde jorden,
Med strider fyllde banan för dess män.
Ett svärd, der han sitt namn, sin tro kan rista,
Är Göthens första kärlek, och den sista.

Ein scheuer und flüchtiger Traum ist der
Frieden indess im Norden! Eine Blume, die
man küsst und dann wieder wegwirft. Die
Macht, die Schweden eine Erde gab voll Eisenerz, gab den Männern, die darauf wachsen, auch
einen Weg voll Mühe und voll Kampfs zu wandeln. Ein Schwert, auf dessen Klinge er seinen
Namen schreiben kann, ist die erste Liebe des
Gothen, es ist auch seine letzte.

Förtrycket slår sitt tält kring våra dalar;
Då uppstår Engelbrekt vid grufvans rand.
En seger är hvart rådslut, som han talar,
Och hvarje ord en klinga för hans land.
Kring honom sluter sig den trogna skaran,
Som hjeltens pansar kring hans bröst, i faran.

Die Tyrannei schlägt ihr Zelt im Umkreis unserer Thäler; da erhebt sich Engelbrecht am
Rand der Grube. Jeder Rathschlag, den er da
gibt, trägt in sich die Gewähr des Sieges, und
jedes Wort ist eine Klinge für unser Land. Ihm
schliesst sich, wie sich des Helden Panzer an
seine Brust anschliesst, in Kampf und Noth die
treue Schaar der Genossen an.

Frid-älskande, blott mot förtrycket väpnad,
Går segrarn fram, i praktlöst majestät.
Han för sitt ord till thronen, utan bäpnad;
Den darrar sjelf, vid odalmannens fjät.
En krona lockar honom ej i striden,
Han vänder hem: hans byte är blott friden.

Han hvilar i den jord, som han försvarat.
I folkets bröst hans minne lefver qvar.
— — — — — — — — —
— — — — — — — — —

Ett arf han gaf. Må det af inga skiften,
Af ingen våldsmakt ryckas ur vår hand.
Det växer, som ett träd, ännu på griften
Och helsar lifvet än från dödens land.
Han gaf det, med sin lefnad, i de orden:
„Att lefva och att dö för fosterjorden!“

Hvem är den stam, som sig till Kungars sluter
Och liknar detta träd i Söderns vår,
Som endast uti stormen blommor skjuter,
I lugnet obemärkt i dalen står?
Är Sture-namnet glömdt? — skall det ej lemnas
Åt våra barnbarn, att med vördnad nämnas?

Hvem är hjeltinnan, som till strid djerfs kalla
Sjelf olyckan, att kämpa, man mot man?
Om verlden, grusad, hörs kring henne falla,
Ej hennes hjeltemod dock falla kan.
Blott namnet af Christina Gyllenstjerna
Är mera än en sång af diktens tärna.

— — — — — — — — —
Med hvarje stund den inre stormen stiger, —
Men Wasa träder opp — och stormen tiger.

Hvad vapen ägde han, att Sverge skydda?
Sitt mod och Göthens kärlek för sitt land.
En Wilhelm Tell stod fram ur hvarje hydda
Med hämndens pil uti sin säkra hand.
Kring Wasa växte kämpar opp ur jorden:
Hans namn, som en Walkyria, flög kring Norden.

Den Frieden liebend, nur gegen die Tyrannei
sich waffnend, geht der Sieger seine Bahn, in
prachtloser Majestät. Furchtlos und mit Freimuth bringt er sein Wort vor den Thron: selbst
der erbebt, wie der freie Bauer so männlich
fest einhertritt. Selbst eine Krone lockt ihn
nicht in den Streit, er kehrt heim: nur den
Frieden zu erbeuten, war er in's Feld hinausgezogen.

Er ruht nun in der Erde, welche er vertheidigt
hat. Im Herzen des Volkes lebt sein Andenken
fort. — — — — — — — —

Ein Erbe hinterliess er. Kein Wechselfall
dieses Lebens, keine Gewalt dieser Erde mag
uns dieses Gut aus der Hand reissen. Wie ein
Baum wächst es noch auf dem Grabe und grüsst
das Leben noch vom Strand des Todes. Zugleich mit seinem Leben hinterliess er es in den
Worten: „zu leben und zu sterben für's Vaterland!“

Welches Geschlecht ist es, das sich an das
der Könige anschliesst, und das jenem Baume
gleicht im Lenz des Südens, dessen Blüthen
sich nur im Sturm erschliessen, und der, wenn
es still und ruhig, unbemerkt im Thale steht?
Ist der Name der Sturen nicht unsterblich? —
Werden ihn nicht unsere Enkel noch mit Ehrfurcht nennen?

Wer ist die Heldin, die sich erkühnt, selbst
das Unglück zum Kampf herauszufordern, um
wie Mann mit Mann dagegen zu kämpfen? Und
bricht neben ihr die Welt in Schutt zusammen
so kann ihr doch der Heldenmuth nicht sinken
Der blosse Name von Christina Gyllenstjerna
ist mehr als ein ganzes Gedicht von der Muse
des Gesanges.

Von Stunde zu Stunde wächst der innere Sturm.
— doch Gustav Wasa tritt auf — und der Sturm
legt sich.

Welcherlei Schild und Wehr besass denn der
Held, um Schweden zu schirmen? — Er besass
seinen Muth und die Vaterlandsliebe des Gothländers. In jeder Hütt' erstand ein Wilhelm
Tell, den Pfeil der Rache in seiner sichern Hand.
Wo Gustaf Wasa war, da wuchsen Streiter aus
der Erd' hervor, und wie eine Walkyre umflog
seines Namens Ruhm den Norden.

Se, sanden liflös vältar, stormen hviner
Kring fält, der Alexanders här geck fram.
Hvar Wasa framgår, växer, på ruiner,
En nyfödd stat, som kronan på sin stam.
Vid fotèn ängar frodas, källor brusa
Och fria vindar uti löfven susa.

Hans anda, som en vårluft spreds kring Bälten
Och taukans Blomma väcktes ur sin knopp.
Till lia bytt gick svärdet öfver fälten,
Mot nya himlar lyftes själen opp.
Ett högre lif på Thules strand sig målar,
Dess fjellport öppnar sig för ljusets strålar. —

Ej blott i tiders häfd, i mensklighetens
Inskrefvo tvenne Wasar sina namn.
De ej förblekna förr än med Planetens,
Som bar dem stolt uppå sin modersfamn.
Hvad tiden födde, skall den sjelf förtära,
Men ingen stråle dör af ljusets lära.

Och derför geck du på det rättas bana,
'O Oxenstjerna)
Som en planet kring sin bestämda sol.
Din dygd (för dig en sjutti-åra vana)
Stod fast, som Nordens stjerna vid sin pol.
Så strålar ock ditt namn, fast sekler skrida,
Ur natten fram, vid Gustaf Adolfs sida.

En hjeltesjäl allsmäktig är, som tiden;
Som dagen, sprider den åt allt sitt lån.
Kring Gustaf väcktes opp, för frihets-striden,
En Wrangel, en Banér, en Torstenson;
Likt stjernorna, se'n solens glans man saknar,
De dröjde qvar, tills dagen åter vaknar.

Den kom, med nya bragder i sitt sköte,
Och Carl den Tionde var hjeltens namn.
Den djerfve, som hans hämndblick gick till möte,

Schau, todt und leblos wirbelt der Sand und
der Sturm umheult die Gefilde, wo Alexander
seine Siegesbahn dahinzog. Wo Wasa seine
Strasse wandelt, wächst selbst aus Ruinen die
Blüthe eines neuen Volk's und Staat's hervor:
— gleich der Krone eines Baumes: — lustig an
seinem Fusse prangen grüne Auen, Bäche rieseln
klar hervor, und durch die Blätter weht
des Windes freier Athemzug.

Wie Frühlingsluft umwob seines Geistes
Wehn den Belt des Nordens, und die Blume des
Gedankens erschloss ihre Knospe. In Gestalt
der Sichel geht das Schwert jetzt durch's goldene
Kornfeld hin und zu neuen Sternen erhebt
sich andachtsvoll die Seel' empor. Ein höheres
Leben erblüht an Thules Gestaden, und den
Strahlen eines neuen Lichts erschliesst es nun
die Felsenthore seiner Gebirge.

Zwei Wasa's schrieben ihre Namen — nicht
nur in's Geschichtsbuch der Zeiten, sondern in
das der Menschheit ein. Erst mit dem Namen
des Planeten, der sie voll Stolz auf seinen
Vaterarm nahm, werden sie untergehn. Was
die Zeit gebar, verzehrt sie selbst wieder, von
der Lehre des Lichts dagegen kann kein Strahl
erlöschen.

Und darum gingst du auf der Bahn des Rechten,
(o Oxenstjerna) wie ein Planet um die ihm
angewiesene Sonne. Deine Tugend (für dich
eine siebenzigjährige Gewohnheit) stand fest,
wie der Stern des Nordens an seinem Pole. So
glänzt auch dein Name, wie die Zeiten kommen
und gehen mögen, hell durch die Nacht neben
dem Namen Gustav Adolphs.

Eine Heldenseele ist allmächtig, wie die Zeit;
wie der Tag theilt sie Jedem eine Gabe mit.
Neben Gustav Adolph erstanden ein Wrangel,
ein Banér und ein Thorstenson zum Kampf für
die Freiheit; gleich den Sternen, die, wenn die
Sonn' erlischt, am Himmelsgewölbe glänzen,
blieben sie zurück, bis zum Erwachen eines
neuen Tags.

Dieser Tag kam, mit neuen Grossthaten in
seinem Schooss, und Karl der Zehnte war der
Name des Helden. Wer da so kühn war, seinem
Racheblick zu nahen,

Bar undergången redan i sin famn.
För Carl fans ingen gräns i oväns länder,
Och ingen afgrund mellan skilda stränder

der trug die Gewissheit seines Unterganges bereits in der Brust. Für Karl den Zehnten gab's keine Gränzen in Feindes Landen, und keinen Abgrund zwischen Ufern, die durch das Meer geschieden wurden.

Har du sett Bälten sina armar kasta
Med jette-kraft kring Herthas gröna skär?
Der öfver böljan nordanvindar hasta,
Der geck han fordom, med sin tunga bär.
Sitt namn han skref i Danas häpna sinnen:
Det växer der ej bort med tidens minnen.

Hast du es schon gesehn, wie die beiden Belte die gewaltigen Riesenarme um Herthas grüne, felsige Gestade schlingen? Wo übers öde Meer der Nordsturm streicht, da schritt er einst dahin mit der Last seines ganzen Heers. Seinen Namen schrieb er in Danas schreckensbleiche Herzen ein: da geht er nicht unter mit den andern flüchtigen Erinnerungen der Zeit.

Här, hvilken jättlik vålnad slår mitt öga
Med glans af krigets Gud, i enkel drägt?
Hans blick är evigt fästad på det höga
Och öfver jorden ser han, och dess slägt.
Han bär en lager kring den ljusa pannan,
Af jordisk prakt försmår han hvarje annan.

Was für eine riesengrosse Erscheinung ist es, die mir da naht, mit dem Glanz des Kriegsgottes, in einfachem Gewande? Sein Blick strebt ruhelos nach dem Höhern empor, und auf die Welt und ihr Geschlecht blickt er voll Stolz herab. Ein Lorberkranz umgibt seine helle Stirne, jeden andern Schmuck der Erde verschmäht er.

Ej skiljd utaf sin blåa drägt från skaran,
Men blott af hjelteharmen på sin kind,
Han står, och blottar lugnt sitt bröst mot faran,
Så trygg, som berget mot en nordanvind,
Med ingen qvinnofödd är han gemensam.
Han går som solen. Han vill vara ensam.

In seiner blauen Tracht nur durch die Gluth des Heldenzorns auf seinen Wangen von der Schaar der Trabanten unterschieden, steht er da und giebt seine Brust so still und ruhig der Gefahr preis, wie ein Fels sie preisgiebt dem Schnauben des Nordwinds, nichts hat er gemein mit andern, vom Weib gebornen Menschenkindern. Er geht wie die Sonne. Einsam will er gehn wie sie.

Så är den borne herrskarn. Han vill blicka
Från lifvets höjder blott på jorden ner.
Lik Jofurs örn, han solens glans vill dricka,
Der ingen dödligs spår han för sig ser.
Med hvarje namn försmår han sitt förena.
På ryktets branter vill han stå allena.

So ist der geborne Herrscher. Nur von den Höhen des Lebens will er auf die Welt hinunterschauen. Gleich Jufurs wildem Adler will er den Glanz der Sonne trinken, wo keines Sterblichen Spur mehr sichtbar ist. Königlich verschmäht er es, irgend einen andern Namen neben dem seinigen nennen zu hören, einsam will er auf des Ruhmes steilen Höhen stehn.

Känn Carl den Tolfte! — Faran, med sitt hinder,
En okänd skönhets bild för honom är,
Tills knäböjd, vid hans fot, med bleka kinder,
Sin rädda hand i bojan sjelf hon bär.
Då ser han sig omkring, och spörjer fälten,
Om någon än vill pröfva Svenska hjelten.

Erkenne Karl den Zwölften! — Die Wagniss und Gefahr, die ihm als Hinderniss und Hemmniss in den Weg tritt, ist ihm nur das Bild einer unbekannten Schönheit, bis sie, zu seinen Füssen auf den Knieen liegend, mit bleichen Wangen ihre schüchterne Hand selbst in der Last der Kette trägt. Dann sieht er sich um und fragt die weiten Gefilde, ob wohl noch Einer Lust hat, zu kämpfen mit dem schwedischen Helden?

En Gud i lugn, ej känd af fröjd och smärta,	Ein Gott an Ruhe, unberührt von Lust und
Okufvad honom döden ännu fann,	Schmerz, fand ihn der Tod noch unbezwungen,
Som smög sig under sömnen i hans hjerta,	der sich während des Schlafes in seinen Busen
Det ingen, då han vakade, än hann.	schlich, — diesen Busen, dem, während er wach
Men ser du handen spänd kring hjeltens värja? —	war, Keiner jemals nahe kam. Doch siehst du
Den bådar strid ännu på dödens färja.	die Hand, wie sie noch den Degen des Helden
	fest umklammern will? — Noch auf der Fähre
	des Todes fordert sie zum Kampf heraus.

Han föll. Med honom slumret sänks kring Norden,
Och rosten gnager på det sänkta svärd
Väl bryts af flitens hand dess jern ur jorden,
Men ej att kufva, såsom förr, en verld.
Söfd kämpakraften är i Odins lunder,
Lik en förtrollad prins i sagans under.

Er fiel. Mit ihm senkt sich ein tiefer Schlummer übern ganzen Norden, und der Rost zehrt an dem begrabnen Schwerte. Wohl bricht die Hand des Fleisses noch das Eisen davon aus dem Schacht der Erde, jedoch nicht mehr, um wie vormals eine Welt mit Macht zu unterjochen. Es schläft die Kämpenkraft in Odens Hainen, wie eine verzauberte Prinzessin in einem jener Mährchen der Sage.

Nu, hvilken undersyn mitt öga bådar,
Och hvilka toner gå från kämpars strand?
Är det Armidas ö, jag hänryckt skådar? —
Ett Eldorados drömda tjusnings-land? —
En osedd Gudoms hägn dess lunder susa,
Dess bäckar hviska och dess floder brusa.

Jetzt, welche wunderbare Erscheinung erschau' ich da? Und welche Töne klingen von dem Strand der Kämpen? Ist es Armidas Insel, was ich selig schwelgend schaue? — Ist es das zauberschöne Traumland eines Eldorados? — Einer unsichtbaren Gottheit Schutz und Schirm säuseln seine Haine, rieseln seine Bäche und brausen seine Ströme.

Ej krigets lava-flod kring rymden vältar
Och viking-draken ej kring hafvet flyr.
Här räknar tankan endast sina bjeltar
Och snillet kämpar sina äfventyr.
Den hand, som bågen spänt, i kämpa-yran,
Nu spänner strängarne på gyllne lyran.

Durch dieses Gebiet wälzt sich nicht der Lavastrom des Krieges und keines Wikingers Drachschiff durchstreicht das Meer. Hier zählt nur der Gedanke seine Helden und das Genie kämpft seine Schlachten. Die Hand, die einst im Heldenzorn den Bogen spannte, spannt jetzt die Saiten der goldenen Leier.

Ej Rotas röst i furan längre hviner,
I borgen Troubadurn sin luta slår.

Nicht Rotas Schlachtruf dröhnt jetzt mehr durch die Föhren, im Königsschloss schlägt der Troubadour jetzt seine Laute.

Af smak och skönhet bär hvar tanke stempel,
Och half-ön är för snillets Gud ett tempel.

Jeder Gedanke trägt den Stempel des Geschmacks und der Schönheit, und die Halbinsel ist ein dem Gott des Genies geweihter Tempel.

Och skönt den fria sångens lager spirar
Utur en jord, som närts af hjeltars stoft.
Ett yngre slägte minnets blomma virar
Kring banta-stenar, under ekars loft.
På fjället sig ett Hellas-tempel lyfter,
Och Sergels stoder formas i dess klyfter.

Und herrlich sprosst des freien Liedes Lorbeer aus einem Grund hervor, genährt durch die Asche der Helden. Ein jüngeres Geschlecht bekränzt mit den Blumen der Erinnrung, unter dem grünen Dach der Eichen, jetzt die Bautasteine. Ein griechischer Tempel blickt jetzt stolz herab von der Höhe des Felsens, und unten in seiner Höhlen Schooss springen unter des Bildners Meissel Sergels Statuen ans Licht.

Odödlighetens luft tycka lifva alla.
Här talas ej: de källas språk är sång
Ur tidens timglas ingen sand höra falla;
Blott blomster-ur beteckna dagens gång.
Den låga verkligheten är förgången
Och lifvet bär blott blommor, liksom sången.

Se der, i Gylfes lund, förtjusarn hvilar,
Blid, som Latonas son, då segrens ton
Han slagit, sen han bortlagt hämndens pilar,
Med sång gudinnorna omkring sin thron.
Han väckte ljudet uti dessa salar,
Som Luna väcker lundens näktergalar.

— — — — — — —

— — — — — — —

Var stolt då, Svea! öfver dina anor.
I hvilken häfd mer ädla stå, än de?
De krönta lejonen på dina fanor
Ej fruktlöst springa öfver strömmar tre.
I Elben, Donau, Rhen sin man de tvagit,
Se'n segerns vagn de kring Europa dragit.

Det är ditt land, der ingen ovän funnit
Ännu en annan fristad, än sin graf.
Ej på din jord han andra byten vunnit,
Än ärren, som det Svenska stålet gaf.
Så skall det äfven bli. Vi högt det svärja
Vid Wasas stoft, vid Karl den tolftes värja.

Än ha vi egen jord, och Göthens fjällar
Till egna bojor aldrig räckte jern.
Låt väldet storma våra branta hällar,
Hvart bröst skall bli ett nintagligt värn.
Än Svenskan ibland språk vi räkna kunna,
Som talas endast af oöfvervunna.

Än blicka ned på oss de höge Jarlar
I månget stjernfall, i den stilla qväll.
Hon är ej slutad, kedjan utaf Karlar,

Unsterblichkeitsluft scheint jeden Einzelnen
schöpferisch zu durchströmen. Hier wird nicht
gesprochen: die Sprache der Seligen ist Ge-
sang. Im Stundenglas der Zeit lässt keines
Sandkorns leiser Fall sich hören, nur die Blumen-
uhr zeigt die wechselnden Tagesstunden an.
Die gemeine Wirklichkeit ist aus der Welt ge-
schwunden, und das Leben trägt nur Blumen,
wie die Dichtung.

Schau', in Gylfes Hain ruht der Zauberer
freundlichmild, wie der Sohn der Latona, wenn
er den Ton des Sieges anschlägt, nachdem er
seine Rachepfeile hinweggeworfen, mit den Göt-
tinnen des Gesanges um seinen Thron herum
Den Wohllaut weckte er in seinen Sälen, wie
Luna die Nachtigall des Waldes zum Gesang
erweckt.

— — — — — — —

— — — — — — —

So sei denn stolz, o Swea, auf deine Ahnen!
In welcher Geschichte glänzen wohl grössere,
als sie? Nicht umsonst springen die gekrönten
Löwen auf deinen Fahnen über drei Ströme hin.
Denn in der Elbe, im Rhein und in der Donau
haben sie sich ja, nachdem sie mit dem Wagen
des Sieges Europa umzogen, die Mähne ge-
waschen.

Das ist dein Land, wo noch kein Feind eine
andere Freistatt fand, als sein Grab. Keine an-
dern Siegestrophäen hat er noch von deinen
Gränzen davongetragen, als die Narben, die der
schwedische Stahl ihm gab. So soll es auch
noch ferner bleiben. Wir schwören es hoch
und theuer bei Wasas Asche, bei Karl des
Zwölften Schwerte.

Noch haben wir eigenen Grund und Boden,
und die gothischen Gebirge haben noch nie-
mals Eisen zu eigenen Sklavenfesseln gegeben.
Mag die Tyrannei unsere steilen Felsen stür-
men, an jeder Brust soll sie eine uneinnehmbare
Wehr finden. Noch dürfen wir die schwedische
Sprache unter die Sprachen zählen, die nur
von freien und unbezwungenen Völkern gespro-
chen werden.

Noch schauen im Frieden der Nacht in man-
chem Sternschuss die hohen Jarlen auf uns
herab. Noch ist sie nicht geschlossen, die Kette
von Helden mit Karls glänzendem Namen,

Och icke bortglömdt namnet **Segersäll**.
Än Sköldmö! kan du resa dig på hällen
Och dela ut orakelsvar från fjällen.

und noch lebt der Name **Siegreich** in unserer Geschichte fort. Noch, o Schildjungfrau, kannst du stolz auf die Felsen steigen, und von den Bergen herab Orakelsprüche ertheilen.

Karl den Tolfte.

Hvar är du? — Hvar är din anda, jette? —
Stormen frågande kring fjällen far.
Med din blick Europas hälft du mätte,
Och dess dom du på din panna bar.
Jorden bäfvade, då ljust sig bredde,
Som ett norrsken, flamman af din harm,
Och din klinga, lik magneten, ledde
Åskan mot dess barm.

Hastigt, som en Nordens växt uppsprungen,
Straxt din syn mot himlen riktad var;
Så ifrån sin klippa örne-ungen
Blå rymnden till sin bana tar.
Ensam var du. Intet jordiskt sinne
Fattat dig och innekten, som dig sändt.
Solen flammar; hvad han sluter inne,
Ännu ingen känt.

Fråga icke jorden, då hon remnar,
Spörj ej bottnen af det svällda haf,
Hvi hon mer ej odlarns tegar jemnar,
Hvarför vinstens julle går i qvaf.
Lavan slocknar; dubbla skördar hölja
Fåran, der dess blåa åder lopp;
Hafvet renas ej, om ej dess bölja,
Stundom röres opp.

Sparsamt blommar skönheten i Norden,
Kraften endast finner här sin vår;
Enkel, praktlös var du, Karl, på jorden,
Men din vagn en stjerneflock nu står.
Blott för Tro och Rätt, ditt höga syfte,
Bröt ditt lejon fram ur fridens lund,
Skakade sin man, och ramen lyfte
Öfver globens rund.

Såsom dundret, föddes du att tåga,
Hämnande, dit stålets skymt dig drog;

Karl der Zwölfte.

Wo bist du jetzt? — Wo ist dein Geist, du Riese? — So fragt der Sturm, indem er heulend durchs Gebirge fliegt. Du maassest mit deinem Blick die Hälfte von Europa, und sein Urtheil stand auf deiner Stirn geschrieben. Die Erde bebte, als hell wie ein Nordschein die Flamme deines Zorns emporzulodern begann, und als deine Klinge, gleich dem Magnet, den Blitz gegen ihre Brust leitete.

Rasch, wie ein Gewächs des Nordens emporgeschossen, war dein Angesicht sogleich gen Himmel gerichtet; so wühlt das Auge des jungen Aars sogleich des Aethers blaue Bäume sich zur Bahn. Einsam standst du im Leben da. Kein irdisches Wesen begriff dich und die Macht, die dich gesandt. Die Sonn' erglänzt ein leuchtend Meteor; was sie in sich schliesst, hat noch Keiner erfahren.

Frage nicht die Erde, wenn sie zerreisst, frage nicht den tiefen Grund des geschwollnen Meer's, warum sie des Pflügers Kornfeld nicht mehr freundlich ebenen will, warum das Fahrzeug des Gewinnsts im Sturme untergeht. Die Lava erlischt allmählig; ein zwiefach reicher Winzersegen umrauscht die Furche, wo ihre blauen Adern liefen; das Meer kann sich nicht reinigen und klären, wenn der Sturm nicht seine Fluth von Zeit zu Zeit emporwühlt.

Spärlich blüht die Schönheit im Norden, nur einen Frühling der Kraft gibt es da; einfach und prunklos warst du im Leben, o Karl, eine glänzende Schaar von Sternen steht jetzt dafür dein Wagen da. Nur für Recht und Glauben, die deines hohen Strebens Krone waren, brach dein Löwe aus dem Hain des Friedens hervor, schüttelte die Mähne und streckte seine Tatze kühn übern Erdkreis hin.

Wie ein Blitzschlag wurdest du geboren, dahin zu fliegen, wohin des Stahles blinkender Glanz dich zog;

Icke blomman sökter af din låga,
Ekens trots du endast nederslog.
Fjerran föll du, höga blixtens like,
Då han sänkes i den djupa sjö,
Fann, som han, uti ditt eget rike,
Icke rum att dö.

Hjelten sjunker — hjelte-andan flyktar;
Stjernan slocknar ut — och natt blir natt.
Samma himmel står der flamman lyktar
Samma bållar der ditt lejon satt.
Samma fjäll sig kring din aska sträckte,
Samma namn var kämpens, samma arm,
Men det Sverge, som en verld förskräckte,
Var — uti din barm.

nicht die Blume suchte deine Flamme, nur der
Eiche kühnen Trotz schlugst du zu Boden.
Ferne von den Deinen fielest du, gleich des
Himmels hohem Blitz, wenn er im tiefen Meer
erlischt, — wie der Blitz fandest du in deinem
eigenen Reiche nicht Platz zum Sterben.

Der Held geht unter — der Heldengeist ent-
flieht; der Stern erlischt — und die Nacht sinkt
in Nacht. Der nämliche Himmel steht noch da,
wo die Flamme erlosch, die nämlichen Felsen
stehen noch, worauf dein Leue sass. Das näm-
liche Gebirge umgab deine Asche, des Kämpen
Name war der nämliche, sein Arm der nämliche;
— das Schweden jedoch, welches eine Welt in
Angst und Schrecken setzte, war bloss in dei-
nem Herzen.

Lysmasken.

Det afton är. Den däfna natten sträcker
Till flygt sin vinge öfver tystnans fält.
I stjernors chor en nymf den andra väcker
Till magisk dans inunder himlens tält.
Tyst är hvart tjäll, från hyddan opp till borgen.
Hvem vakar? — Endast kärleken och sorgen.

I morgon reser hon! I morgon slår då
Ett enklingshjerta uti detta bröst!
Vi skola då ej återses, — jag får då
Ej höra ljudet mer af Lauras röst! — — —
Men klirrar fönstret ej? — — — Hvad hopp mig
skänkes!
Ett rosenband — ett bref från fönstret sänkes.

Det hennes afsked är — ack nej! kanhända
Ett möte än en gång hon lofvar mig!
Dock dessa ord, dess skrift, af mig så kända,
Förgäfves för mitt öga röja sig.
Den mörka natten utbredt har sin slöja,
Och fåfängt blickarna på bladet dröja.

Du stumma budskap! Tusen kyssar hölja
Ditt sköt — — — du yppar ej din hemlighet!
Och bakom molnen stjernorna sig dölja,

Das Johanniswürmchen als Liebesdiener.

Abend ist es. Die feuchte Nacht breitet ihre
Schwingen zum Fluge durch die Gefilde der
Schweigens aus. Im Chor der Sterne weckt
eine Nymphe die andere zum magischen Reigen
unter dem Himmelsgezelte. Still und ruhig ist
es unter jedem menschlichen Dach, von der
Hütt' an bis hinauf zum Schlosse. — Wer wacht
noch? Nur Liebesglück und Schmerz und Trauer

Morgen reist sie ab! Morgen schlägt also ein
Wittwerherz in dieser Brust! Ich soll sie also
nicht mehr sehn, — soll also den holden Klang
von Lauras Stimme nicht mehr hören?! — — —
— Doch was war das? — Hör' ich das Fenster
nicht klingen? — — — Welche Hoffnung winkt
mir? — Von dem Fenster senkt sich ein Rosen-
band — und ein Brief herab

Es ist ihr Abschied — ach nein! vielleicht
sagt sie mir noch einmal ein Stelldichein zu!
Doch diese Worte, diese Schriftzüge, die ich so
wohl kenne, — vergebens zeigen sie sich jetzt
meinem Auge. Die Nacht hat den Schleier der
Dunkelheit ausgebreitet, und umsonst weilen
meine Blicke auf dem Blatt.

Du stumme Botschaft! Tausend Küsse regnen
auf dich nieder — — — du verräthst nichts von
deinem Geheimniss! Und hinter den Wolken
bergen sich die Sterne,

Och månan intet af min oro vet,
Och intet himlens ljus ein stråle sänder,
Att lysa bladet uti mina händer!

O, att jag åskans röst på afstånd röjde!
Jag vid dess blixtrar kunde tyda dig.
Om en volkan ur jordens sköt sig höjde,
Dess vilda flammor skulle lysa mig.
Men ingen makt mig bönhör i naturen,
Min klagan för dess thron är fåfängt buren.

Dock — gäckar mig mitt öga? ser jag tindra
En stjerna der på gräsets gröna bädd? —
Nej, det en lysmask är, hvars strålar glindra
I natten, der han flyger, silfverklädd.
På nattviolens blad han tröttad hvilar.
Förtjust, med brefvet jag till honom ilar!

På bladet ned jag flytter honom sakta,
Han vandrar på dess rader, af och an.
Hvart ord upplyser han, men han skall vakta
Dess hemlighet mer troget, än en ann.
Vär vän jag hädanefter dig vill kalla,
Du fjäril, — och dock trognast utaf alla.

Jag är dig skyldig lifvets skönasta timma,
Du blomsterrikets stjerna! Flyg igen
Till rosen, lycklig på dess sköte strimma,
Hon löne dig, hvad du gjort kärleken!
Hör — vid din brudsäng näktergalar spela,
O, finge jag en gång din lycka dela!

und der Mond weiss nichts von meiner Unruhe,
und kein Licht des Himmels sendet einen Strahl
herab, um mir das Blatt in meinen Händen zu
erleuchten!

O, dass ich des Donners Stimme von ferne vernähme! Bei seinen leuchtenden Blitzen könnte ich dich lesen. Wenn ein Vulkan aus dem Schooss der Erde sich erhöbe, seine wilden Flammen würden mir leuchten. Doch keine Macht ist meinem Flehen hold, umsonst hab' ich meine Klage vor dem Thron der Natur selbst angebracht.

Doch — ist es eine Täuschung meines Auges? — Seh' ich da in dem grünen Bett des Grases einen Stern funkeln? Nein, es ist ein Johanniswürmchen, dessen Strahlen in der Nacht erglänzen, wo es in seinem silbernen Kleide fliegt. Ermüdet lässt es sich auf einem Nachtviolenblatt zur Ruhe nieder, und voll freudiger Erwartung eil' ich mit meinem Briefchen schnell zu ihm!

Ich nehm' es und leg' es behutsam auf das Blatt und lass' es zwischen den Zeilen auf und ab spazieren. Jedes Wort erleuchtet es, und doch wird es sein Geheimniss treuer als irgend ein Anderer bewahren. Ich will dich später nie anders nennen, als unsern Freund, du kleiner Schmetterling, — und doch so treu und gut wie Keiner.

Dir schulde ich die schönste Stunde meines Lebens, du Stern der Blumenwelt! Fliege nun wieder zurück zur Rose, funkele glückselig in dem Schooss der Blumenkönigin, und möge sie dir lohnen, was du an dem Liebenden gethan! Horch — — an deinem Brautbett spielen Nachtigallen, o dass ich so glücklich wäre, dein Loos auch einmal zu theilen!

C. AUGUST NICANDER,

geboren in Strengnäs 1799, gestorben, ein todmüder Pegasus im Joche und zusammengebrochen an Leib und Sele, im J. 1839, ist gewissermassen der schwedische Platen. — Wie Platen kann er von sich selbst sagen: „Schon als Knabe hab' ich Ruhm genossen," denn schon während seiner Studentenjahre (1821) trat er mit seinem „Runenschwert," einem lyrischen Drama, hervor; wie Platen sah er im Jahre 1827, unterstützt von dem jungen Kronprinzen und der schwedischen Akademie, Rom und Neapel; und wie Platen ist er in seiner Sprache „ein Beherrscher des Worts in der Dichtkunst", und ist er, wenigstens in seinen spätern Dichtungen, mehr in der Luft, in dem Glanz und den grossen Erinnerungen jener italienischen Schönheitswelt, als in dem Schnee und den Bergen seiner Heimath heimisch: — wohl klingen in seinen Liedern die Sage und die Geschichte des Nordens wieder, wohl ist ihm der Norden die theure Erde, worin die Asche seiner Väter schläft, worin die Wurzeln seiner Kraft und seines Herzens ruhn, doch durch all sein Wesen geht jener dunkle Sehnsuchtszug nach dem Süden, der schon die Wikinger nach Messina, die Wäringer nach Konstantinopel hinabzog: — am Webstuhl seiner Dichtung sitzt still und träumerischen Cyanenauges Saga, die Freundin Odens, doch hinter ihm steht als Bote des schönen Landes der Formen und Farben der strahlende Phöbus, und die holdanlächelnde Charis und Flora wirken ihm den bunten Einschlag seines Gewebes. — Unter den vielen nach und nach von ihm zusammengeschriebenen grössern Dichtungen, epischen Romanzenkränzen etc. etc. nennen wir als die bedeutenderen bloss die folgenden: „Runor" (Runen), zuerst im X. Heft der Zeitschrift „Iduna", dann besonders abgedruckt Stockholm, 1825. — „Runesvärdet, Sorgspel", Upsala, 1820, 2. Aufl. 1835. — „Hesperider" (Hesperiden) Oerebro, 1835. — „Lejonet i öcknen" (Der Leu der Wildniss, d. i. Napoleon in St. Helena), Stockholm, 1838. — Seine kleinern Gedichte erschienen Heftweise von 1825—1839, und finden sich nunmehr, nebst den erwähnten grössern, in den zwei schönen Gesammtausgaben von Nicanders Dichtungen, von denen die eine unter dem Titel „Samlade Dikter" in 4 Bdn. 1839—1841, die andere unter dem Titel „Vitterhetsarbeten" in 2 Bdn. 1852 in Stockholm erschien. — Zu erwähnen ist ausserdem von ihm eine mit glühenden Farben niedergeschriebene italienische Reisebeschreibung „Minnen fran Södern" (Erinnerungen aus dem Süden), Oerebro, 1831, in 2 Bdn., sowie eine herrliche poetische Uebertragung der „Räuber" und der „Jungfrau v. Orleans" unseres grossen

Dichters. — Uebersetzt sind von ihm bis jetzt bloss die „Runen" (von G. Mohnike, Stuttgart und Tübingen, 1828), seine Romanzendichtung „König Enzio" (Stralsund bei Trinius, 1829), und einige kleinere Gedichte, grösstentheils von Mohnike. — Sturzenbecher sagt von Nicander: „Er besass in hohem Grade die Gabe, seine Gedanken schön wiederzugeben; er besass hierin ein wahres musikalisches Genie und dazu eine, man kann wohl sagen virtuose poetische Fingerfertigkeit: — von einer tiefergehenden Gemüthsanlage dagegen ist im Ganzen bei Nicander wenig zu spüren. — — — Obschon aus der gothischen Schule hervorgegangen, in deren Iduna seine ersten Gedichte erschienen, war N. im Grunde doch ein mehr dem Süden, als dem Norden angehörendes Naturell, und hat darin eine Art dichterischer Familienähnlichkeit mit dem Sänger der „Blumen" (im II. Bd. dieses Werkes), dass seine Leier noch einmal so melodisch klingt, sowie er in die Saiten greift, das Lob und den Ruhm italienischen Landes und Lebens zu singen. Ein glänzendes Beispiel in dieser Beziehung ist unter andern seine herrliche Schilderung von Venedig (s. S. 267), und seine noch schönere „Mondnacht in Albano" (s. S. 263), und wenn man auch sagen möchte, dass Gedichte der Art weniger reine Poesie, als Rhetorik seien, so muss man doch andrerseits wieder gestehn, dass es nicht wohl möglich ist poesiemässiger, ohreinschmeichelnder, klangreicher von Dingen und Begebenheiten zu reden, als es in diesen und ähnlichen Dichtungen N.'s der Fall ist." — Seine einzelnen Gedichte, besonders die von uns aufgenommenen, beurtheilt Lénström wie folgt: „Nicanders „Runenschwert", ein Trauerspiel in Versen, dessen Stoff der Kampf des Christenthums gegen das Heidenthum im Norden ist, lässt zwar in Bezug auf Plan und Charakterzeichnung Manches zu wünschen übrig, hat jedoch schöne lyrische Partien, wie den „Gesang des Wikingers" (s. S. 296), „Alriks Monolog" (s. S. 297) etc. — In hohem Grade gelungen zu nennen ist die kleine epische Dichtung von „Norna Gest"; sie ist in drei Romanzen abgetheilt, die zusammen ein Ganzes bilden, und die so schön und geistvoll durchgeführt sind, dass sie in der That den berühmten Frithiofsromanzen wenig (?) nachstehn. — Ein religiöses Gedicht, das man in jeder Hinsicht ein durch und durch reifes, durchaus in Einem Guss zustandegekommenes nennen muss, ist die „Hymne an Jesus auf dem Tabor"; man fühlt sich während des Lesens sanft angeweht, so zu sagen, von jener milden Klarheit, womit der erhabne Gegenstand des Gedichtes die Sele des Sängers durchstrahlte, als er es unternahm, die Saiten zu seinem Lobe zu schlagen. Nicht ein Zug wäre zu tadeln in diesem schönen Gedichte, wäre nicht der „Misston im Klange der Sphären", der Missklang eines unschönen Reimes in Strophe 3. — Der Plan zu dem wunderschönen Gedichte „Tassos Tod" rührt ursprünglich von Byron her; der Schluss hinwieder besteht fast in Nichts, als in lauter pompösen Prachtbeschreibungen von den Vorbereitungen eines grossen Fests. Uebrigens (sagt eine andere Kritik) gebührt ihm mit Recht die Palme, die es im Wettkampf des Gesangs gewann, und ist es in jedem Fall eine der glücklichsten Hervorbringungen N.'s aus seiner letzten Thätigkeitsperiode." — Seine „Mondnacht in Albano" und seine andern italienischen Landschafts- und Historienbilder sind gewiss Stücke, deren sich keiner der jetzt lebenden europäischen Grossmeister der Dichtkunst zu schämen haben möchte, und die in der Geschichte der schwedischen Poesie gewiss stets als Sterne erster Grösse glänzen werden. — F. W. Palmblad, der kritische Minos der phosphoristischen Schule, schreibt seinem Preisgedicht von „Tassos Tod" einen sehr hohen Kunstwerth zu, und spricht sich in einem Artikel der „Schwedischen Literaturzeitung", — dem Organ der Schule, folgendermassen darüber aus: „Es ist ein Gedicht von einer in Wahrheit glühenden Farbenpracht der Sprache und einer Schönheit, einem Wohlklang und einer Harmonie des Verses, wie sie stets bloss jenen gebornen Poeten eigen waren, die nicht nur die Weihen des Schmerzes und des Lebens, sondern auch die der Kunst und des Studiums empfangen haben." — Die ewigen Gesangeskönige der italienischen Poesie waren unter andern N.'s Lieblingsstudium in einem so hohen Grade, dass er in Rom italienische Gedichte schrieb, die nicht bloss als Curiositäten, sondern als ächte und wirkliche Perlen der Dichtung ungewöhnlichen Beifall fanden, wie er denn die 1. und 2. Strophe von Tassos Tod selbst ins Italienische übersetzt hat. Mit Tasso und Petrarca hat seine Poesie noch dazu Das gemein, dass ihr unterscheidendes Merkmal mehr eine gewisse Weichheit und Milde, ein gewisser Schmelz des Colorits, sowie eine schöne Sprache und Versification ist, als Originalität des Inhalts und Titanenhaftigkeit des Gedankens. — So urtheilen die Einen; währenddem fragt Probst Wieselgren mit Recht: „Besass N. nicht poetische Gedanken, gross und herrlich gleich den prächtigsten Strahlenbrechungen des Genius in unserer, ja in der ganzen europäischen Poesie? — Die Stelle in seinem „Lejonet i öcknen", in der der „böse Genius" so zu dem Löwen von Corsika spricht:

— — — „Din lyckas grauna blomster vill jag blad för blad förströ.
Du är menska, derför falla. Sedan må du dö;"*)

und die in seinem herrlichen „Traumgesicht des Tycho Brahe", wo es heisst:

„Befall oj solen gå etc. etc." (s. S. 285)

wenn sie in Goethes Werken stünden, wie gross und gewaltig wären sie dann! — — — Propheta nihil in patria. — Und dann die Sprache Nicanders? Hat sie nicht Diamanten und Rubinen vom reinsten Wasser in unserer Poesie? Steht die Sprache Tegnérs selbst überall höher? — Wir erinnern einfach an Strophen und Zeilen wie die im „Monolog" (s. S. 293):

„O! om Ännu en gång han flyga finge
— — — — — — — — — — —
Med tvenne stormar, en på hvarje vinge,
Med tvenne solar etc. etc." — — —

Haben V. Hugo, Manzoni u. a. das Wesen und die Gedanken des Welteroberers tiefer, schärfer und eigenthümlicher wiedergegeben, als N.? — O, er war ein Troubadour unserer Tage; und wer ihn jemals seinen „Gesang des Wikingers" selbst hat singen hören, dem wird der Schmelz und die Wehmuth seines Gesangs, wie die seltene Schönheit seines schwärmerischen Thränenauges gewiss eine unvergessliche Erinnerung bleiben."

---

*) Deines Glückes stolze Blüthen will ich Blatt für Blatt zur Erde streuen. Du bist bloss Mensch, drum musst du fallen. Dann magst du sterben.

Mitt lif, min sång och min död.

Min lefnad var en stilla flod,
Uppå hvars spegel dimma stod.
När solens stråle föll derpå,
Den glänste klar och himmelsblå.

Jag lefde föga, tänkte mer,
Det bästa verlden icke ser.
Men i det stora Helas sfer
En ringa ting det bästa är.

Jag syntes kall, men var dock varm;
Jag slöt min låga i min barm.
Jag skördat lof: mig tadlet slog; —
Jag vet ej, hvem af dem bedrog.

Min sång en verld ej tjusa skall;
Så högt gick ej dess vågors svall.
Den Vaktelns var, i enslig skog,
Som höres af få, men höres nog.

Så skall i lifvet, mången gång,
Af vänners krets bli hörd min sång.
Den skall ej vidt kring jorden gå;
Men icke dö så snart ändå.

Min Död — den ej beklagas bör;
Ett uselt stoft han blott förstör.
Hvad som odödligt hos mig var,
Sin högsta flygt i döden tar.

Farväl, o jord! Farväl, mitt stoft!
Farväl, du Hoppets rosendoft,
Hvad jag med jordisk längtan sett,
Jag glömmer alt. Jag hoppas ett.

Mein Leben, mein Singen u. mein Sterben.

Mein Leben war ein leiser Strom, auf dessen Spiegel Nebel lag. Wenn ein Sonnenstrahl darauf fiel, so erglänzte er hell und himmelblau.

Ich habe nur wenig erlebt, desto mehr hab' ich gedacht, gerade von dem Besten weiss die Welt nichts. Doch in der Sphäre des grossen Ganzen ist ja das Kleine und Geringe so oft das Beste.

Ich erschien kalt, und war doch warm; ich verschloss mein Feuer in meiner Brust. Ich habe Lob geerndtet, der Tadel hat mich niedergeschlagen; — ich weiss nicht, was von beiden Täuschung war.

Mein Gesang wird nicht die Welt erobern; seine Wogen gingen nicht so hoch. Er war wie der Gesang der Wachtel im einsamen Walde, den nur Wenige hören, doch gleichwohl gerne hören.

So soll auch mein Gesang im Leben manchmal unter lieben Freunden seine Lauscher finden. Er soll zwar nicht die Welt durchfliegen, doch auch so bald nicht untergehn.

Mein Tod — darüber soll mir Niemand klagen; wird ihm doch nichts weiter, als eine Handvoll Asche von mir zum Raube. Was dagegen unsterblich war an mir, schwingt sich gerade im Tode am höchsten hinauf.

Lebwohl, o Erde! Lebwohl, du meine Asche! Lebwohl, du Rosenduft der Hoffnung! Was ich mit dem Auge irdischer Sehnsucht angesehn, vergesse ich bereits. Eines hoff' ich und ersehn' ich nun.

Ungdomen.

Lifvet förgår som en flod. På dess bölja
Åldrarne fly eller dränka sig der.
Alln dess svall och dess störtningar följa:
Föras och veta ej rätt hvart det bär.
Ungdomen står, som en blomma, och tjusar
Stilla på stranden, som först henne bar:
Böjer sig nndan för böljan, som brusar,
Speglar sig tyst i den våg, som är klar.

Kärleken purprar dess doftande krona,
Grönt är, som Hoppet, dess yppiga blad.
Stormarne mildt hennes varelse skona:
Lycklig hon är; hon är frisk, hon är glad.
Men, om hon rycks af en hvirfvel från stranden,
Sjunker hon icke, hon gungar derpå:
Vaggas af vestan till skönare landen,
Sväfvar på djupet och blommar ändå.

Härligt är endast det unga och rena:
Skönaste fröjden är oskuldens fröjd.
Ungdomens oskuld eröfrar allena
Lifvets förklarande, strålande höjd.
Ljufvaste drömmen om sällhet och ära,
Kronan af lifvet, o Ungdom, är du!
Lycklig är den, som i åldren kan bära
Glad dina tornfria rosor ännu!

Die Jugend.

Das Leben gleicht einem Strom. Auf seiner Welle fliehen die Menschenalter theils vorüber, theils gehn sie unter darin. All seine Strudel und Brandungen stürzen sich nach: werden hinweggerissen, ohne zu wissen, wohin. Die Jugend steht, wie eine Blume, still erfreulich am Strande, der sie zum ersten Mal trug, in Demuth sich neigend vor der schäumenden Fluth, doch still in der Welle sich spiegelnd, welch ruhig und klar ist.

Die Liebe schmückt mit Purpurglanz ihre duftige Krone, grün ist, wie die Hoffnung, ihr üppiges Blatt. Mild schonen die Stürme ihr Dasein: sie ist glücklich; sie ist frisch, sie ist fröhlich. Reisst jedoch eine Windsbraut sie vom Strande herab, so sinkt sie dennoch nicht unter, sie schaukelt sich still auf der Welle: lässt sich vom Westwind nach schönern Auen wiegen, schwebt hoch ob dem tiefen Gewässer dahin, und blüht doch noch.

Herrlich ist nur, was da in Frische und Reinheit blüht: die schönste Freude ist die Freude der Unschuld. Einzig die Unschuld der Jugend erobert die strahlende, die Verklärungshöhe des Lebens. O Jugend, du bist der lieblichste Traum von Glück und Ruhm, du bist die Krone des Lebens! Wohl dem, der auch im Alter noch heiter deine Rosen tragen kann, die keine Dornen haben!

Aus den **Pilgrims-Sånger**.

1.

Djupadal.

Om dufvan har sin maka kysst
I löfvens sommarsal,
Du hörer kyssens ljud, så tyst
Är det i Djupadal.

Den strida forsen, nyss så vred,
Sin yra öfverger.
Han störtar djupt i jorden ned,
Och törs ej sorla mer.

Djupadal.

Wenn der Tauber im grünen Saal des Laubes sein Täubchen küsst, so hörst du ihr Gekose, so still ist es im Djupathal.

Der reissende Waldstrom, soeben noch so wild und zornig in seinem Fall, lässt nach von seinem Toben. Er stürzt sich in die Tiefen der Erde hinab und wagt nicht mehr zu brausen.

Sätt dig i bokarnas beskärm,
Och utåt dälden se:
Invid Naturens bröst dig värm,
Och lär en tyst idé!

Lass dich nieder unter der Buchen schirmendem Dach, und schau' einmal aus dem Thal hinaus: erwarme am Herzen der Natur, und versenke still dich in Gedanken!

Om jag en örn väl vore, — då
Till berget jag uppfor,
Att morgonsolen skåda få,
Och blifva stormens bror.

Wär' ich ein Adler — auf Bergeshöhn würd' ich mich schwingen, um droben der Morgensonn' ins Angesicht zu schauen und des Sturmes Spielgenoss zu werden.

Men om min bild förbytte sig
Uti en näktergal,
Då flög jag strax och satte mig
Och sjöng i Djupadal.

Doch wenn sich meine Gestalt in eine Nachtigall verwandelte, dann flöge ich sogleich und höbe zu singen an im Djupathal.

2.

Ringerikes portar.

Ringreichs Pforten.

Morgonen, klädd i purpur och guld, ur porten i
öster
Började ren sin härliga gång på ljusblåa himlen.
Solen syntes ej än, men skickade vänliga strålar
Ut öfver vänliga jordens krets. Med klappande
hjerta,
Fullt af den väntade njutningens hopp, jag vandrade långsamt
Fram öfver ödsliga heden. En hed är menniskolifvet,
Der, hvart ögat än ser, ett berg sig reser i vägen;
Men hvar gång vi bestigit ett berg med härdande
möda,
Öppnas ifrån dess spets en syn i en blomstrande
trä'gård,
Vattnad af sorlande floder och skuggad af hviskande palmer.
— — — — — — — — — —
Ren jag står på en höjd i gapet af remnade
fjället,
Vågar ej lyfta mitt öga opp, af fruktan att stjäla
Bort en del af min njutning förut, och rifva i
stycken
Skaparens eviga tafla. Men nu ledsagaren sade:
„Vandrare! skåda omkring dig, och se. Du är
der du ville;
Ringeriket är nedanför. Du står i dess portar."
Och jag lyfte mitt öga opp. Jag såg, när det
lyftes,
Ringeriket ej blott, men ett himmelrike på jorden.
Tyrifjorden, så lugn och blå, som Nornornas
källa,

Schon begann der Morgen, in seinem Gewande von Purpur und Gold, im Ost die Pforte verlassend, seinen herrlichen Wandel am lichtblauen Himmel. Noch war die Sonn' unsichtbar, doch schon kündigten freundliche Strahlen, als ihre vorausgesendeten Boten, dem freundlichen Erdkreis ihre nahe Ankunft an. Mit klopfendem Herzen, voll froher Erwartung des erhofften Genusses, wanderte ich langsam dahin durch die einsame Wildniss des Haidelandes. Eine öde Wildniss ist auch das menschliche Leben, in dem sich, wohin nur das Auge blickt, eines Berges Hemmniss am Wege erhebt; — so oft wir jedoch die Höhe eines solchen Berges mit harter Mühe erstiegen haben, erschliesst sich unsern Blicken von seinem Gipfel herab eine Aussicht in einen blühenden Garten, bewässert von rauschenden Strömen und kühl von säuselnden Palmen umweht
— — — — — — — — — —
Schon steh' ich jetzt auf einer Höhe in der Schlucht des zerrissnen Gebirges, und wage es nicht das Auge emporzuheben, aus Furcht, mir dadurch einen Theil meines Genusses im Voraus zu rauben, und mir des Schöpfers ewiges Landschaftsgemälde in Stücke zu zerreissen. Jetzt sagte jedoch der Begleiter: „Wanderer! Schau' dich nun um. Du bist jetzt da wo du wolltest; da unten siehst du das Ringreich liegen. Du stehst jetzt an seinen Pforten." Und ich machte meine Augen auf, und als ich es that, da sah ich zu meinen Füssen das Ringreich, — ja, nicht nur das Ringreich, sondern ein Himmelreich auf Erden. Ruhig und blau, wie die Quelle der Nornen, lag der Tyrifjord

Dimmlös låg, af Naturen beredd till en glän-
   sande spegel
För den ur morgonrodnadens famn uppstigande
   solen;
Grönskande öar och uddar i mängd betäckte
   dess yta,
(Blomsterkorgar, som ångade doft till drottnin-
   gens möte).
Hvit som en svan, som stigit ur sjön och lagt sig
   i gräset,
Blickande upp mot himmelens hvalf, låg kyrkan
   i dalen,
Mildt beskyggad af björkarnas krans. Till hö-
   ger hon syntes
Christendomens heliga bild och kärlekens
   tempel.
Men till venster, på skogrik ö, i dystrare skugga,
Lemningen syns af en murad graf, och ofvan ett
   kummel,
Öfverst en tallkrönt klippa med ärr af åldrarnas
   runor.
Halldan Svartes är ön, och hans den vördade
   grafven,
Hedendomens grusade bild och mandomens
   tempel.
Längre bort stå kedjor af berg, den lyckliga
   verldens
Skyddande gränser, och nist en rad af vördiga
   fjällar,
Hvita af ren och glänsande snö, som åldrige
   Vise,
Satte till vakt och värn omkring en sommarens
   lustgård.
Men när den himmelska solen gick opp och ka-
   stade strålar,
Liksom ett gylIne, välsignadt regn, kring lägre
   naturen,
Och en enda af dem, som ej försmådde det ringa,
Speglade sig i mitt ögas blyga och rinnande
   tårar:
O, då blefvo också de gamla, snöiga bergen
Likasom barn på nytt; de silfverfärgade håren
Bytte de ut, vid solens sken, med gyllene lockar.
— — — — — — — — — — — — —
Allt var en dikt, och verkligt ändå. Den skå-
   dande yngling
Sökte en sång i sitt bröst, men fann der endast
   beundran.
När den Evige sjelf ur skapelsens heliga sträng-
   spel
Väcker en verld af heliga ljud, då gifves ej
   andra
Toner på jorden mer, då tystna skalden och
   harpan.

heiter und nebellos da, von der Natur zu einem
glänzenden Spiegel geschaffen für die aus den
Armen der Morgenröthe emporsteigende Sonne;
grünende Inseln und Vorgebirge bedeckten in
grosser Anzahl seine Fläche, (gleichsam Blumen-
körbe, die Duft athmeten zur Begrüssung der
strahlenden Königin). — Weiss wie ein Schwan,
der aus dem See herausgestiegen ist und sich
ins Gras gelegt hat, zum Himmelsgewölbe em-
porschauend, lag unten im Thale das Kirchlein,
mild von einem Kranze grünender Birken um-
geben. Zur Rechten erschien es als ein hei-
liges Bild des Christenthums und als ein
Tempel der Liebe. Zur Linken dagegen, auf
einer waldreichen Insel, in tieferem Dunkel, sah
man die grauen Ueberreste eines von Steinen
gemauerten Grabes, und darüber einen aufge-
worfenen Hügel von Erde und rohen Stein-
blöcken, und zu oberst einen fichtengekrönten
Fels, woran noch die Narben sichtbar waren
von Runen der Vorzeit. Die Insel Halldan
Swartes ist es, und das altehrwürdige Grabmal,
es ist das seinige, das Bild von einer Ruine des
Heidenthums und ein Tempel der männlichen
Kraft und des Muths. Weiter hinten dehnt sich
eine Kette von Bergen hin, wie schützende
Gränzen einer glücklichen Welt, und zuletzt
ein Zug von hochehrwürdigen Gletschern, glän-
zend von reinem und weissem Schnee, gleich
Greisen mit schneeweissem Haar, als Schild-
wacht und Wehr einen Lustgarten des Sommers
umstehend. Doch als nun die himmlische Sonn
emporstieg und gleich einem wohlthätig gol-
den Regen Strahlen herabgoss ringsumher auf
die niedere Natur, und als einer von diesen gol-
denen Strahlen, der auch das Geringe nicht ver-
schmähte, in meines Auges schüchternen, rin-
nenden Thränen sich spiegelte: — o, da wurden
mir auch die greisen Schneehäupter des Gebir-
ges gleichsam wieder zu Kindern; ihr silbernes
Haar vertauschten sie, als die Sonne darauf
schien, mit goldenen Locken. — — —
— — — — — — — — — — — —
Alles war ein Gedicht, und doch wirklich. Der
schauende Jüngling suchte in seinem Busen
nach einem Gesange, doch fand er da nichts
als Staunen und Bewunderung. Wenn freilich
der Ewige selbst aus dem heiligen Saitenspiel
der Schöpfung eine Welt von heiligen Tönen
hervorruft, dann gibt es keine andern Töne mehr
auf Erden, da müssen der Dichter und sein irdi-
sches Saitenspiel schweigen.
— — — — — — — — — — — —

Men när jag fjerran var från den oförgätliga | Als ich jedoch ferne war von dem unvergess-
synen, | lichen Anblick, setzte ich mich hin und schrieb
Satte jag tyst mig ned och skref de målande | meine obige Schilderung nieder.
orden.

Hymn till Jesus på Tabor.

Lyft ögat opp, låt sömnen fara,
Och se framför dig, fromma skara!
Hvad ljus på Tabors berg uppstår.
Bryt qvistar ned af dalens palmer,
Slå upp kung Davids höga psalmer,
Och sjung en chor, då du framgår!
O, hvad du strålar skönt,
Du berg, af cedrar krönt!
Guds Engels flägt med snöhvit glans
Begjuter löfvens gröna krans.

Det är väl ingen flock af svanor,
Som sänker sig från rymdens banor?
Nej, ingen svane är så ren; —
Det är ej månen, som på bergen
Ur hornen häller silfverfärgen —
Blott skugga varder solens sken.
Det Jesus Christus är,
Guds enda son står här.
Guds folk! böj dig till jorden ner,
Det är Guds härlighet, du ser.

Guds son sin helga famn utbreder,
Och beder — och när Jesus beder,
En himmel blifver bönens lön.
Den sänker sig kring hans lekamen
Från Fadren sänd, ett heligt amen,
På sonens andaktfulla bön.
Si, Herran Gud i dag
Till dig har godt behag.
Hell, brudgum, både först och sist,
Hvad du är skön, o Jesu Christ!

Med sina taflor uti handen
Den gamle Moses står på randen
Af den upplysta silfverskyn.
Bredvid Elias sakta sväfvar
Förutan eldvagn. Han ej bäfvar,
Men häller handen för sin syn.
Högt Jesu strålar slå
Mot Mosis taflor blå,
Och lagens hjerta, fast af sten,
Försmälts i Jesu kärleksken.

Hymne an Jesus auf dem Thabor.

Hebe dein Auge empor, ermanne dich vom
Schlaf und schau' vor dich hin, fromme Schaar,
was für eine Helle erglänzt auf Thabors Höhe!
Brich Zweige von den Palmen des Thales ab,
stimme König Davids erhabne Psalmen an, und
singe einen Chor, indem du deine Strasse ziehst!
O wie du so schön strahlst, o Berg, gekrönt mit
Cedern! Ein Wehn von dem Engel des Herrn
begiesst mit schneeweissem Lichtglanz des Laubes grünen Kranz.

Es ist doch wohl kein Zug von Schwänen, was
sich da von droben aus dem Blau hernieder
senkt? — Nein, es ist kein Schwan so weiss und
rein; — es ist der Mond nicht, der auf den Bergen den Silberglanz aus seinen Hörnern träufeln
lässt — zum blossen Schatten wird selbst der
Sonnenschein. — Es ist Jesus Christus, der eingeborene Sohn Gottes steht allhier. Volk Gottes, wirf dich zur Erde nieder, es ist die Herrlichkeit Gottes, was du da erschaust!

Der Sohn Gottes breitet seine heiligen Arme
aus und betet — und wenn Jesus betet, dann ist
ein ganzer Himmel des Gebetes Lohn. Er senkt
sich wie ein Mantel auf seinen Leib herab, ein
heiliges Zeichen der Erhörung, vom Vater gegeben auf des Sohnes andächtiges Gebet. Siehe,
Gott der Herr will sich dir heute gnädig erweisen. Heil dir, du Bräutigam, jetzt und in Ewigkeit, was du schön bist, o Jesus Christus!

Seine Tafeln in der Hand, steht der alte Moses
am Saume der leuchtenden Silberwolke. Neben
ihm schwebt ruhig und sanft, und ohne seinen
feurigen Wagen, Elias. Er bebt nicht, sondern
hält nur die Hand vor sein Gesicht. Erhaben
glänzen die Strahlen Jesu in Mosis blauen Tafeln wider, und die Tafel des Gebots, obgleich
von Stein, schmilzt hin in Jesu Liebesglanz.

Och tre Apostlar, Jesu vänner,
Dem Herrans öga ser och känner,
Treenigt böja sina knän.
Uppå Johanuis ljusa panna
Ses nådens milda solsken stanna,
Han sjunker uti kärlek hän.
Den visaste han var;
Ty mest han älskat har.
Han var i verlden Jesu hopp,
Hans älskling, lärans förstlingsknopp.

När Gud på Sinai gaf lagen,
Betäckte moln den klara dagen,
Vid åskans dunder jorden skalf.
På Thabor inga åskor höras,
Blott englavingar stilla röras,
Och ljust är himlens blåa hvalf.
Förr ljöd Guds vredes råd,
Men Jesu namn är Nåd.
Förfärlig skallar vredens röst;
Tyst kärlek slår i Jesu bröst.

Si, blommor kransa törnestafven,
Si, Gud sår liljor öfver grafven
På sin förklarings Sabbathsdag,
Till dag han qväll och morgon enar.
Hvad oljoblad på lifvets grenar
Slå ut och vinka oss i dag!
Kläd dig i bröllopsskrud,
Om du vill nalkas Gud!
Vill du bli ren, du syndens man!
Två dig i eld och ljus som han.

Gack hem igen, gömm i ditt hjerta
Till läkedom mot jordens smärta,
Förklaringssynens salighet.
När Gud dig ropar, löser blunden,
Var bröllopsklädd; ty dagen, stunden,
När Herran kommer, du ej vet;
Han kommer, Jesus Christ,
Det vete vi förvisst!
Till dess, i lifvets väl och ve
Må vi allena Jesum se!

Und drei Apostel, Freunde Jesu, auf denen
das Auge des Herrn in Gnaden ruht, beugen
dreieinig ihre Knice. Auf der lichten Stirne des
Johannes erglänzt der Gnade milder Sonnen-
schein, und er sinkt in lauter Liebe dahin. Er war
der weiseste unter den Jüngern; denn er hat
am meisten geliebt. Er war auf Erden die Hoff-
nung Jesu, war sein Liebling, die Erstlings-
knospe seiner Lehre.

Als Gott auf dem Sinai das Gesetz gab, war
das helle Tageslicht umwölkt, es blitzte und
donnerte und die Erde bebte. Auf dem Thabor
ist kein Donnern zu hören, nur die Schwingen
der Engel regen sich leise, und hell und klar ist
des Himmels blaue Wölbung. Früher sprach
Gott im Zorne zu seinem Volke, Jesu Name da-
gegen ist die Gnade. Fürchterlich erdröhnt die
Stimme des Zornes; still schlägt die Liebe in
Jesu Brust.

Schau, Blumen kränzen den Dornenstab, schau,
Gott sät Lilien auf's Grab herab am Sabbaths-
tage seiner Verklärung, zum Tage vereinigt er
das Licht des Morgens und des Abends. Was
schlagen heute an dem Baum des Lebens für
Olivenblätter aus und winken uns! Leg' ein
hochzeitlich Gewand an, so du dich Gott willst
nahen! Willst du rein und lauter werden, du
Mann der Sünde, dann geh' und wasche dich
gleich ihm in Feuer und in Licht.

Geh' nun heim, und bewahre in deinem Her-
zen, als eine lindernde Arzenei gegen die
Schmerzen der Erde, die Seligkeit des Verklä-
rungsgesichtes. Wenn Gott dich ruft, den Bann
deines Schlummers bricht, dann sei hochzeitlich
gekleidet; denn den Tag und die Stunde, wann
der Herr kommt, weisst du nicht; kommen wird
Jesus Christus, das wissen wir gewiss! Bis da-
hin mögen wir indess, in Wohl und Weh dieses
Lebens, einzig Jesum schauen!

Sicilianska Sånger.

I.

Jag är en främling i naturens rike,
Men tryckes hårdast af naturens lag.
Jag står allen: jag äger ingen like;
Den armaste är ej så arm som jag.
Jag äger ej en gång mitt eget hjerta;
Ty du, Förtrollerska! det röfvat har.
Blott en olidlig, outsäglig smärta
Än sitter i mitt hjertas ställe qvar.
Du är dock kall som is, med dubbelt hjerta:
Jag, utan hjerta, är blott eld och smärta.

II.

Du, som de gröna fälten genomlöper,
Så irrande, så glindrande och tyst,
Som med din bölja alla blommor döper
Dem vestanvinden nyss till lif har kysst!
Du silfverbäck! låt dina vågor rinna
En liten omväg blott, dit jag begär.
Smyg dig så sakta till min älskarinna,
Till henne hviska, klagande, så här:
«Så grymt din hårdhet Fillis' hjerta sårar,
Att jag blef född till verlden af hans tårar."

IV.

Min Dafne, lyftad på sin skönhets vingar,
Bestormade en gång all himlens här.
Hon vann. Hon sina segertecken bringar
Till jorden ned, och dem som prydnad bär.
I sin blick hon solens strålar binder;
På hennes panna blänker dagens sken,
Och morgonrodnan ler på hennes kinder,
Så varm och blygsam, oskuldsfull och ren.
Men Natten tog hon icke, tänker mången; —
Jo! Natten ligger i dess lockar fången.

V.

Mitt ena öga såsom Nilen strömmar,
Mitt andra öga flödar såsom Po.
Du ensam dock för mina qval ej ömmar;
Du står med torra ögon och ser på.
O! när jag, törd af lång förväntan, frågar,
Om jag får komma, gladt du svarar: ja!
Du synes född att tjusa och bedra.

Sicilianische Lieder.

I.

Ein Fremdling bin ich in der weiten Natur, und doch ruht der Druck des Naturgebotes auf Niemandem schwerer, als auf mir. Einsam steh' ich in der Welt, ich weiss Niemanden, der meines Gleichen wäre, es ist der Aermste nicht so arm als ich. Nicht einmal mein eigenes Herz kann ich mehr mein eigen nennen; denn du hast es mir geraubt, du schöne Zauberin! Nur ein unerträglicher, ein unaussprechlicher Schmerz noch sitzt mir in meinem Herzen. Du bist mit zwei Herzen dennoch kalt wie Eis: ich, der ich keines mehr habe, bin nichts als Feuer und Schmerz.

II.

O du, der du so Irrpfade liebend, so hell und still die grünen Fluren durchschlängelst; der du so kühl mit deiner Welle all die Blümlein tränkst, die der Westwind jüngst zum Leben wachgeküsst! Du Silberbach, lass deine klare Fluth nur einen kleinen Umweg machen und lass sie dahin rieseln, wo ich es so gerne möchte. Schleiche dich still zu meiner Geliebten hin, und klagend murmele ihr ins Ohr, was ich dir da sage: „So grausame Wunden schlägt deine Sprödigkeit dem Herzen deines Phyllis, dass seine Thränen mir das Dasein gaben."

IV.

Meine Daphne, auf den Schwingen der Schönheit emporgetragen, stürmte einmal des Himmels ganzes Heer. Als Siegerin kehrte sie zurück. Ihre Trophäen brachte sie zur Erde herab, und trägt sie nun als Schmuck. Am Blick des Auges befestigt sie sich die Sonnenstrahlen, von der Stirn blinkt ihr des Tages Glanz, und das Morgenroth umlächelt ihre Wangen. Die Nacht jedoch, die nahm sie nicht, so möchte vielleicht Mancher denken; — O ja, die Nacht hat sie sich in ihr dunkles Lockenhaar geschlungen.

V.

Mein eines Auge strömt wie der Nil, mein anderes Auge fliesst wie der Po. Und dennoch hast hur du mit meinen Qualen kein Erbarmen: mit trockenen Augen stehst du da und siehst sie mit an. O! wenn ich, vom Gram des langen Wartens verzehrt, frage ob ich kommen darf, so antwortest du heiter: ja! Du bist wie geboren zum Bezaubern und Bethören.

Du kallast är, då jag som hetast lågar.
Du säger ja! men när — du säger ej:
Och då är Ja detsamma som ett Nej!

Du bist am kältesten, wenn ich am heissesten brenne. Du sagst wohl ja! Doch sagst du mir nicht wann: — und da ist denn ein Ja gerade so gut wie ein Nein!

VI.

Jag såg en gång uti en myrtenlund
Begrafvas tvenne sköna, trogna tärnor.
Jag såg en hjort, som jagade en hund:
Jag såg en blind, som täljde himlens stjernor.
En mulen dag, då solen blänkte klar,
Ett skepp jag såg, som timradt var af sippor:
Med ormars fötter skeppet lastadt var,
Och samm på spetsarne af tvenne klippor.
Så sannt det är, som jag berättat dig,
Så sannt är äfven att du älskar mig.

Ich sah einmal in einem Myrtenhain zwei schöne, treue Mägdlein zu Grabe tragen. Ich sah einen Hirschen, der einen Hund jagte: ich sah einen Blinden, der die Sterne des Himmels zählte. Einen trüben Tag, an dem die Sonn' in lichtem Glanze stand, ein Schiff sah ich, das von Anemonen gezimmert war: mit Schlangenfüssen war das Schiff belastet, und schwamm auf den Spitzen zweier Felsen hin. So wahr das ist, was ich dir da erzählt habe, so wahr ist es auch, dass du mich liebst.

VIII.

Om du för rikedom mig älskar, Clara!
O! älska mig då ej; jag har ej gull.
Låt Peruaner'n då din kärlek vara;
Hans grufva är af gyllne skatter full.
Om du för styrka älskar mig: o Clara!
Hör upp att älska mig: ej stark jag är.
För Milo då ditt hjertas eld förklara,
Som lejon slår och bufflars bördor bär.
Om du för skönhet älskar mig, min Clara,
O älska icke mig; — jag är ej skön.
Låt Phoebus då ditt hjertas gunstling vara,
Och låt hans kärlek få i din sin lön.
Om du för kärlek älskar mig: — då bör jag
Din älskling vara; ty af kärlek dör jag.

Wenn du mich des Reichthums wegen liebst, meine Klara, o dann musst du nicht mich lieben; Gold habe ich keines. Dann nimm dir Peru glücklichen Sohn zum Liebsten; seine Grube ist voll von goldnen Schätzen. Wenn du mir der Körperkraft und Stärke wegen liebst, o Klara! dann höre auf mich zu lieben; ich bin keiner von den Starken. Erkläre dem Milo dann deines Herzens Gluth, der Löwen niederschlägt und die Last eines Stieres auf seinen Schultern tragen kann. Wenn du mich um meiner Schönheit willen liebst, meine Klara, o dann musst du nicht mich lieben; — ich bin nicht schön. Mag Phoebus dann der Günstling deines Herzens sein, und mag er in deiner Liebe den Lohn für die seine finden! Wenn du mich meiner Liebe wegen liebst: o dann muss ich dein Liebling werden; — denn aus Liebe sterbe ich.

IX.

Mitt hopp är ute. Mitt begär är grafven;
Ty mer än grafven är mig lifvet kallt.
Jag vore hellre lefvande begrafven,
Än evigt följd af dödens skräckgestalt.
Af bittra tårar mina ögon strömma,
Af sorg, att de ej kunna gråta nog.
Jag gråter: men att smärtans källa tömma
Ej mina tårars strida svall förslog.
Att jag är död, men lefver, vill jag gråta,
Och derföre, att inga tårar båta.

Meine Hoffnung ist zu Ende. All mein Wünschen ist das Grab; denn kälter als das Grab ist mir das Leben. Ich wäre lieber lebendig begraben, als beständig verfolgt von dem Gespenst des Todes. Von einem Strom von herben Thränen triefen meine Augen, vor Schmerz, dass sie nicht genug weinen können, klage und weine ich; doch reichte der helle Strom meiner Thränen nicht hin, um den Quell des Schmerzes zu erschöpfen. Darüber, dass ich gestorben bin und dennoch lebe, will ich weinen, und darüber dass all mein Weinen mir nichts hilft.

X.

Liksom i mulen natt, då stormen rasar,
En sjöman, sväfvande i hafvets famn,
För himlens blixt, för hafvets afgrund fasar,
Och blek och mållös suckar efter hamn;
Men när igen den milda Solen låter
Sitt öga glänsa fram, och sjön blir blå,
Han glömmer allt, han spänner seglen åter,
Och manar stormen ut på nytt ändå: —
Så på min kärleks haf med mig det händer;
Jag lider skeppsbrott; men jag återvänder.

Gleichwie in trüber Nacht, in der der Sturm tobt, ein im Arm der Meerfluth schwebender Seemann vor dem Blitz des Himmels und vor den Tiefen des Abgrunds bebt, und bleichen Angesichts und sprachlos nach einem Hafen seufzt; sowie er jedoch, wenn die Sonn' ihr Auge wieder mild erglänzen lässt und die See wieder blau wird, all des Ungemachs wieder vergisst, die Segel wieder ausspannt, und von Neuem den Sturm herauszufordern sich erkühnt: — so ergeht es im Meer meiner Liebesraserei auch mir, ich leide Schiffbruch, — und dennoch komm' ich stets von Neuem wieder.

Aus den „Hesperiden."

Månskensnatten i Albano.

I dalens djup en genomskinlig dimma
Som slöja kring naturens anlet står.
I träd, på blomstrens blad lysmaskar glimma,
Liksom juveler i naturens hår;
Och hvar minut af nattens korta timma,
En trogen nattvakt, Philomela slår.
Cicalan gnisslar oitisk ned i dalen;
Hon tror sig täfla så med näktergalen.

'Jag träder fram. Hvad prakt mitt öga röjer!
Der glänser på sitt berg Aricciäs slott:
Och templets blanka döm bredvid sig höjer
Mot himlens hvalf, så stjernbeströdt, så blått.
Vid taflans åsyn sjelfva Cynthia dröjer,
Och då hon syns dess prakt beundra blott,
Hon dubbelt skön den sköna taflan målar
Med himlaglansen af sitt ögas strålar.

Då hennes blickar darrande sig sänka,
På slottets höga fönster falla de:
Och fönstren af ett magiskt trollsken blänka,
Liksom då borgens furstar fester ge.

Die Mondnacht in Albano.

Im tiefen Grund des Thales wogt ein durchsichtig feiner Nebel, einem Schleier gleich, der das Antlitz der Natur umweht. Im Grün der Bäume, auf den Blumenblättern funkeln Johanniswürmchen gleich Juwelen in dem Haar der Natur; und jede Minute der kurzen Nachtzeit schlägt, eine treue Wächterin, Philomele. Emsig rieselt die Cicala ins Thal hinab; — so glaubt sie um die Wette mit der Nachtigall zu singen.

Ich gehe weiter. Welche Pracht gibt sich mir da zur Schau! Auf seiner Höhe glänzt dort drüben das Schloss von Ariccia: — und daneben steigt des Tempels leuchtende Kuppel ins Himmelsgewölbe hinein, so blau und sternenhell. Selbst Cynthia steht still bei'm Anblick dieses Bildes, und während sie nur seine Pracht und Herrlichkeit zu bewundern scheint, malt sie selbst die schöne Landschaft noch einmal so schön mit dem Himmelsglanz, den ihr Auge niederstrahlt.

Indem ihre Blicke sich zitternd senken, fallen sie herab auf die hohen Fenster des Schlosses: Und die Fenster blinken von einem magischen Zauberschein, wie wenn die Herrn des Schlosses irgend ein Fest geben.

I ljus sig kyrkans hvita murar dränka:
Dess glob och kors i gyllne skimmer le.
På hvalfvet af dess sirliga rotunda
Än djupa skuggor ligga qvar och blunda.

I parken, ur hvars yppigt rika sköte
Kupol och slott så härligt växa opp,
Der stämmer ljuset gladt med skuggan möte:
De smältas hop, som själ forsmälta med kropp.
Det syns, som minnets natt tillsamman flöte
Med fulla dagen af ett himmelskt hopp.
Du kunde tro den stolta parken vara
En mörk tartar, belyst af englars skara.

Cypressernas mot himlen sträkta toppar
Kan månen knappast mätta med sin glans;
Men popelns krona, nöjd med några droppar,
Rör sina blad vid vestans flägt till dans.
På ekens glatta löfverk strålen hoppar,
Men halkar ned och flyr till pinjens krans.
Mot skuggan af de tysta, dunkla lagrar
Sig bryta skönt olivens silfverdagrar.

Så dag och natt i parkens sköte blandas,
Och ingen för den andra vika vill.
Der är så ljust, som dagen, när den randas:
Der är så mörkt, som ingen dag fanns till.
Mildt Vestan öfver månskenstaflan andas,
Än yr och rusig, än förrädiskt still.
Af blommorna, som slumra, stjäl han kyssar,
Och med sitt stulna doft kring nejden kryssar.

Naturen slumrar sjelf och hänryckt drömmer,
Och flämtar varmt i långa andedrag.
I lycklig vanmakt stilla sänkt, hon glömmer
Den heta mödan af en solbränd dag.
Och när hon tror, att hon som bäst dem gömmer,
Hon blottar sina läckraste behag,
Som Psyche skön, då hon sitt öga sänker,
Och än i sömnen uppå Amor tänker.

Die weissen Mauern der Kirche baden sich im Licht, ihre Kugel und ihr Kreuz lachen in goldnem Schimmer. Ihre zierlich gewölbte Rotunde dagegen ruht noch, gleichsam schlummernd in tiefem Dunkel.

Im prächtigen Garten, aus dessen üppigem Schooss Kuppel und Schloss so wunderherrlich emporsteigen, da hat das Licht mit dem Dunkel ein heiteres Stelldichein: sie schmelzen in einander, wie die Sele verschmilzt mit dem Körper. Es ist, wie wenn die Nacht der Erinnerung zusammenflösse mit dem vollen Tageslicht einer himmlischen Hoffnung. Du möchtest glauben, der prächtige Garten sei ein finsterer Tartarus, in welchen eine Schaar von Engeln leuchtend herniedergestiegen ist.

Kaum vermag der Mond die in den Himmel hineinragenden Wipfel der Cypressen mit seinem Glanze zu sättigen; die Krone der Pappel dagegen, mit ein paar Tropfen des Lichts nur sich begnügend, regt ihre Blätter zum Tanz im Hauch des Westwinds. Auf's glatte Laub der Eiche hüpft der Strahl herab, gleitet jedoch ab und springt zur Krone einer Pinie hinüber. Von der Nacht der schweigenden, der dunkeln Lorbern heben sich so schön die silbernen Glanzlichter der Olive ab.

So lösen sich Tag und Nacht im Schooss des Parkes in einander auf, und keines von beiden will dem andern weichen. Da ist es so hell, wie der Tag, wenn er im Ost erglüht; da ist es so dunkel, als ob es keinen Tag mehr gäbe. Sanft weht der Westwind durch das Mondscheingemälde hin, er weht bald heiss und ungestüm, bald wieder verrätherisch still. Von den Blumen, die im Schlaf sich wiegen, stiehlt er sich Küsse, und durchschweift dann mit seinem gestohlnen Duft die Gegend.

Selbst die Natur schläft und lächelt in seligen Träumen, und holt Athem in langen, tiefen Zügen, und erwärmend weht ihr Athem durch die Luft. In süsse Ohnmacht still dahingesunken, vergisst sie der heissen Mühe des schwülen Tags. Und gerade indem sie ihre Reize am heimlichsten zu bergen glaubt, gibt sie sie am lieblichsten zur Schau, schön wie Psyche, wenn sie ihr Auge niederschlägt und noch im Traume Amors denkt.

Finns någon ting af allt hvad ögat spanar,
Af allt hvad konst i ljud och färgor satt,
Af allt hvad minnet minns och hoppet anar,
Så rikt högtidligt och likväl så gladt,
Som så till Sångens gudalekar manar,
Som du, Italiens månskensnatt? — — — —
— — — — — — — — — — — — — — —

Was gibt es wohl von all Dem, was das Auge
erschauen mag, von all Dem, was die Kunst in
Töne gesetzt und in Farben geschildert hat,
von all Dem, was der Erinnerung theuer sein
und was die Ahnung hoffen kann; was so feier-
lich prachtvoll und doch zugleich so heiter und
fröhlich wäre, was so mit Macht zu den gött-
lichen Spielen des Gesanges mahnte, als dich,
du italienische Mondnacht — — — — —
— — — — — — — — — — — — — — —

— — — — — Du klarögd skådar neder
På dina barn, dem Dagens spira tryckt.
En graf åt mången älskling du bereder,
Som blommat ut och sina ögon lyckt;
Men,i den famn, du dem till möte breder,
De lefvande församla sig så tryggt.
Af stjernor höljs din skrud, och daggens manna
Liksom en perlkrans tindrar kring din panna.

— — — — — Helläugig schauest du herab
auf deine Kinder, auf denen schwer des Tages
drückendes Scepter lag. So manchem Liebling,
der abgeblüht ist und seine Augen geschlossen
hat, bereitest du ein Grab. Doch fliehen in
deine Arme, mit denen du liebend sie empfängst,
auch die Lebenden so still und gerne. Sterne
glänzen an deinem Gewande, und das Manna
des Thaues umblitzt wie ein Perlendiadem
deine Stirne.

Och när du svälfvar fram och ler mot alla,
Så dunkelt ljus, så sval och dock så varm,
Se, daggens stora, klara droppar falla,
På blommans kind, på kullens brända barm.
De lif i allt, som smägtat, återkalla:
De tysta vindens sorl och vågens larm.
När Sefir hviskar: „tyst! nu kommer Natten,"
Blir lugn i Skapelsen, på land och vatten.

Und wenn du daherschwebst und für Jeden
ein mildes Lächeln hast, so eigen helldunkel, so
kühl und doch so warm, schau, dann perlen des
Thaues grosse, helle Tropfen auf die Wangen
der Blume, auf des Hügels brennheissen Busen
herab. Zu frischem Leben rufen sie wieder,
was schmachtend von der Gluth am Boden lag,
zurück, zum Schweigen bringen sie des Windes
Rauschen und das Brausen der Woge. Wenn
Zephyr lispelt: „still, nun kommt die Nacht,"
dann wird es still in der Schöpfung umher, still
und ruhig zu Wasser und zu Land.

Hvart ett af dina barn sitt offer bringar,
Och med det ringaste du är förnöjd.
I månens strålar millioner vingar
Slås ut och spela, darrande af fröjd.
Som ur ett tempel, djupt ur lunden klingar
En skön choral mot stjernhvalfvets höjd:
Och doft, musik och färgor sammanblandas
Af allt, som rörs och blommar eller andas.

Ein jegliches von deinen Kindern naht mit
seinem Opfer, und mit dem geringsten selbst
bist du zufrieden. Millionen Schwingen entfal-
ten sich im Licht des Mondes und spielen, be-
bend vor Wonn' und Seligkeit. Gleichwie aus
einem Tempel klingt aus dem tiefen Grund des
Haines heraus ein schöner Choral zum Sternen-
gewölbe empor: und Duft, Musik und Farben
mischen sich harmonisch mit all dem reichen
Leben, was sich da regt und blüht und athmet.

Och menskans hjerta, jordens skönsta blomma,
Om det är rent och ädelt, vidgar sig:
Dess känslor lyfta sig, bli mera fromma:
Det glömmer sina stormar, sina krig,

Und das Gemüth des Menschen, die schönste
Blume dieser Erde, wenn es rein ist und wahr-
haft gut und schön, es fühlt sich wunderbar er-
weitert: die Gefühle des Herzens schwingen
sich höher empor, sie werden frömmer, liebevoll
vergisst es seine Stürme, seine Kriege,

Och öfvergifver dagens falska, tomma
Afgudabilder och tillbeder dig.
Inför din thron det samlar sina tankar
Kring Minnets helgonskrin och Hoppets ankar.

und verlässt des Tages falsche, hohle Götzen-
bilder, und betet dich voll Andacht an. Vor dei-
nem Throne sammelt es seine Gedanken still
und fromm um den heiligen Reliquienschein der
Erinnerung und den Anker der Hoffnung.

— — — — — — — — —

Och himlen sjunker jordens barm så nära,
Att stjernors gång jag hör och englars ljud.
På Jacobsstegen, den serafer bära,
Flyr själen som en stråle upp till Gud,
Och saligt njutande, sig sjelf förglömmer
Och ljuft om alla himlars himmel drömmer.

— — — — '— — Und der Himmel sinkt der
Erde so nahe an die Brust, dass ich die Sterne
wandeln und die Engel singen höre. Auf der
Jakobsleiter, die von Seraphim gehalten wird,
flieht die Sele wie ein Strahl zu Gott empor, und
selig geniessend, vergisst sie sich selbst und
schwelgt in süssen Träumen von des Himmels
höchsten Himmeln.

Låt dagen gäcka mig; det rör mig föga.
Att trösta mig, jag ut i natten går.
Som Astrologens öga, så mitt öga
Mot stjernsystemets klara verldar står;
Och der, uti det enda, ljusa höga
Jag läser troget, söker, och jag får
Väl ingen tydning af min framtids öden,
Men kraft till lifvets verk och mod till döden.

Mag der Tag mich täuschen und betrügen! —
Was ficht's mich an? Mir Trost zu holen, geb'
ich in die Nacht hinaus. Gleich dem Auge des
Sterndeuters steht auch das meinige einzig nach
den glänzenden Sternen des Weltsystems ge-
richtet. Und da in der einzigen, lichtumflosse-
nen Höhe lese ich mit treuem Fleiss, suche, und
bringe zwar keine Deutung meiner Zukunfts-
schicksale davon herab, doch fühl' ich mich ge-
stärkt zur That des Lebens und fühle Muth in
mir zum Sterben.

O, Natt! — — — — — — —

O Nacht! — — — — — — —

Tryck in så djupt din bild uti mitt sinne,
Din bild, hvars åsyn gjorde mig så säll,
Att än ett lifligt, oförduuklat minne
Der af må följa mig till Nordens fjäll.
Jag af din glans en gång förklarad finne
Min lefnads skymning och min sista qväll!
Med sista nattens mörker du dig blande,
Och lyse till sitt hem min frälsta ande!

Präge dein Bild, — ein Bild, dessen An-
schauen mich einst so glücklich machte, meinem
Herzen so lebendig ein, dass eine Lebensath-
mende, eine unverdunkelte Erinnerung daran
mir noch nach den Schneebergen des Nordens
folgen mag. Möge dein Glanz mir einmal die
Dämmerung meines Lebens und meines letzten
Abends mild verklären! Mische du dich mit
dem Dunkel meiner letzten Nacht, und leuchte
meinem Geist nach den Todesschmerzen der Er-
lösung zu seiner väterlichen Heimath hinauf!

Om, när till dödens sömn sig ögat sänker,
Och grafvens tysta portar öppna sig,
Igenom sista timmans töcken blänker
En återglans, en spegelbild af dig:
Den uppenbarelsen mig visshet skänker,
Att skaldernas Elysium väntar mig;
Ty på en natt, som du, vid Stygens bölja
Kan blott en himmelsk morgonrodnad följa.

Und seh' ich, wenn das Auge schon zum Todes-
schlaf sich schliessen will, und wenn schon des
Todes Pforten still sich öffnen, einen Abglanz,
ein Spiegelbild von dir durch den Nebel meiner
letzten Stunde blinken: dann wird mir das die
selige Gewissheit geben, dass das Elysium, von
dem die Dichter träumen, auch mich erwartet;
denn auf eine Nacht wie du kann an der Welle
des Styx nur eine himmlische Morgenröthe
folgen.

Afsked till Venedig.

Jag helsar dig, Venedig! hjeltars amma,
Af frihet född, af egen styrka närd,
Som räddande din helga oriflamma,
Vek hjeltemodigt undan Hunnens svärd.
Då du ej fann på jordens land en hydda,
Som kunde dig för våldets stormar skydda,
Att vara fri med fred
I hafvets fria sköt du slog dig ned.

Men äfven hafvet trolöst är. Det tjusar
Med himmelsblåa ytans lugn, och ler;
Men tro det ej, i nästa stund det brusar
Och rycker stad och land i djupet ner.
Af nycken styrdt det slutar frid och strider,
Det inga band och ingen herre lider.
Högt skummande af harm
Mot jord och himmel häfver det sin barm.

Det såg med vrede, att uti dess rike
Du grundade din unga stat. Det fann,
Att du i djerfhet redan var dess like,
Och kunde snart i makt bli dess tyrann.
Det väpnade sin krigarhär. Millioner
Det sände ut af fraggande Tritoner,
Och vågor utan tal
Uppvällde digra ur Neptuni sal.

De slingrade, de hvälfde sig, de röto,
Kameleontiskt skiftande i färg.
De spredo sig, de sig tillsammanslöto,
Än sönko de, än reste sig till berg.
Anförare var stormen; med sitt mummel
Han lifvade de vilda vågors tummel.
Så tågade de af
Mot dig, Venedig! — öppnad är din graf.

Men lugnt betänksam deras tåg du röjde,
Du vinkade — och faran var förbi,
Uppå din vink en jettemur sig höjde
Emellan dig och hafvets raseri:
Och deruppå blef denna inskrift skuren:
„Hit skall du komma, haf! till denna muren.
Här skall du hejda dig;
Här skola dina böljor lägga sig."

Abschied von Venedig.

„Ich grüsse dich, Venedig! Du Heldenamme,
die, geboren von der Freiheit, von eigener Kraft
ernährt und gross gezogen, ihre heilige Oriflamme
rettend, heldenmüthig zurückwich vor
dem Schwert des Hunnen. Da du auf der Erde
keine Zuflucht fandest, die dir Schutz gewährte
vor den Stürmen der Tyrannei, so liessest du
dich in dem freien Schooss des Meers nieder,
um da frei und in Frieden zu leben

Doch auch das Meer ist treulos. Es bethört
den Blick durch die Ruhe seiner himmelblauen
Fläche, und freundlichmild lächelt es;
— doch trau' ihm nicht, im nächsten Augenblick
erhebt es sich mit wildem Brausen und reisst
Stadt und Land in seines Abgrunds Nacht hinab.
Nur seinen Launen folgend, erklärt er dir den
Krieg und schliesst es wieder Frieden, keine
Fessel duldet's und keinen Herrn Hoch aufschäumend
vor Groll erhebt es gegen Himmel
und Erde seine Brust.

Es sah mit Unmuth, dass du in seinem Reiche
deinen jungen Staat gründetest. Es sah, dass
du an Kühnheit schon seines Gleichen warst,
und dass du an Macht bald seine Herrin werden
konntest. Es waffnete sein Kriegerheer wider
dich. Es sandte Millionen schäumende Tritonen
aus, und Wogen sonder Zahl stiegen gewaltig
und zischend und kochend aus dem Saal
Neptuns herauf.

Sie hoben sich schwankend auf und nieder,
sie wölbten sich hoch empor mit schrecklichem
Gebrüll, sie wechselten chamäleontisch Formen
und Farben. Sie theilten sich, sie schlossen
sich wieder zusammen, bald sanken sie, bald erhoben
sie sich wieder zu Bergen. Befehlshaber
war der Sturm: mit seinem Brausen feuerte er
gewaltig das Getümmel der kämpfenden Wogen
an. So zogen sie aus wider dich, Venedig! —
geöffnet gähnt dein Grab.

Doch ruhig und besonnen sahst du sie heranziehn,
nur eines Winkes von dir bedurfte es —
und die Gefahr war vorbei. Auf einen Wink
von dir erhob sich ein Riesenwall zwischen dir
und dem rasenden Toben der See: und dieses
Bollwerk erhielt die Inschrift: „Bis hieher und
nicht weiter von nun an sollst du kommen, o
Meer! bis hieher zu dieser Mauer. Hier sollst
du still halten in deinem Lauf; hier soll sich
deine Brandung legen."

Se, hafvets bälgar sig mot muren hvälfva
Med samlad kraft, att bryta den itu.
De bryta halsarna utaf sig sjelfva;
Men muren trotsar dem, och står ännu:
Och i dess skygd, med flydda farors minne,
Med sin förhoppning och sitt fria sinne,
Venedig växte fort,
Blef starkt och mägtigt, ärofullt och stort.

Och Konsten log, och fröjdades i glansen
Utaf Venedigs ära. Sångens klang
Gaf mod åt unga krigarn, då med lansen
Han glad om bord till segrens möte sprang,
Och Gondolieren på lagunens vågor
Söng Tassos sång vid månens silfverlågor,
Söng om Armidas land,
Och makan svarade från närmsta strand.

Med dygd till grund och äran till sitt syfte,
Venedig blomstrade i seklers lopp.
Dess slott, kupoler, torn, sig stolta lyfte
Som vattenliljor ur lagunen opp.
Dess flagga segrande kring verlden sväfvar;
Halfmånen flyr, ja sjelfva hafvet bäfvar
Och tystnar, då det ser,
Det vingbeprydda Lejonets baner.

Ej mer i salen Dogens stämma ljuder:
Försvunnet är ditt Tiomanna-Råd.
Nu Austria öfver dig och hafvet bjuder,
Du lefver tarfligt utaf Kejsarns nåd.
Förvissnad, saftlös är din handels blomma,
Och dina präktiga palatser tomma
Stå på kanalens strand,
Och gnagas hörbart ued af tidens tand.

Dock än din skönhet fremlingen förtjusar
Och af din åsyn han ej mättas kan.
Orientaliskt du hans själ berusar;
Europas underbara Ispahan!
Du är för fantasin ett eget rike:
Bland jordens städer ser du ej din like,
Och ingen stod ännu
I sin förnedrings djup så högt som du.

Schau, mit vereinter Kraft erheben sich die
Heerschaaren des Oceans wider die Mauer, um
sie zu brechen und in Schutt zu stürzen. Sie
brechen sich nur selbst die Hälse daran. Doch
die Mauer trotzt der Wuth der Kämpfenden,
und steht noch jetzt: und unter dem Schirme
dieser Mauer, mit dem Andenken an überwun-
dene Gefahren, mit seinen Hoffnungen und sei-
nem Freiheitssinn, wuchs Venedig rasch empor,
und wurde stark und mächtig, voll des Ruhms
und gross.

Und die Kunst lächelte und blühte freudig im
Glanze von Venedigs Ruhm. Der Klang des
Gesanges ermuthigte den jungen Krieger, wenn
er mit dem Speer in der Hand fröhlichen Her-
zens zu Schiffe sprang und glorreichen Siegen
zuflog. Und der Gondoliere sang auf der Fluth
der Lagunen, im Schein der silbernen Mond-
flammen, Tassos Lieder, sang von Armidas Gar-
ten, und seine Liebste vom gegenüberliegenden
Gestade liess ihm die Gegenstrophe herüber-
klingen.

Gestützt auf seine Bürgertugenden und von Be-
gehr durchglüht nach Glanz und Ruhm, blühte
Venedig so manches Jahrhundert hindurch. Stolz
erhoben sich seine Burgen, Kuppeln und Thürme
wie Wasserlilien aus der Fluth der Lagunen.
Siegreich schwebt seine Flagge um die Welt: der
Halbmond flieht, ja, selbst das Meer erbebt und
beruhigt sich, wenn es das Panier des flügel-
geschmückten Löwen erblickt.

Nicht mehr erklingt im Saal die Stimme des
Dogen: verschwunden ist der Rath der Zehn-
männer. Austria schwingt jetzt ob dir und ob
dem Meer ihr Scepter, kümmerlich lebst du von
der Gnade des Kaisers. Verwelkt und saftlos
ist die Blüthe deines Handels, und deine präch-
tigen Paläste stehn leer am Strand des Kanals,
und beinahe hörbar nagt daran der Zahn der Zeit.

Deine Schönheit reisst gleichwohl noch jetzt
jeden Fremdling zur Bewunderung hin und
nicht satt kann er sich sehn an deinem Anblick.
Orientalisch berauschest du seine Sele, du, Euro-
pas wunderbares Ispahan! Du bist für die Phan-
tasie eine eigene Welt: unter den Städten der
Erde ist keine, die dir gleich wäre, und keine
stand jemals in der Nacht der tiefsten Schmach
und Erniedrigung noch so stolz und erhaben
da wie du.

I dina tempel, dina stora salar
Det är så mystiskt, aningsfullt och skumt;
Men tydligast det höga minnet talar
Och höra, då det närvarande är stumt.
Ej vagnars buller vandrarns känslor störa:
Det enda ljud, som hinner till hans öra,
Är af gondolens gång,
Guitarrens klang och menskorösters sång.

Hvar stund bär melodi på sina vingar:
Med sång och spel man mäter dag och natt.
På böljan och på platserna det klingar:
Ja! hela lifvet är i toner satt.
Frid sväfvar öfver dessa tysta vatten:
En fest är dagen och en fest är natten,
Jemt ny och jemt sig lik:
Musik och solsken, månsken och musik.

In deinen Tempeln, deinen grossen Sälen ist es
so mystisch, so ahnungsvoll und trübe; am hörbarsten und vernehmlichsten spricht jedoch die
erhabne Erinnerung dann zu uns, wenn der Tag
und seine Mahnungen schweigen. Keine rasselnden Wagenräder stören den Wanderer in seinen
Gedanken und Gefühlen, und die einzigen Töne,
die an sein Ohr schlagen, bringt das Rauschen
der Gondel, der Klang der Guitarre und der Gesang der Menschen hervor.

Jeder Augenblick trägt Melodie auf seinen
Schwingen: mit Spielen und Gesängen misst
man in Venedig Tag und Nacht. Im Kanal unten, wie droben auf Markt und Strasse ist's ein
ewiges Klingen: ja, das ganze Leben ist in Musik gesetzt. Frieden schwebt still ob diesen
schweigenden Wassern: ein Fest ist der Tag
und ein Fest die Nacht, stets neu und stets sich
selbst gleich: Musik und Sonnenschein, Mondenschein und Musik.

Aus den „Runen."

1.

Frejers ax.

Silfverklara himmelstårar falla stridt på jorden
 ner:
Aftonsolen uti blommor och på blad dem tindra
 ser.
Gröna rågen ler på tegen. Lyssna, bonde! hör
 du ej,
Hur bland brodden sädesknarren träget ropar:
 Frej och Frej?
Frej skall komma, så han menar, med de sköna,
 rika ax,
Korn som äggegulor gula, som det honungsfulla
 vax.
Plöj och så och bed med glädje, gamle Frejer
 lefver än:
För hvar droppe svett du fäller, får du tunnor
 gull igen.
Ljufligare är att höra vindens spel i mogen
 säd,

LEINBURG, schwed. Poesie. III.

Freijers Aehren.

In Strömen ergiessen sich silberhelle Himmelsthränen auf die Erde herab: in Blumen und
auf Blättern sieht sie die Abendsonn' erglänzen.
Auf dem Feld lacht der grüne Roggen. Horch
doch, Bauer! hörst du es denn nicht, wie zwischen den jungen Halmen der Saatvogel so
emsig ruft: „Frei und Frei?" — Frei soll
kommen, will er sagen, mit seinen schönen,
prächtigen Aehren, mit seinem Korn, so gelb
wie das Gelbe des Eies, so gelb wie Honigwachs.
— Pflüge und säe und bete mit frohem Herzen,
denn der alte Frej lebt noch: für jeden Tropfen
Schweiss, den du da vergiessest, erhältst du
Tonnen Goldes wieder! Lieblicher ist es, das
Spiel des Windes zu hören im reifen Kornfeld,

18

Än att tunga hammarn böra gullmalm slå på
smedjestäd.
Leta icke rikedomen djupt i grufvans berg och
mull;
Under öppna, blåa himlen glänser Sveas rikes
gull.

als die Wucht des Hammers in einer Schmiede
goldenes Erz schlagen zu hören. Nicht unten
im Felsgestein und Qualm der Grube suche den
Reichthum: unter dem freien Blau des Himmels
glänzt Schwedens Gut und Gold.

2.

Urdarbrunnen.

Vid Tidens brunn står Nornan Urd och qväder
Om allt som skett, med outtröttlig flit.
I Urdarbrunnen, sade våra fäder,
Blef allting rent som snö, som sänktes dit.
Den kunde tvätta blodbestänkta kläder,
Och göra kolsvart korp som dufvan hvit.
Allt kan försonas, och den onda tiden
Förlåtes lätt, så snart han är förliden.

Hvad börda finns, som icke tiden lättat?
I hvilket mörker har han ljus ej spridt?
Och hvilken hunger är, som han ej mättat?
Och hvilket stål, som han ej mjukt har smidt?
Men ett jag vet, som ingen Tid har tvättat,
Och ingen Urdarbrunn kan göra hvitt:
Det bär i evighet sin dystra svärta,
Det är — och blifver: ett förrädiskt hjerta.

Det renaste, som Urdarböljan tvager,
Det är en trofast man med evigt hopp.
Han sänks i Nornans brunn, så mild och fager
Liksom ett barn, och står som engel opp:
Och strålar der i oförgänglig dager,
Och gör som minne här nytt lefnadslopp.
Omgifven oss, J rena forntidsminnen,
Och skrifven runor djupt i folkens sinnen!

Der Urdarbrunnen.

Am Quell der Zeit steht die Norne Urda und
singt von all Dem, was geschehen ist, mit un-
ermüdlichem Fleiss. Im Urdarbrunnen, so spra-
chen unsere Väter, wurde, was man hin-
einwarf, rein wie Schnee. Er besass die
Wundermacht, Blutflecken von Kleidern zu
waschen, und kohlschwarze Raben weiss wie
Tauben zu machen. Es lässt sich Alles wie-
der gut machen, und leicht vergisst man die
schlechte Zeit wieder, wenn sie einmal vor-
über ist.

Wo ist die Last, deren Druck nicht die Zeit
erleichtert hat? In welche Finterniss hat sie
ihr Licht nicht geworfen? Und wo gibt es einen
Hunger, den sie nicht satt gemacht, und wo ist
der Stahl, den sie nicht am Ende weich ge-
schmiedet hat? Eins weiss ich jedoch, was
keine Zeit jemals wegwusch, und was kein Ur-
darquell jemals mehr weiss machen kann: es
trägt in Ewigkeit seine dunkle Schwärze, das
ist — und bleibt: ein verrätherisches Gemüth.

Das Reinste dagegen, was die Urdarfluth
waschen kann, das ist ein treuer Mann mit
ewiger Hoffnung in seinem Herzen. Er tau-
chet unter in dem Quell der Norne, so sanft
und schön wie ein Kind, und erhebt sich als ein
Engel wiederum daraus: und strahlt da droben
in unvergänglichem Scheine, und ruft hienieden
als Gedächtnissvorbild ein neues Dasein der Bie-
derkeit und des Ruhms ins Leben. Umschwebt
uns freundlich, ihr reinen Vorzeiterinnerungen,
und schreibt mit Macht den Herzen der Völker
— helle Runen ein!

3.

Norna Gest som yngling.

Under himlen blå,
Uppå jorden grön,
Att sin harpa slå,
Det är skaldens lön.

Att ur liljans kalk
Hämta perlor opp,
Att med bergens falk
Följa solens lopp;

Uti sjöns kristall
Skåda solens höjd,
Skåda solens fall,
Det är skaldens fröjd.

Skönt, när mön en gång
I en skuggrik lund
Sjunger skaldens sång
I en månskens-stund;

När en yngling går
Till att strida, ut,
Och hans hjerta slår,
Hvad jag sjöng förut.

Skönt, att harpan slå,
Så att lifvets ring,
Fast han trögt vill gå,
Far så lätt omkring,

Som vid vestans ton
Lilla elfvans dans,
Uppå purpurskon
I en blomsterkrans.

Ack! hvad är en dag?
Jo, en solsång blott
Utaf skalders lag
I ett kungaslott.

Hvarje natt, hur skönt!
Är en spegelsjö,
Der, af stjernor krönt,
Ligger sångens ö.

Der ses månen stå
Som ett liljelag
Mellan andra små
Stjernedikters drag.

Svepes himlens hus
Uti moln och dam,
Tager skalden ljus
Utur harpan fram.

Norna Gest als Jüngling.

Unter dem Blau des Himmels, auf dem Grün der Erde, die Saiten zu schlagen, das ist des Dichters Genuss und Lohn.

Aus dem Kelch der Lilie Perlen heraufzuholen, mit dem Falken des Gebirges dem Lauf der Sonne zu folgen;

Im Krystall der See die Sonne zu schauen, wenn sie emporsteigt, die Sonne zu schauen, wenn sie niedergeht, das ist des Dichters Hochgenuss.

Schön ist es, wenn ein Mägdlein einmal in einem schattigen Hain, im Licht des Mondenscheins, des Dichters Lieder singt;

Wenn ein Jüngling auszieht um zu streiten, und es schlägt dann in seinem Herzen, was ich in meinen Liedern gesungen.

Schön ist es, die Saiten zu schlagen, dass das Leben, wenn es auch manchmal nicht recht vorwärts gehn will, sich plötzlich in so raschen Kreisen bewegt,

Wie bei'm Säuseln des Wests die kleine Elfe, die auf purpurnen Schuhen in einem Blumenkranz tanzt.

Ach! was ist ein ,Tag? Doch wohl nur ein Sonnen-Gesang der Skaldenschaar in einem Königsschloss.

Jede Nacht, o wie schön! ist ein Spiegelsee, worin, von Sternen bekränzt, die Insel des Gesanges liegt.

Da gibt sich der Mond zur Schau gleichsam wie ein Liliengedicht unter den andern kleinen Sternengedichten.

Umwölkt sich das Haus des Himmels mit Wolken und Nebelqualm, dann sucht der Dichter sich sein Licht aus der Harf hervor.

Hela resan är Blott en segersång, Fastän, hvart det bär, Ingen vet en gång.	Die ganze Fahrt ist nichts als ein Siegsgesang, obschon Niemand weiss, wohin es gehen mag.
Sjelfva dödens bild För det glada folk Är en gåtas tolk, Och som lifvet mild.	Selbst das Bild des Todes ist für das heitere Volk nur der Dolmetsch eines Räthsels, und freundlich wie das Leben selbst.
Att af döden då, Efter lyktad bön, Nya vingar få: Blifver skaldens lön.	Vom Tode sodann, nach geendigtem Gebete, neue Flügel zu empfangen, ist des Dichters letzter Lohn.

4.
Arnliot Gellina's Gesang.

Sol dör i vester, Guld vinner tärnor. Som bleka prester J darren, stjernor! Eld jernet tuktar Och vatten glöd. Skam äran fruktar, Den fege död.	Die Sonn' erlischt in der Gluth des Wests. Gold erkauft die Unschuld. Wie blasse Priester bebt ihr, Gestirne! Feuer bändigt das Erz und Wasser die Gluth. Der Ruhm fürchtet die Schmach und die Feigheit den Tod.
Den vise vördar Blå ögons lagar, Det kärfva mördar Det sköna dagar. På Niords vrede Hans maka rår, Och Höder lede Skön Balder slår.	Der Kluge ehrt die Macht blauer Augen und hält sie heilig, die Rohheit tritt das Schöne mit Füssen. Nach Niords Zornwuth herrscht seine Gattin, und der hässliche Höder erschlägt den schönen Balder.
Att tro på andra, Det båtar illa. Svagt är att vandra I snäckan stilla, Och sloka vingen Vid lifvets elf: Jag tror på ingen, Blott på mig sjelf.	Auf Andere zu bauen, das nützt wenig. Der Schwächling mag kriechen wie die Schnecke und die Flügel hängen lassen am Strom des Lebens: — ich baue auf Niemanden, nur auf mich selbst.
Ty mitt är blodet, Och min är armen. Min Gud är modet I hjeltebarmen. I famn en qvinna Jag aldrig haft; Ty min gudinna, Det är min kraft.	Denn mein ist das Blut, und mein der Arm. Mein Gott ist der Muth in meiner Heldenbrust. Nie hab' ich ein Weib in meinen Armen gehabt; denn meine Göttin, das ist die Kraft dieser Arme.

Låt Nornan väfva!
Jag spänner bälte.
Ty sluta lefva
Kan ej en hjelte.
Mitt Valhall bär jag
I eget bröst,
Odödlig är jag,
Som Sagans röst.

Hell! mod i barmen,
Du är min stjerna:
Hell! kraft i armen,
Du är min tärna:
Bli såren djupa,
Blir eggen slö,
Så kan jag stupa,
Men aldrig dö.

Mag die Norne weben, was sie will! Ich lege den Gürtel um meine Lenden. Denn ein Held kann nicht sterben. Mein Walhall trage ich in meiner eigenen Brust, unsterblich bin ich, wie die Stimme der Sage.

Heil dir, du Muth in der Brust, du bist mein Stern! Heil dir, du reisige Kraft meines Arms, du bist mir meine Buhle: werden die Wunden tiefer, und wird mir stumpf meine schneidende Klinge, dann kann ich in den Staub sinken, doch niemals sterben.

5.

Erik Wasas Runa.

*Tyrannen tog hvad tagas kan.
Men Jag en törnekrona vann.*

"Gif akt! hvem der? hu! sjön är grön och stjer-
 norna de skälfva. —
Herr Erik! lägg dig ned och sof; ty nu är
 klockan elfva." —
Så talte Lifdrabanten till kung Erik.

Men Erik gick så många steg som slag hans
 hjerta slog.
Uppå Gripsholm än ingen blund hans heta öga
 tog.
Tungt är att vara konung utan krona.

"Kom fram; jag vill betrakta dig, nu medan må-
 nen lyser:
En kappa vill jag gifva dig; mig tyckes att du
 fryser." —
Så talte Lifdrabanten till kung Erik.

Och Erik gick till gallret fram, och Lifdraban-
 ten log,
Han sade: "Skägg har du fått nog, se'n konung
 Erik dog,
Och deraf kan du väfva dig en mantel."

Nu hördes klockan ljuda tolf från höga fängsel-
 tornet,
Brandvakten tutade så doft tolf gånger uti hor-
 net.
Drabanten gick — och vakten tog en annan.

Erich Wasas Rune.

*Der Tyrann hat mir geraubt was man
mir rauben kann,
Ich dagegen gewann eine Dornenkrone.*

"Achtung! Wer ist da? — Huh, die See geht grün und wie mit Beben und mit Schwanken schauen die Sterne nieder. — Herr Erich! Lege dich schlafen; denn es ist jetzt Elfe in der Nacht." — So sprach der Leibtrabant zu König Erich.

Doch Erich that noch so manchen Schritt, als der Puls in seinem Herzen Schläge that. Auf Gripsholm kam ihm noch kein Schlaf in sein heisses Auge. Schwer ist es, König sein und keine Krone mehr haben.

"Komm näher heran und lass dich einmal an-schauen, dieweil der Mond gerade scheint: ich will dir einen Mantel geben; mir däucht, es thut dich frieren." — So sprach der Leibtrabant zu König Erich.

Und Erich trat an's Gitter vor, und der Leib-trabant hub an zu lachen, und sprach: „nun, dein Bart ist dir genug gewachsen, seit König Erich todt ist; lass dir davon einen Mantel weben."

Jetzt schlug die Glocke Zwölf von dem hohen Gefängnissthurme, der Wächter auf der Feuer-wacht stiess zwölfmal so dumpf ins Horn hin-ein. Der Trabant ging — und die Wache bezog ein anderer.

Men Erik gick så många steg, som slag hans
　　　　hjerta slog:
Och stegen stå i golfvet qvar, som kungafoten
　　　　tog;
Men, Gud ske lof, hans hjerta har fått hvila.

„Kung Erik! slut ditt öga till; ty tolf har
　　　　klockan slagit.
Kung Erik! sof, kung Erik! sof, fast de din
　　　　krona tagit:"
Så talte Lifdrabanten till kung Erik.

Slätt intet Erik aktade, att klockan slagit tolf,
Men stadnade vid vaktens ord på maskestungne
　　　　golf.
„Kung Erik" lät så lustigt i hans öra.

„Kung Erik! kom till gallret fram, ty månen
　　　　skrider fjerran,
Om det är du, så buga dig i stormen inför Her-
　　　　ran:"
Så talte Lifdrabanten till kung Erik.

Kung Erik böjde hufvud ned, slöt ögat till om
　　　　tåren,
Och Lifdrabanten log så skön med silfverhjelm
　　　　på håren;
Men Erik bad i stormen inför Herran.

Och Lifdrabanten krönte då hans hjessa med
　　　　en krans,
Bland många brutna törnen der en härlig
　　　　blomma fanns,
Och kransen kom med friden under stormen.

Kung Erik sönk på bädden ned och sof vid ljud
　　　　af psalmer.
Nils Sture kom (så drömde han), och bar i han-
　　　　den palmer,
Och kysste Konungen med törnekronan.

Så är det sagdt, att samma natt Kung Johans
　　　　öga stod
Så öppet, som hans port var stängd — och såg
　　　　sitt eget blod;
Men hur det var, må Gud allena veta.

Doch Erich that noch so manchen Schritt, als
der Puls in seinem Herzen Schläge that; und
noch kann man auf dem Boden die Spuren von
dem Fuss des Königs schauen; Gott sei Dank
indess, er hat jetzt Ruhe.

„König Erich! Mach' dein Aug' jetzt zu, denn
die Glocke hat Zwölf geschlagen. König Erich!
Schlaf', König Erich! schlafe, obschon sie dir
die Krone geraubt haben:" — so sprach der
Leibtrabant zu König Erich.

Gar nicht achtete Erich darauf, dass die
Glocke Zwölf geschlagen, sondern ruhig auf
dem wurmzerfressenen Boden blieb er bei des
Wächters Worten stehn: — „König Erich" —
das klang so lustig in seinem Ohr.

„König Erich! tritt näher an's Gitter, denn
der Mond ist jetzt ferne; — wenn du es bist, so
beuge dich im Sturm demüthig vor dem Herrn!"
So sprach der Leibtrabant zu König Erich.

König Erich beugte sein Haupt nieder, und
schloss das Auge unter Thränen, und der Leib-
trabant lächelte so schön mit dem Silberhelm
auf seinem Haar; Erich jedoch betete im Sturme
vor dem Herrn.

Und der Leibtrabant setzte ihm auf seinen
Scheitel einen Kranz, worin sich unter vielen
gebrochenen Dornen auch eine herrliche Blume
befand, und der Kranz brachte ihm den Frieden
im Sturme.

König Erich sank auf's Lager hin und schlief
ein unter dem Gesang von Liedern. Nils Sture
kam (so träumte ihm), und trug Palmen in der
Hand, und küsste den König mit der Dornen-
krone.

Es geht die Sage, dass in derselben Nacht
König Johanns Auge gerade so geöffnet stand,
als seine Thür geschlossen war — und dass er
sein eigenes Blut gesehn; — doch wie es war,
nur Gott kann's wissen.

Norna Gest.

I.

Gästen kommer.

På Throndhems borg en nyårsqväll
Satt Olof Tryggwason:
"Hell konung, from och segersäll!"
Ljöd mannastämmors dån.
Den gamle lyster hvila.

Och kungen höll sitt horn i hand,
Att dricka dem godt år;
Men inom hornets gyllne rand
Det föll en silfvertår.
Den gamle lyster hvila.

Och Olof sade: "Vänta horn!
Jag vill på stormen lyss.
Hör, hur han skakar träd och torn,
Och var dock stilla nyss."
Den gamle lyster hvila.

"En droppa blott af detta haf
Nu vore mången nog,
Som irrar utan ljus och staf
Med törst i villsam skog."
Den gamle lyster hvila.

Och årets sista qväll det var,
Och Olof var en kung.
Han satte från sig drycken klar;
Den blef hans hand för tung.
Den gamle lyster hvila.

Si, inom dörrn en främling går;
En hög och herlig man.
Han synes ung, dock rik af år,
Och föga lutar han.
Den gamle lyster hvila.

Hans hy var ljus, hans drägt var blå,
Och skägget, hvitt som snö,
I vågor nedföll deruppå,
Som månsken på en sjö.
Den gamle lyster hvila.

Des Gastes Ankunft.

Im Schloss von Throndheim, in einer Neujahrsnacht, sass Olof Tryggwason: "Heil dir, o König, fromm und an Siegen reich!" so scholl der Ruf von Männerstimmen ringsumher im Kreise. Der Greis will zur Ruhe gehen.

Und der König ergriff das Horn, um seinen Leuten umher ein gutes neues Jahr damit zu bringen; doch an des Hornes goldener Einfassung glitt eine Silberthräne hinab. Der Greis will etc.

Und Olof sagte: "Wart' noch ein wenig Horn! Ich will lauschen, wie der Sturmwind draussen geht. Horch, wie er durch Holz und Dornbusch raschelt, und war doch soeben noch so still." Der Greis will etc.

"Nur ein Tropfen von diesem Meer wäre Manchem vielleicht genug, der sonder Licht und Stab und von Durst gequält jetzt durch des Waldes Wildniss schwankt." Der Greis will etc.

Und es war die letzte Nacht des Jahres, und Olof war ein König. Er setzte das Horn mit dem klaren Nass vor sich hin; es wurde seiner Hand zu schwer. Der Greis will etc.

Schau, da tritt ein Fremdling zur Thür herein, ein hochgewachsener und herrlicher Mann. Er erscheint noch jugendlich, doch hoch in Jahren, und nur wenig schreitet er gebückt. Der Greis will etc.

Hell und schön war er von Angesicht, blau war sein Mantel, und die Pracht des Bartes, weiss wie Schnee, floss darauf herab, wie Mondenschein auf einen See. Der Greis will etc.

Han bar en harpa i sin hand,
Der vinden lekte matt.
Och på hans skullra utan band
En snöhvit dufva satt.
Den gamle lyster hvila.

„Stig fram, o främling, till mitt bord,
Och sitt, eho du äst."
„Tack, konung! för ditt blida ord,
Mitt namn är Norna Gest."
Den gamle lyster hvila.

„Välkommen, gäst! Mitt horn till rand
Är fullt af bästa mjöd.
Drick ut; det löser tungans band,
Och släcker törstens glöd."
Den gamle lyster hvila.

Tack för din dryck, o konung from!
Den för min törst förslår.
Ja! mången gång min läkedom
Har varit blott en tår.
Den gamle lyster hvila.

„Sof sött i natt." Nu kungen sig
Till bön och sömn beger.
„Frid vake, konung, öfver dig!
God natt! i morgon mer."
Den gamle lyster hvila.

In seiner Hand hielt er eine Harfe, und matt
strich der Wind durch ihre Saiten hin. Auf
seiner Schulter sass, frei und durch kein Band
gehalten, eine schneeweisse Taube. Der Greis
will etc.

„Tritt näher zu meinem Tisch heran, o Fremd-
ling, und lass dich nieder, wer du auch sein
magst." — „Dank dir, König, für dein freundlich
mildes Wort, mein Name ist Norna Gest." Der
Greis will etc.

„Willkommen, Gast! Ich bringe dir mein
Horn zum Willkomm zu, schäumend bis zum
Rand vom besten Meth. Trink' aus; das löst
einem Mann das Zungenband und löscht ihm
den brennenden Durst." Der Greis will etc.

„Dank dir für deinen Labetrunk, du König
fromm und milde! Er genügt für meinen Durst.
Ja, gar manches Mal war nichts mein Labsal,
als eine Thräne." Der Greis will etc.

„Jetzt gute Nacht und schlafe wohl." Da be-
gibt sich der König zum Gebet und dann zur
Ruhe. „Friede sei mit dir, o König! Gute
Nacht! Morgen mehr von mir!" — Der Greis
will zur Ruhe gehen.

II.

De drucknas strid i salen.

Hornen i sorlande laget vandra,
Roliga jungfrur med gull i mun.
Kämparna kyssa så ömt hvarandra,
Ösa med makt utur fröjdens brunn.
Stora droppar utaf dräggen,
Pryda långa kämpaskäggen,
Och när hornen ej mer förslå,
Blänkande hjelmar till karet gå.

Ute på fjärdarne stormen hviner,
Manen tycks ragla på himmelen röd,
Sprakande elden i salen skiner;
Ingen brist är på ved och mjöd.

Der Streit der Betrunknen im Königs-
saal.

Die Hörner gehn im Kreis herum im lärmen-
den Gelage, lustige Dirnen mit Gold im Mund
Die Kämpen liegen einander so zärtlich im Arm
und küssen sich und lachen, und schöpfen mit
Macht aus dem Brunnen der Fröhlichkeit. Grosse
Tropfen von Methhefe schmücken die mächti-
gen Kämpenbärte, und als die Hörner nicht
mehr genügen, gehn gleich die blinkenden
Helme zum Fass.

Auf den Meerbuchten draussen pfeift der
Sturm, wie ein Trunkener schwankt der Mond
hochroth durch die Wolken dahin, prasselnd
lodert hell im Saal das Feuer; an Holz und an
Meth ist kein Mangel.

Kolbjörn slumrar nöjd vid bordet,
På hans läpp ler sista ordet.
Gästen sitter vid eldens brand,
Håller sin harpa i trogen hand.

Einar leker med blanka pilar.
Stum vid de yrande kämpars glam,
Blåa ögat på gästen hvilar,
Makar sig sakta till honom fram.
Se, hur Öfverste Munskänken
Sig i hast tog felt om bänken,
Satte sig vackert i en vrå;
Men han smilar så nöjd ändå.

Thorkel, trygg uti elgskinnshandskar,
Skjuter sitt svärd både in och ut,
Prisar sin strid emot elfva Danskar,
Slår på en gaffel af jern en knut.
„Bleka främling! Lös upp knuten,
Utaf karlahänder bruten.
Är du ej kommen hit från Rom,
Efter du synes så tom och from?"

Einar lade en pil på bågen,
Sköt mellan fingren på Thorkels mudd;
Strålen for ut som en blixt ur lågen,
Kröp in i väggen med blodlös udd.
Einar qvad: „Hui, muntra pilar!
Hårda träd på hårda kilar.
Hade en ädlare detta sagt,
Pilen jag närmare hjertat lagt."

„Gubbe! Låt lysa din blanka måne,
Medan jag leker en nyårslek!
Kyssar du får af min tärna, fåne!
Du är en hjelte i qvinnosmek.
Lustigt, gossar! mjödet sjuder,
Upp till kamp min jungfru bjuder;
Kolbjörns måne i fylle står,
Lyser oss ända till nästa år.

Rolfer den svarte i fjälligt pansar
Reser sig upp med ett blottadt svärd;
Gnistrande kastar hans öga lansar,
Bådar Herr Thorkel en neslig färd.

Salig am Tische schlummert Kolbjörn, noch schwebt ihm auf seinem lächelnden Mund das letzte Wort. Der Gast sitzt am Feuer, und hält die Harf' in seiner treuen Hand.

Bei dem Geschwätz der tobenden Kämpen still und schweigsam, spielt Held Einar ruhig mit seinen blanken Pfeilen; sein blaues Auge ruht auf dem Gast und still schleicht er sich zu ihm hin. Schau, wie sich der oberste Mundschenk da in der Eile versah, und sich anstatt auf die Bank hübsch in einen Winkel setzte! — Doch lächelt er so zufrieden dazu. —

Thorkel dehnt sich behaglich in seinen Elchhirschhandschuhen, stösst sein Schwert bald hinein, bald wieder heraus, prahlt mit seinem Kampf gegen die Elfe von Dänemark, und macht an einer eisernen Gabel mit der blossen Hand einen Knoten. „Blasser Fremdling! Mach' doch den Knoten wieder auf, den meine Mannesfinger soeben schlungen! Bist du nicht von Rom dahergekommen, weil du so gar nichtssagend ausschaust und fromm?"

Einar legte einen Pfeil auf den Bogen, und schoss zwischen den Fingern von Thorkels Pelzhandschuhen hindurch; die Feder des Pfeiles fuhr wie ein Blitz von der Bogecurinn', und bohrte sich mit blutloser Spitze in die Wand hinein. Einar sagte: „Hei, lustige Pfeile! Zu einem groben Klotz braucht's einen groben Keil. Hätt's ein Besserer gesagt, so hätt' ich den Pfeil ein wenig näher nach dem Herzen hin fliegen lassen."

„Du Graukopf dorten! Lass ihn doch einmal schön scheinen, deinen glänzenden Mond! Ich will ein Neujahrsspiel spielen! Narr! Meine Braut küsst dich, du bist ein Held im Weibergekose. Lustig, ihr Jungen allzumal! Der Meth schäumt, meine Braut lädt zum Reigen ein; Kolbjörns Schädel steht jetzt im Vollmondglanz, leuchtet uns hübsch ins neue Jahr hinein!"

Rolfer der Schwarze im schuppigen Panzer erhebt sich jetzt, und hoch in seiner Hand blitzt drohend das Schwert; funkelnde Blicke wie Lanzen schiesst sein Auge, weissagt Herrn Thorkel einen schimpflichen Tod.

„Länge skall du ej så qväda,
Gäster eller gubbar bäda.
Svärdet ej därar smaka få;
Rolf dig tänker med baljan slå."

Väldigt han rasslande baljan svingar,
Bräcker den bräckliga Thorkels pamp.
Eldslågor fladdra med röda vingar,
Brusande dånar då kämparnas kamp.

— — — — — — — — — —

„Nicht länger sollst du mir jetzt noch so singen
und mir Gäste und Greise schmähn. Mein
Schwert ist mir zu gut für Thoren deines Ge-
lichters; Rolf will dir schon Eins mit der
Scheiden auf's Dach hauen."

Gewaltig schwingt er da die rasselnde Scheiden
und zerschlägt mit einem Schlag den schwachen
Hieber des Thorkel. Funken sprühen und
Flammen schlagen empor mit rothen Schwin-
gen, dröhnenden Hall's tobt da der Kampf zwi-
schen den Kämpen.

— — — — — — — — — —

III.

Harpans makt.

Och Norna Gest sin harpa slår, att det så ljuf-
ligt klingar,
Och dufvan sitter flägtande med sina hvita vin-
gar;
Hvart finger uppå skaldens hand, det är en näk-
tergal,
Som hoppar himmelskt qvittrande på gyllne
strängars tal.
Han sjunger: „Vore nu all jorden blott ett öra,
Det nog ej kunde höra.

„Kom, lägg dig tätt intill mitt bröst: hugsvala
mig du harpa!
När vapnen susa mig omkring, så blixtrande och
skarpa.
Ej finnes malm så hård och kall, den du ej
smälta kan,
Och den, som rör ditt strängaspel, han rädes in-
gen man."
Si, ren på skaldens knä sitt hufvud Einar hvilar,
Och släpper sina pilar.

„Jag mins, när luften dånade af bilorna och
svärden,
Hur lugn och stilla du har gjort mig sjelf och
hela verlden.
Liksom den tysta, helga lund, der Nornans spe-
gel står,
Och som Allfaders anlet är, när som han stjer-
nor sår."
Si, Thorvigg der, som nu ett dråpslag gifva
tänker,
Hur han sin yxa sänker.

Die Macht des Saitenspiels.

Und Norna Gest schlägt die Saiten, dass es
so lieblich klingt, und die Taube sitzt auf seiner
Schulter und schlägt mit den weissen Flügeln:
jeder Finger an der Hand des Dichters ist eine
Nachtigall, die mit himmlischem Gesang durch
die goldenen Saiten hüpft. Und er singt: „Wäre
die ganze Welt nichts als ein einziges Ohr, es
möchte doch nicht genug jetzt hören.

„Komm, leg' dich dicht an meine Brust und
gib mir Trost, du meine Harf, indess die Waf-
fen, die blitzenden und scharfen, ringsum mich
umsausen. Es gibt kein Erz, so kalt und spröde,
dass du es nicht schmelzen könntest, und wer
da regt dein Saitenspiel, der bebt vor keinem
Sterblichen." Schau, schon lehnt Einar sein
Haupt ruhig an das Knie des Skalden, und lässt
seine Pfeile zu Boden gleiten.

„Ich weiss noch, wenn die Luft erdröhnte vom
Schlag der Streitaxt und der Schwerter, wie still
und ruhig du mich und die Welt umher gemacht,
so still und ruhig wie der heilige Hain, in dem
der Norne Spiegel glänzt, und wie Allvaters
Antlitz ist, wenn er die Sterne aussät in die
Nacht." Schau' doch, Thorwigg, der soeben
einen Todesschlag zu geben gedenkt, wie er die
Streitaxt plötzlich sinken lässt. —

„Men vore jag ej mätt af strid, liksom af år och
  stunder,
Jag rasa lät, på gammal sed, min vredes blixt
  och dunder.
Och tämjde mig ej sång och spel i denna stund,
  försann,
Jag med min knytta kämpehand dref ut hva-
  renda man."
Si, Thorkel, röd som blod, sitt anlete betäcker
Och Rolfer handen räcker.

„Men fridens natt på fästet går med sina hvita
  tärnor,
Skön Balder ler så mildt dertill uti en krans af
  stjernor;

Si, Einar nu till tack en kyss åt skalden bringar,
Och harpan mer ej klingar.

„Doch wär' ich nicht des Streites satt und
müde, wie der Jahre und des Lebens, dann liess'
ich wohl, wie ich's vordem gethan, meines Zornes
Blitze rasen. Und händigte mich nicht Saiten-
spiel und Gesang zu dieser Frist, fürwahr, mit
meiner geballten Kämpenfaust trieb' ich euch
all hinaus." — Schau, Thorkel, roth wie Blut,
bedeckt sein Angesicht mit den Händen, und
reicht dem Rolfer seine Rechte.

„Doch am Himmelsgewölbe wandelt die Nacht
des Friedens mit den weissen Mägdlein dahin,
schön Balder lächelt so freundlich mild dazu in
einem Kranz von Sternen;" —

Schau, Einar gibt dem Skalden jetzt einen Kuss
des Danks zum Lohn, und sein Harfenspiel —
klingt nicht mehr.

Tycho Brahes Syn.

En gång — då midnattstimman ljöd högtidligt
Från uret i Uranieborg på höjden —
Omgifven af sin hederavakt, den trogna
Och vördnadsfulla unga lärjungsskaran,
Gick Tycho Brahe upp till Stelleborg,
Der mången natt förut hans öga vakat,
Med själens tankar och med himlens stjernor.
Re'n stod han i rotundan. Genom fönstren,
Som ifrån hvalfvet ned till golfvet nådde,
Han såg den skönsta taflan i naturen.
Mildt logo Seelands löfbeprydda kuster:
De hvita husens mängd i Helsingör
Som tärnor, samlade på gröna ängen,
Framblinkade så klart i månens ljus.
Men som en jerngrå kämpe reste sig
Uppå sin holme fästet Kroneborg,
Och sände med en blixtfull knall ibland
En nattlig helsning till den Svenska sidan,
Der Helsingborg vid stranden stilla låg,
Beskyddadt af ett upplyst torn på berget.

Das Traumgesicht des Tycho Brahe.

Einmal — als von der Uranienburger Uhr
herab feierlich die Mitternachtsstunde schlug,
— begab sich Tycho Brahe, von seiner Ehren-
wache umgeben, der treuen und ehrfurchtsvol-
len jungen Schülerschaar, hinauf nach Stelle-
borg, wo schon in so manchen Nächten sein
Auge gewacht mit den Gedanken seiner Sele
und mit den Sternen des Himmels. Schon stand
er in dem runden Thurmgemach. Durch die
Fenster, die von der Decke des Gewölbes bis
auf den Fussboden herabgingen, sah er die
schönste Landschaft, die es in der Natur geben
kann. Mild lächelten Seelands wäldergrüne Ge-
stade herüber: die vielen weissen Häuser in
Helsingör gaben sich so hell im Mondenschein
zur Schau, gleichsam wie holde Mägdlein, die
auf dem Anger spielen. Doch wie ein eisen-
grauer Nordlandsrecke erhob sich stolz auf sei-
ner Insel Schloss und Festung Kroneborg, dann
und wann mit Blitz und Knall einen nächtlichen
Gruss nach der schwedischen Küste hinüber-
sendend, wo still am Strande Helsingborg lag,
geschützt durch einen Leuchtthurm hoch dro-
ben auf der Höhe eines Berges.

Men söderut sig höjde stolta spiror
Från kyrkorna i Danmarks hufvudstad:
Och som en enslig stråle lyste matt,
Men skönt, ett kors på Lundagårdens tempel,
Och på Landskronas murar syntes vakten
Gå af och an med blixtrande gevär.
Blå, utan moln, låg himlen hvälfd kring jorden,
Och millioner stjernor prydde hvalfvet,
Och millioner stjernors återsken
Som silfverfiskar glittrade och summo
I stilla, hvälfda vågor utan vindar,
Uti det spegelklara Öresund.
Men klarast månen sken. Som menskans öga
I stunden före döden klarast glänser,
Så äfven han. Han skulle snart förmörkas,
Och att betrakta nu hans öfvergång
Från högsta ljus till högsta mörker, stodo
De stjernförfarne i sin höga borg.

Och Tycho Brahe tog sin tub i handen,
Och hvilande uppå en enkel bädd,
Emot hvars sköt han ej på trenne nätter
Sitt hufvud lutat — fäste han sin blick
På månens glob, och såg, hur mörkrets bärar
Inkräktade allt mer utaf dess yta:
Han märkte tiden, märkte skuggans form,
Som öfver spetsarne af månens berg,
Och uti sänkningen af månens dalar,
Sköt fram och fram — till dess ej mer en rand
Af ljus blef qvar. Nu blef det mörkt på himlen,
Och mörkt på jorden: nu för Tychos blick
Ett dunkelt och chaotiskt hvimmel röjdes:
Hans öga, icke mer af ljuset lifvadt,
Slöts till, och tuben föll utur hans hand,
Och han uti en stilla slummers armar.

Då tycktes honom att han uppåt fördes
På ljusa vingar, mellan tvenne Englar,
Som hette Tanke och som hette Känsla.
Ju högre upp han kom, dess mera ljust
Han fick, men äfven svårare att andas.
Men när de tvenne Englarna till slut
Försvunno, och han fann sig helt allena
På en förskräcklig höjd, och såg omkring sig
Ett härligt verldssystem, som stilla stod;
Han häpnade af glädje och af fasa.
En röst till honom ropade: „Se upp,

Gegen Süden jedoch sah man die stolzen Thürme
ragen von Dänemarks Hauptstadt: und gleich-
sam wie ein einzelner Strahl glänzte matt, doch
schön, ein Kreuz auf dem Tempel der Lunder
Universität, und hoch auf den Wallmauern von
Landskrona sah man die Wache mit blitzendem
Gewehr auf- und abgehn. Blau und wolkenlos
wölbte sich der Himmel um die Pracht der Erde,
und Millionen Sterne schmückten das Gewölbe,
und der Widerschein von Millionen Sternen
glitzerte und schwamm gleich Silberfischen in
ruhigen, sanft gewölbten und von keinem Wind
gehobnen Wogenblau des spiegelklaren Öre-
sunds. Am hellsten indess schien der Mond.
Gleichwie das Auge des Menschen am hellsten
erglänzt im letzten Augenblick vor seinem Tode,
so auch er. Man erwartete eine Mondesfinster-
niss, und um nun das allmählige Uebergehn des
Mondes vom hellsten Glanze zur tiefsten Finster-
niss zu beobachten, standen die Sternerfahrenen
jetzt da in der hohen Meerburg.

Und Tycho Brahe nahm seinen Tubus in die
Hand, und sich auf ein einfaches Bett hin-
streckend, auf dessen Pfühl er sein Haupt schon
drei Nächte nicht mehr zur Ruhe geneigt, —
heftete er seinen Blick auf den Ball des Mon-
des, und sah, wie die Mächte der Finsterniss
immer mehr und mehr von seiner Fläche in Be-
sitz nahmen: er beobachtete genau die Zeit, be-
obachtete die Form des Schattens, der auf den
Gipfeln der Mondesgebirge lag, und der in den
Senkungen der Mondesthäler wuchs und wuchs
— bis dass die letzten Streifen von Licht ver-
schwunden waren. Jetzt wurde es finster am
Himmel, und finster auf Erden: vor Tychos
Blick wimmelte es dunkel und chaotisch: vom
Lichte nicht mehr belebt, schloss sich sein
Auge, der Tubus glitt ihm aus den Händen,
und er selbst in die Arme eines leisen Schlum-
mers.

Da war es ihm, als würd' er emporgetragen
auf lichten Schwingen, im Arme zweier Engel,
deren Namen waren Gedanke und Gefühl.
Je höher er hinauf kam, desto lichter ward's
ihm vor den Augen, allein desto schwerer ath-
mete auch seine Brust. Als jedoch die beiden
Engel zuletzt verschwanden, und er sich plötz-
lich einsam und verlassen auf einer fürchter-
lichen Höhe sah, und als er um sich ein herr-
liches Planetensystem gewahrte, welches still-
stehend vor ihm dalag, da ergriff ein freudiges
Staunen und Jubel seine Sele. Und eine Stimme
rief ihm zu: „Schau' auf,

Du stjernors spejare, du jordens stoft
Och himlens Vise! Verlds-systemet väntar:
Sätt det i gång; du känner ju dess lagar."

Då sade Tycho: „Sol! begynn din gång
Kring jorden i en klar och afmätt cirkel.
Du Måne! rör dig i en mindre ring
Kring samma jord: Planeter, rören eder
I stora cirklar omkring sol och jord;
Jag är er Herre; jag befaller eder." —
Men allt stod stilla: ingen enda stjerna,
Ej en atom förkunnade sitt läge:
Och solen, skön, men hetare än elden,
Göt ut ett gyllne haf af blanka strålar;
I hvar sekund, som verlds-systemet stod,
Hvar stråle mördade en verld af verldar.

Förskräckt den store Astronomen såg
Sin vanmakt och den rysliga förstöring,
Som var hans vanmakts verk. Hans hjerta brann
Af qval och fruktan, blygsel och af ånger.
För hvarje gång som en planet försmälte,
Och hvarje gång en månes kula sprang
Med återkastadt dån kring gränslös rymd,
Han led en dubbel död. — Nu föll en stråle
Till jorden ned, men långsamt. —

Stjernetydarn
Sjönk ned på knä och bad: „Naturens Herre!
Barmhertighet! O, jag är intet — intet, —
Barmhertighet för verldarne i rymden!
Barmhertighet för jorden och för mig!"

Då slöt sig en regnbåge omkring solen,
Och i dess strålar gingo upp och neder
Snöhvita Englar vänligt hand i band.
Men utur solens medelpunkt blef synlig
En ljus gestalt, till bilden lik en yngling,
I fägring skönare än hvad Johannes
Som skönast känt och allt hvad Plato tänkt.
Till stjerneskådarn, som med böjda knän
Afbidade sin sista dom och verldens,
Med himmelsk stämma talade han så:

„Befall ej solen gå: hon vandrar ej
„Omkring ett stoft, ett solgrand såsom jorden.

du Sternenspäher, du Erdenstaub, o Weiser des
Himmels du! Das Planetensystem wartet: setz'
es in Bewegung; du kennst ja die Gesetze seines Ganges."

Da sagte Tycho: „Sonne! Beginne deinen
Wandel um die Erde in einem klaren und gemessenen Kreise. Du, o Mond, sollst dich in
einem kleinern Kreise wieder um jene Erde bewegen: und ihr Planeten, ihr bewegt euch allzumal in grossen Kreisen um Sonn' und Erde;
ich bin euer Herr und Gebieter, ich befehle
euch's." — Allein Alles stand still: nicht ein
einziges Sternlein, ja, nicht einmal das kleinste
Körnlein Staubes änderte seine Lage: und die
Sonne, schön, doch brennender als Feuer,
goss ein goldenes Meer von blanken Strahlen
aus; in jeder Secunde, in der das Weltsystem
stillstand, mordete jeder einzelne Strahl eine
Welt von Welten.

Mit Schrecken gewahrte der grosse Astronom
seine Ohnmacht, und die grausige Zerstörung,
die das Werk seiner Ohnmacht war. Glühend
in seinem Herzen wühlten Angst und Qual,
Scham und Reue. So oft ein Planet zerschmolz,
und so oft eine Mondenkugel platzte und die
Stücke davon dröhnend und mit millionenfachem Echo durch den gränzenlosen Weltraum
flogen, so oft litt er zwiefach den Tod. — Langsam glitt jetzt ein Strahl vom Himmel auf die
Erde herab. —

Der Sterndeuter fiel auf seine Kniee nieder
und betete: „O Barmherzigkeit, du Herr der
Natur! — O ich bin nichts — nichts! O habe
Erbarmen mit deinen Welten im Raume! Habe
Erbarmen mit der Erde und mit mir!"

Da schloss sich ein glänzender Regenbogen
um die Sonn', und freundlich lächelnd und
Hand in Hand gingen in seinen Strahlen schneeweisse Engel auf und nieder. Doch aus dem
Mittelpunkt der Sonne trat eine lichte Gestalt
hervor, an Bildung ähnlich einem Jüngling, an
Schönheit herrlicher als das Schönste, was Johannes fühlte und was Plato jemals dachte. Mit
himmlischer Stimme sprach er zu dem Sternschauer, der auf den Knieen dalag und schon
sein letztes Gericht und das der Welt erwartete, so:

„Befiehl der Sonne nicht, dass sie gehe: sie
bewegt sich nicht um eine Handvoll Staubes,
um so ein Sonnenstäubchen, wie die Erde.

„Ej Sanningens och Ljusets höga sol
„Kring dina tankars medelpunkt sig vrider;
„Men, om du vis vill varda, menska! låt
„Ditt tanksystem kring Sanningen sig hvälfva,
„Som verldarna omkring naturens sol,
„Till dess en gång de blifva ett med henne,
„Och allt blir Ljus och Frid."

        Vid dessa ord
En sång af Englarna i rymden hördes,
Och alla himmelskropparne begynte
En skön harmonisk gång kring solens glob:
Och allt försvann.

När nu den drömmande slog upp sitt öga,
Kom solen tågande ur Österns port,
Och fåglar qvittrade i mullbärsträden,
Och hvita segel glänste uti sundet,
Af morgonvinden fyllda. Tycho Brahe
Stod hastigt upp: sitt anlet han betäckte,
Och tänkte djupt på verldarna och solen; —
Men vid lärjungarna, som honom tjente,
Han denna dag ej talade ett ord.

När sedan ofta han, i milda samtal,
Förklarade för dem naturens under,
Och dem invigde i sin visdoms djup,
Han sade alltid: „Tron ej blott på mig:
„Jag är ej mästare: jag kan bedragas;
„Men pröfven sjelfve: pröfven eder sjelfva!
„Och den af eder alla ypperst är,
„Som minst af allt sin egen klokhet älskar,
„Men älskar Ljus och Sanning öfver allt."

So bewegt sich auch die hohe Sonne der Wahrheit und des Lichts nicht um das winzige Centrum deiner Gedanken; so du jedoch weise werden willst, o Mensch, dann lass dein Gedankensystem sich stets um die Wahrheit drehen, wie sich die Welten um die Pracht der sichtbaren Sonne da droben schwingen, bis sie eines Tages Eins werden mit ihr in einer Welt des Friedens und des Lichtes."

Bei diesen Worten liess sich ein Gesang von Engeln im blauen Raume hören, und die Himmelskörper allzumal schlangen einen schönen harmonischen Reigen um den Ball der Sonne und mit einem Mal war all die Pracht verschwunden. —

Als nun der Träumende sein Auge aufschlug, kam die Sonn' aus dem Thor des Osts herausgezogen, und Vögel zwitscherten im Grün der Maulbeerbäume, und weisse Segel flogen glänzend und schwellend im Wehn des Morgenwinds durch die Fluth des Sundes. Rasch erhob sich Tycho Brahe von seinem Lager: er bedeckte sein Angesicht mit beiden Händen und erwog in seines Herzens Tiefen den Traum von der Sonn' und von den Welten. Mit seinen Schülern jedoch, die ihm dienten, sprach er an jenem Tage nicht ein Wort.

Und wenn er seinen Schülern nachmals, in freundlichen Unterredungen, die Wunder der Natur erklärte, und sie einweihte in seiner Weisheit Tiefen, dann sagte er jederzeit: „Glaubt nicht nur an das, was ich sage: ich bin selbst noch Schüler: ich kann mich täuschen; sondern prüft selbst, euch selbst prüft! Und Der von euch ist dann der Grösste, der da am wenigsten von seiner eigenen Klugheit hält, und dem als das Höchste Licht und Wahrheit gilt."

Tassos Död.
(Belönt med stora priset af Svenska Akademien, 1825.)

„Min själ är fri. Mitt hjerta hoppas åter.
I morgonskimret här jag finner mig
Lik Hyacinthen, som af glädje gråter,
När solens första stråle tänder sig.

Tassos Tod.
(Von der schwedischen Akademie mit dem grossen Preise gekrönt i. J. 1825.)

„Meine Sele ist frei. Ich kann wieder hoffen.
Im Morgenglanze fühl' ich mich hier gleich der Hyazinthe, die vor Freuden Thränen vergiesst, wenn der erste Sonnenstrahl erglüht.

Natt! allt ditt mörker nu jag dig förlåter,
Och som försvunnen vill jag älska dig;
Ty flydda faror vandrarns mod belöna,
Och mörka minnen hoppets ljus förskönu.

'O Nacht! All deine Dunkelheit verzeih' ich dir nun, und als verschwunden will ich dich jetzt lieben; denn überstandene Gefahren erhöhn ja als ein süsser Lohn des Wanderers Muth, und trübe Erinnerungen verschönen das Licht der Hoffnung.

Mitt lif var natt. Invid Tartarens elfver
Jag mina tårbestänkta lagrar skar.
Lik Eolsharpan, som för vinden skälfver,
Min lyra gaf på mina suckar svar;
Och som på nattens himlarymd sig hvälfver
Ett irrsken fram, min Leonora var
En drömbild blott, som mildt emot mig myste,
Så länge Diktens strålar den belyste.

Mein ganzes Leben war nichts als Nacht. Am Strand der Tartarusströme brach ich mir meine thränennassen Lorbern. Gleich der Aeolsharfe, die im Wehn des Windes hin und wieder schwankt, gab meine Leier Antwort auf meine Seufzer; und gleichwie im nächtlichen Himmelsraume ein Irrlicht seine Bahn dahintanzt, so war auch meine Eleonora nur ein Traumbild, das holdlächelnd mich von ferne grüsste, so lange die Strahlen der Dichtung es beschienen.

Men nu är natten med sin dröm försvunnen:
I verlden intet mig bedrager mer.
Min onda Genius är öfvervunnen,
Och segrens krona ren jag vinka ser;
Men diktens lampa är ej nederbrunnen,
Fastän hon här ej flera strålar ger.
Min ande flyr från menskor, som mig hata,
Till mitt „Gerusalemme liberata."

Jetzt ist jedoch die Nacht dahingeschwunden und ihr süsser Traum. Nichts auf der Welt betrügt mich mehr. Mein böser Genius ist überwunden; und schon seh' ich die Krone des Sieges winken; doch ist der Dichtung Wunderampel darum noch nicht erloschen, wenn sie mir auch hienieden nicht mehr strahlt. Mein Geist flüchtet sich von den Menschen, die mich hassen, hinweg, und hinauf nach meinem „Gerusalemme liberata."

Italien! Krona bland naturens under,
Du, som med dina floders silfverfall,
Din blåa himmel, dina rika lunder,
Så ofta lifvat mina känslors svall!
Här, i den lugnaste af mina stunder,
Jag älskar dig och jag förgäta skall,
Att dina lagrar nu beskygga slafvar,
Och Lazaroner trampa Bruters grafvar.

Italien! Du Krone unter den Wundern der Natur, du, das mit seiner Ströme Silberfall, dem Blau seines Himmels, der Pracht seiner Haine, so oft mir das Gemüth erhob! Hier, in einer meiner ruhigsten, meiner freundlichsten Stunden, sag' ich es dir, dass meine Seele dich liebt, und dass ich nicht daran gedenken will, wie deine Lorbern jetzt nur noch Knechte kühl umrauschen, und auf den Gräbern der Brutusse nur lungernde Lazzaroni wandeln.

O Rom, som fordom stiftat verlden lagar,
Och än uti ditt intet allt förmår!
Gudomliga ruin, der Minnet klagar!
Du verldens Colisé, som vördad står,
Och kring hvars mur, i fallna slägters dagar,
En yppig blomsterranka konsten slår.
Du än ej glömt förglömda fäders lära:
Du kallat mig till lagerkronans ära.

O Rom, das einst der ganzen Welt Gesetze gab, und das noch in seinem Nichts allmächtig ist! Göttliche Ruine, worin klagend die Erinnerung wohnt! Du Weltcolosseum, das noch jetzt ehrfurchtgebietend dastehst, und dessen Gemäuer, in diesen Tagen der gefallenen Grösse noch, mit üppigen Blumenranken die Kunst umschlingt. Du hast noch nicht vergessen, was deine vergessenen Väter dich gelehrt: du hast mich zu dem Ruhm des Lorberkranzes hiebergerufen.

Ren Graziers händer lagerkronan vira,
Högt i min aning dyrkad, ej begärd.
Men se, den hjessa, som hon ännnr sirs,
Blir först i döden hennes prydnad värd.
Hvem vet om ej, då de min högtid fira.
Den samma gång den fröjd mig blir beskärd,
Att höljd af lof, mitt namn kring verlden ilar,
Min sång förtjusar — och mitt hjerta hvilar!"

Så sjöng Torquato Tasso, der han satt
Vid St. Onofrio, i klosterlunden,
Och njöt med lugn den sköna morgonstunden,
Som följde långsamt på en qvalfull natt.
Hans kind var fallen, men der fanns bevarad
En rodnad, tänd för härligare dar,
Och själens eld, af lidandet förklarad,
I skaldens öga glänste qvar.
Han satt på gruset af en verld som farit,
Bland Romas spillror invid Tiberns elf,
Liksom en dröm om hvad han fordom varit,
En skön ruin af Dikten och sig sjelf.
Inför hans blick stod Minnets bleka tärna,
I dunkel skrud, allvarlig och allen;
Men i dess panna Hoppets morgonstjerna
Framtindrade med oförgängligt sken.

Rikt var hans snille, Rikt var ock hans hjerta,
Och som Italien sjelf hans sång var skön:
Och verlden njöt hans sång, men gaf sin smärta
Och bojans tyngd åt sångaren till lön.
Då glädjen njutes bäst, i ungdomsvåren,
Af qvalen troget följdes han i spåren;
Men nu, med all den tjusningskraft, hon har,
Nedsväfver äran på sin ljusa char,
Att glorians sken omkring hans tinning sluta,
Då han ej mer förmår dess skönhet njuta.

Till en triumf, liksom i fordna dagar,
I högtidskläder smyckar Roma sig.
Dock ej till en triumf för vunna krig,
Hvaröfver döden ler och lifvet klagar,
Men till en fest, hvars anda kärlek är,
Och till hvars firing friden blommor bär

Schon winden mir die Hände der Grazien den Lorberkranz, hoch von mir geschätzt im Herzen, wenn auch nicht begehrt. Doch ach, im Tod erst werden die Schläfe, welche er zieren soll, seines Schmuckes werth. Wer weiss, ob mir nicht, wenn sie meine Krönung feiern, zugleich das Glück zu Theil wird, dass, während mein Name, von Ruhm und Lob umhuldigt, die Welt durchfliegt, und meine Lieder sie bezaubern — der Pulsschlag meines Herzens ruht." —

So sprach sich Torquato Tasso Wehmuth im Gesange aus, als er im Klosterhaine bei St. Onofrio sass und still die Schönheit des Morgens genoss, der mit trägem Schritt einer langen Schmerzensnacht gefolgt war. Er war bleich und hager, doch trugen seine Wangen noch Spuren einer Röthe, wie sie in bessern Tagen darauf glühte, und noch glänzte das Feuer der Sele, von Schmerz und Leiden verklärt, im Auge des Dichters. Auf dem Schutt einer untergegangenen Welt, zwischen Romas trauernden Ruinen, am Strand der Tiber, sass er da wie ein Traum von dem, was er vormals gewesen, eine schöne Ruine der Dichtung — und von sich selbst. Vor seinem Blick stand die blasse Muse der Erinnrung, in dunkeln Gewande, voll Ernsts und still und einsam; von der Stirne jedoch blitzte ihr der Morgenstern der Hoffnung herab, und glänzte mit unvergänglichem Scheine.

Reich war er an Genie. Voll edeln Reichthums war auch seine Sele, und schön wie die italienische Natur selbst waren seine Lieder; und die Welt genoss die Schönheit seiner Lieder, gab jedoch dem Sänger nichts als ihr Ungemach und die Last der Kette zum Lohn dafür. In der Zeit, wo der Mensch noch von ganzem Herzen geniessen und sich freuen kann, im Frühling seines Lebens, folgte der Schmerz getreulich seinen Spuren; erst jetzt, wo er seiner Schönheit nicht mehr geniessen kann, schwebt, mit all dem Zauber, der ihm eigen, der Ruhm auf seinem glänzenden Wagen herab, um mit dem Schein seiner Glorie des Sterbenden müde Schläfe zu umstrahlen.

Zu einem Triumphzug, gleichwie in vorigen Tagen, legt Roma ihr Festgewand an. Doch nicht zu dem Triumphe eines Schlachtsieges, worüber der Tod lacht und worüber das Leben klagt, sondern zu einem Fest, dessen Athem Liebe ist, und zu dessen Feier der Frieden seine Blumen herbeibringt. —

Ren Capitolji höga hvalfport dundrar,
Då han slår opp, och solen sig förundrar,
Att skåda in i Latiums helgedom,
Bebodd af minnen, men af kämpar tom:
Och Dea Roma, hon, hvars rykte skakar
En verld — hon, som på hjeltars grifter vakar,
Och triumferar än, i konstens bild,
Så manligt kraftfull och så qvinligt mild,
Bekransad blir af Senatorers händer
Med oljoqvisten, växt på Tiberns stränder.
Allt är så gladt och ljuset är så ljust,
Som om det föll från tusen öppna himlar,
Och lifvet synes i sig sjelf förtjust.
Af vandringsmän och vagnar Corsou hvimlar,
Och fåfängt söks till festens dag en plats
I fönstren af de lyckligas palats.
Med blomsterkorgen Viguerolan sakta
Uti en båt på klassisk bölja far,
Och då sin rika skörd hon syns betrakta,
Hon sjunger med en röst, som klockans klar,
Utur Aminta några sköna ställen,
Dem hon vid silfverlampan lärt om qvällen.
På Forum herdar från Albano gå,
Och medan hjordarna sin hvila få,
Och ur en brusande fontaine förfriskas,
Torquato Tassos namn förstulet hviskas
Af herdar och herdinnor om hvarann,
Församlade omkring en vingårdsman,
Som stolt att bo i Rom, och kunskap äga
Om påfvens bref, om hvad de stora säga,
Om kröningsfesten, som imorgon sker,
Förnummit mycket, och berättar mer.
Från monte Pincio hymner, öfver-jungna
Af ynglingars och tärnors valda tropp,
Mot klar och molnfri himmel stiga opp:
Och myrthenlunder, doftande och lugna,
Som lefvande sig tro, på kullen stå,
Och utan susning lyssna deruppå.

Men Tasso hör dem ej. Han kan ej höra
Den fröjd, som sprider sig kring berg och dal:
Från hoppets drömda land en näktergal
Med andra toner sjunger i hans öra.

Schon dröhnt, indem sie es erschliessen, das hohe
wölbige Thor des Capitoliums, und die Sonne
blickt verwundert in Latiums Heiligthum hinein,
bewohnt von grossen Erinnerungen, jedoch
von Streitern leer: und Dea Roma, sie, deren
Name eine Welt erbeben macht — sie, die der
Helden Gräber liebend noch bewacht, sie, die
in dem Gebilde der Kunst noch jetzt triumphirt,
so männlich kraftvoll und doch so weiblich mild,
wird nun von Senatorenhänden bekränzt mit
dem Oelzweig vom Gestad der Tiber. — Die
Welt umher ist so fröhlich und heiter und das
Licht so hell, als strahlte es wie ein goldener
Regen von tausend offenen Himmeln herab, und
das Leben erscheint wie selig von sich selbst
berauscht. Von Wanderern und Wagen wimmelt
des Corsos prächtige Strasse, und vergebens
drängt man sich in den Palästen der Glücklichen
um einen Fensterplatz für den Tag des
Fests. Mit Blumenkörben fährt die Vignerola,
in einem Nachen sich ruhig wiegend, den klassischen
Strom hinab, und während sie ihre
reiche Ernde zu betrachten scheint, singt sie
mit einer Stimme, hell wie eine Glocke, die
eine und die andere schöne Stelle aus dem
Aminta, die sie des Abends beim Schein der
silbernen Ampel gelernt. Auf dem Forum wandeln
Hirten von Albano hin und her, und während
die Herden ruhn, und sich erfrischen an
einer rauschenden Fontaine, geht der Name
Torquato Tassos im Kreise der Hirten und Hirtinnen
herum, die sich in leisen Gesprächen mit
einander ergehn und neugierig einen Winzer
umdrängen, der stolz darauf, in Rom selbst zu
wohnen, und von dem Brief des Papsts zu wissen,
und von Dem, was die Grossen sagen, von
der Krönungsfeierlichkeit, die morgen stattfinden
soll, gar Mancherlei erfahren hat — und
noch mehr als das davon erzählt. Von der Höhe
des Berges Pincio herab tönen Hymnen, von
einer gewählten Schaar von Jünglingen und
Mädchen gesungen, und steigen melodisch zum
klaren und wolkenlosen Himmelsgewölbe empor:
und die Myrthenhaine, still und duftig, die
sich plötzlich lebendig glauben, schauen vom
Hügel herab, und lauschen regungslos den süssen
Klängen.

Jedoch dem Ohr Tassos schweigen sie. Er
kann sie nicht mehr hören, die Töne des Jubels
und der Lust, die durch Gebirg und Thal wandern:
eine Nachtigall aus der Traumwelt der
Hoffnung singt mit ganz andern Tönen in seinem
Ohr.

Mot dödens kalla bröst han sänker ner
Sitt hufvud, som så mycken skönhet tänkte:
Dock mera klar hans slutna öga ser,
Än då den verld, som nu blott skugga ger,
Uti dess öppna spegel återblänkte; —
För intet jordiskt mer hans hjerta slår:
Af det förflutna har han knappt ett minne:
För det närvarande han sacknar sinne.
Vid menskolifvets horizont han står,
Der jord och himmel flyta mildt tillsamman;
Der intet syns och lyser utom flamman
Af alla verldars ljus och kärlek — Gud.
Som svanen längtar från en gulnad strand
Och från en stormande och kylig bölja,
Att ilande på sträckta vingar följa
Zephyrens flygt till Söderns varma land:
Så längtar Tassos själ, af drömmen gäckad,
Af tidens band förtryckt, men obefläckad,
Att ur sitt eget hjertas mörker fly,
Att löst derur, som stjerna ur en sky,
I himlens famn en evig boning vinna,
Och der af fröjd, ej mer af smärta brinna.
Snart skingras tidens moln — snart är han fri: —
Den sista striden skall en seger bli.

När nu med rädd förhoppning skaldens vänner
Kring honom stå, fast han ej mer dem känner,
Då dubbla klosterporten låtes opp,
Och Cinthio Aldobrandini träder
Till Tasso fram, i rika högtidskläder,
Omgifven af en reslig Schweitzertropp.
Uti hans blick brann glädjens låga mäktig;
Den höga pannan vittnade om mod,
Och manteln föll om hans gestalt så präktig,
Som gudadrägten kring Apollo's stod.
Med vördnad han som sändebud sig böjde
För sångens son, och så sin stämma höjde:

„Den helga Fadren låter helsa dig,
Torquato Tasso! Han erinrar sig,
Att fordom lagerkronan hedrat mången,
Hvars ära ren af jorden är förgången;
Han beder dig, hvars sånger ej förgå,
Att ock engång du henne bedra må.

Er lässt das Haupt, das so vieles Schöne dachte
und ersann, ans kalte Herz des Todes sinken:
doch klarer sieht jetzt sein geschlossnes Auge,
als da die Welt, die jetzt nur wie eine dunkel-
schattende Wolke davor steht, noch aus seinem
offenen Spiegel wiederstrahlte; — für nichts Irdi-
sches schlägt sein Busen mehr: vom Vergang-
nen ist ihm kaum eine Erinnerung zurückgeblie-
ben, für die Gegenwart hat er keinen Sinn mehr
Er steht an dem Horizont des Menschenlebens,
wo Himmel und Erde sanft ineinanderfliessen;
wo kein Ton mehr klingt, als der Gesang der
Seraphim, wo kein Licht mehr strahlt und
glänzt, als die Flamme des Alllichtes und
Allliebens — Gottes. — Wie der Schwan sich
sehnt, von einem gelbgewordenen Strand und
von einer stürmischen und kühlen Fluth mit
ausgebreiteten Flügeln hinwegzueilen und dem
Fluge des Zephyrs zu folgen nach Südens war-
mem Land: so sehnt sich Tassos Sele, vom
Gaukelspiel des Traums betrogen, gebeugt von
der schweren Last der Zeit, doch nicht be-
schmutzt von ihr, hinauszufliehen aus der Nacht
seines eigenen Herzens, losgeschält davon, wie
ein Stern von der dunkeln Schale einer Wolke,
im Schooss des Himmels eine ewige Wohnstatt
zu finden, und da nur noch von Freuden, nicht
mehr von Schmerz zu glühn. — Bald wird die
Wolke der Zeit zerreissen — bald ist er frei: —
der letzte Kampf soll ihm zu einem Kampf des
Sieges werden.

Als nun mit banger Erwartung die Freunde
des Dichters ihn umstehn, obgleich er selbst sie
schon mit fremden Augen anblickt, da thut sich
plötzlich die doppelte Pforte des Klosters auf.
und Cinthio Aldobrandini schreitet auf Tasso
zu, in prächtigen Gallagewändern und von einer
Schaar von stattlichen Schweizern umgeben.
Mächtig in seinem Blicke glühte die Flamme
der Freude; die hohe Stirne verrieth Muth, und
der Mantel fiel in so prächtigen Falten um seine
Gestalt, wie das göttliche Gewand um eine
Apollostatue. Ehrfurchtsvoll als Bote vor dem
Sohne des Gesanges sich neigend, hub er also
an zu sprechen:

„Der heilige Vater lässt dich grüssen, Tor-
quato Tasso! Er gedenkt des Umstandes, dass
der Lorberkranz vormals so manchen geehrt
hat, dessen Ruhm nun längst spurlos unterge-
gangen ist; so lässt er denn dich, dessen Ge-
sänge nicht untergehn, durch mich darum er-
suchen, dass nun auch einmal der Lorberkranz
durch dich geehrt werden möchte.

Den helga Fadren, så mitt budskap ljuder,
Till morgondagen dig högtidligt bjuder,
Igenom mig, vår kyrkas Cardinal,
Till Capitolji festligt prydda sal,
Att der för dina snilleverk belönas
Af folkets hyllning och med lager krönas.
Så hans behag och vilja yttra sig.
Med honom vare makt och frid med dig!
Hell dig, och hell den kransen, du skall bära!
Välkommen, Tasso, till din egen ära!"

Då lyfte Tasso sina ögon opp
Och sade med en blick af himmelskt hopp:
„O! hvad är jag för en så stor belöning?
Den helga Fadren kallar mig till kröning —
Hans stämma nyss till mig högtidligt ljöd; —
Jag kommer — ja, jag kommer!" — Dessa orden
De sista voro af hans mun på jorden! —
Han sjönk i Cinthios armar, och var död.

Men ryktets Genius strax på snabba vingar
Med dödens tidning vidt kring staden far.
Dess röst som en begrafningsklocka klingar:
„Han är ej mer som vår förtjusning var.
De högre makter honom nu begära.
Han lemnat jorden. En elysisk ära
Är ren hans lön och kransen, som han bär,
Af menskohänder icke flätad är."
Och häpne vandrarne på Corson stanna,
Och saknaden och sorgen öfvermanna
Hvart Romerskt bröst från thron till hydda ner —
Och Vignerolan sjunger icke mer.
Albanos herdar, som tillbaka vandra
Och växla brutna suckar med hvarandra,
Ej tala mer om Tassos kröningsprakt,
Men hviska fram de sista ord, han sagt:
Och glädjens hymn, den Rom ej mer behöfver,
I luftens stillhet än man ljuda hör,
Till's den i ett adagio mildt går öfver,
Och liksom Skalden tjusar, tynar, dör.

Men spridda skaror bort till klostret strömma,
Der deras älskling blef från lifvet skild,
Att för en stund sin egen saknad glömma
Vid synen af hans hvila och hans bild,

Der heilige Vater, so lautet meine Botschaft,
lässt dich hiemit feierlich durch mich, den Cardinal unserer Kirche, für morgen nach dem festlich geschmückten Saal des Capitoliums einladen, um da zum Lohn für deine genialen Dichtungen die Huldigung des Volkes und die Lorberkrone zu empfangen. So spricht sich sein Will' und seine väterliche Wohlgewogenheit aus. Mit ihm sei die Macht und Frieden sei mit dir! Heil dir, und Heil dem Kranze, welchen du tragen sollst! Willkommen, Tasso, zu deinem eigenen Ruhm!"

Matt schlug Tasso da seine Augen auf und sagte mit einem Blick voll himmlischer Hoffnung: „O was bin ich im Vergleich mit einer so grossen Belohnung? Der heilige Vater ruft mich zur Krönung — soeben noch erklang mir seine feierliche Stimme: — ich komm' schon ja, ich komm'!" — Und das waren die letzten Worte seines Mundes auf dieser Erde! — Er sank in die Arme Cinthios, und war todt.

Doch mit raschen Schwingen durchfliegt der Genius des Gerüchts mit der traurigen Todesnachricht sogleich die Stadt. Wie eine Begräbnissglocke klingt seine Stimme: „Er ist nicht mehr, der mit seinem Zauber unsere Herzen bezwang. Jetzt begehren die höhern Mächte seiner. Er hat der Erde Lebewohl gesagt. Ein elysischer Ruhm ist seine Belohnung jetzt, und der Kranz, den er nun trägt, ist nicht von Menschenhänden geflochten." Und mit schmerzlichem Erstaunen bleiben die Wanderer auf des Corsos Strasse stehn, und Trauer und Betrübniss übermannen jede römische Brust vom Thron bis zur Hütt' herab — und die Vignerole singt nicht mehr. Die Hirten von Albano, die wieder heimwärts wandern, und nur abgebrochene Schmerzenstöne mit einander wechseln, reden nicht mehr von Tassos Krönungspracht, sondern flüstern sich nur die letzten Worte zu, die er noch gesprochen: und die Jubelhymne, deren Rom jetzt nicht mehr bedarf, klingt noch in leisen Schwingungen durch die Luft nach, bis sie sanft in ein Adagio übergeht, und gleich dem Dichter jede Sele hinreisst, und dann allmählig schwächer und schwächer wird, und stirbt.

Doch Scharen auf Scharen strömen nach dem Kloster hin, wo ihr Liebling vom Leben geschieden war, um auf einen Augenblick ihr eigenes Weh zu vergessen beim Anblick seiner süssen Ruhe und seines Bildes,

Och för att se, hur lagerkransen målar
Den panna nu, inom hvars yttre snö,
Så nyss, vid ljuset af Apollos strålar,
Förföriskt, yppigt, en Armidas ö,
Ett paradis af skönhet blomstrat hade,
Förrn dödens skuggor sig derüfver lade.

Det sägs om Gottfried, korsets riddersman,
När han med storm den helga grafven vann,
Att för sin bragd han skulle der belönas,
Och i Jerusalem till konung krönas.
Men Gottfried sade: „Eder jag besvär,
Att mig för kronans tunga prakt förskona,
Så sannt jag lefver jag den icke bär!" —
Han fick i döden först sin rätta krona.
Så blef ock du på jorden obelönt,
O skald, som sjöng så tjusande, så skönt,
Om lejonhjertan och om riddartider,
Om helga grafven, Gottfried och hans strider:
Du, som Jerusalem med snillet vann,
Som han med svärd — fick samma slut som han.
Men om från en förgänglig fest du ryckts,
Och kransstämpel först på griften tryckts;
Ditt namn är tryggt i seklernas förvar:
Din höjgtid, Skald, du ej förlorat har.
Så länge Latiums dalar blommor föda,
Och vattenfallen strö sitt silfver der,
Och purpurdrufvorna på bergen glöda,
En evig blomsterfest ditt minne är.
När morgonrodnan flammar opp i öster,
Och hafvet lugnt som diktens källa står,
En sång försmält med sköna, klara röster
Från strand till strand i ljuflig växling går.
När aftonrodnan tänder sig i vester,
Begynnas der ånyo samma fester,
Och Diktens trolldom, ny för hvarje dag,
Förbyter ej sitt himmelska behag.
Och främlingen från Nordens land, som sutit
På klippans spets, och hört — och tårar gjutit,
I sin förtjusning ropar mängen gång:
„O, af en engel lär den sången vara!"
Då ropas stolt från glada landtmäns skara:
„Nej, ädle främling, det är Tasso's sång!" —
Och nejdens lagerhöljda kullar svara
Med klangfullt echo: „Det är Tasso's sång."

und um zu sehn, wie der Lorberkranz jetzt der Stirne stehen mag, unter deren äussern Schnee soeben noch, beim Lichte von Apollos Strahlen, mit hinreissend üppigen Reizen eine Insel der Armida, ein Paradies von Schönheit blühte, bevor die Schatten des Todes sich darüber breiteten.

Man erzählt von Gottfried, dem Rittersmann des Kreuzes, da er mit Sturm das heilige Grab gewann, dass man ihn für seine Grossthat daselbst zu belohnen und ihn in Jerusalem zum Könige zu krönen gedachte. Doch Gottfried sagte: „Ich beschwöre euch, mich mit der gleissenden Last der Krone zu verschonen, so wahr ich lebe, ich werde sie nicht tragen." — Im Tod erst gewann er sich die rechte Krone. So bliebst auch du auf Erden unbelohnt, o Dichter, der du so bezaubernd, so schön von Löwenherzen und von Ritterzeiten, vom heiligen Grabe, von Gottfried und seinen Kämpfen sangst: — du, der Jerusalem durch die Macht des Genius gewann, wie er mit seinem Schwerte — faudest das nämliche Ende, wie dein Held. Doch wenn du auch von einem schnell vorübergehenden Fest hinweggerissen wardst, und der Stempel des Ruhms erst auf dein Grab gedrückt ward: die Jahrhunderte bewahren getreulich deinen Namen: unverloren, o Dichter, bleibt dir dein Fest. So lange Latiums Thäler noch Blumen tragen, und die Wasserfälle ihr Silber darüber streuen, und die Purpurtrauben auf den Bergen glühen, ist deine Gedächtnissfeier ein ewiges Blumenfest. Wenn im Ost die Morgenröthe emporlodert, und das Meer still und ruhig daliegt, wie der Quell der Dichtung, dann klingt ein Gesang, mit schönen und klaren Stimmen süss zusammenschmelzend und anmuthvoll wechselnd von Strand zu Strand. Und wenn im West das Spätroth erglüht, dann erneuen sich die nämlichen Gesangesfeste, und die Zaubermacht der Dichtung, mit jedem Tage wieder neu, bewahrt sich stets ihre himmlische Anmuth. Und der Fremdling aus dem Land des Nordens, der auf der Höhe des Felsens sass und horchte — und Thränen vergoss, ruft mehr als einmal im seligen Genuss des Horchens aus: „O, der Gesang muss wohl von einem Engel sein!" — Doch voll Stolz ruft ihm da die Schaar der frohen Hirten und der Bauern des schönen Landes zu: „nein, edler Fremdling, das ist ein Gesang Tassos!" — Und die lorberrauschenden Hügel der Gegend umher erwidern's mit klangvoll lautem Echo: „Ein Gesang Tassos ist es."

Aus dem Cyklus: Lejonet i öcknen.

Napoleons monolog.

(Han sitter vid en af trenne sorgpilar beskuggad källa i en romantisk dal på St. Helena. Bredvid honom slumrar i gräset den unga Las Cases.)

Det lider — till sitt mål min lefnad lider,
Ej tiden; han ej mera går framåt.
Med tunga steg han ned tillbaka skrider,
Och stannar lyssnande emellanåt.
Han lyssnar väl om dagen och om natten,
Om ingen kommer med ett kraftens bud,
Om ej utöfver hafvets stora vatten
Condorens spända vingar gifva ljud; —
Nej! Kronos! du får hjelpa dig allena;
Condoren fjettrad bor på St. Helena.

O! om ännu engång han flyga finge
Kring verlden stolt och fri, som förr han fick,
Med trenne stormar, en på hvarje vinge,
Med tvenne solar, en i hvarje blick:
I lifvets bok han skulle vända bladen,
Tillbringa än, i ofördunkladt sken,
En bragdfull dag, så stark som Iliaden,
Och snart en afton, mild som Odysséen.
Då skulle fridens gyllne bin få komma,
Och mätta sig ur segrens purpurblomma.

Om blott naturen lydde min befallning
Så visst som menskor jag beherrskat har,
En våg mig kasta skulle med sin svallning
Intill den kust der jag min krona bar.
Millioner skulle täfla om den ära,
Att mina fanor, mina örnar bära,
Att dö för mig. Jag skulle dö för dem,
Och för mitt otacksamma Kejsarhem. —
Nej! intet af allt detta. Här jag hvilar,
Förbi mig gå hafvets böljor gå;
Min graf skall öppnas under dessa pilar,
Som sörjande med sänkta grenar stå
Vid blåa källans rand, på hvar sin sida. —

Napoleons Monolog.

(Er sitzt an einer von zwei Trauerweiden umschatteten Quelle in einem romantischen Thale auf St. Helena. Neben ihm schlummert im Grase der kleine Las Cases.)

Es geht zu Ende — zu Ende geht mit Macht
mein Leben, nicht die Zeit; — die geht nicht
mehr vorwärts. Mit schwerem und trägem
Schritt schreitet sie hinab nach rückwärts, und
bleibt dann und wann einen Augenblick lauschend stehn. Sie horcht wohl Tag und Nacht,
ob Keiner kommen mag mit einem neuen Machtgebot, ob nicht die zum Fluge ausgebreiteten
Schwingen des Condors von Neuem übers grosse
Weltmeer herüberrauschen; — nein, Chronos!
du magst dir jetzt wohl selber helfen; der Condor sitzt gefangen auf der Insel St. Helena.

O dass es ihm das Schicksal gönnte, sich noch
einmal hinauszuschwingen und um die Welt zu
fliegen, stolz und frei wie vormals, — mit zwei
Stürmen, einem in jedem Flügel, mit zwei
Sonnen, einer in jedem Auge: im Buch des Lebens würde er dann noch einmal die Blätter
wenden, erlebte würde er dann noch einmal, in
unverdunkeltem Glanze, einen an glänzenden
Thaten reichen Tag, so gewaltig wie die Ilias,
und bald nachher auch einen Abend, so mild
und freundlich wie die Odyssee. Dann würden
des Friedens goldne Bienen kommen, und sich
satt saugen am Purpurblumenkelch des Sieges.

Gehorchte nur die Natur so sicher meinem
Geheiss, als ihm die Menschen einmal gehorcht
haben, dann würde mich die Brandung an jene
Küste werfen, wo ich meine Krone trug. Millionen würden wetteifern um den Ruhm, meine
Fahnen, meine Adler zu tragen, für mich zu
sterben. Ich würde sterben für sie und für
mein undankbares Kaiserthum. Nein! nichts
von all Dem. Hier muss ich still und ruhig weilen, und gleichgültig wandern die Wogen an
diesem Strand vorüber; mein Grab wird sich
öffnen unter diesen Weiden, die mit niederhangenden Zweigen trauernd zu beiden Seiten
dieser Quelle stehn. —

Som fordom, i den mörka poppellunden,
Invid Egerias källa Numa satt,
Och helig vishet drack i högsta stunden
Af mången stjernfull och högtidlig natt:
Så sitter, efter många heta öden
Jag vid Helenas kalla källa här,
Och dricker hvad som mer än vishet är,
Och mer än jordens klot; jag dricker döden —
Välsmakande och svalkande han är.
Med hvar pokal mig Vatten-nymphen räcker,
En plåga i mitt hjertas djup hon släcker.

Sol! lys ej mer på mig. I fordna dagar
Du var mig kär, då du mig handla såg,
När jag med svärdet tydde fridens lagar,
Och väckte allt som uti dvala låg.
För verk och handling blott har menskan ljuset:
När hennes själ blir trött och kraften matt,
Och hjertat af en långsam pina fruset,
Då är hon mogen för Tartarens natt.
Natt? — långa natt! du natt förutan dager!
Intill ditt sköte snart, o snart mig slut.
Jag vet, hos dig ej blommar någon lager,
Och lust till lagrar icke dit mig drager;
Jag har ej rum för dem, jag fått förut.
Släck blott med mörker mina tankars svindel; —
Nog har jag tänkt: för mycket har jag hört:
Och lös, så fort du kan, den trånga bindel,
Som lifvets små Pygmäer kring mig snört.
I djupet vill jag tåligt se'n förbida,
Om äfven griften har sin ljusa sida.

Den, som har skapat verk för evigheten,
En verld af hjeltar upp ur stoftet väckt,
Som vakat dag och natt för menskligheten,
Vidskepelsens och mörkrets spira bräckt,
Som segrande gick fram i solens länder,
Fick tempel på den gamla Nilens stränder,
Och hette Kebir eller Eldens Far —
Som sedan sett ett ögonblick förstöra
Sitt Pantheon, som nära fullbyggt var,
Förskingra, trampa ned, till intet göra
Sin hjelteverld, sin prakt, sin härlighet:

Wie einst im dunkeln Pappelhain König Numa
an Egerias heiliger Quelle sass, und heilige
Weisheit trank in der höchsten Stunde so mancher feierlichen Sternennacht: so sitz' auch ich
nunmehr, nach vielen heissen Lebensschicksalen, an St. Helenas kühler Quelle, und trinke
daraus, was da mehr ist als irdische Weisheit,
und mehr als dieser Erdball: — denn ich trinke
den Tod, und wohlthuend ist er mir und
labend. Mit jedem Becher, den die Wassernymphe mir zum Trinken darreicht, löscht sie
mir mild irgend einen Schmerz, ein Weh in meinem tiefen Herzen.

O Sonne! Bescheine mich nicht mehr. In
vorigen Tagen habe ich dich geliebt, zu der
Zeit, als du mich noch handeln und wirken
sahst, als du mich noch sahst, wie ich mit dem
Schwert die Gesetze des Friedens deutete, und
gewaltig weckte, was da in trägem Schlafe lag.
Nur zum Wirken und zum Handeln hat der
Mensch das Licht: wenn seine Sele müde wird
und seine Kraft matt, und wenn sich das Eis
einer schleichenden Qual und Pein um seines
Herzens Blüthen gelegt hat, dann ist er reif für
die Nacht des Tartarus. — Nacht? — Ewige
Nacht! Nacht, der keine Morgendämmerung
mehr folgt! O begrabe mich bald in
deinem Schooss! Ich weiss es, in deinen Reichen blüht kein Lorbeer mehr, und Lust nach
Lorbern ist es auch nicht gerade, was mich dahinzieht; ich habe keinen Platz für die mehr,
die ich mir im Leben schon erwarb. Sondern
erlöse mich heilend in deinem Dunkel von dem
Schwindel meiner Gedanken; — genug habe ich
gedacht, allzuviel habe ich gehört: und zerreisse so bald als möglich das Band, das die
kleinlichen Pygmäen der Welt so fest um mich
geschlungen haben. In Geduld will ich mich
dann unten fassen und zusehn, ob auch das
Grab noch seine lichten Seiten hat

Er, der einst Werke geschaffen hat für die
Ewigkeit, der eine Welt von Helden aus dem
Staub erweckte, der Tag und Nacht wachte für
die Menschheit, der das Scepter des Aberglaubens und der Finsterniss zerbrach, der als Sieger die Länder der Sonne durchzog, dem an
den Ufern des uraltheiligen Nilstroms Tempel
errichtet wurden, und der da Kebir hiess oder
Vater des Feuers — der dann sehenmusste, wie
ein einziger Augenblick sein Pantheon, das
schon beinahe fertig dastand, zerstörte, und
seine Heldenwelt, seine Pracht und Herrlichkeit
zerstreute, in den Staub trat und vernichtete: —

Den högste Vise svare, om han vet,
Hvad der bör tros om lifvets evighet.

Men om det varar än på Stygens stränder,
Och själens malm ånyo glödgas het,
Förmodar jag att ödets Herre sänder
Min ande ut, att styra en komet
Då skall han gå som här sin egen bana,
Och ingen astronom förmå att ana,
Hvar han är hemma, hvad som är hans kall,
Hvarfrån han kommer och hvarthän han skall;
Men kommande och gående densamma,
Af seklerna han kännes på sin flamma.

Lik dig, Las Cases! min landsflykts bästa gåfva,
Så tyst, så oskuldsfull och skön som du,
Historiens Engel på min graf skall sofva
Helt säkert ett århundrade ännu.
Och medan verlden smädar eller glömmer:
Ur minnets flod, som djupt och stilla går,
Om mig en uppenbarelse han får.
Och när en gång han allt att veta hunnit,
Och nyckeln till min lefnadsgåta funnit —
En blixt den blåa rymden genomskär,
Och honom väcker med en kyss så här.

(Han kysser den unga Las Cases, som vaknar hastigt och uppreser sig.)

Historiens Genius lyfter sina vingar,
Och när han flyger, från hans läppar klingar
Ett sannt och oförgängligt gudasvar,
Förkunnande för verlden, hvad jag var.

(Han fattar ynglingen vid handen och går bort ur dalen.)

der höchste Weise möge mir sagen, wenn er es weiss, was da zu halten ist von einer ewigen Dauer dieses Lebens?

Ist es jedoch wahr und soll dieses Leben noch eine fernere Dauer haben am Strand des Styx, und soll das Erz der Sele noch einmal heissgeglüht werden, dann glaub' ich, dass der Herr des Schicksals meinem Geiste die Sendung geben wird, irgend einen Kometen zu lenken. Dann wird er wie hienieden seine eigene Bahn wandeln, und kein Astronom wird im Stand sein, vorherzusagen, wo seine Heimath steht, was der Zweck seines Daseins ist, von wannen er kommt und wohin er gehen wird; doch kommend und gehend als der nämliche, werden ihn die spätesten Jahrhunderte an seiner Flamme wiedererkennen.

Gleich dir, Las Cases, der besten Gabe meines Elends, so ruhig und unschuldsvoll und schön wie du, wird der Engel der Geschichte gewiss noch ein Jahrhundert hindurch auf meinem Grabe schlummern. Und während die Welt mich theils vergisst, theils schmäht, erhält er aus der Fluth der Erinnerung, der leisemurmelnden und tiefen, ein höhere Offenbarung von mir; und wenn er einmal Alles weiss, und wenn er den Schlüssel zu meinem Lebensräthsel gefunden hat — dann wird ein Blitz durch den blauen Raum hinleuchten, und wird ihn wecken mit einem Kuss wie dieser.

(Er küsst den jungen Las Cases, der plötzlich erwacht und sich vom Boden erhebt.)

Der Genius der Geschichte erhebt seine Schwingen, und wenn er fliegt, dann wird von seinen Lippen ein wahres, ein unvergängliches göttliches Orakel ertönen, und wird der Welt verkünden, was ich war.

(Er nimmt den Jüngling bei der Hand und verlässt das Thal.)

Aus dem dramatischen Gedichte: Runesvärdet.

1.

Vikingasången.

God natt, god natt,
Du drottning i gyllene skrud,
Du strålande vikingabrud!
Nog ser jag, du sörjer och gråter,
Men gråt ej! Vi träffas ju åter.
Fast natten i Norden är lång,
Så blir det väl morgon en gång.

O, vor' jag som du
Så nära den önskade strand,
Det nya, lycksaliga land!
Fort, drake, på böljorna ila,
Snart slipper du mig och får hvila!
På hafvet, på jorden är strid,
I jorden får Vikingen frid.

Jag ropar på storm;
Fort vill jag på hafvet framgå;
Men tyst ligger stormen ändå.
Förr dref han med kraft mina segel,
Nu ser han sig heldre i spegel
Och smeker med jollrande vind
Den flärdfulla sjöjungfruns kind.

Sol, ensam som du
Jag far på den högblåa våg
I stilla högtideligt tåg;
Du hvilar hos fränderna dina;
Men hän äro fostbröder mina.
Ej äger jag bror eller far —
Mitt svärd är det enda jag har.

En afton, som du,
I gullklara rustningen klädd,
Jag slumrar å blodrödan bädd.
Du redan dit anlete döljer,
Jag suktar i spåren dig följer.
Du glänsande drottning, far väl!
Far roligt, far stilla, far väl!

Das Lied des Wikingers.

Gute Nacht, gute Nacht, du Königin im güldenen Gewande, du strahlende Wikingsbraut! Wohl seh' ich dich trauern und weinen, doch lass ab vom Weinen! Wir sehn uns ja wieder. Wenn die Nächte im Norden auch langen, es wird doch wieder Morgen einmal.

O wär' ich wie du so nahe dem ersehnten Strande, so nahe dem schönen, dem seligen Land! Mit Macht, o Drachschiff, eile dahin durch die Wogen, bald bist du mich los und hast Ruhe! Auf dem Meer, auf der Erde ist Kampf und Streit, im Schooss der Erde erst findet der Wikinger Frieden.

Ich fordere den Sturm zum Kampfe heraus; rasch will ich fliegen durch's Meer. Doch still ruht der Sturm gleichwohl. Einst blies er mit Macht in meine Segel hinein, jetzt schaut er sich lieber im Spiegel und kost mit dem scherzenden Wind die Wangen der losen, der neckischen Meerfrau.

Du Sonne, einsam wie du wall' ich dahin durch die hochblaue Fluth in stillfeierlichem Zuge; du hältst Rast bei den Freunden deines Geschlechtes; doch dahin sind meine Pflegegenossen. Weder Bruder, noch Vater habe ich mehr — mein Schwert ist das Einzige, was ich noch habe.

Eines Abends werde auch ich, wie du im Glanze der goldklaren Rüstung prangend, schlummern auf blutrothem Bette. Schon birgst du dein Angesicht, still folge ich deiner Spur — Du glänzende Königin, leb' wohl! Fahre ruhig deines Wegs, fahr' ihn still, fahr' wohl!

2.

Alrik nedgräfver vapnen.
Björkö.
En aflägsen skogstrakt. En stor, ihålig ek vid foten af en bergshöjd. Det är natt.

Alrik *(bärande sina vapen och en spade).*
Sol sofver tungt, de blida jungfrustjernor
Som blyga nunnor bära molnets slöja;
Dyr är mig stunden, medan alla sofva.
Var äfven du, o jord, så tyst, så tyst,
Förvara stum den skatt, jag dig förtror!
Guds öga vakar blott, det är mitt ljus,
Och för dess blick jag ej min gerning döljer.

(Han lägger vapnen på jorden.)

J skramlen än; men det är dödens klang,
Er sista helsning till den unga kämpen,
Som eder nu en hvilobädd bereder
Till lön för trogen tjenst i bardalekar.
Jag är ej mer densamme; bättre vapen
Jag bära får — er tid är nu förbi.
Men liggen stilla, der jag eder gömmer,
Och vittnen aldrig ondt mot eder herre!
Ve den, som Alriks vapen gräfver upp
Och tvingar dem att annan herre tjena!
De bränne honom, bringe honom död!

(Han börjar gräfva under eken. Peregrinus *kommer med en brinnande fackla, men försvinner åter hastigt.)*

Hvad sällsamt sken! Är solen redan uppe?
Nej, skenet kom från dig, du sköna harnesk,
Du blanka brynja, den jag högst har älskat
Af alla vapen, som jag sett och burit.
Du satt mitt hjerta närmast. Hård du var,
Ogenomträngligt hård mot svärd och pilar,
Som sökte Alriks hjerta, men af dig
Förslöade och brutna nederföllo.
Blott ett du släppte fram: — min Huldas bild,
Som målad stod på guldets klara yta,
Och smög sig genom dig till själen fram.

Alrich vergräbt seine Waffen.
Björkö.
Eine einsame Waldgegend. Eine grosse, hohle Eiche am Fusse einer Anhöhe. Es ist Nacht.

Alrich *(seine Waffen und seinen Spaten in der Hand).*
In tiefem Schlafe ruht die Sonn', und wie weltscheue Himmelsbräute tragen die jungfräulichen Sterne Wolkenschleier; werth und theuer ist mir dieser Augenblick, wo Menschen und Thiere schlafen. Sei auch du so still, o Erde, so still und ruhig, bewahre stumm und schweigsam den Schatz, den ich dir anvertraue. Nur das Auge Gottes wacht, das ist mein Licht, und vor seinem Blicke will ich meine That nicht bergen.

(Er legt die Waffen auf den Boden nieder.)

Ihr rasselt noch; doch ist das der Klang des Todes, der letzte Gruss, den ihr dem jungen Kämpen zuruft, welcher euch jetzt eine Ruhestatt bereitet zum Lohn für treuen Dienst im Spiel des Krieges und des Kampfs. Ich bin jetzt ein Anderer geworden; bessere Waffen soll ich nun tragen — eure Zeit ist nun vorbei. Bleibt mir jedoch ruhig liegen, wo ich euch vergrabe, und niemals legt ein böses Zeugniss ab wider euern Herrn! Weh dem, der Alrichs Waffen wieder herausgräbt und sie zwingt, einem andern Herrn als ihm zu dienen! Sie mögen in seinen Händen wie Feuer glühen, sie mögen ihm den Tod bringen!

(Er fängt an zu graben unter der Eiche. Peregrinus *tritt auf mit einer brennenden Fackel, verschwindet jedoch sogleich wieder.)*

Was war das soeben für ein seltsamer Lichtglanz? Ist die Sonne schon wieder herauf? Nein, der helle Lichtglanz kam von dir, du schöner Harnisch, du blanker Panzer, den ich von all Dem, was ich an Waffen je gesehn und getragen, am höchsten geliebt habe. Du sassest meinem Herzen am nächsten. Von eherner Prallheit, von undurchdringlicher bist du im Kampf gewesen, gegen Schwerter und Pfeile, die Alrichs Busen suchten, von dir jedoch stumpf und zerbrochen herunterfielen. Nur Eines liessest du hindurch: — das Bild meiner Hulda erschien als ein holdes Spiegelbild auf deiner glänzenden, goldenen Fläche, und schlich sich durch dich hindurch in meine Seele hinein.

Du, Huldas spegel, mest är älskad vorden,
Derföre skall du djupast ned i jorden.
  (Han nedkastar sitt harnesk.)

Du Spiegel meiner Hulda, dich hab' ich am
heissesten geliebt, darum sollst du zu unterst
liegen in dem Schooss der Erde.
  (Er wirft den Harnisch hinab.)

Dig, löftets svärd, med dina kalla runor,
Jag borde sänka ned till verldens grund.
Tre gånger drog jag dig, tre gånger svek du,
Den fjerde resan vill jag dig bespara.
Jag känner dig, du vill väl gå igen
Och ropa „blod" så rysligt i mitt öra;
Men Herren döme mellan dig och mig.
Hans starka hand dig fjettre qvar i djupet;
Nu neder med dig, plågare, ligg stilla.
Och grät, att du ej fått mitt hjertblod spilla!
  (Han stöter svärdet häftigt i gropen. Derpå igenkastar han den och betäcker väl öppningen med stenar och jord.)

Dich, o Schwert des Gelübds, mit deinen kalten Runen, müsste ich in den Grund der Erde hinuntersenken. Dreimal zog ich dich, dreimal hast du mich im Stich gelassen, ich will dich nicht zum vierten Male ziehen. Ich kenne dich, du wirst wohl als Geist umgehn und mir grausig ins Ohr schreien: „Blut"; doch der Herr richte zwischen dir und mir, seine mächtige Hand halte dich mit Macht zurück im tiefen Erdenschooss; und nun hinunter mit dir, du Peiniger, bleibe still und ruhig liegen und weine darüber, dass es dir nicht gelang, mein Herzblut zu vergiessen!
  (Er stösst das Schwert zornig und mit Macht in die Grube hinein. Darauf wirft er sie zu und deckt die Oeffnung wieder wohl mit Steinen und Erde zu.)

Och nu, Gud vare lof! nuär jag fri,
Den sista bördan föll från mina skuldror.
Min enda fröjd och sorg jag nu begrafvit,
Och intet mera fäster mig vid jorden.
Gud, jag är vapenlös, men stark i dig,
Och till din helgedom jag skyndar mig.
  (Han går.)

Und nun, Gott sei Lob! nun bin ich frei, die letzte Last ist mir von den Schultern jetzt gewälzt. Meine einzige Lust und mein einziges Leid hab' ich nun begraben, und Nichts fesselt mich jetzt mehr an die Erde. Gott, ich bin jetzt waffenlos, doch bin ich stark in dir, und nach deinem Heiligthum will ich nun eilen.
  (Ab.)

A. LINDEBLAD

(geboren im Jahre 1800, lebt als Probst in Schonen) ist, wenn man zugibt, dass der „Schlussstein die Gestalt, doch der Grundstein der Gehalt," einer der wahrsten, ächtsten und liebenswerthesten Dichter unserer Tage. Denn überall ist es das Hohe und Heilige, ist es Gott, ist es die himmlische Mission des Menschen in dieser Welt des Fluchs und des Todes, was wie ein tiefer Grundton durch all seine Lieder geht: — seine Muse ist eine religiöse im wahren Sinn des Wortes, und dabei spricht sie eine Sprache, wie sie in Franzéns und Tegnérs ewigen Dichtungen nicht schöner und herrlicher klingen kann; — ja, eine Sprache, die besonders mit der des Letztern oft die grösste Aehnlichkeit hat, so dass ihm gewisse schwedische Kritiker, „obgleich es jetzt längst nicht mehr wahr ist," möchte man sagen, das Unrecht anthun, ihn nie anders als einen blossen „Tegnérianer", einen Schleppträger und sklavischen Nachahmer Tegnérs zu nennen. — Erschienen ist von ihm ausser dem trefflichen, literaturgeschichtlichen Buche: „Svenska Sången. Akademiska Föreläsningar" (Der schwedische Gesang. Akademische Vorlesungen) (1832), welches die Geschichte der schwedischen Poesie und besonders des schwedischen Volksliedes bis zur Reformationszeit behandelt, und einem kleinen Heft religiöser und vaterländischer Lieder, bis jetzt leider bloss eine einzige Sammlung „Gedichte" (in 2 Bdn 1832 u. 1833), die jedoch mehr des Schönen und Herrlichen enthält (darunter die himmlischschönen Gedichte: „Främlingen" und „Missionären", woraus unten einige grössere Bruchstücke folgen), als oft ein ganzes Pantheon, ein ganzes Jahrbuch unserer anthologischen Epoche zusammengenommen. — „L., sagt J. Lénström in seiner kritischen Silhouette dieses Dichters, hat zwar im Ganzen die nämliche Pracht und Blüthe des Styls, wie sie Nicandern eigen ist, besitzt jedoch dann und wann mehr Leben und Feuer, mehr Originalität der Gleichnisse und Bilder als dieser, wogegen ihm Nicander wieder in Betreff der ächt künstlerischen Durchführung, des harmonischen Ebenmaasses, des Geschmacks voraus ist." — Er begann seine dichterische Thätigkeit zuerst mit ein paar allzusklavischen Imitationen Tegnérs, riss sich indess von dieser Manie, die ihm den Spottnamen eines „Chefs der Tegneridenschule" zuzog, nach und nach glücklich wieder los, liess den delphischen Siegeswagen einer in der That ungewöhnlichen poetischen Emancipation zweimal durch die Wettbahn des Gesanges fliegen, und gewann zweimal den Preis. Es war mit den beiden Gedichten „Främlingen" und „Missionären", nach deren Lesung ihn, (wie

Wieselgren erzählt) der Sänger der Frithiofssage selbst freudig als seinen Bruder in Apollo begrüsste. — Das kleine Gedicht an einen Mann der Prosa, den reichen Fabriksherrn Jonas Alströmer, (aus seinen letzten „Religiösen und vaterländischen Liedern") das wir unten mittheilen, ist ein glänzender Beweis für diesen Selbstständigkeitskampf des ehemaligen Tegnérianers. — Der gothischen Schule schloss sich L. übrigens durch die damals schnell berühmtgewordene, freilich in hohem Grade tegnérisirende Bundesdevise in Versen im X. Heft der Zeitschrift Iduna an, deren einfache Ueberschrift „Göthen" wir mit der zusammengesetzteren, in literarhistorischer Hinsicht indess wohl bezeichnenderen „Der gothische Schwede" wiedergegeben haben.

Främlingen.

(Belönt af Svenska Akademien, år 1831.)

Är en roman då allt, som det törkniga lifvet
förgyller?
Döden, en skön katastrof på en förbållig
intrig?
A. Atterbom.

Min ande trifs ej under solens brand.
Hvar är mitt hem? hvar är mitt fosterland?
Ty annorstädes ifrån jag måste stamma
Med denna varma själ, med denna flamma,
Som evigt lågar, evigt sträfvar opp
Mot högre rymd i aningar och hopp.
Här är så qvaft hvarhelst en morgon randas:
O! det är fängselluft mitt hjerta andas.
Det kyler på min fot hvar jag vill gå:
O! det är dödas ben jag trampar på.
Och rundt omkring mig svärma menskoflockar
Med flärdens blommor uti vilda lockar.
Säg mig, du sol uppå din himmelsfärd!
Var jag ej fordom i en bättre verld?
Har jag ej lefvat bland ett himmelskt slägte,
Förrän jag stängdes inom tidens häkte?
Sag jag ej Herrens anlet någon gång
I etherljus bland rena andars sång?
Har jag ej vandrat i en vår, der alla
Guds strålar på en evig blomduk falla,
Der oskuldsfull min första kärlek log,
En purpurros, som skönt förklarad slog
Ur Skaparns hjerta ut vid diktens källa,
Der bland Serafer, bland oändligt sälla,
Min ande flög, lofsjungande och fri,
I midten utaf sferers harmoni?
Det klingar ju uti mitt eget sinne
Ett annat modersmål, ett dunkelt minne

Der Fremdling.

(Von der schwedischen Akademie mit dem Preise
gekrönt, im J. 1831.)

So ist denn Alles, was das noblige Leben
vergoldet, nichts weiter als ein Roman? Ist
der Tod nichts als eine schöne Katastrophe
nach einer gehässigen Intrigue?
Amadeus Atterbom.

Meine Sele fühlt sich nicht wohl in dieser
Sonnengluth. Wo ist wohl meine Heimath? wo
ist wohl mein Vaterland? Denn wohl wo anders
muss mir meine Heimath liegen, mir, mit meinem
glühenden Herzen, mir, mit dieser Flamme, die
ewig lodert, ewig in Ahnungen und Hoffnungen
nach höheren Räumen emporstrebt. Hier ist es
so dumpf, wo auch der Morgen goldig erglüht
möge: o es ist Kerkerluft, was ich hienieden
athme! Wo ich gehe, durchrieselt's mir die
Füsse kühl wie Moder: o es sind nichts als
Todtengebeine, worauf ich wandere. Und rings
um mich seh' ich Menschen schwärmen, die
nichts als Blumen der Eitelkeit im wilden Haupthaar tragen. Sag' mir doch, o Sonn' auf deiner
Himmelsbahn! War ich nicht schon einmal in
einer bessern Welt? Hab' ich nicht schon unter
einem himmlischen Geschlechte gelebt, bevor
ich hieherkam ins Gefängniss der Zeit? Sah
ich nicht schon einmal im Licht des Aethers
unter dem Gesange der Engel das Angesicht des
Herrn? Bin ich nicht schon einmal in einem
Frühling gewandelt, in dem die Strahlen Gottes
allzumal niederscheinen auf ein ewiges Blumentuch, wo unschuldsvoll meine erste Liebe lächelte, eine Purpurrose, die in dem Glanz einer
seligen Schönheit aus der Brust des Schöpfers
hervorbrach am Quell der Dichtung, wo unter
Seraphim, unter unsäglich seligen, meine Sele
umherflog, lobsingend und frei, inmitten der
Harmonie der Sphären? Es klingt ja in meinem
eigenen Herzen noch eine andere Muttersprache
nach, eine dunkele Erinnerung

Af något saligt, paradisiskt skönt
Uti ett fjerran land, ett blomsterkrönt.
Det är mig sagt, att när som barn jag hörde
Musik och sång, då gret jag tyst, då rörde
Mitt hjerta sig till flygt mot stjernströdt blå.
O! säkert ljusnade ett fordom då
Uti mitt bröst af saligt njutna stunder
Bland englaharpor i ett Edens lunder,
Bland cherubaröster i en himmelsk chör;
Men nu förskjuten står jag utanför,
En fallen engel lik, som står och gråter
Vid paradisets port, och längtar åter
Att tagas in till sina blommors knopp, —
Men hur han längtar, går ej porten opp.
Landsflyktig, vilsestadd är jag alltsedan.
De bleka himlaminnen slockna redan,
Ett efter annat, i min själ, lik ljus
På katafalken i ett sorgehus.
Jag bär inom mig med oändlig smärta
Ett haf, som sjuder jemt, — det kallas hjerta,
En hieroglyf, som alla läsa få,
Men ack, som ingen, ingen kan förstå.
Sjelf eld och offer uppå altarhärden,
Mitt lif förtäres i den kalla verlden.
Rosfystna sorger gripa efter mig,
Der suckande jag går min ödestig.
En okänd gäst bland jordens myriader,
O! hvarför landsförviste du mig, Fader?

Se, jag var ung, och lifvet stod i glans
Med kärlekens och diktens blomsterkrans
Omkring sin panna. Lagerkronor lågo
På hvarje höjd, dit mina blickar sågo.
Der sjöng en näktergal i hvarje lund,
Och solen kysste hvarje lifvets stund.
En dufva satt der nu blott gamen råder,
Och glädje sprang i hvar naturens åder.
Hur lefvande var allt, hur dristigt allt!
Det fanns ej drömbild, som ej tog gestalt,
Ej tanke fanns, som ej fick jettehänder,
Och hoppets örn besökte hundra länder.
På skyar, väfda utaf solens gull,
Satt bildningskraften med sin pensel, full
Af Österlandets rika färgor: plötsligt
Ett Eden växte der det nyss var ödsligt,

an irgend eine Seligkeit, eine paradiesische
Schönheit in einem fernen, einem Blumen
kränzereichen Land. Man hat mir erzählt,
dass ich, wenn ich als Kind Musik und Ge-
sang vernahm, still zu weinen anhub, dass
sich meine Sele dann zum Fluge erhob hinauf
ins blaue Sternengewölbe. O gewiss blitzte
dann der Lichtstrahl eines frühern Daseins in
meine Sele herein, ein Erinnern seliggenossener
Stunden unter lauter Engelharfen in eines Edens
Hainen, unter Cherubimgesängen in einem
himmlischen Chor; — jetzt dagegen bin ich ver-
stossen daraus und stehe davor, einem gefallnen
Engel gleich, der weinend vor der Paradieses-
pforte steht und sich sehnt, wieder Einlass zu
finden in seiner Blumen Blüthenwelt, — doch
wie er auch weinen und sich sehnen mag, die
Pforte thut sich ihm nicht wieder auf. Lands-
flüchtig irr' ich und heimathlos umher seit jener
Zeit. Die bleichen Himmelserinnerungen er-
löschen bereits eine nach der andern in meiner
Sele, gleich den Kerzen eines Katafalks in einem
Trauerhaus. Mit unaussprechlichem Schmerz
trage ich in mir ein Meer herum, rastlos brau-
send und siedend, — die Menschen nennen es
meine fühlende Sele, eine Hieroglyphe, die Je-
der lesen kann, doch ach, die nicht ein Einziger
versteht. Selbst Feuer und Opfer am Altare,
verzehrt sich mein Leben im Wintersturm der
Welt. Gram und Sorgen haschen wie gierige
Nachtvögel nach mir, wo ich seufzend meinen
einsamen Weg wandere. Ein Gast und Fremd-
ling unter den zahllosen Myriaden dieser Erde,
ruf ich klagend: O warum stiessest du mich
aus meiner Heimath, Vater?

Schau, ich war jung, und glänzend lag das
Leben vor mir da, mit dem Blumenkranz der
Liebe und der Dichtung um seine Stirne. Auf
jedem Hügel, nach dem meine Blicke schauten,
lagen Lorberkränze. In jedem Hain schlug
eine Nachtigall, und die Sonne küsste jede
Lebensstunde. Eine Taube sass, wo jetzt nur
der Geier heimisch ist, und Freude sprudelte in
allen Adern der Natur. Wie voll Leben, wie
voll Muth und Kühnheit war damals Alles! Da
gab es kein Traumbild, das nicht Gestalt an-
nahm, da gab es keinen Gedanken, der nicht so-
gleich Riesenhände bekam, und der Adler der
Hoffnung besuchte hundert Länder. Hoch auf
Wolken, von Sonnengold gewoben, sass die
Phantasie mit ihrem Pinsel, triefend von den
prächtigen Farben des Morgenlands: plötzlich
wuchs ein Paradies empor, wo vorher nichts als
eine öde Wildniss war,

Och jordens lycka, med en himmel slägt,
Stod för mitt öga i sin drottningsdrägt,
Och diademet, som på hjessan blänkte,
Det var den kärlek, som mig Laura skänkte.
Allt är förbi, allt sjönk i tidens ström;
Det var ett spel i böljan, var en dröm,
En salig dröm, hvari jag hörde toner
Osägligt ljufva, som från himlens Zoner,
Och såg en verld af gröna parker, der
Jag lekte med en vingad englahär.
Allt är förbi. Jag står i midnattstöcken
Uppå en naken bergstopp i en öcken. —

— — — Ingenstädes fann jag frid: min själ
Slets af en dröm om något högre väl,
Som skeppet slites mellan stormens vingar.
— — — — — — — — — —
I menskohvimlet, — hvad var der att vinna?
Fåfängligheten blänkte der som qvinna,
Och veklighten yfdes der som man;
De smekte och — bedrogo jemt hvaraun.
Jag såg en tallös hop med slafvars sinne;
Hvad stort de hade, var blott fädrens minne,
Hvad stort de vunno, var blott äran af
Ett hvilorum vid sina fäders graf.
Förgängligheten slet i magtens fanor,
Och glömskan vårdade de ädlas anor.
Sjelf Fursten var med spiran i sin hand
Den förste främlingen uti sitt land.
Ack! hvarje menska bär på pannans spegel
Sitt inteta djupa, eviga insegel.

Jag gick en sommarnatt på dödens gård
Och läste runor på mång minnesvård.
Högtidlig stillhet sina vingar sträckte
Utöfver grafvarne: der sof ett slägte
Bredvid ett annat, sof ett sekel vid
Ett annat sekel i en evig frid.
I blommans kalk en silfvertår låg inne,
Fäld kanske nyss af något kärligt minne,
Och månan speglade sig glad deri,

und das Glück der Erde, das von einem Himmel herkam, stand vor mir in seinem königlichen Krönungsmantel, und das Diadem, welches auf seinem Scheitel glänzte, das war die Liebesgluth, die meine Laura für mich fühlte. Ach, und all das Glück ist nun vorbei, all die Seligkeit ist untergegangen in dem Strom der Zeit; es war nichts als ein Spiel im Blau der Welle, nichts als ein Traum, ein seliger Traum, worin ich Töne vernahm, unsäglich süss und schmelzend, wie von des Himmels Zonen, und worin ich eine Welt von blühenden Gärten und Gefilden sah, wo ich mit einem Heer von Engeln spielte. Das Alles ist nun vorbei. In mitternächtlichen Nebeln steh' ich nun, auf nacktem Gebirgeskamme, in einer Wildniss traurig da. —

— — — Nirgends fand ich Frieden: meine Sele zerriss ein Traum von einem höhern Glück, einem höhern Wohlsein, gleichwie das Schiff zwischen den Schwingen des Sturms hin und her gerissen wird. — — — — — —

Im Gewühl der Menschen, — was war da zu holen? Die Eitelkeit glänzte da als Weib, und die Weichlichkeit prahlte da als Mann; — sie schmeichelten und betrogen einander beständig. Ich sah eine Unzahl Volks — mit dem Sinn und der Denkart von feilen Knechten; was sie Grosses noch besassen, das war nur das Gedächtniss der Vorwelt, was sie Grosses erwarben, war nichts weiter, als die Ehre, im Grabe sich neben ihre Väter zur ewigen Ruhe niederlegen zu dürfen. Die Vergänglichkeit frass mit gierigem Zahn an den Fahnen der Macht und der Gewalt, und die Vergessenheit hütete als Wächterin die grossen Ahnherrn der Edeln. Selbst der Herrscher war mit dem Scepter in der Hand nur der erste Fremdling in seinem eigenen Land. Ach, jeder Mensch trägt am Spiegel seiner Stirn in tiefen Zügen das ewige Siegel seines Nichts.

In einer Sommernacht ging ich einmal auf den Kirchhof hinaus und las Runen auf manchem Grabstein. Ueber den Gräbern brütete ein feierliches Stillschweigen: da schlief ein Geschlecht neben dem andern, schlief ein Jahrhundert in ewigem Frieden neben dem andern. Im Kelch der Blume schwamm eine Silberthräne, der Zoll vielleicht irgend eines liebenden Gedenkens, und freundlichmild spiegelte sich der Mond darin,

Men mången stilla sorg drog mig förbi.
„Här är då — — — — — — — —
Det rum, der sist en Platos vishet flammar,
Der en Petrarcas kärlek glöder ut:
Här är hvar tankes och hvar känslas slut.
— — — — — — — — — —
— — — — — — — — — —

En bitter känsla isade min själ
Till stumt förakt för jordens ve och väl.
I grafvens djup jag velat gömmas gerna.
Jag såg mot himmelen: der brann en stjerna,
Jag såg mot jorden: der en lysmask brann,
Men ingen stråle till mitt hjerta hann.
Förkrossad satte jag mig ned på kullen
Bredvid en liksten. — — — — —
— — — — — — — — — —

Det susade i dunkla kronor: vinden
Bortflhktade min tysta tår från kinden.
Ett dystert moln utöfver fästet drog,
Och midnattstimman ifrån tornet slog.
Då tycktes mig, att dödens klockor gingo,
Likt andeväsenden, som röster fingo,
Och kyrkogårdens port for upp: jag såg
Min egen likfärd, som i långsamt tåg
Gick in i templet. Genom fönstren syntes
Ett blekrödt sken, och orgelns spel begyntes.
I mörkrets slöja svepte himlen sig,
Och jorden darrade inunder mig.
Då hörde jag de fasansfulla orden,
De evigt återljudande: „af jorden
Du kommen är, — jord skall du åter bli."
O! det var nog. Af lifvets elegi
Jag summan hört. I half förtviflans lågor
Gick jag att möta dagens nya plågor. —

„Der solen tänds, der aftonrodnan släcks,
Kanske en lyckligare himmel sträcks
Utöfver gröna, blomsterklädda dalar,
Der ingen oro, ingen längtan talar.
Kanske det sorlar någon källa der,
Som stillar själens flammande begär.

doch mancher stillverschwiegene Gram zog vorbei an meinem Herzen: „Hier also ist der Ort und die Stelle, wo zuletzt die Weisheit eines Plato selbst erlischt, wo eines Petrarca Liebesgluth verglüht, da unten ist jedes Denkens und jedes Fühlens Schluss und Ende.

Ein bitteres Gefühl schnitt mir eisig durch die Sele und still bemächtigte sich meiner eine unsäglich Geringschätzung für jedes Wohl und Wehe dieser Erde. Im tiefen Grabesschooss hätt' ich gerne liegen mögen. Ich sah hinauf zum Himmelsgewölbe: da leuchtete ein Stern in Feuerflammen, ich sah zur Erde: da lag ein Leuchtwurm glühend im Grasse, doch fand kein Lichtstrahl zu meinem Herzen seinen Weg. In jeder Fiber meines Wesens erbebend und niedergeschlagen, setzte ich mich am Hügel neben einem Grabstein nieder. — — — — — — —

In dunkeln Baumeswipfeln umher säuselte es: der Wind in seinem Anwehn stahl mir die still geheime Thräne von den Wangen hinweg. Ueber das Himmelsgewölbe zog eine dunkelmächtige Wolke hin, und vom Thurm herab schlug die Mitternachtsstunde. Da war es mir, als wenn die Grabesglocken läuteten, gleich Wesen aus der Geisterwelt, plötzlich Ton und Stimme bekamen, und die Kirchhofthür sprang auf: — ich sah meinen eigenen Leichenzug, der feierlich abgemessenen Ganges ins Innere des Tempels hineinzuschwanken schien. Durch die Fenster hindurch nahm man einen blassrothen Schein wahr, und die Musik der Orgel begann. Der Himmel bedeckte sich mit dem Schleier der Finsterniss und die Erde bebte unter meinen Füssen. Da vernahm ich die furchtbaren, die ohne Unterlass im Ohr mir klingenden Worte: „von der Erde, vom Staub bist du gekommen, — zu Staub und Erde sollst du im Tode wieder werden." O! das war genug. Von der Elegie des Lebens hatt' ich nun den ganzen Inhalt erfahren. In der Gluth und Qual einer halben Verzweifluug begab ich mich hinweg, um neuen Plagen eines neuen Tags entgegenzugehen. —

„Wo die Sonn' erglüht, wo das Abendroth erlischt, wölbt sich vielleicht ein glücklicherer Himmelsdom ob grünen, blumigen Thälern hin, wo jede Unruhe, jede Sehnsucht schweigt. Vielleicht rieselt eine Quelle dorten, die den heissen Durst der Sele löscht? —

Kanske en lund i någon trakt omsluter
Ett slägte der, som evig bostad njuter?"
Så tänkte jag, när dagen kom och for.
Hvad höll mig qvar, mig, böljans, stormens bror?
Jag öfvergaf den jord, som stödt min vagga,
Med vinden flög jag öfver hafvets fragga,
Mot fjerran land med ungdoms mod och lust,
I hopp att nå en fridomhägnad kust.
Allt var sig likt från stjernorna till gräsen:
Ack! samma menskor, samma lumpna väsen!
Ack! samma fattiga och nakna stoft
Med gift och törnen i sitt rosendoft!

"Skön är naturen dock: den ligger nära
Ditt hjerta öfverallt. Läs Skaparns ära,
Läs Skaparns kärlek i dess sommarskrud,
Och känn dig hemma der du skådar Gud.
Den höge Vises råd är godt att följa.
Kanske för mig skall ingen slöja dölja
Den store anden. Jag vill forska glad,
Vill genomläsa hvart naturens blad
O! hvad oändlighet af rikedomar,
Som i din stora, sköna lustgård blommar!
Hvad harmoni, hvad ljus, som strömmar ur
Dis helgedom, du eviga natur!
Men ack! Guds tankar kan jag icke fatta.
Fast dukens färgor glöda yppigt, — matta,
Oädliga idéer skymta der,
Och hvar idé på nytt en gåta är.

— — — — — — — — — — —
— — — En högre längtan drifver
Min ande hän utöfver land och haf,
Och oro grönskar på min pilgrimsstaf.
Väl diktar stundom en idyll sin friska
Natursson i mitt bröst, men likväl hviska
En sällsam trånads läppar der bredvid:
Mitt lif blir hälften ljuf och hälften strid,
Som ville du i Gessners dikter blanda
En stormsång, diktad uti Byrons anda.

O! Byron, Byron! du gick lifvets gång
I strid alltjemnt, och tjuste med din sång
Den verld, som du föraktade: ditt rike
Titaniskt var, du sjelf Titaners like.

v. Lutkenau, schwed. Poesie. III.

Vielleicht umschliesst ein Hain irgendwo ein
Geschlecht von Menschen, das einer ewigen
Wohnstatt da geniesst?" — So dacht' ich, wenn
der Tag kam und wenn er schwand. Was hielt
mich zurück, mich, den Bruder der Welle, den
des Sturms? — Ich verliess die Erde, wo
meine Wiege stand, mit dem Wind flog ich da-
hin übers schäumende Meer mit Jugendmuth
und Lust fernen Landen zu, voll schöner Hoff-
nungen, irgendwo eine Küste zu erreichen, die
eine Freistatt ewigen Friedens wäre. Doch
Alles war sich gleich von den Sternen bis zum
grünen Halm herab: ach, es waren die näm-
lichen Menschen, es war das nämliche lumpige
Wesen! ach, der nämliche armselige Staub mit
Gift und Dornen in seinem Rosenduft!

"Die Natur ist indess doch schön: überall
liegt sie deinem Herzen nahe. Lies den Ruhm
und Preis, lies die ewige Treue deines Schöpfers
in seinem Blüthengewande, und fühle dich hei-
misch überall, wo du Gott und seine Spuren
siehst." — Dem Rath des erhabenen Weisen ist
gut folgen. Vielleicht wird Nichts den grossen
Geist mir mehr umschleiern. Frohen Muths will
ich forschen, will jedes Blatt der Natur durch-
lesen. O welche unermesslichen Reichthümer
von Pracht und Herrlichkeit in deinem grossen,
schönen Lustgarten blühen! Welche Harmonie,
welches Licht und welche Helle seh' ich strömen
aus deinem Heiligthum, du ewige Natur! Doch
ach, ich kann die Gedanken Gottes nicht
fassen. Obgleich die Farben des Teppichs in
üppigem Glanze glühn, — so seh' ich die Ge-
danken nur matt und in unlesorlichen Zügen
darauf hervortauchen, und jeder neue Gedanke
gibt mir ein neues Räthsel auf. — — —

Ueber Land und Meer treibt eine höhere Sehn-
sucht meine Sele hinaus, und Unruhe treibt
grüne Zweige an meinem Wanderstab. Wohl
dichtet dann und wann eine Idylle für frisches
Naturgemälde in meinem Busen, gleichwohl
indessen flüstern die Lippen einer seltsamen
Schmerzenssehnsucht gleich daneben: mein Le-
ben ist halb Ruhe, und halb Kampf und Streit,
gleichsam als wolltest du in Gessners Dich-
tungen einen Gesang des Sturmes mischen, in
Byrons Geist gedichtet.

O Byron, Byron! du gingst den Weg des Le-
bens in ewigem Kampf und Streit, und entzück-
test mit deinem Gesange die Welt, die du so
verachtetest: dein Reich war titanisch, du selbst
ein ebenbürtiger Genosse der Titanen.

Föranart från stoftets dalar du försvann.
Din rika lefnads ljus, hur skönt det brann
En Vafurlåga omkring Greklands ära,
En stor förklaring öfver lifvets lära!
Din Genius var en storm, som fängslad satt
Och qvad på klippan i ditt hjertas natt,
Med vingen, doppad uti mörka vågor,
Med bröstet, flammande af himlens lågor.
Stolt, majestätiskt gick du dock din ban,
En kämpande cherub, en segervan,
På dystra, purpurröda skyar gungad, —
En verld i brand, af Skaparns händer slungad
I chaos' djup: de andre verldar stå
Och se med häpnad och med — fröjd derpå.

Du fridens land! hvar ligger du? hvar grönskar
Din höga salighet, som hjertat önskar?
Väl tusen vägar genom tiden gå;
O! ledde en, blott en till dig ändå!
Du lifvets korståg! skall en gång du hinna
Till Salems port? — — — — —
— — — — — — — — — —

Välkommen, afton, med din helga frid!
Sprid med ditt mörker ljus omkring mig, sprid,
En gissning blott, hvart mina fotspår leda:
Den klara dagen vet ej derpå reda.
Se, alla väsen gå till sömn. Hur tryggt
Har lifvets trötta storm sitt öga lyckt!
På fästet tusen milda stjernor blinka,
Likt kära barndomsvänner, som mig vinka.
I jordens dalar hvarje blomma står
Oskyldig, from i afton som i går.
Sin vallmokrans en helig tystnad virar;
Blott här och der en sångarfogel firar
Sin aftonsång i ensamhet med Gud;
O! balsamtoner, sköna sabbatsljud!
Hvad är det, som mitt väsen genomströmmar?
Finns det en Gud, som för min längtan ömmar?
Ack! hur mitt hjerta darrar, likt en tår,
Som i ett glädjedrucket öga står!
En stilla fläkt utaf Guds andes vingar
Berör min själ: en orgelstämma klingar
Kring all naturen: jag förmäler i

Allzubald verschwandst du wieder von des Staubes niedern Thalen. Das Licht deines reichen Lebens, wie schön und prächtig loderte es, ein ewiges Flammengehege, um Griechenlands Glorie, eine gewaltige Erklärung der Lehre vom menschlichen Leben! Dein Genius war ein mächtiger Sturm, der gefesselt lag und heulend auf einem Felsen sass in der Nacht deines Herzens, mit dem Flügel, triefend von den Abgrunds dunkeln Wassern, mit dem Busen, flammend von des Himmels Gluth. Stolz, majestätisch wandeltest du gleichwohl deine Bahn, ein kämpfender Cherub, der gewohnt ist zu siegen, im Sturme dahingetragen auf düstern, purpurrothen Wolken, — eine Welt in Brand, von des Schöpfers Händen hinausgeschleudert ins unergründliche Chaos: — die andern Welten stehn umher und schauen mit Grausen und mit — Freuden darauf hin.

Du Land des Friedens! Wo liegst du wohl? wo blüht wohl deine hohe Seligkeit, wonach mir meines Herzens Sehnsucht steht? Wohl tausend Wege gehen durch die Zeit; o führte nur einer, nur ein einziger hin zu dir! Du Kreuzzug des Lebens! Wirst auch du einmal anlangen zu Salems Pforte? — — — — —

Willkommen, du Abend, mit deinem heiligen Frieden! Breite mit deinem Dunkel Licht und Helle um mich her, nur einen Dämmerschein von Gewissheit lass mich schauen, wohin meine Spuren führen: denn der helle Tag weiss nichts davon. Schau, zur Ruhe gehn jetzt die Wesen allzumal. Wie ruhig hat nun des Lebens müder Sturm seine Augen geschlossen! Am blauen Himmelsgewölbe glänzen tausend milde Sterne, lieben, mir freundlich winkenden Kindheitsfreuden gleich. In Thal und Gründen der Erde steht jede Blume unschuldsvoll und fromm wie stets im Glanze dieses Abends. Ein heiliges Schweigen flicht seinen Kranz von Mohnblumen; nur hie und da lässt ein Vogel in tiefer Einsamkeit mit Gott die Töne seines Nachtgesangs noch hören: o Balsamtöne, schöne Sabbathklänge! Was ist es, was mein ganzes Wesen jetzt durchströmt? Gibt es da droben einen Gott, der Erbarmen fühlt mit meiner Sehnsucht? Ach! wie das Herz mir bebt, einer Thräne gleich, die hell in einem freudetrunkenen Auge steht! Ein leises Weben von den Flügeln des Geists Gottes berührt meine Sele: ein Orgelton durchklingt das All der Natur: mein ganzes Wesen schmilzt hin in

Den himmelska, den ljufva melodi.
Ja, det bor frid här nere; ja, jag finner,
Att hur min ande längtar, hur han brinner,
Han kan dock trifvas några stunder här,
I'a gästbesök, som Herrans missionär.
O! Religion, du menskoslägtets fackla!
I'ti ditt ljus skall ej min ande vackla:
Jag kastar mig i dina armar:
— — — — — — — —

Derofvan ligger en evärdlig stad,
Dit ledor du den trånande nomad.
Jag hör dess källors språng, dess palmers susning.
Dess portar skymta uti morgonljusning.
Och mången helsning hviskas derifrån
I nattens tystlhet till hvar hemsjuk son.
— — — — — — — —

Nu är jag lycklig, nu är verlden ljus;
Vid himlens portar ligger jordens grus.
På hoppets berg förklaras hvarje smärta,
Och lifvet tar mig till sitt modershjerta.
Välan! så vill jag utan fegsint knot
I sång och kärlek gå mitt mål emot.
Till mogen frukt hvart blomster skall sig knyta,
Hvar tanke sig i ädel handling byta.
— — — — — — — —

På himlen dagas det och i mitt sinne,
En himmel äfven med Allfader inne.
Den glada lärkan sjunger högt i skyn,
Och dimman smyger sig från jordens bryn.
Ur österns portar morgonrodnan springer:
På azurduken med sitt rosenfinger
Hon målar glada fantasiers lek,
Och purpur droppar ned på grönklädd ek.
Från fromma hyddor mången lofsång flyger
Och upp till Gud på dufvovingar smyger.
Var glad, min själ! det blir alltmera ljust:
Ser du, hur evigheten slår förtjust
Sin segerfana ut, hvarpå är skrifvet
Med gyllne ord: „uppståndelsen och lifvet!"
Snart stiger solen i sin gloria fram.
Ack! det är längesen, mitt hjerta samm
I sådan tjusning. — — — — —

die himmlische, die süsse Melodie. Ja, es wohnt doch Frieden hienieden; ja, ich fühl's, dass wie auch mein Geist sich sehnt und wie er glüht, ein paar Stunden kann er doch hienieden weilen, gleichsam auf Gastbesuch, als ein Missionär des Herrn. O Religion, du Fackel des Menschengeschlechtes! In deinem Lichte wird mein Geist nicht wanken. In deine Arme will ich mich werfen:
— — — — — — — —

Da droben liegt eine ewige Stadt, dahin führst du am Ende den sehnsuchtskranken Nomaden. Schon hör' ich ihre Bäche rieseln, ihre Palmen säuseln, schon seh' ich in dem Glanz der Morgendämmerung ihre Pforten blinken, und manchen leisen Gruss empfängt von droben jeder, der da im Schweigen der Nacht voll Heimweh aufwärts blickt.
— — — — — — — —

Jetzt bin ich glücklich, jetzt glänzt die Welt mir hell und licht, der Erde Schutt und Graus liegt mir jetzt an den Pforten des Himmels. Auf dem Berge der Hoffnung flieht jedes Schmerzes Nacht, und das Leben schliesst mich an sein Mutterherz. Wohlan! so will ich ohne feiges Hadern mit meinem Schicksal mit Singen und mit Lieben meinem Ziel entgegengehen. Zur reifen Frucht soll jede Blüthe, zu einer edeln Handlung jeder Gedanke werden.
— — — — — — — —

Am Himmel droben tagt es nun und in meinem Herzen, — auch einem Himmel, worin Allvater wohnt. Hoch im Blau singen die frohen Lerchen, und von der Erde steigen die Nebel still empor. Aus des Ostens Pforten springt die Morgenröthe: mit dem Rosenfinger malt sie das Spiel heiterer Phantasien auf den azurnen Teppich hin, und Purpur tropft herab auf's grüne Gewand der Eiche. Aus frommen Hütten steigt mancher Lobgesang empor und schwebt auf Taubenschwingen zu Gott dem Vater hinauf. So sei denn getrost und freue dich, meine Sele! Mehr und mehr tagt es jetzt: schau, wie die Ewigkeit so seliglächelnd ihre Siegesfahne fliegen lässt, worauf mit goldenen Buchstaben geschrieben steht: „die Auferstehung und das Leben!" Bald steigt die Sonn' in höchster Glorie herauf. Ach, wie manche Tage ist es her, dass meine Sele nicht mehr in so wonnigen Gefühlen schwamm. — — —

All skapelsen i lofaccorder klingar,
Det är, som växte vid min skuldra vingar,
Jag lyftes upp i himlaljusets famn
Blund toner, jublande den Högstes namn.
Hvar får jag ord, att sjunga hvad jag känner?
Gud är min fader, englar mina vänner,
Och menskor mina bröder: sköna dag!
O! jag vill jubilera, äfven jag:

Die ganze Schöpfung erklingt in Accorden des
Lobes und Preises, mir ist, als wüchsen mir
Flügel an meinen Schultern, als würde ich unter Tönen, die den Namen des Höchsten jubeln,
in den Schooss des himmlischen Lichts empor-
gehoben. Wo nehme ich Worte her, um zu
singen, was ich fühle? — Gott ist mein Vater,
Engel sind meine Freunde, und Menschen meine
Brüder: Schöner Tag! O! auch ich will jubeln,
auch ich:

Du högtbesutne öfver verldars hvimmel,
I solen eld, i blomman balsamdoft!
Du enda salighet i himlars himmel,
Du enda salighet i jordens stoft!

O du, der du hoch thronst ob den zahllosen
Welten da droben, der du in der Sonn' als
Flamme glühst, und als Balsamduft wehst in
dem Kelch der Blume! Du einzige Seligkeit
im höchsten Glanz des Himmels, du einzige
Seligkeit im Staube dieser Erde!

Ditt namn är heligt: på Serafers tunga,
På fromma menskoläppar hvilar det;
Och vindens sus och sferers klang besjunga
Ditt eviga, Ditt milda majestät.

Dein Name ist heilig: von den Zungen der
Seraphim, von frommen Menschenlippen er-
klingt er; und des Windes Säuseln und die
Harmonie der Sphären singen deine ewige, deine
milde Majestät.

Förborgad är du för hvart dödligt öga,
Men öfverallt vi läsa Dina spår.
Din stjernemantel tindrar i det höga,
Din fot på jordens blomstermatta står.

Unsichtbar wohnst du da droben, unsichtbar
jedem Menschenauge, doch wohin wir schauen,
sehn wir deine Spuren. Hell in der Höhe blitzt
die Pracht deines glänzenden Sternenmantels,
dein Fuss streift die Blumen der Erde.

Der himlens palmer sina kronor skaka,
I Edens lustgård går Din ljufva röst;
Men ack, min själ får äfven se och smaka
Din allnärvarelse i nåd och tröst.

Wo des Himmels Palmen säuselnd ihre Kro-
nen neigen, in Edens Lustgarten erklingt deine
holde Stimme; doch ach, auch meine Sele ist
so glücklich, in Trost und Gnade deine all-
gegenwärtige, deine süsse Nähe zu empfinden.

När stilla frid i mina känslor blandas,
Och ögat fylles af en glädjens tår,
Då är det Du, som i mitt hjerta andas,
En salig fläkt från evighetens vår.

Wenn stiller Frieden in meine Gefühle sich
ergiesst, und wenn mir eine Freudenthräne im
Auge glänzt, dann bist du es, der da in meinem
Herzen athmet, ein seliger Hauch von dem
Frühling der Ewigkeit.

När jordens sorg, den skumma, till mig tränger
Och gör min ande tålig, from och vis,
Då är det Du, som i mitt hjerta hänger
En hoppets krans ifrån Ditt paradis.

Wenn der Schmerz, wenn die trüben Sorgen
der Erde mich undrängen, und meine Sele sanft-
müthig machen, und fromm und weise, dann bist
du es, der da in meinem Herzen hängt, ein Kranz
der Hoffnung aus deinem Paradies.

Och när jag hänryckt af naturens skimmer
Bortsmälter i en suck af himmelskt väl,
Då är det Du, hvars kärlek jag förnimmer,
Du sjelf, som spelar harpan i min själ.

Und wenn ich, von dem Schönheitsglanz der
Natur entzückt, hinschmelze in einen Seufzer
himmlischen Wohlseins, dann bist du es, dessen
Liebesmacht ich fühle, dann bist du es selbst,
der mächtig hineingreift in meiner Sele ge-
heimnissvolle Harfensaiten.

Glad vill jag derför genom lifvet tåga, Om ock det kläder sig i öckenskrud. Oaser grönska, sommarsolar låga, Der Du är med mig, kärleksrike Gud!	So will ich denn frohen Muths durch's Leben wandern, wenn es sich auch in das Gewand der Wüste kleidet. Oasen grünen, Sommersonnen lächeln, wo du mit mir bist, mein liebereicher Gott!
När jag till slut i aftonstunden kommer Och klappar på Din dörr med åldrig hand, Låt upp för mig! Det är Ditt barn, som kommer Från resan i det stormbebodde land.	Wenn ich dann Abends endlich komme und anklopfe an deiner Thüre mit schwacher Greisenhand, so thu mir auf! Es ist dein Kind, das heimkehrt von seiner Pilgerfahrt durch Land der Stürme.
Tag mot mig huldt, och vänligt herbergera Den trötte vandrarn i Din sälla ro; Men skicka mig ej från Din himmel mera: I Fadershuset är dock bäst att bo."	Nimm mich liebreich und freundlich auf, und milde lass den müden Wanderer zur Herberge eingehen in deine selige Ruhe; schicke mich jedoch nicht mehr herab von deinem Himmel, denn seliger ist doch nirgends wohnen als in des Vaters Haus."

Aus dem Gedichte: „Missionären".

Missionären sjunger:	**Der Missionär singt:**
Jag stod på kusten af mitt fosterland, Och hörde suckar från en fjerran strand. Mildt glänste månan: vid dess aftonhelsning Jag såg en verld, som ville ljus och frälsning, Och stormen brusade: det var en röst Från villsna bröder utan hopp och tröst.	Ich stand an der Küste meines Heimathlands und vernahm Töne, wie ein leises Klagen, von einem fernen Strand herüber. Mild und freundlich schien der Mond herab: bei seinem Abendgruss sah ich eine Welt, die sich nach Licht und nach Erlösung sehnte, und brausend kam der Sturm dahergezogen: es war ein Ruf, ein Schmerzensruf von armen Brüdern, welche hoffnungslos und jedes Trostes so baar und ledig, noch in der Nacht des Irrthums schwanken.
Hvad höll mig qvar? Hvad hade jag i verlden, Som band min tankes vingar från den färden? Min ungdomskärlek och mitt barndomshem, — O, jag var mäktig, att försaka dem. En högre kraft jag i mitt hjerta kände, Och upp till stjernorna min blick jag vände, De höge Guds Apostlar, som hvar qväll Gå ut med himmelskt ljus i nattens tjell. Som en af dem, jag ville vänligt vandra I verlden hän, att tända dag för andra,	Was hielt mich zurück? Was hatt' ich in der Welt, das die Schwingen meiner Gedanken von dieser Fahrt zurückhielt? — Meine Jugendliebe und die Heimath meiner Kindheit; — o, ich fühlte Kraft genug in mir, um beiden Lebewohl zu sagen. Eine höhere Kraft durchdrang mich und zu den Sternen hinauf richtete ich meinen Blick, den hohen Aposteln Gottes, die allabendlich mit himmlischem Licht ins Zelt der Nacht hinaustreten. Wie einer von diesen sehnt' ich mich, ein freundlicher Bote, in die Welt hinauszuwandern, um einem andern Volk das Licht des Tags zu bringen,

Och sist, som de, gå bort från jordens grus,
I evighetens milda morgonljus.

Väl den, som fattar rätt Guds vink! Jag hade
Ej mer ett val. Mitt lefnads lugn jag lade
Till offer ned för Gud, som var mig när,
Och från den stunden var jag Missionär.

Jag steg i skeppet med en upprörd själ.
Du kära fosterland, farväl, farväl!
Frid vill jag dig och dina söner önska.
Jag skall ej mer se dina skogar grönska,
Ej höra dina näktergalars sång,
Ej dina bäckars sorl och källors språng;
Och dina vattenfall i månskensqvällen,
Och dina sagors echo ifrån hällen,
Din Carlavagn och dina Carlars jord,
Och himlens underflamma högt i Nord —
De vagga mig ej mer i sälla drömmar.
Väl, der jag kommer, susa äfven strömmar
Och stjernor spegla sig jemväl deri,
Men — utan fosterlandets poesi.

Nu har jag intet hem: der borta simmar
En vänlig mörkblå rand; om några timmar
Är den försjunken med min moders hus,
Der bönen vakar vid sin lampas ljus.
Och skogen der, hvars kronor sakta väfva
Sig in i molnen, som der ofvan sväfva!
Der låg en kär, en snöhvit hand i min,
En fången ljusalf: hur jag slöt den in
I varma bojor! Det är slut. Förgången
Är lifvets kärleksdröm med sommarsången,
Och H on må blekna bort uti min själ:
Hon trifs ej samman med mitt högre väl. —
Och fädrens grafvar, minnets ättekullar!
Löfver dem den gröna sommarn rullar
Sitt blomstertäcke, att de ädle der
Må sofva ljuft. Hvarthelst min kosa bär,
Visst bär den till en graf, men ej till dessa,
Der mina fäder lagt till ro sin hjessa.

---

und zuletzt wie sie vom Schutt und Graus der
Erde hinwegzugehen im milden Morgenlicht der
Ewigkeit. —

Wohl dem, der Gottes Wink versteht! Ich hatte
keine Wahl mehr. Die Ruhe meines Lebens
legt' ich als Opfer vor Gott dem Herrn nieder,
dessen Nähe ich empfand, und von der Stunde
an war ich Missionär.

Mit bewegtem Herzen stieg ich ins Schiff hinein. Du theures Vaterland, lebwohl, lebwohl!
Frieden will ich dir und deinen Söhnen wünschen. Ich werde nun deine Wälder nicht mehr
grünen sehn, nicht mehr deine Nachtigallgesänge hören, nicht mehr das Rauschen deiner
Bäche, und deiner Brünnlein Sprung von Stein
zu Stein; — und deine schäumenden Waldströme
im Glanz der Mondennacht, und das Echo deiner
Sagen von den Bergen, dein Karlswagen und
die Erde deiner grossen Karlshelden, und des
Himmels wunderbare Flamme droben im hohen
Norden; — sie werden mich jetzt nicht mehr in
selige Träume wiegen. Zwar, wohin ich jetzt
gehe, da brausen auch Ströme, und Sterne spiegeln sich auch darin, doch ohne die Poesie meiner Heimath.

Jetzt hab' ich keine Heimath mehr: da drüben
seh' ich noch einen freundlichen dunkelblauen
Streifen im Wasser schwimmen; in einigen
Stunden ist er untergegangen, untergegangen
mit meiner Mutter Haus, in dem das Gebet noch
wacht beim trauten Ampelschein. Und der
Wald dorten, dessen grüne Kronen so sanft in
die Wolken übergehn, die darüber schweben!
Da lag einst eine holde, eine schneeweisse Hand
in der meinigen, eine gefangene Lichtelfe; wie
schloss ich sie so fest in warme Fesseln! — Das
ist nun vorbei. Dahin ist nun der Liebestraum
meines Lebens mit seinem Frühlingsgesange, und
ihr Bild muss nun erblassen in meiner Sele,
mein höheres Wohl kann nicht bestehn mit ihr.
— Und die Vätergräber, die Geschlechtsgrabhügel der Erinnerung! Ueber sie wirft der grüne
Mai seinen prächtigen Blumenteppich hin, damit die Edeln da sanft und lieblich ruhen mögen. Wohin auch mein Weg mich führt, gewiss
führt er mich zu einem Grabe hin, doch nicht zu
diesen, wo meine Väter ihr Haupt zur Ruhe gelegt haben.

Farväl! der morgonpurpurn rinner opp,
I palmers skugga ankrar nu mitt hopp.

Ade! Da wo der Purpur des Morgens erglüht,
im schattigen Grün der Palmen wirft meine Hoffnung jetzt Anker.

Er landet und predigt das Evangelium, das jedoch nur gleichgültige Zuhörer findet. Da tröstet ihn ein Engel. Der Schluss lautet:

O frälsnings ord, du lifvets klara ord!
Flyg med ditt himmelrike öfver jord
Och ros ditt Sionstempel allestädes,
Der menskoanden i ditt ljushaf glädes,
Och alla hjertan slå i Jesu famn
Och alla knän sig böja i hans namn!
Du gudaord, som krossar och förljufvar,
Du näpser vädren, vågorna du kufvar,
Och klyfver hällebergen och förströr
Det folk, som ej din varningsstämma hör.
Du mättar tusen hungrande i öcknen,
Och visar väg i flamrnorna och töcknen
Till det forlofvade, det sköna land,
Som evigt blommar bortom grafvens rand,
Der som de goda återse hvarandra,
Och alla trogna, rena själar vandra
I himmelsk lofsång och i himmelskt ljus,
Förenta evigt i sin faders hus.
Upp, och besegra verlden: segerstunden
I himlen slår; förlossa hvarje bunden,
Gör slafven fri och gör den frie from,
Och hela jorden till din helgedom!

O Wort der Erlösung, du klares Wort des Lebens! Durchfleug die Erde mit deinem Himmelreich und erhöhe deinen Sionstempel überall, wo sich der Menschengeist in deinem Lichtmeer selig badet, und wo in Jesu Armen allzumal die Herzen schlagen und die Kniee sich beugen in seinem Namen allzumal! Du Wort des Ewigen, das da zu Boden schlägt und sanft erhebt, du bändigst die Stürme, du unterjochst die Wogen und spaltest die Felsen und zerstreust das Volk, das deine Warnungen nicht hören will. Tausende von Hungernden sättigst du in der Wildniss, und zeigst in Feuerflammen und Nebelwolken den Weg an nach dem gelobten, nach dem schönen Lande, das da blüht in Ewigkeit jenseits des Grabesrandes, da wo die Guten einander wiedersehn, und die treuen, reinen Selen allzumal wandeln in himmlischem Lobgesang und himmlischem Licht, auf ewiglich vereinigt in dem Haus des Vaters. Auf, und gehe hinaus, die Welt zu besiegen: im Himmel schlägt schon die Stunde des Sieges; mache los und ledig jeden Gebundenen von seinen Banden, mache den Sklaven frei, mache den Freien fromm, und die ganze Erde zu deinem Heiligthum!

Jonas Alströmer.

Hvilken syn, så glad och ny,
Genom väfvens glesa sky
Hundra spolar väg sig leta,
Och på ängen hjordar beta,
Bjudande sin sköna ull,
Född vid östersolens gull.

Välstånd stiger ur sin graf.
Tiggarn kastar bort sin staf,
Konungen och folket glädes,
Fastän afund mångenstädes,
Helst i främlingarnes land,
Blossar upp i näslig brand.

Jonas Alströmer.

Welcher Anblick, so neu und heiter! Hundert Spulen fliegen emsig durch das dünne Gewölke des Gewebes, und auf dem Anger weiden Herden und geben uns ihr schönes Vliess, am Golde der morgenländischen Sonn' erzeugt.

Der Wohlstand steigt aus seinem Grabe. Der Bettler wirft seinen Stab hinweg, König und Volk freuen sich, züngeln auch Neid und Missgunst vieler Orten, besonders in dem Land der Fremdlinge, in schmählichem Brande auf.

Hvad han tänkte, hvad han var,
Lefver än i minnet qvar.
Ej hans äras glans förbleknar,
Och sig sjelf han skönast tecknar
I de råd hans vandel ger,
Mild och klar, som vårdag ler:

„Isen brister, huru hal;
Lägg en mening i ditt tal,
Mannens ord är mannens ära;
Som ett frukträd skall det bära,
Vårdadt under tankens tukt,
Ej blott blommor, men ock frukt.

———— ———— ———— ————

Dalen har ej bergets dån,
Men dess obemärkta son
Må du ej förakta, broder!
Busken är dock skogens moder,
Och ur hyddans sköte gick
Mången som en krona fick.

Öppen panna, öppen blick!
Man i tanke, man i skick!
Lyftad genom egen ära
Öfver dem, som anor bära!
Själen varm och fosterländsk!" —
Det är bilden af en Svensk.

Was er war und wie er dachte, wird dauernd
im Gedächtniss leben. Seines Ruhmes Glanz
wird nicht erlöschen, und er hat sich selbst in
den Zeilen am schönsten geschildert, die er in
seinem Wandel niederschrieb, mild, klar und
freundlich lächelnd, wie ein Frühlingstag:

„Das Eis bricht ein, so glatt es ist; lass Verstand und Einsicht in deiner Rede sehn, des
Mannes Wort ist des Mannes Ehre, und wie ein
Fruchtbaum soll sie, unter der Zucht und Pflege
des Gedankens, nicht nur Blumen, sondern auch
Früchte tragen.

———— ———— ———— ————

Das Thal hat nicht des Berges lauten Schall
und Ruf, doch musst du seinen still bescheidnen
Sohn darum nicht verachten, Bruder! Der
kleine Busch ist doch des Waldes Vater, und
schon mehr als Einer, der später eine Krone gewann, wuchs unter niederm Dache gross.

Eine freie, offene Stirne, ein offner Blick!
Ein Mann im Denken, und ein Mann im That!
Durch eigene Tüchtigkeit höher stehend, als
die, welche kein anderes Verdienst haben, als
dass sie von adligem Geschlechte sind! Die
Sele warm und glühend für das Vaterland!" —
Das ist das Bild von einem Schweden.

Göthen.

Än äro Göthens bygder
Det gamla sagoland,
Der i hvart bröst gro dygder
Och svärd finns i hvar hand.
På göthiska ruiner
Står Nordens sångförbund,
Och minnets fackla skiner
Kring ättekullars rund.

Kom, främling, och sitt neder
Vid fädrens ärfda ek:
Lär enfald uti seder,
Lär mod i bardalek.
Kring våra berg och dalar
Har hvarje sinne stål,
Och Nordens ungdom talar
Blott hjeltars tungomål.

Der schwedische Gothe.

Noch sind Gothlands Gauen das alte Land
der Sage, wo in jedem Herzen Tugenden wachsen und Schwerter blinken in jeder Hand. Auf
gothischen Ruinen steht des Nordens Sängerbund, und die Fackel der Erinnerung umblitzt
hell die Geschlechtsgrabhügel.

Komm, Fremdling, und setz' dich nieder am
schlichten Eichentisch, dem Erbstück meiner
Väter: lern' Einfalt in Thun und Reden, lerne
Muth und Kraft im Kriegesspiel. In unsern Bergen und Thälern umher ist jede Brust von Stahl,
und des Nordens junges Volk spricht nur die
Sprache der Helden.

Den fäders jord jag brukar,
Är kär och nog för mig; —
Kom, gästfriheten dukar
Sitt lilla bord för dig.
Uppå en bänk vi taga
Vår plats och orda sen:
Vi eldas af en saga
Mer än af brasans sken.

Den fordna Göthen skydde
Ej kamp och vapenbrak,
Han flög dit svärden gnydde,
Och fann der hem och tak.
En son utaf naturen,
Han sällan hemma låg,
Men på sin drake buren,
Han plöjde hafvets våg.

Der hjelm och brynja blänkte,
Der trifdes han så godt;
På flykt han aldrig tänkte,
Men uppå seger blott.
Han under sig såg jorden,
Han slogs, och trädde sen
Till hjeltars hem: i Norden
Var vägen dertill gen.

De kämpar flögo samman
Som falkar: — hvilken strid!
Men krig var fädrens gamman,
Var deras gyllne tid.
Vildt ljudde stridens lurar
Bland Göthers tappra flock;
Då föllo stad och murar,
Och fienden föll ock.

Valkyrian red i striden,
Der slaget hetast brann,
Och till Einherjarfriden
Hon inbjöd mången man.
Och Valhalls portar sprungo
I ljus och sällhet opp,
Och välkomst-skålar klungo
Vid sång af barders tropp.

Der stå de höge gudar,
Som de på jorden stå,
Med vapenklädda skrudar
Och gyllne hjelmar på.
De räcka vänligt handen
Åt hvarje kommen gäst
Från höga Nordanlanden,
Och fägna honom bäst.

Das Stück Feld von meinen Vätern, das ich bestelle, ist mir theuer und genügt mir; — komm, die Gastfreiheit deckt ihr Tischchen auch für dich. Wir nehmen auf einer Bank zusammen Platz und reden dann mit einander: eine Sage der Vorzeit erhitzt uns mehr, als das Feuer unseres Herdes.

Der Gothe der Vorzeit scheute keinen Kampf und keinen Waffenlärm; wo Schwerter klangen, da flog er hin und fand da Dach und Fach. Ein Sohn der Natur, lag er selten still daheim, sondern von seinem Drachschiff hoch dahingetragen, pflügte er das Meer.

Wo Helm und Panzer glänzten, da fühlte er sich so daheim; Flucht kam ihm niemals in den Sinn, sondern nur der Gedanke zu siegen. Er sah die Erde unter sich, er schlug sich als ein Held, und erhob sich dann zur Heimath der Helden: — im Norden war der Weg dahin so nahe.

Wie Falken flogen die Kämpen gegen einander: — welch ein Kampf! Doch war ja Kriegesspiel die Lust unserer Väter, ihre goldene Zeit! Wild erdröhnten die Schlachthörner unter der Gothen tapferm Schwarm; da fielen Stadt und Mauern, und die Feinde fielen auch.

Wo die Schlacht am heissesten wüthete, dahin ritt die Walküre, und mehr als einen Mann erkor sie sich zum Einherierfrieden. In Lust und Seligkeit sprangen die Pforten Walhalla's auf, und schallende Toaste wurden den Helden zum Gruss gebracht, indess die Barden sangen.

Da stehn die hohen Götter, gleichwie sie auf Erden stehn, mit von Schild und Wehr glänzenden Gewändern und mit goldenen Helmen geschmückt. Sie reichen freundlich jedem von Nordens hohen Landen kommenden Gast die Hand, und pflegen seiner auf das Beste.

Väl, jag är redebogen,
Att dö för fosterland;
Min Gud och Konung trogen,
Jag lyfter stridens hand.
Att segra eller falla,
Det är den konst, jag lärt;
Jag längtar till Valhalla,
Och Geirsodd är mig kärt.

De vilda horder tämjas
Med klingan, ej med röst,
Och Thor och Balder sämjas
I ett och samma bröst.
Hur modigt då jag tågar
I kampens öppna led!
Der striden djerfvast lågar,
Der vill jag vara med.

Wohlan, ich bin bereit, für's Vaterland zu sterben; — treu gegen Gott und meinen König, erheb' ich den Arm zum Streit. Siegen und sterben — nur die zwei Stücke habe ich gelernt; ich sehne mich nach Walhalla, und der Speertod ist mir willkommen.

Die wilden Horden lassen sich nur mit dem Schwert in der Hand, nicht mit Worten bändigen, und Thor und Balder leben recht gut zusammen in einem und demselben Herzen. Wie kühn und siegesmuthig stürz' ich mich da in die Schlachtreihen hinein! Da wo die Feldschlacht am wildesten tobt, da bin auch ich dabei.

ERLÄUTERUNGEN.

E. G. GEIJER.

Mannheim. Im mythologischen Sinn ist Mannheim die Menschenwelt, im Gegensatz zu Asaheim, Südheim etc. — — In unserm Gedichte ist es der mythische Name Schwedens, d. i. jenes in seinem Ursprunge so kleinen hierarchischen Königreichs Swithiod am Mälarsee, dessen Gründung die Sage einem Sohn und Enkel Gott Odens (s. d.) und Frei's (s. d.) zuschreibt. (E. G. Geijers schwedische Geschichte, des grösseren Werkes B. I. Cap. II. und VIII., und des kleinern B. I. Cap. I. ff.) Den mythischen Namen Mannheim für Schweden erwähnt zuerst Snorro Sturlesons „Heimskringla", Ynglinga-Saga, am Schluss des 9. Cap.

Eine Zeit, wo jeder freie, erbansässige Bauer etc.

Eine Umschreibung für einen Begriff, wofür unserer Sprache leider das rechte Wort fehlt. — Man muss nämlich hiebei an unsere Freisassen denken, welche zum Theil Ländereien von meilenweitem Umfange besassen, auf denen sie mit völliger Unabhängigkeit, ja mit königlichen Privilegien sassen und selbst kühne Wikingerfahrten zur See unternahmen. Indess lege ich ein Gewicht gerade auf die Umschreibung durch „freier, erbansässiger Bauer" für das einfache „Freisass"..... Warum? — Das Verhältniss des Bauers ist indess ein anderes geworden; doch sein Name ist vom Pfluge her, und bleibt derselbe wie ehedem. Liegt nicht ein stolzes Zeugniss in diesem Namen von der Geltung, welche der Bauer unsers freien Stamms, im Vergleich mit andern Völkern der Vorzeit genoss? — Der treffliche Dolmetsch der Frithiofs-Sage, J. Minding, sagt unter andern an einer Stelle seines Vorworts zu derselben:

„Der grosse schwedische Dichter hat uns auch politisch ein grosses Geschenk gemacht. Wer ihn liest, wird durchdrungen von dem männlichen Adelstolz des Gedankens und der Gesinnungen, welche die starksten Bürgschaften der Freiheit gewähren; wer die lebensvollen Bilder jenes Urzustands volksthümlicher Verfassungen, bürgerlicher Gleichheit, freier Gerichte und freier Volksversammlungen vor seinen Augen erblickt, der wird wissen, was er denen zu erwidern hat, die unser Feudalrecht und den zum Leibeignen herabgewürdigten Bauer für die ursprünglich dem germanischen Leben eingesittetten Verhältnisse, für allein geschichtlich erklären. Wo sind unsere Geschwornen, unsere Volksversammlungen*), unser freies Recht — wo sind sie hingekommen? Wo sind die selbstständigen Grundbesitzer, die weder Unterdrücker der Bauern, noch Knechte der Könige waren? — — Wohl war schon in sehr frühen Zeiten das Recht der freien Wahl in das der Geburt übergegangen, und oft sehen wir den Bauer unter dem Joch von Königen, die seine Sele hasste: — auf seinem eigenen Grund und Boden jedoch war er stets sein eigener und unabhängiger Herr und Gebieter. Näheres hierüber lese man nach in Geijers kleinerer schwedischer Geschichte, B. I. im VII. Cap., und in E. M. Arndts in vieler Beziehung höchst lehrreichen „Nebenstunden", Leipzig, 1825, S. 55 ff. —

Mit dem Schwert kämpfte er gegen Willkühr und Gewalt etc.

Ein hochpoetisches und doch durch und durch wahres Bild von der Natur und den Leuten seines Landes gibt G. an einer andern Stelle, und zwar in seinem unschätzbaren grössern Geschichtswerk: „Die Geschichte Schwedens", von dem leider bloss der I. B. erschien (im I. Cap. der neuen Stockholmer Ausgabe pag. 32 ff.), wo er unter andern sagt: „Nur ein abgehärteter, arbeitsamer, klarverständiger Menschen-

---

*) Julius Mindings Vorrede ist zu Ende des Jahres 1843 niedergeschrieben und klingt demnach nahezu prophetisch. —

schlag kann die Gebirge und Thäler Skandinaviens bewohnen; und auch unsere Geschichte führt den Gedanken darauf hin, dass es bloss die moralische Elasticität und Kraft eines gesunden Gemüths ist, wodurch dieses Volk die Strenge der Natur bezwang. So erhielt sich die Freiheit der Person und des Eigenthums selbst des gemeinen Mannes in Schweden ruhig und sicher im Sturm der Zeiten, während sie fast im ganzen übrigen Europa von Feudalsystemen in Banden geschlagen war; — denn die Kraft, die in der strengen Natur des Nordens zum blossen Erwerben nöthig ist, **ist mehr als hinreichend auch zu Schutz und Trutz gegen Willkühr und Gewalt.**" —

Und unter seinem niedern Dache wuchsen Königssöhne gross.

Das beständig von dem Sturm des Krieges und der Gefahren beunruhigte Lebensmeer der skandinavischen Vorzeit gewährte den Königen sehr oft nicht die Möglichkeit, die Erziehung der eignen Kinder zu leiten. Sie sahn sich daher genöthigt, sie irgend einem biedern, ehrlichen Mann aus dem Volk zur Pflege anzuvertrauen, und ferne von den verderblichen Einflüssen des Hofs „wuchsen dann die jungen Pflanzen" im Winkel irgend eines glücklichen Thals einsam und still zu einem oft glanzenden Geschick heran. In mehr als einer Sage des Nordens finden sich rührende Züge von der tiefen Ehrfurcht und unwandelbaren Treue, womit die nachmals gross und berühmt gewordnen Pflegesöhne oft noch nach vielen Jahren eines stürmischen Seelebens den nun greisen Pflegern anhingen. So gaben nach der Frithiofssaga König Bele und der Bauer Thorsten Wikingsson, als nordische Pflegebrüder, ihre beiden Kinder Frithiof und Ingeborg dem reichen Bauer Hilding zur Pflege auf's Land hinaus; so wuchsen nach der herrlichen Rolf Krakes Saga (im I. Cap.) die Söhne König Halfdans von Dänemark Helge und Hroar bei dem Bauer Wifil auf; so Orwar Odd nach der Sage gleichen Namens (im I. Cap.) bei dem Bauer Ingiald; und dergleichen Beispiele mehr.

Wenn er auch nicht darin geübt war, zierliche Redensarten zu drechseln etc.

Aehnlich und unserm Gefühl nach nicht minder kernig und kraftvoll klingt der Wahrspruch J. Fischarts:

Der biedre Deutsche spricht nicht viel,
Knapp ist sein Wort, wahr sein Gefühl;
Er ist ein Zögling der Natur,
Ihm ist ein Handschlag mehr als Schwur.

Und mit seinem Pflegebruder theilte er jedes Schicksal des Lebens.

Von den frühesten Zeiten an war es im skandinavischen Norden Gebrauch, dass der edle Jüngling sich mit einem andern, an Gesinnung und Leibeskraft ihm gleichen Jünglinge in Freundschaft für Lebenszeit verband, und ihm ewige Treue gelobte, **sowie auch Rache nach dem Tode**. Der heilige Bund pflegte gewöhnlich dadurch besiegelt zu werden, dass die beiden Freunde sich blutig ritzten und sich das Blut dann in schäumendem Meth einander zutranken (v. den 3. Ges. der Frithiofsaage). Um so inniger musste der Freundschaftsbund sein, wenn sie einander schon nahe standen, daher sie auch oft als „**Pflegebrüder**" erwähnt werden. Die nordische Sage hat uns sehr zahlreiche Beispiele bewahrt von dem unversöhnlichen Hass, mit dem Stallbrüder nach des einen Freundes Tode noch den beiderseitigen Feinden Tod und blutige Rache schworen. Man hat eine eigene „**Pflegebrüdersage**" (Fostbrödrasaga) von den beiden Kampen, Thorgeier und Thormod. — Die Ceremonien bei dem Schwur des ewigen Freundschaftsbündnisses der Pflegebrüder werden ferner erzählt im 2. Cap. der Gisle Sursöns Saga und im 31. Cap. der Wölsungasaga. —

Wikinger. Die kühnen nordischen Seehelden waren als **Wikinger** eine welthistorische Erscheinung. — Weit jenseits der Gränzen der Ostsee, die eigentlich ihr Tummelplatz war, fuhren sie durch das deutsche Meer, die atlantische See und das mittelländische Meer bis zu den kleinasiatischen Küsten hinab; und, trotzend den Schrecken des Klimas, von der aussersten Thule noch weiter hinaus bis an die Nordküste der erst spät nach ihnen von Südländern wiedergefundenen neuen Welt; in Stein und Felsen gehauene Runen bewahren noch heutigen Tags das Andenken an nordische Helden, welche auf Heerzügen und Seefahrten in östliche und westliche Länder den Tod fanden. Schon frühzeitig wurde in der Brust des Knaben durch die Berichte zurückkehrender Wikinger die Lust rege, in die Welt hinauszuschauen, und ein wenig mehr zu erfahren, als was im Heimathland zu erfahren war. Man betrachtete die Wikingfahrten nach fernen Ländern als eine Schule des Lebens und der Erfahrung, und als das trefflichste Mittel zur Ausbildung des Jünglings, zur Uebung der Kräfte und zur Einsammlung von Weltkenntniss. „Das schwarze Wikingerdrachschiff," heisst es in einem Gedichte Tegnérs,

— — — *führte den Ruhm*
In seiner Schildburg Heiligthum.

Die Begierde nach Thaten und Berühmtheit war es, die den strebenden Jüngling zur Seefahrt hinausrief. Im Land selbst war kein Ruhm zu erwerben, Hausvater konnte auch nicht Jeder werden bloss durch väterliches Erbe; — in die See also hinaus nach Gold und Gut und Heldenlob. — Nach der Sage Samson Fagres sprach Samson der Schöne so zu seinem Vater: „Ich möchte, dass ihr mir Schiffe gübt und Manner; aus dem Lande will ich gehen, und grosse Häuptlinge kennenlernen und zusehen, ob mir nicht eine rühmliche That zum Ruhm gereichen möge, ob ich Vermögen mir erwerben kann, mit welchem wir uns erhalten, und unser Ansehen erhöhn können, damit wir nicht hier sitzen, gleich einer des Freiers harrenden Dirne." In diesen Worten sind die meisten zusammenwirkenden und in einander greifenden Triebfedern der unaufhörlichen Wikingsfahrten in Kürze dargelegt.

Doch nicht blos die Ärmeren stiegen vorzugsweise zu Schiff. Gerade den Söhnen der hoch- und wohlgeborenen Männer kam es zu, sich in den Spielen des Krieges hervorzuthun, „Schilde zu schwingen, Wurfspiesse zu werfen, Lanzen zu schütteln, auf Kielen zu fahren, und die Spitze des Schwerts zu lehren, Wunden zu geben." — Ohne als Wikinger Berühmtheit gewonnen zu haben, und ohne Beweise des einem Häuptling ziemenden Muthes gegeben zu haben, besassen selbst die Söhne von Königen und Jarlen kein Ansehen. Ein reizendes Miniaturbild des Wikingerlebens gibt uns unter andern auch der dänische Dichter Christian Winther in seinem trefflichen „Trüsnit" (Holzschnitt) „Asbjörn und Thora" (Gedichte, alte und neue, Kopenhagen, 1845, pag. 205 ff. —

Und trank unter russigem Dachgebälk etc. etc. und schlief zwischen Wänden unter Schloss und Riegel.

Bloss Der, heisst es in der „Ynglingasaga" (im 33. Cap.) schien sich mit Fug und Recht einen „Seekönig" nennen lassen zu dürfen, der niemals schlief unter russigem Dachgebälk (und ir tötkum asi), und der da niemals trank aus dem Methhorn des Herdes." — Man v. damit den Gesang: „Wikingers Graetze" in Tegnérs Frithiofsage, wo es heisst: „Schlage kein Zelt auf dem Schiff, schlafe in keinem Haus: innerhalb der Saalthüre lauern bloss Feinde; der Wikinger schlaft auf seinem Schild und mit dem Schwert in der Hand, und zum Zelt hat er das Blau des Himmels."

Walland: — Wälschland, in vielen Sagen die Normandie.

Kam ein Wikingersegel daher: — dann galt es Blut etc.

Man vgl. den 15. Gesang der Frithiofs-Sage:
„Eines Wikingers Schiff! nun gilt's Entrung und Kampf, heiss unter den Schilden geht's her: —

*Einen Fusstritt wer wich — der hat Abschied von uns:
— und nun thue nach deinem Begehr!*

— — — — — — — — — — —

*Führt der Krämer des Weges, so schirm' ihm sein Schiff,
zahlt der Schwache dir Schatzung und Sold;
Denn die See ist dein Reich, er ein Sclav des Gewinns,
und dein Stahl ist so gut als sein Gold."*

Stets lassen sich mit ihm auch die kleinen Sorgen und Bekümmernisse des Lebens nieder; doch finden sie nicht des Wikingers Spur — auf dem Meer.

Post equitem cura. —

„Denn nicht Glanz, und nicht des Purpurs Röthe (sagt der Sänger von Tibur in seiner schönen Ode L. II. 16.)

*Strahlt dir Licht in deines Herzens Oede,
Wehrt den Sorgen, welche sonder Rast
Dir den Saal umschwärmen und Palast.*

— — — — — — — — — — —

Vgl. den 19. Ges. der Frithiofs-Sage, worin Frithiof klagt:

*„O warum verliess das Meer ich, für mein eigen Unheil blind!
Gram erstirbt im Lärm der Welle, weht dahin mit Wolk' und Wind.
Will der Seeheld grübeln: — lustig lädt Gefahr ihn ein zum Tanz,
Und des Grams Gedanken weichen, weggeblitzt vom Schwerterglanz.
Anders ist's in diesen Bergen etc. etc.*

Stand ich am Tage am schaukelnden Steven, lag glänzend vor mir die kommende Zeit etc.

„Der kühne Wikinger," sagt der schwedische Geschichtschreiber A. M. Strinnholm im 1. B. seines grossen Nationalgeschichtswerkes einmal, „der kühne Wikinger, dessen Seele voll grosser und muthiger Entschlüsse war, stand ohne Unterlass gegen die Möglichkeit des Todes, wie gegen den Taumel des Sieges gerüstet und gewappnet an. Beides führte an seinem Ziele. Seinen Tod sah er als den Weg zu ewiger Ehre und Berühmtheit, sein ganzes Leben als einen Kampf, dieses Ziel zu erreichen.*) Sein Leben war nichts als eine Kette von Kampfthaten und Abenteuern; Er suchte Gefahren und hielt es für eine Lust, dieselben zu bekämpfen. Von Kindheit an heimisch im Getümmel des Sturms und der Welle, und auf dem Meer den Sommer des Jahres und den Sommer seines Lebens zubringend, nahm seine Seele den Eindruck des grossen Bildes der Natur auf, welches ihn dort umgab.

---

*) Vgl. Petrarkas schöne Canzone II. 4: „Es gibt noch einen Theil der Welt, allwo fast gefroren beständig Eis und Schnee zu schauen ist: — fernab von der Bahn der Sonn', unter nebelgrauen, kurzen Tagen lebt da ein Volk, das von Natur dem Frieden abhold ist, und das der Tod nicht schmerzt." —

Seine Absichten gingen blos auf grosse Thaten und Kumpfe aus, seine Hoffnungen waren unermesslich, wie der Ocean; — von seinem Kriegsschiff herab muss er mit dem Blick des Sturmfalken die unermessliche Bahn, welche ihm das Meer erschloss, und ins dämmernde Blau hinaussteuernd, jubelte er fröhlich mit Frithiof:

Muss segeln im Schrecken
Des Sturmes nunmehr,
Und laufen schnell
Lassen das Langthier.

Schaukelnd auf dem Rücken des Schiffs, auf wogender See fühlte er sich froh und frei wie der Vogel in der Luft." — Man v. mit diesem Gedichte die schönen Strophen in unseres L. Uhlands jungem „Königssohn":

„Gib mir drei Schiffe, so fahr' ich hin,
Und suche nach einem Throne!"

Der Jüngling steht auf dem Verdeck,
Sicht seine Schiffe fahren;
Es lacht die Sonn', es spielt die Luft
Mit seinen goldenen Haaren.

Er spricht: „Das ist mein Königreich,
Das frei und lustig streifet,
Das um die träge Erde her
Auf blauen Fluthen schweifet. —

Dann hörte ich die Nornen ihr Gewebe wirken in dem Sturm etc. etc.

Der skandinavische Norden besass gleich dem Süden seine drei Parzen, die mächtigen Göttinnen, welche das in der Zeit sich knüpfende Loos der Lebenden im sinnlichen Bilde zur Anschauung brachten: — Nornen hiess sie der Norden. Urda, Werdandis und Skulda waren ihre Namen, d. h. Gewordne, Währende (gegenwärtig Seiende), und Kunftig-Seiende. Nach einer sehr tiefen Deutung wird Urda zum Geschlechte der vor den Göttern lebenden Riesen, Werdandis zu den jetzt herrschenden Göttern, und Skulda zu jenen Wesen gerechnet, die nach dem schrecklichen Tage des Weltunterganges (Ragnarökr) noch übrig bleiben werden. Dem Schluss der Nornen sind Götter und Menschen gleichmässig unterworfen; sie vertreten demnach in gewissem Sinn das Fatum des griechischen und römischen Alterthums. Auf goldene Schilde schreiben sie das Loos der Gebornen im Himmel und auf Erden. — Sie werden in mehrern und den wichtigsten Gesangen der ä. E. erwähnt, wie in der Wöluspa, dem Gedichte von Waithrudnir etc. etc.; am anschaulichsten geschildert werden sie jedoch in einem Gedichte der jüngern E., in „Gylfis Tauschung", C. 15, worauf wir einfach verweisen.

— Dem Dichter scheinen übrigens in dieser herrlichen Stelle die Nornen vorgeschwebt zu haben, wie sie in dem 1. Lied der ä. E. von Helge dem Hundingstödter (Helgaqvida Hundingsbana) (s. K. Simrocks treffliche Uebertragung, p. 158 der 2. A.) beschrieben werden, und noch mehr vielleicht die mit den Nornen so naheverwandten Walküren, von denen die freilich ungleich jüngere Nialssaga eine so schauerliche Schilderung enthält. Da sitzt ein grässlicher Chor von Walküren in einem Gemache und ist mit einem Gewebe beschäftigt: — als Gewichtsteine dienen Menschenhäupter, Gedärme dienen als Einschlag, ein Schwert statt des Schlagbretts und ein Pfeil statt des Kamms: — und dabei singen sie einen Gesang mit dem Kehrreim: winden und weben, weben und winden wir das Gewebe der Schlacht! Zuletzt zerreissen sie das Gewebe und jede behält ihr Stück in der Hand, dann besteigen sie die Rosse und reiten davon. —

Eine neue Zeit ist im Anzug etc. etc.

So klagt auch der achtzigjährige Schweizer Freiherr in Wilhelm Tell:

O unglückselige Stunde, als das Fremde
In unsere still beglückten Thäler kam,
Der Vorzeit frommen Einfalt zu zerstören.
Das Neue dringt herein mit Macht, das Alte,
Das Würdige scheidet, andere Zeiten kommen;
Es lebt ein andersdenkendes Geschlecht!
Was thu' ich in der Welt? Sie sind begraben,
Mit denen ich gewaltet und gelebt.
Unter der Erde schon liegt meine Zeit!
Wohl Dem, der mit der neuen nicht mehr
braucht zu leben!

Walhalla (oft auch zweisylbig Walhall, mit dem Ton auf der ersten Sylbe), buchstäblich übersetzt die Todtenhalle; nach der germanischen Mythologie jener herrliche goldene Saal jenseits der Sterne, der die Wohnung der Könige und Heroen der Menschheit nach dem Tode ist. (Grimnismal, Gylfis Tauschung etc. etc.)

Und Thor auf seinem Wagen fährt dröhnend dahin etc. etc.

Thor, der gewaltige Gott der physischen Kraft, das Prinzip des ewigen Kampfs und Krieges, stets im Streit mit dem Riesengeschlecht, ist der Sohn Odens und Herthas. Er ist in der Wolkenluft (Thrudwanger) heimisch, und das Rasseln seines ehernen Kriegswagens bringt das Geroll des Donners hervor. In seiner Rechten schwingt er die Wucht des Miölnir, seines gewaltigen Streithammers, und aus dem dunkelnachtenden Gewölke fährt der blutrothe Strahl. An seinen Händen trägt Thor überdem

Handschuhe von Stahl und von wunderbarer Kraft, und seine Lenden umschliesst fest und prall der Gürtel der Mannheit (Melgengjordernar), welcher ihm die Kraft zwei- und dreifach vermehrt, wenn er ihn recht straff anzieht. — Seiner Thaten sind soviel, dass, wie die jüngere E sagt, Keiner so gelehrt ist, d i. Keiner soviel Gedächtniss hat, um sie all erzählen zu können. —

Nach Odens allväterlicher Grösse ist Thor der vornehmste unter den Asagottheiten des Nordens; die Nordländer wiesen ihm oft gleich neben Allvater seine Stelle an, ja in Norwegen ehrte man ihn sogar noch mehr als Jenen, ist war so zu sagen der Schutzgott und Patron dieses Landes.

Da kleiden sie sich jeden Morgen in blitzenden Stahl etc. etc.

Jeden Morgen werden die Helden in Walhalla von einem Hahn mit goldenem Kamm geweckt, und ziehen in prächtiger Rüstung unter Anführung Odens durch die 500 silbernen Thore zu neuem Kampfe; Idawall ist die Bezeichnung des Wahlplatzes in Walhalla. Der Kampf ist fürchterlich, und all' erliegen sie dem Schwert. Doch das Erliegen des Letzten ist auch zugleich wieder der neue Lebensruf für ihr ganzes ungeheueres Heer. Sie erwachen mit junger, neuer Kraft und kehren zurück zu der Lust und den herrlichen Freuden des Göttermahls und den Schlachtliedern der seligen Skalden. Das Gestirn des Tages geht spät unter und sie empfängt die blaue Sternennacht Walhallas. —

Und auch du, Oden, Asahäuptling etc. etc.

Oden (altnord. Othin) ist der Zeus der Griechen, der Vater der Menschen und Götter. Er ist das Symbol des Himmels, wie seine Gattin Frigga das der Erde. Er verleiht Weisheit und Tapferkeit, Reichthum und Siegesglück; darum verehren ihn besonders die Könige und Häuptlinge. In Odens Saal kommen die Geister der auf dem Wahlplatz gefallnen Helden; aus dieser Ursache führt er auch den Namen Walvater; doch heisst er auch Allvater, ein Name, der ihm eigentlich nicht zukommt; unter den vielen Beinamen, die er sonst noch hat (Grimnismål), bezeichnen die meisten seine Eigenschaft als Verleiher des Sieges. Der prächtigste Palast in Asgård, der goldenen Götterstadt, ist sein. Auf den goldenen Zinnen dieses Palastes schwebt hoch sein Thron Hlidskjalf, von dem aus er die ganze Welt überschaun kann. Zwei Raben sitzen ihm auf den Schultern, Hugin und Munin, welche ihm Tag für Tag Botschaft bringen rings von der weiten Erde. Zu seinen Füssen ruhen ihm zwei Wölfe, Geri und Freki, welche die Speisen fressen, die ihm vorgesetzt werden; denn er selbst isst nichts; er trinkt nur den von seinen zwei blühenden Mundschenkinnen, Rista und Mista, ihm kredenzten ätherischen Wein; die andern Asagottheiten und die Helden Walhalla's trinken Meth. —

Nach der Ynglingasaga ist O. auch der Gründer der schwedischen Dynastie der Ynglinger, und wie er als Gott der höchste und mächtigste ist in Walhall, so ist er auch in den Königssagen der Heimskringla der grösste und angesehenste unter den ältesten priesterlichen Herrschern der skandinavischen Nordens. Sein Volk glaubte von ihm, dass von ihm der Kranz des Sieges käme im Kampfe. Er war so schön von Angesicht, dass es eine Lust war ihn zu schauen, wenn er unter seinen Freunden sass; seinen Feinden dagegen erschien er furchtbar. Golden floss ihm der Strom der Rede, und darin schwamm die Blume der Poesie wie eine Asphodeloslilie. Er lehrte zuerst die Kunst des Gesanges, das Geheimniss der Runen und die Wissenschaft der Weissagung. Sein menschliches Bild ist übrigens seinem mythologischen nicht unähnlich. Er ist nämlich zugleich Ase, Heros, Dichter, religiöser Gesetzgeber und asiatischer Schamane. ..... Das Volk in Schweden zahlte dem O. jährliche Schatzung, dagegen musste er das Land vor den Feinden schirmen und als hohepriesterlicher König im Namen des Volkes um guten Jahrwuchs im Tempel opfern und beten. Um nicht den ruhmlosen „Strohtod" im Krankenbett zu sterben, ritzte sich O. (Ynlingasaga, C. 10) zuletzt lieber mit dem Speer die Adern auf, und das hiessen sie dann später: „sich dem Oden weihen, sich Geirsodd schneiden." — Da wähnten die Schweden, er sei nun wieder heimwärts gefahren „nach dem vorigen Asgård", um da zu leben ewiglich. Sie glaubten an ihn und brachten ihm Opfer im Tempel. — (S. E. G. Geijers kleinere schwedische Geschichte, B. 1. Cap. I.)

Die neue Lehre vom weissen Christus.

Die ersten Nachrichten von Jesus von Nazareth, die unsere Missionare nach Schweden und Norwegen brachten, riefen den Heiden einzelner in der That nicht unbeachtenswerthen analogen Züge wegen das Bild des bleichen Balder, des frommen Gottes des Lichts, der Reinheit und Unschuld, des „Bandes in Walhalla's Blumenkranze", so lebhaft ins Gedächtniss, dass die erwähnte Bezeichnung unseres Heilandes in vielen Sagen und Liedern jener Tage wiederkehrt. — Uebrigens kann es zu diesem „weissen Christus" unmöglich eine schönere Erklärung geben, als die hochpoetische Prophetie, die E. Tegnér in seiner Frithiofssage jenem greisen Hohepriester Balders in den Mund legt. — „Auch im Süd," heisst es da, „Auch im Süd geht das Gerücht von einem Balder", etc. etc. (S. den XXIV. Ges. der Frithiofssage, pag. 179 dieses Bandes.)

Wo sich kein Hügel, kein Bautastein erhebt ob seiner Asche etc. etc.

Königen, Jarlen und berühmten Helden „Hügel zu wölben", befiehlt schon ein Gesetz Odens (Ynglingasaga, Cap. 8.); — Bautasteine, d. i. Grabsteine zum Gedächtniss im Kampfe erschlagner Kampen, gibt es in Dänemark, Schweden und Norwegen noch jetzt genug, und sie sind gewöhnlich „mit Runen vollgeritzt," die der Nachwelt sagen, „welcher Held da ruht, unter welchem Könige er gelebt hat etc. etc.

In Ossians Gedichten (und die kaledonischen Heldengestalten von Morwen kamen mit den Söhnen Lochlins, d. i. Skandinaviens, sehr oft in Berührung) ist von vielen solchen Gedächtnissteinen und Malen die Rede. So in dem schönen Gedichte „Karthon" (die Gedichte von Ossian, dem Sohne Fingals, übersetzt von Friedrich Leopold Grafen zu Stolberg), wo es unter andern heisst: „Siehst, o Malwina, du nicht don Felsen da drüben mit dem moosbewachsenen Haupt? — Drei steingraue Fichten neigen sich müde herab von seiner Stirne, zu seinen Füssen dehnt sich die schmale Ebene hin, da blüht die Blume des Gebirges etc. etc. Zwei halb eingesunkene Steine zeigen dir ihr moosiges Antlitz. Da liegen die Starken der Vorzeit, o Malwina." — — — — So in den „Gesängen von Selma", wo das Grab eines Helden mit den Worten beschrieben wird: „O du, der du so stolz dich erhobst in vorigen Tagen, ein paar Steine, mit Moos bewachsen, sind nun ein Denkmal von dir, und ein einziger niederhängender Baum und hohes, im Wehn des Windes raschelndes Gras bezeichnen dem Auge des Jägers des starken Morar einsames Grab." — Wie ferner solche Erinnerungssteine unter manchen Druidenceremonien und unter Gesang der Barden gesetzt warden, erzählt das Gedicht „Kolnadonu" (nach der erwähnten Uebertragung, B. I. pag. 136 ff.). — Näheres darüber in E. G. Geijers „schwedischer Geschichte" (des grössern Werkes B. I.), worin den Runsteinen des skandinavischen Nordens ein eigener höchst interessanter Abschnitt gewidmet ist.

Er stürzt sich vom Felsen hinunter jach etc. etc.

Die Schlusskatastrophe des Gedichtes ist nicht bloss, wie man wohl glauben möchte, eine poetische Erfindung G.'s, sondern sie ist durch Sage und Geschichte gestützt und daher ein charakteristischer Zug mehr in seinem herrlichen Gemälde. Wie er in seiner kleinern schwedischen Geschichte (B. 1 im 2. Cap.) erzählt, glaubte man nämlich einen durch eigene Gewalt herbeigeführten Tod den strengen Gottheiten der nordischen Asalehre so gefällig, dass man nicht bloss auf dem Schlachtfelde suchte; lieber als an Krankheiten sterben, liess man sich „Geirsodd schneiden (v. pag. 321) zum Ruhm Gott Odens, und bejahrte Kampen pflegten sich von steilen Felsen herabzustürzen, die davon den Namen Stammfelsen, Familienfelsen bekamen, und führen so dahin nach Walhalla." — Noch jetzt tragen drei solcher Felsen in Westgothland und Blekingen (zwei schwedischen Landesprovinzen) diesen Namen (vgl. Götreks und Rolfs Saga C. 1 f.), und neben der Kirche des Kirchspiels Heljaryd in letzterer Provinz steht sogar ein steiler Felsen, den sie noch jetzt Walhall nennen. —

Der letzte Skalde.

Skalden hiessen die Sänger des Nordens: — Ossians und Klopstocks Barden. — Durch die Nacht manches Jahrtausends klingen ihre Lieder in unsere Tage herüber; sie waren Krieger und Sänger zugleich, und daher klingen auch gewissermassen bloss Schlachtgeschrei und Geklirr von Schwertern und Schilden im „Bardit" der urgermanischen und kaledonischen Vorzeit wieder; selbst grosse und mächtige Gefühle, und eine durchgehende kriegerisch stimmung athmend, die wie ein Grundton durch jene Zeiten geht, sangen sie auch meistens bloss von Vaterlandsliebe, von Kampf und Gefahr, und von wunderbaren Abenteuern aus dem unerschöpflich reichen Kreise der nordischen Sage. „Noch lange Zeit nach der Einführung des Christenthums", heisst es in E. G. Geijers kleinerer schwedischer Geschichte. (B. I. Einleitung) „nahm der Skalde am nordischen Königshofe eine achtungswerthe Stelle ein, die zugleich die des Chronisten des Königs war. Da sich die Gesänge der Skalden ursprünglich nur auf dem Wege der mündlichen Ueberlieferung von Geschlecht zu Geschlecht fortpflanzen konnten, so musste desto mehr Sorgfalt darauf verwandt werden, sie auch frisch und lebendig im Gedächtnisse des Volkes zu erhalten. Nachdem nun irgend ein Skalde seine poetische Erzählung mit Harfenbegleitung vorgetragen hatte, wurde sie von ein paar andern Sängern des Königs, die gerade anwesend waren, auswendig gelernt, und man hat Beispiele, dass die gewöhnliche Belohnung dafür verweigert wurde, wenn der Skalde nicht längere Zeit hindurch am Hofe blieb, sondern des Weges zog, die dies möglich war (S. Sneigel Halls Saga); an die Gesänge der Skalden schlossen sich gewöhnlich Erzählungen an, und waren am Königshof, wie bei Volksversammlungen eine sehr hoch geschätzte und gesuchte Unterhaltung." — Man wird sich der Schilderung eines angelsächsischen Gastmahls und des Barden Cathwall in Walther Scott's „Kreuzfahrern" (B. I) erinnern.

Von den glänzenden königlichen Geschenken, welche die Skalden als Lohn empfingen, von den goldenen Ringen, den prächtigen Schwertern und Schilden, den kostbaren Pelzmänteln etc. ist in vielen Sagen die Rede. So erhielt der Skalde **Thorarin** (s. Olofs des Heiligen Sage) von König Knut dem Grossen für ein Drapa 30 M. Silber; so **Gunlaug Ormatunga** (s. dessen Saga) von dem angelsächsischen König Ethelrad eines prächtigen Scharlachmantel etc. Dass sie in die Schlacht mit zogen, erzählt schon Tacitus, und durch Klopstocks „**Hermannsschlacht**" und durch Ossian sind die Gesänge, „womit sie den Feind schlugen, wie mit Schwert und Speer", auch unserer Poesie nahe gebracht.

„**Hochheilig wandelt' im Norden der Skalde da**",

sagt der Sänger der Frithiofssage in einem seiner nordisch-mythologischen Gedichte, in seiner prachtigen, schon durch ihr eigenthümliches Ver-maass charakteristischen „**Asazeit**" (s. pag. 97 ff. dieses Bandes), einem Seitenstück zu Schillers „**Die Götter Griechenlands**:

Hochheilig wandelt' im Norden der Skalde da,
Ein hoher Gast, der seligen Götter Gefährte;
Der Menschheit Höhen erklomm er im Geist, und sah
Stolz wie ein König herab auf die blühende Erde.

Begeistert griff er in seine Harf' hinein.
Doch nicht von Klagen erklang sie, von weichen Lauten: —
I'm Glanz des Ruhms, von der Freiheit goldenem Schein,
I'm Schlaf des Siegers an Rota's stählernen Brüsten.

Den Kämpen Runstein erhub er am hohen Grab,
Nach Walhall führend ihn durch des Schlachtsturms Nächte.
Allvater selbst stieg von dem goldenen Thron herab,
Und Thor selbst bot ihm die stahlumpanzerte Rechte."

Der Bruch zwischen dem Heidenthum und der „**neuen Lehre vom weissen Christus**" tritt übrigens in mehr als einer Saga schon grell genug hervor, und die Klage des letzten Skalden in unserm Gedichte ist daher mehr als blosses Phantasiegemälde. — So singt der Skalde **Hallfred** am Hofe des Norwegerkönigs O. Tryggveson (O. Tryggwesons Saga) unter andern voll Wehmuth:

„Odens ganzes Geschlecht
Pflog des Gesanges;
Im Herzen heilig
Labt mir die Heimath.
Weh, Odens Allmacht
Ist nun dahin,
In Glück und Glanz steht
Der Glaube an Christus.

Weithin vernahm man das wilde Jubeln und Lärmen des Mitternachtsfestes etc. etc.

Balders Jahresfest (jetzt St. Johannisfeier), im Gegensatz zum Mitwinterfeste (**Julfeste**, unserm Weihnachtsfest), welches das Jahresfest Gott Frei's war. — Man sehe darüber das treffliche Buch: „Der 1. November und der 1. August," von dem gelehrten Isländer **Finn Magnusen**.

Eintrat der Skalde. — Eine Scheu und ein Bangen ... scheuchte mit einmal Lust und Fröhlichkeit vom Mahl hinweg etc. etc.

Vgl. Gottfried Kinkels schöne „**Elegie an Johanna**" (Gedichte, Stuttgart und Tübingen, 1843, Dedication), wo er von sich selbst sagt:

„Gleichwie Veronas Frau'n vor Dantes wolkigem Antlitz
Und vor dem Stempel der Nacht scheu und erbleichend entflohn,
Also floh mich das Leben; und trat ich in jauchzende Kreise,
Dämmerte düstres Gewölk über die Fröhlichen hin."

Nach fernen Landen kam ich hin und zu Christi Grab.

Reisen und Wallfahrten nach Palästina werden schon damals oft erwähnt. Von einer Pilgerfahrt nach „**Jorsala**" erzählen unter andern die Aaron Hjörleifssons, die Thorwald Vidförles-Saga etc. A. Oehlenschläger flicht eine solche höchst sinnvoll und poetisch in seine König Hroars-Saga, den 3. Theil seines Helge, ein, und das schöne Gedicht Geijers von „O. Tryggveson" (S. 24 ff.) lässt seinen Helden sogar in einem einsamen Waldkloster des heiligen Landes leben und für seine Sünden Busse thun.

Ich sah den Karlswagen am Himmelsgewölbe dahinfahren.

Karlswagen ist der Himmelswagen, d. i. die sieben Sterne, die schon die Griechen unter diesem Namen erwähnen, und die wir auch den grossen Bären nennen. Neuere schwedische Dichter beziehen ihn gewöhnlich auf die nationalen Königsgestalten **Karls X.** und **Karls XII.**; indess kann der Name wohl mit demselben Rechte schon auf den grossen fränkischen Kaiser bezogen werden, und J. Grimm in seiner deutschen Mythologie, pag. 138 spricht ausdrücklich von einem „**Wuotanswagen**, welcher auch der Karlswagen heisst." Gewiss ist übrigens die mythologische Deutung die diesem Gedichte einzig angemessene.

21*

Wie Schwerter so schneidend erklangen seine Worte.

So heisst es im 8. Ges. der „Frithiofssage":
*„Der greise Hilding — — — — —
Sprach eine Rede, voll von Lebensweisheit,
Mit kurzem Kernspruch, klingend wie ein
  Schwertschlag,"*
und in einem andern Gedichte Tegnérs:
*„Und kraftvoll wie ein Schwertschlag klang
Das Wort, das von der Lipp' ihm sprang."*

Svithiods Königssaal.

Svithiod (zusammengezogen aus Sveva und Thiod), d. i. Svevenvolk, der älteste Name Schwedens. Der Gothe Jordanes, in seinem berühmten Geschichtswerk, erwähnt die Schweden als das Volk der Svethans (vgl. Godans, Thiudans), und schon Tacitus spricht von den Svionen. — Man v. die Abhandl. von P. F. Stuhr: „Ueber einige Hauptfragen der nordischen Alterthumskunde" in J. Schmidts Zeitschrift für Geschichtswissenschaft vom J. 1844. L.

Fyrisstrom. Fyriså, der kleine Fluss bei Upsala, der Rhein der schwedischen Sage.

König Inge; er lehrte mit dem Schwert den christlichen Glauben.

Er war der Sohn König Stenkils und der drittletzte König der Stenkilschen Dynastie. Die der farbenreichen Schilderung des „Letzten Skalden" zu Grunde liegende Geschichte von seiner Einführung des Christenthums in Schweden durch Feuer und Schwert, erzählt der Schluss der „Hervara-Saga" (im altisländischen Originale herausgegeben von N. M. Petersen, mit dänischer Uebertragung von G. Thorarusen, Kopenhagen, 1847, Cap. 20). —

Als noch in seiner vorigen Pracht der Tempel von Upsala dastand.

Der älteste Tempel des Nordens stand nach Olaus Magnus (De gentibus septentrionalibus etc. Romae, 1555) schon seit Ninus Zeiten auf der Stelle, wo in der Folge Upsala entstand. Er war ganz von Gold; eine goldene Kette, die von seinem schimmernden Dache herabhing, umschlang den ganzen Bau. Der Tempel war nach der Mythe ein Bauwerk des Yngwe-Frej, welcher der zweite war von den schwedischen Königen nach des mythischhistorischen Odens Tode. Als der Niederlassungen in seinem neuen Königreich immer mehr und mehr wurden, fand er es für gut, die jährlichen grossen Opfer von Sigtuna an eine bequemere Stelle zu verlegen. Auf einer hochgelegenen und schönen Ebene bei Upsala liess König Yngwe-Frej daher einen neuen glänzenden Tempel erbauen. Er war der prächtigste, der bis zu jener Zeit und noch lange darnach in nordischen Landen zu schauen war. Während der ganzen Dauer des Heidenthums im Norden, und somit fast tausend Jahre hindurch, war der Tempel zu Upsala der Centralpunkt, um welchen sich die Nation zur Feier der von den Göttern anbefohlenen Opfer und zu gemeinschaftlichen Berathungen in wichtigen Angelegenheiten versammelte. In asiatischer Pracht erglänzte das Heiligthum; Gebälk und Dach waren, wie auch A. von Bremen (De situ Daniae) erzählt, aus eitel Gold (totum ex auro), und von dem Dachgewölb desselben hing eine goldene Kette herab, welche die ganze Mauer des Tempels umschloss, so dass er ganz von Gold erglänzte und einen Schimmer von sich strahlte fernhin durch Thal und Aue.

Die spärlichen Beschreibungen von altnordischen Tempeln, die durch Zufall noch auf uns herabgekommen sind, zeigen, dass dieselben im Allgemeinen gleich den indischen sehr ansehnlich und geräumig waren (Vgl. Vatnsdæla-Saga.) Gewöhnlich waren sie wohl so eingetheilt, dass das Schiff, das eigentliche Gebäude selbst, einen geräumigen Vorsaal bildete; dieser war bald durch eine hohe Zwischenmauer mit einer Thür, bald auf eine andere Art von dem innersten Heiligthum des Tempels geschieden, welches eine mit dem Gebäude zusammenhängende, besonders eingerichtete Kapelle bildete, einigermassen dem Chore der christlichen Kirchen vergleichbar. Der Vorsaal war für das Volk bestimmt, der abgesonderte tiefere Raum für die Bilder der Götter. In diesem befand sich der heilige Altar aus Stein und Mauerwerk, nicht selten mit ausserordentlicher Kunst gearbeitet und mit Eisen beschlagen; bald hinter dem Altare, bald vor demselben standen die vornehmsten der Götter auf Piedestalen; oft sassen sie auch in einem Hochsitze, und zu beiden Seiten derselben, auf niedrigern Sitzen, die übrigen Götter in einem Halbkreis umher, gewöhnlich von Holz geschnitzt, manchmal auch von Stein und Erz, mit köstlichen Gewändern bekleidet und reichlich mit Gold und Silber geschmückt. Auf dem Altare selbst lag der heilige Opferring, bei welchem man Eide schwur, nebst einer grossen Schale von Kupfer, der Opferblutschale nämlich, in welcher man das Blut des Opferthiers auffing.*)

Upsala ist der Genitiv des Wortes Upsalir (d. i. hohe Säle), wie der berühmte Tempel selbst hiess, und ist demnach buchstäblich: die Stadt des Tempels. In der Luft liessen sich seltsame, gleichsam klagende und winselnde Töne hören etc. etc.

Wir erinnern an eine ähnliche, und zwar die schöne griechische Mythe von der Klage der Natur bei Pan's Tode.

---

*) S. Strinnholms Wikingszüge etc. etc. Thl. 1.

Er wird nicht zürnen, wenn der Skalde den Glanz des Himmels verschmäht, um in den grauen Tiefen der Nacht mit Kämpen zu schmausen etc. etc.

Die Stelle klingt wohl absichtlich an gewisse Bekehrungsgeschichten des europäischen Nordens an; so an die König Radobods, der, als er schon im Begriff stand sich taufen zu lassen, noch einmal aus dem Wasser heraussties, da man ihm glauben machte, seine Vorfahren wären in der Höll' und die der Christen im Himmel. „Da will ich lieber mit meinen Vätern in Helheim unten weilen," sagte er trotzig, „als mit den feigen, elenden Mönchen in euerm Himmel." —

Brage, Odens und Friggas Sohn, ist der Gott der Dichtkunst und Weisheit. Er ist ein silberhaariger Greis mit langem, bis zum Gürtel niederwallendem Barte; doch jugendlich bleibt er in Ewigkeit an Kraft des Geistes. Voll tiefer Bedeutung ist jedes Wort von ihm, wenn er mächtig stürmend in seine goldenen Saiten, unter Ygdrasils Weltbaum sitzt und den Göttern eine Sage erzählt an Mimers Quelle; denn seine Zunge ist mit geheimnissvollen Runen vollgeritzt; die Göttin des ewigen Lenzes ist seine blühende Frau; — Iduna, die Hebe des Nordens. — Uebrigens erzählt die Sage (E. G. Geijers kleinere schwedische Geschichte I. B. 3. Cap.) auch von einem Skalden dieses Namens, welcher am Hofe des schwedischen Königs Björn im Hügel gelebt haben soll, und das Gedicht der jüngern E.: „Gylfis Täuschung" enthält sogar eine Strophe von diesem andern Brage. —

Der Fall der Gjukungen.

Den Stoff dieses in mehr als einer Hinsicht höchst interessanten Gedichts boten dem schwedischen Nibelungensänger die Cap. 33—37 der „Wölsungasaga" (übersetzt und zu finden in Hagens „Nordischen Heldenromanen", und zum Theil benützt in unseres Fouqué einmal berühmt gewesenen Gedichte „der Held des Nordens") und einige Lieder der ä. E. — Gjukungen heissen die nordischen Nibelungen nach dem König Gjuke, nach Cap. 25 der Wölsungasaga der Vater Günthers, Hagens und der Gudruna.

Doch wer vermag sein Schicksal zu bezwingen?

Gab es einen Menschen schon,
Der bezwungen sein Geschicke?
(L. Tiecks Genovefa.)

Doch als sie ihre Schnecken ans Land zogen etc.

Kleinere Schiffe und Handelsfahrzeuge hiessen „Schnecken", grössere führten den Namen Seeschlangen, Drachen. —

Es hebt ein Streit an, dessen Gedächtniss leben wird etc. etc.

Man vgl. damit die Gesänge XXXII—XXXIX unseres Nibelungenliedes.

Schlangenhof. Schlangen-Höfe und Thürme werden in vielen Liedern und Sagen des Nordens erwähnt, so in der „Oddruns Klage," so in dem Bruchstück der Skalda „von den Niflungen und Gjukungen", und dem berühmten Todesgesange R. Lodbrocks, übersetzt unter andern von J. Thormod Legis. Die grausame Todesqual möchte wohl orientalischen Ursprungs sein.

Swegder.

Den Stoff dieses Gedichtes erzählt Sturlesons „Heimskringla" (Ynglingasaga, Cap. 15) mit den Worten: „Svegdir nahm das Reich nach seinem Vater Fjölnir; er that das Gelöbniss etc. etc. — Er zog mit zwölf Mann in die Welt hinaus und kam bis nach Türkenland, und traf daselbst noch manchen der Blutfreunde seines Geschlechts an, und war auf dieser Fahrt sieben Winter. — — — Im Land des Osts, da ist ein grosser weiter Hof, der heisst zum Stein, und da ist ein so gewaltiger Steinfelsen, wie ein Haus so gross. Eines Abends nun sah König S. nach dem Steinfelsen und gewahrte, dass ein Zwerg unter dem Stein sass; der Zwerg rief ihm zu, er möchte zu der Thür des Felsens herein gehn, so er Lust trüge, das Augesicht Gott Odens zu schauen. Da stürzte König S. zur Thür des Steinfelsens, der schloss sich sogleich wieder zu, und S. kam nie mehr heraus." — Sturleson theilt ein paar Strophen des Skalden Thiodulf von Hvine mit, der das geheimnissvolle Ende König S.'s schon sehr frühe zu einem Gedichte benützte. — Auch von E. J. Stagnelius (B. II dieses Werkes) hat man das Bruchstück eines dramatischen Gedichtes, welches die Sage dieses mythischen Königs behandelt (Samlade Skrifter af E. J. S., Stockholm, 1851, B. 1 S. 707—714), welches jedoch wie gewöhnlich bei St. nichts weniger als nordisch ist, und nur einige schöne Gedanken und Ortsschilderungen enthält. —

Der Schweden König und oberster Priester.

Eine Umschreibung für das einfache „Drott", (Herr), wie die Söhne und Gefährten Odens (s. E. G. Geijers kleinere schwedische Geschichte, B. I, Cap. 1) und später die Könige von Schweden hiessen, deren Gewalt eine durchaus theokratische und hierarchische war.

Julzeit, die festliche Zeit des Mittwinters, der längsten Nacht des Jahres. Der Name hat sich im Namen des Weihnachtsfests erhalten im Norden, welches schwedisch, norwegisch und dänisch noch jetzt Jul, Juledag, Juletid etc. heisst. Es war das Fest der dann mit gleichsam jungem Scheine zurückkehrenden Sonne, und währte drei Tage. Wie bei den Egyptern wurden der Sonn' Aare und Habichte geopfert, daher hiess auch die dem Feste vorhergehende Nacht die Habichtsnacht. In späterer Zeit war dieses Fest besonders dem Gott der Fruchtbarkeit, dem Gott Frei geheiligt, und ihm wurden dann stattliche Keuler geopfert, und zwar mit symbolischer Beziehung auf den „Goldborstenkeuler", welchen der Gott nach der jüngern E ritt. (Vgl. die Anm. zum 17. Gesang der Frithiofssage.) Wir erinnern hierbei an das slav. Kolada, und das russ. Koljada: — auch bei den slavischen Völkern war nämlich die Koladu (Weihnachten) das der Sobotka (St. Johannis) entgegengesetzte Jahresfest, das Fest des neugeborenen Sonnenjünglings, der nunmehr die Macht des stürmenden Czernebog (des nordischen Höder) gebrochen; — demnach das nämliche Fest wie jenes altehrwürdige Mihrgan der Parsen, und das nämliche, welches nach der allgemeinen Propagation des parsischen Mithrasdienstes selbst in Rom als d. natalis solis Dei der höchste Festtag einer zahlreichen Gemeinde war. (Vgl. Wiener Jahrbücher der Litt. vom J. 1818, B. 1, pag. 106 ff.)

Schildjungfrau ist eigentlich eine Benennung der Walkyren (s. die Anm. pag. 332); auch die Nornen (s. die Anm pag. 329) erschienen unter diesem Namen; in unserm Gedichte sind darunter jene amazonenartigen Königstöchter der nordischen Sage zu verstehen, die „in den Stand der Walkyren treten, wenn sie kriegerische Gewerbe ergreifen und ewige Jungfrauschaft geloben" (Simrocks deutsche Mythologie, pag. 300), und deren Liebe und Werben (man vgl. die schönen eddischen Gesänge von Sigurd und Brynhilde) dem Helden Tod und Unglück brachte. —

Und Mägdlein und Knaben spielten ihr Julspiel auf der Streu.

Von Spielen und Tänzen der Skandinavier, besonders zur Julzeit, ist in vielen Sagen des Nordens die Rede, so in der Herrauds, der Rosen Saga; so in der Herrarasaga, der R. Lodbroks, der Vatnsdäla Saga etc. etc. (vgl. Arngrims Chrymog., Tholac. Matrim. veter. Bor., sowie A. M. Strinnholms „Schwedische Geschichte, I. B. pag. 228, 415 und 472 ff.); — Erinnerungen daran will man noch jetzt in manchen zu gewissen Zeiten, besonders zur Weihnachtszeit, im Norden üblichen Volksbelustigungen wiederfinden. Unter den Worten: „auf der Streu" ist der niedrigorgelegene, ungepflasterte und daher gewöhnlich mit frischem Stroh bestreute Theil des Saal-Estrichs zu verstehen, wo sich die Spielenden und Tanzenden ergingen, während der König mit seinem Hofstaat, gleichsam wie von einer Tribüne herab, von seinem Hochsitz aus dem Gewühl des Festes

zusah. — Vgl. die Beschreibung der Königs- und Hochsäle jener Zeit in der Anm. zum 3. Gesang von Tegnérs Frithiofssage. —

Da nahm er den Bragebecher in die Hand.

Die Blume des Festes bei den Gastmählern des nordischen Heidenthums war gewöhnlich der Augenblick, wo einer nach dem andern von den Jarlen und Kampen sich stolz erhob, das mächtige Thierhorn ergriff und, indem er es leertrank, das feierliche Gelöbniss that, irgend eine Grossthat zu vollbringen, die ihm und dem ganzen Volke zum Ruhm gereichte, und die um so glanzender erschien, je mehr sie mit möglichst grossen Gefahren und abenteuerlichen Zügen verknüpft war. — S. A. M. Strinnholms Schwedische Geschichte, B. I (nach E. F. Frischs theilweiser Uebertragung, Hamburg, Friedrich Perthes, 1839, II. pag. 348 ff.), wo mehrere Gelöbnisse der Art erzählt werden. Wie die O. Tryggwasons Saga des S. Sturleson erzählt, sprach Finn, Svens Sohn, ein reicher und vornehmer Norweger, an einem Wintertag um Weihnachten, als der Männer zum Gelage zusammengekommen waren, unter andern mit Nachdruck: „Ueberall thut man an diesem Tage ein Gelöbniss, und darum gelobe ich nun etc." — Und dieses eddische Gelöbniss thun, hiess den „Bragebecher trinken" (wie man bis jetzt allgemein annahm, nach dem Namen des Gottes Brage; wobei man jedoch übersehn zu haben scheint, dass es noch jetzt ein gutes schwedisches Wort für Grossthat gibt, welches „bragdr" heisst und worin wohl die nächste und einfachste Erklärung für den Namen dieses Brauches zu suchen sein möchte), und bezog sich nach Petersens schöner Deutung (Nordische Mythologie, erschienen zu Kopenhagen 1849, pag. 257) wohl deshalb auf den Gott der Dichtkunst, weil bei diesem Becher bloss solche Thaten gelobt wurden, welche werth waren, von den Dichtern besungen zu werden. — Schon die eddische Helgaqvida (I.) erwähnt des Gebrauches mit den Worten: „Abends wurden Gelübde verheissen und die Sühneber vorgeführt, auf die Männer die Hände legten und bei Bragis Becher Gelübde thaten" (K. Simrocks Uebertragung), ausserdem Sturlesons Ynglingasaga C. 41, und dessen Sage Hakons des Guten, C. 16. (Vgl. E. G. Geijers kleinere schwedische Geschichte, B. I. C. 1. Nach der Löfflerschen Uebertragung, Hamburg, bei Friedrich Perthes, 1832, B. I, S. 24 ff.)

Glücklichen Ufern, an denen des stolzen Asengeschlechtes erste Heimath stand.

Das ferne Asien, die Heimath des Menschengeschlechtes und der Asa-Lehre. In P. H. Lings „Asarne" (s. pag. 230 dieses Bandes) werden die

Asagottheiten daher gewöhnlich mit dem Prädikat Asia- (Asia-Diarne, Asia-Freia etc. etc.) erwähnt.

Seine zwölf Kämpen. — Zwölf Kämpen erscheinen in vielen Sagen und Dichtungen des Nordens, so in der Rolf Krakes Saga, C. 16 und 49, so in der Hervara- und König Heidreks-Saga, C. 3, der Örvarodd's Saga, Cap. 28 etc. etc. — Dass die Upsalakönige sich mit einem Hofstaat von zwölf Kämpen umgaben, wissen wir insbesondere aus der Ynglinga-Saga. —

Gardariks Wälder, d. i. Esthlands und Russlands Wälder. Gardarikische Könige und Helden werden in vielen Sagen erwähnt; so im 27. Cap. der Wölsungasaga, so in dem „Saga-Bruchstücke von Königen der Vorzeit", so in der Hervarasaga etc. etc. — Schwedens Waldnatur erwähnt übrigens schon das 37. Cap. der Ynglingasaga, worin gesagt ist, Schweden wäre ein ungeheueres Waldland, und lagen da so grosse und wilde Wälder, dass man oft vieler Tagereisen bedürfe um hindurchzukommen. —

Die Wik. Wahrscheinlich die nämliche Wikina, d. i. jene Meerbucht der Ostsee, in deren Winkel das kleine Land König Rings, des greisen Patriarchenkönigs der Frithiofssage, lag. Sie wird in sehr vielen Sagen erwähnt, so in der Nornagests-Saga, der Örwar Odd's Saga etc. etc. — Uebrigens kann die Stelle auch wohl einfach so übersetzt werden: Und legte zuletzt an in einer stillen Bay. —

Er stand an den Ufern des Tanaqvisls.

Das ist am Tanais, der den Skandinaviern als der äusserste Gränzstrom galt zwischen Grossschweden (Schweden, das südliche Russland etc.) und dem mährchenreichen Asien. „Aus Norden von den Gebirgen herab," heisst es in der Ynglingasaga, C. I., „von den Gebirgen, welche ausserhalb der bewohnten Länder liegen, fliesst der Strom, welcher mit Recht Tanais heisst, und welcher vormals den Namen des Tanaqvisls führte. Er fliesst zur See ins schwarze Meer." „Ostwärts von den Gestaden des Tanaqvisls" heisst es im 2. Cap. der Ynglingasaga, „liegen die weiten Ebenen des Asalands (Asiens), der ehemaligen Heimath des Asageschlechtes."

Unter Hainen und Rosen (bland ros och lunder), ein, wie der Dichter selbst angibt, der Sprache des schwedischen Volksliedes angehöriger Terminus.

Der Reigen der Elfen.

Elfen (Elben), die gewiss Jedermann aus Grimms und Musäus Mährchen, sowie wohl auch aus dem poesiereichsten Mährchen der Welt, dem des Shakspearschen „Sommernachtstraumes" erinnerlichen Genien des Lichts und der Finsterniss, die daher bald Lichtelfen, bald Schwarzelfen heissen; für welche letztere wir freilich das bezeichnendere Wort „böse Kobolde" haben. Ueber sie lese man besonders nach Keightleys „Feen und Elfen", deutsch von O. L. B. Wolff, und K. Simrocks unschätzbare deutsche Mythologie mit Einschluss der nordischen (Bonn, Marcus, 1855), pag. 449—455. —

Eine Felswand macht ihm zuletzt jedes Weitergehn unmöglich, und davor sitzt silbergrau ein alter Zwerg.

Man vgl. E. Tegnérs Beschreibung von Gerdas und Axels Ankunft im Gebirge, wo es heisst:

„Durch des Waldes grüne Weiten
Stumm die Zwei des Weges schreiten,
Wo ein Pfad sich durchs Gestein
Zwischen Eichen zwängt hinein.
Tiefer, unter hohen Linden,
Sprangen Herden vor von Hinden,
Und die scheue Elchkuh kam,
Schmeichelte der Herrin zahm.
Doch noch tiefer abwärts, stets
Durch der Wildniss Tiefen geht's,
Bis ein Fels mit einemmal
Niederschiesst und schliesst das Thal.
Eine Silberglocke, helle,
Schwingt die Schöne nun und schnelle
An dem Thor des Riesenberges
Steht das Bildniss eines Zwerges,
Eines Sohns des Nordkaps etc.

¹) Nach meiner poetischen Nachbildung (Gerda, Frankfurt, H. L. Brönners Verlag, 1850.)

Olaf Tryggwason.

Geijer fügt seinem Gedichte in einer Note unter dem Text selbst die Bemerkung bei: „Mit geringen Abkürzungen ziemlich treu nach dem Zusatz zur O. Tryggwasons-Saga, die A. v. J. J. Reenhjelm, Upsala, 1691 (272 S. S. in gr. 4º).*) — Die berühmte Seeschlacht bei Swolder (wahrscheinlich nächst dem heutigen Greifswald) zwischen dem Dänenkönige Sven Treskägg, dem schwedischen König O. Skötkonung, dann zwei landesflüchtigen norwegischen Jarlen einerseits, und O. Tryggwason andererseits, fand Statt um das Jahr 1000 nach Chr. Der König von Norwegen gerieth in einen Hinterhalt und war nur mit einem sehr kleinen Theil seiner Seemacht in die Schlacht hinausgefahren. — „Langer Drache" hiess sein Schiff, zu seiner Zeit berühmt als das

---

*) Eine neuere A dieser Saga (nicht der von S. Starleson in seiner Heimskringla, sondern der des Mönches Odd Snorreson ist die von P. A. Munch, Christiania, 1853 (XXIV und 114 S. in 8º.)

grösste und kostbarste, welches bis dahin im Norden gegeben worden war. Nicht mehr als 32 Jahre alt war König O., als die Schlacht stattfand.

Der von G. erwähnte Zusatz Reenhjelms enthält übrigens ausser einigen Zeugnissen dafür, dass Olof Tryggwason noch manches Jahr nach der verhängnissvollen Seeschlacht von Swoldr gelebt haben muss, auch einige Zeilen des Skalden Hallfred Vandrada, dieselben, welche G. in seinem Gedichte anführt. —

Schön hat die Gestalt des greisen Jorsalapilgers und Eremiten Tryggwason unter andern auch Oehlenschläger in seinem Drama: „Die Währinger in Konstantinopel" benützt. —

Härfager. Die Geschichte des Königs Harald Härfager (Schönhaar) erzählt die Sage dieses Namens im I. B. von Sturlesons Heimskringla. —

Einar Tambarskälfver. Ueber diesen Freund König Olofs vgl. man den interessanten Vortrag Geijers, den er im Jahre 1810 im Lokale des gothischen Bundes hielt, (E. G. Geijers samlade skrifter, der I. Abtheilung II. B. pag. 45 ff.). —

Karl der Zwölfte.

Wenige Könige der Vorzeit leben so im Herzen und im Gedächtniss des Volkes, wie der Löwe von Warniza, Karl der Zwölfte von Schweden. Man kann ihn eine Art Wikinger des achtzehnten Jahrhunderts nennen, und daher rührt wohl auch die grosse „Pflege des Gesanges", die ihm besonders von Seiten der gothischen Schule zu Theil geworden ist. So enthält dieser III. B. unseres Werkes nicht weniger als drei, und zwar klassische Gedichte auf den Helden, eines von G., eines von E. Tegnér, und eines von Freiherrn von Beskow, —

Und Thoren erheben sich etc.

Vgl. die schönen Terzinen in Platens „romantischem Oedipus," wo die Pythia dem Pöbel zuruft:

„O schnöder Pöbel, den ich ganz verachte,
Der gern mir möchte jedes Wort verpönen,
Als ob er könnte denken, was ich dachte!

Er lässt ein blosses Rabenlied ertönen,
Doch wenn ich öffne meine blassen Lippen,
So ist's, als öffne sich der Quell des Schönen.

Und das Sternengewölbe prangt im Schmuck meiner Krone.

Corona borealis, das schöne Sternbild der Ariadnekrone. — Dass der „Karlswagen" in Schweden eine nationale Bezeichnung für das Sternbild des grossen Bären (des schon von Homer oft erwähnten „goldenen Himmelswagens") ist, haben wir bereits angeführt.

An Amadeus Atterbom.

Ueber diesen grossen schwedischen Romantiker, den Gründer und Choragen der phosphoristischen Schule, den Sänger der herrlichen „Blumen", sehe man den II. Band dieses Werkes. Er und der Sänger der Frithiofssage sind gewissermassen die zwei Weimarer Sterne des schwedischen Literaturhimmels.

ESAIAS TEGNÉR.

An meine Heimath. Des Dichters Heimath ist die erzreiche Provinz Wermland in Schweden. — F. M. Franzén, in seiner schönen Lebensbeschreibung Tegnérs, erzählt unter andern von ihm: . . . . „Schon als vierzehnjähriger Knabe war T. so zu sagen der unzertrennliche Begleiter und Gefährte seines Pflegevaters, des königlichen Steuereinnehmers Branting, auf dessen regelmässigen Amtsreisen durch die Provinz; und so lernte er denn schon in sehr jungen Jahren die hohe Schönheit kennen und bewundern, womit Wermland in seinen vielen Seen seine Wälder und Berge abspiegelt; — hievon zeugt sein schönes Gedicht: „An meine Heimath", nebenbei gesagt das erste, womit er seinen Namen in die Welt einführte." — „Von Brantings ländlichem Wagen herab," heisst es in Böttigers oft erwähnter Lebensbeschreibung einmal, „sah er die Schönheit Wermlands. Mit unauslöschlichen Farben drückten sich seiner jungen Sele die wechselnden Landschaftsbilder jenes wunderschönen Gaues ein: seine blumenreichen Thäler, seine schroff hereinhängenden Bergeshöhn, seine klaren Seen und schäumenden Ströme, seine lachenden Gärten und melancholischen Wälder. Der aus den einsamen Kohlenmeilern emporwirbelnde Rauch, der Schlag des emsigen Eisenhammers im Gebirge, das rege Gesäusel der Waldeswipfel, — der herzerfrischende Anblick eines arbeitsamen, kräftigen Geschlechtes an Pflug und Spaten, bei Axt und Sage, bei Amboss und

Schlägel; — was er sah, erhöhte seine Theilnahme für Natur und Menschen und trug dazu bei, seine Sele für grössere und tiefere Eindrücke zu reifen." —

— — — — wo du zwischen Felsen dein Bild erhebst, gigantisch kühn und poetisch wild.

Vgl. die Schlusszeilen von Strophe 3 in F. M. Franzéns „Gesang zum Gedächtniss des Grafen G. P. von Creutz" (im II. B. dieses Werkes), wo es von der nordischen Natur heisst: „Nur gegrüsst von Vogelgewitscher, sitzt die Natur auf einem Thron von Bergen, und erblickt im Meer ihr Spiegelbild riesengewaltig schön und majestatisch wild." —

So war die zum vergessne Landschaft, die Ossians heiliges Dichterfeuer gebar. Den Gott in seinem Herzen etc. etc.

Die Stelle ist keineswegs, wie man wohl glauben möchte, eine Nachahmung Ossians, und einer ähnlichen Stelle Franzéns („Der Skalde stand kühn am Vorsprung des steilen Felsenhangs, und das Haar auf seinem Scheitel sträubte sich empor etc. etc." s. den II. B. dieses Werkes), sondern beruht durchaus auf Autopsie und eigenen Eindrücken des jungen Dichters. „Die Poeten singen gerne in denselben Tönen wie die Natur, die sie umgibt", sagt er selbst in seiner herrlichen Gedächtnissrede auf den Dichter Grafen J. Gabriel Oxenstjerna (s. den I. B. dieses Werkes), und erinnerungswerth ist eine Tagebuchnotiz des italienischen Racine, V. Alfieri, wo er von Schweden, das er im Jahre 1771 als Reisender besuchte, (s. dessen Nachlass und darin die von ihm selbst niedergeschriebenen topographischen Notizen) unter andern sagt: „Die wilde majestätische Natur dieser ungeheueren Wälder, Gebirgsseen und Felsen riss meine Sele hin, und obgleich ich von Ossian damals noch nichts wusste, so schuf sich meine Phantasie doch wie von selbst die nämlichen Gleichnisse und Bilder, die ich später zu meinem Erstaunen in seinen Gesängen wiederfand." —

Wie lieblich dein Sommer ist. Mit einem Schlage zum Riesen geworden etc. etc.

Die überraschende Schnelligkeit, womit im nordischen Frühling das Eis schmilzt, der Schnee weggeht, und gleich darauf schon das frische Grün hervorschiesst, gränzt nahezu ans Unglaubliche, und ein berühmter italienischer Reisender schliesst seine Schilderung dieser Erscheinung mit den Worten: „In der That ein seltsames Schauspiel! Wer nicht schon von Natur Dichter wäre, er müsste es da werden!" — Geijer in seinen herrlichen „Erinnerungen" (s. den 3. B. der 1. Abtheilung von Geijers Werken) theilt eine wunderschöne Improvisation J. Pauls mit, den er im Jahre 1825 in Bayreuth besuchte, und worin dieser von dem Frühling in Schweden sagt, „es sei die unter Schnee und Eis starrgewordne und erstorbne Natur, die mit einem Male in warme Freudenthränen dahinschmölze, welche dann als Thautropfen in dem Kelch der Blumen hingen." — Eine sehr schöne Schilderung dieser eigenthümlichen Naturerscheinung im Norden gibt übrigens Geijer selbst und zwar in seiner grössern „Schwedischen Geschichte" (Cap. 1), und wir verweisen daher einfach auf die treffliche Uebertragung Engelhardts in Erlangen, die bereits im Jahre 1827, bei Seidels Erben in Sulzbach, davon erschienen ist.

— — — zwischen dem dunkelnden und dem schon wieder heraufdämmernden Tage.

Die Schönheit und Helle einer nordischen Juninacht ist in der That einzig, und sehr oft ist das dunkle Spätroth am Scheitel der Gebirge noch nicht erloschen, wenn im Meer des Osts schon das Frühlicht wieder glänzt. — Sehr schön sagt daher ein anderer, der Französchen Schule angehörender Dichter Schwedens, G. G. Ingelmann, (s. B. IV dieses Werkes) in seinem Jahreszeiten-Preisgedicht:

„Voll emporgeschossen prangt nun die Lilie des Lichts und glüht am Kreis des Pols; hoch schlingt sie den zauberlichten Ringelreigen, und still und ruhig wohnt die Nacht im Süden.

Es ist, als gäb' es keine Dämmerung mehr, im Lichte kann man Tag und Nacht da wandeln sehn, denn des Morgens und des Abends Rosen stehn jetzt dicht neben einander.

So mild und schön ist die Juninacht des Nordens, nur wenige Stunden, gleich dem Vogel, schliesst sie ihr Auge, und die Perlen am lichtblauen Hut der Nacht glanzen nur wenig im halberloschenen Tagesschein.

Noch will sie des Nachtthaues letzte Abschiedsthränen weinen, und schon grüsst sie des Thales erstes Vogelgezwitscher; denn schon steht der Tag an der goldenen Pforte des Osts und fasst die Zügel seiner Herrschaft wieder" etc. etc.

G. G. Ingelmann ist nicht zu verwechseln mit O. Ingelgren (im II. B. dieses Werkes).

Schön ist selbst der Winter bei dir.

Der Winterschnee ist die Nationaltracht des Nordens, kann man sagen; — und man muss nur lesen, mit welchem hyperboräischen Feuer die nordischen Dichter überhaupt den Winter schildern, um einen Maassstab dafür zu haben, wie wahr das Gefühl und die Sprache in diesem neunzehnjährigen Studenten ist. Einige Züge erinnern übrigens an Thomsons „Seasons", deren Stern damals im Zenith seiner europäischen Berühmtheit stand. —

— — — auf langen Schneeschuhen, die auf der Schneefläche dahinflogen etc.

Genau beschrieben hat die Schneeschuhe und deren Gebrauch H. Steffens (ein geborner Norweger) im 1. Capitel seines herrlichen Romans „Malkolm", wo er sagt: „Skie nennen die Skandinavier ihre Schneeschuhe, die man von gleicher Form nicht bloss bei den Lappen, sondern auch bei den nördlichen Russen, Mongolen und Nordamerikanern findet. Die Skie sind ziemlich dünne Brettchen, drei bis vier Zoll breit, und drei bis sechs Zoll lang, vornen und hinten aufwärtsgebogen und die untere, zuweilen mit Seehundsfell überzogene Fläche äusserst glatt. Sie werden mit Weidengeflechte am Fusse befestigt. Oft ist einer von beiden kürzer, um dadurch beim Hinunterlaufen von den Bergen mehr Sicherheit zu gewähren, und um sich selbst mehr in der Gewalt zu haben. In der Hand hat der Skiläufer einen Stab, mit dem er sich gleichwie mit einem Ruder vorwärtsstösst. Solche Schneeschuhe tragen den Norweger wie mit Windeseile durch Gebirg und Thal; eine Schnelligkeit, die bis ins Unglaubliche gesteigert wird, wenn es die oft sehr schroffen Abhänge hinabgeht. Wer sich nicht von Kindheit darin geübt hat, wird nicht im Stande sein sich im Gleichgewicht zu erhalten. — Die norwegischen Jünglinge, selbst die den höhern Ständen angehörenden, wenn sie nicht durch die Erziehung und das Leben in der Stadt verzärtelt sind, setzen einen Stolz darein, als gewandte und kühne Schneeschlittschuhläufer zu erscheinen." —

V. das mythologische Gedicht „Skadis Klage" (pag. 242 dieses Bandes) und die Anm. dazu.

Ich gehe an deinen Spiegel hin und schau' hinein nach dir, doch vergesslich und undankbar wie er ist, bewahrt er dein Bild nicht mehr.

Vgl. die Klage eines Liebenden in J L. Runebergs Gedichten (Oerebro, N. M. Lindh, 1852, B. III, 75 ff. [B. IV dieses Werkes]), wo es heisst:

„Quelle, blaue Quelle, blanes Auge
Dieses Thals! Ich bin dir gram, o Quelle!
Denn wie oftmals hat sich meiner Holden
Rosig Blumenangesicht in deinem
Klaren, blauen Spiegel schön gespiegelt;
Ach, und dennoch kühl und achtlos
Nicht bewahrst du mir das Bild der Holden." etc.

Ich wandere hinaus zu deinem Steine.

„Noch jetzt," sagt C. W. B in seiner Lebensbeschreibung des Dichters, „kann der Wanderer, wenn er in die Nähe von Rämen kommt, im Nadelgehölze am Wege einen einfachen Stein sehn mit den Buchstaben E. T. & A. M. — Bei diesem Steine schwuren sich eines schönen Abends im August 1803 zwei Herzen ewige Treue." — Die Geliebte und spätere Lebensgefährtin des Dichters war die schöne Nanna Myhrmann, Tochter des trefflichen Bergwerksbesitzers Myhrmann zu Rämen in Wermland.

Ich erblicke dein Bild in den Sonnenflammen, ich höre deine Stimme im Murmeln des Bachs etc.

Man vgl. damit den Monolog A. Hvidcs in Tegnérs Gerdafragmente (B. I von Tegnérs Werken, pag. 237), wo er sagt:

„Dich nur grüsst' ich in des Mondes Strahlen,
Wenn sie blitzten von Zweig zu Zweig;
Deine Stimme schlug mir süss und helle
An den Strand als Brandungswelle;
Ach, und im Ton der klagenden Nachtigall
Schlug mir ans Ohr deiner Kehle Schall."

So, — eine Heloise, von der Niemand wusste etc.

Der Dichter hat das berühmte Gedicht Pope's, das durch Bürgers poetische Uebertragung in Deutschland berühmt geworden ist, und J. J. Rousseau's rührenden Roman im Auge. — Ueber die Geschichte Abälards und Heloisens verweisen wir übrigens auf die treffliche Monographie M. Carrières, den von Weiss und Laurian Moris übersetzten Briefwechsel der beiden Liebenden, und das schöne Gedicht von Louise v. Plönnies.

Die mit Blut bestrichnen Tempelsäulen des gothischen Heidenvolks.

Bei den jährlich wiederkehrenden blutigen Opfern des skandinavischen Heidenthums wurden, wie man weiss, mit dem Blute der Thiere nicht nur der Umherstehenden besprützt, sondern auch die Mauern und Pfeiler des Tempels selbst wurden mit dem noch qualmenden Purpur bestrichen. S. besonders die grussliche Schilderung solcher Scenen in Adams von Bremen berühmter Quellschrift De situ Daniae etc. etc.

Mordbrand ist seine Kriegserklärung etc. — und um Menschenblut zu sparen, nahm er das Grab Ehrensvärds — durch einen Diebstahl.

Man lese die Geschichte des Krieges nach, dessen Jahreszahl das Gedicht trägt. — „Das Grab Ehrensvards" ist die Festung Sweaborg in Finland. Ihr Erbauer war nämlich der Feldmarschall Graf A Ehrensvärd, und dessen Gebeine ruhen daselbst. —

Ob wohl der Riese vom Norden die Macht hat, uns den Muth und die Klinge zu feien.

Unter dem Riesen vom Norden ist natürlich der Czar zu verstehen. Den Riesen schreiben übrigens, wie man weiss, Mährchen und Sage die Macht zu, die Kraft des Schwertes zu lähmen, d. i. es zu feien. —

Die altehrwürdigen drei Kronen von Schweden.

Der Dichter versteht darunter die drei Kronen des schwedischen Wappenschilds. — Vgl. C. H. Ugglas heraldische Monographie: „Om de tre Kronor, Svea Rikes urgamla Wapn," erschienen zu Stockholm 1760, in gr. 8°.

Wo Odens und seines Geschlechtes heilige Gebeine ruhen.

Bei Upsala liegen drei mächtige Hünengräber, in denen der Sage nach die Gebeine Odens, Thors und Frei's, der Stammväter des Ynglingergeschlechtes, ruhen. Sie waren nächst dem schönen Dom und der Universität stets eine der Hauptsehenswürdigkeiten Upsalas.

Noch hat keines Feindes Ross getrunken in Gothlands Bächen.

„Und keines Feindes Ross," heisst es in der „Jungfrau von Orleans",
„*soll mehr die Welle*
Im prächtigströmenden Loire trinken." —

Svea. Svea-Rike, d. i. das Reich der Svear; demnach das nämliche wie Swithiod. (S. die Anm. pag. 324.)

Karlswagen. S. die Anm. pag. 323.

Swithiod. Vgl. die Anm. pag. 324.

Es kommt der Russe, — doch er kommt von Narva, es kommt der Däne — doch er kommt von Helsingborg.

Das heisst, er kommt aus Schlachten, in denen er geschlagen worden ist. Die Schlacht von Narva verlor Czar Peter der Grosse im J. 1700 gegen König Karl XII. selbst, die Schlacht von Helsingborg das dänische Heer gegen den General Karls XII. Magnus Stenbock im J. 1710. Von beiden Siegen erzählen zwei schwedische Volkslieder in A. J. Arvidsons „Svenska Fornsånger", Stockholm, 1835—1842, B. II, pag. 382—390.

Unbezwungen ruht der Göthalöwe noch zwischen den Belten.

Ein drei Ströme überspringender Löwe im blauen Felde ist das Wappen von Götha-Rike. — Götha-Rike und Swea-Rike sind gewissermassen das schwedische Franken und Schwaben, die Stammsitze nämlich der Gothen und der Sveven, die später unter dem gemeinschaftlichen Namen Schweden zu einem grossen Volke verschmolzen. S. hierüber besonders Geijers „grössere schwedische Geschichte", nach der neuen A. vom J. 1850 Cap. VII pag. 281 ff.; dessen „kleinere Geschichte Schwedens", nach der Hamburger deutschen A. Cap. II pag. 28 ff.; und A. M. Strinnholms „Geschichte des schwedischen Volks", nach Dr. E. F. Frischs theilweiser Uebertragung, Hamburg, bei Friedrich Perthes, 1839, B. II pag. 3 ff. — In diesem Sinn ist dem Schweden der gothische Name die Bezeichnung für seine ältesten geschichtlichen Erinnerungen, und ein „Gothe" heisst ihm, besonders im isokratischen Gewande der feierlichen Gelegenheitsrede, Das, was wir einen „Schweden von ächtem Schrott und Korn" nennen würden. In diesem Sinn ist auch der Name des „gothischen Bundes" und der „Gothe" A. Lindeblads pag. 312 dieses Bandes zu verstehn. Uebrigens kehrt die Bezeichnung „Gothe" im angegebenen Sinn schon in Gedichten wieder, die zum Theil noch ins Ende des vorigen Jahrhunderts zurückreichen, wie in Franzéns „Gesang zur Feier des Grafen Creutz" (s. den II. B. dieses Werkes), und der Terminus war demnach, lässt sich schliessen, schon damals ein nationaler und längst im Bewusstsein des Volks eingebürgerter.

Jemtlands Feldjäger. Die Lage und Natur Jemtlands, einer der nördlichsten Provinzen Schwedens, ist eine sehr bergige, und ist mir sehr oft, wenn nicht als die der Schweiz, so doch als unserm schönen bayrischen Gebirge ähnliche Welt beschrieben worden. Sie grenzt an die norwegischen Gebirge, hat keine einzige Stadt, sondern bloss einige grössere Weiler und Dörfer, und ist bewohnt, wie G. Mohnike anführt, „von einem sinnigen, muthigen und kräftigen Volke."

Schneeschlittschuhläufer. S. die Anm. pag. 330 auf langen Schneeschuhen etc. etc.

Storsee (Storsjö), ein reizender See der Provinz, deren Jägercorps T. seine schöne Nachahmung des Körnerschen Liedes gewidmet hat: — der Schliersee des schwedischen Gebirgs.

Nacht muss es sein, ehe die Sterne des Himmels leuchten.

„*Nacht muss es sein, wo Frieslands Sterne leuchten.*" heisst es in der tragischen Trilogie unseres grossen Dichters.

Die Zeit, da es der Sohn des Nordens in Sitt' und Wandel noch nicht der Welt nachthat etc. etc.

Vgl. das schöne Gedicht „Mannheim" von E. G. Geijer p. 5 dieses Bandes. —

Die Natur sei deine Führerin.

Naturam sequere ducem. Cicero.

Im Paradies des Südens etc. etc.

Eine Schilderung, in der sich unser Dichter, der leider den Süden nie gesehn, oft, man möchte sagen sehnsüchtig, ergeht. Man v. zum Beispiel die Schilderung Griechenlands im 8. Ges. der **Frithiofssage**, pag. 155 dieses Bandes etc. —

O Finland, du Heimath der Treue! O Burg, die Ehrensvärd erbaute, und die noch neulich etc. etc.

Vgl. die Anm. pag. 330.

Es wandern gewaltige Eroberer durch die Welt etc.

Es ist wohl darauf zu merken, dass das Gedicht zur Zeit der napoleonischen Eroberungskriege geschrieben ist.

Der drei Kronen.

Vgl. die Anm. pag. 331.

Walkyren reiten auf schnaubenden Rossen.

Die Walküren sind die **Schlacht- und Kriegsgöttinnen** der nordischen Mythologie. Walvater (s. die Anm. pag. 321) „sendet sie hinab zu jedem Kampf," heisst es an einer Stelle der jüngern E. „Da wählen sie die dem Tode Geweihten und sorgen des Sieges." — Daher ihr Name **Walküren**, von **Wal** (woher auch unser **Wahlplatz**), und von **küren** (wählen, daher **Churfürst = Wahlfürst**). — **Schlacht ist all ihr Sehnen und Denken.** „Walküren trachten," heisst es in dem eddischen Gedichte von „Odins Rabenzauber" (Str. 1); in einem andern, dem von „Wölundur" (s. K. Simrocks treffliche Uebertragung der E., der 2, A. 1855, pag. 141 ff.) sehen wir wonach: — sie trachten und sehnen sich nach Kampf, sie sehnen sich Orlog zu treiben und mit Helm und Schild zur Wahlstatt zu ziehen. — Der Anblick der Walküren ist schrecklich schön. Sie reiten auf wilden Rossen, von deren Mähnen Hagel herniederprasselt, und von den Mähnen (heisst es in der eddischen „Helgakwida" (der I, 28) „troff der Thau in die Thäler herab, das macht die Felder fruchtbar." — Ihr Herannahn in der Schlacht erzählt ein anderes Gedicht der E. (die „Helgakwida Hundingsbana" I. 15 ff.) mit den Worten: „Da brach ein Licht aus Logafjöll, und aus dem Lichte blitzte es, und Helmträgerinnen sah man glänzen; ihre Panzer waren mit Blut bespritzt, und Strahlen warfen die funkelnden Spiesse." — S. L. Frauers in Tübingen schätzbare Monographie: „Die Walküren der skandinavisch-germanischen Götter- und Heldensage", Weimar, 1845. — Daneben sind die Walküren jedoch auch die reizenden **Schenkinnen** Walvaters und der Helden in **Walhalla**. „Sie dienen in Walhall," heisst es in der jüngern E. D. 36, „bringen das Trinken, und verwahren das Tischzeug und die Methschalen." — Vgl. Tegnérs **Frithiofssage**, im 7. Ges. pag. 147 d. Bandes.

Wolkige Schneehaufen schwingen den Speer der Väter.

Ein besonders in Ossians Gesängen sehr oft wiederkehrendes Bild. So heisst es im I. Ges. des Gedichtes „Fingal":

„— — — *Es mögen die Helden*
In Frieden ruhen! Sie waren in mächtigen Thaten
Des Kampfs gewaltig. — *Mögen sie rings im Gewölk*
Umschwebend erscheinen mir mit dem Blick
des Sieges!" etc. etc.

Die guten Zwerge . . . . . . bringen den heimlichbewahrten Reichthum aus dem Schacht herauf.

Zwerge waren es, welche nach Mythe und Sage in dem Schacht der Bergestiefen die unermesslichen Schätze hüteten (v. den Alberich des Nibelungenliedes), und ihr Hauptgeschäft bestand darin, **Schwerter** und **Helme**, sowie feine **Schmucksachen** und **Geschmeide** zu schmieden. Für das prachtige Armband **Brisinga** gab sich den Zwergen sogar **Freia** einmal Preis.

Ihr hohen Helden all, die ihr den theuern Namen Karls tragt etc. etc.

Besonders sind unter dieser poetischen Apostrophe Tegnérs die drei Könige **Karl X.**, **Karl XI.** und **Karl XII.** von Schweden zu verstehen, deren Tage der Dichter auch mehrmals als die „karolinischen goldenen Tage" besingt. Sehr gut sagt ein anderer Dichter der gothischen Schule, K. A. Nicander, von diesen drei Königen:

„*Den Tionde med ägerklingan*
Först till ett helt rår Sverge gjort.
Hans starka stridshäst bar i bringan
Till inskrift: „både vål och fort."
Den Elfte höll sig vid det enas
Han stred för rätt med lagens svärd.
Den Tolfte som en gud allena
Drog hjeltesvärdet mot en verld.

Der Zehnte mit der Klinge des Sieges hat unser Schweden erst zu einem Ganzen gemacht. Sein starkes Schlachtross trug an der Brust die Inschrift: „Gut und schnell." Der Elfte befliss sich des Einen, er stritt für das Recht mit dem Schwert des Gesetzes. Der Zwölfte zog gleich einem Gott das Heldenschwert gegen eine Welt."

Göthas Ströme, d. i. Sweas Ströme. V. die Anm. pag. 331.

Die sternenglänzende Wagendeichsel.

S. die Anm. pag. 323, unter **Karlswagen**. In seiner Schilderung von Axels Fahrt nach Schweden

(s. den II. B. von F. Tegnérs Werken, Stockholm, 1847, pag. 28 ff.) beschreibt der Dichter den Karlswagen mit den Worten:

. . . . Der Wagen mit der blanken Deichselstange und mit den goldenen Radnägeln: —

eine Schilderung, welche so ziemlich das nämliche sagt, wie unsere Stelle.

Nore. Eine von T. selbst geschaffne männliche Personification für Norwegen, welches im Altisländischen Noregr, im Schwedischen und Dänischen noch jetzt Norrige und Norge heisst. Nach dieser Personification ist Nore gleichsam der Bruder der in dem vorhergehenden Gedichte besungnen Swea.

Goldene Drachen. V. die Anm. zum 3. Ges. der Frithiofssage.

Es kam ein Gott in weissem Gewande etc. etc.
S. die Anm. pag. 321. Die neue Lehre vom weissen Christus etc. etc.

Ein tückischer Schwarzalf. S. die Anm. pag. 327.

Und Götha trank das Blut der Blinden. Vgl. die Anm. pag. 331.

Wie eingesunkene Bautasteine. S. die Anm. pag. 322.

Die Söhne des Asageschlechtes.

Die meisten Völker des Heidenthums haben ihre Könige von den Göttern abstammen lassen (als Beispiel führe ich bloss Inder, Griechen und Römer an); ebenso führen Mytho und Sage auch die skandinavischen Königsgeschlechter auf Asaheim zurück. S. G. Geijers älteste schwedische Geschichte, Upsala, 1825, der 2. A. Stockholm, 1830 8. Cap.; sowie seine kleinere Geschichte Schwedens und des schwedischen Volkes, I. B. 1. Cap. — Das Wort Ase ist zunächst nur Bezeichnung der Begleiter Odens bei der grossen Herüberwanderung aus Asien nach Norden; dann der Name der mythologischen Gottheiten des Nordens überhaupt. — Das Wort kehrt übrigens in dieser Zusammensetzung (Asasohn, Asatochter, Asa-Erbe) in vielen Gedichten dieser Schule wieder.

Dieser göttliche Ursprung des schwedischen Volks und seiner Geschichte tritt selbst in seinen späteren Liedern und Sagen noch als allgemeines Nationalbewusstsein hervor, und in dem Sinn dieses stolzen Bewusstseins ist denn zum Beispiel auch die so recht aus dem Herzen der Nation und der Zeit herausgegriffene Stelle in Geijers mythischem Gedichte pag. 18 ff. dieses Bandes von den zwölf Kämpen König Swegders zu verstehn. —

Bei Sweas Kronen, bei der Axt St. Olofs.

V. die Anm. pag. 331. St. Olofs bila, St. Olofs yx ist das Wappen Norwegens.

Kein Feind soll mehr auf Nordens Erde ruh'n, doch wohl mag er in ihr ruh'n.

Aehnlich und die Sele voll deutschen Manneszorns singt einer unserer jüngeren Dichter, M. Schuler, der trefflichste Dollmetsch des Hohen Liedes (Würzburg, H. Goldsteins Verlag, 1858) von unsern eroberungssüchtigen Feinden jenseit des Rheins:

*„Wir hassen Den, der mit Gewalt
Uns unfrei macht und arm macht; —*

*Der unsern Glauben stürzen will,
Und unsern Boden schmälern,
Und seine Tafel würzen will
Mit Frucht aus unsern Thälern.*

*Doch Boden her und Boden hin,
Er soll wohl Boden haben,
So viel man Boden braucht, um ihn
Darunter zu begraben.*

Wohlan, wie Hervor rufen wir dich heraus aus deinem Grabe etc. etc.

Die sagenberühmte Geschichte von der nordischen Amazone Herwora (nach andern Lesarten Herwör und Herwara) erzählt die prächtige „Herwarasaga" (herausgegeben von N. M. Petersen, und ins Dänische übersetzt von G. Thorarnsen, erschienen in Kopenhagen 1847), wie folgt:

Angantyr war der älteste von den zwölf Söhnen des Arngrimr, eines Berserkers auf Holmsö, und war berühmt durch Heldenmuth und durch den Besitz seines gewaltigen Runenschwerts Tyrfing. Eines Julabends nun geschah es, dass die Männer Gelübde thaten beim Trinken. Da thaten auch Arngrimrs Söhne Gelübde, und Hjörwardr gelobte, die schöne Ingeborg zu erringen, Yngves, des Upsala-Königs blühende Tochter. Im Frühling zogen die Brüder nach Upsala. — Zu gleicher Zeit warb jedoch auch der Held Hjalmar um Yngves Tochter, und die Schöne gab ihm den Vorzug. Da lud denn Hjörwardr ihn zum Holmkampf, und erklärte den Hjalmar für einen Neiding, wenn er nicht erscheine. All seine Brüder zogen mit ihm. Auf dem Zuge beschlief Angantyr die schöne Swafa, eine Tochter des Jarls Bjartmar. Auf Samsös grüner Insel fand der Kampf Angantyrs und Hjalmars Statt. Und wie die beiden Söhne des Oedipus vor Theben vorzeit „sich schufen ein gemeinsam Todesloos" (Sophokles); — also fanden auch Angantyr und Hjalmar den Tod von gegenseitiger Hand. Hjalmars Freund und Pflegebruder Örwarodd bewältigte ganz allein die übrigen Söhne Arngrimrs. Die zwölf Brüder wurden mit Schild und Schwert am Wahlplatz in grosse Hügel gesetzt. Hjalmars Leiche dagegen brachte Örward Odd hinauf nach Upsala, und der Gram verzehrte seine arme Braut

Späterhin genas Swafa eines Mägdleins, welches Hervör geheissen ward und herrlich erblühte. Als sie jedoch erfuhr, welchem Geheimniss sie ihr Dasein verdankte, und Knechte ihr eines Abends ihre niedrige Herkunft vorwarfen, da nahm sie Schild und Speer und schloss sich als Mann einer Schaar von Wikingern an, die sie unter dem Namen Hiörwardr zum Anführer erhoben. Als solcher unternahm sie einen berühmten Seezug nach jener Insel, und beschwor durch Runenzauberei und Beschwörungslieder den Heldenvater Angantyr aus seinem Grabe heraufzusteigen. — Sie begehrte und erzwang von ihm nach einem langen Wechselgesange*) das Schwert Tyrfing. Auf dem zwergengeschmiedeten Schwerte Tyrfing lastete von Odins Zeiten herab ein Fluch; wohl besass es nämlich die Kraft, so oft es geschwungen wurde, einen Todesschlag zu geben; allein Angantyr gab das Schwert nur gezwungen, und drohte der Tochter an, dass durch die nämliche Klinge die Königs-geschlechter, denen ihr beschieden sei das Dasein zu geben, allzumal den Tod finden würden; wie es in der That geschah. (V. den nordischen Kämpferroman „Tyrfing" in Gräters Bragur B. 1 und 2, A. Oehlenschlägers Örwarodd-Saga, und den „historisch-geographischen Beitrag zur nordischen Alterthumskunde" von P. Wieselgren: „Ueber den Kampf auf Samsöe" im 9. Heft der Zeitschrift Iduna, pag. 38 ff. —

Odens goldenes Auge. Odens Auge ist die Sonn', und das Bild ist nicht neu, denn schon die Römer hiessen den glühenden Stern des Tages Jupiters Auge, und der indische Schiwa trägt sein Bild als Hauptschmuck an seiner Stirne. (Petersens nordische Mythologie pag. 175 ff.) V. die Anm. pag. 335 unter Mimer.

Herthas blumige Insel. Die Insel Seeland, wo noch jetzt ein Herthathal und See ist, und worauf daher auch von Friedrich Münter und andern dänischen Gelehrten die berühmte Schilderung des Herthadienstes in Tacitus Germania bezogen worden ist. Nicht mit Unrecht sagen die Dichter in Betreff des dänischen Inselparadieses Seeland, es gleiche einem „ins Meer hineingeworfenen Rosenzweige"; und was die Insel, die der Ur- und Stammsitz des dänischen Volks und seiner Königswar, für einen Reichthum an nationalen Erinnerungen, Sagen und Liedern hat, zeigen die dänischen Volkslieder, die Deutschland bereits in W. Grimms trefflicher Uebertragung besitzt, wie die herrlichen epischen Gedichte A. Oehlenschlägers, unter denen der „Helge", das dänische Seitenstück und Vorbild der Frithiofssago, (s. die Einleitung zu meiner poetischen Uebertragung der Frithiofs-

sage, Leipzig, 1857, pag. 271 ff.) so Gott will, in Kurzem erscheinen soll.

Während das Sewegebirge dein Land von selbst an meines knüpft.

Seveberget, das Gränzgebirg zwischen Schweden und Norwegen, ist der südliche Theil des Kjölengebirges.

Schau, der Friede steigt herab! Wie schön, mit goldenen Schwingen, schläft er still sich sonnend an dem Rain des Baches!

V. den schönen Brautgesang in der Braut von Messina:

*Schön ist der Frieden! Ein lieblicher Knabe
Liegt er gelagert am ruhigen Bach etc.*

Aegir bringt sein Horn heran, das voll ist von Perlen.

Aegir ist der Poseidon des Nordens. Er wohnt nicht in Walhalla, sondern auf einer Insel der Ostsee, Namens Lesön. Seine Gemahlin ist die falsche Meergöttin Rana, seine Töchter sind die rast- und ruhelos wandernden Wogen. Wie der dänische Naso, A. Oehlenschläger, in seinen nordischen Metamorphosen (Nordens Guder, 1. Ges.) erzählt: —

*„In hoher Felsengrotte der Meergott Aegir wohnt,
Ein Silberhelm mit Korallen auf seinem Scheitel thront;
Des Bartes Schwall von Meergras; — ein Ruder in der Hand,
Besetzt mit funkelnden Steinen, segelt er an den Strand.
So oft das blanke Ruder der Gott gewaltig schwingt,
So schweigt des Meeres Brausen, die Fluth beschwichtigt sinkt.
Auf Hleseys Eiland ist ihm ein Muschelthron erbaut,
Und in den blauen Wogen ihr seine Töchter schaut.*

Freias Thränen.

Freia ist die Göttin der Liebe und des Mondes. Sie ist die schönste der nordischen Göttinnen und nahm nach der nordischen Juno Frigga den höchsten Rang unter ihnen ein. Das Auge der Freia ist ewiger Frühling; sie ist schön und strahlend in Anmuth am Tage sowohl, wie des Nachts — sie ist wandellos die nämliche Freia, und spricht auch, wenn sie schweigt. Die sanfteste und gütigste der Göttinnen, ist sie eine Freundin des Gesanges und hold den Flehenden. Wie die Helden nach dem rühmlichen Tode der Feldschlacht und des Kampfes in Odens Schild und Speer-gesierten Todtensaal, nach der Walhalla kommen, so gelangen die Weiber, die durch den Glanz eines hohen Geschlechtes und durch

---

*) S. v. Herders Stimmen der Völker in Liedern, Th. I, und Thormod Legis Alkuna, erschienen zu Leipzig 1831.

hohe Tugend glänzen, nach dem Tode in Freias Saal Volkwang, den in dem Licht anderer Sterne stehenden, vom Dufte anderer Blumen umwehten; — nach der Freia heissen sie auch Frauen. Von Volkwang herab zieht sie bald auf einem prächtigen Silberwagen, der von Katzen, als von Sinnbildern der Sinnlichkeit, gezogen wird, bald auf dem silbernen Kriegseber Hildeswine, und geschmückt mit dem prächtigen Halsbande Brising, einem unschätzbaren Kunstwerk der unterirdischen Zwerge, durch die Nacht in die Schlacht, und erhält von Odens heiliger Grösse die Hälfte der Erschlagnen als Antheil. Sie war einem sterblichen Mann, der männlichen Kraft und Schönheit Öders (des nordischen Adonis) vermählt, der sie jedoch treulos verliess. Da nahm sie Falken zum Gespann des Wagens und fuhr, goldene Thränen weinend, durch das Weltall, und noch jetzt sucht sie flüchtig und ruhelos, voll Schmerz und Sehnsucht, die Spur des schönen Jünglings. — Die nordische Venus hat, wie die griechische, ihr Gefolge von Grazien. Sie ist nämlich von den drei Huldinnen der Anmuth, Siofna, Lofna und Wara umgeben. Die erste ist die Weckerin des geheimnissvollen Liebesfunkens, die zweite die Befestigerin des süssen, schönen Bundes der Herzen, und die dritte die Hüterin der geschwornen Treue. — Ueber Freia v. übrigens den trefflichen Abschnitt in K. Simrocks deutscher Mythologie, pag. 375—381, und N. M. Petersens Nordische Mythologie, pag. 348—355.

Und Mimer zeigt uns wieder seine längstvergessene Quelle.

Mimer, des Nordmeers Herrscher am Morgen der Tage, schwebt dunkel und räthselhaft in mythischer Nacht. Am Fuss der Weltesche Yggdrasil, deren Wurzeln bis hinab ins Innere der Erde reichen, und deren Krone die Sterne berührt, sprudelt die Quelle Mimers, die bodenlose Urquelle der Einsicht und der Erinnrung (Gylfis Täuschung, C. 15 ff.), und für einen Trunk aus ihm setzte einstens selbst Allvater sein eines Auge zum Pfande (s. das eddische Gedicht Wöluspa, 21 ff.). Eine sinnige Exegese des dunkeln Mythus enthält K. Simrocks schon mehrmals erwähntes mythologisches Handbuch, pag. 255 etc. etc.

Gefions Insel. Ueber Gefion s. die Anm. zum 8. Ges. der Frithiofssage. — Eine spätere nordische Mythe (s. Gylfis Täuschung, C. 1, und die Ynglingasaga in S. Sturlesons Heimskringla C. 5), die auch A. Oehlenschläger in seinen nordischen Metamorphosen sehr schön behandelt hat (Bragis Gesang von Gefion), schreibt die Entstehung der Insel Seeland, der schon erwähnten Insel der Hertha, einem Wunder Gefions zu, daher ihr Name. —

Mit den Söhnen der Juele und der Tordenskiolde etc.

Das Leben des berühmten dänischen Admirals Niels Reichsfreiherrn von Juel, gestorben im J. 1697, hat uns ein trefflicher neuer Roman des dänischen Dichters P. P. (wie er sich schreibt) näher gebracht (erschienen in Kopenhagen 1847 in 2 Bänden). — Peter v. Tordenskjold, der Sohn eines einfachen Maurers zu Bergen in Norwegen, that, als dänischer Admiral, wie man weiss, besonders im Kriege zwischen König Friedrich von Dänemark und Karl dem Zwölften von Schweden, Wunder der Kühnheit und des Muths. Sein Leben beschrieb in dänischer Sprache C. P. Rothe, Kopenhagen, 1747—1750, in 3 Bdn.

Der rothe Hahn des Streites.

Es ist der Goldkammhahn, von dem die Wöluspa erzählt, dass er die Helden zum Streite wecke:

„*Hell kräht in Walhall*
Goldkamm der Kampfhahn,
Der weckt die Helden
In Heervaters Hochsaal.

(Str. 39.)

Rota. Eine der Walküren. V. die Anm. pag. 332 und das Gedicht der jüngern E.: „Gylfis Täuschung", C. 36, wo es heisst: „Gudr und Rota, und die jüngste der Nornen, welche Skulda heisst, reiten beständig den Wal zu kiesen und Orlogs zu pflegen." —

Und wie Starkodder schlägt sie um sich mit drei Armen.

Starkotr, Storkather, Starkader, ein reisiger Recke und Skalde der mythischen Zeit, dem die Herwarasage (C. 1) acht (nicht sechs) Arme zuschreibt, wodurch er im Stande war, mit zwei Paar Schwertern zugleich dareinzuhauen. Eine andere Sage, die schöne Nornagests-Sage (C. 7) erzählt von einem Zweikampf Sigurds und Starkaders, „der mehr einem Riesen als einem Menschen glich," und Saxo erzählt von ihm, er habe selbst in der Schlacht von Browalla mitgekämpft, und beruft sich auf einen Gesang von ihm darüber. K. Simrock in seinem mythologischen Handbuch pag. 445 ff. sucht die Erscheinung Starkathers kühn genug als eine reine Naturerscheinung, und zwar als einen Bergstrom zu erklären, dessen acht Arme nichts weiter als ebensoviele Stromarme anzeigen. — Es ist natürlich, dass der Dichter das Kämpengebilde der Sage, nicht den Mythus im Auge hat. —

König Karl der Zwölfte, der stand im dichten Pulverdampf.

Eine wohl nicht absichtslose Nachahmung des dänischen Volksliedes „Kong Christian stod ved höien Mast, i Rög og Dam", das durch G. Meyerbeers herrliche Composition zu seines Bruders

M. Beer dramatischem Gedichte „Struensee" in Deutschland berühmt geworden ist.

Ihr meine blauen Jungen.

Blau war die Tracht König Karls und seiner Trabanten. Man weiss, dass Blau und Gelb die schwedischen Nationalfarben sind.

Und Einer gegen Zehne stritt der gereizte Wasasohn etc.

Wie man weiss, war dieses in der That der Fall in der kühnen Schlacht gegen Peter den Grossen „an Narvas glänzendem Tage, wo," wie Casimir Delavigne in seinem berühmten Gedichte von dieser Schlacht so schön sagt, „der Schnee voll blutiger Rosen stand." — V. die Anm. pag. 331.

Drei Könige zusammen schrieben dem Knaben kein Gebot vor.

Die drei Herrscher waren Peter der Grosse, der König von Polen und der König von Dänemark.

Vollbusig, schlank und goldlockig kam eine neue Aurora daher etc. etc.

Die schöne Maitresse Friedrich Augusts II., des sächsischen Polenkönigs, Gräfin Aurora von Königsmark. — Die feine Cabinetsintrigue, zu einer diplomatischen Botschaft eine Schönheit des Jahrhunderts zu machen, war so recht im Sinn und Geschmack jener durch und durch faulen Generation. Dass sie erfolglos gewesen ist, weiss man. Vgl. Friedrich Cramers „Denkwürdigkeiten der Gräfin Maria Aurora von Königsmark etc. etc.", erschienen zu Leipzig 1836 in 2 Bänden.

An S. K. H. den Prinzen Oskar.

Der zum tiefen und wirklichen Schmerz Europas am 8. Julius d. J. zu seinem Sänger hinübergegangene König von Schweden trat an dem Tag, an dem ihn T. mit diesem Huldigungsgedichte begrüsste, ins neunzehnte Lebensjahr, und war demnach grossjährig. Die Wichtigkeit dieses Moments für ihn und für sein Land ist es, was der Dichter zunächst ins Auge fasst.

In dem Schooss unserer Eisenerde.

Ueber den erstaunenswerthen Reichthum Schwedens an Eisen sehe man das 1. Cap. von E. G. Geijers ältester schwedischer Geschichte, das die „Natur des Landes" bespricht, und worin unter andern von ganzen Bergen von Eisen die Rede ist, welche an einigen Orten zu Tage steigen, wie der Taberg in Småland u. s. V. ferner des berühmten Wahlenbergs „Om svenska jordens bildning" im 1. Heft der „Svea", Upsala, 1824.

Und der Löwe, der leichten Sprunges die drei Ströme überspringt etc. etc.

S. die Anm. pag. 331, unter Göthalöwe.

Schonisches Hofgericht.

Es ist das Christianstader Hofgericht in Schonen, eine Institution des Königs Karl Johann.

Schön ist, o König, deine Doppelkrone: du errangst sie dir selbst durch das Recht der Thaten.

Die durch den Kieler Frieden wieder zu einer Krone zusammengeschmolzenen Königsdiademe Schwedens und Norwegens nämlich, die sich der ehemalige Napoleonische Marschall durch die Glorie von mehr als zwanzig Siegen gewann. Eine Nation, die eine Geschichte hat wie die schwedische, kann keinen andern König wühlen, als einen Erben des Schwerts und der Sele Karls des XII.

Doch auch Könige müssen Rede stehen vor dem grossen Volksgericht der Geschichte.

Nach dem Schwedischen buchstäblich und mit treuerer Wiedergabe der nationalen Anspielung: „vor dem Allhärjarstinge der Geschichte", d. i. vor dem grossen Volksting, welches jährlich an einem gewissen Tage in Upsala stattfand, und welches zugleich, wie Tacitus anführt, der allgemeine Gerichtstag des ganzen Volkes war. — Eine schöne poetische Schilderung eines solchen Tings enthält die Frithiofssage, pag. 151 dieses Bandes.

Schöner, als du es jetzt gethan, kannst du den Tag nicht feiern, an welchem du geboren wardst.

Wie aus dem der Ueberschrift unterstehenden Datum des Gedichtes ersichtlich ist, fand die feierliche Einweihung des neuen Hofgerichts gerade am Geburtstage des Kronprinzen statt.

Den Königen der nordischen Vorzeit gleich, rittst auch du jetzt deine Erichsstrasse daher.

Das erste Regierungsgeschäft, welches der auf dem Volksthing gewählte König vornahm, war das, sein Reich nach verschiednen Richtungen zu durchziehen, da er es nicht minder für seine Pflicht, als für eine Maassregel der Klugheit ansah, sich durch eigene Anschauung von der Lage und den Zustanden des von ihm regierten Landes und Volks zu unterrichten. Da liess er sich von dem Volke als König huldigen, sprach Recht und gelobte, nach den Gesetzen des Landes zu regieren. Dieser feierliche Umzug hiess nun ursprünglich die Riksgata, d. i. Reichsgasse, Reichsfahrt etc. und dieser Reichszug bekam später (v. J. Grimms Rechtsalterthümer, p. 237), wahrscheinlich einem geschichtlichen Umzuge zufolge, den nur Schweden eigenthümlichen Namen Erichsaug.

**Vo mtdem Fluges die Erinnrung noch von Runen-
stein zu Runenstein schwebt etc. etc.**

Ueber Runensteine v. die Anm pag. 318 u. 323.
— Im II. Ges. seiner Frithiofssage sagt T. einmal:
„Die Vögel Odens kreisen um Grabes Pforte",
und in seinem herrlichen „Epilog" (pag. 112 ff. dieses Bandes). —

— — — — „*Ein Anger der Erinnrung,
Ein grosser Stammbaum ist der hohe Norden,
Voll Ernsts steht überall ein Denkmal vor uns.
In Heldenasche wurzeln Schwedens Wälder,
Von Ruhm und Sagen singt der Welle Rauschen,
Und jede helle Nacht strahlt Nordens Himmel
In goldnen Runen von den grossen Todten*." etc.

Und Freia dreht da noch die goldene Spindel.

Wie man weiss, nennen skandinavische Lieder und
Gedichte der spätern Zeit den Gürtel des Orion,
unsern goldenen Jakobsstab, den „Spinnrocken
der Freia", eine Bezeichnung, die sich im südlichen Schweden, wie E. G. Geijer anführt, bis
zum heutigen Tage im Volke erhalten hat. — V. Lorenzo Hammarskölds schönes Gedicht: „Freias
Spinnrocken" im IV. B. dieses Werkes.

**Und dem Throne, wie dem Volk gleich nahe steht
die Hoffnung mit der jungen Braut.**

Der damalige hoffnungsvolle Kronprinz mit seiner
jungen Braut, der schönen Herzogin Josephine von
Leuchtenberg.

Die Nornen der Zukunft durchwirken ihr Gewebe etc.

V. die Anm. pag. 320.

Die Zwillinge aus Asaheim.

Asaheim, die Heimath der Asa-Gottheiten im
Gegensatz zu Mannheim, der Welt, der Heimath der
Menschen. V. die beiden Erläuterungen pag. 317 und
pag. 333.

Graf G. Adlersparre.

Man weiss, dass Graf A., geboren im J. 1760, † als
einfacher Privatmann 1835, einer der Sterne der letzten schwedischen Revolution und mitthätig war zur
Entthronung des letzten Königs aus dem Wasageschlechte. Er focht mit Rath und That und mit seinem ganzen, für Schweden glühenden Herzen für die
constitutionelle Monarchie: — Revolutionsmann im gemeinen Sinn des Wortes ist er niemals
gewesen; der Hass gegen die demagogischen Wühlereien eines Theils der schwedischen Presse, der das
schöne Gedicht durchglüht, ist daher in Wahrheit
aus seiner Sele gesprochen. —

v. Lataszne, schwed. Poesie. III.

Die Höhenzüge des Sewegebirges.

V. die Anm. pag. 334.

**Und der Wenersee, mit seiner Gustavsvik am Strande,
nicht grösser erscheint, als eine Thräne, die an den
Wangen eines Menschen hängt.**

Gustavsvik hiess das schöne Gut des Grafen am
Wenersee in Wermland. — In einem nicht minder
schönen, ja wenn man will noch tiefergehenden Gleichnisse, sagt übrigens unser A. Grün von dem Bach
Kidron, er sei bloss noch, „eine Thräne, die an
dem Auge der Zerstörung hängt." —

Du Ritterhaus der Erde etc.

V. die ähnliche Stelle in Bornhard v. Beskows
schönem Preisgedicht: „Sveriges anor" (pag. 246
dieses Bandes), wo es heisst:

„*Voll von Siegeserinnerungen, steht unsere Heimath
am Pol da wie Europas ältester Rittersaal.*"

Ein armselig Tagblatt etc. etc.

Ein Pfeilschuss ins Heerlager einer gewissen demagogischen Wühlhuberpartei, die besonders während der beiden letzten Reichstage, denen T. als
Bischof von Wexiö beiwohnte, so unheilvoll thätig
war. — Weniger die Angriffe gewisser elender Schreiber gegen ihn selbst waren es, die ihn empörten, als
die gegen seinen edeln König Karl Johann. Ueber
den Ultraliberalismus einiger schwedischer Publicisten
v. man übrigens den Artikel: „Schwedische Zustände" in Nr. 116 der Blätt. für literarische
Unterhaltung vom J. 1839.

Höijer. — Benjamin K. H. Höijer, geboren in
Dalekarlien 1767, † als Professor der Philosophie zu
Upsala 1812, ist unter den neueren speculativen Philosophen nicht nur Schwedens, sondern Europas, einer
der hervorragenderen. Fichte schätzte ihn persönlich hoch. Ueber ihn sehe man die schwedische Zeitschrift Phosphoros vom J. 1813, pag. 812, und den
1. Theil des unschätzbaren philosophiegeschichtlichen
Werkes von seinem Schüler Amadeus Atterbom:
„Studier till philosophiens historia" etc. etc.
erschienen in Upsala 1835. —

J. H. Kellgren, einer der grössten schwedischen
Dichter des vorigen Jahrhunderts, geboren in Westgothland, am 1. Dec. 1751, † den 20. April 1795. Man
kann ihn den Horaz der goldnen Augusts- (Gustavs)
Tage Schwedens nennen. S. den I. B. dieses Werkes.

Ueber Gustav von Leopold, den letzten Ueberlebenden von König Gustavs heiterem Sängerkreise, sehe
man den I. B. dieses Werkes. — v. Leopold war
einer jener „Grossmenschen" im höchsten Sinn des
Wortes, von denen unser J. P. Richter so oft spricht;
und wie L. Byron unter andern für Pope und seine
Schule Partei nahm, so bewahrte der Sänger Axels

und Marias dem blinden Greise stets eine rührende Treue, und das schöne Gedicht an G. v. Leopold pag. 117 dieses Bandes war die Dedication seines Axels an L.

Brüder im Amt und im Geiste.

Die beiden neuen Brüder im Predigeramte waren die HH. A. Melander und N. Lindgren.

Sagt mir nicht, die Zeit sei schlecht etc. etc.

V. die schöne Stelle in Tegnérs „Epilog bei der Magisterpromotion in Lund im Jahr 1820" pag. 114 dieses Bandes: „Det sägs, att solen sanks, att dagen grånar" etc. Man sagt, dass die Sonn' im Untergehn wäre, dass der Tag zu Ende gehe und die Nacht sich nahe in grauer Dämmerung etc. etc., in der der nämliche Gedanke, nur noch schöner und glanzender, wiederkehrt. —

Kühn und muthig stritt Jakob mit einem Gott, bis der Morgen leuchtete etc. etc.

S. das 1. Buch Mose, Cap. 32, V. 24 ff., sowie Hosea, C. 12 ff.

Denn er ist's, dessen Licht dir in der Sonne leuchtet, der dich ernährt in deiner Erndte etc. etc.

V. das wunderschöne religiöse Gedicht F. Michael Franzéns: „Hvar är min vän etc. etc. (s. den II. B. dieses Werkes), welches im schwedischen Gesangbuch steht (Den svenska Psalmboken, Stockholm, P. A. Norstedt & Söner, 1841, Nr. 481), und worin es unter andern heisst:

„O! den ich such' und suche mit der Sele,
Kenn's denn geschehn, dass mir mein Heiland fehle!
Mein Gott und Herr, nach dem ich muss mit Bangen
Und Sehnsucht hangen!

Ich seh' ihn ja und seine süssen Spuren
Im Schmelz der Wiesen, wie im Gold der Fluren;
Ich fühl' im Halme, den ich schwanken sehe,
Des Heilands Nähe.

Und wenn im Walde Bach und Erle rauschen,
Und Nacht und Sterne seinen Liedern lauschen,
So hör' ich ihn, mit Freuden und mit Schmerzen,
In meinem Herzen."

—————————————

Die Kunst ist so lang und das Leben so kurz.

Cicero führt den Wahlspruch der griechischen Weisen, „vitam brevem, artem longam esse", an mehr als einer Stelle an.

Das Lied an die Sonne.

Man v. mit diesem pindarischen Dithyrambus die schönen Apostrophen Ossians „an den Stern des Tages" in dessen Gedichten „Carraighthura" (nach F. L. v. Stolbergs trefflicher Uebertragung, B. I. 57 ff.), „Carthon" (nach der erwähnten Uebertragung B. I. pag. 118 ff.), und „Temora" (der nämlichen Uebertragung B. III. pag. 60 ff.). — Ferner mit den Gesängen des gälischen Barden an den Mond, „die Tochter des schweigenden Nacht", „Darthula" (Stolbergs Gedichte Ossians B. II pag. 245 ff.) und „Die Gesänge von Selma" (der erwähnten Uebertragung B. I. pag. 271 ff.). — Besonders die Gedichte „Carthon" und „Darthula" geben Proben von einer poetischen Gewalt des brittischen Simonides des vorigen Jahrhunderts, die unserm Gedichte an Schönheit wenig nachsteht. — Eine Nachahmung des Gedichtes, und zwar im nämlichen Metrum, hat übrigens ein jüngerer Dichter, J. E. Bahr, (Gedichte, 1 Heft 1831) versucht, von der P. Wieselgren in seiner schwedischen Literaturgeschichte, B. V. pag. 455 ein kleines Bruchstück mittheilt. Es ist eine natursymbolische Mythe vom Herbst. — Ich kenne das Gedicht nicht.

Wie ein Held wandelst du deine glänzende Bahn.

Aehnlich spricht schon die althebräische Poesie in König Davids Liedern, wo es V. 5-7 des 19. Psalm einmal so prachtvoll und ächt plastisch heisst: „und die Sonn' erhebt sich und wandelt herfür, wie ein Bräutigam aus seiner Kammer, und freuet sich wie ein Held zu laufen ihre Bahn."

Die Pflanze sprosst empor etc.

V. mit dieser schönen Strophe die nicht minder schönen in F. M. Franzéns Gedichte: „Menniskans anlete" (Des Menschen Antlitz) im II. B. dieses Werkes, wo es heisst:

„Schon liess der sechste Tag der Zeit seinen Purpurschleier hinwehn ob dem Wald der Cedern. Mit goldenen Flügeln flog der Schmetterling den Bach hinüber, flog zur Rosenhecke, und küsste ihre holde Anmuth.

„Perlen lagen hell und klar am Grund des Wasserspiegels; weiss glänzte des Schwanes Segel in einer schattigen Bucht; der Wein glühte roth im Glanz der Traube; süss und unschuldsvoll spielten die Tauben in Edens Hain.

„Jedoch die höchste Schönheit fehlte noch in der Natur; — die Krone fehlte noch in der Schöpfung, bis der Mensch aus dem Staube zum Licht sein Angesicht erhob, und seine Augen aufschlug.

„Der Schnee des Gebirges war nicht so farbenschön, das Morgenroth sank verdunkelt hinter die Berge hinab; der Stern, der so schön strahlte an der Stirn des Tages, blieb nicht länger überm Erdkreis stehn.

Huldigend bogen die Thiere ihre Kniee vor den Augen, die sich da aus dem Staub erhoben; vor den Augen, in denen Anmuth und Liebe strahlten, aus denen selbst unter Thränen des Schmerzes und des Grams das Licht einer unsterblichen Hoffnung leuchtete."

Die Lehre Zendas. Die uralt-heilige Religionsurkunde der Parsen, der persischen Geber, nach der das Feuer der Urquell der Natur und des Lebens ist.

Ist es nicht überall deine Flamme, von der der Genius, von der die Sonn' erglüht etc.
V. die schöne Stelle in Platens „Abassiden" (im 11. Ges.): „Feuer ist es, was die Sterne schimmern" etc.

Der Stern der Freia, d. i. der Stern der Venus. —
V. die Anm. pag. 337.

Mägdlein im Brautstuhl. Anspielung auf eine schwedische Trauungsceremonie: — zwei Tabourets nämlich, worauf Bräutigam und Braut bei der Copulation knieen. In seiner schönen Magisterpromotion gedenkt der Dichter eines „Blumenüberhangenen Trauungsschämels", und noch anderswo eines „Hochzeitsbaldachins", lauter Gleichnisse und Bilder, welche schwedischen Landes- und Kirchengebräuchen entlehnt sind.

Die Sonn' ist seine Heroldin und schreibt, von der Höhe des Himmels herab, mit goldenen Buchstaben Liebesgedichte.
V. Friedrich Rückerts „Oestliche Rosen", wo es in einer jener wunderbaren Ghaselen des Buches so einzig schön und morgenlandstrunken heisst:
„*Der Frühling kam und schrieb auf Rosenblättern ein Lenzgedicht vom Paradies: — ich las die goldnen Zeilen im Sonnenschein etc. etc.*"

Warum blickt dein Auge so voll Gram und Sehnsucht nach dem hohen Göttersaale hinauf mit den silbernen Ampeln darin! —
V. die schöne Stelle in einem andern Gedichte T.'s, pag. 191 dieses Bandes: — „Du bist in des Menschen Herzen noch ein **Spätrothglanz**, eine **erblasste Erinnerung** schönerer, besserer Tage, wo er noch auf dem Kinderball in Himmel war, in jenem blauen Hochsaal mit den silbernen Girandolen am Dachgewölb etc." —

Hünengräber gibt es im Norden Deutschlands genug, eine Erklärung ist daher unnöthig. Bemerkt muss indess werden, dass die schwedische Ueberschrift des Gedichtes zwar einfach mit **Familienhügel, Familiengrab** übersetzt werden kann, dass mir jedoch, da im Gedichte von einem Gartenhause die Rede ist, welches sich der Freund auf der Höhe des Hügels bauen soll, die von mir gewählte Uebertragung die bessere zu sein schien. Der Freund selbst war der Lunder Universitätsbibliothekar u. Professor der Aesthetik **Anders Lidbeck.**

Die Stadt des Saxo. Eine bei unserm Dichter mehrmals wiederkehrende poetische Bezeichnung **Lunds**, der ihm so theuern Universitätsstadt, an die sich unter andern auch das Gedächtniss an **Saxo Grammaticus**, den berühmten Geschichtschreiber Dänemarks, knüpft. Grammaticus, wie man weiss, war bloss ein ehrender Beiname, den ihm spätere Zeiten gaben: — sein rechter Name, wenn den unsichern Nachrichten zu trauen ist, war **Saxo Lange**. Er war der Sprössling eines ächt dänischen, altadeligen Geschlechtes, und erblickte höchst wahrscheinlich noch vor der zweiten Hälfte des 12. Jahrhunderts das Licht der Welt. Von seiner Jugend, sowie von seiner späteren Bildungsgeschichte weiss man nichts, vielleicht ist indess die Angabe nicht unrichtig, dass er an der damals von Ausländern sehr besuchten Pariser Hochschule studirte. Er widmete sich dem geistlichen Stande und war in dieser Eigenschaft unter dem grossen Erzbischof **Absalon**, seinem Gönner und Freunde, mit dessen thätiger und liberaler Unterstützung er seine dänische Geschichte niederschrieb, in mehrfachen Aemtern, wie als Hauskaplan und Handschreiber (dass er nicht Dompropst zu Rothschild gewesen sei, wie man häufig angeführt hat, ist in der trefflichen Abhandlung ü. Saxo von **Dahlmann**, Forschungen auf dem Gebiete der Geschichte, B. I. pag. 150 ff. zur Genüge widerlegt worden) thätig. Sein Todesjahr ist eben so ungewiss, als sein Geburtsjahr, wahrscheinlich jedoch ins erste Lustrum des dreizehnten Jahrhunderts zu setzen.

Erasmus von Rotterdam, einer der Walhallagenossen König **Ludwigs von Bayern**, sagt von Saxo Langes man kann wohl sagen in mancher Beziehung wunderbarem Buche unter andern: „Ueber das Meer hinüber, nach Dänemarks Gestaden, möchte ich einmal, um das Land zu sehen, das einen Mann hervorzubringen im Stande war, wie den Saxo Gramaticus, der in dem prachtvollsten und herrlichsten Stil seines Volkes Geschichte geschrieben. Er ist ein Geist voll Leben und Feuer, nie rüde noch schlaff, nie matt, einen Wortreichthum und einen Schatz schöner Sprichwörter und Redensarten hat er, dass es wahrlich zum Erstaunen ist, wo ein dänischer Geistlicher, und zwar zu jenen Zeiten, eine solche Macht über die Sprache herbekam." — Die neueste und beste A. des Saxo ist, wie man weiss, die von dem berühmten P. E. Müller und von J. M. Velschow im J. 1839 in Kopenhagen herausgegebene. —

Von Heldengräbern schwingt die Poesie sich gern empor auf mächtigen Flügeln.

Sehr schön sagt ein anderer Dichter der gothischen Schule, Bernhard von Beskow, (pag. 244 dieses Bandes) in einem Gedichte an Tegnér:

„*Tvä äro nycklarna till Nordens grifter,*
Den ena dödens och den andra din", d. i.:

Zwei Schlüssel gibt es zu des Nordens Grabern, den einen hat der Tod und den andern den hast du. — (B. v. Beskows Vitterhets-försök, Stockholm, 1829, B. I.)

Asenzeit, d. i. die Zeit, als die Asa-Gottheiten „noch die Welt regierten." — Im V. Heft der Iduna ist das Gedicht gleichsam die Elegie eines „siste Hedningens", eines letzten Heiden, und als solche ein wohl nicht unabsichtliches Seitenstück zu E. G. Geijers herrlichen Dichtungen „Den siste Kämpen" und „Den siste Skalden". Selbst der schwedische Skalde, der doch in dieser Hinsicht auf durchaus nationalem Boden steht, sah sich damals noch genöthigt, seinem Gedichte mythologische Erläuterungen hinzuzufügen; — will nun Einer unsere Mühe tadeln, so rufen wir ihm mit Rückerts Worten zu: Du Weiser von Schwaben, von Tripstrill und Hadeln, stumpf sind deine Nadeln, unsere Mühe werden die Erfolge adeln.

Heimdall, du Sohn der neun Jungfrauen.

Ueber Heimdall, den Wächter der Regenbogenbrücke, sein Ross Gulltopp und sein Gellhorn, womit er am Tage des Weltunterganges zum allgemeinen Weltkampfe ruft, s. K. Simrocks schon mehrmals erwähntes mythologisches Handbuch pag. 324 bis 331, und N. M. Petersens Nordische Mythologie, pag. 245 etc. etc. — Am Schluss des eddischen „Rabenliedes" ist er der Gott des anbrechenden Tageslichts:

„*Auf standen die Herrscher und die Elfenbestrahlerin;*
Nördlich gen Niflheim floh die Nacht.
Ulfrunas Sohn klomm Argiöl hinan,
Der Hüter des Horns zu des Himmels Bergen.

Der Sohn der neun Schwestern ist er nach der 35. und 36. Strophe des eddischen Hyndeluliedes, wo er von ihm heisst:

Geboren war Einer am Anbeginn,
Ein Wunder an Stärke, göttlichen Stamme,
Neune gebaren den Friedenbringer
Der Erdentöchter am Erdenende.

Gjalp gebar ihn, Greip gebar ihn,
Ihn gebar Eyla und Angeya,
Ulfruna gebar ihn und Kyrgjafa,
Imdr und Ata und Jarnsaxa.

Dem Sohn mehrte die Erde die Macht
Sturmkühle See und zühnendes Blut,
Ihn rühmt man der Herrscher
Reichsten und höchsten.

Brücke nach Walhalla. Die Brücke nach Walhalla ist der Regenbogen. Ihr mythologischer Name ist Bifrosts Brücke (buchstäblich übersetzt die Brücke der schwankenden Wegstrecke, Rast) und nach Gylfis Täuschung reiten die Himmlischen darüber zur Erde, und nach der Heroenmythe die Könige und Helden nach dem Tode darüber nach Walhalla. V. den XXI. Ges. der Frithiofssage, pag. 169 d. Bandes. Eine anmuthige Schilderung der schönen Brücke gibt A. Oehlenschläger im I. Ges. seiner „Nordens Guder," wo er von Thors Fahrt nach Jöthunheim erzählt:

Die hochgeachwungene Brücke hinab fuhr Asa-Thor,
Hell quoll's da in den Spuren, wie Rosenglanz hervor.
Gott Heimdall bot den Gruss ihm mit seinem Horns Schall,
Ihm boten Gruss die Huldinnen, die sieben Farben all.

Da ritt noch Walvater etc. etc.

S. die Anm. pag. 321. Ueber das schnelle Ross Odens heisst es in der jüngern E. (Gylfes Täuschung, Dämis. 15. ff.): „Sleipnir ist das Ross Odins, es ist das beste, und hat acht Füsse." — Auf den beiden Schultern Odins sitzt ein Rabenpaar, sie heissen Hugin und Munin (Gedanke und Erinnerung (man v. das schöne Gedicht Friedrich Bodenstedts im Wiener Aurora-Album für das J. 1857), und die müssen ihm jeden Tag Botschaft bringen von der ganzen Welt. (Grimnismal, Str. 20 f. und Gylfis Täuschung, Dämis. 38 ff.)

Und Thor erhob sich stolz und kühn in seinem rasselnden Wagen etc. etc.

V. die Anm. pag. 320.

Thor schlug mit seinem Mjölner ins Gebirg hinein etc. etc.

S. die Anm. pag. 320, sowie die mythische Erzählung von Thors Fahrt nach Jöthunheim in Gylfis Täuschung, und in A. Oehlenschlägers dänischen Metamorphosen: „Nordens Guder", ins Deutsche übersetzt von G. Thormod Legis, erschienen in Leipzig 1829.

Loke. Weder Gott noch Jette von Natur, ist er der ganzen Welt Feind und Störenfried. Er ist von schönem Ansehen, doch böse und tückisch von Gemüthsart, vorzüglich ist er als Gott der Versuchung zu betrachten. Er ist das böse Prinzip in Walhalla und auf Erden. Ueber Loke v. hauptsächlich den Abschnitt von Simrocks germanischer Mythologie, pag. 347—348 und 403—425. —

– – – mit der Midgardsschlange, die rings um
Heimskringla sich ringelt.

Eine Riesin, Namens Angrboda, gebar dem Loke die drei Kinder Fenris, Jörmungandr und Hela. Den bösen Wolf Fenris nahmen die Götter zu sich, jedoch ergangne Prophezeihungen fürchtend, banden sie ihn an eine unzerreissbare Kette; eines Tages reisst er sich jedoch los und Walvater selbst besteht einen Kampf mit ihm. Die ungeheuere Weltschlange (Midgardsdrache) schleuderten sie ins Meer. Sie ist so grossmächtig, dass sie, die Welt umgürtend, sich selbst in den Schwanz beisst. Es ist das Meer, welches wie eine Schlange den Erdkreis umgibt. Der Däne Petersen in seiner nordischen Mythologie vergleicht sie mit dem Leviathan der Hebräer und der Schlange Ananda der Hindus, und selbst in Südamerika haben sie, wie Spix und Martius erzählen, einen Mythus, der mit dem von der Midgardsschlange Aehnlichkeit hat: — es ist der Mythus von dem brasilianischen Strom Perorooa, an den sich eine wunderbare Mährchenerzählung knüpft, und dessen Schlangenwindungen und dessen Brausen und Sausen das Phantasiegemälde freilich von selbst erklären. —

Wanadis ist die schöne Göttin, d. i. Freia. Der Name ist zusammengesetzt aus den Worten van, schön, und Dia, Göttin. Der gelehrte Finn Magnusen erinnert an das dem Süden angehörende, ursprünglich hetrurische Venus. — Dem Dichter dürfte übrigens, nebenbei gesagt, bei der Schilderung dieses nordischen Olympsfestmahls wohl das eddische Gedicht „Aegirs Gastmahl" vorgeschwebt haben, in dem auch die nämlichen Götter, wie in unserm Gedichte, ans Mahle Theil nehmen, während Thor „nicht kam, denn er war auf der Ostfahrt." S. das Gedicht in Simrocks E der 2. A. pag. 65 ff.

Und Frei stieg im wärmenden Regen zur Erde nieder.

Frei, Freier, der Phöbus Apollo des Nordens, der Bruder Freias, der Mondesgöttin und Beschirmerin der Liebenden. — Frei schwebt einher im Lichtkleide des Frühlings, das glanzt wie die Flur im röthlichen Strahle. Er ist es, der Regen und Sonnenschein, Theurung und Wohlfeilheit giht; ihn muss man anrufen um Segen des Getreides (er ist demnach der Phöbus Apollo und die Ceres des Nordens zugleich); er ist der Beschützer der Reichen; seine Götterburg ist Alfheim, die Wohnung der Lichtelfen. Der Gott der Fruchtbarkeit stand hoch im Ansehen, besonders in Schweden unter der Ynglingerdynastie. (S. Sturlesons Ynglingasaga, C. 12, wo jedoch schon statt dem Frotho der Saxo eine und dieselbe Person ist). Sein Name kommt oft vor in den Saguen, denn „so helfe mir Freier — so schütze dich Gott Freier" u. a. m.

war gewöhnlich der Schluss der Segnungen und Gelübde. — V. K. Simrocks Handbuch der deutschen Mythologie pag. 362—365, sowie das schöne Gedicht K. A. Nikanders pag. 273 dieses Bandes.

Skinfaxe und Rimfaxe. Nach den beiden eddischen Liedern „Wafthrudners Gesang" (Str. 14 ff.) und „Gylfis Täuschung" (10) die beiden Rosse, welche den Wagen der Nacht und des Tages ziehen. — „Die Nacht fährt voran mit dem Rosse, welches Rimfaxe heisst (d. i. das Ross mit reifiger Mähne), und jeden Morgen bethaut dasselbe die Erde mit dem Schaum seines Gebisses. Das Ross, womit der Tag fährt, hat den Namen Skinfaxe (d. i. dessen Mähne von Licht glanzt) und Luft und Erde werden hell von dem Glanz seiner Mähne." — Wie man weiss, lässt auch Tacitus in seiner German. die Nacht dem Tage vorhergehn: — „Nox ducere diem videtur." —

In der Nacht der unterirdischen Bergessäle sass der Jette mit trotzigem Muth etc.

Das Geschlecht der Riesen, Jöthunen, Thursen und Rhimthursen, ist in der religiösen Mythe des skandinavischen Nordens ein den milden, menschenfreundlichen Asagottheiten hassvoll gegenüberstehendes: — man kann sie die Titanen und Giganten des Nordens nennen, in welchem Sinn auch der prächtige „Jette", ein dem Prometheus ähnliches Gedicht E. Tegnérs (übersetzt von G. Mohnike im I. B. von dessen Kleineren Gedichten E. Tegnérs) gedacht werden muss. Sie hausen in unterirdischen Bergessalen (vgl. die Erzählung Gerdas pag. 185 dieses Bandes); — und von der Nacht, die man als die nordische Mythologie eine Riesentochter ist, heisst es in dem eddischen Gedichte „Gylfis Täuschung", C. 10, „sie sei schwarz und dunkel wie ihr Geschlecht", denn das Gute ist Licht, sagt unser Dichter an einer andern Stelle, „doch das Böse ist dunkel." Nach F. Stuhr sind sie eine Personification der das Licht und die Schönheit hassenden elementarischen Naturmächte.

Und der Skalde durchzog die Erde etc. V. die Anm. pag. 323.

Den Siegerschlaf auf Rotas blutigem Bette, d. i. den ruhmreichen Tod auf der blutigen Wahlstatt. V. die Anm. pag 335.

Ueber der Asche des Kämpen erhöhte er den Stein mit Runen etc. etc.

V. die Anm. pag. 323. — Runen hiessen die eigenthümlichen Schriftzeichen der skandinavischen Nordens. Das Runenalphabet bestand ursprünglich bloss aus sechzehn Buchstaben, die von Gestalt sehr einfach und zweifelsohne orientalischen Ursprungs waren, wiewohl ein paar schwedische Stubenhocker sich die originelle Meinung in den Kopf gesetzt haben, sie seien polizeiwidrige Bastarde der Mönchsschrift; was schon darum ein Zeichen einer starken Gelehrtenkühnheit und Genialität ist, weil sie sich, was leider zur Genüge erwiesen ist, auf Grabsteinen und Schmucksachen etc. finden, die vielleicht schon mehr als ein Jahrhundert unter Moos und Geröll schliefen, ehe das Christenthum in Norden eindrang. Eine Kopie dieser, in jenen Zeiten geheimnissvollen, und Zauberweibern und Wahrsagerinnen zur Beschwörung, sowie den Priestern zur Erforschung der Zukunft dienenden Schriftzeichen findet man unter andern auch in der schon mehrmals erwähnten, von mir herausgegebenen prosaischen Frithiofssage pag. 247, und wer noch mehr darüber lesen will, der lese einmal G. Thormod Legis „nordische Fundgruben", Leipzig, Verlag von J. A. Barth, 1829, B. I, und besonders des Schweden J. G. Liljegren treffliche „Runenlehre", erschienen in Stockholm, 1832.

Mathilde. Die Sängerin und Liedercomponistin Mathilde Orotzka. Ihr späterer Gemahl, der k. schwedische Marinecapitän v. Mongomry, sah sie in Florenz, und führte die Nachtigall des Südens, wie T. und selbst italienische Poeten sie nennen, ein glücklicher Wikinger nach wenigen Wochen mit sich nach Norden.

Jacob Faxe. Der Sohn des Lunder Bischofs und Universitätskanzlers D. Faxe, des treuen Freundes T's. Das Lunder Bischofshaus mit seiner liebenswürdigen Wirthin, „der Frau Bischöfin", und zwei blühenden Kindern, einem Sohne und einer Tochter, war durch mehr als einem Jahre hindurch seine zweite Heimath. Jakob war bereits Adjunkt der Universität, als er im J. 1827, wo T. bereits in Wexiö wohnte, plötzlich einer epidemischen Krankheit erlag.

Sicherer, sagten wir uns, gravitirt die Erde nicht zur Sonne etc. etc.

Klingt an an die berühmte Erzählung Plutarchs von dem grossen Epirotenkönige und der Unbestechlichkeit seines noch grössern römischen Gasts.

Das Land der kupferfarbigen Antipoden hält nun die Tochter etc. etc.

Es ist die nämliche Louise Faxe, welcher T. das schöne Gedicht auf den Weg mitgab, (s. den IV. B. von E. Tegnérs Werken, pag. 124) worin unter andern die schöne Stelle hervorstrahlt:

„*Doch die Hochzeitsfackel treuer*
Liebesflammen löscht kein Meer,
Sondern wie bengalisches Feuer
Durch die Brandung glänzt sie hehr."

Der Bräutigam war der k. Marinecapitän v. Greiff, dem sie im J. 1825 nach Südamerika folgte.

Heiligenhügel (Helgonabacken), die heilige Anhöhe), ein waldiger Hügel unweit Lunds, auf dem vormals ein Kloster der heiligen Helena stand, woher sein Name. Bischof Faxe besass am Fuss dieses Heiligenhügels, einer Lieblingspromenade der Lundenser, einen kleinen Garten.

Absalon, aus dem altadeligen Geschlechte Hvides und der Milchbruder Waldemars des Grossen geboren im Jahre 1128, besuchte die Hochschule zu Paris, bestieg im J. 1158 den Rothschilder Bischofsstuhl, nahm nach dem Amtsaustritt des lundischen Erzbischofs Eskil (1177) auch den Lunder Bischofssitz ein, und starb, nach einem höchst sturmvollen und ruhmreichen Leben, den 21. Marz 1201. Bischof Absalon ist eine jener „ehernen Gestalten", die „in unseren Kirchen dumpfem Schooss" (G. Kinkel, Gedichte, 1843, pag. 45 ff.) stehen, mit Stab und Schwert, strengen Blicks und vorwurfsvoll an die Zeit voll Glaubensmuth und Heldentrotz mahnend, die mit ihnen in die Gruft hinabstieg. „Antistes creatus, non minus piratam se (s. J. L. Heibergs schönes Gedicht von Absalon), quam pontificem gerebat", ist Saxos Lob auf seinen grossen Maecenas, Velshow, pag. 738 ff. — A. Oehlenschlager, der keinen Stern übersah, der ihm am Himmel des Heimathlands glänzte, rühmt ihn und Esbern den Raschen, seinen grossen, Volksliederberühmten Bruder (einen der Helden am Hove Waldemars des Grossen, und Erbauer der Stadt Kalundborg (Saxo Grammaticus Lib. XV) als die „Thurmspitzen am dänischen Haus"; und „ob auch das Moos ihr Grabmal längst überzog, — Axels und Esberns des Raschen Namen erheben im Norden sich hoch." (A. Oehlenschlagers Gedichte, erschienen in Kopenhagen 1824, B. III pag. 210 ff.). — In Dichtung und Sage, wie in dem erwähnten Oehlenschlagerschen, in Tegnérs Gerdsbruchstücken etc. führt er in der Regel den Namen Axels anstatt Absalons, (welches letztere nach S. Grundtvigs Register zu seiner dänischen Uebertragung des Saxo, erschienen zu Kopenhagen 1818 in 3 Bänden, bloss eine Verdrehung des erstern sein soll); — nach einer neueren Untersuchung P. A. Munchs im 1. Hft. des II. Jahrgangs der „Norwegischen Universitätszeitschrift" von 1857 jedoch, soll er in Wahrheit niemals anders als Absalon geheissen haben. — Fliegen denn die Raben noch um das graue Sternthor in Bonn und um Niebuhrs Grab? —

Saxo. S. die Anm. pag. 339.

Finn, eine Gestalt aus Tegnérs eigner Dichtung „Helgonabacken" (s. die schöne Stelle p. 186 d. R.). — Wie uns in Macphersons Ossian, diesem so einzigen, so genialen Betruge, der aus dem Herzen eines Goethes (Werthers Leiden) den Homer zu verdrängen vermochte, gar mancherlei Gestalten begegnen, die uns an Lochlin (der ossianische Name Skandinaviens) mahnen, so finden wir daselbst auch diesen Riesen

Finn wieder, der erst von Irland und Schottland nach Skandinavien herübergekommen zu sein scheint.

Der Held uralter irischer und schottischer Balladen (Macpherson im Ossian macht ihn unter dem Namen Fionghal zu einem König von Morven in Schottland) war er nämlich ein Führer irischer Milizen unter den Königen Cuirbar und Gormac, wird als ein Recke von übermenschlicher Kraft geschildert, und so lebt er denn gleich den griechischen Cyclopen, als Urheber von riesigen Bauwerken in Volkslied und Sage, welche letztere ihm unter andern auch die Erbauung des Lunder Doms zuschreibt —

O. Myhrman. Er war der Schwager des Dichters und „Brukspatron" des nämlichen Bergwerks in Ramen, wo T. zum Theil erzogen worden war, und wo ihm in seiner Nanna (s. die Anm. pag. 330) das Glück seines Lebens erblühte. — M. † in Stockholm am 28. Junius 1836. — Von der „Wettbahn mit der Maserholzkugel", die in dem Gedichte erwähnt ist, gibt einen Begriff die treffliche Lebensbeschreibung des Dichters B. I. von Tegnérs Werken, pag. XXVIII.

Doch es war vergebens: Wirklichkeit und Dichtung wiegen aus einmal ungleich etc. etc.

„Denn eine Kluft besteht nun einmal zwischen den beiden Sphären der Dichtung und der Wirklichkeit," sagt T. in einer seiner Reden, „und wer recht heimisch ist in der einen, der geht gewöhnlich wie ein Traumender durch die andere."

Hagahain. Eine Art Leipziger Rosenthal in dem Theil Stockholms, welcher den Namen Norrmalm führt. Durch den Hagahain führt der Weg nach dem schönen Kirchhofe der schwedischen Königsstadt.

Mathias Norberg, Dr. der Theologie und Kanzleirath, der Sylvester de Sacy Schwedens, geboren im hohen Norden des Landes (daher die Stelle im Gedichte: „Ich weiss es wohl, du sehntest dich hinauf nach dem Norden" etc. etc.) im J. 1747. † als Professor der orientalischen Sprachen in Upsala 1826. Früher, vom J. 1781—1820, in dieser Eigenschaft eine der Zierden der Lunder Universität („der Freund des Orients, der Stolz des Nordens") und als solcher einer der ersten und theuersten akademischen Lehrer T.'s, da er neben dem morgenländischen Sprachen auch die griechische lehrte und Homer, Xenophon und Plato las. — Unter Norbergs Werken erwähnen wir bloss seine berühmte A. des syrischen Religionsbuches der Sabier (Johannisjünger): Codex Nasareus, liber Adami appellatus etc. Londini Gothorum 1815, in 3 voll., worauf die Stelle im Gedichte: ...... „die erhabne Vorzeitslehre, ein heiliges Adamsbuch" eine nun wohl nicht mehr dunkle Anspielung enthält.

Gedenkst du noch des Landes, wo du einst gerne gelebt etc.

Schonens und Lunds nämlich. S. die vor. Anm. Gerade damals, als die Nachtmahlskinder erschienen (pag 195 dieses Bandes), lebte N. wieder ein paar Jahre in seinem Heimathsort im hohen Norden, kehrte jedoch dann zum akademischen Lehramt und zwar nach Upsala zurück.

Denn auch ich habe mich gesehnt nach meinen Bergen, nach dem Rauschen meiner Wälder etc.

V. das schöne Gedicht des damals einundzwanzigjährigen Jünglings: An meine Heimath (p. 39 ff. dieses Bandes). —

In jeder Sele glüh'n die Bilder irgend einer lieben Heimath; der Himmel ist blauer da und die Rosen prangen röther.

V. E. Geibels wunderschöne Romanze: Der Zigeunerknabe im Norden:

„Wo die Mandeln röthlich blühn,
Wo die süsse Traube winkt;
Wo die Rosen röther glühn
Und des Mondlicht goldner blinkt."

Skidbladner, das Schiff Gott Freiers, und nach Grimnismal das beste Schiff der Erde: — in unserm Gedichte ist es das Schiff der Poesie. — Nach dem mehrfacherwähnten Gedichte Gylfis Täuschung ist es indess nicht eine Schöpfung Odens, sondern, wie es da heisst: „gewisse Zwerge, Iwaldis Söhne, schufen Skidbladner und gaben das Schiff dem Freier; es hat stets guten Fahrwind, und will man es nicht gebrauchen, um die See damit zu befahren, so ist es aus so vielen Stücken und mit so grosser Kunst gemacht, dass man es wie ein Tuch zusammenlegen und in seiner Tasche tragen kann." — Nach Finn Magnusens mythologischem Lexicon (veterum Borealium Mythologiae Lexicon, erschienen zu Kopenhagen 1828) ist der Name zusammengesetzt aus skid (skidia, Täfelchen) und blad (Blatt), trägt also seine Erklärung schon in sich selbst.

Ueber Meer und Länder hin schwebt der Dichtung goldenes Schiff.

V. die schöne Stelle in H. C. Andersens „Dichterschiff", einer Nachahmung Tegnérs:

*Und den Strom hinan nun strebt
Wölbigen Bugs ein stolzes Schiff.
Ehrne Planken gab Walhalla's
Riesenesche zu dem Bau,
Und der Mastbaum der unsel'ge
Schmerzensstamm in Edens Au.
Seine Segel sind die Wolken,
Ueberglüht vom Abendstrahl,*

*Und mit Blumen und mit Kränzen
Schmückt's der Frühling allzumal.
Einsam sieht der Skald am Steuer,
Stürmt durch seiner Saiten Gold,
Durch der Wogen Brandung rauschen
Seine Klänge wunderhold.*

Schau, unten im fernen West erhebt zwischen Goldgewölk sich eine Stadt etc. etc.

V. Tegnérs poetische Uebertragung der „Sehnsucht" von S., in der die nämliche Strophe wiederkehrt.

Idawall (Idafeld), nach J. Grimms deutscher Mythologie 785 das verlorne und künftige Paradies der neugrün aus der Fluth steigenden Erde, welches am Tage des Weltunterganges an derselben Stelle stehen soll, wo vormals Walhalla war, und wo sich im Gras „die goldenen Runentafeln wieder finden werden, die da am Morgen der Zeiten verlorengegangen waren." — S. die schöne Stelle im 24. Gesang der Frithiofssage (pag. 178 dieses Bandes) und den Schluss von Gylfis Täuschung.

Da weiss man noch nichts von Balders Fall und Tod.

Balder, der Gott des Lichts und des Guten, ist der Sohn Odens und Friggas. Er war der beste der Götter und „von jedem Wesen geliebt;" er bewohnte vormals die strahlende Wohnung des Lichts und der Schönheit, die Lichteste der Burgen, Breidablick, er selbst schon strahlend von Licht und Glanz und Schönheit. Doch leider erlag gerade der beste Ase der Nacht und dem Tode. Die Mythe von seinem Fall ist eine der schönsten der ganzen nordischen Sage. In Frieden herrschte der Gott, in seiner strahlenden Breidablick mit Nanna, der treuen Gemahlin, und seinem richtenden Sohne Forsete. Da hingen sich eines Nachts schwarze Traumbilder an seine Seele, die ihm Gefahr zu drohen schienen. Er theilte sie den andern Gottheiten im Rathe mit und fragte sie, was wohl zu thun wäre zur Abwehr eines ihm wahrscheinlich drohenden Unglücks. Jedoch nur die Juno des Nordens, Frigg, der jedes Geheimniss klar war, wusste einen Rath. Sie zog nämlich hinaus in die Welt, und, den ganzen Erdkreis umwandernd, nahm sie einem jeden geschaffnen Wesen einen Eidschwur ab, dem lieben Sohn nicht zu schaden; nur ein einziges Bäumchen übersah sie, (die heilige Mistel der Druiden), und das brachte den Gott zum Fall. Denn der Widersacher der Ewigen und der Menschen, Loke, sah's und nahm es zu Gemüth. Als nun die Zwölfe in Walhalla beim Kampfspiel nach dem unverwundbaren Balder mit dem Speer warfen, gab der Gott dem blinden Höder jenes übergangene Bäumchen als Speer in die Hand und forderte ihn auf, auch einmal nach seinem leuchtenden Bruder zu werfen. Der Blinde that es in seiner Unschuld, dem bösen Feinde zur Lust, und der blühende Liebling der Ewigen war des Tods. Sprachloser Schmerz ergriff den ganzen Olympos des Nordens, denn, wie T. an einer Stelle des 24. Gesangs der Frithiofssage so schön sagt, „zerrissen war das goldene Band, welches den Blumenkranz Walhalla's zusammenhielt."*) — Von der Zeit an herrschen der Zufall und das Böse in der Welt. — Ueber Balders Tod und Fall und den tiefen Sinn des Mythus s. übrigens das Gedicht Gylfis Täuschung (C. 49 ff.) und K. Simrocks mythologisches Handbuch, pag. 85 u. 91 ff.

Da rauschen noch Brages Saiten. S. die Anm. pag. 325.

Sowohl Sprache als Versmaass lassen darauf schliessen, dass das „**Ewige**" eine freie Nachahmung, und mehr als das, ein Seitenstück zu den zwei herrlichen Gnomen unseres grossen Dichters, den „Worten des Glaubens" und den „Worten des Wahns" sein soll. Auch in ihm tritt die Kantische Philosophie als der Leitstern der Poeten hervor, denn das „Gute, Wahre und Schöne" ist ein der Lehre Kants angehöriger Begriff, wie man weiss.

Die deutsche Sprache.

In Bezug auf die wenig schmeichelhafte Meinung des Frithiofssängers von unserer schönen Sprache ist eine Stelle in F. M. Franzéns Lebensbeschreibung Tegnérs von Gewicht, in der es heisst: „Indess, da er in dieser kleinen Privatbibliothek keinen einzigen deutschen Poeten fand, sondern sich genöthigt sah, die deutsche Sprache bloss durch die elenden Lehrbücher zu erlernen, die ihm damals (1798) zu Gebote standen, so sog er gegen sie ein Vorurtheil ein, von dem er übrigens später zurückkam." — Ruft man sich nun den periodenreichen Styl Wielands u. a. a. in Gedächtniss zurück, der gerade damals Mode war, so kann man den Tadel des Dichters kaum ungerecht finden. — In späteren Jahren hat sich T. sehr fleissig mit den Literaturschätzen unserer Sprache beschäftigt, und hat unter andern den Cid von Herder und Lessings Nathan den Weisen ins Schwedische übersetzt. (S. den IV. B. von Tegnérs Werken, Stockholm, 1847—1851, pag. 203 ff.)

Die schwedische Sprache.

Cicero pro domo, jedoch in einem Sinn, den gewiss kein Fremder zu tadeln wagen wird. Man rufe sich einmal Klopstocks Ode: „Unsere Sprache"

---

*) V. den 1. A. von A. Oehlenschlägers mythischem Drama „Balder der Gute".

ins Gedächtniss zurück. — Mit den Worten: „von den männlichen Zügen wasche dir die fremde Schminke ab etc. etc." straft T., ein warnender Tribun im Freistaat der Sprache, die französische Geschmacksrichtung, von der im I. B. dieses Werkes oft genug die Rede ist.

Poetische Epistel Nasos an Adlerbeth.

G Adlerbeth, geboren im J. 1751, † als einer der Achtzehn der schwedischen Akademie 1818, ist gewissermassen der schwedische Voss. Unter seinen zahlreichen Uebertragungen erwähnen wir die der Aeneis, (1810) der Hirtengedichte und des Landbaus von V. Maro, (1812) die der Briefe und Satiren des Schwans von Tibur, (1814) und zuletzt die von O. Nasos Metamorphosen (1820), vom T. den ihm freundlich nahestehenden Gelehrten durch diesen „Dichterbrief" (geschrieben im J. 1815) nicht wenig ermuthigt haben mag, denn damals strahlte T.'s Stern bereits im Zenith seines Glanzes, und jede neue Strophe, die seinen Namen trug, durchflog Schweden in Hunderten und Tausenden von Exemplaren.

Der selbst einmal, glaub' ich, in gotischen Tönen dichtete.

In einem Briefe aus der Zeit seines Exils in Tomi am Pontus Euxinus (im 13. des IV. B., v. 19 ff.) sagt nämlich O. Naso von sich selbst:

. . . . . „*et getico scripsi poëta libellum,*
Structaque sunt nostris barbara verba modis.
. . . . *corpique poëtas*
Inter inhumanos nomen habere Getas."

Magisterpromotion. Zum Verständniss dieses herrlichen Gedichtes ist vorauszuschicken, dass die schwedische Magisterpromotion genau den akademischen Promotionen in andern Ländern entspricht: — es ist die Erlangung der höchsten philosophischen Würden, nur unter andern, pompösern und feierlicheren Formen. Gewöhnlich ist es nämlich eine grössere Anzahl von Jünglingen zugleich, welche das Diplom erhält. Die Promotionsfeierlichkeit geschieht im Chor der Universitätskirche, und zwar auf einer eigens zu diesem Zwecke erbauten und mit Blumen geschmückten Erhöhung, welche der Parnass heisst, da sich von seinen Höhen herab die jungen Bürger der Gelehrtenrepublik statt des anderwärts üblichen Doktorhuts den Schmuck des philosophischen Lorberkranzes holen. Daher unter andern der schöne Gebrauch des Mythus von Daphne im Gedichte.

— — — **an seinem Fuss jedoch, da lag der Mittelpunkt der Welt, die Stadt Apollo's etc.**

Zu dieser Stelle gibt T. selbst die Note: „Delphi, das bei den Griechen für den Mittelpunkt der Erde

galt. Dort befand sich auch der kastalische Quell und das pythische Orakel." S. den III. B. von E. Tegnérs Werken, pag. 155.)

Die Töne der Orgel, die ein Bild ist jener grossen unsichtbaren Orgel etc. etc.

V. die schöne Stelle in A. Oehlenschlägers „Correggio", wo Coelestina von dem musikalischen Genius eines grossen Italieners so schön sagt:

— — — *Bei seiner Orgel sah ich Palästrina,*
Von der die Pfeifen gingen durch die Welt,
Und der die Stürme Luft zum Tone bliesen.

Von Phöbus rührt der Lorber her etc. etc.

Das Urbild dieser Mythe von Daphne ist die schöne Erzählung in Ovids Metamorphosen I. Buch, 452 ff. Eine schönere Exegese dazu kann es wohl nicht geben, als die T.'s. —

Am heutigen Tage habt ihr zu der heiligen Adelsfahne der Wahrheit geschworen etc. etc.

Es ist zu diesem scheinbar so einfachen und auf der Hand liegenden Bild doch zu erinnern, dass es eine nationale Anspielung enthält und dass es in Schweden ein Gardecorps gab von 350 Mann, welches die schwedische Adelsfahne hiess, und wozu der Eintritt bloss den Söhnen der höchsten Adelsfamilien des Landes zustand.

Und wenn der Grabstein, der Markstein der Ewigkeit, ein blumenüberhangener Trauungsschämel vor euch steht etc. etc.

V. die Anm. pag. 339.

Lundershof. Ein schöner freier, mit Bäumen umgebener Platz in Lund, an welchem der Dom und die Universitätsgebäude liegen. Jetzt steht unter diesen Bäumen das Standbild Tegnérs von Qvarnström.

G. von Leopold. S. die Anm. pag. 337.

Da erhob sich aus der Nacht seiner Thäler ein jüngeres Geschlecht.

Die neue Schule, besonders die phosphoristische, welche zum Theil mit allzuleidenschaftlichem Hass die Träger des akademischen Glanzes (deren v. Leopold einer war) bekämpfte. — S. den II. B. dieses Werkes.

J. O. Wallis, geboren im J. 1779 zu Stora Tuna in Dalekarlien, † als Erzbischof und Primas von Schweden im J. 1839. Gleichsam der Moses der schwedischen Kanzelberedtsamkeit, ist er als Dichter (s. den II. B. dieses Werkes), nach einer berühmtgewordenen Bezeichnung Tegnérs, so zu sagen der David des schwedischen Kirchengesanges. Er hat das herrliche schwedische Gesangbuch herausgegeben, von dem der Sänger der Frithiofssage in seinem wunderschönen Beileidsschreiben an das Dom-Capitel in Upsala (s. die schwedische Zeitschrift „Mimer" vom J. 1839, Nr. 8, und den VII. B von E. Tegnérs Werken) so Hohes und Rühmliches gesagt hat, und von dem der II. B. dieses Werkes schöne Proben enthält.

Die schwedische Kirche, die Kirche Wasas.

S. unter andern den II. B. von E. G. Geijers kleinerer Schwedischer Geschichte. —

Denn die Sprache Spiegels etc. etc.

Ueber Haquin Spegel (geboren im J. 1645, † als Erzbischof von Schweden 1712) und seine herrlichen Psalmen s. den L B dieses Werkes. Der nun freilich von W. überarbeitete schöne 75. Psalm des schwedischen Gesangbuches: „Jesu, lär mig rätt betänka" etc. etc. (Svenska Psalmboken. Stockholm, 1841, Nr. 75) ist von SpiegeL

Das Buch Johannis, die göttliche Sage.

Das Evangelium Johannis, welches W. ins Schwedische übersetzt hat.

K. Adolph Agardh, der berühmte schwedische Naturforscher, geboren im J. 1785, zu Bostad in Schonen, † als Bischof von Karlstadt 1859. Er war in den schönen Tagen Lunds und des gothischen Bundes der treue Freund und Amtsgenoss Tegnérs gewesen. —

Wenngleich der Plats, welchen du einnimmst, keineswegs mehr von einem Jedem so hoch wie vormals geschätzt ist etc. etc.

V. die Anm. pag. 339, unter G. v. Leopold: — Da erhob sich aus der Nacht seiner Thäler ein jüngeres Geschlecht etc. etc.

Gustavs Stiftung. Wie man weiss, ist die Schwedische Akademie der Achtzehn eine Stiftung König Gustavs III. V. die Anm. pag 348.

Magnus Lehnberg, † als Bischof von Linköpings Stift im J. 1810, ein sehr berühmter Kanzelredner seiner Zeit. Ein Schriftbild seines Lebens und seiner literarischen Thätigkeit besitzt Schweden von dem berühmten Nils von Rosenstein.

J. Gabriel Graf v. Oxenstjerna. S. die Anm. pag. 350.

J. H. Kellgren. S. die Anm. pag. 350.

G. v. Leopold. S. die Anm. pag. 339.

Graf Clas Fleming. Ueber den Reichsmarschall Grafen Clas von Fleming s. eine schöne biographische Silhouette in E. G. Geijers Werken, B. II der I. A. pag. 136. —

Mit deinen Blumen, diesen Schoosskindern der Natur etc. etc.

Sehr schön sagt Tegnér an einer andern Stelle, in seiner herrlichen Rede zum Gedächtniss des Grafen J. Gabriel Oxenstjerna (ins Deutsche übersetzt

von Tinette Homberg in E. Tegnérs Reden, Frankfurt, H. L. Brönners Verlag, 1844): „Welche fühlende Sele möchte wohl die Blumen nicht lieben, diese Sonnenkinder, diese seligen Morgenträume der schlummernden Erde?" —

A. A. Atterbom. S. die Anm. pag. 328.

Die Macht der Zeit, die uns Beiden so manches Jahr unter verschiednen Fahnen unsern Kampfplatz anwies.

Wie man weiss (s. den II. B. dieses Werkes) war A. A. der Gründer und die Sele der phosphoristischen Schule; seine philosophische und poetische Thätigkeit war daher eine der gothischen Schule gegenüber oppositionelle, den akademischen Traditionen gegenüber eine gradezu mauerbrecherische. Und nun: — Herr Markall und Consorten würden sich gewiss im Grabe umkehren, wenn sie es sähen: — nun führt der Sänger der Frithiofssage selbst den König im Phosphorosmantel, mit dem Schwert des Gedankens und mit der Karfunkelkrone der Poesie, zum Sängerthron des Asa-Barden — P. H. Lings! — Ja gewiss ist das ein Beweis „von der Macht der Zeit, der grossen Umgestalterin etc. etc."

Eine goldene Zeit, wo kaum noch ein Zwiespalt war zwischen dem Bilde der Dichtung und der Wirklichkeit.

Man v. hiemit die schöne Chrie in A. Atterboms unschätzbarem Buche: „Studier till philosophiens historia och system", Upsala, 1835, B. I. wo A. unter andern von der Schönheit und Harmonie des Lebens, wie des Dichtens und Philosophirens in Griechenland, und von der gottbetrunkenen Schönheit besonders Platos spricht.

Die Natur sogar . . . . . sprudelte da noch von Leben etc. etc.

V. die „Götter Griechenlands" unseres grossen vaterländischen Dichters, dieses Gedicht, das, wie Kuno Fischer so schön sagt, nicht eine Hymne, sondern eine Elegie ist, und in der daher jeder Ton wie der Klageruf eines trauernden Herzens klingt.

Im Osten sass Eos mit der Purpurfahne.

Wahrscheinlich mit absichtlicher Anspielung auf eine Stelle von A. selbst, wo dieser nämlich in seinem schönen Blumengedichte „Solrosen" einmal nicht minder schön sagt:

„Och när Auroras purpurröda fana
All verden kungens kröningstäg förkunnar"

Da maass sich die Wettbahn ihr Feld ab zu den Spielen der Kraft etc. etc.

V. die wunderschöne Schlussparabase der Sphinx in Platens romantischem Oedipus:

– – – *So that man nicht in Griechenland, woher ich
 komme; jede Kraft
Fand ihren Spielraum, keine gab dem Unvermögen
 Rechenschaft.
Gewähren liess man, was Natur aus diesem Mann ge-
 macht, und dem,
Und ehrte jeden grossen Trieb in diesem grossen Welt-
 system.
In Aeschylos den hohen Trotz, den Duldersinn im So-
 krates,
Die Weichlichkeit Anakreons, den Witz des Aristo-
 phanes;
Im nahm der Tänzer seinen Kranz, der Fechter seiner
 Fäuste Preis,
Dem Schönen ward ein schöner Freund, dem Weisen
 ward ein Schülerkreis;
Da wuchsen ächte Männer auf, und Frauen gross wie
 Sappho war,
Heldschig wie Aspasia, wie Diotima wunderbar.*

– – – – – – – – – –

Ferner E. Geibels herrlichen Frühlingshymnus
(Juniuslieder, 7. A., Stuttgart u. Tübingen, 1851),
wo er von Griechenland und den goldenen Tagen sei-
ner Freiheit so wahr und schön singt:

*„Denn sie ... war's, die ihre Weihen
Trischwendrisch ausgoss auf die Säulenreihen,
In der ein Schimmer auf des Kindes Spiel,
Wie auf die braune Stirn des Helden fiel; —
Ihr Walten war's, wenn an Alpheus Strand
Im Staub der Rennbahn, hoch vor allem Volke,
Der Rosselenker mit dem Wagen stand,
Dem jungen Phöbus gleich in seiner Wolke; —
Ihr Walten, wenn der todte Mai moralein
Erblühend in das Leben jauchzt' hinein;
Wenn ein Gewitter von des Redners Stuhle
Der heilige Eifer zürnend sich ergoss,
Und wenn im Oelwald vor der frommen Schule
Ein hold Gespräch von weiser Lippe floss;
Ihr Walten war's, wenn bei den Thermopylen,
Den Helm bekränzt, im heitern Festgewand,
Das Auge lächelnd, die Dreihundert fielen,
Ein freudig Opfer für das Vaterland; —
Wenn dann, von solchem Segen überall,
Ein grosses Lied aus trunkner Seele quoll,
Und, während andachtsvoll die Menge lauschte,
Von selbst der Lorber in die Strophen
 rauschte.*

– – – – – – – – – –

**Die Ynglingasaga des Hellenenvolkes sang
Herodotus da etc. etc.**

Mit Hinweis auf eine oft gezogne Paralele zwischen
der naiven Geschichtserzählung Herodots und S.
Sturlesons, des V. der herrlichen Ynglingasaga. —
S. die Vorrede zu Mohnikes Heimskringla, Stral-
sund bei Trinius, 1835. —

**Die Schönheit des Heidenthums erblasste, als der
Stern des Lebens am Himmelsgewölbe erschien, und
leuchtend ob Bethlehems Dächern stand etc. etc.**

V. die schönen Strophen in Nicolaus Lenau's
epischem Gedichte „Savonarola":

*Die Menschheit hat nach Gottes Lichte
Gesehnt sich längst und ehedem;
Der Strom der heiligen Geschichte
Entsprang jedoch in Bethlehem.*

– – – – – – *in frühern Tagen,
Da trieb der Mensch noch ohne Bahn,
Vom Strand der Sehnsucht stets verschlagen,
Auf weitem wildem Ocean*

*Jetzt endlich ist zu seinem Wohle
Der Weg durch's Meer dem Menschen kund; —
Die sichre heilige Bussole
Des Glaubens gab der neue Bund.*

**Ein kräftiges Geschlecht von Menschen, mit eifer-
süchtigem Auge seine Freiheit und sein Recht: —**

Libertatis vindex in dem Sinn Ciceros (in
seinem Buche de legibus III) und des Livius
(L. III. 55.) —

**Norränasprache, die vormals dem ganzen skandi-
navischen Norden gemeinsame Ursprache, die
Sprache des Runengesanges und der Sage.**

Wanadis. V. die Anm. pag. 341.

Oeders theures Bild. S. die Anm. pag. 335.

Der weisse Gott mit der bleichen Stirne. V. die
Anm. pag 344 unter Balder.

In heissen Thränen schmolz Nanna hin etc. etc.
S. die Anm. pag. 344.

Und Frei setzte sein Schwert zum Pfande.
Nach einem Gedichte der ä. E. (Skirnirs Braut-
fahrt, 9) und Gylfis Täuschung (37) gab Frejr, um
in den Besitz Gerdas zu gelangen, sein Schwert zum
Pfande, „das ein so gutes Schwert war, dass es von
selbst focht." —

*„Oft ist ein Monat
Mir kürzer erschienen,
Als eine halbe Sehnsuchtsnacht,"*
sprach Freijer zu Skirnir, seinem Diener, „und liess
es ihm daran nicht mangeln, und gab ihm das
Schwert." —

Runengesänge, an dieser Stelle die mythologi-
schen Dichtungen; — anderwärts tragen diesen
Namen auch gewisse Zaubergesänge und Be-

schwörungsformeln. — Einen Gesang der letztern Art enthält die ä. E. (K. Simrock, die E., die ä. und die j.) 2. A., Stuttgart und Augsburg, 1855, pag. 116). —

Havamal (Des Erhabnen Lehrgedicht), ein noch jetzt bewunderungswürdiges Buch ächtaltnordischer Gnomen, welches unter andern K. Simrock in seiner mehrfacherwähnten E. so unübertrefflich wiedergegeben, und von dem T. im 2. Ges. seiner Frithiofssage Einiges benutzt hat.

Der einäugige Gott. Eine oft wiederkehrende Bezeichnung Odens, welcher eines Trunks wegen aus dem Quell Mimers sein eines Auge verlor. (Vgl. die Anm. pag. 335.)

Sleipner. V. die Anm. pag. 340.

Die Nornen an dem Quell der Zeiten. V. die Anm. pag. 320.

Drei Schildjungfraun auf einem ewigen Ting. V. die Anm. pag. 312 und pag. 336.

Deren mächtiger Schall durch Heimskringla und Walhalla dringt etc. etc.
In Prosa übersetzt, durch die beiden Welträume des Himmels und der Erde. V. die Anm. pag. 317 und 320. —

Wie gewaltig Asathor etc. V. die Anm. pag. 320.

Wie Iduna blühte.
Iduna ist die Hebe des Nordens. Sie ist die Gemahlin Brages, des greisen Gottes der Dichtkunst (s. die Anm. pag. 325), und bewahrt in einer Schale die goldenen Aepfel, ohne deren Genuss die Götter Walhalla's altern würden, was auch in der That einmal geschah, als die Göttin von einem Riesen des Gebirgs geraubt ward, der die Gestalt eines grossen Aars annahm und, gleich dem Königsvogel des griechischen Zeus auf Ganymed, auf die achtlos im Walde nach neuen goldenen Früchten suchende Schöne niederschoss, und sie davonführte, wie in einem Gedichte der jüngern E. (Bragis Gespräche) und anderwärts zu lesen ist.

Wie Freia am Spinnrocken sass und spann. V. die Anm. pag. 337.

Wie Gefion fror und Lofna glühte. Gefion ist eine minervaartige Erscheinung der nordischen Mythe. Nach Gylfis Täuschung (35) war sie „unvermählt, und ihr waren zu eigen die Weiber so da unvermählt sterben; Tegnérs „sie fror" ist daher bloss als ein hyperbolischer Terminus für das Spröde und Kalte im Wesen dieser Gottheit zu nehmen, im Gegensatz zu Lofna, der unwiderstehlichen und leidenschaftlichen Dienerin Freias, deren Geschäft darin besteht, die Liebenden glücklich zu machen. —

Wie leichte Elfen in der Nacht den Reigen schlangen. S. die Anm. pag. 327.

Lass dich mit Ehrfurcht nieder auf dem Sängerstuhl, auf dem der Asadichter vor dir gesessen.
A. nahm nämlich an jenem Tage den Sängerthron P. H. Lings ein. Ueber diesen und seine Dichtungen sehe man das Nähere pag. 217—237 dieses Bandes

Deine „Blumen". S. die wunderbaren naturmythischen Dichtungen A.'s dieses Namens im II. B. dieses Werkes.

Die Klage der Nachtigall. S. die Bruchstücke aus Lycksalighetens Ö im II. B. dieses Werkes.

A. A. Grafström, geboren in Norrland im J. 1798, einer der liebenswürdigsten schwedischen Liederdichter unserer Tage, voll zarten Schmelzes, voll Weichheit und tiefen Gefühls. S. den II. B. dieses Werkes.

Der Mann, an dessen Stelle du in unsern Kreis eintrittst etc. etc.
Graf A. Göran v. Mörner, k. Rath und Secretär im Ministerium des Innern und einer der ruhmgefeiertsten Sprecher auf den schwedischen Reichstagen.

Die Prosa ist keineswegs eine gefallne Poesie.
Sehr schön spricht sich T. darüber unter andern in seiner berühmten Rede zum Gedächtniss des Dichters Grafen J. Gabriel Oxenstjerna (s. den V. B. von Tegnérs Werken, pag. 90 ff.) und noch in andern Reden aus. — Man v. ferner damit die schöne Stelle in Theodor Mundts „Kunst der deutschen Prosa," erschienen zu Berlin im J. 1837, I. A.: „Die Schranke zwischen Poesie und Prosa ist im Gedanken durchbrochen etc. etc."

Auf diesem Geheimniss beruht die Schönheit des Redners etc. etc.
Sehr wahr bemerkt T. an einer andern Stelle, dass während der Dichter von der Schönheit an sich selbst spreche und rede, der Rhetor bloss darnach strebe, Das, was er sage, mit Schönheit und Geschmack zu sagen.

Deine Gesangesstimme ist verwandt mit der, die nun etc.
Mit der F. M. Franzéns nämlich, des hochehrwürdigen Sängerpatriarchen Hernösands in Norrland, dieses letzten Bischofsstifts „unter den Auen des Pals", geboren im Jahre 1771, † im J. 1847. — S. den II. B. dieses Werkes.

Am fünfzigjährigen Erinnerungsfest der Schwedischen Akademie.
Gelegenheitsgedicht zur Feier des 5. April 1836, an welchem Tage es gerade 50 Jahre waren, dass König Gustav III. jene berühmte Sänger - und Gelehrten-

akademie der Achtzehn ins Leben rief, welche auf die schwedische Sprache und Poesie einen so unermesslichen Einfluss geübt hat, und worin Namen in ewigem Glanze strahlen, die jeder Nation und jeder Generation zur höchsten Glorie gereichen würden. Die untenfolgenden Namen waren bloss die der Gründer und Stamm-Glieder dieses Heroengeschlechts der Poesie und des Genius, während die Namen der damals noch Lebenden, wie die glänzenden Namen **Franzéns, Geijers, Lings** etc. etc. aus naheliegenden Gründen unerwähnt blieben.

Ich stand am Strande, an dem Fuss des Königsschlosses etc. etc.

Wie man weiss, besitzt **Stockholm** eine der prächtigsten Königsresidenzen nicht nur Europas, sondern der Welt. Das Schloss in Stockholm ist ein Bauwerk des Italieners **Tessini**, und eine treffliche Schilderung davon geben **Heinrich Laubes** „Drei nordische Königsstädte", erschienen in Leipzig, wie ich glaube, im J. 1845.

Die Statue Gustavs. Das berühmte Erzdenkmal Gustav III. von dem schwedischen Bildhauer **T. Sergel**. Es steht an der k. Schlosstreppe an einem schönen freien Platz, und zwar an jener Stelle des Mälarstrands, an welcher der König nach der Seeschlacht von Svensksund seinen Fuss als Sieger wieder auf vaterländischem Boden setzte. — S. Ansichten von Stockholm von F. Werner, erschienen in Stockholm 1836: — **En del af Skeppsbron med Gustafs den Tredies Staty.**

Es lag ein Ausdruck in diesen milden Zügen etc.

V. das schöne Gedicht „Dithyramb i anledning af Gustaf III. ärestod etc. etc. von dem David des Nordens" im II. B. dieses Werkes, wo es von derselben Statue heisst: „Ehrfurchtgebietendes Bild! Ach, wie wahr! Ach, wie mild! So war er! In diesen Zügen, aus diesem Auge spricht sanfte, spricht hohe Anmuth" etc. etc.

K. Linnée, der berühmte schwedische Naturforscher, geboren zu Räshult in Småland im J. 1710, † als Dr. und Pr. der Medicin und Botanik in Upsala 1778.

Daniel Melander, den König Gustav III. im J. 1778 unter dem von T. erwähnten Adelsprädicate mit Freiherrnschild und Krone belehnte, war geboren im Jahre 1725, † in Stockholm als achtzigjähriger Greis 1810. — Er ist **Schwedens Laplace**. —

C. W. Schéle, Schwedens Liebig, mit dem er selbst in Bezug auf seine Lebensschicksale Manches gemein hat. — Im J. 1742 in Stralsund geboren, † er in Stockholm bereits 1785. — Ueber Schéle s. unter andern J. F. Gmelins Geschichte der Chemie B. III pag. 257, wo er und T. Bergman, sein unzertrennlicher Freund und Gefährte, neben J. Priestley und Lavoiser gesetzt werden.

T. Bergman, berühmter schwedischer Chemiker, Physiker und Kosmograph, so zu sagen Schwedens Leopold von Buch, geboren zu Katharinenberg im J. 1735, † zu Medewi in Gothland 1785. — Von seiner im Gedichte angedeuteten physikalischen Beschreibung unserer Erde (Beskrifning öfver jordklotet, 2 BB. 1. A. 1769, 2. A. 1775), gibt es in Deutschland drei Uebertragungen, unter denen wir die von L. H. Röhl anführen, erschienen in Greifswald 1791, in 2 Bänden.

S. Lagerbring, Schwedens Niebuhr, geboren im Jahre 1707, † als achtzigjähriger Greis und einer der Sterne der Lunder Universität 1787. — Seine schwedische Geschichte, erschienen zu Stockholm 1769 bis 1785 in 4 BB., ist schon zu Ende des v. Jahrhunderts mehrmals ins Deutsche übersetzt worden, unter andern von Röss in Greifswald 1775.

G. F. Graf von Gyllenborg, exakademischer Dichter der Gustavianischen Epoche, der letzte Nachklang der Dalinschen Schule. — S. den I. B. dieses Werkes. — Die Schilderung Tegnérs von ihm ist sehr wahr, es lag in der That „des Reifes Winterthau" auf seinen geschnitzten akademischen Blumen, und nur dann und wann, wie in dem von T. erwähnten Gedichte „Menniskans Elände" (s. den I. B.) klingt einmal ein Ton der Menschlichkeit und des Gefühls durch. —

G. Philipp Graf von Creutz, geboren in Finland im J. 1729, † als Kanzler der Universität Upsala 1785. S. den I. B. dieses Werkes, welcher gewählte Bruchstücke des von T. erwähnten Hirtengedichtes A. und Camilla enthält, sowie das prächtige Gedicht F. M. Franzéns zum Gedächtniss des Grafen im II. B. unseres Werkes.

Der Weingott des Nordens: —

K. M. Bellmann, geboren zu Stockholm 1741, † als Kanzleisecretär König Gustavs III im J. 1795, schwedischer Volksdichter höchsten Ranges, ein poetischer Teniers des schwedischen Wirthshauslebens, wie kein anderer Dichter, und dabei doch voll Schwermuth, voll Ernsts und voll tiefer Wahrheit: — der Grundton seiner Poesie war, wie T. so wahr sagt, eine Trauer in Rosenroth. — S. den I. B. dieses Werkes. — Einige seiner Gedichte hat neuerdings Herr von Winterfeld in Berlin sehr glücklich übersetzt, erschienen bei Hoffmann in Berlin 1855.

Ihr Eichen des Thiergartens etc. etc.

Im k. Thiergarten zu Stockholm steht, wie wir schon an Ort und Stelle, im I. B. dieses Werkes, erwähnt haben, unter hohen, herrlichen Eichen das Denkmal Bellmans. —

Eine Dichtungsart, die wild wächst und doch gepflegt, die den Regeln der Kunst gehorcht und doch deren Zwang verschmäht.

Im 1. Stück seines freilich mehr faunischen als dionysischen „Bacchustempels" sagt Bellman einmal von sich selbst:

„*Din röst, din fria röst ar endast derför dyr,*
Att inga reglors träng naturens skönhet bryr."

B. **Lidner**, geboren in Gothenburg 1759, † in tiefer Armuth zu Stockholm im J. 1793, ein Genie wie Günther und Bürger, eine prächtige, jedoch zerrissene Harmonie. — S. den I. B. dieses Werkes. — T. führt eine Stelle von ihm an, sie steht in seinem berühmten Gedichte, Dem jüngsten Gericht, welches mit den Worten anhebt:

— — — — *De trüga gängjern knarra,*
Och lampans matta sken på gråa marmorn darra,"

und ist demnach beinahe buchstäblich benützt worden.

J. **Gabriel Graf von Oxenstjerna**. Ueber seine, man kann sagen Thomson'schen Dichtungen, seine „Tageszeiten", seine „Ernten" und seine schöne „Hoffnung" (s. den I. B. dieses Werkes) hat T. das Herrlichste gesagt, was sich darüber sagen lässt, in seiner berühmten, schon mehrmals erwähnten Gedächtnissrede zum Ruhm des schwedischen Reichsmarschalls J. G. v. Oxenstjerna, die bereits von Mohnike, Tinette Homberg und andern ins Deutsche übersetzt worden ist. —

J. H. **Kellgren**. S. die Anm. pag. 337. Es ist das berühmte Gedicht Kellgrens: „Die neue Schöpfung", welches mit der Strophe anhebt:

Du, som af Skönhet och Behagen
En ren och himmelsk urbild ger!
Jag såg dig, — och från denna dagen
Jag endast dig i verlden ser."

O du, der Schönheit reines Bildniss,
Der Anmuth Sternbild, himmlischrein!
Ich sah dich, — und der Erde Wildniss
War deiner Schönheit Widerschein."

S. den I. B. dieses Werkes. —

Der **blinde Seher, Tiresias Leopold**. S. die Anm. pag. 337.

Ich habe ihm das Grablied gesungen etc. etc.

Es ist dieses das schöne Gedicht „An Leopolds Grabe" (H. IV von E. Tegnérs Werken), welches G. Mohnike bereits im Jahre 1839 (in seinen Kleineren Gedichten von E. T., Leipzig bei Knobloch, B. II, pag. 195) ins Deutsche übersetzt hat.

Die Töchter der Erinnerung, eine T. eigenthümliche Bezeichnung der Musen, als der Töchter jener Mnemosyne, von der die griechische Mythe erzählt, und deren Name seiner Wurzel (μνήμη) nach diesen Begriff in sich schliesst.

Die zwei Königssöhne Helge und Halfdan werden vom Volk zusammen zu Königen gewählt.

Dass zwei Brüder zugleich des Landes Könige waren, erzählt mehr als eine Sage. Ein berühmtes Beispiel ist das von den drei Burgundenkönigen, den Brüdern Chrimhildens, im 1. Ges. unseres Nibelungenliedes.

Framnäs, buchstäblich übersetzt **Vorgebirg, Vorland**; wie nämlich aus dem meiner prosaischen Uebertragung der Frithiofssage beigegebenen geographischen Umriss zu ersehen ist, bildete das Erbe unseres Helden eine kleine Halbinsel.

Elchhirsch, der König des Hirschengeschlechtes, cervus alces, vormals einheimisch beinahe im ganzen Norden, hat sich in die undurchdringlichen Waldungen des Nordostens von Europa zurückgezogen, und ist auch in diesen schon sehr selten.

— — — — *weisswollige Schafe, gleichwie die weisse Wolken in Flocken am Himmelsgewölbe verstreut siehst etc. etc.*

Auch der Schwan von Mantua in seinem Landhausgedichte (L. I, 395) vergleicht die Wolken einmal mit Wollflöckchen, „tonuia lanae vellera"; wie denn mehr als eine Stelle in diesem schönen Gesange classische Erinnerungen wachruft; z. B. an Homers Odyssee (IV. Ges. 45 und 71 ff.) bei der Schilderung von dem Glanz der Schwerter und Schilde in Frithiofs Saal; und XIII. Ges. 81 ff., wo Homer die schnelle Fahrt des Phäakenschiffes, worin Odysseus schlummernd nach der ersehnten Heimath fährt, auch durch das Gleichniss anschaulich macht, dass „selbst ein Habicht so schnell nicht flöge" etc. etc.

— — — — *zu schmal Zwölf das Hundert gerechnet.*

Eigenthümliche Methode zu rechnen bei den alten Skandinaviern: — **Hundert und zwanzig**. Noch heutigen Tags ist dieses sogen. „grosse Hundert" den Leuten in manchen Gauen Schwedens und Norwegens geläufig.

— — — — *wenn sie zum Gelage zusammenkamen am Julfest.*

S. die Anm. pag. 325.

Die beiden Pfeiler des Hochsitzes etc. etc.

Das Wohnhaus bildete ein längliches Viereck, von dem die beiden langen Seiten gegen Norden und Süden zu lagen; zwei Haupt-Eingänge, der eine auf der östlichen Seite, der andere auf der westlichen, führten im Innere des Hauses; von diesen beiden Eingängen war der eine für die Hausfrau und die übrigen Frauen, und hiess die Weiberthür; der andere für den Hausherrn und die Männer, und hiess die Männerthür; dieser Eingang war der erste: — wenn man durch eine dieser Thüren in das Haus trat, so sah man auf beiden Seiten längs des ganzen Saals eine Anzahl von Bänken, welche man die langen hiess; die Bank an der südlichen Wand war die bessere und angesehenere, und hiess die Ehrenbank, die obere Bank; auf ihr befand sich der Hochsitz des Hausherrn, der vornehmste Sitz; die längs der andern Wand hin laufende Bank hiess die schlechtere, geringere, nördliche Bank; auch darauf befand sich ein Hochsitz; er lag dem Sitz des Hausvaters gegenüber, nächst dem er der beste Sitzplatz war, weshalb man ihn beim Gelage stets dem angesehensten der Gäste, sowie denen anwies, welchen der Hausherr seine besondere Hochschätzung an den Tag zu legen wünschte. Die Hochsitze waren höher, als die Bänke und von diesen auf beiden Seiten geschieden durch die beiden hohen Pfeiler, Hochsitzsäulen geheissen, welche man als das Heiligthum des Hauses hoch und theuer hielt; zog man nämlich hinweg, so nahm man sie mit, und schlug sie beim Bau eines neuen Hauses an erster Stelle wieder auf; sie waren gewöhnlich mit allerlei Schnitzwerk geschmückt, zumeist mit Bildern der verschiednen Gottheiten, denn man besass eine gewisse Fertigkeit im Hervorbringen solcher Bildsäulen; das erzählen gleichzeitige Chronisten mehr als einmal; gewöhnlich befand sich im Saal selbst der patriarchalische Schmuck des Feuerherds; dieser bestand bald aus grossen, in einen Kreis gelegten Steinen, bald aus einer von Steinen gemauerten Erhöhung, auf welcher das Feuer loderte; von einem andern Fussboden, als der blossen Erde, wusste man nichts; diesen deckte man mit Streu zu; obenher waren sogen. Windaugen, d. h. Oeffnungen angebracht, durch welche das Licht in die Wohnung fiel, und durch welche der Rauch sich seinen Weg bahnte. (S. die schon mehrmals erwähnten „Wikingssüge" von C. F. Frisch, nach M. Strinnholms „Geschichte des schwedischen Volks", Hamburg, bei Perthes 1839, B. II.)

Wikingerfahrten. S. die A. zu dem Ged. Der Wikinger von Geijer, pag. 318.

Gandwick, das weisse Meer; das östliche und westliche Meer sind bloss in Beziehung auf Norwegen, den Schauplatz der Sage, und daher als unsere Ostsee und Nordsee zu verstehn.

Der Skalde dachte an Brage etc. etc.

S. die Anm. zu E. G. Geijers schönem Gedichte „Der letzte Skalde", pag. 323 und 325.

Ging nun dann und wann ein Mägdlein um den Tisch herum etc. etc.

Wie die Walküren in Walhalla den Helden Wein einschenken, so kredenzen auch unten in Skandinavien beim Gelage die Frauen des Hauses.

Gold mit Runen darauf und künstlichgetriebenes Silber.

Wenn schon die technische Fertigkeit im Verarbeiten der edeln Erze sich bloss auf die Nachahmung und Nachbildung der Geschmeide und Kostbarkeiten anderer Länder beschränkt zu haben scheint, so hat sie doch wahrscheinlich auf keiner ganz niedrigen Stufe gestanden. Man sehe sich doch einmal die trefflichen Abbildungen verschiedner Metallsachen in Dänemarks Vorzeit von Johann Worsaae an, die vor mehreren Jahren (1844) in Kopenhagen erschienen ist. In Sagen und sonstigen schriftlichen Nachrichten werden nicht nur gute Schmiede erwähnt, sondern es ergibt sich von selbst, dass ein Volk, welches in so lebhaftem Verkehr mit andern Ländern stand, und welches Schiffe zu bauen verstand, mit denen die Wikinger ihre vielen und manchmal so fernen Seereisen unternahmen, wohl auch Geschmeide und andere mehr zum Luxus und zum Schmuck des Lebens gehörige Gegenstände hervorzubringen im Stande gewesen sein dürfte. —

Björn Blauzahn.

Die Sage macht ihn zu einem Sohn des Königs Kohl; ein furchtbar langer blauer Zahn soll ihm aus dem Mund herausgewachsen sein. Er erbte von seinem Vater das Schwert Angurwadel, und Niemand war im Stand ihm zu schaden, wenn er es in der Hand hielt. Ihm traf jedoch auf seinen Streifzügen der nordischen Jarl Wifell, — schlug ihn mit dem Kolben auf die Hand, dass er das Schwert zu Boden fallen liess, und tödtete ihn hierauf mit demselben.

Südlich im Gröningersunde.

Der jetzige Grönsund zwischen Seeland, Mön und Falster ist darunter zu verstehen.

Wifell hatt' einen Sohn. Wiking war sein Name.

Als dieser kühne Heldensohn Wiking fünfzehn Jahre alt geworden war, stand er grösser da an Kraft und Körperwuchs, als andere Männer. Da geschah es, dass einst in einem der vielen kleinen Gaue, worin Schweden in seiner Urzeit eingetheilt war, und wovon fast jeder wieder unter einem Unterkönige stand, ein schreckliches Riesenungethüm den Zweikampf begehrte, und wenn nicht, die Tochter des Königs. Niemand hatte Lust, den Streit mit dem furchtbaren Harek zu wagen, und das Ungeheuerliche war daher schon des Sieges gewiss. Da sandte die schöne Hunvör zu Wiking, und bat ihn dringend um Hilfe.

Der Heldensohn folgte dem Ruf der Schönen und ging als Sieger hervor aus dem Kampf mit dem Ungethüm. Ausführlich erzählt die Thorstein Wikingssohns-Saga die Geschichte. — S. den 2. B. von C. Rafn's *Nordiske Fortids-Sagaer*, pag. 312.

Wiking vererbte das Schwert etc. etc.

Nach der erwähnten Thorsten Wikingssohns-Sage war sonderbar genug nicht Frithiof es, der seines Vaters Schwert bekam im Erbe, sondern eine Schwester von ihm: „Gestorben war Ingeborg, des Thorstein Eheweib, und es erhielt Belis Tochter Ingeborg deren Namen. Thorstein besass eine Tochter, und die hiess Wefreya; sie war in der Hohle Skelinefia erzeugt und zur Welt gebracht; sie glich der Mutter an Klugheit und erhielt das Schwert Angrwadel nach des Vaters Tod. (25. Cap.)

War Frieden im Lande, dann gaben die Runen nur einen matten Schein, wenn jedoch Hildur ihr Spiel begann, dann erglühten sie alsbald blutroth etc.

So heisst es in unseres K. Simrock herrlichem Amelungenliede (seines Heldenbuchs, Stuttgart und Tübingen 1843, Th. IV. pag. 222) von des jungen Wittichs (des Vidrich Waulundsohn der nordischen Sage) funkelndem Helme Glimme:

„Auf der Sturmhaube lag ein Lindwurm,
Schlange war sein Name, der oft im Schlachtensturm
Gift und Geifer sprühte dem Feind ins Angesicht:
Er war aus Gold getrieben, man pries die Arbeit streng und schlicht."

Eigentlich ist Hildur bloss der Name einer der Walküren, der Kriegs- und Schlacht-Göttinnen, welche Walvater auf die Wahlplätze hinabsandte, um da „die Todten zu küren" (daher der Name); an dieser Stelle ist sie jedoch specialiter als Göttin des Krieges gedacht. So steht auch jener Hildolf im altedduischen Harbardslied, in dessen Diensten der Fährmann Harbad zu stehen vorgibt (Harbardslied, 8. Strophe), wie schon L. Uhland in seinem Mythus von Thor erwähnt, wohl zunächst für den furchtbaren dämonischen Kriegsmann, für den Krieg selbst mit seinen Schrecken. — Charakteristisch ist es, dass der Name Hilde mit dem ganzen Inhalt der erwähnten Bedeutung in germanischen Dichtungen so häufig wiederkehrt, wie Frau Hilde (Gudrun) Brynhilde, Chrimhilde etc. etc.

Nächstdem war ein Armring das Beste im Preise etc.

Unter den Geschmeiden werden in nordischen Sagen keine häufiger erwähnt, als die Armringe. Es wird oft erzählt, wie Könige und Häuptlinge Armringe grossmüthig an Diesen und Jenen weggaben, den sie besonders hochschätzten. Die aus der Erde grabenen goldnen Armringe haben bald die Gestalt von Rändern, bald bestehen sie aus zwei verschlungnen Goldstangen, bald wieder aus einer einzelnen schweren Goldstange, deren Enden, dicker als die andern Theile des Ringes, an einander nicht dicht anschliessen. Zuweilen wurden dünngeschlagene Goldstangen in Spiralform um den Arm geschlungen. Man hat sie wiederholt auf Armröhren sitzend gefunden, und Rostflecken auf diesen. Sie sind selbst heutigen Tages von nicht geringem Werthe.

— — — vom hinkenden Waulund, dem Vulkan der nordischen Sage.

In einem herrlichen Liede der ältern E. heisst dieser Waulund Wölundur und eines finnischen Königs Sohn. Mit zwei Brüdern wohnte er in Ulfdalir und Walkyren waren der drei Brüder Frauen. Sieben Winter wohnten jene mit den Brüdern zusammen, „den ganzen achten sehnten sie sich, doch in dem neunten riss das Band; sie flohen wieder von dannen, um Todte auf den Schlachtfeldern zu küren, und kehrten nicht wieder. Da zog der eine von den Brüdern nach Morgen, um sie zu suchen, südwärts der andere, der letzte jedoch sass daheim und

„schlug Silber und Rothgold um festes Gestein",

denn der kunstreichste Mann war er, wie die Sage erzählt.

Doch Nidudr hiess ein König in Schweden, und der befahl den Wölundur zu greifen. Er machte ihm das Vorwurf, ihm sein Gold geraubt zu haben; auf den Rath seines bösen Weibes liess er ihn im Schlafe greifen und binden, und „zerschnitten wurden dem Wölundur die Kniekehlen", und auf ein Eiland liess der König ihn bringen, und sich allerlei Kleinode von ihm schmieden. Doch er sass

„Und wachte und schlug den Hammer,
Trug schuf er dem Nidudrn schnell genug."

Denn er brachte dem Könige seine jungen Knaben durch List zum Tode.

Die Jungen liefen zu seiner Thüre und sahen es schmieden und arbeiten. Sie begehrten in seiner Kiste die Geschmeide zu schauen; Wölundur lud sie zu sich ein auf den andern Tag; sie kamen schon frühmorgens zu ihm, und

„die verderbliche stand geöffnet, als sie hineinsahn,"

abschlug er mit dem Deckel die Köpfe der Kinder. Er rüstete sich noch schlimmer. Er zog das Haar von den Hirnschalen der Knaben herab, schmiedete dann Silber um dieselben, und sandte sie dem Vater als Becher zu; aus den Augen machte er schöne Juwelen und schickte sie der bösen Königin zu; aus den Zahnen machte er Brustringlein und sandte sie Nidudr's Tochter Bödwild zu, die er dann mit Hilfe eines Zaubertranks bewusstlos machte, sie heimlich beschlief, somit auch der Tochter des Feindes ihr Bestes nahm, und flog als Elfe in die Luft. (S. Völundarqvida in Simrock's E., der 2. A. pag. 141 etc. etc. Ins Deutsche übersetzt auch von den Brüdern Grimm, Berlin, 1815, B. 1.) Er ist der Welindr der Wilkinasaga, (C. 24) und gehört nunmehr durch A. Oehlenschlägers schöne Wauluudursage und durch K. Simrock's herrliche Dichtung Wieland der Schmied (zuerst erschienen in Bonn 1835) auch der deutschen Poesie an.

Darauf war der Himmel zu schauen mit den Burgen der zwölf Unsterblichen etc.

Die Beschreibung von den Zeichnungen auf dem Armringe stützt sich auf ein Gedicht der ältern E., Grimnismál, welches die zwölf Zeichen des Thierkreises unter dem Bilde himmlischer Burgen und Säle beschreibt: —

Ydalir heisst der Saal, worin Ull wohnt, der Gott des Winters und der beste Schütz. Alfheim ist die Wohnung des Freier. Ihm nahe bewohnt der Gott des Frühlings, Wale, das herrliche Lichtschloss Walaskjalf. Der lustströmende Silberbach, worüber das Meer hinströmt, Söquabeck, ist ein Gleichniss des aus dem eisfreien Weltmeer wiedererstandenen Frühlings. Der von Lanzen gestützte und mit Schilden gedeckte Saal der Todten (Walhalla) ist in Lustheim, und wird von einem Wolf bewacht, und ein Adler umschwebt als Thürhüter in weiten Kreisen seine Pforten. In einer andern dieser Burgen wohnt die Schnee- und Jagdgöttin Skade; sie wechselt beständig zwischen Thrymheim, und einem Gebirgsschloss am Seestrande; denn drei Nächte von Zwölfen bringt sie jedesmal bei Njordr zu, welches der Sturmgott und ihr Gemahl ist; eine höchst anschauliche Versinnlichung der wechselnden Frühlingsstürme. Breidablick ist die Wohnung Balders. Heimdall wohnt hinter dem Wall der am Ende des Himmels liegenden Himinbjorg und bewacht die als siebenfarbiger Regenbogen zur Erde niederführende Götterbrücke Bifrost. Freias Wohnung ist Volkwang. Glitner ist die von Silber und Gold strahlende Wohnstatt des Gerechtigkeitsgottes und Herbsttingrichters Forsete, der den leuchtenden Balder einziger Sohn ist. Das hohe Gebirgsschloss Njords trägt den Namen Noatun. Die zwölfte der Götterburgen ist das Öde, von wildem Strauchwerk umwachsene Landwödi, wo der Gott des Schweigens, Widar, seinen Aufenthalt sich gewahlt hat, der Sohn des allgebietenden Odens und sein Rächer am Tage des Weltunterganges. Man schreibt dieses astronomische Gedicht dem dichterischen Genius Odens zu; er sang es dem kleinen Knaben Agnar für ihm freundlich erwiesne Theilnahme; zum Lohn kam der Knabe

dann später auf den Thron. Eine umständliche Beschreibung und Erklärung von Frithiofs Armring, von dem schwedischen Reichsantiquarius B. Hildebrand, enthält die schon einmal erwähnte „Bihang till Frithiofs-Saga etc. etc." —

Richter am Herbstting.

Thing, das skandinavische Wort für den uraltgermanischen Gebrauch der freien Volksversammlungen, deren schon Tacitus erwähnt. Eine Art kleineren Tinges wurde gewöhnlich während des Neumondes, das grosse Nationalthing dagegen jährlich zur Zeit der herbstlichen Tag- und Nachtgleiche gehalten; daher der Name höstting, Herbstting. Jedes Anliegen kam bei diesen Volksversammlungen auf freiem Felde zur Sprache, und die Könige, Fürsten und Richter des Volkes sprachen, auf einem Steine sitzend, Recht und Urtheil. Dieser Stein hiess auch Tingstein, und stand gewöhnlich auf irgend einem erhöhten Platze, häufig auch auf Grabern von Königen und berühmten Helden der Vorzeit. Jeder durfte kühn und frei seine Meinung sagen, und das Volk gab dann seinen Beifall durch Schlägen der Schwerter auf die Schilde, sein Missfallen an einem Vorschlage durch Gemurr und Gemurmel zu erkennen.

Diese Gebilde und andere noch etc. etc.

Die Beschreibung dieses kunstreichen Ringes gemahnt an jenen herrlichen Schild des Peliden, welchen Homer, und an den des Herakles, den Hesiod beschreibt. Homer erzählt von dem Schild des herrlichen Peleussohnes im 18. Gesang seiner Ilias:

D'rauf nun schuf er die Erd' und das wogende Meer und den Himmel,

Helios auch, unermüdet im Lauf, und die Scheibe Selenes;

Drauf auch goldne Gestirne, soviel sind Zeichen des Himmels,

Auch Plejad' und Hyad', und die grosse Kraft des Orion;

D'rauf erschuf er sodann zwei Städte der redenden Menschen,

Blühende; roll war die ein' hochzeitlicher Fest' und Gelage.

Holde Bräut', aus den Kammer geführt im Scheine der Fackeln,

Zogen umher durch die Stadt, und des Chors Hymenäos erscholl laut,

Jüngling' im Tanz auch drehten behende sich, unter dem Klange,

Der von Flöten und Harfen erschallt; doch die blühenden Weiber

Standen bewunderungsvoll, vor den Wohnungen jene betrachtend,

*Auch war Volksversammlung gedrängt auf dem Markte
etc. etc.
Weiter erschuf er darauf ein Brachfeld, locker und
fruchtbar,
— — — — — und viel der ackernden Männer
Trieben die Joch' umher, — — — — —
Voller Begier, an's Ende der tiefen Flur zu gelangen.
Doch schon dunkelte hinten das Land, und geackertem
ähnlich
Schien es, obgleich aus Gold: so wundersam schuf es
Hephästos.*

*D'rauf auch schuf er ein Feld hoch wogender Saat, wo
die Schnitter
Mäheten. — — — — — — — — —
D'rauf auch ein Rebengefilde, von schwellendem Weine
belastet,
Bildet' er schön aus Gold; doch funkelten schwärzlich
die Trauben;
Und rings standen die Pfähle gereiht, aus lauterem
Silber.
Rings dann zog er den Graben von dunkeler Bläue des
Stahles,
Nebst dem Gehege von Zinn; und ein einziger Pfad zu
dem Rebhain
War für die Träger zu gehn in der Zeit der fröhlichen
Lese.
Jünglinge, laut aufjauchzend vor Lust, und rosige Jung-
frauen
Trugen die süsse Frucht in schöngeflochtenen Körben.
Mitten auch gieng ein Knab' in der Schaar; aus klin-
gender Leier
Lockt' er gefällige Tön' und sang."*

(Nach J. H. Voss.)

Solche Bilder, und noch andere, waren von Hefästos'
Hand in Erz getrieben auf dem Schilde zu sehen.

**Denn das Geschlecht leitete seine Ahnen . . . . bis
auf Waulund zurück.**

Fast jede einigermassen angesehene Familie rühmte
sich damals einer eigenen Sage.

Sote. Ein berüchtigter Seeräuber, welcher auf Sot-
holm bei Sotaschar ansässig gewesen sein soll.

Bretland, d. i. das Land der Bretonen (Britan-
nien). —

**Der Bart weiss, wie der Schaum der Fluth, doch
das Haar war meergrün.**

V. das schöne Gedicht von Schack-Staffeldt, einem
der eigenthümlichsten und nationalsten dänischen
Dichter neben Oehlenschläger, „König Frode

und der Greis", wo es heisst: „Som Vandfalds-
skum hans hvide Haar ned paa hans Rust-
ning flöd." (V. meinen demnächsterscheinenden
Hausschatz der dänischen Poesie, und die Anm. zum
17. Ges. der Frithiofssage, pag. 362.

**. . . . Ich hoffe die Nacht durch noch hundert
Meilen zu segeln.**

V. des dänischen Dichters F. Schaldemose schöne
Romanze: „Smeden på Helgoland", wo er von
Odens nächtlicher Einkehr in einer Schmiede erzählt,
und wo der geheimnissvolle Reiter dem Sohne Wau-
lunds zuruft:

*„ . . . . I'är flink og rap;
Det er alt aildigt, min Tid er knap;
För Solen rödmer i Österlide,
Jeg maa vel hundrede Mile ride."*

Drache (Drachschiff). Die Schiffbauart der
europäischen Nordens war sehr verschieden. Ge-
wöhnlich baute man die Schiffe nach den Enden zu
spitzig, und gab denselben die Gestalt von Drachen,
Schlangen und anderen Thieren, so dass das Vorder-
theil Aehnlichkeit hatte mit dem Kopfe eines solchen
Thieres, und das Hintertheil mit dem Schweif dessel-
ben. Auch in der Schlacht bei Salamis erschien nach
dem Berichte des griechischen Reisenden Pausanias
(Beschreibung von Griechenland, 1. Buch,
36. Cap.) auf den Schiffen der Athener schon das Bild
eines Drachen. Das berühmte Schiff des Norweger-
königs O. Tryggwason (das unserm Dichter vorge-
schwebt haben mag) hatte am Vordertheil einen
Drachenkopf, und hinten eine Biegung, von welcher
gleichsam ein Schweif ausging, und die Segel glichen,
wenn der Wind hineinblies, den Flügeln eines Dra-
chen. Nach der O. Tryggwasons-Sage war dieses Schiff
eines der schönsten in Norwegen; es war nur von ei-
nem Herrn und Gebieter zu lenken, dessen Wink und
Sprache es verstand, und war nach dessen Tod nicht
mehr von der Stelle zu bringen. — Der bedeutenderen
Grösse wegen hiess das Drachschiff (oft schlechtweg
Drache) wohl auch „Langskiff", „Langthier",
und die kleineren Fahrzeuge führten den Namen
„Schnecken". Im Ganzen gab man wohl jedem
Schiff seinen Namen einfach nach dem Thier, nach
dessen Ebenbild das Vordertheil gebaut war. Im
5. Gesang der Frithiofssage und a. a. O. werden
„schwarze Schnecken" erwähnt, und auch der
hohe Sänger des „Fingal" bezeichnet das Schiff,
wahrscheinlich seiner dunkeln Farbung wegen, als den
„braunen Reiter der See";[*)] auch weiss und roth

[*)] S. Ossians Gedicht „Temora", im 7. Ges. — Noch kühner gebrauchen übrigens Griechen und Römer dieses Bild
von den Winden: — man sehe zum Beispiel die Euripideischen Phönisierinnen, V. 217 u. 218, und die Ode des
Horaz, Lib. IV. 4: „Kurus per Siculas equitavit unda" etc.

Fahrzeuge erscheinen in mehreren Sagen, sowie auch Segel von buntem und gestreiftem Stoff, und prachtvoll von Gold und Silber glänzende Drachenköpfe und Schweife; und sie hatten auch ein gewisses Recht, sich hierin in ganzer Pracht und Herrlichkeit zu zeigen," sagt der grosse Finn Magnusen in dieser Beziehung (in seinen nordisch-archäologischen Vorlesungen, erschienen in Stockholm 1821), „indem kein Volk des Alterthums sie übertraf in tüchtigem Seewesen."

Aegir, den du beherbergt etc. etc.

Die anmuthige Erzählung von Aegirs Besuch und Gastgeschenk steht nicht in der ä. Sage, sondern ist eine ächt nordische Episode von T. selbst.*) Die a. Sage führt nämlich bloss einfach an: „Das Schiff Ellida bekam Frithiof als bestes Kleinod von seinem Vater, und den Goldring als das zweitbeste; keiner war köstlicher in Norweg" (2. Cap.); und das Schiff wird darin (im 1. Cap.) bloss folgendermassen beschrieben:

„Thorstein hatte ein Schiff, das hiess Ellida; auf diesem ruderten fünfzehn Mann auf beiden Seiten. — So voll Kraft war Frithiofr, dass er am Vordertheil Ellidas zwei Ruder schlug, während gewöhnlich zwei Männer an jedem Ruder sassen."

War er nicht Königssohn, so war doch seine Gesinnung königlich etc. etc.

Die altisländische Sage sagt von ihm (2. Cap.): „So freigebig war Frithiofr, dass die meisten von ihm rühmten, er wäre ein Biedermann, nicht minder wie die Brüder, wenn ihm auch die Königsmacht fehlte." **)

Björn. Nach der altisländischen Sage hat unser Held noch einen zweiten Freund, Namens Asmundr. — Im 10. Cap. des Landnamabuches (d. i. der Erzählung von der Besitznahme der Insel Island durch die Norweger), herausgegeben durch J. Finnaeus, Kopenhagen 1775, wird ein Björn Buna, „ein angesehener und mächtiger Freisasse zu Sogn in Norwegen" erwähnt: — ist es der nämliche?

Grabtrunk (Graföl), Trauergelage.

Der Erbe trat nämlich erst dann in seine Rechte ein, wenn das Grabbier getrunken, d. h. nachdem das gewissermassen officielle Trauergelage vorüber war,

wie z. B. die Ynglingasaga im 6. Cap. erzählt. (Vgl. Geijers schwedische Geschichte, B. I. 1. Cap. ff.)

Delling, der Gott der Dämmerung; er war der letzte Gemahl der Nacht, und ihr Sohn der Tag. — S. das mytholog. Mährchen „Gylfi's Täuschung" (A. 10), in K. Simrocks E., pag. 241 ff.

Saga, die Göttin der Geschichte und Sage; sie sitzt in träumerischen Gedanken im Brautgemach, indem sie der Helden gedenkt, welche aus der neuen Ehe hervorgehn werden.

Ihr nordischen Nachtigallen etc. etc.

Unter der Nachtigall des Nordens soll nicht, wie man bis dahin gedacht, die Rothdrossel zu verstehen sein, sondern wie Herr G. Berger, der selbst längere Zeit im Norden war, in den Anm. zu seiner Frithiofssage (Stuttgart, 2. A. 1852) erwähnt, der skandinavische Gebirgssperling (galbula), der dort oft mit der Nachtigall verwechselt wird. Der schwedische Dichter Franzén erwähnt auch einmal dieser Nachtigall des Nordens in einem wunderschönen Gedichte „an seine Lieben daheim" (s. Franzéns Gedichte, Örebro, 1835 B. I. pag. 136 ff. u. B. II. d. Werkes), und zwar als „Todtenvogels", und sagt dazu in einer Note:

„In meinem Geburtsort, einer der nördlichsten Städte Finlands, liess sich in der schönen Jahreszeit dann und wann ein Vogel hören, welcher sich blos auf die höchsten Giebel und Thurmspitzen setzte, und während der ganzen kurzen Zeit der Mitternachtssonne zu singen pflegte. Die Einwohner nennen ihn Todtenvogel; sie sind nämlich des Glaubens, dass in dem Haus, auf dessen Spitze er sich setzt, bald Jemand sterben muss. Zu dem tiefen Eindrucke, welchen sein schmelzend melancholischer Gesang auch auf mich hervorbrachte, trug die Einbildung nicht minder bei, als die Höhe, aus welcher er seine Lieder hören liess, und die Schönheit der nordischen Sommernacht." — Ist es die Sylvia svecica?

Da ist sie ja selbst . . . . sie kommt mit meiner Liebe Lohn.

In der ä. Sage dringt Frithiof in Ingeborgs Gemächer hinein.

„Sobald die Könige ins Feld gezogen waren, zog Frithiofr seine Staatskleider an, und legte den guten Goldring an seine Hand. Drauf gingen die Pflege-

---

*) Einigermassen verwandt damit ist jener noch jetzt in Norwegen herrschende Volksglaube an einen Walddämon (eine Art Rübezahl), von dem sich der gemeine Mann manches schöne Mährchen erzählt. — Wenn dieser seine Kunststücke auch meistens im Winter übt, so ist er doch ziemlich empfindlich gegen Schnee und Frost, daher er im Walde gerne ans Feuer der Bauern und Holzschläger kommen soll, um sich ein wenig daran zu erwärmen, ja manchmal sogar in Haus und Hof, um an der Mahlzeit als Gast Theil zu nehmen. Jedoch niemals, ohne irgend ein Gastgeschenk zu hinterlassen. S. Possarts Beschreibung des Königreichs Norwegen, erschienen zu Stuttgart 1838.

**) So ziemlich mit den nämlichen Worten sagt C. Nepos, dieser Schrecken der Tertia, von dem Sieger von Marathon: „Fuit inter eos dignitate regia, quamvis carebat nomine." (C. Nepotis vita Miltiadis, C. I.)

brüder zur See hin und stiessen Ellida vom Lande. Björn sprach: „Wohin, Pflegebruder, sollen wir nun halten?" — Frithiofr sagte: „Nach Baldrshagen hinüber, ich will mich kurzweilen bei Ingeborg." Björn sprach: „nicht thunlich ist's, den Gott Balder dir gram zu machen." Frithiofr sagte: „darauf will ich es wagen; — auch halte ich mehr auf Ingeborgs Huld, als auf Balders Gram und Groll." — Darauf ruderten sie den Meerbusen hinüber, und gingen nach Baldrshagen hinauf, und geraden Wegs hinein in Ingeborgs Gemach; sie sass da mit acht Dirnen; der Mannen Frithiofs waren auch acht; und als sie da kamen, war ihr ganzes Gemach mit Seidenstoff verhangen, und mit kostbaren Geweben. Da stand schön Ingeborg auf und redete: „wie magst du so kühn sein, Frithiofr, hieher zu kommen, dem Gebote meiner Brüder zuwider, und dir den Gott gram zu machen?" Frithiofr sagte: „Wie es auch sei, so daucht mir deine Gnade von mehr Gewicht, als Balders Groll und Ungnade." — Ingeborg antwortete: „so heiss ich dich denn willkommen, dich und deine Gefährten mit dir!" Drauf wies sie ihm einen Sitz neben sich selbst an und trank ihm die besten Weine zu, und so sassen sie beisammen und waren fröhlich; da sah schön Ingeborg den guten Goldring an seinem Arm und fragte ihn, ob solches Kleinod sein eigen wäre. Frithiofr sagte: „Ja, es ware sein eigen;" sie lobte den Goldring gar höchlich. Frithiofr sagte: „ich will dir den Goldring geben, wenn du mir das Versprechen gibst ihn nicht wegkommen zu lassen, sowie ihn mir wieder zu schicken, wenn du ihn nicht mehr magst; und hiemit wollen wir uns gegenseitig Treue geloben;" mit diesem Gelöbniss wechselten sie die Ringe. — Frithiofr war oft zu Nacht in Baldrshagen, und fuhr jeden Tag hinüber, mit Ingeborg zu scherzen. — (4. Cap.) Welche Rubinen hat doch der neue Skalde aus Islands rohem Basaltstein herausgeschlagen!

Walkyre. S. die Anm. pag. 332.

Wenn dann die andern Kämpen etc. S. die Anm. zu dem Ged. „Der letzte Nordlands-Recke", pag. 321.

Wingolf, das Namliche wie Volkwang. S. die Anm. pag. 335.

Wie der Mond die Meerbucht hell beglänzt! Er leuchtet herauf aus der Todten Land.

Auch nach einem wunderschönen Bilde J. P. Richters, in seinem himmlischen Hesperus, ist der Mondenschein gleichsam „das Licht eines Leuchtthurms am Gestade der andern Welt."

Still — das ist die Lerche etc. etc.

Verwandt mit einer Stelle in jener berühmten Balkonscene in W. Shakspeares Romeo und Julie.

„*O geh' noch nicht*," (*ruft Julie dem Geliebten zu*)
„*O geh' noch nicht; der Tag ist ja noch ferne.
Es war die Nachtigall, und nicht die Lerche,
Die grade jetzt dein banges Ohr durchdrang;
Sie klagt des Nachts auf dem Granatbaum drüben.
Glaub, Lieber, mir; es war die Nachtigall.*

Romeo.

*Die Lerche war's, des Tages Verkünderin,
Ach, nicht die Nachtigall! — Schau doch den Streifen,
Der neidisch schon im Ost der Frühe Wolken säumt;
Die Nacht hat ihre Kerzen ausgebrannt,
Der muntere Tag erklimmt die durstigen Höhn;
Nur Eile rettet mich, Verzug ist Tod.*

Julia.

*Trau' mir, das Licht ist nicht des Tages Licht.
Die Sonne hauchte dieses Luftbild aus,
Dein Fackelträger diese Nacht zu sein,
Dir auf dem Weg nach Mantua zu leuchten;
Drum bleibe noch: zu gehn ist noch nicht Noth.*

Romeo.

*Lass sie mich greifen, ja, lass sie mich tödten!
Ich gebe gerne mich dahin — — — —
Nein, jenes Grau ist nicht des Morgens Auge,
Der bleiche Abglanz nur von Cynthia's Stirn;
Das ist auch nicht die Lerche, deren Schläge
Zur blauen Himmelswölbung fröhlich wirbeln.
Ich bleib' gern; zum Geh'n bin ich verdrossen.
Willkommen, Tod, hat Julia dich beschlossen! —
Nun Herz! Noch tagt es nicht, noch plaudern wir!*

Julia.

*Es tagt, es tagt! Auf! eile! fort von hier!
Es ist die Lerche, die schon heiser singt,
Und falsche Weisen, rauhen Misston gurgelt;
Man sagt, der Lerche Harmonie sei süss;
Die nicht, denn sie zerreisst die unsre ja.*"

(Nach A. Wilhelm v. Schlegel.)

Man vgl. ausserdem mit diesem Gesange auch die „Erwartung" unseres herrlichen vaterländischen Sängers: — vielleicht die Blume seiner ganzen lyrischen Poesie.

Von mir aus magst du, wenn dir's so behagt, bis Ragnarök noch schlummern.

Ragnarök d. h. Götterdämmerung, ist das eigenthümliche nordische Wort zur Bezeichnung des Weltunterganges. Ein Tag wird nämlich dermaleinst, an dem selbst die Götter sterben werden und sinken ins Dunkel des Todes.

Denn nicht unsterblich, wie des Olympos Bewohner, gehen auch sie unter in Nacht und Tod. Wie eine düstere Spukgestalt geht die Erwartung dieses Zeitpunkts durch die nordische Welt, jedoch wie eine, der das neue Morgenroth schon wie eine Krone des Sieges die Schläfe umstrahlt.

Grosse Zeichen gehen vorher. —

Drei schreckliche Winter folgen nach einander. Schnee- und Hagelgestöber rasen, furchtbarer Frost tritt ein, und Stürme heulen wild. Dann folgen drei Jahre, in denen blutige Kriege sein werden, und schonungslos wird die Menschheit sich selbst nichts als Tod und Verderben bringen.

Nach der Wöluspa (Str. 45):

„Brüder im Zweikampf
Einander ermorden,
Blutfreunde zerreissen
Die Banden des Blutes.
Voll ist die Welt von
Ehebrüchen.
Beilalter, Schwertalter,
Wo Schilde krachen;
Windeszeit, Wolfeszeit,
Ehe die Welt einstürzt: —
Keiner der Menschen
Wird schonen des andern."

Bei den Rhimthursen kräht der glutrothe Hahn, in Walhalla der goldgelbe und in der Unterwelt der schwarzrothe.

Da hebt die Erde, Gebirge stürzen zusammen, und jede Kette zerbricht. Der Fenriswolf reisst sich los und fahrt mit fürchterlich gähnendem Rachen hervor. Die Midgardschlange wälzt sich wüthend aus dem Meer herauf und steht dem Fenriswolf zur Seiten. In diesem Getöse springt das Himmelsgewölbe in Stücke. Muspels Söhne sprengen daher unter Surturs Anführung, der von Feuersgluth und Dampf umloht ist, und dessen Schwert mit blendendem Scheine blitzt, als Sonn' und Mond. Bei deren Ankunft geht die Brücke Bifrost dröhnend in Stücke. Sie ziehen auf die Ebene Wigrids hinaus, wo sie zu dem Wolfe Fenris und zur Midgardschlange Jörmungandr stossen.

Da erhebt sich der Ase Heimdall und ruft mit der mächtigen Posaune, Namens Gellhorn, die Ewigen zum Kampfe. Die Söhne Walhallas eilen nun mit dem ganzen Heer der Kämpen jener seligen Gefilde (mit den Einhöriern) auf die Ebene Wigrida hinaus. Voran sprengt hoch zu Ross Walvater; er ist mit seinem goldenen Helm, seinem glänzenden Panzer und seinem Speer bewehrt. Todeskühn geht er auf den Wolf Fenris los. Thor steht und kämpft neben ihm, kann ihm jedoch nicht mehr helfen, denn mit seiner ganzen Riesenkraft ringt er mit der scheusslichen Midgardschlange. Der segensreich freundliche Gott Freier steht muthig im Zweikampf mit Surtur, wie die wehrlose Blume gegen die Gewalt des Feuers. Odens heilige Macht kämpft einen langen Kampf mit dem Fenriswolf. Den Midgardsdrachen greift der gewaltige Thor jetzt mit seinem Mjölnir an, und der Drache wälzt sich, von schrecklichen Schlägen getroffen, auf dem Boden, sprüht jedoch im Tode noch Gift auf seinen Mörder, und auch dieser muss sterben. Zugleich schlingt auch der Fenriswolf mit einem Male den König der Welt in seinen furchtbaren Rachen hinab. Ihn racht jedoch sofort der Gott Widar, der dem Wolf sein Schwert durch die Kehle bis ins Gekröse hinabstösst. Zuletzt erliegen auch Heimdall und Loke in schrecklichem Zweikampf. Da wirft dann Surtur Feuer in die Welt hinaus, und die Schöpfung steht in Brand und Lohe. Sonn' und Mond erlöschen, die Erde sinkt hinab ins Weltmeer, die Sterne rauschen wie welkgewordene Kränze vom blauen Grabgewölb herab, schwarze Rauchwolken ziehen, und die Zeiten gehen zu Ende.

Doch eine neue Erde erhebt sich aus der Fluth in frischer, junger Frühlingsgrüne, und schönere Gestirne glänzen dem letzten Menschenpaar, welches von Surturs Gluth verschont bleiben wird, und welches ein besseres Geschlecht erzeugen soll. Auch die Ewigen werden wiedergeboren werden und sich auf der Ebene Idawull wieder zusammenfinden, wo in der goldenen Zeit ihr Wohnsaal stand, und werden sich der Beschlüsse aus früheren Tagen im goldenen Morgen der Zeiten und der uralttheiligen Runen wieder erinnern. Wie es in der Wöluspa (Str. 59 ff.) unter andern heisst:

„Es einen die Ewigen
Sich auf Idawall,
Gedenkend im Geiste
Der hohen Rathschlüsse.
Gedenkend der heiligen
Runen der Höchsten.
Dann werden sich wieder
Jene wunderbaren
Goldenen Tafeln
Im Grase finden,
Welche in grauer Zeit
Gehabt das Geschlecht
Fiölnirs."

Die Prophetie eines bevorstehenden Weltbrandes und einer Wiedererneuerung der ganzen Schöpfung kehrt sowohl bei Indern, Aegyptern und Persern, als auch, bald mehr, bald minder von einander abweichend, bei andern Völkern der Welt wieder.*) Kühn und gross sagt auch unser herrlicher, Welt- und Zukunftschwangerer Sänger in seiner Phantasie an Laura einmal:

---

*) S. G. F. Creusers berühmte Symbolik B. I. u. III.

Lange sucht der fliehende Saturnus
Seine Braut die Ewigkeit.

— — — — — — —

Einstens hascht Saturn die Braut;
Weltbrand wird die Hochzeitsfackel werden,
Wenn mit Ewigkeit die Welt sich traut.

Doch macht die poetische Durchführung dieses Gedankens vielleicht nirgends einen so mächtigen und tiefen Eindruck, als in der nordischen Mythe; und tritt der gewaltige Uebermuth einer wilden und zügellosen Phantasie auch dann und wann in wahrhaft ungeheuerlichen Bildern und Gedanken zu Tage, so ist dies, wie Stuhr mit Recht bemerkt, durchaus im Geist der skandinavischen Dichtung, die, wie das nordische Leben überhaupt, mit einer wundersamen Zartheit der Empfindung eine hochaufschlagende Lohe der Wildheit und Leidenschaftlichkeit verband.

O wer so gewaltig seine Bahn beträte, wie du sie nun betrittst. etc. etc. S. die Anm. pag. 338.

Urdas blanke Fluth, das Nämliche was Mimers Quelle. S. die Anm. pag. 335.

Nicht unschuldsvoll wie Gefions Morgenträume!

Gefion ist die Göttin der Unschuld, welche, selbst ewige Jungfrau, die keuschen Frauen schützt, und sie nach dem Tode hinauf nach Volkwang führt. „Sie ist unvermählt," heisst es in Gylfis Täuschung (C. 35.), „und ihr sind geheiligt, die da in der Blüthe und unvermählt sterben." —

— — — und die Sternennacht, die Wittwe des Tages etc. etc.

So sagt auch ein anderer schwedischer Dichter, der Sänger der herrlichen „Blumen" von der Mondnacht, (s. Amadeus Atterboms Gedichte, erschienen in Upsala 1838, B. II. pag. 139) einmal so wunderschön: „Ach, ehe noch eine Scheidung stattfand zwischen Licht und Dunkel, und zwischen Lust und Weinen, war sie eines geliebten Königs, war sie des Tages Gattin."

Bifrost's Brücke, s. die Anm. pag. 340.

Ich kam zum Thinge am Geschlechtsgrabhügel droben etc. etc. S. die Anm. pag. 353.

Doch auf dem Richtersteine, finster wie eine Gewitterwolke, sass dein Bruder Helge.

Noch schöner ist eine Schilderung des schwedischen Novalis, J. E. Stagnelius, (s. B. II. dieses Werkes), wo er in seinem epischen Gedichte „Blenda" von dem Könige von Småland sagt: „Han hemsk och dyster satt lik en förmörkad sol," d. i. unheimlich war sein Antlitz anzuschauen, „wie eine Sonnenfinsterniss."

Der Krieg steht und schlägt den Heerschild an dieses Landes Gränzen.

Man wird sich des Gebrauchs, den Heerschild zu schlagen als Ruf zur Schlacht, aus Ossians Gedichten erinnern.

Dem Schänder des Tempels etc. etc.

Die Erklärung gibt eine Stelle der ältern Sage, wo es heisst:

„Es zog sich da westseits der Bucht ein Gestade hin, da war ein grosser Hof und dieser Hof war Baldrshagen geheissen; allda war eine Freistatt des Friedens, und ein ansehnlicher, schöner Tempel, und ein starkes Gehege darum; es waren da viele Götter, am meisten jedoch ward Balder daselbst verehrt; dieser Ort war so heilig, dass daselbst Niemandem ein Leides geschehen durfte, weder Thieren noch Menschen, und den Männern war es da nicht erlaubt, des Umgangs mit Weibern zu pflegen (I. Cap.) Mit je mehr Ehrfurcht man nun solche Gesetze beobachtete, um so erklärlicher wird man den Schrecken finden, welcher die Männer bei Frithiofs Worten ergriff.

Wegtamsquida, d. i. der Gesang des Wanderers, ist ein Gedicht der ä. E., und sehr alt. — Allvater weckt unter dem Namen Wanderer die in Hels unterirdischer Wohnung in Todesschlaf begrabne Seherin Wala, und befragt sie wegen des Schicksals Gott Balders. — S. K. Simrock, die E., die ä. und die j., 2. A. pag. 45 ff. und Mythologische Dichtungen und Lieder der Skandinavier etc. etc. von F. Majer, VII., und Grüters Bragur, B. II. pag. 162 ff.

— — — — — von Helas Siegen.

Hel, die Göttin des Todes, und Königin der Welt des Nebels und der Nacht, Niflheim; von Angesicht weiss und bläulich. Sie ist die düsterste Gestalt der ganzen nordischen Mythologie. Der neue dänische Skalde A. Oehlenschläger gibt uns in einem herrlichen Gedichte, das man wohl mit Recht die nordischen Metamorphosen nennen kann, in seinem Gedichte Nordens Guder (zum Verständnisse dieses Gedichtes empfehle ich das Buch: „Nordische Mythologie". Aus der E. und A. Oehlenschlägers mythologischen Dichtungen etc. etc. von J. L. Heiberg, erschienen in Schleswig 1825), ein schreckliches Bild von Hela und deren unterirdischer Wohnung. Der gewaltige Gott der physischen Kraft, Asa-Thor, dringt auf seinem Zuge nach Jothunheim, welchen Oehlenschläger in diesem Gedichte beschreibt, mit seinem Gefolge in Helas Reich, und davon heisst es denn unter andern:

Da sahen sie gegen Norden eine Höhl' im dämmernden
  Strahl,
Gewölbt von hohen Steinen in einem grossen Saal.

*Es sassen längs den Wänden die Scharen Helas drin,
Sie waren so blass und krankhaft und flohn, als Thor
  trat hin,
Den Zagenden der Angstschweiss auf Stirn und Wan-
  gen stand,
Um ihre magern Leiber sich eine Schlange
  wand.
Ein Thron in dunkler Höhlung prangt' unter dem Ge-
  stein,
Der war von grinsenden Schädeln gewölbt und von Ge-
  bein.
Drauf sah man Hela drohen, halb weisslich und halb
  grau,
Ihr Antlitz doch war blutig und war von Fäulniss blau.
Sie hielt einen weissen Knochen, am Mondschein gut
  gebleicht,
Den hat sur Qual den Schemen sie vor sich hingereicht.
Es war so still da unten, und überall Leichenduft,
Nie Töne des Lebens drangen — nur banges Gestöhn
  durch die Luft.
Drei Fackeln sprühten bläulich, an jeder ein Todter
  stand:
Nur Grauengestalten man schaute und nirgends Blut
  sich fand.*
(Uebersetzt von Legis.)

Wehe heisst ihr Saal; Hunger ihre Tafel; ihre Magd Trägheit; Siechthum ihr Lager, und dauerndes Unglück ihr Bettvorhang.

Als der Gott des Lichts zu ihr niederstieg, gab sie den trauernden Asa-Gottheiten das Versprechen, Baldern wieder herauszugeben, wenn Luft, Meer und Erde darum weinen würden, und ein grosses Weinen ergriff die Welt und die Menschen, Thiere, Pflanzen und selbst die fühllosen Steine; nur eine Riesin, Namens Tök, verstand sich nicht dazu zu weinen; denn niemals vorher war ihr von dem Gott, wie sie sagte, weder Gutes geschehen noch Böses: — eine treffliche Parabel von der Selbstsucht, „an deren Sklavenring," wie O. v. Redwitz bezeichnend sagt,

„des Lebens heilig Räthsel hing;"

erst durch die Herzensstarrheit jener Riesin verlor Walhalla im Grunde seinen Liebling.

Sigurd Fafnersbane.

Drachentödter, Schlangentödter (Fafnisbane) ist, wie zum Beispiel Ἀργειφόντης,*) bei Hermes im Homer, ein beständiger Dichtername Sigurds, des Siegfrieds des Nibelungenlieds, von dem dieses auch erzählt: „Einen Linddrachen erschlug des Helden Hand" (K. Lachmanns Nibelungen,

3. Cap. 101). Dass die Nibelungensage deutschen Ursprungs ist, brauche ich wohl nicht erst zu erwähnen.

— — — *dann bist du Jedermanns Feinding und
  zeitlebens verfehmt in unserm Lande.*

Wie A. M. Strinnholm in seiner schon erwähnten schwedischen Geschichte einmal sagt, „vermochte das Gesetz Leben für Leben noch nicht zu geben, denn nur der Sklave konnte an Leib und Leben gestraft werden; jedes Urtheil zwischen freien Männern war bloss Vergleich. Das Gesetz vermochte daher nicht mehr, als diesen Vergleich nach gesetzlichen Formen zu Ende zu bringen, da von den Tagen des freien Naturzustandes an bis in die späteren Zeiten der strengeren und gesetzlicheren Ordnung die persönliche Selbstständigkeit und Unabhängigkeit noch so viel galt, dass dem freien Mann die Rache sowohl, als, — wenn er es annahm, das Sühn- und Bussgeld dafür anheim gegeben waren. Der einzige Ausweg also, der dem Gesetz von dem Geiste der Zeit übrig gelassen war, um einem endlos sich hinausspinnenden Rachekriege und einer Conspiration der Rechenden zuvorzukommen, war der, die feindlichen Partheien von einander fernzuhalten, und dadurch dem Herzen Zeit und Musse zu geben, ruhig zu werden, und zwischen den streitenden Personen die Möglichkeit herbeizuführen, den Streit zu schlichten. Der Mörder eines Menschen (und der Verbrecher überhaupt) musste also, nachdem die That ruchbar geworden, und auf den Volksthing gestanden worden war, den Gemeindebezirk räumen, und aus den bewohnten Oertern in Wälder und Wildnisse fliehen, und bis die Blutsfreundschaft des Erschlagnen, bis der Gekränkte nicht Sühngeld annahm, war der Schuldige friedlos, und ohne andere Zuflucht, als die der Wildniss und des Waldes.

Nastrands Fluthen.

Nastrand, das Gestade am Fluss der Todten in Niflheim. S. besonders die prächtigen Strophen der Wöluspa 44 und 45, und Cap. 52 von Gylfis Täuschung. Die Schilderung ist grauenvoll:

*„Einen Saal sah sie in Nastrand,
Die Thüren sind nordwärts gekehrt.
Gifttropfen träufeln durch das Getäfel;
Aus Schlangenrücken ist der Saal gewunden.
Im starrenden Strome stehn und waten
Meuchelmörder und Meineid-Schwörer etc.*

Angantyr ein Freund von meinem Vater, wie von Bele.

Nach der Thorsten Wikingssohns-Sage zog nämlich Angantyr mit König Bele und Thorsten Wikingssohn

---

*) Mit Recht hebt von der Hagen, in seinen Liedern der E. (zuerst von ihm herausgegeben in Berlin 1812) hervor, dass das griechische „φοντης" die gleiche Wurzel (φονος) mit dem nordischen „Bane" habe. —

als Streitgenoss von Gothland hinweg, erschlug mit demselben den bösen Zauberer Othulfaxe und bekam nach der gemeinschaftlichen Eroberung der Orkney-Inseln die Herrschaft darüber und den Titel eines Jarls.

Ein elender Sklave nur ist an die Scholle gebunden etc. etc.

Man wird sich des „servus adscriptus glebae" des römischen Rechts erinnern.

Eine Handvoll Staub von meines Vaters Hügel etc.

Aus dem nebelgrauen Morgen der Menschheitsgeschichte sind uns Beispiele von dem schönen frommen Gebrauche bewahrt, bei der Uebersiedelung von einem Orte zum andern Erde von theuern Gräbern als ein heiliges Andenken mit hinwegzunehmen.

Ein schönes doch ewiges Einerlei ist nur für das Weib, für die Brust des Mannes dagegen — — — ist die Stille des Lebens ertödtend.

Aehnlich sagt auch unser grosser Nationaldichter in seiner Braut von Messina:

„*Etwas fürchten und hoffen und sorgen*
Muss der Mensch für den kommenden Morgen,
Dass er die Schwere des Daseins ertrage
Und das ermüdende Gleichmaass der Tage,
Und mit erfrischendem Windeswehen
Kräuselnd bewege das stockende Leben."

— — —

Der Mensch verkümmert im Frieden,
Müssige Ruh' ist das Grab des Muth's.

So erinnern die bald darauf (pag. 159 ff.) folgenden Worte Ingeborgs:

„*Kühlt sich des Spätroths Gluth im Schooss des Meers,*
Mit seinem Glanz will ich dir Grüsse senden;
Des Himmels Wolkenschiffe nehmen wohl
An Bord die Klage der Verlass'nen mit" —

an eine andere rührende Stelle des nämlichen Dichters, wo er nämlich in seiner Maria die schöne unglückliche Königin von Schottland sehnsuchtsvoll singen lässt:

„*Eilende Wolken,*
Segler der Lüfte!
Grüsset mir freundlich mein Jugendland etc."

Und das Meer selbst, das dich trägt etc. etc.

Streift nahe an eine Stelle in W. v. Göthes Iphigenia auf Tauris:

Am Gestade steh ich lange Tage,
Das Land der Griechen mit der Sele suchend;
Und gegen meine Seufzer bringt die Welle
Nur dumpfe Töne brausend mir herüber.

So werd' ich sitzen in meinem Frauengemache etc.

Gemach der Frauen, Jungfrauenzimmer, hiess jener Theil der Gebäude, worin die Frauen gewöhnlich wohnten, um gegen die oft allzugewaltige Liebesgluth der keinen Widerstand fürchtenden jungen Freier jener Zeit einigermassen geschützt zu bleiben. — In einer sehr schön geschriebnen Einleitung zu seinen, von ihm und seinem Freunde A. A. Afzelius gemeinschaftlich herausgegebenen schwedischen Volksliedern (3 Bde. erschienen zu Stockholm, 1814-1816), die zum Theil uralt sind und daher oft noch ins Heidenthum zurückgehn, bemerkt E. G. Geijer unter andern: „Die Jungfrauen wohnen im Hochgemach. Von diesem Hochgemach herab sehen sie die Helden ankommen, erschauen von da die auf dem Meer sich nahenden Schiffe, und erkennen an den oft selbst gewirkten Flaggen, dass ein Liebhaber sich naht."

Manches Gedicht erzählt von den Thürmen und Fallbrücken, durch welche ein solches Hochgemach geschützt zu werden pflegte.

Wie Frühling und Herbst sassen die Beiden nebeneinander etc. etc.

Man vgl. hiemit die Zeilen in „des Sangers Fluch" von L. Uhland:

— — — *Auf dem Throne sitzen der König und*
sein Gemahl;
Der König furchtbar prächtig, wie blutiger Nordlicht-
schein,
Die Königin süss und milde, als blickte Vollmond drein.

Die Stelle ist übrigens gewissermassen die Recapitulation einer Strophe im V. Gesange des Gedichtes, in der der greise König von sich selbst und der jungen Königin sagt:

„*Doch kann sie lieben gerechten Mann*
An Alters Gränze,
Und will sie der Kleinen sich nehmen an: —
Getrost alsdann
Anbietet der Herbst seinen Thron dem Lenze."

Da trat ein fremder Greis in den Saal; er war vom Kopf bis zum Fuss in einen Pelz gewickelt etc. etc.

Nach der s. Sage. „Im Winter fuhr Frithiofr nach Upland hinauf; denn ihn verlangte zu schauen, wie König Hringr und Ingeborg mit einander hausen thäten: — und ehe er dahin kam, warf über seine andern Kleider einen grossen Pelzmantel um seine andern Kleider und war ganz rauchhärig; und hatte zwei Krücken in seinen Händen, und machte sich ganz zu einem greisen Mann. Als nun die Nacht herniederzudämmern begann, schlich er sich zum Saal hinein, sah kümmerlich aus, nahm abseits seinen Platz, zog den Kragen seines

Mantels noch dichter zusammen und schwieg. König Hringr sagte zu Ingeborg: „da trat ein Mann in unsern Saal ein, um vieles grösser, als andere Männer;" — zu einem der Diener, der vor dem Tisch stand, sagte er darauf: „gehe hin und frage, wer der Mann im Pelz da ist, von wannen er herkam und aus welchem Geschlecht er ist." Der Knabe sprang sogleich auf das Estrich hinab zum Fremdling und sagte: „wie heissest du, Mann, wo warst du zu Nacht und wo bist du zu Haus?" Der Mann im Pelz sprach: „Hastig bist du im Fragen, Knabe; vermagst du denn auch gehörig Rechenschaft zu geben, wenn ich dir Bescheid gebe?" — jener sprach das könne er. Der Mann sprach: „Thiofr heiss' ich, und bei dem Wolf war ich zu Nacht, doch im Harm wuchs ich auf." Der Knabe lief zum König und sagte ihm den Bescheid des Fremdlings. Der König sprach: „gefasst, Knabe; einen Bezirk gibt's, das weiss ich, der Harm heisst; es mag auch sein, dass dem Mann nicht wohl zu Muth ist; ein kluger Mann ist's, wie ich glaube, und er scheint mir wohl was werth zu sein." Die Königin sprach: „es ist ein wunderlicher Brauch von dir, dass du dich mit jedem Mann ins Gespräch einlasst, der hieher kommt; und was kann er denn wohl werth sein?" — „Das ist nun meine Sache, denn ich," sagte der König, „ich sehe wohl, er denkt mehr, als er spricht, und hat sich umgesehen in der Welt." — Nach diesem schickte der König einen Mann zu ihm und der Mann im Pelz ging ganz gebückt hinauf vor den König und grüsste demüthig. Der König sprach: „wie heissest du, grosser Mann?" Der Mann im Pelz gab Bescheid und sang:

„*Ich hiess Frithiofr, da ich*
Fuhr mit Wikingern,
Herthiofr, als ich
Wittfrauen härmte;
Geirthiofr, als ich
Grimmig den Speer warf;
Gunthiofr, als ich
Mich begab ins Gefecht;
Eithiofr, als ich
Manches Eiland schuf öde;
Helthiofr, als ich
Säuglinge steckt' an den Spiess*)
Walthiofr, da ich
Herr der Walstatt;

Seither nun schwamm
Ich mit Salzmännern,
Hülfebedürftig,
Bevor ich hieherkam.

Der König sprach: „von Vielem hast du da den Namen Thiofr;**) doch wo wärst du zu Nacht, und wo ist deine Heimath?" Der Mann im Pelz sprach: „mich brachte mein eigner Will' hierher, doch eine Heimath hab' ich nirgends." Der König sagte: „wenn du da sagst, du habest keine Heimath, so mag es wohl sein, dass sie dir gegen den Sinn, der dich herführte, wenig werth erschien. (9. Cap.)

Ich selbst bin alt geworden und brenne Salz am Strand.

Das Salzbrennen war ein Erwerbszweig der Armen und Alten. Nach Saxo Grammaticus gab sich auch Hiarne als einen „Decoquendi salis opificem" aus. ***)

Komm, setz' dich her an meine Tafel etc. etc.

Nach der a. Sage: „Du lege deinen Pelzmantel ab," sagte der König, „und setze dich neben mich." Die Königin jedoch sprach: „Das Alter macht dich schon so thöricht, dass du so hinkenden Boten Platz gibst neben dir." Der König sagte: „Thue was ich haben will, denn ich habe allhier zu befehlen." Thiofr warf nun seinen Pelz ab, und darunter trug er einen schwarzblauen Rock, und an seiner Hand funkelte der gute Goldring; auch trug er einen prächtigen Gürtel von Silber um seinen Leib, und daran einen Beutel mit Silbergeld. Er hatt' auch ein Schwert an seinen Lenden. Darauf ward er mit einem schönen Mantel bekleidet, und nahm Platz auf dem Hochsitze neben dem Könige, die Königin ward blutroth, als sie den guten Goldring sah, ohne jedoch ein Wort mit ihm zu wechseln. Doch der König war fröhlich und sagte: „Du hast da einen guten Goldring an der Hand, und du musst wohl lange dazu Salz gekocht haben;" Jener sagte: „mein ganzes väterliches Erbtheil ist's;" — „mag sein," sagte der König, „dass du nicht mehr hast als das; doch wenig Salzkocher möchten mit dir verglichen werden, mein' ich, wenn mich anders meine alten Augen nicht trugen." (11. Cap.)

---

*) Zuweilen hatten nämlich nordische Seeräuber die Grausamkeit gegen kleine Kinder, dass sie dieselben in die Luft warfen und dann mit dem Speer wieder auffingen; — wie unter andern Gerhard Schöning in seiner Geschichte Norwegens erzählt.

**) D. i. von Vielem hast du da den Diebsnamen. — Die von Frithiofr angegebenen Namen wären sonach mit Friedendieb, Heerdieb, Speerdieb, Kampfdieb, Eilanddieb, Todesdieb wiederzugeben, um dieses Wortspiel auch deutschem Ohr hörbar zu machen. —

***) V. Saxonis Grammatici historia danica, herausgegeben von Mag. J. M. Velschow, Kopenhagen, 1839, T. I. Lib. VI. pag. 264 nos.

— — — flossen die lichten Locken wie eine Fluth von Gold.

Prachtvoll beschreibt auch der finnische (jedoch schwedisch schreibende) Dichter J. L. Runeberg einmal einen jungen Finnländer, den starken Knaben Pavo, indem er von ihm (s. den IV. B. dieses Werkes) sagt: „Er stand da wie die hohe Föhre dasteht zwischen dem niedern Gesträuch, und sein Auge strahlte, wie ein Stern des Himmels und seine Stirne glänzte hell wie der Tag, und sein blondes Haar floss hinab auf seine Schultern, gleich einem Waldbach, der da im Glanz des goldenen Mittagsstrahls von der Halde herabschäumt."
— V. A. Oehlenschlägers herrliche, bis jetzt leider noch unübersetzte Hrolf Krakes Saga, wo mehr als einmal (im 1., im 5. Ges. etc. etc.) von Hrolfs blondem Haar gesagt wird:

Hans gule Haar fra Issen flöd i en gyldne Flod.

— — — Wie rothe Nordlichter die beschneiten Fluren malen.

Die Stelle ist eine wohl schwerlich unabsichtliche Nachahmung der prachtigen Strophe in B. Lidners Gedichte: Der Tod der Gräfin Spastara:

Wie des Nordscheins rothe Helle
Macht erglühn ein Schneegefild:
Färbt der Liebe Feuerwelle
Oft ein bleiches Frauenbild.

S. den I. B. dieses Werkes. — Uebrigens ahmt auch ein anderer schwedischer Dichter, der originelle und hochpoetische J. E. Stagnelius, in seinem berühmten Preisgedicht: „Qvinnorna i Norden" (s. den II. B. unseres Werkes) die schöne Stelle nach, wo er sagt:

„*Olympens purpur kinden målar*
Likt morgonglans kring fält af snö."

Der Purpur des Olympos färbt die Wangen
Gleichwie im Morgenglanz ein Schneefeld glüht.

— — — es war des Gelübdes Stunde nunmehr etc.
S. die Anm. pag. 326.

Und die Königin nahm das Horn . . . . mit Gebilden der Vorzeit verziert und Runenschrift darum.

Gebilde von Runen waren sehr häufig auf den Methhörnern. So heisst es in der Wolsungasaga einmal:

Waren im Methhorn
Mancherlei Runen
Geschnitzt und geröthet,
Ich vermochte sie nicht zu deuten:
Langer Lindwurm
Lands der Haddingen,
Wehendes Kornfeld,
Wechsel der Thiere im Walde.

(41. Cap.)

Unter dem Buge waren die Hörner gewöhnlich auch mit Füssen von Metall versehn. — V. den Schluss der 10. Ges. der Frithiofssage.

Doch unsicher bebte ihr die Hand, und ein paar Tropfen Weins fielen ihr darauf.

V. die ähnliche Stelle in Friedrich Rückerts wunderschönem Gedichte: „Kind Horn":

— — — *Und wie er Das thät hören, da hielt er in*
der Hand
Unsicher seinen Becher, der Wein schwankt' übern
Rand. — —

— — — Von Hagbart und schön Signe.

Die Sage von Hagbarth und Signe ist eine der schönsten des Nordens: — was Romeo und Julie dem Süden, das waren Hagbarth und Signe dem Norden, und das schöne Volkslied von Habor und Signild ist daher noch jetzt in Schweden und Dänemark sehr beliebt. — S. meine Frithiofssage, Leipzig, 1835, pag. 351, G. Mohnikes Altschwedische Balladen, Stuttgart und Tübingen, 1836, und die dänischen Volkslieder von W. Grimm und Sanders.

Wie Tegnérs Gesangesbruder in Dänemark, A. Oehlenschläger, am Schlusse seiner rührenden Tragödie Hagbarth und Signe so schön sagt:

„*wird dieses unglückseligen Paares Glück*
In einer späten Nachwelt liebendem
Gedächtniss leben, wenn wie Spreu im Sturme
So manches andere Liebesglück zerstob;
Und gleich dem goldnen Sternenpaar da droben,
Den beiden wunderschönen Schwestersternen,
Die nie sich scheiden und in dunkler Nacht
Am lichtsten strahlen, wird das Schicksal Hagbarths
Mit Signes unter der Vorzeit Sternen glänzen."

— — — von den Walhallasälen und der Einherier Lohn.

S. die Anm. pag. 320 und pag. 321. — „Einherier" ist der mythologische Name der seligen Kämpen in Walhalla. So heisst es in dem unschätzbaren angelsächsischen Gedichte von Beowulf (s. K Simrocks treffliche Uebersetzung, Stuttgart u. Augsburg, 1859, Cap. 1) von König Hroars Gastmahl und dem Gesang seines Skalden:

— — — *da klangen die Saiten,*
Erklang des Sängers lautes Singen. —
Es erzählte der Kundige
Der Menschen Ursprung in alten Zeiten,
Wie Gott voll Allmacht erschuf die Erde
Die frischen Gefilde, von der Fluth umzogen,
Dann siegesfroh setzte Sonn' und Mond
Als leuchtende Lichter den Länderbewohnern,
Und zum Schmuck die weiten Gevennen schmückte

Mit Laub und Zweigen, und blühn und leben
Lüsst, was in der Welt wohl lebt und webt.

Der Frühling kommt, der Vogel zwitschert etc. etc.

Eine nicht minder schöne Schilderung des holden Wiedererwachens der Natur im Frühling giebt T. in einem unsterblichen Gesänge zur goldenen Hochzeitsfeier der schwedischen Akademie im J. 1836 (pag. 133 ff. dieses Bandes), wo er singt:

Wie wenn die Frühlingsschauer niederthauen,
Die Welt erlösend von des Winters Zwang; —
Da spielen Thiere, jubeln Wald und Auen,
Die Wangen röthen sich, die Lüfte blauen,
Und ringsumher ist Lust und Muth und Vogelsang.

Man v. damit auch die herrliche Frühlingsschilderung Göthes in seiner abgrundstiefen Tragödie Faust:
„*Vom Eise befreit sind Strom und Bäche*" etc.
Nach dem 13. Cap. der altisländischen Sage heisst die Stelle: „Der Winter floh, es kam der Frühling, die Luft wurde wieder mild, es blühten die Bäume, es wuchs das Gras wieder, und die Schiffe mochten nun die Länder wieder umfahren."

Glühend wie Freias Wangen lugt die Rose aus der Knospe hervor etc. etc.

V. den 14. Ges.: „En Fugl sjunger for Konten" in A. Oehlenschlägers schöner Helgesaga:
Und Frühling ist's wieder, der Schnee zerschmolz,
Und Wald und Holz
Steht wieder in blühenden Rosen.

Da will der alte König jagen gehn etc. etc.

Nach der ä. Sage: „Eines Tages geschah es, dass der König zu seinen Leuten sprach: „ich will, dass ihr mit mir in den Wald fahret, damit wir uns freuen und sehen, wie lustig es draussen ist;" und also thaten sie; vieles Gefolge zog mit dem König in den Wald. (13. Cap.)

Halb Freia und halb Rota etc. etc.

Rota ist der Name einer der Walküren (s. die Anm pag. 332).

Der alte König kann der Jagd, wie sie vorwärts fliegt nicht folgen etc. etc.

Den Inhalt dieser und der folgenden Strophen erzählt die ä. Sage schlicht und einfach so. „Da geschah es, dass der König und Frithiofr einsam zusammen waren im Walde, während das Gefolge zurückgeblieben war. Da gab der König plötzlich vor, er sei müde, und sprach: „ich will jetzt schlafen;" Thiofr sprach: „geht nach Hause, Herr; denn mehr steht Solches vornehmen Leuten an, als dahier im Freien zu liegen." Der König sagte: „das mag ich nicht;"

darauf legte er sich nieder und schlief ein, und schnarchte gewaltig; Thiofr sass bei ihm, und zog sein Schwert heraus und warf es von sich. Bald nachher setzte sich der König auf und sprach: „war es nicht so, Frithiofr, dass dir Munches in den Sinn kam, was verfänglich war? Dafür soll dir nun grosse Ehre bei uns werden; ich kannte dich gleich am ersten Tage, wo du in meinen Saal tratst; du musst nun nicht so schnell wieder scheiden von uns, was Grosses steht dir bevor." Frithiofr sagte: „Du nahmst mich gastlich an deinem Hofe auf, Herr, und pflegtest mich mit Güte; doch nun muss ich hindann, denn bald stossen meine Mannen zu mir, wie ich denselben befohlen habe schon vor der Zeit." (13. Cap.)

Man sieht, weder von der ächt nordisch gedachten Versuchung des Helden durch die beiden Vögel, noch von einer so rührenden Klage und melancholischen Gemüthsstimmung ist in der u. Sage die Rede. Mit Recht hob daher bereits in J. 1820, in dem die ersten Bruchstücke des Gedichtes erschienen, die schwedische Literaturzeitung in Upsala hervor: Der Schwerpunkt der Tegnérschen Behandlung der Frithiofssaga ist wohl die herrliche Zeichnung der Individualität des Helden, welche von T. noch tiefer und gründlicher durchgeführt ist, als selbst in der altisländischen Urschrift. Frithiof ist in unserm Gedichte nicht nur ein junger, schöner, sanguinischer, tollkühner Recke, welcher in zornigen Augenblicken dem Ewigen gerade so gut trotzt, wie den Menschen; er ist mehr; er empfindet nicht nur mit tiefem Schmerz das Unglück, im Auge seines Volkes sich als Tempelschänder gebrandmarkt zu sehen — ein Schmerz, dessen drückende Last er in der ä. Sage nur ein einziges Mal, und zwar nur sehr flüchtig berührt; sondern er ist auch hochherzig genug, um zugleich die noch schwerere Last eines innern Bannfluchs zu empfinden, und ohn' Unterlass den quälenden Schmerz mit sich herumzutragen, dass Gott Balder mit Gram auf ihn herniederschaue:

„*Balder, leuchtenden Gelockes, er, der Jeden freundlich*
sucht,
Mich den Einzigen bloss hasst er, bloss ich Einziger bin
verflucht."

T. hat sich dadurch in Besitz zweier höchst vorzüglicher Vortheile gesetzt; einmal des Vortheils, dass Frithiof dadurch für uns mehr wird, als bloss ein schöner, siegreicher Wikingsfürst, ein Mensch nämlich im edelsten Sinn des Wortes, und dann des Vortheils, dass dadurch seine romantischen Schicksale in einem augenscheinlichen Zusammenhange stehen mit dem eigentlichen Geheimniss der Asalehre, die nichts Anderes war als das schmerzliche Gefühl des Verlusts von Balder und das Gefühl der Herrschaft böser Mächte, denen die nichts fürchtende noch scheuende Heldenkraft, wie die eines Frithiof zum Beispiel, wohl dann und wann in förmlichem Zerfall und Groll trotzte und fluchte:

„*Hassend das Geschlecht der Menschen, sehn sie neidisch ihre Lust,*
Und sie warfen meine Rose rauhem Winter an die Brust." —

Neiding, willst du den Schlaf morden!

Man wird sich hierbei wohl der Stelle in Shakspears Macbeth erinnern: „Macbeth erschlägt den Schlaf, den frommen Schlaf; — Glamis ermordet den Schlaf etc. etc. — Ueber Neiding s. die Anm. pag. 359.

Nastrand, s. die Anm. pag. 359.
Niflheim, s. die Anm. pag. 358.

Berserkertobsucht, Berserkswuth.

Berserker (buchstäblich übersetzt Barhemder) hiess eine Art von Kämpen im Norden, die wahrscheinlich mit zum Hofstaat der Könige und Jarlen zählten (v. S. Sturlesons Heimskringla, König Harald Härfagers Saga, C. 9. etc. etc.), und deren liebenswürdiges Amt und Hauptgeschäft darin bestand, sich durch rasendes Saufen von Meth und andern schäumenden Getränken in Tobsucht zu bringen Barhemdig, wie sie waren, fielen sie dann wie wilde, gehetzte Thiere Jeden an, der da des Weges kam, und oft musste man sie in diesem Zustande, um sie zur Vernunft zu bringen, zwischen zwei Schilde einzwängen (v. die 21. Strophe dieses Ges.); — denn sie mussten dann nothwendig Blut haben, und waren keine Feinde da, so erschlugen sie selbst ihre Freunde und Gefährten (v. den 1. Ges. von Oehlenschlägers Hrolf-Krakesaga); und dieser Zustand von Raserei und Kampfwuth nun hiess die Berserkertobsucht.

Balder mit dem lichten Lockenhaar etc. etc.
S. die Anm. pag. 344.

Ich heisse Wolf im Heiligthum.

Wolf im Heiligthum, d. Tempelschänder Nach Finn Magnusens lexicon mythologicum *): „Lupus in locis sacris."

— — — — mir erlosch die Sonne meines Lebens, rings um mich her ist Finsterniss.

V. die Klage des Königs in Amadeus Atterboms nachgelassenem Gedichte „Fågel Flå," erschienen in Oerebro 1858.

„*Klotilda, o Klotilda! Hvem kunde*
Jag tro dig än engång tillbakakomma?

---

*) Priscae veterum Borealium mythologiae lexicon. Havniae, 1828.

Min sol, se'n du mig nedgick, var mitt lif
Ett öde dunkelt haf." —

Merkwürdig ist ein antikes Sepulchraldenkmal im Museum zu Augsburg, welches einer angebeteten Frau gesetzt worden ist, und welches in freilich nicht allzulobenswürdiger römischer Steinmetzarbeit ein Sinnbild der Nacht und der Dunkelheit zeigt, in welcher das Leben des trauernden Gemahls nach dem Untersinken seines freundlichen Gestirns unrettbar untergegangen ist. — S. v. Reiser, die römischen Alterthümer zu Augsburg, erschienen in Augsburg 1820, pag. 65 ff., mit der dazugehörigen Abbildung.

Darum zu meinem Wogen hin! Ein, hinaus etc. etc.

Auch der Oehlenschlägerische Helge besteigt mit diesen Worten das Schiff:

„*Hurrah, meine raschen Jungen! hisst die Segel hoch hinauf!*
Lasst den schwarzen Schwan durch die Wogen sausen mit der breiten Brust,
Und die weissen Flügel spreizen in dem Glanz des Mondenscheins.
Essen schnürt euch den Busen! Stosst vom Lande!
Hörnerklang
Schmettre durch der Wogen Brandung zu dem Schilde Schlachtgetös!
Tapfrer Riese, stolzer Schotte, Helden von der Orkney, Kommt, um schleunig zu versuchen meines Armes letzte Kraft!
Entern woll'n wir kühn und legen Schiffesrand an Schiffesrand,
Drauf mit scharfen Kupferhaken halten fest wir Bord an Bord;
Und wenn dann in rothen Strömen durch den Harnisch fliesst das Blut,
Lachen wir des Todes und reiten nach Walhalla mit Gesang.

(A. Oehlenschlägers Tragödie „Yrsa", Act III.)

König Ringe Drapa.

Nach Art der altisländischen Skalden beobachtet der Dichter in diesem Gesange die Alteration und führte sie mit einer Pracht der Sprache durch, wodurch sich dieses Grabgedicht den schönsten vorhandnen Drapen würdig anschliesst.

In seiner Dänischen Geschichte (L. VI.) hat uns Saxo Gramaticus noch das Drapa Hiarnes auf den Tod des Königs Frotho bewahrt, das nach A. Oehlenschlägers freier Nachbildung in seiner schönen „Hroarssage" ungefähr so lautete:

„*Dahin ist Frode,*
Der Herrscher der Dänen;

Gleich einem Lebenden
Zog man drei Jahre
Durch's Land den Leichnam.
Wie wehe geschah da
Stolzen Weiganden!
Ob seines Grabes
Grünenden Gräsern
Glänzt nun das helle
Himmelsgewölbe.

Ein unübertreffliches Drapa ist der Grabgesang auf Hakon den Guten von Eywind Skaldaspilli, und ist am Schlusse (C. 33) der Saga dieses Königs von S. Sturleson zu lesen. Gleich der Kings Drapa erzählt der berühmte Skalde darin in überaus herrlicher Sprache den Heldentod Hakons und dann seinen Empfang in Walhalla.

Um indess dem Leser nun auch einen Begriff von der Fertigkeit jener Skalden zu geben, so folge hiemit die Strophe eines Gedichts, welches der berühmte Philolog Stephanius in den Anm. zu seinem Saxo mitgetheilt und welches aus dem Ende des 13. Jahrhunderts herrührt:

Haki kraki hamnde framnde
Geirum eirum gotna flotna
Hreiter neiter hodu broda
Brendist endist bale stair.

Hat man diesen durch den Gebrauch der Aliteration wie des Reimes gleich eigenthümlichen Grabgesang so geordnet, dass das 1. Wort mit dem letzten, und das 2. mit dem 3. von jedesmal zwei Zeilen bei einander stehen, dann heisst es buchstäblich übersetzt so:

Hakon hat gezähmt mit Lanzen die Männer, Krake hat mit Erze beschenkt die Seefahrer. Der Stahl gab dem Träger der Spiesse den Tod, dem Spender des Goldes ward das Feuer zum Verderben.

Dieses kleine Bruchstück aus dem Schatz der altisländischen Poesie kann zugleich als Beispiel dienen, wie seltsam man die verschiedenartigsten Stoffe wiederzugeben verstand, und wie strenge man aus dir durchführte: „Das Ohr," sagt Thormod Legis in seinen nordischen Fundgruben in dieser Beziehung einmal (nach Rasks Sprechlehre), „das Ohr ergötzt sich von Natur gerne an rhythmischen Eindrücken, und ist bei einem freien und frischen Volke der einzige Richter und Bildner der nationalen Dichtkunst; kein Befremden darum, wenn sich im Skaldengesange ein Klangspiel und eine Sprachgewalt zeigt, wie sie selbst fur unsere so durchgebildete Poesie — zwar nicht mehr wünschenswerth — indess auch nicht einmal mehr möglich und erreichbar ist; doch neben einem grossen, durchgehends patriotischen und nationalen Inhalte ist es sehr wohl zu erklären, dass schon die blosse ausserliche Schönheit des nordischen Gesanges im Stande war, gleich anregend und erweckend, wie anfeuernd und begeisternd zu wirken."

Im Grabhügel sitzt nun der hochhehre etc. etc.

Nach der ä. Sage: „König Hringr lag eine kleine Zeit darnieder, und als er starb, war grosse Trauer um ihn im ganzen Lande; darauf warfen sie einen gewaltigen Steinhügel ob seinem Grabe auf, und thaten vieles Gut und fahrende Habe hinein nach seinem Geheiss. (14. Cap.)

Wie man weiss, wurden nämlich Könige und Helden auf einem Stuhle sitzend, manchmal auch auf irgend einem Lieblingsross reitend begraben Schwert, Schild und Speer, womit sich der Held vormals Ruhm und ein unsterbliches Andenken im Volke gewann, und zuweilen sogar seine Lieblingssklaven, wurden nach uraltasiatischem Gebrauche zugleich mit dem Leichnam des Gebieters in die Gruft des gewöhnlich ins Meer hinausschauenden Grabhügels gesetzt. — Platens prächtige Ballade von dem Begrabniss des Königs Alerich, dem die Gothen „als ihres Volkes besten Todten" im Bette eines Stromes das Heldengrab höhlten, und ihn darauf zu Pferde in seiner Rüstung, „ihn und seine stolze Habe" darin begruben, ist gewiss Jedermann im Gedächtniss. — Doch selbst im tiefen Süden unten, im indischen Ocean, finden wir noch in neuester Zeit den nämlichen Gebrauch. So erzählt ein berühmter englischer Reisender, J. Wilmington, der vor ein paar Jahren von seinen Seereisen nach Schottland zurückkam, und sie in zwei starken Bänden beschrieb, dass noch Radana, der letzte König, ich weiss nicht mehr von welcher Insel des indischen Oceans, mit seinem ganzen Vorrath von Kleidungsstücken und seinem ganzen Hausgerath beerdigt worden sei, unter welchem sich unter andern auch sechs Skelette von den Lieblingspferden des Königs befanden, die man eigens zu diesem Zwecke tödtete.

Bifrost. S. die Anm. pag. 324.

Walhalla's wölbige Pforten. S. die Anm. pag. 330.

Frigg. Frigga, die von Schönheit strahlende, majestätische Gemahlin Odins, des Vaters der Ewigen und der Menschen, ist die nordische Juno, und sonach die Königin unter den Göttinnen. Mit dem klaren „himmlisch-blauen" Auge durchblickt sie jegliches Geheimniss, es im verschwiegnen Herzen bewahrend; sie versteht die Sprache der Thiere und das Rauschen der Bäume. Sie ist die Schutzgöttin der Sterblichen, und wird unter dem Namen Hertha als Sinnbild der Menschenernährenden Erde verehrt. Sie sitzt mit Allvater, dem allmächtig hohen Gemahl, auf dem die Welt überschauenden Throne Hlidskjalf, und bespricht mit ihm in weisen Gesprächen das Wohl und Wehe der Menschen.

Ueber die Feier des heiligen Herthadiensts in Deutschland u. s. w. erzählte schon Tacitus in seinem bewundernswerthen Buche von Germanien (Germania, Cap. XLI.) den Römern seiner Zeit folgende Geschichte: Auf einer Insel des Meeres ist ein heiliger Hain, und darin steht ein geweihter, mit einem Teppiche verhangner Prachtwagen, welchem nur ein Druide sich nahern darf. Dieser merkt, wenn die Göttin von den himmlischen Wohnungen herabsteigt, und folgt dem mit schneeweissen Kühen bespannten Wagen in tiefer Ehrfurcht durch das Land. Dann sind die Tage fröhlich, die sie mit ihrer heiligen Gegenwart beehrt. Dann ziehen die Manner in keine Schlacht, und rühren weder Schild noch Speer an; verschlossen ruht Erz und Eisen. Von Frieden und Ruhe nur weiss, Frieden und Ruhe nur will und schätzt man dann; bis der Druide die des Umganges mit den Sterblichen sattgewordene Göttin wieder nach dem Heiligthum zurückführt. — Darauf baden sie Wagen und Teppiche, und — wenn man es glauben will, auch die Gottheit in einem dunkeln See. Sklaven dienen hiebei, welche dann jedesmal sogleich dieselbe schwarze Fluth verschlingt. Daher ein geheimnissvolles Grauen im Volke, und ein heilig schauerliches Dunkel, was das wohl sein möge, das nur Denen, die dem sichern Tode geweiht sind, zu schauen erlaubt ist. —

Auf der Insel Seeland, diesem wunderschönen Eilande, das noch jetzt der Sitz der dänischen Könige ist, gibt es ein Thal, das den Namen Herthathal führt, und das eine wahrscheinlich zur Bergung des heiligen Gespanns durch die Felsen hindurchgebohrte Höhlung gewesen ist — und nahe daran liegt auch noch der geheimnissvolle See. Indess auch auf der Insel Rügen zeigt man noch einen heiligen Hain mit einem trüben See, mit Druidensteinen und andern, in weiten Kreisen umhergestreuten Mauerresten, die Gras und Moos umwuchern. Da sich nun ausserdem auch noch auf andern Inseln der Nord- und Ostsee manichfache Spuren des Herthdiensts finden, so dürfen wir wohl mit Recht daraus schliessen, dass die religiöse Feier gerade dieser Gottheit bei den altgermanischen Völkern eine besonders hohe und eigenthümlich nationale gewesen sein muss.

Brage, der Greis, s. die Anm. pag. 325.

Wanadis, s die Anm. pag. 341.

Beisst wie ein Berserker grimm in den Schild.
S. die Anm. pag. 361.

Walvater, s. die Anm. pag. 321.

Saga, s. die Anm. pag. 355.

Klar wie die Fluth Mimers. S. die Anm. pag. 335.

---

*) Ein Kriegsgott der Dänen.

Forsete, der Richter an Urdas Born. S. die Anm. pag. 344.

Versöhnte Hände bot die Blutrache dar. V. di Anm. pag. 367.

Nicht geizig war der König etc. etc.

In seinen herrlichen Abbassiden sagt Platen von einem verschwenderischen Prinzen:

„*Wie ein Sämann Körner streut, verstreute
Seine Hand den Dürftigen Gold und Silber.*"

Tagesglanz der Zwerge, Drachenbett.

Poetische Bezeichnungen des Goldes in altisländischen Skaldenliedern. Das Gold ist das Tageslicht der in der Nacht der Gebirge hausenden Zwerge. Ueber dem Golde brütete jener Drache und hütete es, daher Drachenhort. Die E. ist sehr reich an Namen des Goldes und dichterischen Bezeichnungen anderer Gegenstände. — S. Bartholins berühmte „antiquitates danicae," erschienen in Kopenhagen 1689, und K. Simrocks Erläuterungen zu seiner E, der 2. A., Stuttgart und Augsburg 1855, pag. 360 ff.

Die wilden Thiere des Waldes hausen in Balders Hage.

Nach der ä. Sage steht sowohl Baldrshagen als Framnäs wieder: „Als Frithiofr bindann war von Norweg, hielten die Könige Volksthing, und erklärten Frithiofr für landsflüchtig, und nahmen Besitz von all seinem Hab und Gut. König Halfdan liess sich in Framnäs nieder, und richtete die Wohnung von Neuem auf, welche in Ruinen lag, und so bauten sie auch Baldrshagen wieder auf, und währte es lange, bis das Feuer gelöscht war. Das empfand Helge am schmerzlichsten, dass die geschnitzten Bilder von der Gluth verzehrt worden waren, und von vielen Kosten war's, bis Baldrshagen so vollständig wie es war, wieder dastund; König Helge bewohnte nunmehr den Syrstrand." (10. Cap.)

Es geht ein Versucher durch das Leben etc. etc.

V. A. Oehlenschlägers nordisches Telldrama: „Palnatoke," Act 5:

— — — *ein Versucher geht durch dieses Leben,
Der garstige Wagnhöfst*) mit dem krummen Schwert,
Er lockt uns — Einen mehr den Andern minder;
Es labt ihn, unsere Herzen zu verstricken
In seine Netze.*"

Der grimme Nidhögg aus der Welt der Finsterniss.

Nidhögg ist jener schreckliche Wurm, der nach der Völuspa (35) unten in Nidheims Nacht an der

Wurzel des Weltbaums Ygdrasil nagt. Wenn dieser furchtbare Drache sein Werk vollendet hat, sinkt der Baum, und der Tag des Untergangs der Welt ist nahe. Er ist das Sinnbild der auf das materielle Wesen wirkenden Zerstörung.

Der Mann gibt sich zufrieden mit der Sühne des Blutgelds etc. etc.
Nur mit Blut und mit Geldbusse konnte ein Mord bei den Stamm- und Geschlechtsangehörigen des Erschlagnen gesühnt werden. Keine Gesetzgebung in der Welt kann nämlich, wie auch Dahlmann, einer der sieben Sterne von Göttingen, in seiner Geschichte Dänemarks, B. II, sagt, „die Selbsthülfe unbedingt verdammen." So wurden denn Geldbussen geboten, um verderblicherer Fehde und Feindschaft zuvorzukommen.

Ich komme nicht mit Runen und Zaubergesängen.
D. h. nicht mit Beschwörungsformeln, wie solche damals im skandinavischen Norden (v. die Anm. pag. 347) im Schwange waren.

Der blassblauen Hel kann ich ins Auge schauen.
S. die Anm. pag. 358.

Ob einer Klinge liess der starke Angantyr aus dem Hügel Gesang erklingen.
S. die Anm. pag. 333: „Wohlan, wie Hervor rufen" etc. etc.

Ein Schwert nehm' ich mir wohl selbst im Kampf des Holmgangs.
Die Stählung des Leibes und der Seele zu Kämpferkraft und Kampfermuth, das war die Frucht der Grundsätze, mit welchen der hohe Sohn des Nordens zum Mann heranwuchs; es war die Grundlage seines ganzen Lebens, welches er als Mann lebte. Schwertbewehrt begab er sich zum Volksthing, wie zum Gelage, und machte seine Streitigkeiten lieber mit den Waffen in der Hand ab, als mit Worten.
So lange die Gesetze nur noch einen unzureichenden Schutz gewährten, und das Meiste noch auf eigene Kraft und Gewandheit ankam, galt die persönliche Tapferkeit um so mehr und wirkte um so stärker. Es war ein Gesetz in jener Zeit, dass wer von einem Anderen beleidigt war, ihn auf den Holmkampf, d. h. zum Zweikampf auf einer Insel (Holm) herauszufordern das Recht habe. (Gunnlaugis Ormstunges-Saga.) Bis auf den heutigen Tag hat sich ein Bruchstück der Satzung erhalten, die bei dem Holmkampf im Gebrauche gewesen war.*)
Man kann überein in Betreff der Zeit, des Orts und der Wahl der Waffen. Gewöhnlich setzte man den 3. Tag zum Zweikampf an. Der Kampfplatz war sehr häufig ein einsam liegender kleiner Holm, weil sich auf demselben die Gegner in unausweichbarer Nähe gegenüberstanden. Dergleichen Holmkämpfe fanden, den Sagnen zufolge, auf vielen Inseln statt; so auf der bereits erwähnten Insel Samsön, auf der Insel Hithinsö in Norwegen, der Vernersö in Swithiod etc. etc. Sie waren sehr häufig. Von mehr als Einem kann man lesen, welcher gewohnt war, einen Kämpen nach dem andern zu fragen, ob er an Muth und Armskraft seines Gleichen kenne, und bejahte er dieses, ihm sogleich den Zweikampf anbot, um seine Behauptung durch die That zu beweisen. S. Strinnholms bereits mehrmals erwähnte Wikingerzüge, B. I.

— — — **von der Asenstadt.**

Nach Gylfis Täuschung und andern skaldischen Dichtungen (Thiodolfs von Hvine etc. etc.) die prächtige Asastadt mit den goldenen Wohnsälen des nordischen Olymps.

Eine Spiegelung der Luft nennen wir dieses Himmelswunder etc.
Es ist die auch in Scandinavien heimische, herrliche Naturerscheinung der Mirage, der Fata Morgana des europäischen Südens, die besonders die sicilianischen Küsten so lieben und umschweben soll:

Sie nennen es in holdem Wahne
Ein Gaukelspiel der Fee Morgane,
Die unten in Messinas Lenz,
Am Thore wohnt des Orients.

Der Zusatz Tegnérs: „schöner klingt seine Benennung in Walhalla" ist eine poetische Phrase, die schon in griechischen und römischen Dichtern mehrfach wiederkehrt, und dürfte wohl auf die südeuropäische, freilich poetischere Benennung „Mirage" und „Fata Morgana," im Gegensatz zu dem ihm selbst zu Gebote stehenden gerade nicht allzuschön klingenden schwedischen Wort „hägring" anspielen. — Eine ähnliche schöne Phrase ist zum Beispiel das Wort des schwedischen Sängerbruders Tegnérs, F. M. Franzéns, von dem mächtigen Welttheil des Wests: „Amerika nennen jenes Land die Menschen; doch die Ewigen, die hohen und gerechten, nennen es schöner: „Columbia."

Ein Bild von Breidablick. S. die Anm. pag. 344 und 353.

Die erhabnen Nornen. S. die Anm. pag. 320.

Darunter stand nicht wie vormals ein Pfühlesaan etc. S. die Anm. pag. 358.

---

*) S. den Zus. zum Thingmannabalken in Uplandslagen, und v. dazu O. Petri scriptorum rerum suecicarum T. I.

Upsalas Tempel. Man sehe die Note pag. 324.

Sprüche voll tiefer Weisheit aus Wala und aus Hawamal.

Wala, der Gesang der Wöla, Wöluspa, das wichtigste Gedicht der rhythmischen E. Die Wöluspa ist die Sele und die Grundlage jedes Lehrbuchs der nordischen Mythologie, und wie Herder einmal so geistvoll gesagt hat, „die Urdu der ganzen nordischen Heidenpoesie." — Eine weise Seherin vom Geschlechte der Nornen tritt darin auf, hebt an mit der Geburt der Zeiten, hingleitend durch die rauschenden Weltharfensaiten des ganzen nordischen Götterdramas, Rast haltend am Idafeld, am Brunnen Urdu's, sowie am Hügel des gefallnen Balder, und das Erdenleben nicht eines Blicks würdigend, sondern schnell zum Ende eilend. In tiefen und geheimnissschwangern Tönen singt sie den Fall Walhalla's und der Welt, doch deuten die dunkeln Orakel, worin sie spricht, zugleich freundlichmild auf ein schöneres Dasein hin, das durch den Tod hervorgehn soll aus dem Kampf der Zeiten. Uebersetzt haben die Wöluspa unter andern Herder (in seinen Volksliedern unter der Ueberschrift: „Das Grab der Prophetin"), Studach und Simrock. — Ueber Hawamal s. die Anm. pag. 348.

Paar an Paar traten nun zwölf Tempeljungfrauen ein etc. etc.

Man weiss, dass die Hindus in Asien (der Heimath der nordischen Asalehre) noch jetzt solche Tempeljungfrauen, — Bajaderen, haben, welche zum Glanz und zur Schönheit der religiösen Ceremonien dienen, und zur Feier des Frühlingsfests mit Kränzen und Blumen den Reigen schlingen.

— — — sangen sie ein heiliges Lied von Balder dem Frommen etc. etc.

S. die Anm. pag. 344 und 359.

Breidablick. S. die Anm. pag. 353.

— — — — — und seine Kindheitserinnerungen drängten sich ihm am Auge vorüber etc.

V. die Stelle in J. P. Richters „Quintus Fixlein", I.:

„Seine Kinderjahre schlossen ihn jetzt wie Kinder gleichsam in einen lächelnden Kreis etc."

— — — — als ob er selbst ein blumenbekränzter Bautastein etc. etc.

S. die Anm. pag. 322, und v. die schöne Stelle in Tegnérs „Epilog zur Magisterpromotion":

„Und wenn der Grabstein, der Markstein der Ewigkeit, ein Blumenüberhangener Trauungsschämel vor euch steht etc."

Walaskjalf, Odins Wohnung. S. die Anm. pag. 321.

Heimskringla, d. i. die Welt; s. die Anm. pag. 348

— — — — Und die Adlerflügel auf seinem Helme etc. etc.

Adlerflügel sind auch in Ossians Gesängen die Helmzierde der Könige und Feldherrn.

„Jetzt wäre wild erwacht der Kampf,"

heisst es in seiner Temora (im 12. Ges.) einmal,

„Hätt' Ossians Auge nicht erspäht
Den Helm der Könige Erins,
Vom Aarflügel hoch umweht;

Ferner in seinem Gedichte: „Cathlin vom Clutha":

„Im Felde erschien nicht Cathlins Schritt;
Am einsamen Strande stand der Fremdling,
Wo Rathcols schneeweisser Schaum
Die mosigen Steine bespritzt;
Es tauchte Cathlin zu Zeiten
Hinab in die Fluth den Speerschaft;
Oscar brachte den Panzer Ducarmors,
Den Helm mit dem Flügel des Aars,
Und legte sie hin vor den Fremdling."

Dem Berserker gleich, der wuthbleich in den Schild beisst.

S. die Anm. pag. 304.

Der gewaltige Thor zog manchesmal gen Jotunheim.

Jotunheim ist die jenseits des Oceans sich emporthürmende Heimath der Riesen. An seinen Gränzen steigen Gebirge von Schnee und Eis in die Nacht. Im Innern ist es kahl und öde. Der Beherrscher dieses Riesenreiches war der Loke der Nacht, — der Pluto des Nordens, Utgarda-Loke, den man nicht mit jenem andern Loke, dem bösen Princip der Asamythologie verwechseln darf, und unter der Erde, in tiefem Bergesschacht, stand seine mächtige Stadt, worin

— — — — „Felsen, hoch sich wölbend, benahmen das Tagslicht,

Eine Klipp' von weissem Marmor war da so blank und bloss,
Das war die Riesenmauer um Utgardlokes Schloss.

In dieses Schloss drang nimmer ein Strahl des Mittags ein.

Drin sass der König ruhig auf seinem Thron von Stein.

Wie todt sass er da droben, ein graues Marmorbild,
Wie funkelnde Rubinen, so blitzten die Augen ihm wild

Doch in den tiefen Höhlen war Finsterniss und Grau'n,
Bis Lok' auf seinen Schildrand thät mit der Keule hau'n;

*Drauf sich die Kluft mit Silber und rothem Gold
 durchwob,
Und durch die weiten Schluchten Gebirgsfeu'r sich er-
 hob."*
(A. Oehlenschläger, Nordens Guder, 1. Gesang, nach
 Thormod Legis.)

Die erwähnten Züge Thors (s. die Anm. pag. 320)
nach der Heimath der Riesen zum Sturze des Loke der
Nacht erzählt die jüngere E. in Gylfis Täuschung,
Cap. 44 ff. —

— — — *des Vergessens Reiher umschwebt den
 Horses Rand.*

V. das eddische Gedicht Huwamal, Str. 12.

*Rauschend schwebt,
Und Besinnung raubend,
Des Vergessens Reiher
Ob heiterm Gelage.*

— — — — *von Ymers Leib etc. etc.*

Die mythische Gestalt Ymers ist das Bild des
Chaos:

„*Einstmals im Anbeginn,*"
(heisst es in der Wöluspa, Str. 3)
„*Im Anbeginn waren
Die Tage Ymirs,
Da war nicht Sand, nicht See,
Nicht sausende Woge;
Nirgends war Erde,
Noch Bläue des Aethers; —
Ein gähnender Abgrund,
Doch Gras nirgends.*"

Er war kein Gott, sondern ein Rhimthurse, und böse
von Natur, wie sein ganzes Geschlecht. Die drei Ur-
götter Othin, Wili und We tödteten ihn darum,
und erschufen aus seinem ungeheuern Körper die
Welt, wie sie ist; wie es in dem eddischen Ge-
dichte „Wafthruders Gesang" (Str. 21) und
in Gylfis Täuschung (Cap. 8) heisst:

*Aus Ymirs Körper
Erschufen die Erde
Die guten Gottheiten;
Aus seinem Geblüte
Die blaue Meerfluth,
Aus den Gebeinen
Die grossen Gebirge,
Aus dem Haar die Haine,
Aus der Hirnschale das hohe Himmelsgewölbe.*

— — — — *Jedoch die Wolken
Wurden aus seinem
Hirne gewebt.*

Aehnlich ist in Conchinchinesischen Traditionen die
Mythe, dass die Welt aus dem Körper des Riesen
Banio geschaffen worden sei, indem aus seinem Schä-
v. Leisewitz, schwed. Poesie. III.

del das Himmelsgewölbe, aus seinen beiden Augen
Sonn' und Mond, aus seinem Fleische die Erde, aus
den Knochen die Gebirge und Felshöhen, und aus
dem Haar die Pflanzen gemacht wurden. S. E. G.
Geijers grössere schwedische Geschichte B. I. (im S. C.),
Finn Magnusens lexicon mythologicum, und Joseph
von Görres Mythengeschichte der asiatischen Welt.

So ist es auch mit Askers Kindern.

Askr und Embla sind nach der Wöluspa (Str. 17 ff.)
das erste Menschenpaar der nordischen Mythe.

Megingjard. Der eiserne Gürtel des Thor. S. die
Anm. pag. 321.

Urdas Silberfluth. S. die Anm. pag. 358.

Und der Vogel mit Zeitungen vom Erdenrand etc.

„Zwei Raben sitzen auf Odins Schultern," heisst es
in Gylfis Täuschung (38), „und Sie sagen ihm ins
Ohr all die Zeitungen, die sie hören und sehen; sie
heissen Hugin und Munin:

„*Hugin und Munin müssen jeden Tag
Ueber die Erde fliegen,*"

heisst es in Grimnismal. Die Menschen nennen ihn
darum den Rabengott.

Denn er war in Walhallas Götterkranz das Band.

Eine Anspielung auf die schöne Stelle in A. Oehlen-
schlägers mythischem Drama: Balder der Gute
(1. Act):

— — — — *Balder!
Du bist das Band im Kranze von Walhalla,
Das in der Blumenpracht sich still verbirgt,
So dass das Auge glauben muss, von selbst
Wohl schlängen all die Blumen sich zum Kranze.*

Utgardaloke. S. die Anm. pag. 368.

Nidhögg. S. die Anm. pag. 357.

Midgardsschlange. S. die Anm. pag. 341 und 357.

Fenris. S. die Anm. pag. 341 und 357.

Surturs feuriges Schwert funkelte von Muspelheim.

Surtur ist der Beherrscher der mythischen Feuer-
region Muspelheim. — Man kann diesen Giganten so
zu sagen ein Sinnbild des bösen Princips in seiner
höchsten Macht nennen, ja es lässt sich fragen, ob er
nicht eine und die nämliche Person ist mit Loke;
ein hehrer Lichtgott, wozu ihn Finn Magnusen macht,
ist er wohl nicht. — „An Muspelheims Gränzen,"
heisst es in Gylfis Täuschung, „sitzt Surtur und be-
wacht mit einem flammenden Schwerte das Land;"
und die Wöluspa (Str. 52) sagt von ihm:

„*Surtur fährt vom Süden
Herauf mit dem Schwert;
Von seiner Klinge blitzt
Der Glanz der Gottheit.*"

In Walhalla krähte der Hahn mit dem Goldkamm etc. etc.

Nach der Wöluspa (Str. 35):

Im Goldsaal der Einigen
Kräht der Goldkammhahn;
Der weckt die Helden
Zu Heervaters Kampfe;
Ein anderer kräht
Unter der Erde,
Der schwarzrothe Hahn
In Helas Sälen.

Das Lied ist das Wiegenlied der Zeit und ist — auch ihr Grabgesang.

Ein Bild, welches bei T. mehrmals wiederkehrt. So sagt er in seinem wunderschönen Gedichte auf den Tod J. O. Wallins, des „nordischen Davids" und Erzbischofs von Schweden, (s. pag. 118 ff. dieses B.) einmal von der heiligen Stadt, dass der Bach Kidron seine trübe Welle jetzt hinabwälzt ins todte Meer als ein düsterer Prophet, der zwischen dem schwankenden Schilf das Wiegenlied des Menschengeschlechtes singt, und auch seinen Grabgesang."

Heimskringlas Thaten. S. die Anm. pag. 348.

Wisst ihr es nunmehr oder nicht? etc. etc.

Anspielung auf die in der Wöluspa mehrmals wiederkehrende geheimnissvolle Frage der Seherin: „Versteht ihr's nun, was ich sage, d. h. versteht ihr nun den Sinn von Dem, was ich gesagt habe?

Ragnarök. S. die Anm. pag. 356.

Wohl rauscht der Kranz der Sterne bleich und welk herab von des Himmels Scheitel etc. etc.

Vergleiche die prophetische Apokalypse des heiligen Johannes, C. VI. 13, wo es heisst: „Und die Sterne des Himmels fielen auf die Erde, gleichwie ein Feigenbaum seine Feigen abwirft, wenn er von dem Sturme hin und her geschüttelt wird."

— — — — ein blutiger Tag auf Wigrids hundert Meilen langer Ebene.

S. das Gedicht von Wafthrudner, Str. 18:

Wigrid heisst das Feld,
Da zum Kampf sich finden
Surtur und all die Seligen.
Hundert Rasten zählt es rechts und links,
Das ist ihr letzter Walplatz.

Idawall. S. die Anm. pag. 357.

Ach, alles Beste liegt jenseits des Grabes, Gimles grüner Pforte.

Der goldene Wohnsaal Gimles ist nach der Wöluspa (62), Gylfis Täuschung etc. etc. (52) der Ort, wo nach der Götterdämmerung die guten und rechtschaffnen Menschen hausen werden.

V. übrigens die schöne Stelle in der mit Unrecht vergessnen und verschollnen Urania unseres Unsterblichkeitssängers:

— — — — *Es ist das Leben bloss ein Spiegel,*
Worin ein bleiches Bild des Jenseits schwebt;
Die Welt ist bloss der Stufenhügel,
Der uns hinauf zur höhern Stufe hebt.

Die Asen ehrt das Volk durch blutige Opfer, es führt das Ross etc. etc.

In prächtigem Schmucke wurden die Thiere zur Opferstatt geführt, geweiht und hierauf im Reisein im andachtsvoll harrenden Volkes getödtet. (Vgl. Simrocks mythologisches Handbuch, pag. 520 ff.)

— — — denn sie ist von Semings Blut, des grossen Odenssohns etc. etc.

Ein Sohn Odens dieses Namens soll nämlich nach mündlichen Ueberlieferungen der Stammvater der zahlreichen Königsgeschlechter Norwegens gewesen sein.

Nun ist König Helge todt etc. etc.

Im 1. Abdruck des Gedichtes in Geijers „Iduna" fehlen die hierauf folgenden Zeilen; dafür lautete die Stelle, in Abweichung von dem jetzigen Plan des Gedichtes, so:

„Ihr wuchset beide vormals wie ein Eichenpaar
Auf einer Höh', und zwischen euch, den Freunden, hob
Empor des Friedens Silberbild, die Lilie, sich;
Nun ist hinweg die Lilie, und das Ungeheu'r
Der Zwietracht liegt dazwischen jetzt, und schwer
Bedrängt's die beiden, giftgeschwoll'n wie Jormungand;
Erschlag's, o Frithiof, du ja bist der stärkere;
Ein Opfer fordert etc. etc.

Nach der altisländischen Sage schliesst die Geschichte von den Schicksalen Frithiofs so:

„Die beiden Könige, Ingeborgs Brüder, erfuhren, dass Frithiofr die Königsmacht in Ringreich und ihre Schwester Ingeborg zur Gemahlin habe; da sagte Helge zu seinem Bruder Halfdan, das wäre doch höchst wunderlich und verwegen, dass eines Herses Sohn nun ihre Schwester zur Frau benütze; da zogen sie Mannschaft zusammen und zogen mit ihr gegen Ringreich hinab, und gedachten den Frithiofr zu erschlagen und das Reich unter ihre Gewalt zu bringen. Als jedoch Frithiofr das gewahr ward, sammelte er gleichfalls Mannschaft, und sprach zur Königin: „Ein neuer Unfrieden ist kommen in unser Land; doch wie es auch gehe, so will ich nicht, dass ihr darob Unmuth hegt;" — sie sprach: „nunmehr ist es soweit gediehn, dass du dich wohl als den Ersten zeigen musst." — Björn war auch seinem Pflegebruder Frithiofr zu Hilfe gekommen. Sie zogen darauf zum Kampf, und es war wie vor der Zeit, dass nämlich Frithiofr wieder der Erste war in dem Streit der Gefahr; er und der König Helge hieben Zweikampf, und Frithiofr erschlug ihn. Da liess nun Frithiofr den Friedensschild erheben, und die Schlacht ruhte; Frithiofr sagte zu König Halfdan: „Dir stell' ich jetzt eine grosse Wahl: — Wofern du nicht schnell Gut und Blut in meine Gewalt zu geben vorziehst, so tödt' ich dich auch, wie deinen Bruder; mit mir scheint es jetzt besser zu stehen, als mit dir." Da zog denn Halfdan es freilich vor, sich und sein Reich in Frithiofrs Gewalt zu geben. — So erhielt Frithiofr die Herrschaft, Halfdan hingegen sollte Hersenmacht haben in Sogn, und zinspflichtig sein gegen Frithiofr. (15. Cap.)

Noch in der 1. A. des Gedichtes stand am Schluss dieses Gesanges der, dem altisländischen Buche nachgebildete Trimeter:

„*Hùr slutas sagan öfver Frithiofs äfventyr*",

(d. h. damit schliesst die Sage von Frithiofs Abenteuern), den der Dichter später indess wegliess.

Jumala. Eine finnische Gottheit, die dem deutschen Wuotan gleich gesetzt werden kann. — Bei den finnischen Völkern ist übrigens Jumala noch jetzt der Name des höchsten Wesens in dem Sinn unseres Wortes „Gott" — S. J. Grimm's deutsche Mythologie 1. A. (1835) Cap. VIII, und 2. A. (1844) Vorrede; und v. damit den interessanten Artikel M. A. Castréns über den Sinn der Wörter Jumala und Ako in der finnischen Mythologie, in der höchst beachtenswerthen finnischen Zeitschrift „Suomi", Helsingfors, 1852, pag. 117 ff.

Ueber **A. Hvide**, den spätern Erzbischof **Absalon** und den Riesen **Finn** s. die Anm. pag. 242.

Runamo, wo Hildetand in vorigen Zeiten etc. etc.

Runamo ist der Name einer nicht unbedeutenden Felshöhe im Kirchspiele Hoby in Blekingen (s. C. Molbech's Briefe aus Schweden vom J. 1812, B. III), an deren steilen Hängen man Runenschriftzeichen von riesenmässiger Grösse zu sehen glaubt; die schwedische Volkssage schreibt sie dem Harald Hildetand zu, welcher dadurch, so glaubt man, die Thaten seines Grossvaters J. Vidfamne der Nachwelt zu erhalten suchte.

Saxo (der den Fels wahrscheinlich gesehn) gibt uns einen Begriff von der Riesengrösse dieser Runenschrift, wenn er in der Vorrede zu seiner dänischen Geschichte davon erzählt: „In Blekingen drinnen, da ist eine Felshöhe, worüber ein Weg hingeht, und wo sich durch ein sonderbar Geschrift, das darauf zu schauen ist, hervorthut. Ingleichen geht daselbst vom mittäglichen (d. i. baltischen) Meer ein Felsenweg aufwärts in selbige Wildniss von Westen, welchen zwo Linien, die, unüberschbar hinausgezogen, nebeneinander laufen, und einen schmalen flachen Raum umschliessen, auf dem Zeichen und Buchstaben gar mancherlei Art, so man daselbst eingehauen, zu sehn sind. Und obgleich der Ort so uneben und ungeschlacht ist, dass sich die Schrift bald auf Berggipfeln hinzieht, bald den Boden der Thäler durchschlängelt, so ist sie doch, indem es eine ununterbrochene Linie ist, noch wohl wahrnehmbar "

Der Kuriosität wegen sehe man F. Magnusens „Runamo og Runerne" (1841) in B. VI der philosophischen und historischen AA. der K. Dänischen Gesellschaft der W. in Kopenhagen.

Harald Hildetand, der Held von Browalla's Unglücksschlacht, ist uns in neuester Zeit besonders durch A. Oehlenschläger und E. Geibel (in König Sigurds Brautfahrt) nahgebracht worden.

J. Vidfamnes Thaten stehen in Sturlesons Heimskringla, sowie in Thormod Torfaeus Antiquitates septentrionales, seu series regum Daniae etc. etc.

— — — — **halb Thor und halb Balder.**

V. den XVII. Gesang der Frithiofs-Saga, (pag. 162 dieses Bandes), wo T. das Nämliche von Frithiof sagt: „*Schön stand er da wie Balder, und hoch wie Aesther.*"

Wunderdinge, und das nicht wenige, gaben sich da zur Schau etc. etc.

V. A. Oehlenschlägers **Nordens Guder**. Im 3. Buch dieser nordischen Metamorphosen heisst es von des Königs der Riesen, Thryms, unterirdischem Königssaal:

Metallkönige,
Gleich jungen Trabanten,
Standen prachtvoll
Da an der Thüre;
Das blühende Silber,
Und glänzendes Eisen,
Das prächtige Gold,
Bluthrothes Kupfer,
Und Zinn und Blei.

— — — —

Edelsteine
Wie lächelnde Mägdlein
Holdselig dastehn:
Der helle Smaragd,
Der glühnde Rubin,
Der milde Saphir,
Und der Stolz des Demants,
Fertig zum Streite
Hinter den andern,
Schlossen als Schildwacht
Ihren schönen Kreis:
Bleicher Arsenik,

Blaugrün Vitriol;
Und Schwefel und Kobalt
Sprühten da Strahlen.

— — — — —

Vgl. auch die prächtige Schilderung von Lukes
Höhle im VII. Ges. von Oehlenschlägers Hrolf Krake-
Saga.

Bald stand auf dem Marmortisch ein Mahl bereit etc.

V. Thomas Moores morgenländisches Gedicht Lalla
Rukh, dieses Kleinod der irischen Poesie: — die Er-
zählung von Inhampurs und Nurmahals Liebeszwist
im 2. Theil des Gedichtes. —

Kornbrod, auf geschwendeter Erde gewachsen.

Schwenden, sengen, Erde durch Feuer fett und
fruchtbar machen. — Im Norden Deutschlands ist es
nichts Neues, denn auch an der Eider und Weser
sengen sie die Heiden und das Strauchgehölz und bauen
dann das fette Erdreich.
Gerade so ist es mit den saharaartigen magyarischen
Ebenen an der Theiss, mit den amerikanischen Urwäl-
dern. So wurden die Reben Cyperns in Madeiras
durch Waldbrand fett und fruchtbar gemachten Boden
gepflanzt.

Der Glanz der Walhallathrone erlischt dann etc.

V. die prächtige Stelle im letzten Gesange von P.
H. Lings mythologischem Gedichte „Asarne"
(pag. 230 dieses Bandes): „Licht überstrahlt
die Erde, Nacht ist es in Walhalla" etc. etc.

Grünen denn die Gelände noch meines heitern
Hügels etc. etc.

V. die schönen Strophen in T's „Hünengrab:"
„Oft von seiner Höhe herab beschau' ich mir frohen
Sinns die Pracht des Sommers und die alte Stadt des
Saxo etc. etc. — — — Bis wo sich der Horizont ab-
schliesst, breitet sich der Blumenplan des Gefildes
aus etc. etc."

Bischof Eskil. Eskil, Aeskild, ein Brudersohn
des ersten Lunder Erzbischofs, dessen Nachfolger, und
Absalons Vorgänger.
Es war um 1. Sept. des J. 1145, als Bischof Eskil
die Einweihung des Lunder Doms vornahm.

Das Pallium sodann, ein Geschenk des Pabstes etc.

Pallium (Mantel), ist eine sehr alte (schon vom
Ornate des Hohenpriesters im A. T. hergeleitete), be-
sondere Auszeichnung des Bischofs, des Erzbischofs
und des apostolischen Vikares. Schon Pabst Sym-
machus schenkte einem Bischofe ein solches Mantel-
chen. Das uralte Pallium, das zu St. Denis bei Paris
aufbewahrt wird, soll von Pabst Stephanus III. (752)
herrühren.

Es ist, möchte man sagen, ein schmaler weisser
Halskragen, der gleich einem Mäntelchen (daher der
Name) die Schultern umhängt, und zu beiden Seiten
von den Pontificalkleidern herabhängt; auch ist er
mit rothen und schwarzen Kreuzen durchwirkt.
Ein Geschenk des Pabsts heisst dieses Mäntelchen
deshalb, weil bloss der Pabst das Privilegium hat, es
gleichsam wie Schwert und Sporen der apostolischen
Gewalt den Bischöfen zu ertheilen. Denn jeder Erz-
bischof hat dasselbe nöthig, um sowohl die Pontifika-
lien celebriren und die erzbischöflichen Rechte antre-
ten, als auch den erzbischöflichen Namen führen zu
dürfen Daher muss jeder Erzbischof binnen drei
Monaten vom Tage seiner Wahl an um das Pallium
beim h. Stuhl nachsuchen, und darf, bevor er es erhal-
ten hat, keine höheren erzbischöflichen Amtsverrich-
tungen vornehmen, noch von seinem Titel und Namen
Gebrauch machen. V. Schenkels Juris ecclesiastici
institutiones, A. von Schell, B. I.

Macht die Thüre hoch und den Weg breit etc.

S. König Davids Psalmen, übersetzt von Luther,
XXIV, V. 7 ff

Der heilige Laurentius.

Der nämliche Heilige, der unter dem Kaiser Vale-
rianus im J. 258 den Martertod erlitt.

Bald klang es wie Abendwinde, leisem Klageton
in Edens Linden säuselnd etc. etc.

V. Novalis, des Lichts, des himmlischen Serafs der
deutschen Poesie, geistliche Gedichte: (II)

Schöpfrisch im Gesange zieht wohl um die Erde Lebens-
wind;

sowie Klopstocks, des Sängers des Messias, schöne
Ode, Leipziger A. vom J. 1738, I. pag. 259, wo es von
dem in Andacht erglühten Volke, das „den Sohn singt."
heisst:

— — — — „Thränen
Fliessen ins Lied; denn die Kronen des Zieles
Winken. — — — *Sie sehn um Sion*
Palmen der Himmlischen zehn."

Schön, wie ein Künstler wohl die Gestalt Skades
bilden würde etc. etc.

Eine nordische Artemis, wie sie schon Homer be-
schreibt (II. carmina minora, nach der A. von
Gottfried Herrmann, pag. 175):

„*Tödtlich ist ihr Geschoss, es erbebt der hohen Gebirge*
Scheitel" etc. etc.

Und wie T. die Heldin seines Gedichtes mit Skade,
so vergleicht Homer an einer andern Stelle, im VI.
Ges. seiner Odyssee, die schöne Phäakentochter Nau-
sikaa mit Artemis.

Skade, die Tochter des Riesen Thiasse (der, wie der Aar des Zeus den blühenden Ganymed, Idunen als Adler entführte), und die Gemahlin des Gottes der Schifffahrt, des Handels und Reichthumes, Niord, — ist die Göttin des Schneeschuhlaufs und der Jagd, und wohnt in Thrymheimr, der stürmigen Felsenkulm des Gebirges.

— — — — wie sie die Raben Odens im Busen nährt etc. etc.

Othins Raben, (v. die Anm. pag. 321 u. 340.) die berühmten Symbole des skandinavischen Heidenthums, kehren in vielen Gedichten und Geschichten des Nordens wieder. Nach Saxos dänischer Geschichte (L. X.) war Kanutus der Grosse von Dänemark der letzte König des Nordens, der die Raben Odens als Feldzeichen in der Schlacht führte.

— — — — doch schlank und hoch gewachsen wie die Tannen in Schwedens Wäldern etc. etc.

Die Stelle möchte wohl unter dem frischen Eindruck eines im J. 1821 noch neuen Gedichtes geschrieben sein, unter dem der „Schuld" nämlich, dieser „Missgeburt der Zeit," wo es in Jertas schöner Schilderung von Hugo heisst, dass er im Norden gross gewachsen sei, „hoch und stolz wie unsere Tannen," und noch mehr ein paar Zeilen weiter, wo es heisst: — — „Heiter wie des Himmels Blau lag in seinem Aug die Sele fremdem Auge da zur Schau, freundlich, fest und ohne Fehle." —

Er bekam eine Stelle unter den Trabanten des Königs etc. etc.

Die Trabanten König Karls XII. waren, wie man weiss, so zu sagen die Blume seines ganzen, gegen die Länder des Czaren und gegen Polen brausenden Heersturms. V. das schöne Gedicht T's, Karl XII. und die Anm. dazu. Sieben dieser Trabanten waren dann wieder, um unser Bild todt zu schlagen, die Krone dieser Blume.

— — — — sieben, wie die Sterne des Karlswagens.

S. die Anm. pag 323 und 324. unter Karlswagen.

— — — — — mit Kugeln waren sie gewohnt zu heizen etc. etc.

Das war in der That der Fall, und von Karl XII, wie von Turenne, weiss man, dass der Kamin seines Königszelts im Feldlager gewöhnlich bloss aus einer einfachen Pyramide von glühenden Kanonenkugeln bestand.

— — — — er stritt wie Rolf Krake vormals stritt.

Eine prachtige Schilderung dieses prächtigen Löwenkampfs Hrolf Krakes, des Sohnes König Helges und Yrsa's, s. im 8. Ges. von A. Oehlenschlägers Hrolf-Krakessaga.

— — — — in Griechenlands Hainen, der schönen Welt, die jetzt untergeht etc. etc.

Das Gedicht erschien im J. 1820, also gerade zur Zeit der blutigsten Kämpfe Griechenlands gegen die Mongolen des neunzehnten Jahrhunderts.

— — — — wie der des Jupiteradlers etc. etc.

Die schwedische Urschrift hat: „wie der des Jofursaars; — Hur, Jafnhar, Jofur ist nämlich nach der jüngern E. (20) und nach der Wöluspa (49) einer der vielen Namen Odens, des nordischen Jupiter. Die Vögel Odens sind, wie man weiss, Raben.

O Liebe! Du Wunder der Erde und des Himmels! etc.

In unserer ganzen neueren Poesie gibt es bloss eine Liebesapotheose, welche werth ist, neben dieser zu stehen. Sie ist von unserem herrlichen Friedrich Halm, der die schöne Griechin in seinem Sohn der Wildniss so sprechen lässt:

Liebe kommt schnell,
— — — — *sie kommt wie Blumen über Nacht;*
Lieb' ist ein Feuer, das ein Blick entfacht,
Das Träume nähren und Gedanken schüren;
Lieb' ist ein Stern, zum Himmel uns zu führen,
Ein grüner Fleck im dürren Haideland,
Ein Körnchen Gold im grauen Lebenssand;
Und als die Götter, müde dieser Welt,
Sich flüchteten hinauf ins Sternenzelt,
Mitnehmend, was auf Erden sie besessen,
Da haben sie die Liebe hier vergessen."

Eines Abends war's einmal etc. etc.

Man v. damit einmal die schöne Schilderung des Abends in J. Miltons verlornes Paradies: — wir brauchen den Gesang des Gedichtes wohl nicht zu nennen, er ist das Kronjuwel in Miltons ewigem Sängerdiademe.

— — — — die Erde stand im Glanz der Sternennacht glückseelig wie eine Braut etc.

V. die schöne Strophe in G. Bürgers Nachtfeier der Venus:

„*Wie die Braut an Hymens Feste*
Prangt durch sie die Frühlingsflur etc. etc.

— — — — die dunkelgrüne Triumphpforte, durch welche vor Kurzem der Frühling seinen Einzug hielt etc. etc.

V. Amadeus Atterboms wunderschönes Anemonengedicht im II. B. dieses Werkes, wo er sagt:

— — — „trädens gångar
Öppna vårens portar vidt,
Die Baumgänge machen weit des Frühlings Pforten
auf."

— — — — **wie eines der Lieder von Franzén.**
S. den II. B. dieses Werkes.

Für sie war keine Welt mehr da etc. etc.
V. die ähnliche Stelle in L. Byrons hass- und liebesgluthigem Gedichte „Parisina:"

„*Was ist den Liebenden die Welt,*
Und was des Himmels blaues Zelt?
Nicht nach der Erde Blumen glüht,
Noch nach den Sternen ihr Gemüth.
Wie wir im Paradiesesmorgen
Wohl nicht mehr dieser Erde sorgen,
So schwinden Schmerzen, Gram und Leiden
In Wonn' und Glück dahin den Beiden.

Ich habe keinen Bruder, keinen Vater, keine Mutter mehr etc. etc.
V. die rührende Abschiedsklage Andromaches im VI. Gesange der Ilias:

„οὐδὲ μοί ἐστι πατὴρ καὶ πότνια μήτηρ". etc. etc

Schau, eine Wolke übersieht jetzt soeben den Mond etc. etc.
V. die ähnliche Stelle in L. Byrons „Belagerung von Korinth:"

„*Vorm Glanz des Monds ein Wölkchen steht,*
Hinweht's im Sturm und ist verweht;
Ihr Segel bläht sich und geht weiter,
Und wieder glänzt er hell und heiter:—
Und glaubst du dann an Gott noch nicht,
So geht er mit dir ins Gericht."

Uebrigens beruft sich Byron hinsichtlich dieses schönen Gedankens selbst wieder auf W. Beckfords „Der Chalif Vathek;" — v. die Anm. Byrons zu seinem „Childe Harold, I, Ges. Str. 12 u. 13.

Eines Morgens sass er todt am Meer etc. etc.
V. den Schluss unserer berühmten Rolandsromanze:

„*Und so sass er eine Leiche*
Eines Morgens da,
Nach dem Fenster noch das bleiche
Stille Antlitz sah."

— — — — **das Altargemälde von Hörberg.**
Ueber den schwedischen Maler P. Hörberg, der ein einfacher Bauer war, und von dem sich in vielen Kirchen Schwedens Gemälde finden, sehe man das literarische Unterhaltungsblatt von Brockhaus in Leipzig vom J. 1828, sowie Hörbergs Selbstbiographie, übersetzt von Schildener in Greifswald 1819, mit einem Bildnisse des interessanten Mannes und einer Zeichnung von ihm in Steindruck.

Kronenbraut.
Die Warender Bauerndirnen haben das Recht, am Hochzeitstage eine silberne Krone zu tragen, daher der Name. Ein gutes und schönes Bild eines solchen Wärender Hochzeitszugs, genau so wie ihn T. in seinem Gedichte beschreibt, enthält das liebenswürdige Bilderbuch von B. Nordenberg: „Bilder ur svenska folklifvet," erschienen in Gothenburg 1855, in Bouniers Verlag, einem Seitenstück zu G. Tidemands schnell berühmtgewordenen Bildern des norwegischen Bauernlebens.

Skatelöf, ein dem Sprengel des Bischofs von Wexiö unterstehender, an Naturschönheiten und Erinnerungen reicher Gemeindebezirk Smålands. — Es ist ein Tag aus dem Leben Esaias T's selbst, den wir in diesem Gedichte auf- und untergehn sehn.

Browallahaide, nach einer Wärender Volkssage der Wahlplatz der Schlacht von Browalla. S. die Anm. pag. 371.

Blenda. Ueber Blenda, eine amazonenhafte Gestalt der schwedischen Volkssage, s. man unter andern die kurzen Notizen, welche Bibliothekar L. Hamarsköld darüber mittheilt im 1. B. von J. E. Stagnelius samlade Skr., erschienen in Stockholm 1852, sowie B. Nordenbergs „Bilder aus dem schwedischen Volksleben," die wir soeben erwähnten, und unter deren höchst dankenswerthen Erläuterungen auch die Hauptzüge von Blendas Geschichte erzählt werden.

— — — — **wo Kellgren in schöneren Tagen wandelte, wo er seine Christina liebte und sang.**
Das schöne Gedicht J. H. Kellgrens an Christina: „Laugst ned i duleus djup och bergets klyfta" etc. s. im I. B. dieses Werkes.

— — — — **der Probst der Gemeinde, der silberhaarige Weise.**
Dr. M. Agrell, der besonders im aramäischen Sprachzweige berühmte schwedische Gelehrte, † im J. 1839. — Sein Vorgänger im Amte war Jonas Kellgren, ein Bruder des Dichters.

Norberg, der berühmte Gelehrte und Freund T.'s. — S. die Anm. pag. 343.

Wärend, der südliche Theil Smålands, und eine sagenberühmte Landschaft Schwedens; nach einer möchstalteinischen, wie man glaubt, zu Ende des zwölften Jahrhunderts niedergeschriebenen Geschichte S. Sigfrids war der Gau schon damals „voll der

Erläuterungen. 375

dichtesten Wälder, übrigens ein gutes Land, das Ueberfluss besass an fischreichen Strömen, voll war von Bienen und Honig und von fruchtbaren Feldern und Wiesen." —

— — — — des nordischen Schwarzwalds, des Kolmorden mosige Felsen.

Kolmorden, ein mächtiges Waldgebirg im Norden Ostgothlands, den schon das Bruchstück einer Sage von der Schlacht von Browalla unter dem Namen Myrkvidr, d. i. Schwarzwald, erwähnt.

— — — ein Bild von dem Asgård der Väter.

D. ist, von der goldenen Asenstadt, dem Olympos des Nordens, wo Odens glänzender Saal stand. V. die Anm. pag. 321 und 367.

— — — einen Hügel Inges.

V. die Anm. pag. 324.

— — — eine Odinskrippe, jetzt leer, denn der Achtfüssler ist nicht mehr da.

V. die Anm. pag. 340.

Velints Feuerherd, d. i. Waulundurs Feueresse, des sagenberühmten Schmiedes. V. die Anm p. 352.

Bleking, seit Harfagrs Herrschaft eine Kolonie Norwegens etc.

Ueber die Landschaft Blekingen in Südschweden sehe man den I. B. von Geijers kleinerer schwedischer Geschichte, im II. Cap. — C. A. Nicander in seinem Buche „Erinnerung aus dem Süden," s. pag. 252 dieses Bandes) sagt, Blekingen sei ein glanzender Smaragd der schwedischen Krone.

Die Sagen leben noch jetzt im Volke, indess kein Sturleson kam noch etc. etc.

Ueber Snorro Sturleson, diesen berühmten Herodotus der skandinavischen Geschichte, s. besonders Wachters „Heimskringla", erschienen in Leipzig 1835, B. I. — S. Sturleson, der Sprössling eines der edelsten Geschlechter Islands, war ein Zeitgenoss Kaiser Friedrichs II., und sah Schweden und Norwegen, und selbst den Norden Deutschlands.

— — — des Helgesee's heilige Wogen.

Der schöne See von Wexiö, an den sich die Sage von den Leben und Tod S. Sigfrids, des I. Bischofs von Wexiö, und seiner Gefährten knüpft. V. den I. B. von O. Dalins schwedischer Geschichte etc.

— — — und der Busen war zusammengeschnürt mit einer silbernen Kette, zwar noch nicht gesprengt etc. etc.

V. die ähnliche Stelle in W. Constants genialem Gedichte „Von einer verschollnen Königs-

stadt", wo er in seiner Schilderung eines polnischen Bauernweibs in seiner Nationaltracht so schön sagt:

— — — — *das schmucke Weibchen*
Trägt überm gelben Kleid ein rothes Leibchen,
In dessen Haft es weisse Rosen zwingt,
Ein duftig Paar, das, wie es sanft sich hebt,
Den Kerker ernstlich zu zersprengen strebt."

Finwed. Das westliche Småland hiess die Finnwildniss (im Westgötalagen Finwid), ein unermesslicher Gebirgswald, der sich bis an die Granzen von Norwegen hinauf erstreckte.

Die seidene Feldbinde von Karlshamn.

Karlshamn, eine kleine See- und Handelsstadt Blekingens.

— — — Wärender Dirnen.

Im schwedischen Originale „Dakor från Warend", ein småländischer Provincialismus für tärnor.

— — — die zarten Ranken des Heidelbeerlaubes; das ist der Myrthenkranz im Norden.

V. die schon mehrmals erwähnte Lebensbeschreibung T.'s von seinem Schwiegersohn B., wonach ein solcher Kranz bei T.'s Hochzeit selbst die Stelle der Myrthe vertrat.

— — — der Geschworne vom Bauerngerichte des waldigen Odals.

Die Geschichte dieser schwedischen Bauerngerichte und das Nähere darüber s. in Geijers kleinerer schwedischer Geschichte, B. I. im II. u. VII. C.

— — — mit einem Karolinthaler geschmückt.

Thaler aus der Zeit der Könige Karls X., des XI. und des XII., d. i. aus den „karolinischen Tagen". V. die Anm. pag. 332, unter der Anm. Ihr hohen Helden all etc. etc. — Man v. damit ferner das schöne Gedicht E. Tegnérs an eine Freundin, die Frau Bischöfin Faxe, im IV. B. von T.'s Werken, (121), worin eines ähnlichen Pokals mit einem Karolinthaler gedacht ist.

— — — der Mond sass, wie eine Saga, bleichen Angesichts am Himmelsgewölbe.

V. die schöne Stelle im VII. Gesange der Frithiofssage:

„Du Mond, der du dein Licht auf Hain und Tempel, Hügel und Gedenkstein herabstrahlst, wie schön du dort weilst und träumst, gleich Saga in einem Brautgemach!"

— — — der Spass des Kranzeltanzes.

Einer jener eigenthümlichen Hochzeitsgebrauche, wie sie sich im ganzen Norden finden. V. das schöne

Gemälde dieses Tanzes in Christian Winthers Vaabendragerens Eed (Nogle Digte, erschienen in Kopenhagen 1835), und im II. B. von Fredrika Bremers trefflichem Roman „Das Haus".

Eine Liebesgeschichte aus dem Leben Heinrichs des Vierten.

Der Stoff dieses Gedichtes ist bereits mehrmals, und zwar mit Glück in Reimen todtgehetzt worden, zuletzt, wie wir glauben, von Wilhelm v. Normann: man lese die langen Gedichte dieses kurzen Poeten (erschienen bei Brockhaus in Leipzig, in 2 Bänden), wenn man den Muth hat. Wir unsererseits thun bloss unsere exegetische Schuldigkeit und merken pflichtgemäss an, dass der Name der jungen Pyrenäenschönheit nicht Rosa war, sondern, wie man wohl selbst weiss, Gabriele.

Hymnus an den Gott Pan.

Ueber diesen schönen Hymnus gab T. im J. 1810 eine akademische Dissertation heraus: „Hymnus in Pana," die er mit der obigen Uebertragung begleitete. Der nämliche Fall ist es mit seinen Uebertragungen aus der griechischen Anthologie, denen er in seinen Gedichten die Ueberschrift gab „Griechische Bilder", und worüber ein Programm von ihm erschien unter dem Titel: „Monumenta Graecorum ex Anthologia." —

An den Gott Helios.

Ein Bruchstück aus einem Hippochem des Pindar, nach der A. von Böckh Nr. 4.

Des Dichters Heimath.

Nach dem Dänischen von Oehlenschläger. Das schöne Gedicht ist, wie man weiss, von dem dänischen Metamorphosensänger selbst ins Deutsche übersetzt worden und steht unter seinen Gedichten. Wir glauben indess in diesem Fall auf den Dank sich dafür interessirender Literatoren rechnen zu dürfen, wenn wir hiemit die dänische Urschrift, die T. vor Augen gehabt hat, mittheilen:

Digterens Hiem.

Hvis Eder lyster at erfare,
Hvor Digterarmen staaer, hvor Skialden boer?
Da vil jeg strax det aabenbare:
Hans Födeland er mellem Syd og Nord.
Det strækker sig fra Spitsbergs hvide Klipper,
For Syndflods ældste Liig en hellig Grav,
Till hvor den sidste Tange slipper
I Söndrepolens öde Hav.
Mod Östen gränder det til Morgenröden,
Till Paradisets unge Herlighed;
Mod Vesten gränder det til Döden,
Hvor i sin Hule Dagen synker ned.

Hist værner takket Iis, hor kolde Bölger vaelte;
Men midtomkring det store Födeland
Glaser Solens diamantne Belte
Og funkler i en evig Brand.

Hvis J vil vide: till hvad Tid, hvorlaenge
Han nyde kan det sieldne Skuespil?
Da svarer jeg ved Harpens Strænge:
Till hver en Tid og naar han vil.
Han boede med de ældste Hyrder
I Hulerne langs ved det röde Hav;
Han slaebte Pyramidens Byrder
Med Aethiopen til sin Fyrstes Grav.
Han fulgte Cecrops paa hans Flaade;
Med Bacchus Indien han vandt;
Nöd paa Olymp Apollos Naade,
Thi der sin Pegasus han fandt.
Ham breder ud de dunkle Vinger,
Og Kraft i hver en Sene boer,
Og herligt, som sig Örnen svinger,
Den med ham over Skyen foer.

Da sig for ham den gamle Verden viste,
Som siden Middelaldrens dunkle ny,
Da han med Faust i den chrystalne Kiste
At Mephistopheles bler fört i Sky.
Ja astre Siælens aandelige Rige
Den Videlystne skue faaer,
Naar op ad Tankens Himmelstige
Med Grandskeren han varligt gaaer.
Til alle Hiörner kan han frit sig vende,
Og fare stoltelig i Mag
Fra Verdens ene til dens anden Ende,
Paa en begeistret Ungdomsdag.
Hvo har en Fryd som han fornummet!
Paa Hippogryphen Sölvergraa
Han gienmem Tiden svinger sig i Rummet,
Som Fuglen gienmem Luften blaa.
Han hver i Troglodytens Grotte,
Naar med sin Önskeqvist han staaer;
I Feers Alabasterslotte,
I gamle Nordens Kongegaard;
I Hytten langt fra Stadens Qvalme,
I Skoven ved et Kildevæld,
I Örkem bag en eensom Palme,
I Ridderborg paa steile Field.
Han fölger Hildetand i söltegraa Alder
Til sin navnkundige Bravalladöd;
Med Roland som en Helt han falder
I Roneesvalles Blomstersköd;
Med Cocles han paa Broen fægter,
Med Colon förer han mod Klementet Strid,
Med Luther Paven han fornægter,
Og styrter sig i Spyd med Winkelried.

Med Werther sværmer han, naar Vaaren kommer,
Og Maanen sødt til Rosenknuppen leer;
Han digter i den grønne Sommer
En Odyssee bag Skoven med Homer.
I Høst, naar Bladet gaaer gjennem Dalen,
Og Solen i sit Blod og rigre Dødens Hiem,
Da staaer med Shakespeare han i Riddersalen
Og maner gamle Skygger frem.
Og naar nu mere vældig Stormen tuder
Hen over Vinterende, der slukker Maanens Glands,
Da funkler han med Valhals Guder
Snart i den lyse Stjernekrands.
Da Bragis Harpe vældigt klinger,
Da sjunger han om As og Alf,
Og Sneen paa de hvide Vinger
Opløfter ham til Valaskialf.

Men did, hvorhen det Hele stræber,
Som ingen Tunge tolke kan,
Som tales ud af ingen Læber,
Det egentlige Fædreland:
Hvor Elementer ikke fiendtligt stride,
Hvor unge Roser staaer i evigt Græs;
Hvor kiærligt sidde ved hinandens Side
Den høie Jesus, Baldur, Sokrates;
Hvor sødt Uskyldighedens Engleklynge
Om Herkulssklippen sine Lilier snoer,
Hvor om den Evige de Stærke synge,
Formet i et helligt Chor; —
Did higer han fra Taagelandet!
Det føler dybt han, i alt Stort og Smukt.
Till Tartarus er den forbandet,
Som biner ei og elsker ej hans Flugt.

P. H. LING.

Gefild der Wallfische.

Skaldische Bezeichnung für Meer. Aehnlich heisst die Erde das Meer der Thiere, die Luft die Bahn der Vögel etc. etc. — S. die trefflichen Erläuterungen zu K. Simrocks E., der 2. A. Stuttgart und Augsburg 1855, pag. 365.

Agne, ein der mythischen Urzeit Schwedens angehörender König; nach dem 1. Königsverzeichniss in Geijers schwedischer Geschichte B. I. der achte König vom Stamm der Ynglinger.

Du Göttergeborener.

S. die Anm. pag. 333: Die Söhne des Asageschlechtes.

Auf deinem Schwert stehn Runen des Sieges.

Die Kämpen spielen in diesem Lobe auf eine Stelle in Sigurdrifumal an, einem Gedichte der ä. E., an der die Walküre Sigrdrifa dem Sigurd anrath:

„Runen des Sieges schneide,
Wenn du zu siegen gedenkst im Streite;
Grabe sie auf des Schwertes Griff,
Auf die Seiten einige, andere auf das Stichblatt,
Und nenne zweimal Tyr den Kriegsgott"

Du vergisst nicht des Kämpen an deinem Hofe etc. etc.

Dass Geschenke zu geben, und darin Hochsinn und Grossmuth gegen die Seinen zu zeigen, so zu sagen eine Pflicht des Königs und Jarls war, führt schon Tacitus in seiner Germania an, wo er sagt: „Von des Gefolgsherrn Grossmuth spricht das Gefolge nach der Schlacht jenes Kriegsross und jene blutige Framea als Gabe und Kampfpreis an etc. etc.," und zwei glänzende Belege dafür enthalt besonders das angelsächsische Gedicht von „Beowulf," wie es im 15. Ges. von dem König der Dänen heisst:

„Da bot er dem Beowulf
Eine güldene Fahne zum Lohne des Sieges,
Ein herrliches Heerzeichen, und Helm und Panzer,
Und ein Kampfschwert, ein theures Kleinod;" —

und von der Königin im 18. Ges. des herrlichen Gedichtes:

„Ihm brachte sie den Becher und bat ihn zu trinken,
Ihm artig anlegend der Armzierden zwei,
Dazu Mantel und Goldring" etc. etc.

Der Tochter Mundilföre gleich, die des Himmels Goldwagen lenkt.

Sol, nach Wafthrudners Gesang 24, und Gylfis Täuschung 10, die Lenkerin der beiden Hengste, die den goldenen Himmelswagen zogen.

Wie der Schwan in Urdas Quell.

Nach der j. E., Gylfis Täuschung 16, war es nicht ein Schwan, sondern ein Schwanenpaar, „welches sich nährte in Urdas Quelle," und von dem nachmals das Geschlecht der Schwäne herkam.

So haben ja wohl vorzeit die Zwerge Goldhaar geschmiedet für Sif etc. etc.

Nach der Skalda, einem Abschnitt der j. E., 35; waren die Zwerge Ivalds Söhne; — Sif war nach „Oegirs Trinkgelag" (1.) die Gemahlin des mächtigen Thor. S. den schönen zwölften Ges. von A. Oehlenschlägers „Nordens Guder," worin besonders der Zug so schön ist, wie die Zwergin das Gold nahm und es

*aus Spinnrad that wie güldenen Flachs,
Und das Rad liess sausen im Schwunge,
Und es spann und spann
Zum Haar für die liebliche Dise.*

— — — — —

Der Wirth prüft mit Worten seinen Gast.

Jedes Blatt der skandinavischen Poesie und Geschichte gibt Belege dazu: — als solche nennen wir bloss den „Gesang Wafthrudnirs," eines der wichtigsten Gedichte der ä. E., die Herwarasaga und das schwedische Volkslied von Sven Svanehvit im 1. B. dieses Werks.

Das Auge Thiasses.

Nach der 19. Strophe des Harbardslieds, eines Gedichtes der ä., und nach Bragis Gesprächen, einem Gedichte der j. E., (55) ein Sternbild des n. Himmels, man weiss nicht mehr welches. V. die Anm. pag. 373, unter Skade.

— — — — am Scheitel des Berges da droben glänzt dein Spinnrocken, o Freia.

V. die Anm. pag 335 u. 337.

So strahlte der Meersaal Hlers von goldenen Gewändern etc. etc.

S. das schöne Gedicht der ä. E.: „Oegirs Trinkgelag." — Nach einem Gedichte der j. E., „Bragis Gesprache" 1., ist Hler ein Beiname dieses Oegir. V. die Anm. pag. 335: Aegir bringt sein Horn heran etc. etc.

So kredenzen auch Gunur und Hilda Hörner in Walhalla.

Die Namen zweier Walküren. S. die Anm. pag. 332.

Wäinemöineas Gesang.

Wäinemöinen ist der finnische Liebesgott und man kann wohl sagen der Orpheus des Nordens. Man v. mit unserm Gedichte das schöne Volkslied von Wäinemöinens Harfenschlage in R. Schröters finnischen Runen, und C. G. Borgs Kalewala, erschienen in Helsingfors 1852, wo an einer Stelle selbst Sonn' und Sterne vom Himmelsgewölbe herabsteigen, um Wäinemöinens Gesange zu lauschen. —

Lichtelfen.

S. die Anm. pag. 327.

Zum Urbild des Weltlebens . . . . zur uralten Ygdrasil etc. etc.

Ueber die Esche Ygdrasil und den tiefen naturphilosophischen Sinn dieses herrlichen Bildes des Weltall's s. besonders Simrocks mythologisches Handbuch und Petersens nordische Mythologie.

Die drei allgebietenden Nornen. S. die Anm. pag. 320.

— — — — doch hob sie von Zeit zu Zeit den Runenstab empor.

Dass die Germanen Holzstäben und andern Dingen, die mit Runen vollgeritzt waren, geheime Zauberkräfte zuschrieben, führt bereits Tacitus an. In deutschen Mährchen ist des Zauberstabs sehr oft gedacht, und die ä. E. gedenkt seiner in Skirnirs Fahrt, Str. 32, und besonders in einem Runengesange Odens am Schluss des Hawamal (Str. 143), wonach dieser Gott selbst ihn „ersann und ritzte:"

*„Runen gibt's und Rathstäbe,
Sehr mächtige Stäbe;
Erzredner ersann sie,
Sie ritzte der hehrste der Herrscher."*

Fromm wie betende Kindlein standen die Fylgien.

Die Fylgien und Hamingjen waren nach den Sagen (denn die E. weiss noch nichts davon) so zu sagen die guten Daimones, die freundlichen Schutzengel der nordischen Mythe. Sie waren an einzelne Personen und Geschlechter gebunden. V. unter andern die „Königs-Fylgien" im Sagenbruchstücke der Fornaldarsögur B. I. 367, die Fylgie Orwarodd's im 3. Cap. der Orwaroddsaga, B. II. 172, die Stelle von König Ingemunds „starken Fylgien" im 30. Cap. der Vatnsdalasaga, von König Frodes „grossen und mächtigen Fylgien" im 2. Cap. der Hrolfkrakesaga, von Oswifs Fylgien im 12. Cap. der Nialasaga etc. etc.

Der Drache Nidhögg. S. die Anm. pag. 367.

— — — — wie die Still' in Allvaters ewiger Wohnung.

S. die Anm. pag. 321. Odens ewige Wohnung ist Walhalla. — V. die schöne Stelle in A. Oehlenschlagers epischem Gedichte Helge:

— — — — — —
*Im tiefen Walde,
Wo in die Luft*

Der Eiche Krone
(Drin's weht und bebt)
Empor sich hebt
Zu Odens Throne,
Und wo's so still ist
Im See am Stein,
Wie in dem Hain,
Wo Ygdrasill ist.

Nacht ist es in Walhalla, mit Macht kräht da der Hahn.
S. die Anm. pag. 335.

Godheims Mächte — Gottheims Mächte.
Ueber Gottheim und Mannheim s. den I. B. von Geijers schwedischer Geschichte, C. 1.

Hlidskjalf, der Thron Gott Odens. S. die Anm. pag. 321.

Ragnarök, der Tag des Weltunterganges. S. die Anm. pag. 356.

Asgärds Ringmauer.
S. die Anm. pag. 321, unter Othin.

Mjölner. S. die Anm. pag. 320, unter: Thor auf seinem Wagen etc. etc.

Fensal, der Saal Frigg's, der Juno des Nordens, „welcher überaus schön ist." V. die Anm. pag. 365.

Folkwang, der Saal Freia's (v. die Anm. pag. 335); die u. E. erwähnt diesen Saal Grimnismal, Str. 14, die j. in Gylfis Täuschung 24.

Trübe ist Friggas Auge.
V. die Anm. pag. 365.

Freia besteigt nicht mehr ihr unbändig wildes Ross; — den goldenen Kriegseber Hildeswine.
V. die Anm. pag. 335, unter Freia.

Zerbrochen ist Ullers Bogen.
Ueber den skandinavischen Jagdgott U., den Sohn Sifs, sagt die j. E. Gylfis Täuschung 31: „Er ist ein so trefflicher Bogenschütze und Schneeschlittschuhläufer, dass kein Mann es ihm gleich thun kann. Bei Zweikämpfen soll man ihn anrufen."

Hermode, der Sohn und Bote Odens, der Hermes des Nordens. „Und er liess Hermodr der schnelle, der Sohn Odens," heisst es in der j. E. Gylfis Täuschung 49, „welcher die Botschaft nach Helheim übernahm." Er und Gott Balder waren nach J. Grimm jenes göttliche Brüderpaar des nahaevalischen Haines, dessen Tacitus in seiner German. gedenkt. S. Grimms deutsche Mythol. 110 und K. Simrocks mythologisches Handbuch 343 etc. etc.

Heimdall. S. die Anm. pag. 340.

Tyr, der Kriegsgott des Nordens. „Da ist noch ein Ase," heisst es in der j. E. (25), „der Tyr heisst, er ist sehr kühn und muthig und gibt den Ausschlag im Kampfe, darum ist es gut, wenn ein Kriegsmann ihn anruft." Es ist der deutsche Zio, und nach ihm trägt noch jetzt der Dinstag (Zistag, Tistag, Martistag) seinen Namen.

Njord und Frei werfen verächtlich das Gold zur Erde hin.
Njordr ist der Gott des Windes, der Seefahrt und des Handels, und gewährt Denen, welche ihn darum anrufen, „reiches Gut, liegendes sowohl als fahrendes" (Gylfis Täuschung 25); —

Freyr (s. die Anm. pag. 341) ist der Gott des Friedens, des goldenen Erndtesegens und des Wohlstands. —

Disarsäle.
Disarhaine, die Säle und Haine der Göttinnen, von dem in vielen Sprachen wiederkehrenden Dis. S. Finn Magnusens Lexicon mythologicum veterum borealium etc. etc.

Wala. Walor und Wölor, zauberhafte Wahrsagerinnen, wie die Velleda des Tacitus, die von der Höhe des einsamen Thurms herab die Geschicke Deutschlands lenkte, wie denn die Ehrfurcht und heilige Scheu vor der Göttlichkeit des Weibes zum Glück noch jetzt ein Grundzug des deutschen Gemüths ist. In unserer Stelle hat L. übrigens die Wala der Wöluspa im Auge. V. die Anm. pag. 368.

Odens Besuch in Helheim.
S. die Anm. pag. 321 und 358.

Balder der Gute.
V. die Anm. pag. 344 und 359.

— — — ein brandgelber Hahn mit struppigen Federn und niederhangendem Kamm.
Nach der Wöluspa, Str. 35:

„*Unter der Erde schrie ein anderer Hahn,*
Der schwarzrothe Hahn
In Hela's Sälen."

Oberdrott. V. die Anm. pag. 325 unter: Der Schweden König etc. etc.

Odens Geirsodd. S. die Anm. pag. 321.

Ja, Hel! Nur der Feigling kann dir zum Opfer werden.
Könige und Helden kamen nach Walhalla, Knechte

und Unfreie zu Thor nach Thrudwanger, die Feigen und Elenden jedoch nach Helheim. V. die schöne Strophe im 3. Ges. von A. Oehlenschlägers „Nordens Guder:"

> „*Ihr Elenden und Feigen,*
> *Ihr flolt Gefahr und Tod,*
> *In Helheims Nacht und Schweigen*
> *Jetzt sitzt ihr nach dem Tod!*
> *Den Helm liesst ihr im Leben*
> *Erglänzen nicht im Streit: —*
> *Geboren bloss zum Beben*
> *Bebt nun in Ewigkeit!*

— — — — **gebot er seinen zwölf Diarn etc. etc.**

Mit andern Worten: seinen göttlichen zwölf Gefährten. V. das I. Cap. des I. B. von Geijers kleinerer schwedischer Geschichte, und die Anm. pag. 327 dieses Bandes: Seine zwölf Kämpen.

Asia - Freia.

S. die Anm. pag. 327 und 335.

Meinen Namen will ich zu eigen geben den Helden etc. etc.

Walvater nämlich heisst O. nach Gylfis Täuschung 20, weil all Diejenigen seine Wunschsöhne sind, welche den Tod auf dem Walplatz finden. V. übrigens das 10. Cap. der Ynglingasaga.

Auf dem Fyrisvall erhielt er einen so herrlichen Scheiterhaufen.

Ein Hügel am Fyrisstrom bei Upsala trägt, wie man weiss, noch jetzt den Namen Odens.

A. A. AFZELIUS.

Brage der Alte. S. die Anm. pag. 325.

Der Häuptling der Stürme, der mächtige Nordwind.

Nach Wafthrudners Gesang 36 u. 37 führt der König der Stürme den Namen Hränvelgr,

> — — „*der an des Himmels Ende sitzt*
> *Im Adlerskleid ein Jote;*
> *Mit seinen Flügeln facht er den Wind*
> *Ueber die Völker."*

Er sang von der Erfüllung jenes uralten Liedes etc. etc.

Der Wöluspa nämlich und der Prophezeiungen der Wala von einer neuen, nach dem Tag des Weltunterganges wieder emporblühenden Erde (58), vom neuen Idafeld und den goldenen Runentafeln, die sich im Grase wieder finden werden (59 u. 60), von Balders Wiederkehr und der mit ihm wiederkehrenden goldenen Zeit (61), und von dem goldenen Saal Gimles, in dem die Ewigen thronen (62) und des höchsten Glücks geniessen werden. V. die schöne Stelle im 24. Ges. von Tegnérs Frithiofssage 178 dieses Bandes: Wohl rauscht der Kranz der Sterne etc. etc.

Der Vater in Hlidskjalf.

S. die Anm. pag. 321.

Thor kann nicht ruhn, wenn die Lebenstöne erklingen, in seinem Wagen rasselt er dahin.

Es ist Platons und Spinozas himmlisches Paradoxon von der Musik der Sphären. — Ueber den Donnerer Thor s. die Anm. pag. 320.

— — — — **der Jette in seiner Felshöhle.**

V. die Anm. pag. 368.

Friggas der Holden mild lächelnde Sterne.

V. die Anm. pag. 337.

Meermanns Polka. —

Wie A. im III. B. der Idunn selbst angibt, ist diesem Gedichte eine uralte Volkstanzmelodie zu Grunde gelegt, welche in Westgothland und Småland noch jetzt unter dem Namen Neckspolka im Gedächtniss des Volkes lebt. In Betreff des überraschenden „Polka" bemerkt schon die Leipziger musikalische Zeitschrift vom J. 1825, dass der polnische Name dieses Tanzes durchaus kein Grund sei, seinen ächtskandinavischen Ursprung zu bezweifeln; der R. glaubt, schlich sich dieser Name in Schweden ein, als dieses noch Länder und Kronrechte jenseits der Ostsee besass, und wahrscheinlich habe man damals eine Grundtonähnlichkeit in dieser Melodie mit den polnischen Volkstanzen zu finden geglaubt. Ueber den Strom - und Meermann Neck (Nichus, das deutsche Nixe, Heidelbergs grüner Strom trägt noch jetzt seinen Namen) s. die Anm. pag. 335 etc. etc. zu G. Mohnikes Volksliedern der Schweden, B. I., Berlin bei Reimer, 1830. Er ist wie Wainemöinen ein Genius des Gesanges, und sitzt im

Spätroth auf einem aus dem Strom hervorragenden einsamen Felsstück, und schlagt die goldenen Saiten, wozu er Lieder singt voll tiefen Schmerzes und Grames: — die haben eine

— — — *wunderbare,*
Gewaltige Melodei.

Die schweigenden Töchter der Nacht.

Wie die Schlussstrophe des Gedichtes selbst anführt: — die klaren Sterne. Die E. weiss nichts von einer solchen Personification.

Noch kündigt kein Stern die Königin der Nacht an.

Freia nämlich und ihr schönes Sternbild. S. die Anm. pag. 335 und 337.

Aegirs Töchter.
S. die Anm. pag. 335.

— — — — **von Gimles Busen.**
S. die Anm. pag. 370.

Eines Tages jedoch, wenn die Midgardsschlange etc. etc.
S. die Anm. pag. 341 und 357.

Ewiglich . . . . sieht Freia ihre Thränen glänzen.
S. die Anm. pag. 335.

Skadis Klage.

V. die Anm. pag. 372. Die schöne Elegie benützt mit Glück die Klage Skadis in einem Gedichte der jüngern E. (Gylfis Täuschung, 23), wo Skadis Gemahl, der Gott Niörd, unter andern singt:

„*Der Wölfe Heulen*
Däuchte mich widrig
Gegen der Schwäne Singen;"

worauf Skade zu singen anhebt:

„*Ich kann nicht schlafen*
Am Strand der See.
Von der Welle Gesang
Herübergezogen,
Weckt mich am Meer
Jeden Morgen die Möwe."

„Darnach zog Skade nach den Bergen," (setzt die E. in Prosa hinzu) und wohnte in Thrymheim. Da jagt sie oft auf Schrittschuhen mit dem Bogen nach Thieren." —

Bore = Boreas. Die Mythe weiss nichts von einem Bore.

Die weissen Meerjungfern Ranas.
S. die Anm. pag. 335.

— — — — **und obgleich ich deine Macht habe, Odens weiser Sohn.**

Eine skaldische Bezeichnung für König.

Bifrosts Regenbogenbrücke.
S. die Anm. pag. 324.

Thrymheimars, Thrymheims Felshöhn.
V. die Anm. pag. 353 und 373.

Des Nordens Nachtigall.
S. die Anm. pag. 355.

— — — — **dann fahr' ich pfeilschnell dahin auf meinen hölzernen Schlittschuhen.** —
S. die Anm. pag. 373.

— — — **den hohen Elchhirsch.**
S. die Anm. pag. 350.

Glöd ist so schön etc. etc. . . . . . ihr Bruder Loge.

Buchstäblich übersetzt Gluth und Feuer; nach einer Note unter der schwedischen Urschrift des Gedichtes waren es Kinder Hlers (Aegirs), wovon indess die Edda nichts weiss. — Gylfis Täuschung (45) erwähnt zwar eines mit Thor um den Preis ringenden Loge, von einer Schwester Glöd jedoch erwähnt sie nichts: — aus welcher Quelle mag A geschöpft haben? —

Saga. S. die Anm. pag. 355.

Die goldenen Eimer ruhn jetzt etc. etc.

Die Stelle ist dunkel; — sie muss wohl übersetzt werden durch: Die goldenen Schiffsschnäbel ruhn jetzt etc. etc., schon wegen des darauf folgenden Wikings. — Ich las indess den wenngleich anderslautenden Pl. von stäfva, nicht von staf, und ich meine, es ist keine Frage, welche von beiden Lesarten die bedeutungstiefere und poetischere sei.

Thiasses Auge.
S. die Anm. pag. 378.

BERNHARD VON BESKOW.

— — — — vor dem jungen Helden und seiner
Braut liess er sich hören. —

In Gelegenheitsgedichten nämlich zur Feier des
Hochzeitsfests des jungen Kronprinzen von
Schweden mit der schönen Herzogin Josefine
von Leuchtenberg. V. die Gedichte Teguérs pag.
71—75 dieses Bandes.

**Gleich jungen Falken . . . . flogen sie mit jedem
Frühlinge von Neuem in die Welt hinaus.**

S. die Anm. pag. 319 und 320.

**Es zogen die Heerzüge des Gothen durch die Länder
des Südens.**

B. hat die Cimbern und Teutonen, dann die Gothen
und Vandalen im Auge, die sich wie mächtige Wolken
von schwarzen Heuschreckenschwärmen durch den
Süden von Europa wälzten.

Da erhebt sich Engelbrecht etc. etc.

Engelbrecht Engelbrechts Sohn ist der
Wilhelm Tell Dalekarliens. — Seine Geschichte s. im
5. Cap. des I. Bandes von Geijers kleinerer schwedischer Geschichte.

**Welches Geschlecht ist es, das sich an das der
Könige anschliesst etc. etc.**

Das berühmte Geschlecht der Sturen, besonders
Steen Sture des ä., des Erzherzogs Johann der
schwedischen Geschichte. — Ueber die Sturen s. den
I. B. von E. G. Geijers kleinerer schwedischer Geschichte, sowie die beiden mit dem Geschichts-Preis
der schwedischen Akademie der Achtzehn gekrönten
Monographien, welche Prediger C. W. Dunkel ins
Deutsche übersetzt hat, Lübeck, Bruhns u. v. Rohdens
Buchhandlung, 1842.

Christina Gyllenstjerna, die heldenmüthige Gemahlin Steen Stures des Jüngern. S. den II. B. von
Geijers kleinerer schwedischer Geschichte, C. I.

Gustav Wasa.

S. meinen kleinen A. im II. B. von K. Gutzkows
Unterhaltungen am häuslichen H.: „Die
Blutnetze Christians II. und Gustav Wasa,"
und den II. B. von Geijers kleinerer schwedischer
Geschichte.

Wie eine Walkyre etc. etc.

S. die Anm. pag. 332.

— — — — — an Thules Gestaden.

Unter dem Namen Thule begriff, wie man glaubt,
der Grieche Pytheas die skandinavische Halbinsel. — Das Nähere lese man nach in Geijers ü.
schwedischer Geschichte, übersetzt von Engelhardt in
Erlangen, B. I.

**Zwei Wasa's schrieben ihre Namen etc. etc.
Gustav Adolph und Karl XII.**

**Und darum gingst du auf der Bahn des Rechten,
o Oxenstjerna.**

A. Oxenstjerna, Graf von Södermöre (1582 bis
1655), der berühmte schwedische Reichskanzler und
Premier der Königin Christine. Man weiss, dass der
schlaue Cardinal, der damals die Geschichte Frankreichs und Europas lenkte, seinem Sohne die Hand
Christinens und die schwedische Krone anbot. O.
schlug sie aus: — der Preis waren die schwedischen Eroberungen am Rhein und Philippsburg. —

**Neben Gustav Adolph erstanden ein Wrangel, ein
Banér und ein Thorstenson etc. etc.**

V. unseres eigenen, gerade in diesen Tagen so hoch
und allgefeierten Volksdichters „Geschichte des
dreissigjährigen Krieges," und den III. B. von
Geijers schwedischer Geschichte.

Karl der Zehnte, wie man weiss, K. Gustav
v. Zweibrücken, — der nämliche glorreiche Ahnherr des bayrischen Königshauses, dessen goldenes
Erzbild (von L. Schwanthaler) im Thronsaale des k.
Schlosses zu München steht. — Seinen kühnen Heerzug ü. die gefrornen Belte, eines der staunenswerthesten Wunder der neuern Geschichte, hat
neuerdings unter andern F. F. Carlsson trefflich erzählt im IV. B. von E. G. Geijers schwedischer Geschichte, bei Perthes in Gotha 1855, pag. 252 ff.

Dana, poetische Bezeichnung für Dänemark, ähnlich wie Svea für Schweden, Nore für Norwegen; v.
die Anm. pag. 331 und 333.

— — — — — der Tod, der sich während des
Schlafes in seinen Busen schlich.

Man weiss, dass die meuchelmörderische Kugel ihn
traf, während er im Wallgraben von Friedrichshall
lag und schlief.

Jetzt, welche wunderbare Erscheinung gewahr' ich da! Und welche Töne etc. etc.

V. die schönen Strophen in Tegnérs Gedichte zur goldenen Hochzeit der schwedischen Akademie, pag. 133—136 dieses Bandes.

Die Hand, die einst im Heldenzorn den Bogen spannte etc. etc.

König Gustavs III. kühne Campagnen, seine Seeschlacht von Svensksund etc. etc. leben nicht minder im Gedächtniss der Nation, als seine spätere medicäische Thätigkeit im Frieden.

Rotas Schlachtruf. S. die Anm. pag. 335.

Sergels Statuen.

T. Sergel (1740—1814) war so zu sagen der schwedische Canova des v. Jahrhunderts und der Liebling und Freund König Gustavs III. — Ueber ihn s. man die schöne Gedächtnissrede F. M. Franzéns im X. B. der AA. der Schwedischen Akademie.

— — — — nur die Blumenuhr zeigt die wechselnden Tagesstunden an.

Eine jener anmuthigen Spielereien, wie sie besonders zu Ende des v. Jahrhunderts en vogue waren. Wie man weiss, erwähnt sie Bernardin de St. Pierre in Paul und Virginie, und ihr Zeiger ist die Anthesis der Blumen. V. unter andern J. M. Brauns Taschenbuch der Blumensprache, Stuttgart bei Köhler 1843 etc. etc.

Gylfe. Gylfes Hain ist Schweden, und zwar das schöne Mälarseegestade, woran jetzt Stockholm liegt.

— — — — die gekrönten Löwen auf deinen Fahnen etc. etc.

S. die Anm. pag. 331 unter Göthalöwe.

Siegreich (Segersäll), dem ungefähr ein deutsches Siegerich entspräche) der letzte heidnische König von Schweden, der Eroberer Finnlands und Esthlands. S. die Schwedische Geschichte v. O. Dalin und Lagerbring etc. etc.

C. A. NICANDER.

Djupadal.

Ueber den reizenden Weiler Djupadal in Blekingen v. Nicanders schöne „Erinnerungen aus dem Süden," B. 1., und C. Molbechs Briefe aus Schweden im J. 1812, B. III.

Ringreiche Pforten.

V. die Anm. pag. 327 d. Bandes unter: Die Wik.

— — — — wie die Quelle der Nornen.

Die Quelle Urdas. S. die Anm. pag. 358 und 335. „Auch wird erzählt," heisst es in der j. E., „dass die Nornen, die da an Urd's Quelle wohnen etc. etc."

Die Insel Halfdan Swartes.

Die Saga Halfdans des Schwarzen s. im I. B. von S. Sturlesons Heimskringla.

Sicilianische Lieder.

Als eine Probe sicilianischer Poesie theilen wir das Urbild eines dieser, man möchte sagen, epigrammatischen Lieder, in seinem eigenthümlichen Dialekt mit: — es ist das den VIII.:

Si m' ami pri richizza, non m' amari,
Ama lu Turchiu, ch' haju la rena d' oru;
Si m' ami pri fortizza, non m' amari,
Ama Miluni, chi abrana u lu toru;
Si m' amami pri biddizza, non m' amari,
Amalu suli, ch' haju la chioma d' oru;
Ma si tu m' ami pri fortizza d' amari,
Amami, Gioja mia, ch' amanu ju moru.

(V. Kopisch's Agrumi, F. Rückerts schöne Sicilianen und den A. von F. Gregorovius ü. die sicilianischen Volkslieder im Stuttgarter Morgenblatt, 1859, Nr. 50.

— — — — dass seine Thränen mir (dem Bach) das Dasein gaben.

V. die schöne Stelle im Dedicationsgedichte A. Atterboms zu seinen Blumen (B. II. dieses Werkes), wo er von sich selbst sagt:

Om af en bäck din morgonstig fördröjes,
Lä i hans grät min qval, som mig förtär;
Om mina tårar må han till dig tala,
och sorla sen till mig och mig hugsvala.

(Wenn Dir ein Buch den Weg vertritt bei deiner Morgenwanderung, dann lies in seinem Weinen die Qual, die mich verzehrt; — von meinen Thränen mag er Dir erzählen, und dann zu mir herniederrieseln und mir die Sele laben. —)

Cicala, wie man wohl weiss, ein kleiner Gebirgsfluss der Sabina.

Abschied von Venedig.

V. die wunderschönen Sonette Platens zu Venedigs Apotheose: — auch sie waren Lieder des Abschieds von einer untergegangenen Schönheitswelt, jeder Ton klingt wie eine Elegie. —

Und der Gondoliere — — — — sang von Armidas Garten, und seine Liebste vom gegenüberliegenden Gestade liess ihm die Gegenstrophe herüberklingen.

V. den IV. Gesang von Byrons ewigem Gedichte „Harolds Pilgerfahrt", und die Erläuterungen des Lords zu demselben.

— — — und deine prächtigen Paläste stehn leer am Strand des Kanals und beinahe hörbar nagt daran der Zahn der Zeit.

V. die grabesschauerliche Stelle (difficile est satiram non scribere) in der jetzt freilich nicht mehr neuen Schilderung Venedigs von R. Grafen v. Valery, wo er mit all jenem Pathos, das dem Franzosen zu Gebote steht, von der Kirchhofseinsamkeit der trauernden Plätze und Canäle der Lagunenkönigin erzählt, „von einer Trauer und einem Schweigen, die nur durch den melancholischen Fall des von den Mauern herabbröckelnden Marmors unterbrochen würden."

Deine Schönheit reisst gleichwohl noch jetzt jeden Fremdling zur Bewunderung hin etc. etc.

Rom ist ein Museum von Tempeln und Kirchen, heisst es in einer italienischen Novelle, ich weiss nicht mehr von wem, Neapel ein Theater von hängenden Gärten — Venedig jedoch ist ein orientalisches Mährchen.

Frejers Aehren.

Ueber den Gott Frejer, den Spender des Goldes der Saat, v. die Anm. pag. 311 u. 325. — „Ihn soll man anrufen um gute Jahre und Frieden," heisst es in der j. E. (24), und nach dem 12. Cap. der Ynglingasaga ist er der 2. König des Ynglingergeschlechtes, besitzt in Upsala ein eigenes Heiligthum, „und waren unter ihm," schliesst die Ynglingasaga, „gute und fruchtbare Zeiten", worauf denn wohl, wie wir glauben, der Hauptschwerpunkt des kleinen Gedichtes ruhen möchte.

Urdarbrunnen.

S. die Anm. pag. 358 und 335. „Diesen Wasser ist so heilig", heisst es in der j. E. (16) „dass Alles, was in den Brunnen kommt, weiss wird, wie das Häutchen, welches unter der Schale des Eies liegt."

Die Norne Urda.

S. die Anm. p. 320.

Norna Gest als Jüngling.

Die schöne Sage von der Geburt und dem Tod des Nornengasts ist durch Hagens nordische Heldenromane (B. V), worin die Nornagests-Saga übersetzt zu finden ist, und durch das prächtige Gedicht von Johannes Minckwitz (s. Minckwitz Gedichte, B. I) in Deutschland berühmt genug, wir heben also hier bloss jene Züge davon heraus, die auf unser Gedicht Bezug haben. — Drei Nornen fanden sich bei seiner Geburt ein, um ihm sein Schicksal zu wirken. Die Eine derselben, wie in so vielen Mährchen, hob die guten Prophezeyungen der beiden andern durch einen Fluch auf, indem sie schwor, mit dem Lichte, welches am Bette des Kindes brenne, würden auch sein Glück und sein Leben erlöschen. Da nahm die eine Norne schnell das Licht und blies es aus, und als der Knabe später als Skulde in die Welt hinauszog, verschloss er es in seinem Harfenschrein, und trug es stets mit sich. — Zuletzt kam er zu O. Tryggwason nach Norwegen (v. das schöne Gedicht von N. pag 279—282 dieses Bandes, und die Anm. dazu), erzählte seine wunderbaren Schicksale, schlug zum Gelag die Saiten, liess sich taufen und war dem Könige werth. — Eines Abends sprach der König so zu ihm: „Wie wär's nun wohl, wenn du dein Licht wieder einmal anzünden thätst?" — Da nahm der greise Skalde das Licht heraus, steckte es an, und wie das Licht allgemach erlosch, entschlief auch er und war todt. — Es ist die Meleager-Mythe des Nordens.

Ach, was ist ein Tag? Doch wohl nur ein Sonnen-Gesang etc. etc.

Solsäng, mit Anspielung auf Samunds „Sólarljód", das sich in den Handschr., wiewohl mit Unrecht, der E. anschliesst. K. Simrock führt es in seinem mythologischen Handbuch, übersetzt hat er es jedoch nicht. Zu finden ist es übrigens in a. n. und schwedischer Sprache im IV. Heft der Iduna, und in deutscher in Studachs Schwedischen Volksliedern, erschienen in Stockholm 1825.

— — — wie ein Liliengedicht etc. etc.

„Liliengesang" ist nach einer Note Nieanders zu diesem Gedichte „eine altisländische Gesangsart". V. John Olafsens berühmte Preisschrift über die Grundregeln der skaldischen Dichtkunst etc. etc., erschienen in Kopenhagen 1785. —

— — — dann sucht der Dichter sein Licht aus der Harf hervor.

V. das obige Bruchstück der Nornagests-Saga.

Arnliot Gellina.

Ueber Arnliot Gellina, den jungen kühnen Kämpen Schwedens, s. das 227. Cap. der O. Huraldasons-Saga in S. Sturlesons Heimskringla. —
Nach Niords Zornwuth etc. etc. S. die Anm. pag. 353 und 372.
Und der hässliche Höder etc. etc. S. die Anm. pag. 341.
Mag die Norne weben etc. etc. S. die Anm. pag. 320.
Walhall. S. die Anm. pag. 320.
— — — — **wie die Stimme der Sage**, kann auch übersetzt werden: **wie Saga's Stimme**, v. die Anm. pag. 355.

Erich Wasas Rune.

Die Geschichte König Erichs des Vierzehnten, des Sohnes Gustav Wasa's, klingt wie eine Tragödie. Wie man weiss, liess ihn sein unnatürlicher Bruder, der böse König Johann, ins Gefängniss nach Gripsholm bringen und ihn da, nach langen Qualen und Leiden, im J. 1576 durch Gift sterben. V. den II. B. von Geijers schwedischer Geschichte. Man kann ihn den König Enzio des Nordens nennen. Gleich dem Sohne Kaiser Friedrichs II. war E. ein schöner und liebenswürdiger Mann, gewandt und kühn in Leibesübungen, im Rath voll Einsicht, doch voll tiefer und glühender Leidenschaft, in deren Sturme er eines Tags den jungen Nils Sture niederstiess, den ihm N. in seinem schönen Gedichte erscheinen lässt. Er las und sprach mehrere Sprachen, und war Sterndeuter, Dichter, Musiker und Maler. Man zeigt von ihm noch zwei Portraits, Gedichte und musikalische Compositionen. Ein rührendes Gedicht von ihm:

„*Väl är den, som ridt fram högu klippor*
Kan randra på en vedrig ban etc. etc."

an seine schöne Geliebte Katharine s. im I. B. dieses Werkes. — Seine Geschichte hat indess ein neuerer schwedischer Dichter, E. Börjeson, mit Glück als Stoff eines Dramas benützt. — S. den IV. B. unseres Werkes.

V. die wunderschönen Sonette zum Gedächtniss der schwedischen Könige von I. B. von C. W. Böttigers Gedichten, P. A. Norstedt & Söner in Stockholm 1857, wo B. den königlichen Gefangenen von Gripsholm so sprechen lässt:

„*Jag hade heller ravit fädd till plogen,*
Än till en konungs värf, de tunga, dyra;
Ej mig jag kunde, mindre andra, styra,
Jag sprang från thronen irrande åt skogen.

Fürst under hajan blef min ande mogen
Och fürst i sorgen lade sig min yra;
Men trä i verlden tarker jag: — min lyra
Och som min ungdoms brud, som blef mig trogen.

v. LEISRUNG, schwed. Poesie. III.

Bak fängelsets galler följde mig de båda,
Och deras hviskning var mig Davida-rösten,
När Sauls andar ville hos mig gästa.

Att lyran höra och att rännen skåda
Mig var i långa år den enda trösten,
Tills sist af brudershand mig gafs den sista.

Norns Gest. S. die Anm. auf der vorhergehenden pagina.

Im Schloss von Throndheim, d. i. im Schloss von Drontheim, der altehrwürdigen Metropole Norwegens.

In einer Neujahrsnacht, mit andern Worten, eines Julabends. S. die Anm. pag. 325, unter Julzeit.

— — — **und die Pracht seines Bartes, weiss wie Schnee, floss darauf herab, wie Mondenschein auf einen See.**

V. die Anm. zum XVII. Gesange der Frithiofssage, pag. 362. dieses Bandes.

Ueber Kolbjörn, Einar, Thorkel und andere Kämpen König O. Tryggwasons, s. die König Tryggwasons-Saga.

Das Traumgesicht des Tycho Brahe.

V. J. Engels berühmte Erzählung „Das Traumgesicht des Galilei." — Tycho Brahe, der mehrmals an Kaiser Rudolphs II. Hof so hoch geschätzte dänische Copernicus, ruht, wie man weiss, unter einem rothen, ihm von Rudolph gesetzten Marmorepitaph des Prager Teinhofs, und blühte gegen Ende des sechzehnten Jahrhunderts.

Uranienburg und Sternenburg.

Von diesen bleibenden Denkmälern Tychos Brahes stehen die Ruinen noch jetzt auf Hveen, einer Insel des Sundes. Man v. die schönen Oranienburger Erinnerungsklänge in J. L. Heibergs Dichtungen, B. VII. — Mit dem herrlichen Panorama in unserm Gedichte v. man die Schilderung, die N. selbst davon in Prosa giebt im I. B. seiner Erinnerungen aus dem Süden.

Tassos Tod.

Ein anderer Sänger des Nordens, B. Severin Ingemann, der dänische Walter Scott, hat sich T. Tassos Befreiung zum Stoff eines schönen Dramas gewählt (B. S. Ingemanns dramatische Dichtungen, neue Ausgabe in 6 Bänden 1853, B. IV.); und den Tod Dantes besingt ein italienischer Dichter unserer Tage, Evander Caravaggio, in einer vor mir liegenden azione drammatica, erschienen zu Pavia 1859; — einer Apotheose die weder dem schwedischen, noch dem dänischen Gedichte die Palme streitig machen dürfte.

Napoleons Monolog. — Der kleine Las Cases.

Wie P. Wieselgren in seiner mehrfach erwähnten

Literaturgeschichte anführt, erschloss sich die herrliche Blume dieses Gedichtes in einer einzigen Nacht. — W. brachte dem jungen N. eines Tages spät den 1. B. der damals noch neuen St. Helena-Erinnerungen von Las Cases, und schon am Morgen des folgenden Tages las ihm N. seinen schönen Monolog vor. — Dass Las Cases der Liebling und treue Leidensgefährte des Kaisers im Schmerzensbann seines Elends war, weiss man.

Runesvärdet. Der Stoff dieser romantischen Tragödie ist die Geschichte des Zauberschwerts Tyrfing, wie man weiss, der Stoff der Hervarasaga und der Örwaroddsaga. V. die Anm. pag. 333 etc. etc.

Das Lied des Wikingers.

Dass die „Königin im güldenen Gewande," „die strahlende Wikingsbraut" die Sonn' ist, ergiebt sich wohl von selbst.

Björkö. Eine kleine Insel im bothnischen Meerbusen.

A. LINDEBLAD.

A. Lindeblads „Fremdling" enthält mehrfache Reminiscenzen aus E. Tegnérs Dichtungen; — als die wichtigsten heben wir die folgenden hervor:

Denn wohl wo anders muss mir meine Heimath liegen.

V. Tegnérs Gedicht: Der Geist des Menschen:

„Von wannen ist deine Strasse? — Vielleicht flossen dir die Tage deiner Kindheit still unter seligen Hainen hin, wie ein Bach unter Edens Bäumen?"

O, es ist Kerkerluft, was ich hienieden athme.

V. Tegnérs Gedicht: Hypochondrie: „Es geht ein Leichenduft durchs Menschenleben." —

Hab' ich nicht schon unter einem himmlischen Geschlechte gelebt?

V. Tegnérs Gedicht „Der Geist des Menschen", an einer andern Stelle: „Warum blickt dein Auge so voll Gram und Sehnsucht nach dem hohen Saal hinauf mit den silbernen Ampeln darin? — Hast du in dem blauen Land vielleicht Freunde und Verwandte zurückgelassen? Kennst du wohl die Seligen darin?"

Im Gewühl der Menschen — was war da zu holen? — Die Eitelkeit glänzte da als Weib, und die Weichlichkeit prahlte da als Mann.

Kürzer und schlagender heisst es in Tegnérs Weltschmerzgedichte: Hypochondrie. „Dich, o Menschengeschlecht, dich muss ich indess preisen, du Ebenbild Gottes, wie sprechend ähnlich, wie wahr! — Zweier Lügen muss ich dich gleichwohl zeihen: — die eine heisst Weib und die andere Mann." —

Schau, ich war jung, und glänzend stand das Leben vor mir da etc. etc.

V. die schöne Eingangsstrophe unseres berühmten Unsterblichkeitsgedichtes „Urania":

„Mir auch war ein Leben aufgegangen,
Welches reichbekränzte Tage bot,
Auf der Hoffnung jugendlichen Wangen
Glänzte noch das erste Morgenroth."

— — — ein ewiges Flammengehege um Griechenlands Glorie.

Im Text steht Vafurlåga, was wohl auf die Waberlohe, das lodernde Flammengehege anspielt, wodurch Skirnir nach dem c. Gedichte Skirnisför (18 in Gerdas helle Saele, und Sigurdr nach der Skalda (39) zu Brynhilden einritt.

O du, ... der du in der Sonn' als Flamme loderst und als Balsamduft athmest in dem Kelch der Blume etc. etc.

S. das schöne Gedicht Tegnérs, pag. 82 ff. dieses Bandes und die Anm. dazu pag. 338.

Karlswagen. S. die Anm. pag. 323 u. 328.

Eine Lichtelfe. S. die Anm. pag. 327.

Ueber sie wirft der grüne Mai den lieblichen Blumenteppich hin.

V. die schöne Stelle in Tegnérs Gedicht „Nore:" „Ueber der Vorzeit schwarzen Schild wirft die Poesie ihr blumiges Tuch." —

Jonas Alströmer.

Ueber diesen trefflichen Mann, einen der Industrie- und Gewerbskönige, Schwedens, s. F. M. Franzéns biographisches Pantheon: „Erinnerungen an

Erläuterungen.

berühmte schwedische Gelehrte etc. etc." B. I., erschien in Stockholm 1848, mit 2 Portraiten.

Der schwedische Gothe.. —.. Auf gothischen Ruinen steht des Nordens Sängerbund.

S. pag. 300 dieses Bandes, und v. mit diesem Jünglingsgesange Lindeblads das patriotische Gedicht Tegnérs „Carl XII."—

Eine Sage der Vorzeit erhitzt uns mehr, als das Feuer unseres Herdes.

V. die Anm. zu dem Gedichte Geijers: „Der letzte Skalde."

Walküre. S. die Anm. pag. 332.

Einherierfrieden, der Frieden Walhallas. S. die Anm. pag. 321: Da kleiden sie sich jeden Morgen etc. etc. und pag. 362.

Sondern von seinem Drachschiff hoch dahingetragen etc. etc.

S. die Anm. pag. 318 und 354. —

Indess die Barden sangen.

V. die Anm. pag. 323.

Der Speerted ist mir willkommen.

S. die Anm. pag. 321.

Thor. S. die Anm. pag. 320.

Balder. V. die Anm. pag. 344 und 371.

Schluss des III. Bandes.

Berichtigungen.

Pagina 25, 2. Spalte, Zeile 15 v. o. ist zu lesen: Volke von Norwegen statt aus Norwegen.
„ 30, 2. „ „ 13 v. o. „ „ deine schlichte Schönheit.
„ 93, 1. „ „ 24 u. 25, dann 32 u. 33 ist zu lesen: J statt I.
„ 129, 1. „ „ 3 v. o. ist zu lesen: Hvad.
„ 177, 1. „ „ 10 v. u. „ „ ärej.
„ 203, 2. „ „ 11 v. o. „ „ mit dem statt seinem.
„ 210, 1. „ „ 17 v. u. „ „ Åt statt At.
„ 218, 2. „ „ 10 v. u. „ „ Johannes, statt Johannes.
„ 230, 2. „ „ 13 v. o. „ „ den Falten meiner.
„ 240, 1. „ „ 5 v. o. „ „ Å statt A.
„ 253, 1. „ „ 12 v. o. „ „ Åskan statt Askan.
„ 253, 2. „ „ 8 v. o. „ „ massenet statt massent.
„ 267, 2. „ „ 17 v. o. „ „ es statt er.
„ 296, 1. „ „ 7 v. u. „ „ sÅ är jag fri.
„ 301, 1. „ „ 3 v. o. „ „ då statt da.
„ 306, 2. „ „ 17 v. u. „ „ Kindheitsfreunden statt Kindheitsfreuden.
„ 326, 1. „ „ 27 v. o. „ „ erscheinen statt erschienen.
„ 329, 2. „ „ 27 v. o. „ „ sauberlichten.
„ 332, 2. „ „ 3 v. o. „ „ Wolkige Heerhaufen statt Schneehaufen.
„ 338, 2. „ „ 10 v. u. „ „ der statt das.
„ 350, 1. „ „ 9 v. o. „ „ är statt ar.

www.ingramcontent.com/pod-product-compliance
Lightning Source LLC
Chambersburg PA
CBHW051249300426
44114CB00011B/951